临平年鉴

LINPING YEARBOOK

中共杭州市临平区委党史研究室
（杭州市临平区地方志编纂研究室） 编

2022

方志出版社
Publishing House of Local Records

图书在版编目（CIP）数据

临平年鉴. 2022 / 中共杭州市临平区委党史研究室（杭州市临平区地方志编纂研究室）编. — 北京：方志出版社，2022.12
ISBN 978-7-5144-5366-9

Ⅰ. ①临… Ⅱ. ①中… Ⅲ. ①区（城市）—杭州—2022—年鉴 Ⅳ. ①Z525.54

中国版本图书馆 CIP 数据核字（2022）第 244726 号

责任编辑： 刘方圆
责任校对： 刘玉霞
责任印制： 梅中英
出 版 者： 方志出版社
地　　址： 北京市朝阳区潘家园东里 9 号（国家方志馆 4 层）
邮　　编： 100021
网　　址： http: //www. zgfzcb. cn
发　　行： 方志出版社图书营销中心（010-67110500）
印　　刷： 杭州余杭人民印刷有限公司
开　　本： 889 毫米 × 1194 毫米　1/16
印　　张： 26.75 印张　**插页：** 1.875 印张　**地图：** 1 幅
字　　数： 833 千字
版　　次： 2022 年 12 月第 1 版
印　　次： 2022 年 12 月第 1 次印刷
定　　价： 268.00 元

临平年鉴

LINPING YEARBOOK

2022

临平区委党史工作委员会
临平区地方志编纂委员会领导小组

编辑说明

一、《临平年鉴》是中国共产党杭州市临平区委、临平区人民政府主办，中共杭州市临平区委党史研究室（杭州市临平区地方志编纂研究室）承编的综合性地方年鉴。《临平年鉴（2022）》是临平区成立伊始首部区级年鉴。《临平年鉴》记载临平区自然、政治、经济、文化、社会和生态文明建设等方面的基本情况，为各级党政机关和社会各界人士了解、研究临平提供丰富、翔实的地情资料。

二、《临平年鉴（2022）》以马克思列宁主义、毛泽东思想、邓小平理论、“三个代表”重要思想、科学发展观、习近平新时代中国特色社会主义思想为指导，坚持辩证唯物主义和历史唯物主义的立场、观点和方法，全面反映习近平新时代中国特色社会主义思想在临平的生动实践，客观、系统、真实记述 2021 年临平区的历史和现状，突出资料性、地方性和年度性，综合反映全区经济社会发展的概貌。

三、《临平年鉴（2022）》记述范围：地域以 2021 年 4 月临平区行政区划为界；时间为 2021 年 4 月 9 日至 2021 年 12 月 31 日，为保持内容的完整性，有些地方记述时间适当上溯或下延。全书采用分类编辑法，以类目、分目、条目三级结构层次。随文插入照片、表格。

四、《临平年鉴（2022）》所采用的文字原稿和数据，均由区级机关各部门，各镇、街道和有关单位提供，文后署名，并经供稿单位审核。凡涉及临平区国民经济和社会发展全局性数据，以临平区统计局公布的数据为准。资料一般为 2021 年情况，个别特殊事项适当上溯或下延。

五、2021 年 4 月杭州市行政区划调整后，个别单位在本年度内未相应更名，故在文中按其单位原有名称进行记录。个别职能部门统计数据来不及随区划调整进行拆分的，按原口径统计，并随文注明。

六、《临平年鉴（2022）》主体内容中，单位名称一般采用全称或规范简称。

七、“特载”“附录”中的“文件辑录”“2021 年临平区国民经济和社会发展统计公报”内容照原文登载，不做编辑规范方面的处理。

八、《临平年鉴（2022）》采用双重检索系统。书前有总目和详细目录，书后有索引。索引采用分析索引法。

2021
临平概览
LIN PING GAI LAN

- 全区总面积**286**平方千米
- 全区户籍人口**58.34**万人
- 全区实现地区生产总值**940.09**亿元
- 全区实现财政总收入**247.08**亿元，其中地方一般公共预算收入**151.33**亿元
- 全区固定资产投资同比增长**18.9%**
- 全区社会消费品零售总额**349.00**亿元
- 全区实现进出口总额**350.72**亿元
- 全区实际利用外资**1.68**亿美元
- 全区常住居民人均可支配收入：**77184**元（城市）、**48705**元（农村）

临平全景，拍摄于 2022 年

（陈彦 摄）

临平东湖公园，拍摄于 2022 年

（陈彦 摄）

临平新貌

2021年5月4日，区委常委，区人大、区政府、区政协筹备组市管领导干部等齐聚在区政府广场，举行隆重的升旗仪式 （区委宣传部 供稿）

2021年6月21—23日，中国共产党杭州市临平区第一次代表大会在临平大剧院举行 （区委宣传部 供稿）

塘栖镇水北人家，拍摄于 2021 年　（陈彦 摄）

运河街道的荷塘，拍摄于 2021 年　（宋峤 摄）

庆祝党的百年华诞

2021 年 6 月 17 日，奋斗百年路 跃动新临平——临平区庆祝中国共产党成立 100 周年主题展开幕

（区委宣传部 供稿）

2021 年 6 月 28 日，临平区庆祝建党 100 周年安保维稳集中行动在艺尚小镇举行

（区公安局 供稿）

2021 年 5 月 28 日，“童心永向党 筑梦新时代”临平区少先队员庆祝中国共产党成立 100 周年暨庆祝“六一”国际儿童节活动在艺尚小镇举行　　（区融媒体中心 供稿）

2021 年 6 月 27 日，“红歌嘹亮 唱响亚运”临平区庆祝中国共产党成立 100 周年合唱展演在临平大剧院举行　　（区文广旅体局 供稿）

亚运筹办

夕阳下的临平体育中心，拍摄于2021年　（区文广旅体局 供稿）

2021年9月5日，临平体育中心正式启用，作为省内首批启用的场馆，临平体育中心将承担亚运会足球和排球预赛、空手道预决赛以及亚残运会坐式排球预决赛　（王珏 摄）

2021 年 9 月 5 日，“亚运来临 · 幸福来临”临平区迎亚运倒计时一周年系列活动暨临平区亚运场馆启用仪式在临平区亚运场馆举行
（区融媒体中心 供稿）

2021 年 3 月 4 日，“我在窗口写青春 亚运志愿我先行”志愿服务活动在艺尚小镇党群服务中心开展
（临平新城 供稿）

2021 年 9 月 5 日，临平区“亚运四进”体育嘉年华活动在临平体育中心举行
（区文广旅体局 供稿）

2021 年 11 月底，浙江省塘栖盲人门球基地场馆提升改造完工。该基地为杭州亚残运会盲人门球竞赛场馆
（塘栖镇 供稿）

社会治理

2021 年 10 月 13 日，全省“学史力行重实践 法治护航启新程”惠民惠企普法现场会在临平区召开（区市场监管局 供稿）

2021 年，临平区打造“疫管通”应用，筑牢智慧“防疫墙”（区政法委 供稿）

2021 年，区矛调中心“云上中心”入选 2021 年全国政法智能化建设智慧治理创新案例（区政法委 供稿）

数字城管，拍摄于 2021 年　　（闻金明 摄）

2021 年，区教育局为 10 万学子发放平安“反光盾”，点亮回家路　　（区教育局 供稿）

2021 年 9 月 15 日，临平、德清两地开展跨区域治超治限联合执法　　（区交通运输局 供稿）

社会民生

2021年7月4日，临平山青少年文化体育教育基地揭幕，橙狮悦动（临平山）运动馆开馆运营
（陈彦 摄）

2021年，临平区学生劳动教育与“双减”结合
（区教育局 供稿）

2021 年，临平区启动老旧小区综合提升改造工程，图为改造后的南苑街道爱民小区

（区住建局 供稿）

2021 年，临平区启动老旧小区综合提升改造工程，图为新设的临平街道邱山社区为老助餐服务点

（区住建局 供稿）

临平区梅堰小区成片加装电梯项目获 2021 年度杭州市老旧小区住宅加装电梯“最美加梯项目”称号

（临平街道 供稿）

未来工厂

2021年6月30日，浙江省经济和信息化厅公布2021年浙江省“未来工厂”试点企业名单。杭州西奥电梯有限公司榜上有名。至此，临平区共有浙江春风动力股份有限公司、杭州老板电器股份有限公司、阿里巴巴迅犀（杭州）数字科技有限公司、杭州西奥电梯有限公司4家企业入选。

杭州西奥电梯有限公司外景及生产车间　　（周铭 陈书缘 摄）

杭州老板电器股份有限公司无人工厂　　（区经科局 供稿）

浙江春风动力股份有限公司生产车间 （区经科局 供稿）

阿里巴巴迅犀（杭州）数字科技有限公司生产车间 （经济技术开发区 供稿）

生态环境

美丽河湖——丁山湖，拍摄于 2021 年 （塘栖镇 供稿）

美丽乡村——丁河村，拍摄于 2021 年
（区委宣传部 供稿）

百城千镇万村景区化” 工程——AAA 级景区村杭南村，拍摄于 2021 年 （区文广旅体局 供稿）

美丽集镇——沾桥集镇，拍摄于 2021 年　　（区住建局 供稿）

水秀村美——塘栖村，拍摄于 2021 年　　（冯寿鹏 摄）

精神文明

2021 年 10 月 22 日，临平区第一届社工节在临平大剧院举办（区民政局 供稿）

2021 年 10 月 13 日，塘栖镇河西埭村为全村的老人们举办重阳“孝心大会”（区委宣传部 供稿）

崇贤街道鸭兰村艺术党课（崇贤街道 供稿）

南苑街道龙兴未来社区　（区住建局 供稿）

塘栖镇水北社区景区公约三字经（塘栖镇 供稿）

杭州书房——星桥街道分馆　（区文广旅体局 供稿）

文化事业

杭州市临平博物馆（中国江南水乡文化博物馆）外景　　（区文广旅体局 供稿）

杭州市临平博物馆（中国江南水乡文化博物馆）藏品——出土于茅山遗址的独木舟
（区文广旅体局 供稿）

杭州市临平博物馆（中国江南水乡文化博物馆）运用人文、艺术和科技手法展示江南水乡文化
（区文广旅体局 供稿）

2021 年 9 月 30 日至 10 月 3 日，中国 · 临平国乐节在临平举办（区文广旅体局 供稿）

杭州古海塘临平段考古发掘工作现场（区委宣传部 供稿）

非遗展演鱼羊美食节（冯寿鹏 摄）

塘栖米塑（区委宣传部 供稿）

2021 年 6 月 11 日，2021 年"文化和自然遗产日"暨首届"临平非遗季"系列活动启动仪式在塘栖古镇举行（区文广旅体局 供稿）

重大工程

2021 年 12 月 28 日，中国（杭州）算力小镇开园　　（临平新城 供稿）

2022 年 6 月 18 日，乔司街道召开全域土地整治工作推进会　　（乔司街道 供稿）

乔司街道工作人员到农户家中沟通征迁工作　　（乔司街道 供稿）

2021 年 9 月 17 日，杭州地铁 9 号线一期北段开通运营
（闻金明 摄）

2021 年 6 月 28 日，杭海城际铁路通车
（区住建局 供稿）

2021 年 8 月 1 日，运溪高架路［崇贤至老余杭连接线（高架）工程］通车仪式举行，宣告临平区和余杭区迈入“高架通勤时代”，开启“半小时交通圈”
（区交通运输局 供稿）

抗击新冠疫情

2021年，临平全区上下凝心聚力，众志成城，严防死守，多措并举，坚决打赢疫情防控“阻击战”。

（区委宣传部 供稿）

（区委宣传部 供稿）

（区委宣传部 供稿）

（区融媒体中心 供稿）

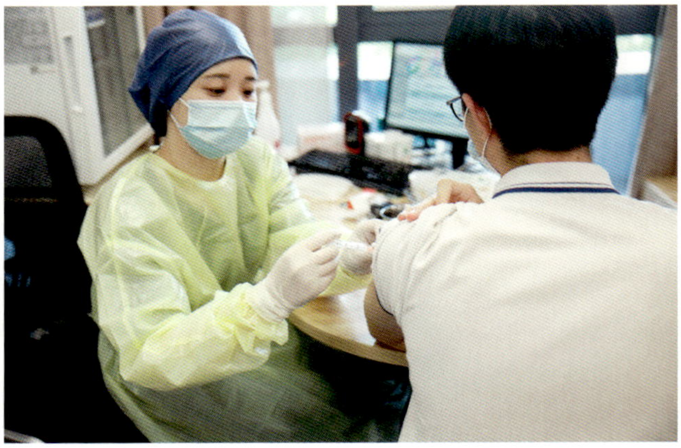

（区教育局 供稿）

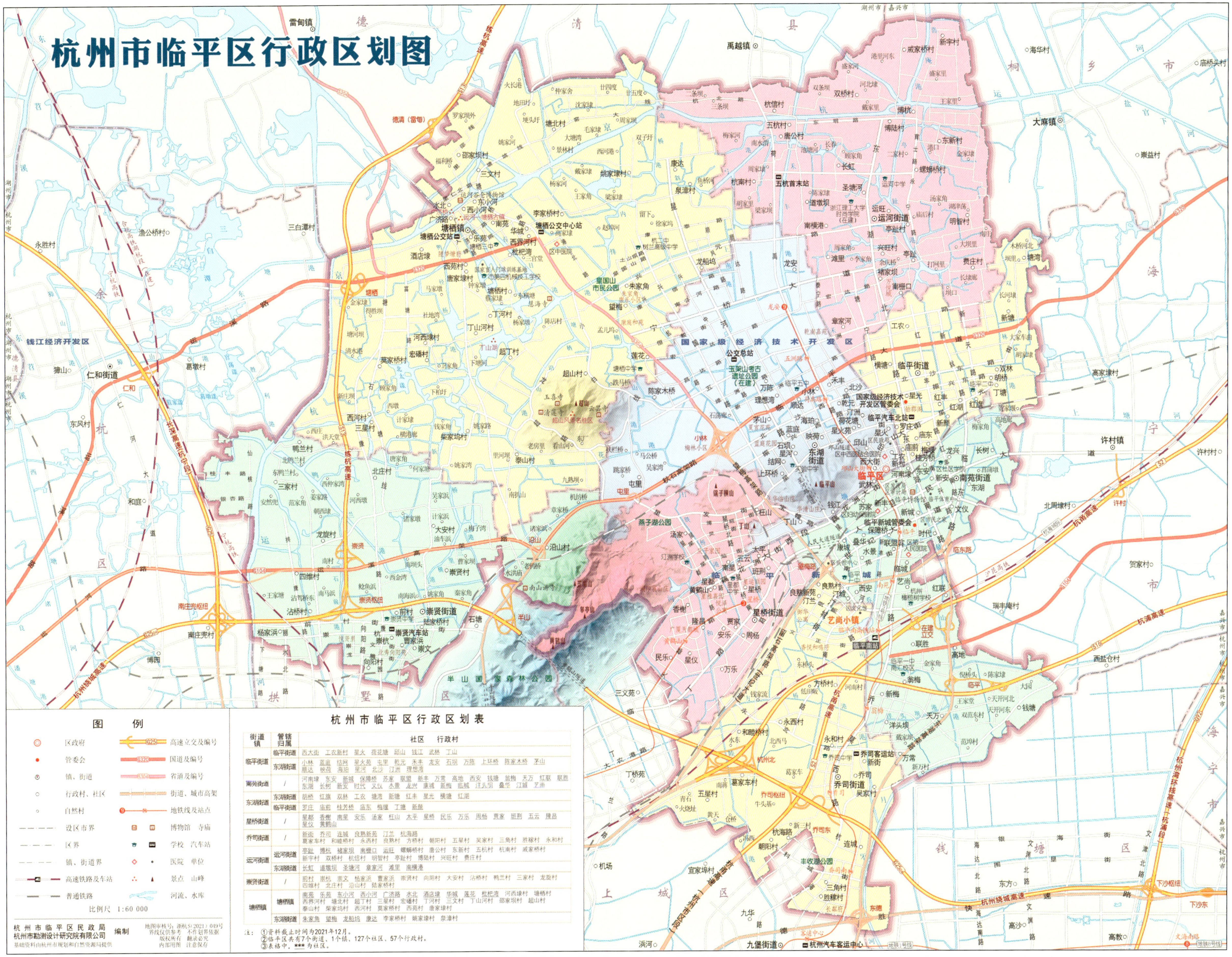

杭州市临平区行政区划表

街道镇	管辖归属	社区　行政村
临平街道	临平街道	西大街　工农新村　星火　荷花塘　邱山　钱江　武林　丁山
临平街道	东湖街道	小林　蓝庭　结网　星火苑　屯里　乾元　禾丰　龙安　石坝　万陈　上环桥　陈家木桥　茅山　顺达　映荷　海珀　星河　北沙　汀洲　理想湾
南苑街道	/	河南埭　东安　新城　保障桥　苏家　联盟　新丰　万常　高地　西安　钱塘　翁梅　天万　红联　联胜　东湖　长树　新安　时代　义仪　水景　龙兴　康城　新梅　临城　洋头坝　叠华　汀城　艺尚
东湖街道	东湖街道	胡桥　红旗　双林　工农　塘湾　新塘　红丰　星光　横塘　红湖
东湖街道	临平街道	罗庄　庙前　桂芳桥　庙东　梅堰　丁塘　新颜
星桥街道	/	星都　香樟　南星　安乐　汤家　杜山　太平　星桥　民乐　万乐　周杨　贾家　班荆　五云　隆昌　星仪　黄鹤山
乔司街道	/	新街　乔司　连城　良熟新苑　汀兰　杭海路　葛家车村　和睦桥村　永西村　良熟村　方桥村　朝阳村　五星村　吴家村　三角村　胜稼村　永和村
运河街道	运河街道	亭趾　博杭　褚家坝　南栅口　运旺　螺蛳桥村　唐公村　东新村　五杭村　杭南村　戚家桥村　新宇村　双桥村　杭信村　明智村　亭趾村　博陆村　兴旺村　费庄村
运河街道	东湖街道	长虹　道墩坝　圣塘河　章家河　滩里　南横港
崇贤街道	/	前村　崇杭　崇文　杨家浜　曹家浜　崇贤村　向阳村　大安村　沾桥村　鸭兰村　三家村　龙旋村　四维村　北庄村　沿山村　陆家桥村
塘栖镇	塘栖镇	南苑　乐苑　东小河　西小河　广济路　水北　酒店埭　华城　莲花　枇杷湾　河西埭村　塘栖村　西界河村　塘北村　超丁村　三星村　宏磻村　丁河村　三文村　丁山河村　邵家坝村　超山村　泰山村　柴家坞村　西河村　莫家桥村　西苑村　唐家埭村
塘栖镇	东湖街道	朱家角　望梅　龙船坞　康达　李家桥村　姚家埭村　泉漳村

注：①资料截止时间为2021年12月。
②临平区共有7个街道、1个镇、127个社区、57个行政村。
③表格中，***为社区。

（区民政局供稿，地图审核号：浙杭S（2021）049号）

总　目

Main Contents

目　录
CONTENTS

特　载

特　辑

大事记

临平概览

中共杭州市临平区委员会

·临平区工商联（总商会）·

·临平区文学艺术界联合会·

·临平区残疾人联合会·

·临平区红十字会·

·临平区关心下一代工作委员会·

法　治

·政法委与综治·

·公安·

军 事

城乡建设治理·生态环境保护

产业平台

数字经济

工　业

建筑业·房地产业

商贸服务业

旅游业

金融·财政·税务

人才·科学技术

文化·传媒

社会生活

人物·先进集体

附　录

索引

特 载

Specials

勇担新使命 迈向新征程 高水平建设“数智临平·品质城区”

——在中国共产党杭州市临平区第一次代表大会上的报告

陈如根

2021 年 6 月 21 日

中国共产党杭州市临平区第一次代表大会，是在中国共产党成立 100 周年的历史时刻，在临平区应运而生、开启新局的关键时刻，召开的一次具有重要里程碑意义的大会。大会的主题是：高举习近平新时代中国特色社会主义思想伟大旗帜，深入贯彻党的十九大和十九届二中、三中、四中、五中全会精神以及习近平总书记考察浙江、杭州重要讲话精神，全面落实省委十四届九次全会和市委十二届十一次全会精神，认真分析面临的发展机遇和挑战，理清高质量发展思路，确定今后五年的奋斗目标和主要任务，选举产生中国共产党杭州市临平区第一届委员会和纪律检查委员会，动员全区广大党员干部和人民群众，凝心聚力、克难攻坚、锐意进取，为高水平建设“数智临平·品质城区”努力奋斗。

现在，我代表区委向大会作报告，请予审议。

一、站在新的历史起点，我们要不忘来时路，永葆一往无前的强劲动力

今年 3 月，国务院批准杭州市部分行政区划优化调整。4 月 9 日，杭州召开动员部署会议，宣布正式启动实施部分行政区划优化调整，原余杭区大致以运河为界，设立临平区和新的余杭区。临平作为全省最年轻的区，站上了历史的舞台，迎来了全新的发展机遇，开启了崭新的奋斗征程。

回望临平发展历程，我们充满底气，这底气来自深厚的历史积淀。临平之名，东晋时已见诸史册，至今已有一千八百余年。临平是自古繁华之地，隋唐以来是上塘河水路东出杭州的第一大埠，宋时人烟稠密、商贾云集、贸易兴旺，北宋端拱元年（988）设镇，清康乾时期被称为“丝绸之府，花果之地，鱼米之乡”。临平是人文荟萃之地，大运河、超山梅花、良渚等文化源远流

长、底蕴深厚，孕育了褚无量、何思敬等大批名人名家，吸引了苏东坡、吴昌硕等众多雅士名流，涵养了“兼收并蓄、包容开放”的人文精神。临平是发展厚重之地，1953年起是杭县县政府驻地；1960年起，是杭州钱塘联社县级机关驻地；1961年，从当时的临安县分出原余杭县境，与钱塘联社合并，恢复余杭县建制，县政府设在临平。六十多年来，临平一直是县级政治经济文化中心。临平是改革开放先行之地，自上世纪80年代以来，临平人合力拼搏、务实争先，先后实施家庭联产承包责任制、乡镇工业企业经济承包责任制、企业转制等一系列重大改革，1988年被列入沿海经济开放区，此后在历届党委的坚强领导和临平人民的艰苦奋斗下，经济社会发展活力不断迸发。特别是近年来，原余杭区领导班子坚定实施“五大余杭”“东部崛起”“靓城行动”“新制造业计划”等一系列决策部署，临平经济社会更是取得了跨越式发展。可以说，在原余杭从农业大县到工业强市再到数字经济强区的历史演进中，临平一直扮演着重要角色、发挥着首位作用，积蓄了深厚的发展势能，使我们有十足底气昂首阔步迈向新征程。

回首区划调整过程，我们满怀信心，这信心来自团结的干事氛围。自行政区划优化调整工作启动以来，区委坚决拥护党中央和省市委决策部署，确立“平稳有序、安全稳定、减少影响”工作目标，落实“先立后破、先人后事、先粗后细、先急后缓”原则，切实把行政区划优化调整各项任务落到实处。全市动员大会之后，区委及时召开相关会议传达通报、部署落实，坚决统一思想认识，严明各项纪律要求，稳步推进资产划转、机构设置、干部调配转任、“三定”方案编制、国有公司筹建等各项工作，紧锣密鼓做好党代会、“两会”筹备工作。5月4日，区委、区纪委举行揭牌仪式。回顾区划优化调整启动以来的筹备过程，全区广大干部讲党性、守纪律，做到思想不乱、工作不断，经受住了各种考验，展现了过硬的政治品格和良好的精神风貌。广大离退休老领导老同志坚决拥护上级决定，全力支持区委工作，展现了高度的政治自觉和强烈的大局意识。在这样一支高度忠诚、坚强有力的党员干部队伍示范带动下，全区上下团结一心，牢牢坚守对临平这片土地的热爱，深深扎根临平，矢志建设临平，凝聚了开拓进取、砥砺奋进的强大合力，形成了政通人和、昂扬向上的干事氛围，为我们迎接新挑战、形成新优势、激发新动力提供了信心和力量。

回顾今年各项工作，我们倍感振奋，这振奋来自良好的发展开局。今年以来，各级各部门坚决贯彻落实党中央和省市委决策部署，以起步就是冲刺的状态，紧抓发展第一要务，立足临平实际，发挥特色优势，高标准、高质量谋划推进各项工作，全区经济社会呈现稳中向好发展态势。主要指标增速良好，一季度全区实现生产总值188.07亿元，增长23.8%，增速位居全市第二；1—5月，完成财政总收入139.86亿元、一般公共预算收入86.28亿元，分别增长30.9%、23.2%；完成固定资产投资156.34亿元，增长26.1%，增速预计位居全市第三。制造业发展稳健，实现规模工业增加值139.47亿元，增长23.3%，高于全市平均6个百分点，工业投资增长50.9%。招商引资形势良好，集中签约项目60余个，总投资超260亿元。创新驱动加速推进，新增孵化载体10个、52.9万平方米，上市企业新增1家、过会5家。重点工作推进有力，数字化改革、亚运城市专项行动、重大项目建设、美丽城镇和美丽乡村创建、民生事业发展、基层治理、党史学习教育等工作取得积极成效。今年各项工作的良好开局，是在行政区划优化调整的大背景下取得的，这充分展示了我区干部队伍能打硬仗、会弹钢琴、善抓落实的优良作风，更充分说明了临平发展基础扎实、发展势头良好、发展未来可期，我们有决心、有实力以更好的姿态开创新局面。

临平的发展基础，是在省委、市委坚强领导下，原余杭区历届区（县、市）领导班子薪火相传、艰苦创业，全区广大干部群众团结一致、务实拼搏的结果。在此，我代表区委，向全区广大党员和干部群众，向离退休老领导和老同志，向各民主党派和人民团体，向社会各界人士，表示衷心感谢并致以崇高敬意！

各位代表，同志们，一个时代有一个时代的主题，一代人有一代人的使命。历史的接力棒已经传到我们手中，临平未来的发展征程波澜壮阔，我们要倍加珍惜这一干事创业的舞台，鼓足干劲、乘风破浪、勇往直前，奋力开创辉煌灿烂的明天！

二、面对新的机遇挑战，我们要找准坐标系，擘画未来发展的美好蓝图

起跑决定后势，开局关系全局。今后五年，是临平区第一届区委班子团结带领广大干部群众继往开来、谱写新篇的关键时期。我们必须正确看待世情国情、主动融入省市大局，把握机遇、找准方位、应对挑战，高水平开启全面建设社会主义现代化新征程。我们正处于战略机遇叠加期，必须把准时代脉搏开新局。党的十九届五中全会深刻把握“两个大局”，作出“两个一百年”历史交汇点的战略谋划，明确长三角一体化发展、大运河国家文化公园建设等部署加快落地实施。习近平总书记在浙江考察时赋予浙江建设“重要窗口”的新目标新定位，在“十四五”开局、现代化新征程开启之时，党中央又支持浙江高质量发展建设共同富裕示范区。杭州按照“四个杭州”“四个世界一流”要求，加快构建“一核九星、双网融合、三江绿楔”市域发展新格局，高水平打造“数智杭州·宜居天堂”。这些都为临平发展提供了更加广阔的舞台、注入了更加强劲的动力。我们要准确把握承接国家和省市战略的时代之机，借梯登高、借船出海，奋力开创高质量发展新局面。我们正处于城市蝶变加速期，必须拉高工作标杆促提升。行政区划优化调整，是城市运行规律的深层次变革，是资源要素配置的系统性重塑。杭州历史上的每一次调整，都为全市域统筹发展和涉改区深刻转型注入了澎湃动能。临平早在2002年就被杭州确定为三大城市副中心之一，确立了融城发展的主基调，拉开了城市形态升级的序幕。临平之名烙上行政区属性后，发展主线更清晰、工作重点更聚焦、要素配置更高效。在全市发展格局中，临平既是“一核九星”当中的一星，又是“一核”的重要组成部分。对此，我们要牢固树立全市“一盘棋”思想，对标对表、拉高标杆，深度融入杭州主城一体发展，推动全域提升、全面提升。我们正处于蓄势跃升突破期，必须找准比较优势谋发展。在城市群、都市圈加速崛起的大背景下，临平如何走出一条特色化、差异化的新路子，在日趋激烈的区域竞争中突围制胜，是我们必须回答好的重大课题。立足临平看临平，从城市板块升格为行政区后，多年发展成果正加速转化为前进动力；跳出临平看临平，我们要运用“田忌赛马”的思维，分析优势、放大优势：286平方千米的区域面积为我们提供了相对广阔的发展腹地，可开发利用的空间资源较为充足；国家级经济技术开发区制造业基础雄厚、“未来工厂”建设全省领先，临平新城工业互联网、时尚、电商等产业形成集聚发展态势；基础设施和公共配套建设较为完善，城市结构和功能形态相对成熟，是来杭创新创业者的价值之选；区位优势得天独厚，地处长三角圆心地，坐落于G60科创走廊和杭州城东智造大走廊的战略交汇点，是杭州融入长三角、接轨大上海的天然桥头堡。我们要打好优势牌、唱响特色戏，切实将独特的资源禀赋、产业基础、区位条件等转化为现实生产力和发展驱动力。我们正处于瓶颈破解攻坚期，必须坚持问题导向补短板。在看到机遇、抓住机遇的同时，我们也要清醒地认识到，临平当前及今后一段时期需要应对的挑战不少、补齐短板的任务紧迫：一是产业结构有待优化，先进制造业集群尚未全面形成，数字经济发展偏慢，创新创业氛围还不够浓厚，新旧动能转换需进一步提速；二是城乡品质仍需提升，环境面貌、建管标准与先进核心城区相比仍有差距，一定程度上存在产城脱节、建设盲区等现象；三是民生改善任重道远，对照人民群众更高期待、更新要求，多元化、特色化的优质公共服务供给存在短缺；四是社会治理面临挑战，

人口规模较大但结构有待优化，伴随城市建设提速、人口持续导入，平安建设、社会管理压力较大；五是队伍建设还需加强，少数干部的大局意识、创新意识、担当意识还不够，适应现代化建设、高质量发展的年轻干部和专业人才相对不足。针对这些问题短板，我们要聚焦关键处、找准突破点，通过改革创新和苦干实干切实加以解决，确保各项事业实现良好开局。

今后五年工作的指导思想是：高举习近平新时代中国特色社会主义思想伟大旗帜，深入贯彻中共十九大和十九届二中、三中、四中、五中全会精神以及习近平总书记考察浙江、杭州重要讲话精神，全面落实省委十四届九次全会和市委十二届十一次全会精神，准确把握新发展阶段，深入贯彻新发展理念，服务构建新发展格局，忠实践行“八八战略”，以高质量发展为主题，以改革创新为根本动力，以满足人民日益增长的美好生活需要为根本目的，围绕市委赋予的融沪桥头堡、未来智造城、品质新城区战略定位，以争创共同富裕示范区样板为牵引，推动城市能级、经济动能、治理效能“三大跃升”，打造长三角开放高地、数智化变革高地、全景式幸福高地，高水平建设“数智临平·品质城区”，奋力展现“重要窗口”的临平风采。

——推动城市能级跃升，打造长三角开放高地。科学把握“核”与“星”的关系，坚持全面融入、深度融入杭州主城整体发展格局，按照“科产城融合、功能完备、职住平衡、生态宜居、交通便利”的建设要求，合理规划空间布局，高标建设功能片区，全面提升城市综合能级和核心竞争力。充分发挥区位优势和门户枢纽功能，代表杭州第一方阵融入长三角、接轨大上海，以交通先行为重要基础，以产业共兴为核心关键，以科技创新联动为有效支撑，努力成为长三角金南翼对外开放门户、撬动沪杭深化合作的战略节点。

——推动经济动能跃升，打造数智化变革高地。厚植国家级经济技术开发区、临平新城产业平台优势，加快产业数字化、数字产业化，强化数字经济和新制造业“双引擎”驱动。夯实制造业根基，大力推进制造业高端化、智能化、绿色化、服务化发展，加速“制造”向“智造”转型，持续打响“临平智造”品牌；以构建创新综合生态为前提，以工业互联网为重点，以未来产业为关键点，大力培育以数字经济为主的经济新动能，加快形成数字产业链和产业集群，生动诠释“数智融合”在临平大地的创新实践。

——推动治理效能跃升，打造全景式幸福高地。坚持以人民为中心的发展思想，统筹发展和安全、富民和安民，以数字化改革引领推动区域治理体制机制、方式流程全方位系统性重塑，构建舒心安心放心的社会环境。顺应人民日益增长的美好生活需要，统筹城乡融合发展，加强优秀历史文化保护传承利用，像保护眼睛一样保护生态环境，推动人的全生命周期公共服务优质共享，绘就全景展示人文美、生态美、生活美、和谐美的共同富裕幸福篇章。

今后五年我区经济社会发展的主要目标是：在实现“十四五”规划目标的基础上再接再厉，到 2026 年，经济实现更高质量发展，全区生产总值力争达 1300 亿元以上，年均增长 7%以上；财政总收入突破 300 亿元，年均增长 10%以上。产业发展达到更高能级，规模工业增加值突破 500 亿元，年均增长 7%；数字经济核心产业增加值突破 120 亿元，年均增长 15%；上市企业达到 40 家。创新能力显著提升，R&D 经费占生产总值比重达到 4.1%，国家高新技术企业达到 1300 家。人民群众获得感、幸福感、安全感不断提升，居民人均可支配收入与经济增长基本同步，城乡居民收入倍差缩小到 1.56。区域治理水平不断提高，数字治理实践不断深化，现代应急体系基本建成。市场化、法治化、国际化的一流营商环境初步形成，开放型经济发展水平显著提升。党的建设全面加强，党委领导能力和执政水平不断提高，政治生态更加风清气正。

在此基础上，我们要接续奋斗，确保到 2035 年，城市综合能级、核心竞争力、治理现代化水平大幅提升，率先实现共同富裕，基本建成社会主义现代化国际大都市标杆性城区。

三、聚焦新的目标任务，我们要奋楫再出发，书写跨越发展的精彩篇章

奋斗目标的实现，是靠干出来的。今后五年，全区上下要锚定发展目标，坚定发展信心，扭住关键环节，精准发力、担当作为，在全省高质量发展建设共同富裕示范区进程中走在前、作表率。重点抓好六方面工作：

（一）坚持规划引领，精心重塑区域发展新空间

科学编制新一轮国土空间规划，进一步优化功能板块定位，构筑“一核三片两轴”的空间发展格局，实施“南融、北创、东靓、西优、中兴”的区域发展战略，不断增强全域综合竞争力。南融，就是要立足深度融合，等高对接、全面融入杭州主城一体发展，以临平新城为重点板块，以乔司全域土地综合整治为关键抓手，加快空间改造提升，拓展创新创业空间，布局科创基地、总部基地，谋划打造钱江新城升级版。北创，就是要强化创新驱动，提升国家级经济技术开发区产业能级，争取布局产业创新中心、制造业创新中心等重大创新载体，集聚高端要素，培育“未来工厂”，招引未来产业，打造集实体制造、科创研发、成果转化于一体的“未来智造高地”。东靓，就是要做好靓丽文章，优化运河二通道航运、产业、水利、景观等功能布局，重塑沿岸沿线风貌，统筹考虑大运河以北区域，实施一批乡村新社区精品工程，提升东北部地区整体建设水平。西优，就是要着眼优化提升，聚焦塘栖、崇贤片区，依托超山、丁山湖等山水资源，结合大运河国家文化公园建设，谋划布局大运河科创城，在山水肌理间植入科创、文创等环境影响低、技术含量高、创新能力强的产业功能，深度对接城西科创大走廊，打造生态、创新、人文融合发展的双创示范片区。中兴，就是要聚焦品质兴区，全面提升中心城区城市能级和建设品质，进一步增强辐射带动力和要素吸引力，在科技创新、开放合作、公共服务、社会治理等方面达到一流水平。

（二）坚持创新驱动，全面激发经济发展新活力

主动顺应科技革命和产业变革潮流，积极融入新发展格局，不断提升产业基础高级化和产业链现代化水平，着力壮大新增长点，进一步激发高质量发展的活力创新力竞争力。一要构建现代产业体系。聚焦高端装备制造、生物医药、家纺服装、新能源新材料等重点产业，聚力打造千亿级高端装备制造、八百亿级生命健康、五百亿级时尚产业三大产业集群，大力培育工业互联网产业集群，加快布局5G生态、第三代半导体、新一代人工智能等战略性新兴产业、未来产业，形成以数字经济为核心、新经济为引领、实体经济为支撑的现代产业体系。培育壮大金融保险、信息技术服务、研发设计等现代服务业，大力发展平台经济、创意经济、直播经济、共享经济等新业态，做强做优总部经济。实施做大产业扩大税源行动，坚持招商引资“一把手”工程，强化产业链精准招商，加快“补链”“扩链”“强链”，全力招引一批竞争力强、辐射力大、成熟度高、成长性好的优质项目。二要加快产业转型升级。深入实施“3521”制造业数字化转型计划，扎实推进国家级经济技术开发区全省新智造区域试点创建，着力构建“未来工厂”梯度培育体系，新增“未来工厂”10家以上，打造全省“未来工厂”示范区。依托阿里supET、中国工业互联网研究院浙江分院等平台，实现重点产业集群产业大脑应用和工业互联网平台全覆盖。开展质量提升行动，力争在中国质量奖上实现突破。实施企业“扎根计划”，支持区内优质企业以资源优势探索新模式、拓展新业务、孵化新项目。强化“低散乱”企业、落后产能淘汰整治，推进低效企业基本出清。加大企业培育力度，实施领军企业“雄鹰计划”、企业上市“凤凰行动”计划、高成长性企业“雏鹰计划”、科技企业“双倍增计划”，形成龙头企业“顶天立地”、科技型中小微企业“铺天盖地”的生动局面。三要布局创新平台矩阵。以打造产业创新高地为目标，做强做大国家

级经济技术开发区和临平新城两大产业主平台，积极创建制造业平台经济创新实验区、省级现代服务业创新发展区，加快建设长三角创新研发总部基地，提升发展省级生物医药高新技术产业园。实施特色小镇高质量发展三年行动计划，谋划建设中国（杭州）算力谷，迭代升级工业互联网小镇，将艺尚小镇打造成为世界级时尚小镇。深入实施“大孵化器”战略，确保省级以上孵化器（众创空间）达10家以上。围绕产业链布局创新链，积极招引重大科研院所和创新服务平台，支持工信部服务型制造研究院、浙大高端装备研究院、浙大基础医学创新研究院等各类科研机构提升多元化、市场化运营水平，深化与浙江大学、西湖大学、浙江理工大学等高校的合作。四要打造人才活力强区。充分发挥企业引才用才主体作用，大力引培高端创新人才和高技能人才，加快人才领衔项目落地，健全完善以培养、评价、使用、激励为重点的技能人才工作体系。实施“菁英”赋能、“临商”提质、“精匠”锤炼人才结构创优计划，优化升级人才政策体系，加大人才服务支撑力度，加强人才创新创业服务综合体建设，力争人才资源总量突破30万，全面打响“有梦来临、天成地平”人才工作品牌。五要强化资源要素支撑。建立“存量为主，增量为辅”用地模式，制定实施存量工业用地有机更新政策，大力开展工业全域治理，分级分类推进低效用地再开发再利用。围绕企业生命周期不同阶段需求，制定实施新一轮产业政策，不断优化政策兑现流程。积极推进“蓝领公寓”建设，助力企业解决招用工难题。持续深化政银保企合作，深入实施“融资畅通工程”，拓宽中小微企业融资渠道，放大政府投资基金引导撬动作用，着力打通金融服务实体经济、科技创新的堵点。牢固树立“过紧日子”思想，切实提高财政资金使用绩效。

（三）坚持系统集成，持续放大改革开放新优势

坚持以数字化改革引领撬动各领域各方面改革，促进活力和秩序有机统一、市场有效和政府有为有机统一，提高资源要素配置效率，营造良好发展环境。一要攻坚重点改革项目。全面落实全省数字化改革和“数智杭州”建设部署要求，加快构建“152”工作体系，高质量推进一体化智能化公共数据平台和党政机关整体智治、数字政府、数字社会、数字经济、数字法治五大综合应用建设，聚焦发展难点、治理堵点、民生热点，打造一批具有临平特色的应用场景和改革成果。推动“县乡一体、条抓块统”改革，重塑基层治理流程体系，厘清部门镇街权责清单，实施“大综合一体化”执法改革，构建高效协同治理格局。深化国有企业改革，提高国有资产运营效率。二要持续优化营商环境。对标沪深，深入开展营商环境提升工程，加快建设以企业全生命周期办事服务为核心的“浙里办”营商环境临平门户，打造“掌上办事之区”。全面落实“三服务”2.0版，打造“不叫不到，随叫随到”的一站式亲清服务平台，实现惠企服务精准化、常态化。强化知识产权保护与运用，完善知识产权公共服务体系，确保市场竞争环境公平有序。持续推进信用建设，搭建企业与公民信用信息归集、查询、应用及修复“一站式”管理平台。大力弘扬临平企业家精神，营造民营经济良好发展氛围。三要深入推进区域合作。谋划建立沪杭创新合作区、上海高新产业拓展区，加速推进长三角G60浙江（临平）科创基地建设，持续推动国家技术转移东部中心浙江（临平）分中心落地孵化，打造“上海科研溢出+临平智造落地”产业转化模式。紧密联动余杭区，深化两区合作交流机制，共建大运河创新大道，积极承接城西科创大走廊创新资源。参与杭嘉、杭湖一体化发展，打造长三角跨市域同城化发展示范区。坚决扛起东西部协作政治责任，聚力打造山海协作工程升级版。

（四）坚持统筹协调，积极构建城乡融合新格局

协同推进新型城镇化和乡村振兴战略，全面提升城市能级，全域提升人居环境，打造充满活力、富有魅力、时尚美丽的品质新城区。一要构建融合通达的交通体系。启动实施交通强区建设三年行动计划。推动沪乍杭高铁及临平北站建设，提升改造临平高铁站，积极对接落实杭州地铁四期规划。扎实推进沪杭高速改建、杭州中环、秋石快速路、东湖路北延、望梅快速路二期、秋石北路改扩建等项目建设，形成“四横三纵”快速路网布局，打通一批支小路、断头路，加快与主城核心区一体融合。依托运河二通道，谋划布局内河集装箱码头，打造多式联运货运枢纽。二要建设精致活力的中心城区。融入公园城市、海绵城市、智慧城市、低碳城市发展理念，提升城市规划前瞻性。深入实施“靓城行动”，持续推进迎宾路城市发展轴沿线开发建设，高标准创建鼎湖等一批未来社区，实施乔司全域土地综合整治，加快国家级经济技术开发区9平方千米中心区规划建设。持续推进老城有机更新，推动功能完善、空间挖潜和服务提升，增设一批城市绿道、城市小公园，加强无障碍环境建设，打造便利舒适的生活环境。全力服务保障亚运会，放大综合效应，大力引培国际商务活动和高端赛事，提升国际化品质。强化城市精细化管理，进一步理顺城市管理体制机制，创新综合管理和智慧运营模式，推动城市环境面貌提档升级。三要创建江南韵味的美丽乡村。围绕“一园引领、两核驱动、十村未来、多点精致、全域美丽”总体布局，启动新一轮美丽乡村提质升级行动，推进乡村新社区建设，优化农村人居环境和质量，打造江南水乡乡村振兴样板地。实施美丽城镇建设，积极创建省级样板。加快发展现代都市农业，全面落实稳产保供要求，做精塘栖枇杷、生态甲鱼等特色产业，积极发展休闲美丽农业、乡村夜经济、创意农业等多元化业态，谋划建设大运河现代农业产业园，加快推动农文旅融合发展。壮大村级集体经济，实施新一轮“强村富农”政策，通过留用地开发、村庄经营、精准帮扶等举措，增强村集体造血能力。

（五）坚持生态优先，全力打造绿色发展新典范

积极践行绿水青山就是金山银山理念，以创建国家生态文明建设示范区为抓手，协同推进高质量发展和高水平保护，促进人与自然和谐共生。一要持续攻坚污染防治。深化“五水共治”碧水行动，加快推进临平自来水厂、临平北净水厂等项目建设，持续开展河道综合整治，建成“污水零直排区”，确保市控以上断面水质全面达标。开展工业废气、扬尘、餐饮油烟等专项整治，建成清新空气示范区。打好净土清废防御战，建立土壤环境全过程风险管控体系，提升工业固废、生活垃圾、建筑垃圾、农业固废、危险废物处置能力，加强塑料污染综合治理，实现城乡生活垃圾分类和无害化处理全覆盖，全力打造“无废临平”。二要加强生态保护修复。严守生态保护红线、永久基本农田、城镇开发边界三条控制线，实现国土空间规划、生态环境管控“一张图”。统筹推进山水林田湖草一体保护修复，加强丁山湖湿地资源保护利用，加快建设以超山—塘栖为核心的“生态绿芯”，重点开展以超山风景名胜区为代表的城市生态保护带提升工作，完成新增百万亩国土绿化任务，系统打造疏密有致、气韵灵动的“公园城市”。三要推进绿色低碳转型。深化低碳城区建设，加快绿色低碳技术创新，实施绿色社区、绿色工厂等生态细胞工程，统筹推进能源、工业、建筑、交通运输、农业、居民生活等领域碳达峰碳中和行动，推行绿色低碳的生产生活方式。全面实行排污许可制，推进排污权、用能权、用水权、碳排放权市场化交易，完善环境保护、节能减排约束性指标管理，探索企业治污正向激励机制，为绿色发展提供制度保障。

（六）坚持利民为本，加快建设共同富裕新家园

牢固树立以人民为中心的发展思想，不断顺应人民对美好生活的向往，让发展机会更加均等、发展成果人人共享。一要拓宽城乡居民增收渠道。健全促进创业带动就业、多渠道灵活就业的保障制度，完善就业公共服务体系，加大重点群体就业支持帮扶力度，确保零就业家庭动态清零。拓宽城乡居民财产性收入渠道，多管齐下推动低收入群体增收。实施农民增收致富行动，通过发展乡村旅游、农村电商等举措，促进农民就近就地创业就业。完善城乡居民社会保险制度，健全覆盖全民、统筹城乡、公平统一、可持续的多层次社会保障体系。深化社会救助体系建设，大力发展枢纽型、资助型、行业性慈善组织。二要加强优质公共服务供给。加大民生投入力度，率先建成学前教育、公共卫生、养老照料、体育健身等“15分钟公共服务圈”。建立以家庭为基础、社区为依托、机构为补充的多元化婴幼儿照护体系，积极构建育儿友好型社会。实施教育质量提升工程，优化教育资源布局，建设高素质教师校长队伍，推动基础教育优质均衡发展，打响“学在临平”美好教育品牌。统筹推进健康临平建设，持续完善三级诊疗服务体系，提升建设一所综合性三甲医院，深入推进“名医名护名科”培育工程，切实提升区域医疗服务水平。打造联防联控、统一高效、快速响应、科学精准的公共卫生应急管理体系，提高突发重大公共卫生安全事件应对能力。实施“养老机构跟着老人走”行动，探索家庭养老照护床位和区域性康养服务综合体建设，打造居家社区机构相协调、医养康养相结合的幸福养老服务体系。落实“房住不炒”，深化住房租赁改革试点，加快回迁安置，加强城镇老旧小区改造，推动农村住房解困，形成多层次、广覆盖的住房保障体系。三要打造精神文明高地。积极践行社会主义核心价值观，创建新时代文明实践中心临平模式，开展“美丽临平人”、道德模范、美德少年等系列选树活动，夯实崇德向善、文明有礼的人文基础。弘扬三大历史文化，传承“兼收并蓄、包容开放”的文化基因，铸就“开拓创新、追求卓越”的时代精神。有序推进玉架山遗址公园项目，加快建设大运河国家文化公园（临平段），全力打造以“运河古镇、湿地田园、航运古道”为特色的古今文化交融地。加强文物和历史建筑保护，推动江南水乡文化博物馆（临平区博物馆）争创国家一级博物馆。完善现代公共文化服务体系，积极开展非遗文化展示，创新实施文化惠民工程。加快构建以文化制造为基础，数字内容为核心，设计服务、创意生活为支撑的文化产业体系。四要建设平安法治临平。坚持数字赋能基层治理，健全“一中心四平台一网格”上下联动、左右协调的区域社会治理机制，完善基层民主协商制度，形成党建引领自治、法治、德治、智治相融合的基层治理体系。加强社会治安防控体系建设，推进扫黑除恶长效常治，加大打击违法犯罪力度，着力化解重点领域矛盾纠纷和信访积案，持续提升“三源治理”实效。健全防范化解重大风险体制机制，大力开展道路交通、消防、安全生产等重点领域突出问题整治攻坚行动，牢牢守住公共安全底线。全面提升法治建设水平，健全法治监督、法治保障体系，深化法治政府建设，完善全业务全时空公共法律服务，为高质量发展提供法治支撑。

四、肩负新的使命担当，我们要建强主心骨，筑牢干事创业的坚强保障

我们即将迎来建党100周年的历史时刻。中国共产党的一百年，是矢志践行初心使命的一百年，是筚路蓝缕奠基立业的一百年，是创造辉煌开辟未来的一百年。临平红色根脉深厚，崇贤鸭兰村曾树起了大运河畔的第一面农村党支部旗帜。站在临平设区立业的新起点，我们要传承红色基因、赓续红色血脉、发扬红色精神，牢牢把握新时代党的建设总要求，毫不动摇坚持和加强党的全面领导，以高质量党建引领高质量发展，为开启新征程、创造新业绩提供坚强保障。

（一）坚定理想信念，坚守共产党人的精神追求

围绕“举旗帜、聚民心、育新人、兴文化、展形象”使命任务，紧扣思想政治建设“生命线”，不断强化党性锻炼，始终做到对党绝对忠诚。一要筑牢信仰之基。自觉在思想上政治上行动上同以习近平同志为核心的党中央保持高度一致，增强“四个意识”、坚定“四个自信”、做到“两个维护”，不断提高政治判断力、政治领悟力、政治执行力。严守政治纪律和政治规矩，坚决贯彻落实党中央和省市委的各项决策部署，确

保政令畅通、令行禁止。二要补足精神之钙。深入开展党史学习教育，完善党委（党组）理论学习中心组学习制度，充分发挥党校主阵地作用，进一步推动党员干部学懂弄通做实习近平新时代中国特色社会主义思想，做到常学常新、常悟常进。坚持理论联系实际，努力把理论学习成果转化为推进临平高质量发展的实践力量。三要把稳思想之舵。严格落实意识形态工作责任制，提高依法治网水平，健全统筹协调、分析研判、定期通报机制，牢牢把握意识形态工作的领导权和主动权。加大红色资源挖掘、保护、利用力度，加强基层理论宣讲，唱响临平好声音。全力打造全媒体宣传矩阵，讲好临平故事、展示临平形象，不断夯实全区人民团结奋斗的共同思想基础。

（二）树立鲜明导向，锻造唯实惟先的临平铁军

坚持党管干部原则，立足发展需要，全力锻造一支“想干事、有信仰力，敢干事、有引领力，能干事、有战斗力，会干事、有协同力，干成事、有保障力”的干部队伍。一要树立实干为先、敢于担当的用人导向。落实 20 字好干部标准，实施“政治素质提升工程”，深化干部选任“一线用才计划”，运用领衔破难、揭榜挂帅、实绩晾晒等工作机制，激励干部比学赶超、担当作为。注重在推动中心工作、攻坚重大任务等大战大考中考察识别干部，真正把敢打硬仗、能打胜仗的干部选拔出来、使用起来，进一步激发干部守土尽责、干事创业的内生动力。二要构建立体全面、薪火相传的培养机制。突出能力素质，实施“战斗力提升工程”和紧缺型专业干部“阶梯成长计划”，打造“藕花洲学堂”，构建涵盖干部成长全过程、全周期的链式培育体系。加大优秀年轻干部培养选拔力度，统筹做好女干部和党外干部选配，进一步优化干部队伍结构。三要锤炼上下齐心、多方联动的协同能力。健全部门、镇街、平台多方联动、协同攻坚机制，采取项目化、扁平化、集群化工作方式，推动干部资源最大限度优化配置，营造“千斤重担一起挑”的浓厚氛围。四要健全管爱并重、务实管用的关爱体系。坚持严管和厚爱结合、激励和约束并重，完善干部考评体系和奖惩机制，发挥职级公务员作用，激发老中青各年龄段干部积极性。健全容错免责机制，旗帜鲜明为担当者担当、为干事者撑腰、为奋进者鼓劲。

（三）夯实基层基础，打造坚强有力的战斗堡垒

推进基层党建全域争先、整体跃升，打造具有临平辨识度的党建新名片。一要夯实农村党建基层基础。聚焦助力乡村振兴，以大运河、塘栖丁山湖等区域为重点，打造美丽乡村党建示范带，建立农村产业党建联盟集群。实施优秀村社书记“头雁工程”，全面强化村社干部链式管理，以“打擂比武、实战磨炼、实绩竞赛”提升村社书记能力素质。二要深化城市党建聚力赋能。完善社区“大党委”统领机制，探索建立未来社区党建综合体，创新打造“红临 E 家”数字化小区党建，推动小区党组织发挥实质性作用，放大党群矩阵集成服务效应，不断提升党建引领城市基层治理效能。三要推动两新党建提质发展。实施“两新党建三年创优行动”，创新上市公司、互联网企业、直播行业等新兴领域党建路径，擦亮上市红盟党建品牌，推动两新组织全面赋能经济发展，打造“党建强、发展强”示范高地。四要引领机关党建先锋示范。全面推进模范机关、清廉机关创建，实施“讲学习强素质、讲规范强基础、讲创新强发展、讲担当强服务、讲规矩强纪律”的“五讲五强”行动，凝聚机关党员干部干事创业力量，推进党建与业务工作互融共进。

（四）从严正风肃纪，营造风清气正的政治生态

围绕全面从严治党主线，纵深推进清廉临平建设，着力营造风清气正的良好政治生态。一要紧抓不放强责任。推动管党治党责任层层传导、层层落实，深化运用“三点一评议”等制度，严格落实党委主体责任、党委书记第一责任、纪委监督责任和班子成员“一岗双责”，构建权责明晰、落实有力、失责必究的责任体系。加大对党风廉政建设责任落实不到位、履行管理监督职责不力问题的查处力度。二要动真碰硬抓作风。以钉钉子精神打好作风建设攻坚战、持久战，严格落实中央八项规定精神及省市有关规定，持之以恒纠治“四风”，加大通报曝光力度，大力整治群众身边的不正之风，严肃查纠“不担当、不作为、不落实”行为。持续加强中央巡视反馈意见整改工作，提升巡察监督质效，推动成果运用，助力各项工作破难提效。三要坚定不移反腐败。一体推进不敢腐、不能腐、不想腐，综合运用监督执纪“四种形态”，深入开展警示教育、廉政教育，营造崇廉尚廉守廉氛围。纵深推进清廉村居、清廉学校、清廉医院等清廉单元建设，注重以制度建设管权、数字化手段制权，打造清廉建设“示范样板”。坚持无禁区、全覆盖、零容忍，坚持重遏制、强高压、长震慑，巩固发展反腐败斗争压倒性胜利成果。

（五）发挥核心作用，凝聚同心同德的发展合力

坚持党对一切工作的领导，切实发挥区委总揽全局、协调各方的领导核心作用。加强区委自身建设，从常委会班子抓起，以上率下，作好示范。完善议事规则和决策程序，进一步提高科学决策、民主决策、依法决策水平。深化党务公开，畅通党员参与讨论党内事务的途径，拓宽党员表达意见渠道，营造党内民主讨论的政治氛围。严格执行“三会一课”、谈心谈话、民主评议党员等制度，着力增强党内政治生活的政治性、时代性、原则性、战斗性。全力支持区人大、区政府、区政协和法院、检察院依法依规履行职能、开展工作、发挥作用。巩固和发展最广泛的爱国统一战线，密切同各民主党派、工商联、无党派人士合作共事。坚持党管武装，做好退役军人事务工作，加强国防后备力量建设。扎实做好民族宗教、侨务、对台、老龄和关心下一代工作，增强工会、共青团、妇联、科协、文联、残联等群团组织工作的政治性、先进性、群众性，把最广泛的力量凝聚在党的周围。

各位代表，同志们，临平正进入一个崭新的时代，奔向一个美好的未来。全区广大党员干部要激扬勇立潮头、无惧风浪的冲劲，保持比学赶超、争当一流的拼劲，增强逢山开路、遇水搭桥的闯劲，铆足只争朝夕、务实笃行的干劲，奋力创造无愧于时代、无愧于人民的辉煌业绩！让我们更加紧密地团结在以习近平同志为核心的党中央周围，在省市委的坚强领导下，振奋精神，开拓创新，砥砺前行，为高水平建设“数智临平·品质城区”努力奋斗！

链接▶▶

名词解释

四个杭州、四个世界一流：是指习近平总书记对杭州明确提出的“杭州不应当仅仅是浙江的杭州、中国的杭州，也应当是亚洲的杭州、世界的杭州”以及“杭州要有世界一流的标准、世界一流的业绩、世界一流的胸襟和气魄，努力成为世界一流的现代化国际大都市”要求。

一核九星、双网融合、三江绿楔：“一核九星”是指杭州城市核心区和九个郊区新城；“双网融合”是指天地一体、人机交互、高速移动、安全泛在的万物智联网和都市可达、全市快联、多心加密、组团互通的综合交通网；“三江绿楔”是指以钱塘江、富春江、新安江为轴线，串联山水资源、加快生态修复，利用自然水系、山体、绿地等，在多中心、多组团、多节点之间形成绿色开敞空间和生态安全屏障。

一核三片两轴：“一核”是指临平环线快速路围合的城市发展核，“三片”是指未来智造片、数创时尚片、大运河科创片，“两轴”是指沿杭海路—迎宾路—荷禹路构建融入核心区、串联临平主要功能区的产城融合发展轴和以大运河创新大道、规划沪乍杭等重要通道等为廊道构筑的横贯东西、引领临平全域更高质量发展的区域联动发展轴。

“3521”制造业数字化转型计划： 是指加快装备制造、生物医药、家纺服装三大重点产业领域数字化、智能化演进，分层次、分行业打造一批聚能工厂、链主工厂、智能工厂、数字化车间、云端工厂五大“未来工厂”示范，实施200个工厂物联网项目，推进1000家企业上工业互联网平台、云平台，完成规上企业数字化诊断全覆盖。

制造业平台经济创新实验区： 是指在传统制造业集聚区的基础上，利用互联网、物联网、大数据等现代信息技术，围绕集聚资源、便利交易、提升效率，加快制造业总部研发功能集聚，完善传统制造业平台的产业生态，推动商品生产、流通及配套服务高效融合的创新发展平台。

省级现代服务业创新发展区： 是指浙江省为更好适应新时代服务业高质量发展要求，积极服务构建双循环新发展格局，在整合提升现有省级现代服务业集聚示范区的基础上，着力打造的“数字赋能、特色鲜明、业态高端、能级突出”的服务业发展功能性平台。

“四横三纵”快速路网： 是指由杭州中环（临平段）、秋石快速路（临平段）、留石快速路（临平段）、沪杭高速（临平段）、东湖快速路、望梅快速路、秋石北路—永玄路快速路7条快速路构成的快速路网体系。

“一园引领、两核驱动、十村未来、多点精致、全域美丽”总体布局： 是指以大运河国家文化公园为引领，以塘栖丁山湖核心圈、运河街道北片核心圈为两核，打造10个“五化十场景”的乡村新社区，建设一批突出水乡韵味的样板村，实现全域环境大提升。

20字好干部标准： 是指好干部要做到信念坚定、为民服务、勤政务实、敢于担当、清正廉洁。

三点一评议： 是指围绕全面从严治党方面存在的突出问题，点人、点题汇报，领导现场点评，参会“两代表一委员”打分评议。

高水平建设“数智临平·品质城区”争当高质量发展建设共同富裕示范区样板

——在区委一届二次全体（扩大）会议上的报告

陈如根

2021年7月14日

这次会议的主要任务是：高举习近平新时代中国特色社会主义思想伟大旗帜，认真学习贯彻党的十九届五中全会精神和《中共中央国务院关于支持浙江高质量发展建设共同富裕示范区的意见》精神，全面落实省委十四届九次全会、市委十二届十二次全会、区第一次党代会部署要求，审议通过《中共杭州市临平区委关于制定临平区国民经济和社会发展第十四个五年规划和二〇三五年远景目标的建议》《临平区高质量发展建设共同富裕示范区样板实施方案（2021—2025年）》，进一步动员全区上下，坚定信心、铆足干劲，克难攻坚、奋勇争先，高水平建设“数智临平·品质城区”，争当高质量发展建设共同富裕示范区样板。

下面，我代表区委常委会讲两方面意见。

一、总结成绩鼓干劲，高质量、共富裕发展新征程实现良好开局

自临平单独设区以来，区委坚持以习近平新时代中国特色社会主义思想为指导，坚决贯彻党中央和省市委决策部署，一手抓行政区划优化调整，一手抓改革发展稳定，经济社会保持良好发展势头。上半年，预计实现地区生产总值375亿元、增长13.5%，预计完成财政总收入150.83亿元、一般公共预算收入94.17亿元，分别增长29.5%、21.7%。

（一）科学把握大势，广泛凝聚共识，高质量、共富裕蓝图不断明晰。我们立足区情实际，深刻把握国家长三角一体化发展、大运河国家文化公园建设、全省高质量发展建设共同富裕示范区、全市实施部分行政区划优化调整等决策部署带来的重大历史机遇，顺势而为、乘势而上，以超前谋划抢占未来发展主动权。我们大兴调查研究之风，在调研中洞悉发展走势、了解民情实际、增强全局定力，组织全区领导干部围绕未来五年发展开展重大课题调研活动，群策群力、献计献策，广泛听取各层面的意见建议，掀起了一轮又一轮的大讨论大研究热潮。我们坚持谋定而动，不断优化顶层设计，围绕市委赋予的“融沪桥头堡、未来智造城、品质新城区”战略定位，召开全区高质量发展大会、区委工作务虚会、区第一次党代会等全区性重要会议进行研究部署，做到直面问题不回避、动真碰硬出实招，以精准务实的举措努力蹚出一条临平高质量发展之路。

（二）保持发展定力，汇聚发展活力，高质量、共富裕基础更加扎实。以两大产业平台为主阵地，坚持数字经济和制造业“双引擎”驱动，加快推动高端装备制造、生命健康、时尚产业及未来产业发展，国家级经济技术开发区成为全省首批新智造区域试点，西奥电梯新增入选全省“未来工厂”培育试点，春风动力、得体供应链入选省级服务型制造示范企业（平台）。梯次布

局“重点产业平台 + 特色小镇 + 科创园区 + 孵化器 + 众创空间”创新矩阵，中国工业互联网研究院浙江分院、中国服装科创研究院、工信部服务型制造研究院、浙大高端装备研究院、浙大基础医学创新研究院、中国联通（浙江）产业互联网研究院实质性运营，长三角创新研发总部基地项目加快推进，组建全省首个“政银保产企研”一体协同的“绿色低碳”金融创新实验室。迭代升级“大孵化器”战略，新增孵化载体 10 个、物理空间 52.9 万平方米。高质量举办科技人才月活动，出台“技能人才 10 条”，新增高校毕业生 1.3 万名。多措并举推动企业上市，上半年新增 1 家、过会 5 家，上市企业累计达 18 家。坚持开展“双集中”活动，集中签约阿里犀牛智造全国标杆工厂、华为双 5G+智能制造创新中心等产业项目 69 个、总投资超 260 亿元，集中开工康荣健康、浙江云计算数据中心等 3 个“152”项目和 8 个重大产业、重大民生项目。加快推动以数字化改革撬动各领域改革，“数智临平”总门户及五大综合应用门户正式上线，跨境电商溯源码等 4 个项目成功在全省“揭榜挂帅”，持续深化“县乡一体、条抓块统”改革，有序推进综合行政执法改革塘栖镇省级试点工作。

（三）牢记利民为本，提升能级品质，高质量、共富裕成色不断彰显。扎实推进运河大桥改造、东湖快速路二期、望梅快速路二期、320 国道快速路二期、沪杭高速改建、星光街提升改造等重点项目，东西向快速路高架主体贯通，高铁临平北广场地面景观精彩亮相，杭海城际铁路正式开通运营。借力亚运全面提升城乡品质，鼎湖未来社区建设全面启动，海珀、龙兴社区入选省级未来社区创建名单，大力推进运河、乔司、塘栖、崇贤 4 个美丽城镇建设。全力打好污染防治攻坚战，全面推进环保督察问题整改落实，全区空气优良率达 83.5%，市控及以上断面水质全部达标，生活垃圾进场量减少 6.9%。持续增进民生福祉，开工学校项目 4 个、竣工 8 个，区五院、区一院感染楼改扩建项目有序推进，单体竣工安置房项目 49 万平方米、回迁安置 1051 户，老旧小区改造提升项目开工 23.02 万平方米、加装电梯 39 台，建成投用区级康养联合体和 3 家示范型居家养老服务照料中心，临平体育中心项目通过初步验收。圆满完成平安护航建党 100 周年维稳安保任务，深入落实领导接访下访和包案化解机制，严密部署安全生产各项工作，慎终如始落实疫情常态化防控，全力维护社会稳定和人民安全。

（四）坚持党建引领，践行初心使命，高质量、共富裕保障坚强有力。以党史学习教育为统领，不断加强政治建设，第一时间层层传达学习习近平总书记在庆祝中国共产党成立 100 周年大会上的重要讲话精神和省、市委全会精神，区委常委班子带头学、深入学、系统学，示范带动全区党员干部增强“四个意识”、坚定“四个自信”、做到“两个维护”。深入挖掘全区红色资源，寻访鸭兰村红色根脉，提炼“长征大队精神”“围垦精神”“老虎钳精神”“贝达创新精神”等“临平精神”，举办“七个一百”庆祝建党百年主题系列活动，促进广大党员感悟初心使命，不断汲取前行力量。全面落实意识形态工作责任制，守好建强思想和意识形态工作阵地。推动新时代统战工作高质量发展，画好共建临平美好未来的最大同心圆。统筹推进党组织和干部队伍建设，全力做好行政区划优化调整人员划转工作，规范推进乡镇换届，面向世界百强、国内“双一流”等高校率先启动高层次专业人才招聘工作，选优配强领导班子、夯实党政人才储备。推进政法队伍教育整顿。开展“制度建设年、基础夯实年、提质增效年”三个年活动，纵深推进“清廉临平”建设。全力支持人大、政府、政协、监委和司法机关依法履职，高度重视加强党对武装、双拥工作以及工青妇等群团工作的领导，切实发挥好党总揽全局、协调各方的作用。

上半年工作成绩的取得，得益于以习近平同志为核心的党中央和省市委的坚强领导，得益于历届四套班子打下的坚实基础，得益于全区党员干部和人民群众的团结拼搏。在此，我代表区委，向大家致以崇高敬意和衷心感谢！

在肯定成绩的同时，我们也要清醒地认识到临平当前发展中存在的问题和短板，主要表现为“五个差距”：一是创新支撑力不足，产业转型任务艰巨，与“未来智造城”的目标还有差距；二是城市综合能级有待提升，建设管理水平不够高，与“品质新城区”的要求还有差距；三是城乡协调发展不够，乡村振兴亟待提速，与“共同富裕示范区样板”的定位还有差距；四是优质公共服务供给不足，社会治理现代化水平有待提高，与“全景式幸福高地”的愿景还有差距；五是少数干部的改革攻坚意识不强，能力素质还需提升，与“临平铁军”的形象还有差距；等等。所有这些问题，需要我们在下一步的工作中采取有效措施，切实加以解决。

二、干字当头强担当，推动高质量、共富裕美好愿景全方位落地

蓝图已经绘就，奋进正当其时。全区广大党员和干部群众要切实把思想和行动统一到区委的工作部署上来，把智慧和力量凝聚到落实区第一次党代会确定的各项任务上来，锚定“高质量、共富裕”发展总要求，担当作为、实干笃行、砥砺奋进，齐心协力把美好蓝图变成发展现实。重点要攻坚“六大硬仗”：

（一）攻坚现代产业体系构建硬仗。一要高质量发展优势产业。谋深谋细“3+1+X”重点产业，聚力打造千亿级高端装备制造、八百亿级生命健康、五百亿级时尚产业三大产业集群，扎实推进制造业产业基础再造和产业链提升工程，积极争创全省制造业高质量发展示范区，全年规上工业增加值增长7.5%。以实施“3521”制造业数字化转型计划为抓手，加快培育五大“未来工厂”示范和新智造企业群，全年实施工厂物联网项目20个、数字化车间20家，力争在省级“未来工厂”培育上取得新突破。大力发展工业互联网产业集群，强化工业互联网与5G通信、人工智能、区块链等技术的融合应用，推动以工业互联网为核心的数字经济跨越式发展，努力打造长三角工业互联网引领区。紧盯5G生态、第三代半导体、下一代人工智能等未来产业，积极引培引擎型项目，助力打造中国（杭州）算力小镇。加快推进先进制造业和现代服务业深度融合，培育壮大金融保险、信息技术服务、研发设计等生产性服务业，做强做优总部经济，争创省级现代服务业创新发展区，全年服务业增加值增长8%。二要高标准培育企业梯队。深入实施企业“扎根计划”，制订“一企一策”培育方案，打造一批具有核心竞争力的制造业领军企业和细分领域“小巨人”企业，构建形成百亿级龙头企业带动强、十亿级中型企业竞争强、亿元及以下小微企业活力强的“雁阵式”企业梯队。加快实施新一轮科技企业“双倍增”计划，以规上工业企业研发机构、研发活动“双覆盖”为抓手，完善R&D（研发）经费支出持续增长机制，健全“企业出题、院校解题、政府助题”的产学研合作创新长效机制，确保全年新增国高企140家以上、省科技型中小企业110家以上。深入实施“凤凰行动”计划，力争今年实现企业上市3家以上，全力打造临平上市军团。三要高水平打造创新载体。做大做强国家级经济技术开发区、临平新城两大平台，国家级经济技术开发区要借势全省新智造区域试点建设契机，进一步提升对全区制造业发展的首位度和贡献度，确保全年实现规上工业总产值破千亿、规上工业增加值增长12%以上；临平新城要积极抢占数字时尚、人工智能等产业新赛道，进一步提升艺尚小镇、工业互联网小镇建设质效，基本建成九乔国际数字商贸城，努力成为总部经济发展主阵地。深入谋划大运河科创城建设，依托塘栖古镇、大运河世界遗产、超山丁山湖自然资源，植入科创、文创等创新产业功能，联动G60科创走廊、城西科创大走廊，打造长三角创新高地。深入实施“大孵化器”战略，全年新增孵化载体18个、物理空间114万平方米。聚焦产业链布局创新链，积极招引重大科研院所和创新服务平台，加快建设浙江理工大学临平校区，全面提升中国工业互联网研究院浙江分院、工信部服务型制造研究院、浙大高端装备研究院、浙大基础医学创新研究院等创新实效，引导龙头企业创建创新联合体，建设一批制造业创新中心、企业研究院、研发（技术）中心，努力打造产业科技创新样板区。

（二）攻坚一流营商环境打造硬仗。一要推进数字化改革增动力。以数字化改革引领撬动各方面改革，加快建设区级“152”体系，积极承接上级“规定动作”，扎实推进跨境电商溯源码等“揭榜挂帅”项目和数智群团、服装产业大脑、人才产职住热力图、区级公物仓等已建项目建设，同步配套相应制度，真正实现流程再造、制度重塑。坚持问题导向、需求导向，积极谋划更多有临平特色、有实际效用的多跨场景，建立完善区领导领衔推进机制，着力打造一批实用爱用、黏合度高、百姓叫好、影响力大的最佳应用。加快推动“县乡一体、条抓块统”改革，进一步明晰区、镇街两级权责边界，把高频服务事项统一纳入镇街便民服务中心，实现群众、企业办事“最多跑一地”。围绕企业、个人全生命周期，创新“一件事”服务场景，推动“网上办”“掌上办”升级扩面。紧扣企业所需，打造“不叫不到、随叫随到”的线上线下企业一站式服务平台。二要集聚资源要素强保障。启动人口年轻和结构优化工程，制定实施新一轮人才新政，进一步加大“高精尖缺”人才引培力度，全年新增高技能人才5000名、高校毕业生1.8万名，打响“有梦来临、天成地平”人才工作品牌。对标上海、深圳等先进地区，制定实施新一轮产业政策，进一步提升政策精准度、兑现及时性，让企业有更多获得感。深化“亩均论英雄”改革，制定出台存量低效工业用地有机更新政策，推进工业用地空间布局优化、质效提升，全年清理盘活批而未供、供而未用、低效用地466.67公顷。实施融资畅通工程，深化政银保企合作，发挥政府产业基金撬动作用，提升金融服务实体经济能力。三要深化开放合作添活力。深度融入长三角一体化发展，高标准建设长三角G60浙江（临平）科创基地，超前谋划二期空间建设，构建“上海科研溢出+临平智造落地”产业转化模式。坚持以产业共兴为核心关键，以科技创新联动为有效支撑，积极发挥在沪商会桥梁纽带作用，进一步整合上海科创、人才、资本资源，为临平导入优质产业化项目。大力发展开放型经济，高能级打造浙江自贸区杭州联动创新区临平片区，研究出台支持水路集装箱运输扶持政策，深入推进“同线同标同质”行动，助力企业深度参与国内国际双循环。

（三）攻坚城市能级提升硬仗。一要构筑立体化交通网络。建设区域性综合交通枢纽，加快沪乍杭高铁、杭州中环、运河二通道等对外通道建设，推进临平北站、高铁临平站综合枢纽改造工程建设，依托二通道谋划布局内河集装箱码头，打造多式联运货运枢纽。加快实施交通强区建设三年行动计划，积极配合轨道交通建设，力争地铁3号线、9号线年底前开通运营；有序推进沪杭高速改建、320国道快速路二期、东湖快速路二期、望梅快速路二期等交通项目建设，打通超峰西路、星梅路等一批“断头路”，构建内畅外联的交通网络体系。加快建设美丽公路、“四好农村路”，绘就美丽交通新画卷。强化数字赋能，提升交通智能化管理水平。二要展现现代化城区风采。纵深推进“靓城行动”，坚持国际标准、开放视野，聚焦迎宾路—荷禹路城市中轴，深入推进中心城区品质提升行动，精心规划建设国家级经济技术开发区9平方公里中心城区、小林高科等重点区块，在谋实战略基础上启动乔司全域土地综合整治，加快与主城连片融合。深入实施老城区有机更新、亚运场馆周边环境提升、星光街综合整治等重大项目，一体推进水、电、气、网等市政公用基础设施建设，临平自来水厂年底前进入通水调试阶段。持续推进美丽城镇建设工作，争创新时代美丽城镇省市级样板。三要狠抓精细化城市管理。坚持钱随事转、人随事转原则，进一步理顺城市管理体制机制。对标杭州先进核心城区，完善城市环境提升长效管理机制，以绣花功夫实施全周期、全时段、全覆盖精细化管理。重点做好环境问题“减存量、控增量”工作，加强对无序停车、固废垃圾、噪声扰民等重点问题的整治，强化对燃气储运、道路空洞、桥隧安全、城市内涝等领域的监管，确保城市安全有序运行。四要打造特色化区域品牌。弘扬运河、超山梅花、良渚三大历史文化，传承“兼收并蓄、开放包容”文化基因，融合临平现代时尚文化、数字文化、智造文化特色，铸就“开拓创新、追求卓越”的时代精神。高标准推进大运河国家文化公园、省级大运河文化传承生态保护区、良渚文化玉架山考古遗址公园（博物馆）建设，力争江南水乡文化博物馆10月精彩亮相。加强临平城区形象宣传，坚持硬投入与巧借力相结合，打好全媒体宣传战役，借势亚运会高水平办好品牌节会赛事，同时注重发挥企业力量、社会力量打响临平品牌，进一步提升临平美誉度和影响力。

（四）攻坚富美乡村建设硬仗。一要高质高效发展现代农业。积极推进农业规模化、集约化生产经营，培育完善农业全产业链，谋划建设大运河现代农业产业园，支持塘栖枇杷、生态甲鱼等十大优势特色产业发展，推进“互联网+”农产品出村进城行动，提升临平农产品整体竞争力。大力发展休闲美丽农业、乡村夜经济、创意农业等农业新业态、新模式，确保全年农业增加值达到14.5亿元。二要因地制宜建设美丽乡村。围绕“一园引领、两核驱动、十村未来、多点精致、全域美丽”总体布局，建设一批彰显水乡韵味的特色示范村，确保年底前完成美丽乡村项目100个以上。推动数字乡村建设，启动2个市级数字样板村创建，基本完成2个省级先行先试项目场景应用。制订实施农村建房三年行动计划，加快盘活闲置、低效利用、零星分散的存量集体建设用地，重点聚焦东北片区破解农村住房难题。三要多措并举促进村强民富。制定实施新一轮“强村富农”政策，通过飞地抱团、留用地开发、村庄经营等举措，进一步增强村集体造血能力，确保全年村均经营性收入增长8%以上，全面消除年经营性收入80万元以下相对薄弱村。树立勤劳致富理念，加大就业支持力度，落实兜底性保障措施，帮助低收入农户实现增收脱困。四要持之以恒保护生态环境。打好升级版污染防治攻坚战，聚焦治水治气治土治废，深入开展重点污染源综合治理，力争全年空气质量优良率达到86%以上、国控断面水质达Ⅲ类及以上、生活垃圾回收利用率达53%以上。加快补齐环境基础设施短板，大力推进临平第二净水厂建设，镜子山资源循环利用项目主体完工。严格落实碳达峰碳中和行动，推动绿色低碳技术创新、绿色循环产业发展、绿色生活方式普及。厚植最美生态底色，实施“万顷湿地、万里碧水”工程，加强丁山湖湿地资源的保护利用，推进以超山—塘栖为核心的城市湿地森林建设，加快创建国家生态文明建设示范区。

（五）攻坚美好家园共建硬仗。一要守住民生保障底线。推进高质量就业城区建设，完善重点群体就业帮扶政策，精准开展技能培训，全面提升劳动者就业创业能力。落实民生保障普惠性政策，持续扩大社会保险覆盖面，创新救助服务模式，打造“大爱来临”慈善文化品牌，不断健全覆盖全民、统筹城乡、公平统一、可持续的多层次社会保障体系。二要优化公共服务供给。全面实施教育质量提升六大专项行动，加大教育项目建设、教育人才引培、智慧教育建设力度，全年开工建设学校16所、启用14所，引进培育名优教师、校长150人，打响“学在临平”美好教育品牌。深化“健康临平”建设，积极对接上海优质医疗资源，推进“名医名护名科”培育工程，提升区属医院综合服务能力，力争实现区内三甲医院零突破，完善突发公共卫生事件应急管理体系。加快养老服务设施建设，推进既有住宅适老化改造，打造“一刻钟”居家养老服务圈。优化住房保障体系，持续推进老旧小区改造、危旧房治理，确保年底前安置房开工30万平方米、单体竣工100万平方米，回迁安置2300余户。三要夯实社会治理基础。落实常态化疫情防控，扎实推进全民新冠疫苗接种，切实提升重点区域、重点场所、重点人员精密智控成效。谋划实施社会治理现代化三年行动计划，建立健全党建统领、整体智治的基层治理体系，迭代升级“一中心四平台一网格”县域社会治理模式，健全完善“三源融合”治理机制。深化“平安临平”建设，加大重大不稳定因素防范化解力度，落实领导包案化解常态化交流机制，开展重点突出问题整治攻坚行动，加强防灾减灾工作，确保各类风险隐患处置在早、化解在小。推进“法治临平”建设，完善覆盖城乡的公共法律服务体系，增强人民群众法治获得感。

（六）攻坚干部素质提升硬仗。一要放大视野格局。树立历史思维，扎实开展党史学习教育，深入贯彻习近平总书记在庆祝中国共产党成立100周年大会上的重要讲话精神，从党的百年奋斗史中汲取砥砺奋进的智慧力量，做到不畏艰难、敢于斗争。把握发展大势，做到跳出临平看临平、服务全域谋发展，应势而动、顺势而为，找准临平跨越发展的动力源、重点工作的突破口，落实落细具体项目、工作举措。二要练就过硬本领。发挥“藕花洲学堂”、理论学习中心组等载体作用，推动各级领导干部把握理论“深度”、提升业务“专度”、拓宽知识“广度”。实施战斗力提升工程和紧缺型专业干部阶梯成长计划，适时选派干部赴上海等地挂职，构建涵盖干部成长全过程、全周期的链式培育体系，打造具有核心竞争力的“领跑矩阵”。完善比学赶超、综合考评、容错免责等激励机制，加大先进典型选树力度，积极打造一批“新区先锋”。健全区管职级公务员作用发挥机制，探索“大部制”改革，推动干部资源最大限度优化配置。三要锤炼实干作风。全面落实“三服务”2.0版，持续深化区领导“九个一”联系点、周三夜访等工作机制，深入推进“‘民呼我为’在临平”主题活动，推动各级干部精准对接发展所需、基层所盼、民心所向。坚持实干导向、实绩为先，引导各级干部积极发挥主观能动性，聚焦重大项目推进、招商引资、征迁安置、信访维稳等重点难点，出实招、用实劲、显实效。纵深推进全面从严治党，深化“清廉临平”建设，严格落实中央八项规定及其实施细则精神，驰而不息纠治“四风”，层层压实各级党委（党组）党风廉政建设主体责任，推动党员干部清正廉洁、担当作为。

同志们，我区经济社会发展战略目标明确，工作任务明确，工作措施明确，工作要求明确，当务之急就是要抓好落实，重中之重就是要抓出成效。要动真格抓落实。当前，省市对数字化改革、亚运城市行动等重点任务盯得越来越紧，群众对党委政府的期望越来越高，区域之间竞争越来越激烈、比拼氛围也越来越浓厚。对此，各级干部尤其是领导干部要以高度的政治意识、大局意识狠抓工作落实，按照既定目标任务，沉下心来研究有用的办法、落实管用的举措，明确时间表、路线图、责任状，以实绩论英雄、以结果为导向，抓铁有痕、善作善成，保质保量抓出最大成效。要快节奏抓落实。今年由于行政区划优化调整这一重大改革任务，上半年工作进度多少有些影响，尤其现在时间已经过半，但我们一些工作还未过半，要完成年度工作任务，可以说时间紧、任务重，容不得我们犹豫和拖拉，要雷厉风行、分秒必争，加快工作进度。区领导要以上率下，对自己牵头的各项重点工作深入一线，靠前指挥，督查进度，协调解决疑难问题；部门、镇街“一把手”要亲力亲为，严格把控好本区域、本单位工作的进度和节奏，强化过程管理、节点控制，确保各项工作目标按时完成。要强合力抓落实。区委、区政府要强化整体谋划、资源整合、统筹调度，理顺体制机制，突出抓好事关经济社会发展全局的重大问题，为各级各部门提供坚强保障；镇街、平台要履行好属地责任，主动肩负起区域内改革发展稳定各项任务，真正做到守土有责、守土尽责；区级各部门要切实增强执行力和保障力，不仅要抓好本部门各项工作，还要服务保障镇街、平台抓工作落实；人大、政协要始终紧贴中心、服务大局，切实发挥监督和“智囊团”“思想库”作用，积极献计出力，真正形成四套班子“一条心”、全区上下“一盘棋”的齐抓共管工作格局。

同志们，征途漫漫，惟有奋斗！我们向前的每一步，终将汇聚成发展前行的强大力量。让我们更加紧密地团结在以习近平同志为核心的党中央周围，在省委、市委的坚强领导下，勠力同心、真抓实干，只争朝夕、砥砺前行，奋力建设“数智临平·品质城区”，为争当高质量发展建设共同富裕示范区样板而努力奋斗！

勇担使命　大抓落实　全面奋进
高水平建设“数智临平·品质城区”新征程

——在区委一届四次全体（扩大）会议上的报告

陈如根

2022 年 1 月 4 日

这次会议的主要任务是：高举习近平新时代中国特色社会主义思想伟大旗帜，认真学习贯彻党的十九大和十九届历次全会精神，全面落实中央和省委经济工作会议、省市委全会精神，回顾总结过去一年工作，研究部署今年重点任务，动员全区广大党员干部坚定不移做“两个确立”忠诚拥护者、“两个维护”示范引领者，勇担使命，大抓落实，全面奋进高水平建设“数智临平·品质城区”新征程，以优异成绩迎接党的二十大胜利召开！

下面，我代表区委常委会向全会作报告。

一、回顾总结过去一年工作，在肯定成绩中坚定信心、强化定力

2021 年是临平设区首年，也是新一届区委开局之年。区委始终把政治建设放在首要位置，深入学习贯彻习近平新时代中国特色社会主义思想，以强有力的政治判断力、政治领悟力、政治执行力，不折不扣抓好党中央和省市委各项决策部署落实落地，坚决做到总书记有号召、党中央有要求、省市委有部署、临平见行动。

这一年，我们牢记使命、恪守初心，始终赓续红色精神血脉。坚持用党的奋斗历程和伟大成就坚定信念，用党的历史经验和实践创造鼓舞斗志，用党的光荣传统和优良作风彰显初心，区委第一时间传达学习习近平总书记“七一”重要讲话精神和中共十九届六中全会精神，精心组织开展“七个一百”庆祝建党百年系列活动，赴中共鸭兰村支部旧址召开新一届区委第一次常委会会议，深入开展党史学习教育，扎实开展领导干部“七个一”“办实事、解难题、减负担”“‘民呼我为’在临平”等专题活动，坚定守好红色根脉，传承红色基因。

这一年，我们坚决执行、周密部署，圆满完成重大改革任务。全区上下始终保持思想高度统一、步调高度一致，用实际行动拥护和贯彻党中央和省市委的重大决策部署，以强烈的政治责任感和使命感扎实推进行政区划优化调整工作，围绕“平稳有序、安全稳定、减少影响”工作目标，妥善完成资产划转、机构设置、干部调配、建章立制等各项任务，顺利实现新区揭牌成立，切实保障了社会秩序和人民生活不受影响。

这一年，我们立足当前、着眼长远，精心擘画临平发展蓝图。牢牢把握大抓发展的黄金机遇期、承压突破期，组织开展两轮重大课题调研活动，深入分析影响临平高质量发展的机遇挑战、优势短板，科学谋划定位布局，顺利召开区第一次党代会、区委一届二次全会、区“两会”，圆满完成区四套班子换届选举，明确“高水平建设‘数智临平·品质城区’”总目标、“争创高质量发

展建设共同富裕示范区样板”总牵引，全区上下谋发展、抓发展、促发展的心更齐、劲更足，精气神更加振奋。

这一年，得益于以习近平同志为核心的党中央举旗定向、掌舵领航。得益于省市委坚强领导、关心支持，全区上下讲政治、顾大局、重实干、勤奋斗，经济社会实现较快发展，整体工作呈现良好态势。预计全年地区生产总值增长10%、突破900亿元；固定资产投资增长20%、突破600亿元，规模工业增加值增长12%、突破400亿元，制造业投资增长16%。完成财政总收入247.1亿元、一般公共预算收入151.3亿元，分别增长37.9%、35.7%。主要实现了“四个持续”：一是经济质效在动能转换中持续提升。产业平台引领发展，经济技术开发区入选全省首批区域新智造试点、全省双创示范基地，工业经济规模突破“千亿”大关，临平新城入选全省首批现代服务业创新发展区名单，大运河科创城建设全面启动，长三角G60浙江（临平）科创基地基本完工，中国（杭州）算力小镇正式开园，我区获评全省制造业高质量发展示范区创建优胜单位。创新要素加快集聚，出台产业新政、人才新政，成立全国首个未来智造工程师联盟，成功招引成都倍特、求是创芯、算力研究院、绿地数科等重大项目138个、总投资超560亿元，“152”及省市重点项目全面开工，工信部服务型制造研究院正式启用，新增高技能人才2286名、高校毕业生2.2万人。发展活力不断增强，老板电器产值破百亿，运达风电获国家科学技术进步二等奖、省政府质量奖，西奥电梯入选省级“未来工厂”试点，新增上市企业3家、累计达20家，377家企业通过国高企省级评审，6家企业入选省级制造业“云上企业”，数量居全省首位。深入实施“大孵化器”战略，新增孵化载体20个、物理空间118万平方米。以数字化改革为引领打造一流营商环境，线上线下双向融合、涉企资源一端集成的企业服务中心正式启用，“时尚E家”获评省数字经济系统首批优秀地方特色应用。二是城乡品质在内外兼修中持续优化。全面启动大运河国家文化公园、乔司全域土地综合整治与生态修复两大建设，大运河现代农业园区成功列入省级创建名单，崇贤街道、运河街道获评新时代美丽城镇省级样板，塘栖镇丁山河村、运河街道双桥村分别获评中国美丽休闲乡村和全国乡村治理示范村，塘栖村入选省级未来乡村创建名单，鸭兰村入选全省首批红色美丽村庄创建名单，我区入选省新时代乡村集成改革试点名单，村均年经营性收入预计增长15%。加快推进老城区有机更新，“门户客厅艺尚小镇”“未来共富海珀社区”“未来工厂小林板块”入选省首批城乡风貌样板区试点名单，完成老旧小区综合改造提升19个、加装电梯67台。运溪高架正式通车，地铁9号线、杭海城际铁路开通运营，东湖高架路二期、望梅高架路二期、320国道快速路二期、沪杭高速抬升等项目加快推进，高铁临平南站北广场地面景观精彩亮相，临平自来水厂一期工程基本完工。百联奥特莱斯建成开业，亚运场馆临平体育中心通过验收，亚残运会浙江盲人门球馆完成改造提升，江南水乡博物馆（临平区博物馆）改扩建项目基本完成，玉架山考古遗址公园入选省级考古遗址公园。我区获评国家生态文明建设示范区、省全域旅游示范区，入选首批省公共文化服务现代化先行县创建名单。三是人民生活在共建共享中持续改善。打响“学在临平”品牌，学校项目开工25个、投用16个，培育引进省市名优教师170人，“双减”工作有效落实。深化健康临平建设，区一院感染楼改扩建项目竣工，区五院改扩建项目有序推进，组建医共体3家。有效应对新冠肺炎疫情，精准落实常态化防控措施，坚决打赢疫情防控遭遇战阻击战。优化养老服务供给，区级康养联合体和4家示范型居家养老服务照料中心建成投用，困难老年人家庭适老化改造135户，基本实现养老助餐服务全覆盖。积极帮扶困难群众，“一路伴你”“童病关爱”“巾帼暖心”等活动持续向弱势群体传递关爱。加强住房保障，筹集蓝领公寓1600余间，单体竣工安置房

194万平方米，回迁安置2933户，实施农民住房解困211户。推进“县乡一体、条抓块统”改革试点，集成基层治理“一件事”，“云上中心”获评全国政法智能化十大创新案例。获评“平安中国建设示范县（市、区）”，圆满完成平安护航建党100周年等维稳安保任务，实施安全生产综合治理三年行动，全区110报警数、火灾数、道路交通事故数、电信网络诈骗案件数等有效下降。四是党的建设在强基铸魂中持续加强。强化思想政治建设，理论学习制度不断完善，意识形态工作责任进一步压实，坚决守好宣传思想阵地。持续优化干部队伍年龄结构、专业结构，大力招引高层次、紧缺型人才，开展优秀年轻干部综合比选，新增储备47名90后科级干部。举办“我为新区发展献一策”大讨论活动，创新实施大科室运行机制。按照乡镇换届、镇街一体要求，完成塘栖镇换届工作，配齐配强镇街、区直部门领导班子，凝聚干事创业整体合力。开展村社换届“回头看”，推动村社班子履职践诺。出台基层党建“1+2”制度体系，全面提升基层党建组织力和战斗力。认真抓好中央及省委巡视反馈问题和省、市“七张问题清单”整改落实，高标准推进区委巡察工作。纵深推进清廉临平建设，深入贯彻落实中央八项规定精神，精准整治“四风”问题，严肃查处违纪违法案件，全区政治生态不断净化优化。坚持党的全面领导，支持人大依法行使职权，强化法治政府建设，更好发挥政协机构独特优势，促进法院、检察院公正司法，加强工会、共青团、妇联等群团组织领导班子建设，做好老干部工作，完成民主党派组织筹建，精心打造临平统战特色品牌，把最广泛的力量凝聚在党的周围。

一年来，在区委的带领下，区四套班子步调一致、同心同向，全区上下心往一处想，劲往一处使，始终保持干事创业的高昂激情，始终保持改革创新的奋斗劲头，始终保持求真务实的工作作风，谋划实施了一批大事要事，攻坚破解了一批难事烦事，改革发展稳定各项事业取得长足进步，临平对外影响力、美誉度得到持续提升。在此，我代表区委常委会，向全区广大党员干部群众和社会各界人士表示衷心感谢和崇高敬意！

二、锚定“数智临平·品质城区”发展目标，在大抓落实中奋勇争先、开创新局

2022年，我们不提新口号、不换新跑道，锚定区第一次党代会确定的“高水平建设‘数智临平·品质城区’”总目标，持续深化、大抓落实、纵深推进、久久为功。为此，做好2022年工作的指导思想是：高举习近平新时代中国特色社会主义思想伟大旗帜，深入贯彻党的十九大和十九届历次全会精神，全面落实中央和省委经济工作会议、省市委全会精神，坚持一张蓝图绘到底，围绕“高水平建设‘数智临平·品质城区’”总目标，以争创共同富裕示范区样板为牵引，抢抓杭州亚运机遇，提速实施“南融、北创、东靓、西优、中兴”区域发展战略，加快推动城市能级、经济动能、治理效能“三大跃升”，全力开展大抓落实年活动，把忠诚拥护“两个确立”、坚决做到“两个维护”体现到经济社会发展实际成效中，以优异成绩迎接党的二十大胜利召开！

围绕这一指导思想，扎实推进今年工作，必须强化大抓落实的理念、本领和方法：一要坚持对标看齐抓落实。在建党百年之际，党中央召开十九届六中全会，以决议形式全面总结党的百年征程，既是回望第一个百年奋斗的里程碑，也是奋进第二个百年征程的动员令。临平区在这一重要节点应运而生，肩负着时代赋予的沉甸甸使命，承载着全区干部群众的满盈盈期盼。纵览百年党史，临平这方土地上的人民，始终与中国共产党同心同德，以中共鸭兰村支部建立为原点，投身党的伟大事业，躬身党的伟大实践，播撒了革命的火种，标注了精神的高度；如今，历史的接力棒交到我们手中，号召我们守好红色根脉、传承信仰火炬、发扬奋斗精神，用实干实绩实效诠释责任担当、践行初心使命。我们要坚持向党中央看齐、听党中央指挥，在习近平总书记的引领下，扎实迈好新赶考路上的每一步。二要紧盯目标任务抓落实。前不久召开的中央经济工作会议，客观分析国内外形势，作出经济发展面临着需求收缩、供给冲击、预期转弱三重压力的科学判断，为 2022 年全国经济定调“稳字当头、稳中求进”；省委经济工作会议在贯彻落实中央要求上自加压力、自抬标杆，强调要把握稳进提质、除险保安、塑造变革三方面关键，以改革发展新成绩为全国大局作出更大贡献。“稳”，是在进取而非保守、主动而非消极中实现的；“求”，就是要聚焦“进”的大方向，咬定目标不放松，攻坚克难求突破。为此，我们必须精准研判“时与势”，辩证把握“危与机”，立足自身“优与劣”，设立“跳一跳够得着”的目标，加码加力、充分挖潜，推动经济发展实现质的稳步提升和量的合理增长，以临平的“稳”和“进”展现更大格局、扛起更大担当。综合以上考虑，建议 2022 年全区经济社会发展的主要目标为：地区生产总值增长 7.5%，力争达到 1000 亿元；财政总收入及一般公共预算收入增长 10%；规模工业增加值、服务业增加值分别增长 9%、7.5%；居民人均可支配收入与经济增长基本同步。三要坚守人民立场抓落实。发展为了人民、发展依靠人民、发展成果由人民共享，是我们党的最亮丽底色和最鲜明标识，更是百年来我们党的成功密码。当前，我们正笃决胜之志、铆十足干劲，朝着争创高质量发展建设共同富裕示范区样板的目标奋力前行，更要求我们切实实现好、维护好、发展好最广大人民的根本利益，让发展成果更好更多地惠及全区群众。我们要坚持民呼我应、民呼我为，向最殷切的期盼聚焦、朝最热点的问题攻坚、由最具体的小事抓起、从最困难的群体入手，以推进共同富裕示范区样板建设“十大行动”的显著成效，勾勒好全区群众生活“十全十美”的幸福图景，用更有温度的“民生答卷”标注更有高度的发展水平。四要聚焦问题短板抓落实。党的十八大以来，党和国家事业取得历史性成就、发生历史性变革，其中一条很重要的经验就是坚持问题导向，把解决实际问题作为打开工作局面的突破口。对标先进、正视自身，我们既有“先天的不足”，也有“成长的烦恼”，必须直面未来发展空间受限、创新动能不够充沛、产业结构有待优化、城市品质仍需提升、乡村难题亟须破解、民生改善任重道远等突出矛盾和关键短板，有的放矢、对症下药，从根源上破题、在关键处发力，着力补短板强弱项。我们要坚持将问题导向贯穿抓落实的始终，不断增强发现问题的敏锐、正视问题的清醒、解决问题的自觉，在攻克一个又一个问题堡垒中不断创造新业绩。五要攻坚重点难点抓落实。抓住重点带动面上工作，是我们党在革命、建设、改革历史进程中一贯倡导和坚持的重要方法论。临平设区创业，远征初启、事业初立，未来还有许多全新领域需要开拓、重大课题需要探索，特别是今年大事要事多，需要我们从千头万绪、错综复杂的工作中理清思路、厘清主次，把有限的时间精力更多地用在抓核心、抓关键上。我们要善于“弹钢琴”、打好“组合拳”，紧扣迎接党的二十大、亚运会举办、共同富裕等重点，找准产业变革的爆破点、改革创新的撬动点、城乡发展的平衡点、党建工作与中心工作的结合点，逐点攻破、抓纲带目，以重点突破引领全面提升。下一步，重点抓好六方面工作：

（一）建强产业平台，打造创新开放样板地。区委坚持谋定而后动，在继承中创新、在创新中发展，积极构筑“一核三片两轴”空间布局。所谓的“三片”，就是要抓时代之机、举全区之力、集各方之智，将经济技术开发区、临平新城、大运河科创城三大平台打造成为经济发展的主引擎、科技创新的主阵地、对外开放的主窗口，以“一区两城”差异化发展、全面性进步，推动临平实现跨越式变革。我们要坚持创新驱动发展、平台集聚发展战略不动摇，立足特色、分类施策，加快构建“三片”联动、互促共兴的良好局面。经济技术开发区要锚定“未来智造高地”目标，积极争取拓展城市发展空间，高标准规划建设小林高科等重点区块，谋划实施临平北站站城一体化项目，加快杭州数字港等园区建设，推进江丰电子、新西奥等项目加快落地，结合老工业区块连片提升改造，谋划打造“红丰路创新带”，依托长三角G60浙江（临平）科创基地，深度链接上海优质科创资源，加快打造沪杭未来智造协同发展试验区、杭州都市圈东部区域性中心，力争规模工业总产值达到1300亿元、规模工业增加值增长12%，向着国家级开发区“第一梯队”不断奋进。临平新城要全面联动钱江新城二期、下沙大学城等高能级平台，聚力拓展“1+3+N”创新发展载体，提速推进长三角创新研发总部基地、金融科技大厦等项目，加快绿地数科港落地，提升发展艺尚小镇、工业互联网小镇，结合中国（杭州）算力小镇建设，拓展完善丰收湖总部园区板块，基本建成九乔国际数字商贸城，开工建设西大门产业基地项目，精心谋划高铁新城商务区，力争服务业总营收突破900亿元、增长10%以上，着力打造形态更新、功能更全、活力更强、产城人融合的杭州城东中央活动区。大运河科创城要突出“文化+科创”双赋能，抓实“环境再造、文化再生、产业再兴”三大工程，健全完善管委会、指挥部“双轨并行、集中运转”工作机制，加紧启动张家墩孵化器先行区、塘栖AB岛建设，深入推进陆家桥等重点工业园区改造提升，确保完成征迁码头、农户、企业房屋腾空，积极对接浙大等高校共建大学生创新创业基地，完成100家企业招引，更好凸显大运河临平段“田园风光、古镇风貌、科创风采”的特色优势，努力成为全省大运河国家文化公园建设新典范、城西科创大走廊东部强劲增长极。

（二）突出扬长补短，打造数智融合样板地。坚持数字经济和新制造业“双引擎”驱动，深化数字产业化、产业数字化“两化融合”，突出先进制造业、现代服务业“两业融合”，深度诠释“数智临平”的具体实践。一要数智赋能转型升级。把握新一轮科技革命和产业变革新机遇，以数字赋能、科技赋能、服务赋能制造业转型升级。扎实推进制造业产业基础再造和产业链提升工程，深入实施“3521”数字化转型计划，培育打造一批省市级“未来工厂”，争创全省制造业高质量发展示范区。大力发展工业互联网产业，强化工业互联网与5G通信、区块链等技术的融合应用，积极抢占以算力为基础的芯片设计、人工智能产业赛道，确保数字经济核心产业增加值增长15%。强化服务业对先进制造业的全产业链支撑作用，培育壮大金融保险、信息技术服务、研发设计等生产性服务业，支持龙头企业向服务型制造领域拓展，力争营利性服务业增加值增长15%以上。二要持续做强产业集群。大力实施“雄鹰”“鲲鹏”“雏鹰”等培育行动，深入开展“凤凰行动”计划、科技企业“双倍增”计划、“扎根计划”，加快构建形成百亿级龙头企业带动强、十亿级中型企业竞争强、亿元及以下小微企业活力强的“雁阵式”企业梯队，力争新增单项冠军、隐形冠军企业和专精特新“小巨人”培育企业6家以上，新增上市企业3家。坚持项目为王、大抓项目，深化产业链精准招商，紧盯“顶天立地”大项目，不忘“铺天盖地”好项目，积极招引一批引擎型、链主型企业；持续攻坚重大项目落地，确保“152”项目及省市重点项目开工率100%。三要筑牢夯实要素保障。坚持“以用为本”，突出主导产业发展需求，突出企业主体地位，统筹打好人才“引育留”组合拳，持续打响“有梦来临、天成地平”人才品牌，努力成为长三角人才集聚发展高地。统筹做好产业发展空间文章，持续深化“亩均论英雄”改革，探索推进“楼均论英雄”改革，全年启动工业用地有机更新66.67公顷以上，新出让工业用地66.67公顷以上，确保新增孵化载体20个以上、物理空间120万平方米。用足用好地方政府专项债券政策，积极争取上级财力支持，加快落实产业政策，全面推进综合金融服务示范区建设，更好发挥政府产业引导基金的杠杆功能，为产业提质升级提供有力资金支撑。

（三）注重品质品味，打造未来城市样板地。 紧抓亚运会契机，加快全面融入核心城区步伐，积极推进城市形态革新、功能完善、品质提升，全力建设产城人融合的高能级都市新区。一要构建精致现代的城市生活空间。深化国土空间规划编制和重点区块城市设计，高标准推进三大平台重点区域开发建设，提速大运河国家文化公园建设，全面实施乔司全域土地综合整治与生态修复工程，启动建设区文化设施综合体、开发区文化中心、市民广场北侧商业地块等重大项目，提升发展迎宾路—荷禹路城市发展轴。实施城乡风貌整治提升行动，推进鼎湖、海珀等5个未来社区建设，深化美丽城镇创建，加快实施亚运场馆周边环境提升、星光街综合整治等项目，有力推进临平第二净水厂建设，启动天然气管道农村全覆盖三年行动，持续提升城市精细化、智慧化管理水平。二要构建畅通互联的交通枢纽空间。加快谋划沪乍杭铁路、临平北站，加速杭州中环项目落地建设，积极争取杭州地铁四期城市轨道交通线网布局，有序推进沪杭高速抬升、东西大道运河大桥、永玄路、塘康路等项目建设，确保东湖高架路二期、望梅高架路二期、320国道快速路二期建成通车，加快打通绿洲路、九华路等一批“断头路”，谋划建设运河二通道公铁海河多式联运平台，大幅提升接沪融杭联通能级。三要构建山清水秀的绿色生态空间。深入打好污染防治攻坚战，加大扬尘等重点领域生态环境治理，持续推进各领域“污水零直排区”创建，确保镜子山资源化循环利用中心建成运行。统筹实施“6+1”领域碳达峰行动计划，积极推进全区分布式光伏规模化开发试点，研究制定光伏储能产业发展应用推广政策。加强大运河沿线、超山景区及周边、丁山湖湿地等生态资源保护利用，深化省级森林城镇创建，形成生态绿地与河网湿地有机交融、气韵灵动的城市生态空间。

（四）彰显文化魅力，打造古韵新风样板地。 以新时代文化临平工程建设为统领，全面提升临平文化传播力和影响力。一要以文塑城强标识。深入挖掘大运河、良渚玉架山、超山梅花三大文化，推进临平学研究，开展“运河南源·精彩临平”“宋韵临平·文脉传承”等文艺创研，推进玉架山考古遗址公园（博物馆）建设，加强古海塘遗址保护传承利用，谋划建设以俞樾为代表的临平文化名人馆。引导发展智造文化、数字文化、时尚文化，大力推进文化创意大厦国漫孵化基地、大运河文创园、朱炳仁铜艺总部基地、瓷文化创意基地等一批文化产业项目，着力提升城市文化软实力。二要以文惠民润人心。高标准服务保障亚运赛事，大力发展体育、电竞、健康等产业，争创省体育现代化区。加强蚕桑丝织等非遗技艺传承发展，创建省级传统工艺工作站。启动省公共文化服务现代化先行区创建，实现江南水乡博物馆（临平区博物馆）全面开放，打造城市书房、文化驿站、百姓健身房等新型文体空间100处，举办文化惠民活动100场，不断提升群众文化“幸福指数”。三要以文化人育新风。依托鸭兰村、双桥村等红色资源，弘扬革命精神，传承红色基因。深入挖掘以老板电器为代表的“老虎钳”精神、以贝达药业为代表的科技创新精神等企业家精神，及以长征大队精神、围垦精神为代表的基层干部群众艰苦奋斗精神，拓展丰富临平新时代文化基因谱系。推进文明城市建设，完善新时代文明实践中心，深化“和润临平·文明有礼”“美丽临平人”系列品牌活动，在全社会形成崇德向善、厚德明礼的良好风尚。

（五）着眼优质共享，打造民生共富样板地。 积极践行以人民为中心的发展思想，奋力扛起争创共同富裕示范区样板的使命担当。一要聚力乡村振兴。扎实推进省新时代乡村集成改革试点工作，大力发展现代农业，全力保障粮食安全，加快大运河现代农业园区建设，实施土地集中连片流转，积极引育农业龙头企业，培育发展农村电商、休闲体验等新型业态。开展新时代美丽乡村提质升级行动，培育打造未来乡村5个、市级特色村2个，开展扩面提升项目100个。深化农文旅融合发展，依托大运河、丁山湖、超山等山水资源打造乡村旅游精品路线。完善村庄布点规划，"一村一方案"推进农民住房解困。持续壮大村级集体经济，深化产业平台、国有公司与镇街分片区抱团发展，细化明确具体项目，加快村级留用地制度落地，鼓励村建民用、产村融合等多元发展模式，全面消除年经营性收入100万元以下村。二要优化公共服务。开工杭高临平校区等项目10个以上，投用浙江理工大学临平校区等项目10个以上，巩固"双减"工作成效，推进产教深度融合，持续提升各学段教育品质和教学质量。深化"名医名护名科"培育行动，力促区一院达到三甲医院服务能力，着力构建预防、治疗、康复和健康管理为一体的人民健康保障体系。做好"一老一小"民生事业，启动养老服务智慧监管平台建设，分层分类推动居家养老服务设施全覆盖，加快婴幼儿照护服务发展。安置房项目开工50万平方米、竣工100万平方米，回迁安置3000户。三要全力"扩中""提低"。健全高质量就业创业体系，精准实施职业技能提升行动，建立低收入农户标准化清单化帮促制度，努力构建以中等收入群体为主的橄榄型社会结构。落实民生保障普惠性政策，推进社会保险扩面提质，健全完善覆盖全民、统筹城乡、公平统一、可持续的多层次社会保障体系。发挥政府和社会组织协同作用，大力发展公益慈善事业，形成各方面助力共同富裕的良好局面。

（六）聚力改革攻坚，打造整体智治样板地。坚持乘"数"而上、改革破题，压茬拓展数字化改革广度深度，撬动各领域各方面改革向纵深发展，推进区域治理体系的全方位变革、系统性重塑。一要筑实数字化改革"四梁八柱"。全面落实省市工作部署，迭代升级一体化智能化公共数据平台和五大系统综合应用，积极承接省级重大应用落地。紧盯发展难题、群众需求，谋划提炼引领性、集成性、协同性的数字化改革项目，建设迭代"政府投资项目全生命周期管理""国资国企监管"等多跨场景应用，加快打造一批具有省市影响力和临平辨识度的数字化改革应用成果、理论成果、制度成果。二要打造高效能社会治理格局。巩固提升"县乡一体、条抓块统"改革试点成果，加快基层治理系统建设，推动党建、经济、平安法治、公共服务等领域一批重大应用延伸至镇街、村社。深化基层治理"一件事"集成改革，厘清职责边界，优化机制流程，形成处置闭环。推进"大综合一体化"行政执法改革，建立上下联动、统一调度、协同配合的行政执法指挥协调机制。充分利用数字化手段服务保障杭州亚运，全力打造"智能亚运"临平赛区，努力在分会场干出主阵地风采。深化平安临平建设，聚焦建筑工地、道路交通、消防、城市运行等重点领域，持续开展隐患排查整治，迭代升级智慧安监平台，健全重大风险、信访矛盾纠纷防范化解体系，牢牢守住安全稳定底线。三要致力发展"软环境"优化提升。抢抓杭州列入国家首批营商环境创新试点城市契机，对照一流标准、锚定一流目标，加快打造要素集聚"强磁场"。坚持线上线下同步发力，持续建强用好企业服务中心，分层分类推进企业服务平台向规上企业及各园区延伸，进一步拓展服务领域、梳理服务事项、再造服务流程，确保涉企服务应进尽进、政策兑现提速提效。全力以赴稳企业，全面落实新一轮减税降费、减负强企政策，深入开展"三服务"活动，高度关注企业发展需求，加大中小微企业精准帮扶力度，切实帮助企业解决实际困难。四要数字赋能打好防疫主动仗。探索建立"动态清零"精密智控机制，全面落实"一码两图一指数"，优化完善"流调溯源—转运衔接—末梢管控"闭环管理流程，强化"疫管通"功能拓展、深度运用，归集核酸检测、隔离管控、医疗救治、社情舆情等涉疫数据，推动防疫从"人工筛"向"智能控"转变，全面筑牢智慧"防疫墙"。

三、全面构建大抓落实工作格局，在党建引领下凝心聚力、担当作为

一分部署，九分落实。各级各部门要准确领

会区委战略意图，进一步提振精气神、增强责任心、激发战斗力、展现新作为，不折不扣、心无旁骛抓落实，确保各项决策部署落地见效。

（一）大抓工作落实，必须增强党建引领力。坚持以高质量党建保障高质量发展，引导全区党员干部将思想和行动统一到党中央和省市区委决策部署上来。一要突出讲政治。坚持以习近平新时代中国特色社会主义思想为指导，巩固拓展党史学习教育成果，深入学习贯彻中共十九届六中全会精神，坚决捍卫“两个确立”，坚定践行“两个维护”。全面贯彻落实党中央和省市区委的各项决策部署，积极主动履职尽责，做到工作交办“最多说一次”，确保全区上下思想统一、步调一致、行动迅速、落实有力。二要持续固根基。牢固树立“大抓基层、重抓党建”的鲜明导向，把基层党组织建设成为抓落实的坚强战斗堡垒。持续深化城市党建、农村党建、机关党建，主动抢占新经济新业态领域党建阵地，探索推进未来社区、未来乡村组织体系建设，构筑适应新时代要求的基层党建新格局。三要广泛凝共识。全力支持人大、政府、政协和法院、检察院依法依规履行职能、开展工作。扎实做好意识形态和宣传思想文化工作，强化舆论引导，加强全媒体矩阵建设，讲好“临平故事”，进一步提振发展信心。持续扩大临平统战“同心圆”，密切同各民主党派、工商联、无党派人士合作共事，扎实做好民族宗教、侨务、对台、老干部、关心下一代工作，不断增强工会、共青团、妇联等群团组织工作的政治性、先进性、群众性，凝聚起团结奋进的磅礴力量。

（二）大抓工作落实，必须提升机制保障力。紧盯目标任务，找准发力点、用好主抓手、建立新机制，推动各项工作提速增效。一要健全以上率下机制。领导干部是抓落实的第一责任人和首要推动者，要探索建立重点任务区领导领衔领办机制，深化完善区领导组团联系、重大不稳定因素包案化解等工作机制。区四套班子领导要带头领衔破难，围绕重点难点工作抓研究、抓协调、抓推进，加大对各部门、平台、镇街的指导督促和统筹协调力度。各单位“一把手”要带头研究推进全区中心工作，团结带领班子成员大抓落实、攻坚克难、争创一流。二要建立“挂图作战”机制。按照“工作项目化、项目责任化、责任清单化”思路，细化量化重点工作任务清单，明确目标要求、作战单位、工作措施，并建立挂账销号制度，形成工作闭环。强化协同作战，全面加强上下沟通、条抓块统、协调联动的运行机制，切实形成部门、平台、镇街各司其职、协同配合、运转高效的工作格局。三要深化比学赶超机制。持续开展重点任务攻坚比拼，通过月评比、季通报、定期例会等形式晾晒排名，比拼结果与综合考评、干部考核挂钩。充分运用网站、报刊、电视、新媒体等，正面宣传树立典型，反面曝光督促整改，积极营造比学赶超、争先创优的浓厚氛围。

（三）大抓工作落实，必须赋能干部战斗力。引导推动各级干部更想干事、更会干事、更敢干事，在塑造变革、提升能力中抓好工作落实。一要加强干部能力建设。各级干部尤其是领导干部要主动围绕新时代高质量发展需要，努力学习掌握新知识、新技术和新方法，不断提高直面急难险重任务、解决复杂问题的能力。充分发挥党校在干部教育培训中的主渠道主阵地作用，进一步提升主体班和“藕花洲大讲堂”实效。二要深化干部实践历练。深入实施“项目化＋专班化”力量统筹调配新机制，定期选派年轻干部赴疫情防控、服务亚运、征地拆迁等急难险重工作中历练，注重在大战大考、重点工作、项目一线考察识别干部，树牢“实干实绩实效论英雄”的选人用人导向。三要激发干部干事激情。聚焦中心任务攻坚，加强和改进考评工作，坚持奖优罚劣，倡导实干争先。深入推进“双建争先”系统建设运用，加强对党员干部日常表现量化评价、留痕管理，利用数字化手段推动干部围绕中心抓落实。同步完善监督检查、容错免责等工作机制，既督促干部真抓实干，又为干部担当作为提供有力支撑。

（四）大抓工作落实，必须强化作风约束力。纵深推进全面从严治党，坚持不懈抓好作风建设，不断涵养风清气正的政治生态。一要强化实干作风。大力倡导少说多做、简洁高效，深化基层减负，抵制“文山会海”，减少繁文缛节，把精力更多地集中到谋发展、促改革、惠民生上。持之以恒纠治“四风”，不断深化“点题式”专项监督，深入推进干部“不担当、不作为、不落实”问题整治。二要严肃监督执纪。坚持挺纪在前、抓早抓小，深化运用监督执纪“四种形态”，切实加强对“一把手”和领导班子监督，全面落实“四责协同”工作机制，促使党员干部知敬畏、存戒惧、守底线。持续抓好中央巡视反馈问题和省、市“七张问题清单”整改落实，扎实推进区委巡察工作规范化建设。三要深化清廉建设。一刻不停推进党风廉政建设和反腐败斗争，一体推进不敢腐、不能腐、不想腐，紧盯工程建设、征地拆迁、村级“三资”等腐败易发多发领域及群众身边腐败问题，加大违纪违法查处力度。扎紧重点领域制度篱笆，确保用制度管权、按制度办事、靠制度管人。纵深推进清廉临平建设，形成以清为美、以廉为荣的社会风尚。

同志们，目标催人奋进，使命呼唤担当。让我们更加紧密地团结在以习近平同志为核心的党中央周围，在省市委的坚强领导下，锚定目标、砥砺前行，真抓实干、奋勇争先，为全面建成“数智临平·品质城区”而努力奋斗，以优异成绩迎接党的二十大胜利召开！

政府工作报告

——在杭州市临平区第一届人民代表大会第二次会议上

杭州市临平区人民政府区长 施华森

2022 年 2 月 12 日

2021 年工作回顾

2021 年是中国共产党建党 100 周年，也是临平区的开局之年。一年来，面对行政区划优化调整带来的考验与机遇，区政府坚持以习近平新时代中国特色社会主义思想为指引，在上级党委政府和区委的坚强领导下，紧紧围绕“数智临平·品质城区”战略定位，着力推动城市能级、经济动能、治理效能“三大跃升”，深入攻坚“六大硬仗”，圆满完成了区一届人大一次会议确定的各项目标任务，经济社会呈现良好发展态势。实现地区生产总值 940.09 亿元，增长 10.6%；完成财政总收入 247.1 亿元、一般公共预算收入 151.3 亿元，分别增长 37.9%、35.7%；居民人均可支配收入增长 9.9%。

（一）调结构、促转型，经济发展提质增效。坚持贯彻新发展理念，稳中求进、进中求好，推动经济稳步健康发展。产业结构持续优化。大力发展智能制造，实现规上工业增加值 409.99 亿元，增长 13%，高端装备制造、生物医药产业增加值分别增长 15.1%、17.8%，高新技术产业增加值占规上工业增加值比重达 80%，获评全省制造业高质量发展示范区创建优胜单位。经济技术开发区入选全省首批区域新智造试点、全省双创示范基地，工业经济规模突破千亿。实现服务业增加值 418.78 亿元，增长 10.6%，临平新城入选首批省级现代服务业创新发展区。社会消费品零售总额增长 11.8%，百联奥特莱斯建成开业。数字经济核心产业增加值增长 15.8%。深化政金合作，与 20 家银行、保险、证券等金融机构签订战略合作协议，金融业增加值增长 10.1%。实现建筑业产值 261.81 亿元，增长 18.9%。提升发展现代农业，农业增加值增长 4.1%，大运河现代农业园区成功列入省级园区创建名单。深化“亩均论英雄”改革，盘活清理批而未供、供而未用、低效用地 740 公顷，整治“低散乱”点位 706 个。发展动能持续增强。深化产业规划，统筹推进三大产业平台高质量发展。算力小镇正式开园，签约入驻联芯通、地卫二等项目 32 个。中国工业互联网研究院浙江分院、中国服装科创研究院、浙大高端装备研究院、浙大基础医学创新研究院、工信部服务型制造研究院投入运营。深化“大孵化器”战略，新增孵化载体 20 个、物理空间 118 万平方米。实施“双倍增”计划，新增国家高新技术企业 280 家、省科技型中小企业 373 家，运达风电获国家科学技术进步二等奖、省政府质量奖，杭汽轮获省科技进步一等奖。新增专利授权 9020 件，增长 33.5%，5 个项目入选省首台(套)装备。市场主体量质齐升，新增企业 10378 家，增长 20.5%，新增专精特新“小巨人”2 家、上市企业 3 家，4 家单位入选全省首批内外贸一体化改革试点。运达风电、元通线缆入选省创新型领军企业，意丰歌、自强链传动等6家企业入选首批省级制造业“云上企业”，数量均居全省首位。西奥电梯、铁流离合器被认定为省级绿色低碳工厂。老板电器、春风动力列入市“链主工厂”，老板电器产值破百亿。双招双引持续发力。持续开展“双集中”活动，集中签约项目138个，总投资超560亿元，成功招引成都倍特、绿地数科等一批优质项目，实际利用外资2.05亿美元；集中开工重大项目52个，“152”项目开工率达100%，固定资产投资增长18.9%。开展“项目推进”大比拼活动，建立健全重大产业项目“135”全周期服务机制。出台人才新政20条，举办“科技人才月”“中国科技成果创新创业大赛”等活动，引进国家级领军人才21名，自主培育市级及以上海内外高层次人才7名，新增高技能人才2613名、高校毕业生2.33万名。成立全国首个未来智造工程师联盟，集聚工程师人才4720名。开放合作持续扩大。积极融入长三角一体化发展，长三角G60浙江（临平）科创基地基本竣工，加快建设长三角创新研发总部基地。与上海临港集团等企业开展合作，打造“上海科创+临平智造”产业转化模式。实现外贸进出口总额350.72亿元，增长29.7%。跨境电商出口超11亿美元，增长15.1%。加强与四川石渠县、衢州柯城区、长春中韩国际合作示范区等地的新一轮帮扶合作。

（二）重品质、促提升，城乡融合步伐加快。坚持尊重城市发展规律，城乡联动、统筹推进，加快美丽临平建设。城市品位加速提升。科学编制新一轮国土空间规划，持续优化功能板块定位，构筑“一核三片两轴”的空间发展格局。扎实推进运河二通道、杭州中环等重大工程。积极配合轨道交通建设，地铁9号线、杭海城际铁路开通运营，高铁临平南站北广场建成启用。东湖、望梅、320国道快速路二期有序推进，运溪高架路、沪杭高速临平段主线高架建成通车。加快推进美丽城镇建设，崇贤街道、运河街道获评新时代美丽城镇省级样板。乔司全域土地综合整治与生态修复工程全面启动，扎实推进鼎湖、龙兴等5个未来社区建设。“门户客厅艺尚小镇”“未来共富海珀社区”“未来工厂小林板块”入选省首批城乡风貌样板区试点名单，老旧小区综合改造提升30.3万平方米，加装电梯67台。乡村振兴深入实施。抓好“米袋子”“菜篮子”工程，建设高标准农田567公顷。出台“强村富农”“农村住房解困”等助农扶农惠农政策，实施村级集体经济发展三年行动计划，加快推进村级留用地安置清零，村级集体经济经营性收入6.78亿元，增长18%。启动新一轮美丽乡村建设行动，完成“塘栖水乡风韵线”等美丽乡村示范村项目建设，丁山河村、双桥村分别获评中国美丽休闲乡村、全国乡村治理示范村，塘栖村入选省级未来乡村创建名单。开工建设“四好农村路”76千米，累计建成267.83千米，获评“四好农村路”省级示范县（市、区）。强化“三农”人才引培，面向全国新招聘农村职业经理人5名，培育农创客57名。入选省新时代乡村集成改革试点名单。文旅融合不断深化。实施新时代文化临平工程，扎实推进文化设施建设、文艺精品培育、文化产业引育“三张清单”。加强大运河文化保护传承利用，古运河上塘河文化带建设项目、古海塘临平段迁移保护工作启动实施，江南水乡文化博物馆改扩建项目基本完成，良渚文化玉架山考古遗址公园（博物馆）入选省级考古遗址公园，“清水丝绵制作技艺”等运河沿线非遗项目培育链逐步形成。精心打造“藕花洲”惠民文化品牌，在临平大剧院引进《如梦之梦》等高水准剧目，举办国乐节等品牌节庆活动，入选省首批公共文化服务现代化先行县创建名单。南苑街道获评省级文化强镇（街道）。新增国家AAA级景区1个、省AAA级景区（镇、村庄）5个，获省全域旅游示范区称号。生态环境持续向好。深入开展“‘迎亚运’城市环境大整治、城市面貌大提升”长效管理工作，整改问题71.5万个，处置违法建筑107.1万平方米。深化垃圾治理，生活垃圾年进场量下降 2.8%。攻坚“五水共治”，创建“污水零直排”生活小区 108 个，实施运河流域水质提升攻坚行动，市控以上断面水质达到功能区要求。临平第二净水厂项目加快推进，临平自来水厂主体建成。打好蓝天保卫战，强化餐饮油烟、工业挥发性有机物和建设工程扬尘污染治理，$PM_{2.5}$ 浓度下降 12.5%，空气优良率达 83.4%。落实碳达峰、碳中和战略，成功列入全省整县（市、区）分布式光伏规模化开发试点。大力推进“无废城市”建设，强化土壤污染风险管控，新增国土绿化 64.93 公顷，崇贤街道成功创建省级森林城镇。获评国家生态文明建设示范区。

（三）补短板、促均衡，社会事业全面发展。坚持以人民为中心的发展思想，补齐短板、共建共享，持续增进民生福祉。民生保障不断完善。民生支出占一般公共预算比重达 72.2%，年度十大民生实事顺利完成。深化高质量就业社区（村）建设，城镇新增就业 5.55 万人，登记失业率为 2.47%。社会保障巩固提升，户籍人口基本养老保险、基本医疗保险参保率分别达 99.83%、99.95%。完善医保付费方式，强化医保基金监管。健全养老服务体系，建成示范型居家养老服务照料中心 14 家、镇街级居家养老服务中心 4 家，基本实现养老助餐服务全覆盖。加强困难群众兜底保障，发放各类救助资金 4500 万元。实现“残疾人之家”全覆盖，创建省级无障碍社区 3 个。开工建设安置房 122 万平方米，单体竣工 194 万平方米，回迁安置 2933 户。公共服务更加优质。教育质量持续提升，高考再创佳绩，“双减”政策全面落地，开工学校项目 25 个，竣工投用 16 个、新增学位 6870 个。启动教师全周期培养工程，引培省市级名优教师 170 人。深化健康临平建设，推进医共体深度融合，区中西医结合医院改扩建项目有序推进，新增婴幼儿照护服务社区成长驿站 18 家。公共文体设施配套不断完善，全区 8 个镇街综合文化站均达到省特级站标准，临平体育中心通过亚组委赛事功能综合验收，亚残运会浙江盲人门球馆完成改造提升，新增绿道 12.6 公里、各类体育场地 160 万平方米。社会治理卓有成效。严格落实疫情常态化防控机制，建立“流调溯源—转运衔接—末梢管控”闭环管理流程，开发“疫管通”系统应用，打赢疫情防控遭遇战阻击战。深化“三源治理”，推动“一中心四平台一网格”社会治理体系迭代升级。塘栖镇成功创建第二批省级社区治理和服务创新试验区。强化数字赋能治理，区“云上中心”获评全国政法智能化十大创新案例，区社区矫正中心通过全国首批部级“智慧矫正中心”验收。健全区领导约访接访、包案化解机制，重复信访积案化解率达 100%。深入实施安全生产综合治理三年行动，持续深化隐患曝光督办“30 日工作法”，火灾起数、道路交通事故数等有效下降。强化社会治安立体防控，常态化开展扫黑除恶专项斗争，持续推动“全民反诈”行动，刑事治安、电信网络诈骗警情分别下降 17.9%、46.9%。圆满完成平安护航建党 100 周年、党的十九届六中全会等维稳安保任务。获评平安中国建设示范县。

（四）抓重点、促改革，发展环境持续改善。坚持以数字化改革为引领，解放思想、开拓创新，不断优化营商环境。数字化改革成效初显。数智临平治理端总门户及五大系统门户建成发布，区一体化智能化公共数据平台上线运行。狠抓重大应用省、市、区一体贯通，推动“七张问题清单”“浙江公平在线”等省市应用落地运行。地下管网数字化生态系统获评省数字政府系统最佳应用，“时尚 E 家”入选省数字经济系统首批优秀特色应用，5 项应用在省级系统“揭榜挂帅”或试点。获评省数字经济系统建设优秀县（市、区）。重点领域改革统筹推进。落实全省“县乡一体、条抓块统”改革试点任务，开展“大综合一体化”行政执法改革，集成 16 项基层治理“一件事”。建立大运河国家文化公园、大运河科创城建设管理委员会，完善超山风景名胜区管委会体制机制。出台新一轮产业政策，制定政府产业基金管理办法，全方位赋能企业发展。完成平台、镇街财政体制改革，激发区域经济发展活力。成立全省首个线上线下深度融合的企业服务中心，实现企业“只进一扇门、办成所有事”。规范公共资源交易管理，建立健全小额工程管理、评价体系，优化招投标“一站式”业务审批。政府自身建设不断加强。深入开展党史学习教育，落实区领导领衔“九个一”等主题活动。坚持依法行政，严格执行重大行政决策程序，行政负责人出庭应诉率达100%，加大政府信息公开力度，区政府门户网站上线运行。严格落实全面从严治党主体责任，加强对工程建设、公共资源交易等重点领域、重点环节监管。持续深化“放管服”改革，全市率先实现商品房“全款、按揭”全业务“交房即交证”。坚持政府过紧日子，从严控制“三公”经费，开展“大财务”改革，进一步加强财政资金管理。

各位代表，行政区划优化调整以来，通过全区上下的共同努力，各项工作有序推进，高质量发展步伐稳健。这些成绩的取得，得益于上级党委政府和区委正确领导、科学决策，得益于全区广大干部群众团结一心、努力奋斗。在此，我代表区人民政府，向全体人大代表和政协委员，向各民主党派、工商联、人民团体，向解放军、武警驻临平部队和驻临平各直属单位，向所有关心支持临平发展的各界人士，向全区人民，表示衷心的感谢并致以崇高的敬意！

在肯定成绩的同时，我们也清醒地看到，我区经济社会发展还存在一些不平衡不充分的地方，主要是：经济发展总量还不够大，产业多点支撑的局面还没有完全形成，创新发展内生动力还不够强劲；城市品质与核心城区相比仍有差距，城市管理精细化水平有待进一步提升；优质公共服务供给不足，教育、医疗、养老服务、安置房建设等领域离群众期盼还有一定差距；安全生产、信访维稳等方面依然面临不少挑战，社会治理现代化水平还不够高，等等。同时，政府自身建设仍需加强，部分干部改革创新意识、克难攻坚精神、依法行政水平还有待提升。对此，我们一定高度重视，采取有力措施，切实加以克服和改进。

2022年主要工作任务

2022年是向着第二个百年奋斗目标进军的关键之年，是党的二十大召开之年，也是杭州亚运会举办之年。做好今年政府各项工作，具有重要而深远的意义。我们要抓住并用好外部发展机遇，巩固并扩大临平特色优势，找准并补齐发展中的短板，踔厉奋发、笃行不怠，推动经济社会各项事业再上新台阶，在新的赶考之路上展现更大格局、扛起更大担当。

今年政府工作的指导思想是：高举习近平新时代中国特色社会主义思想伟大旗帜，深入贯彻党的十九大和十九届历次全会精神，全面落实中央和省委经济工作会议、省市区委全会精神，坚持一张蓝图绘到底，围绕“高水平建设‘数智临平·品质城区’”总目标，以争创共同富裕示范区样板为牵引，抢抓杭州亚运机遇，提速实施“南融、北创、东靓、西优、中兴”区域发展战略，加快推动城市能级、经济动能、治理效能“三大跃升”，全力开展大抓落实年活动，把忠诚拥护“两个确立”、坚决做到“两个维护”体现到经济社会发展实际成效中，以优异成绩迎接党的二十大胜利召开！

建议2022年全区经济社会发展的主要目标为：地区生产总值增长7.5%，力争突破1000亿元；财政总收入及一般公共预算收入均增长10%；研究与试验发展经费支出相当于生产总值的比例达到3.7%；社会消费品零售总额增长7%；城乡居民人均可支配收入与经济增长基本同步；完成省市下达平安建设和节能减排任务。围绕上述目标，着重抓好以下五方面工作：

一、坚持创新为核，着力构建现代产业新体系

提升产业能级。聚焦高端装备制造、生命健康、时尚产业三大主导产业，深入实施产业链链长制，推进制造业产业基础再造和产业链提升工程，确保规上工业增加值增长9%。扩大工业互联网产业先发优势，提升supET基础平台能级，新增省级创建平台2家以上，应用企业累计达到800家。深入实施“3521”制造业数字化转型计划，力争新增省市级“未来工厂”培育企业10家以上，实施工厂物联网、数字化攻关项目40个。抢占以算力为基础的芯片设计、人工智能产业赛道，确保数字经济核心产业增加值增长15%。大力发展金融保险、信息技术服务、研发设计等生产性服务业，促进先进制造业与现代服务业深度融合，确保服务业增加值增长7.5%。加快发展楼宇经济、总部经济，力争亿元税收楼宇达到5幢。

做强产业平台。经济技术开发区要锚定“未来智造高地”目标，持续做强高端装备制造、生物医药两大优势产业，提升家纺时尚产业能级，加快推进新西奥、百诚医药等项目建设，力争规上工业总产值达到1300亿元，规上工业增加值增长12%以上，向国家级开发区“第一梯队”不断奋进。临平新城要联动钱江新城二期、下沙大学城等高能级平台，提升发展艺尚小镇、工业互联网小镇、算力小镇，加快星桥智能制造基地建设，基本建成九乔国际数字商贸城，力争服务业总营收增长10%以上，着力打造产城人融合的杭州城东中央活动区。大运河科创城要加快推进征地拆迁、规划编制，启动塘栖AB岛、孵化器先行区建设，积极对接浙大等高校共建大学生创新创业基地，招引企业100家以上，努力成为城西科创大走廊东部增长极。

激发创新活力。深化“大孵化器”战略，新增孵化载体20个、物理空间120万平方米。深入实施“双倍增”计划，新增国家高新技术企业、省科技型企业各200家。充分发挥企业创新主体作用，创建省级企业研究院15家以上，发明专利拥有量增长20%以上。大力实施“凤凰行动”“雄鹰计划”“鲲鹏计划”“雏鹰计划”“小微企业三年行动计划”，力争新增单项冠军、隐形冠军、专精特新“小巨人”培育企业6家以上，新增上市企业3家。发挥中国工业互联网研究院浙江分院、浙大高端装备研究院、浙江图灵算力研究院等平台作用，促进创新链与产业链融合。全面推进综合金融服务示范区建设，为产业升级提供金融支持。持续打造“临聚里”未来智造工程师品牌，加快产业人才扩量提质，新增高技能人才5000名、高校毕业生1.9万名。

深化开放合作。落实长三角一体化发展战略，加快建设长三角创新研发总部基地，长三角G60浙江（临平）科创基地建成开园，积极打造沪杭未来智造协同发展试验区。加快谋划内河集装箱码头，完善开放型经济基础配套。紧抓全省内外贸一体化改革试点契机，加快内外融合步伐，扩大国内市场销售份额。推进机电、家纺服装、高新技术等优势领域产品集体“品牌出海”，货物进出口占全市份额保持稳定。大力发展服务贸易，确保服务贸易出口额增长6%。积极扩大先进技术设备、关键零部件、优质消费品进口。持续做好对口帮扶、对口合作、山海协作、区县协作。

二、坚持项目为王，着力实现有效投资新突破

狠抓项目建设。以重大项目建设为抓手，优化投资结构，提高投资效益，固定资产投资增长7%。攻坚项目落地，确保“152”项目开工率达到100%。围绕制造业高质量发展，加快本松新材料、贝达梦工厂等项目建设，制造业投资增长12%。实施一批技术含量高、产业辐射带动性强的重大项目和新技术应用工程，高新技术产业投资增长7%以上。聚焦交通、能源、生态环保、新基建等领域，储备实施一批重大基础设施项目，交通投资增长7%以上，生态环保、城市更新和水利设施投资增长7%以上。着力引导民间资本参与重大项目建设，民间投资增长7%以上。

狠抓招商引资。坚持招商引资“一把手”工程，谋深谋细招引赛道、盯引目标，编制招商地图和项目清单。选优配强招商队伍，建立健全项目研判机制，推动招商能力、成效双提升。积极开展产业链招商、基金招商、以商引商，大力招引头部企业、总部企业、链主企业，全年集中签约重大产业项目100个以上，引进亿元以上项目50个、10亿元以上项目10个。优化外商投资促进服务，吸引更多高质量外资集聚落地，实际利用外资增长10%。

狠抓要素保障。坚持“要素跟着项目走”，精准配置资金、土地等资源要素，充分保障重大项目建设需求。优化政府产业基金运作，力争累计出资达到30亿元。用足用好地方政府专项债，储备专项债项目资金需求90亿元以上。深化“亩均论英雄”改革，探索“楼均论英雄”改革，启动工业用地有机更新66.67公顷以上，新出让工业用地66.67公顷以上。积极盘活存量资源，深入推进陆家桥、兴旺等重点工业园区改造提升，清理批而未供、供而未用、低效用地466.67公顷。强化重大产业项目“135”全周期服务，确保一般产业项目土地摘牌后45天内开工。完善绿色通道项目库，落实“周协调、月公示、季考核、三色预警”机制，力促重大项目建设提速增效。

三、坚持品质为要，着力展现城区发展新面貌

打造靓丽城市。深化国土空间规划和重点片区控规编制，高标准规划建设三大平台重点区域，有序推进大运河国家文化公园建设，加快实施乔司全域土地综合整治与生态修复工程，提升发展迎宾路—荷禹路城市发展轴，完成亚运场馆周边环境提升、星光街综合整治等项目建设。健全美丽城镇长效管理机制，乔司街道积极争创美丽城镇省市级样板。开展城乡风貌整治提升行动，打造“门户客厅艺尚小镇”等城乡风貌样板区。推进鼎湖、海珀等未来社区建设，形成可复制可持续的未来社区建设模式。深化“‘迎亚运’城市环境大整治、城市面貌大提升”长效管理工作，开展“迎亚运”两路两侧“三化一平”专项整治行动。优化数智城管平台，促进城市管理全要素整合与共享，提升城市精细化管理水平。攻坚防违控违，拆除违法建筑60万平方米以上。

完善功能配套。启动区文化设施综合体、开发区文化中心等项目建设，浙江理工大学临平校区建成投用。加快建设特色商业街区、高品质步行街，健全社区商业配套。完善供排水设施，有力推进临平第二净水厂建设。优化电力设施布局，开工建设输变电项目3个，投产2个，白鹤滩特高压直流工程及配套送出工程四回路建成投产。启动天然气管道农村全覆盖三年行动计划。加快5G基础设施建设。新增公共停车泊位1000个、公共自行车点位30个。

畅通交通网络。深入实施交通强区建设三年行动计划，着力构建“四横四纵”快速路网体系，确保东湖、望梅、320国道快速路二期及沪杭高速临平段改建工程建成通车。保障运河二通道建成通航，完善沿岸规划布局。加快谋划沪乍杭铁路与临平北站建设，积极争取杭州地铁四期城市轨道交通线网布局，力争9号线延伸至塘栖。有序推进104国道良渚至崇贤（临平段）、东西大道运河大桥、永玄路等项目建设，打通绿洲路、九华路等“断头路”，实现与杭州核心城区及周边路网无缝衔接。

四、坚持生态为基，着力树立绿色发展新典范

深化环境治理。坚决打好治水治气治土治废攻坚战，持续改善生态环境质量。深化“五水共治”，启动“污水零直排”三年提升行动，新改建农村生活污水处理设施11个以上，力争市控以上断面水质达到三类及以上。统筹推进“6+1”领域碳达峰行动计划，加强大运河沿线、丁山湖湿地等生态绿芯保护利用，创建省级森林城镇2个。建立土壤环境全过程风险管控体系，强化污染地块治理修复。深化生活垃圾治理，生活垃圾分类覆盖率、无害化处置率、资源化处置率保持100%，回收利用率保持60%以上，镜子山资源化循环利用中心建成投用。

推进文旅融合。高标准服务保障亚运会、亚残运会筹办，强化亚运宣传推广，放大亚运效应，讲好临平故事。积极发展体育、电竞、健康等产业，争创省体育现代化区。深化大运河文化传承生态保护区创建，推进良渚文化玉架山考古遗址公园（博物馆）建设，加强古海塘临平段保护传承利用，确保江南水乡文化博物馆全面开放，加快创建省公共文化服务现代化先行区。推进临平学研究，打响“运河南源·精彩临平”“宋韵临平·文脉传承”品牌。深化景区城、景区镇、景区村庄建设，培育运动休闲、研学旅行、“诗画浙江·百县千碗”特色美食消费等各类示范基地10个。做强做优文化产业，重点推进大运河文创园、瓷文化创意基地、数字文化IP产研中心等项目。

振兴美丽乡村。大力发展现代农业，加快创建大运河省级现代农业园区，实施土地集中连片流转，积极招引龙头企业和优质项目，培育大运河区域农产品公用品牌，推进国家农产品地理标志认定和塘栖枇杷全产业链试点建设，农业增加值增长1.5%。严防耕地“非农化”“非粮化”，夯实粮食、蔬菜稳产保供基础。加快实施新时代美丽乡村提质升级行动，建设未来乡村5个、市级特色村2个。开展数字乡村建设，推进数字乡村项目6个。加快完善村庄布点规划，“一村一方案”推进农村住房解困。实施“强村富农”行动，推进省新时代乡村集成改革试点，深化村级留用地安置三年清零行动，村级集体经济经营性收入增长8%。

五、坚持民生为本，着力打造共同富裕新样板

优化公共服务。实施教育高品质提升计划，深化新名校集团化办学，杭高临平分校落户开工。开展中小学“减负提质”行动，落实镇街学校区级直属改革，优化校外培训机构治理，巩固拓展“双减”工作成效。实施名师名校长名班主任工程，培育引进名优教师300人以上。加快中职教育“双高”建设，调整优化专业布局，着力构建现代职业教育体系。持续打响健康临平品牌，推进名医名护名科培育工程，提升医疗救治水平。完善医疗资源布局，强化基层医疗卫生服务能力，加快区中西医结合医院改扩建项目建设，运河街道社区卫生服务中心搬迁启用。健全公共卫生应急管理体系，不断提高应对突发重大公共卫生事件能力。

强化基本保障。全力“扩中”“提低”，精准实施职业技能提升行动，新增城镇就业2万人。持续扩大社保医保覆盖面，健全医保基金监管长效机制。深化新型社会救助体系建设，确保困难群众得到精准救助。优化养老服务设施规划布局，打造智能化养老服务体系，推进居家养老服务用房全覆盖。积极引导社会力量参与慈善事业，发挥慈善事业第三次分配作用。推进房地产市场稳定，加快构建以公租房、保障性租赁住房、共有产权住房为主体的住房保障体系。推动退役军人、残疾人、红十字、公积金等事业健康发展。

完善基层治理。慎终如始抓好常态化疫情防控，迭代完善精密智控机制，坚决筑牢“外防输入、内防反弹”严密防线。巩固提升“县乡一体、条抓块统”改革试点成果，加快推进“大综合一体化”行政执法改革，深化基层治理“一件事”集成改革。深入实施社区（村）“微自治”3.0版，推进社区服务中心、社区服务规范化建设，大力培育发展社区社会组织。完善社会治安立体防控体系，深化电信网络诈骗犯罪综合治理，确保圆满完成党的二十大、亚运会维稳安保工作。深化“三源治理”，加强多元化解队伍建设，提升矛盾纠纷源头化解能力。夯实安全生产基层基础，持续开展建筑施工、道路交通、消防安全等重点领域安全隐患排查整治，确保安全形势总体稳定。强化食品药品安全监管。推进文明城市建设，深化“和润临平·文明有礼”“美丽临平人”系列品牌活动，打造文明和谐新风尚。

办好民生实事。各位代表，在前期广泛征集、仔细遴选、充分论证的基础上，确定了13项民生实事候选项目，现提交大会审议。(1)住房保障项目。开展安置房建设，开工50万平方米、竣工100万平方米；完成回迁安置3000户。(2)住房改善项目。完成老旧小区综合提升改造30万平方米；推进既有住宅加装电梯，完成加装60台。(3)公卫应急项目。提升新冠病毒核酸检测能力，建设应急实验室1个，配置核酸检测设备9套，建设1个检测能力不低于5万管的核酸检测基地；开工区急救中心新址项目，配置救护车8

辆；招录公共卫生专业技术人员24人，举办公共卫生队伍专业能力培训演练10场。(4)教育惠民项目。开工教育项目10个以上，启用10个以上、新增学位7800余个；建成校园智慧安防数字化平台，对202个校园点视频监控等设备更新升级；对42所学校1963间普通教室实施护眼灯光改造，举办200场师生心理、视力等健康类培训。(5)健康空间项目。举办亚运相关主题活动30场；提升、改扩建杭州书房、24小时自助图书馆、百姓健身房、多功能运动场、全民健身路径、社区内步道等新型文体空间100处；新增投入使用绿道10公里。(6)养老服务项目。新增14家示范型居家养老服务照料中心；老年人健康体检增加肺部CT扫描项目；启用集“一卡通用、预约点餐、数据监管”等功能的智能化养老助餐系统。(7)交通改善项目。实施联网路（断头路）建设项目，完工5条，开工3条；实施“四好农村路”建设工程，完成20公里，新开工20公里；新增、优化公交线路不少于10条；治理交通隐患重点道路4条，对全区交通隐患点位动态清零。(8)乡村富美项目。对14个村集体经营性收入100万元以下的相对薄弱村开展村级经济提质行动；开工建设运河北片核心圈、丁山湖核心圈美丽乡村项目；实施100个村民小组美丽乡村提质扩面工程；完成全区农村住房困难户规划布点，落实新增农居建房空间不少于200户，对农村危房动态清零。(9)助残扶弱项目。实施无障碍设施改造5000平方米以上；规范提升星级“残疾人之家”2家，创建省级无障碍社区1个；完成50户在册困难家庭个性化帮扶，开展20名残疾未成年人免费康复治疗。(10)优生优育项目。为常住备孕育龄夫妇开展免费外周血染色体检查；为在医疗机构系统保健的孕产妇及其分娩的新生儿开展免费产前筛查和新生儿疾病筛查；新建婴幼儿照护服务成长驿站50家，新增托幼一体化托位500个以上。(11)放心饮水项目。实施既有高层住宅二次供水设施改造工程，完成改造3000户。(12)就业创业项目。开展各类人员群体就业再就业培训5000人次，自主创业免费培训200人次。(13)停车优化项目。在工作日夜间、节假日开放政府和学校停车泊位2000个，供周边小区居民车辆有序停放。对票选确定的民生实事项目，区政府将加强组织领导，严格责任考核，狠抓工作落实，确保圆满完成。

加强政府自身建设

坚持忠诚自律，加快建设廉洁政府。更加自觉加强政治建设，忠诚拥护“两个确立”、坚决做到“两个维护”，不断提升政治判断力、政治领悟力、政治执行力，把党的领导贯彻到政府系统履职全过程。更加自觉严守政治纪律和政治规矩，从严落实中央八项规定精神及实施细则，加强工程建设、征地拆迁、村级“三资”等重点领域廉政风险防控，扎紧制度篱笆，不断涵养风清气正的政治生态。

坚持改革引领，加快建设有为政府。攻坚数字化改革，深化技术创新与制度创新双轮驱动，紧盯发展所需、社会关切，加快谋划建设一批数字政府、数字社会等系统多跨应用场景，迭代升级疫管通、企业服务中心、安全生产一网统管、工程建管仓等重点应用场景，全力打造一批具有省市影响力的标志性成果。以数字化改革撬动各领域改革纵深发展，推动全省“1512”体系架构落地贯通，进一步放大数字化改革格局，加快政府治理体系治理能力的全方位变革。

坚持履职为民，加快建设高效政府。深入开展“三服务”活动，切实为基层、企业和群众办实事、解难题。大力整治形式主义、官僚主义，持续深化基层减负，深入整饬文山会海，规范精简督查考核，切实提高基层工作效能。加强干部队伍建设，提升干部专业化水平，实行工作实绩量化考评机制，激发干部实干斗志。坚决落实政府过紧日子要求，规范镇街财政管理，强化固定资产管理，优化财政支出结构，严控一般性支出，集中财力谋发展、促改革、惠民生。

坚持依法行政，加快建设法治政府。深入践

行习近平法治思想，推进法治浙江示范区建设，提高运用法治思维和法治方式解决问题的能力。自觉接受人大依法监督、政协民主监督和监察监督、司法监督，加强重点领域审计监督，主动接受社会监督、舆论监督。严格落实重大行政决策制度，完善合法性审查工作机制，深化行政执法监督评价体系运用，推行行政复议“简案快办”，加强政务公开，确保政府各项权力在法治轨道上运行。

各位代表，过去一年，我们于成立新起点上勇担使命、破局开路。展望未来，我们在奋斗新征程中勇毅前行、豪情满怀。让我们紧密团结在以习近平同志为核心的党中央周围，在上级党委政府和区委的坚强领导下，团结和依靠全区人民，担当作为再出发，创新实干再奋进，克难攻坚再突破，为高水平建设“数智临平·品质城区”而努力奋斗，以优异成绩迎接党的二十大胜利召开！

链接▶▶

名词解释

六大硬仗：现代产业体系构建硬仗、一流营商环境打造硬仗、城市能级提升硬仗、富美乡村建设硬仗、美好家园共建硬仗、干部素质提升硬仗。

双倍增：到 2025 年，高新技术企业和科技型中小企业数量均较“十三五”规划目标增长 1 倍以上。

“152”项目：省市县书记、县长工程，省、市、区三级主要领导和分管领导每人每年牵头谋划招引 1 个总投资 100 亿元、50 亿元、20 亿元的重大产业项目。

一中心四平台一网格：“一中心”即社会治理综合服务中心（矛盾纠纷调处化解中心），“四平台”即“基层治理四平台”，“一网格”即全科网格。

基层治理“一件事”：聚焦监管执法、应急管理、纠纷化解、平安建设等重点领域，将跨部门、跨领域、跨层级县乡联办的监管、执法事项集成为“一件事”，形成闭环链条。

“6+1”领域碳达峰行动计划：为全面加快绿色低碳转型发展，聚焦能源、工业、建筑、交通、农业、居民生活和科技创新领域分别编制的碳达峰行动计划。

双高：高水平职业院校和高水平专业（群）。

“扩中”“提低”：努力扩大中等收入群体规模，提高低收入群体收入，率先基本形成以中等收入群体为主体的橄榄型社会结构。力争到 2025 年，我区家庭年可支配收入 10 万—50 万元的群体比例达到 85%，20 万—60 万元的群体比例达到 50%。

疫管通：临平区针对疫情防控建立的创新监管应用，推动实现管控数据集成化、管控提示可视化、管控预警实时化、管控任务定制化、诉求处置闭环化、社情回应智慧化“六化合一”疫情防控新格局。

“1512”体系架构：“1”“5+1”“2”，“1”指一体化智能化公共数据平台，“5+1”指党政机关整体智治、数字政府、数字经济、数字社会、数字法治以及基层治理 6 个系统，“2”指理论创新与制度创新。

特 辑

Special Reports

·党史学习教育走深走实·

【概况】根据中央和省委、市委决策部署，临平区聚焦“九学九新”“五学五创”等工作要求，围绕市委提出临平区打造“融沪桥头堡、未来智造城、品质新城区”的总体目标，高质量推进专题学习、专题宣讲、宣传教育、专题实践、专题组织生活会等“六大任务”，不断将全区党史学习教育推向深入。成立由区委书记任组长的区党史学习教育领导小组，下设办公室，由区委常委、宣传部部长任主任，25人入驻工作专班，统筹推进党史学习教育具体工作。截至12月底，编发《简报》135期，被市级以上简报录用50篇（条），向“学习强国”报送红色文物故事30个，省级平台录用3个，全国平台录用1个。建立8个区巡回指导组，开展巡回指导6轮，指导督导下级单位470次。临平区党史学习教育相关做法被各级媒体报道约600篇（次），其中《人民日报》、新华社、《光明日报》、人民网、凤凰网等主流媒体报道90余篇（次）。

【党员学习全覆盖】2021年，区委理论学习中心组通过赴鸭兰村举办“忆初心、谋发展”主题活动、举办习近平总书记“七一”重要讲话精神和中共十九届六中全会精神专题读书班等形式开展专题学习，带动各级党委（党组）理论中心组专题学习1255次，各级各地党支部专题学习2258次。依托自学＋线上培训，557名区管干部完成党史学习专题培训和党史知识测试；通过基层党组织书记示范班＋镇街行业系统轮训班形式，3095名基层党组织书记完成轮训。机关党组织通过党员轮训、流动党员专训、“两新党员”培训，结合“周三夜学”、主题党日，各镇街结合党员春训、流动党员专题培训，区总工会、经济技术开发区等依托“上市红盟”品牌影响力组织企业党员工人、党员创客开展党史学习培训等形式，实现全区35446名党员学习全覆盖。

【宣传教育进基层】2021年，区领导分赴民情联系点讲授党史专题党课，带动全区区管干部作党史专题宣讲500多人次。“临平青年说”“少年先锋说”“乔司好声音”“青企兵”“十点钟讲坛”等103个特色党史主题宣讲团，走进镇街、村社、学校、工厂等基层阵地、红色阵地，围绕“四史”等学习内容，通过视频展播、竞赛比学、论坛报告、互动体验等多种方式，开展主题宣讲1933场，现场受众近12万人。“青企兵”宣讲团的“青春工间课”，利用企业职工工间或用餐休息时间，开展10—15分钟“短、平、快”的微宣讲或者广播现场宣讲，让党的创新理论飞入企业车间一线，助力临平发展大局。“少年先锋说”宣讲团近百名“00后”主力，开展“线上＋线下”的宣讲活动60余场，受众超48万人次。《今日临平》报纸、“临平发布”政务微信平台、《临平新闻》电视频道、“悦临平”App等媒体，推出“奋斗百年路，启航新征程”“‘民呼我为’在临平”

等专题宣传栏目。开展“七个一百”庆祝建党百年主题系列活动、“百年百忆”档案史料展等活动13场，参观人数超过10万人。

【聚焦基层办好事】2021年，临平区扎实开展领导干部“七个一”专题活动、“三为”专题实践活动和“‘民呼我为’在临平”主题活动，各部门、镇街、平台共开展走访8536次，走访群众34144户，收集意见建议17130条，解决问题、困难17122个。针对特殊群体，新增养老机构床位130张，按每户12000元标准对135户生活困难老人家庭进行适老化改造；登记注册托育机构62家，新建婴幼儿照护服务社区成长驿站18家，加快婴幼儿照护体系建设；为61户残疾人家庭开展无障碍改造工作；搭建四“融”路径，推进特殊需要学生的融合教育；推广普及“幸福码”，向全区实时在册的1987户困难家庭发放低保金、特困供养金等4000余万元。探索整合有婴幼儿“成长驿站”和老年食堂、市民客厅等功能的“邻里中心”建设模式，其中南苑街道河畔新村及临平街道梅堰小区邻里中心综合改造典型案例在央视新闻频道播出报道，老年食堂工作案例获《人民日报》头版点赞。针对民生痛点问题，探索建设“城市地下管线智治”应用场景，建立“实时监管、科学预警、自动派单、即时反馈、监管考核”的全流程闭环管理机制，提升“城市生命线”治理水平；搭建全区智慧停车管理平台，落实“线下+线上”泊位引导服务，推广“先离后付”，推动机关、企事业单位、学校等内部停车泊位对外开放；以“技术管气”策略，开启“智慧治气”模式治理大气扬尘污染；建立党群服务驿站81个、爱心驿家23家，切实为户外劳动者提供暖心贴心服务。全区广大党员干部参与“为群众办实事”活动94000多人次，为群众办实事57270余件，受益群众约461万人次；参与“为企业解难题”活动3300余人次，为企业解决难题790余个，受益企业6850余家次；参与“为基层减负担”活动7100余人次，实施为基层减负担措施104项，受益基层单位3700余个次。

【围绕中心服务大局】2021年，临平区聚焦新形势、新任务，把开展主题教育同谋划临平新发展结合起来。立足区情实际，科学谋划、统筹布局，顺利召开区第一次党代会、区委一届二次全会、区“两会”，科学编制“十四五”规划和二〇三五年远景目标建议和纲要，提出“高水平建设‘数智临平·品质城区’、争当高质量发展建设共同富裕示范区样板”发展总目标，绘制了临平未来发展蓝图。党史学习教育开展以来，区领导结合“三服务”“七个一”等主题活动，领衔推动100个省、市、区重点项目和投资亿元以上的重大民生、产业、基础设施项目，总投资1410.71亿元，占全区所有项目总投资的70.87%。大力发展智能制造，经济技术开发区入选全省首批区域新智造试点，全区上市企业总数累计达到20家。规划建设科创平台，统筹推进大运河国家文化公园、大运河科创城“一园一城”、中国（杭州）算力小镇等开发建设。加速提升城乡品质，启动实施“南融、北创、东靓、西优、中兴”区域发展战略，美丽城镇创建、新一轮美丽乡村建设行动有序实施，“塘栖镇全力打造大运河畔新时代文明实践样板地”入选省共同富裕示范区首批典型案例名单。加快建设区域性综合交通枢纽，运河大桥改造、东湖快速路二期、沪杭高速抬升等重点项目扎实推进，运溪高架通车，地铁9号线、杭海城际铁路开通运营。持续深化社会治理，严格落实疫情防控措施，推动“一中心四平台一网格”社会治理体系迭代升级，顺利完成“平安护航建党百年”安保维稳任务。

（张建军）

·临平区挂牌成立·

【概况】2021年3月11日，浙江省政府办公厅印发《浙江省人民政府关于调整杭州市部分行政区划的通知》，根据《国务院关于同意浙江省调整杭州市部分行政区划的批复》精神，设立杭州市临平区，以原余杭区的临平街道、东湖街道、南苑街道、星桥街道、运河街道、乔司街道、崇贤街道、塘栖镇的行政区域为临平区的行政区域，临平区人民政府驻临平街道西大街33号。

4月9日，杭州市部分行政区划优化调整实施动员大会召开，宣布正式启动实施部分行政区划优化调整。临平区第一时间成立行政区划筹备工作领导小组，下设“一办九组”，即办公室、材料起草组、报批工作组、组织人事与机构编制组、人大工作组、政协工作组、事权财权组、宣传舆论组、纪检监察组、维稳信访组。专门制订信访化解、舆情引导和宣传方案，压实责任，严明纪律，做到任务明确、时间明确、人员明确、责任明确，确保行政区划筹备工作平稳有序。同时，建立临平、余杭两区联席会议机制，负责财权事权、国有资产划分和债务划转工作。

5月4日，临平区委常委，区人大、区政府、区政协筹备组市管领导干部等齐聚区政府广场，举行隆重的升旗仪式。随后中国共产党杭州市临平区委员会、中国共产党杭州市临平区纪律检查委员会揭牌。作为浙江省最年轻的区，临平奋力开启高水平建设“数智临平·品质城区”，争当高质量发展建设共同富裕示范区样板道路的崭新征程。

该次行政区划调整工作中，区委区政府深入贯彻中共十九大和十九届历次全会，国务院、浙江省关于调整杭州市部分行政区划的文件精神，以及中央关于厉行节约有关规定和国家土地管理法规政策，严格按照国务院“约法三章”要求，不新建政府性楼堂馆所，不增加财政供养人员，不增加“三公”经费。平稳做好区划调整干部配备，第一时间制订分流划转方案，划转分流区管领导干部299名。按照“二上二下”标准和流程，做好全区58家区直单位2529名科级及以下人员转隶。加快区外干部融入，分层分批接收区外交流干部60名。依法依规、平稳有序完成人大选举，选举产生临平区第一届人大代表283名。高质量完成政协委员推选，产生政协第一届临平区委员会委员280名。

根据国务院《行政区划管理条例》、民政部《关于做好行政区划变更后勘界工作的通知》的有关要求，勘定区级行政区域界线4条，涉及界线总长度69.85千米；勘定县级行政区域界线三交点3个，实地埋设界桩4个。其中，上城临平线全长24.45千米，更换界桩3个，新增界桩1个；余杭临平线全长16.21千米，新增界桩2个；拱墅临平线全长18.41千米，更换界桩2个，新增界桩2个；临平钱塘线全长10.78千米，新增界桩1个。

及时应对行政区划调整带来的涉稳风险，制订行政区划调整维稳工作实施方案和突发事件应急处置预案，明确“五个坚决防止”和“两个确保”工作目标，梳理越级信访、民生服务、公共政策、机构调整、干部人事、矛盾纠纷化解、历史遗留问题七大类风险点，并从信息研判、舆情监测、落地处置、疏导化解等方面提出具体工作措施，顺利完成区划调整风险评估报告。开展全区涉稳风险集中排摸，排查梳理风险事项130余件、风险人员190余人，同步做好化解稳控，防止矛盾叠加。严明工作纪律和组织纪律，要求各级党组织和广大党员干部带头讲政治、顾大局，树立“一盘棋”思想，积极参与、支持行政区划优化调整各项工作。组织人员深入社区、学校、企业，广泛听取群众意见和诉求，认真研究反映的问题，切实加以解决。行政区划调整以来，未发生涉稳风险事件，社会持续和谐稳定，经济运行呈现“稳中向好、质效提升、活力增强”的发展态势。2021年，全区地区生产总值940.09亿元，增长10.6%；财政总收入247.1亿元、一般公共预算收入151.3亿元，分别增长37.9%、35.7%；居民人均可支配收入增长9.9%。固定资产投资599.87亿元，增长18.9%，生产总值等主要指标增速位居全市前列。

（李晶　张秋佳）

·数智赋能·

【概况】2021 年是全省数字化改革启动之年，也是临平设区创业首年，面对新概念、新方法、新体系，全区上下克服困难，坚决贯彻落实省市部署要求，高质量完成与原余杭区信息化项目拆分、政务云过渡、物联感知网络搭建、省市数据回流、部门数据共享等多项重大任务，为数字化改革提供有力保障支撑。纵深推进一体化智能化公共数据平台及党政机关整体智治、数字政府、数字经济、数字社会、数字法治系统建设，准确把握数字化改革的重点任务和方法路径，坚持需求导向、问题导向和效果导向，有针对性地推出一批管用、好用、实用的应用系统，以多跨场景应用驱动经济社会高质量发展，为省市数字化改革提供临平经验。

【党政机关整体智治系统】2021 年，临平区聚焦重点领域和关键环节先行突破，有序有力推动党政机关整体智治系统各项工作落实。省级揭榜挂帅项目“清廉机关模范机关建设（红临锋行）”“交通工程监管仓”顺利推进。其中，“交通工程监管仓”入选全省数字化改革党政机关整体智治系统的公权力监督“一本账 S0”。市级试点示范项目凌云数字化人才生态系统、“数智群团”“疑残智防”日益完善。区级特色应用项目“镇街人大工作活跃度指数”“智慧街道数字驾驶舱”陆续上线。出台区级制度规范 17 项。其中履职监督类 6 项，日常管理类 6 项，系统操作类 5 项，并同步形成系统配套理论成果 7 项。立足“党政机关整体智治门户”，建立匹配应用清单，深入对接 9 家调研单位和 19 个应用场景，梳理 10 个接入场景应用，完成临平区党政机关整体智治综合应用建设 1.0 版架构要求。全区开通系统“七张问题清单”管理员账号 20 余个，录入区级问题 10 余项，逐步形成区级有关部门“七张问题清单”协同处置机制。开通“应急处突”区级账户 306 个，通过应急处突系统报送紧急信息，持续加大对应急处突的使用推广。“一表通”“民呼我为”等示范项目的复制推广进度位居全市前列。

【数字政府系统】2021 年，临平区聚焦“三大成果”，落实省市数字政府系统建设各项重点任务，扩大全区数字政府系统建设影响力。6 月底，全数上线“数智临平”数字政府重大任务，并持续推进重大任务细化拆解与门户数据定期更新维护，12 项重大任务共拆解为二级子任务 45 项，三级任务 27 项。在主要领域上架“电动自行车协同智治”“安全生产监管平台”“入学早知道”“区级公物仓”“政务服务驾驶舱”“地下管网数字化生态系统”6 个典型应用。对照省级跑道梳理区内应用项目，有 25 个项目与数字政府 9 条“浙里”跑道实现挂接，其中 19 个项目上线运行，13 个应用纳入省市试点。“疫管通”“一站式”全生命周期企业服务平台等 4 项应用获中央电视台、新华社等国家主流媒体报道。地下管网数字化生态系统运行以来，涉及污水满溢信访件减少 68%，养护运维人员减少 45%，养护运维成本降低 32%，获评省数字政府系统第二批最佳应用。“零距离安心收房一码通”在 9 个竣工楼盘应用，涉及住宅 7262 套，闭环化解业主反映的各类涉房问题 371 户次，推动全区信访“双降”。临平区数字政府系统形成理论成果 12 项，出台政策、工作指南等制度文件 9 项。12 月，数字政府系统被省政府办公厅列入全省数字政府系统领跑榜。

【数字经济系统】2021 年，临平区紧扣“全省智能制造中心”的目标定位，编制“十四五”数字经济相关产业规划及《临平区工业互联网创新发展工作方案》《杭州市临平区“未来工厂”培育三年行动计划（2021—2023 年）》，加快推进“产业大脑 + 未来工厂”建设。结合北部制造业，南部数字经济的分布特点，科学谋划工业互联网小镇、中国（杭州）算力小镇建设。引入中国工业互联网研究院浙江院、中国服装科创研究院、工信部服务型制造研究院、浙江大学高端装备研究院、图灵研究院、华为双5G+智能制造创新中心等高能级创新载体，推动建立项目、平台、企业之间多层次开放合作体系，为100余家本地企业提供新智造技术支撑服务。建设阿里supET工业互联网平台，打造纺织印染、注塑加工等8个国内一流的行业级平台，接入工业设备161.2万台。全面梳理“未来工厂”重点培育企业180家、重点实施项目80个、推进头雁生态培育、未来智造伙伴等六大行动，分3个梯队对不同层级企业进行辅导。全区获评省级“未来工厂”4家、省级“智能工厂”7家、市级“链主工厂”2家、市级“智能工厂”1家，入选市级“数字化车间”培育名单20家。全区列入省级工业互联网平台创建单位4家、认定单位2家。“跨境电商溯源码”“时尚E家”“开发区产业大脑”3个项目列入全市数字经济系统优秀案例。12月，“时尚E家”获评省数字经济系统首批地方特色应用，并率先在省数字经济综合门户上架。

【数字社会系统】 2021年，临平区系统化设计顶层架构，规范化推进场景建设，培育和打造了一批数字社会多跨场景应用，助力建设共同富裕美好社会。“入学早知道”被列为省发改委数字社会“揭榜挂帅”应用，在全省复制推广；“两慢病”被列为市发改委首轮“揭榜挂帅”应用；“残疾预防”“收房码”等6项应用被列为省市数字化改革试点。海珀、龙兴、梅堰、航海路、塘栖村5个未来社区（乡村）作为全省首批“浙里办”“我的家园”版块上线社区，落地“邻活动”“亲子学堂”等7个场景11个应用。其中，海珀社区被列为省教育厅首批数字社会未来教育重点场景先行试点；海珀、龙兴社区被列为省委宣传部数字社会文化场景先行试点。区数字社会专班持续对多跨场景应用、未来社区等定义开展理论研究，深化内涵，完善规范指南，形成“137个疑似残疾关键词库”、《残疾报告制度实施细则》、“康复前移政策”、《临平区商品房“零距离安心收房一码通”应用场景实施方案》《临平区数字乡村建设实施方案》等理论制度成果20余项。临平区数字社会门户通过“服务端+治理端”双端互促，持续集成优化升级，在全省数字社会门户建设评价中排名前列。

【数字法治系统】 2021年，临平区围绕数字法治“1338X”系统框架，体系化、规范化推进“风险闭环管控大平安”“政法一体化办案”“综合行政执法”三大体系建设。区委政法委牵头的“基层治理四平台”自动考核评价体系和矛盾纠纷“一件事”源头预防化解分别入选省数字法治揭榜认领项目和省最佳实践案例培育；区司法局牵头的“社区矫正数字卷宗”项目被司法厅列为省级试点；区公安分局牵头的“易网办”数字化办案取证研商体系建设被市公安分局列为市级试点；区检察院牵头的社区矫正对象脱管漏管监督和减刑假释规范监督应用场景纳入全域数字法治监督体系一期应用场景清单。社会治安立体防控体系通过构建治安防控圈、加强智慧巡控和智慧安防建设，实现有效警情、刑事立案、治安受案“三下降”。政法一体化办案体系建设实现案由、办案单位、办案流程“三个全覆盖”，数字卷宗源头数字化率达70%，单轨制协同办案比例稳定在95%以上。综合行政执法体系在省政府统一划转的基础上，叠加整合教育、民政等11个领域的执法权域，共计758项执法事项至综合执法。“基层治理四平台”自动考核评价体系备案登记下沉人员864人，全程考核受理各类事件20939件，受理超时率0%，满意率100%，被作为第一批杭州市数字法治好应用在全市推广。数智“守护”防诈反制场景，宣防群众115.3万人次，劝阻电诈案件100余起，止损金额1975.94万元。年内，全区电信网络诈骗受案较去年下降28.38%，立案较去年下降12.46%。

（孙怡　吴圣涵　吴程前　沈遨　郑丽莎　钟晨）

·双招双引项目推进·

【概况】 2021年，临平区结合产业优势和战略发展导向，通过深化政银战略合作，发布产业高质量发展新政、人才新政等举措，在招商引资、招才引智中奋勇争先、大抓落实。成立区招商引资、招才引智工作领导小组，由区委主要领导挂帅，强化组织领导，每季度召开工作例会，专题研究招商引资工作。常务副区长牵头常务双周例会，围绕重大项目推进，加强全区统筹协调，推进问题解决。年内，区主要领导、分管区领导及各平台主要负责人接待重要客商超100批次，先后带队奔赴北上广深、山东等地考察招商。

【三大平台赋能】2021年，临平区依托经济技术开发区、临平新城、大运河科创城三大产业平台，围绕主导产业，绘制产业链招商图谱，明确重点方向、重点区域、重点项目，精准对接，在夯实“一平台一主业”的基础上，推进主导产业延链、补链、强链。经济技术开发区聚焦高端装备制造、生物医药产业，瞄准智能制造、芯片、新材料、医疗器械、创新药等赛道；临平新城聚焦时尚、数字经济（工业互联网、算力、电商），瞄准时尚服饰、直播经济、算力芯片、人工智能等赛道；大运河科创城聚焦“文化＋科创”产业，瞄准新兴科技、体育、文化创意等赛道。三大产业平台坚持产业链精准招商路径，引进生成绿地数科、求是半导体、成都倍特、艾昆纬、构美直播等重大产业项目。鼓励本地龙头企业、链主企业以商引商、以企引企，依托贝达药业链主效应，落地贝达梦工场项目，打造生物医药产业集聚平台，形成“引进一个、带动一批、形成一链、辐射一片”的产业链上下游共同体。各镇街主动抓好税源项目招商，利用区域政策等比较优势，聚焦沪、深等地，“清单制”推进项目招引，提高招引质效。2021年，全区集中签约项目138个，总投资超560亿元。其中，阿里犀牛智造总部、穗杉实业氧氮分离系统生产项目等28个高端装备制造项目，总投资194亿元；中视信息科技总部、太平洋未来科技总部项目等工业互联网、算力等数字经济项目52个，总投资超131亿元；成都倍特药业、圣兆药物科技项目等生物医药类项目31个，总投资124亿元；高浪控股总部、鸭梨互动总部项目等时尚产业项目17个，总投资41亿元。

【创新驱动赋能】2021年，临平区坚持以科技创新驱动产业高质量发展，加快产业链、创新链有机融合，全速推进“未来智造城”。坚持“亩均论英雄”“楼均论英雄”，招引一批重点项目、优质人才。科学谋划工业互联网小镇、中国（杭州）算力小镇建设，其中，工业互联网小镇通过加速构建“新智造”领域服务商聚集区，汇聚迈迪信息、秒优大数据等国内知名数字化服务商70余家。中国（杭州）算力小镇聚焦芯片设计和人工智能两大领域，签约入驻联芯通、地卫二等项目32个。9月9日，全国唯一一家服务型制造研究院在临平启用。同日，成立全国“未来智造工程师联盟”，为临平“打造数智化变革高地”增添强劲功能。10月8日，以数字化改革为引领打造一流营商环境，线上线下双向融合、涉企资源一端集成的企业服务中心启用。截至年底，全区实现高新技术产业增加值328.15亿元，增长15.8%，占规模工业增加值比重达到80.0%；战略性新兴产业、生物医药分别增长16.4%和17.9%，高于全区规模工业3.4个、4.9个百分点；数字经济核心产业增加值61.8亿元，增长15.8%，占生产总值的比重较上年提升0.3个百分点；规模工业新产品产值率达到54.4%，高于全市平均14.4个百分点。

【人才赋能】2021年，临平区坚持“大人才”观，全区上下各司其职、各尽其责，加强沟通交流和协作配合，建立完善统分结合、协调高效、优势互补、整体联动的人才工作运行机制，做好人才“引、育、留、用”各项工作。推出人才新政20条，科学制定《临平区“十四五”人才发展规划》，明确开展13项人才发展重点工程，深化五大领域机制改革，优化六大方面人才服务效能。5月26日，临平区首届“科技人才月”活动启动，推出《关于打造高质量人才队伍的实施办法》(技能人才10条)临平区高技能人才政策。7月6日，区委召开人才工作领导小组（扩大）会议，审议通过区委人才工作领导小组成员建议名单，明确全年人才工作重点任务。2021年，临平区创新实施人才“举荐制”“薪酬制”，将人才认定权限下放给企业，激发人才内驱力，全年通过市场化认定人才141名。推动区域人才互认互通，率先将长三角地区高层次人才纳入认定范围，给予同城待遇保障。发挥企业引才主体作用，对突出贡献企业以及人才较为集中的科技型中小企业，按需分配人才公寓、子女入学名额。“人才创业险”全域试点为人才项目提供最高一千万元保额的创业保险。2021年，全区引进国家级领军人才21名，自主培育市级及以上海内外高层次人才7名，新增高技能人才2613名、高校毕业生2.33万名。成立全国首个未来智造工程师联盟，集聚工程师人才4720名。启动“全国未来制造工程师精英计划”，甄选出12个契合地区产业发展的重点项目，导入104项未来智造相关先进技术成果，获《人民日报》、新华社、《中国组织人事报》等国家省市媒体集中报道100余次。

（张婷婷）

·临平区获评“国家生态文明建设示范区”·

【概况】2021年10月14日，在联合国《生物多样性公约》第十五次缔约方大会生态文明论坛开幕式上，临平区获评“国家生态文明建设示范区”。一直以来，临平区高度重视生态文明示范创建工作，紧紧围绕“绿水青山就是金山银山”的发展理念，统筹推进经济高质量发展和生态环境高水平保护，自然生态得到有效保护，环境质量不断改善，美丽城乡建设全域推进，产业发展持续绿色转型，生活品质进一步提高。

【生态治理成效显著】2021年，临平区践行“两山”理念，按照“无废城市”建设方案，开展“无废工厂”“无废乡村”“无废学校”“无废医院”“无废工地”“无废景区”“无废园区”七大类共39个“无废细胞”建设。通过开展锅（窑）炉专项整治、涉气“散乱污”企业年度关停整治、扬尘污染专项整治、夏季臭氧（O_3）和秋冬季细颗粒物（$PM_{2.5}$）“双控双减”方案等大气染防治工作，改善区域空气质量。开工建设临平第二净水厂，深入开展“流域共治”专项行动，“污水零直排”建设覆盖全区8个镇街。土壤污染防治、固体废物监管、辐射安全和声环境管理工作深入推进，区域内环境质量大幅提升。

【生态宜居凸显】2021年，临平区围绕建设“全域美丽大花园”的目标要求，着力提升城乡生态环境品质，开展小城镇环境综合整治、靓城行动、美丽城镇和美丽乡村建设。全区完成新建、改造污水管网5.79千米，高层二次供水改造项目6个；创建“污水零直排区”生活小区类市级任务22个，省级任务9个；完成农村生活污水处理设施标准化运维138个，处理设施改造完成3个。塘栖美丽城镇全域长效提升及乔司街道美丽创建持续推进，打造出塘栖镇塘超小径“网红绿道”、乔司街道时尚云村等一批网红打卡点。持续开展绿道建设，新建6条绿道12.6千米，初步形成以塘超小径、临平山绿道、上塘河绿道、东湖绿道为骨架的绿道网络体系。6月，临平山绿道工程获评“2020年度杭州市优秀园林绿化工程”金奖。8月31日，临平区获评2020年度杭州市绿道建设先进区。年内，完成19个老旧小区综合改造提升。城乡居民的幸福感和获得感大幅提升，绿色、循环、低碳的发展理念深入人心。

【生态产业动力强劲】2021年，临平区坚持实业主导、智造先行，积极推动产业绿色转型，不断构建以产业数字化为核心的智能制造体系。经济技术开发区通过园区生态化建设与改造，构筑循环经济产业链，实行污染物源头削减和总量控制，实施节能、集中供热供气、中水回用等12

大运河临平段，拍摄于 2022 年 3 月　（塘栖镇　供稿）

个示范项目，工业增加值能耗下降 40%以上，万元产值碳排放消减 20%以上，获评“国家级循环化改造示范试点园区”和第四批国家级“绿色园区”。老板电器、春风动力和诺贝尔 3 家企业获评国家级绿色工厂，阿里巴巴讯犀等 3 家企业入选全省首批“未来工厂”。中国节能杭州能源与环境产业园作为临平区唯一一家五星级小微企业园，累计引入 50 余家以节能环保、智能制造、新材料及电子信息为主导的优质企业，2021 年园区实现总产值 20.75 亿元。5 月，在临平区科技人才月启动仪式上，全省首个“政银保企产研用”一体协同的“绿色低碳”金融创新实验室宣布成立，联合省级银行机构组织、保险机构组织创新研发绿色工厂贡献贷产品和绿色技术应用险产品。6 月，全省首个“双碳地图”率先在临平区探索应用，依托“网上电网”大数据平台，实时监测和分析企业能耗情况，指导企业开展节能设备改造，优化调整地区产业、能源结构，助力产业绿色低碳发展。

【生态文化彰显】临平自古以来就是江南水乡、富庶之地，2000 多年的“运河文化”和 1000 多年的“梅花文化”等相互融合，涵养了临平“兼收并蓄、开放包容”的人文精神。大运河临平段（杭州塘部分）长约 29 千米，沿线途经临平区崇贤、塘栖、东湖、运河 4 个镇街，文化遗存众多，生态景观丰富多样，是中国大运河世界文化遗产的重要组成部分。超山风景名胜区为国家 AAAA 级旅游景区、省级风景名胜区，森林覆盖率超过 98%，绿视率 100%，不仅自然资源丰硕，文化积淀更是深厚而绵长。临平段大运河文化传承生态保护区现有世界文化遗产 1 处，省级历史文化名镇 1 处，全国重点文物保护单位 1 处，省级文物保护单位 7 处，拥有人类非遗代表作 1 项，国家级名录项目 2 项，省级名录项目 9 项。为持续做好生态文化发扬与传承，临平区以“运河古镇、湿地田园、航运古道”为特色，全面推动大运河国家文化公园建设，编制《临平区大运河文化保护传承利用暨国家文化公园建设方案》及《临平区大运河文化保护传承利用暨国家文化公园建设三年行动计划（2021—2023）》，按照“河为线，城（镇、园）为珠，线串珠，珠带面”的布局理念，立足大运河（临平段）文化资源分布，着力构建“一核一城两翼四区四片”的临平大运河国家文化公园总体架构，推动浙江省文化传承生态保护区建设。

（张婷婷）

延伸阅读▶▶

杭州临平：开启高质量发展新征程

5月7日，杭州市临平区召开全区高质量发展大会暨“未来工厂”建设推进大会。这是临平区设立以来召开的第一次全区性大会。不难看出，临平区坚持产业强区、产城融合，进一步夯实区域经济发展底色的决心和乘势而上推动全域高质量发展的坚定信心。

大会以视频形式召开，区内上市企业、重点制造业企业、国家高新技术企业、孵化平台、重大创新载体、重点研究院，重点公共服务平台、中介服务机构，重点现代服务业、商务类企业、金融机构等悉数到场。

打响“未来智造城”品牌

制造业是立国之本、强国之基。近年来，临平区坚定不移在制造业领域发力。据统计，临平区目前共有规上工业企业628家，其中营收100亿元以上1家、50亿元以上4家、10亿元以上20家，上市企业达17家（另有3家企业已过会），3家企业入选全省首批“未来工厂”，占全省四分之一。2021年一季度，全区规模工业企业实现增加值75.45亿元，增长40.1%，增速分别高于省、市平均6.0个和11.7个百分点。

站在新的起点上，临平区锚定“融沪桥头堡、未来智造城、品质新城区”发展定位，奋力开创发展新局面。“我们要厚植优势、乘势而上，打响未来智造城品牌。”区委书记陈如根说，临平将坚持以智能制造为主线，以数字化改革为引领，深入实施“新制造业计划”和数字经济“一号工程”，着力构建前沿科技支撑、新兴产业主导、传统产业转型的现代化制造业体系。

事实上，临平区作为原余杭区的区委、区政府所在地，本身发展较为成熟，具备独特资源优势。这片区域始终坚持数字经济“一号工程”和“新制造业计划”两个引擎一起转，推动数字经济和制造业高质量融合发展。眼下，临平区内两大产业主平台国家级经济技术开发区和临平新城共同发力，数字赋能制造，不断提升创新能级。

中国服务型制造研究院、浙大高端装备研究院、浙大基础医学创新研究院、省卫健委科研成果转化平台等创新平台源源不断输出创新能力。艺尚小镇持续发力直播经济，招引迪尚、构美、乐播等一批头部企业，成型渠道、服务、供应、创新、政策“五链合一”的产业生态圈，中国数字时尚新基地活力澎湃。阿里云、工联院两大引擎，带动工业互联网走入传统企业，系统推进企业转型升级和产业园区数字化发展。

为高质量发展注入“活水”

“在临平这片宝地上，老板集团已经深深扎根了42年。42年来，老板集团始终立足实业、专注主业。”杭州老板实业集团有限公司总裁任富佳在现场发言中说。

落户艺尚小镇的杭州意丰歌服饰有限公司，2020年销售规模近70亿元，其中，“双11”期间线上销售5.5亿元，位居全球女装第二名，国内女装第一名。“临平是片创新热土，在这里企业能进一步发挥现有的数字赋能优势，强化协同创新平台发展，构建企业数字经济新优势。”公司创始人钱晓韵对此深有感触。

点赞临平创新创业环境的，还有贝达药业董事长丁列明博士。2006年贝达落户临平，公司由几个人的创始企业发展成为目前拥有1500多名员工的上市公司，年产值连续5年都在10亿元以上。他说：“从资金、产业化、行政审批、市场准入，到人才引进等方方面面，临平给予贝达一路的扶持。”

可以说，临平的企业家艰苦创业、坚守实业，有能力、有情怀，深深扎根临平、立志建设临平，为全区发展作出了积极贡献。

站上新起点，临平要推动新发展，离不开包括企业家在内的各类人才的支撑。接下来，临平区将实施人口年轻与结构优化工程，加大创新创业人才、企业家资质人才以及高素质技术人才引进培育力度，让更多年轻人在临平这片热土上挥洒青春、成就梦想。

紧紧抓住未来智造城这一核心定位，临平将依托浙大高端装备制造研究院等智产合作平台，加快未来智造工程师协同创新中心建设，加强高端智能制造人才引培；瞄准直播经济、新零售等新经济人才，打造时尚设计、互联网营销人才交流基地。

用好人才这一战略资源，在给高质量发展注入“活水”的同时，临平也不忘突显优质深化全周期创新创业服务，持续放大临平国际人才港等综合体的领先优势，推进人才创新创业全生命周期“一件事”改革，探索全域布局人才创新创业服务综合体建设。此外，向数据要效率、向智能要质量，努力构建一体化、全链条、高效率的人才大脑体系，打造人才政策掌上兑现、人才服务线上办理的服务新模式。

建设美丽幸福新临平

面对行政区划的优化调整，对临平区来说，绝不仅仅是名称的变化和区域范围的调整，更是一份承载推动高质量发展的责任和使命，寄托着全区广大人民群众的热切期盼。

杭州市委提出，临平要围绕“产城融合、职住平衡、生态宜居、交通便利”的要求，深度融入主城一体发展，推进以人为核心的新型城镇化，在加快融入、深度融合中做强做优特色优势，奋力打造融沪桥头堡、未来智造城、品质新城区，努力建设幸福美丽新临平。

锚定了目标，临平区将以世界名城核心城区的标准，建设城市、经营城市、管理城市，不断提升人民群众的幸福感、获得感。

优老城、建新城，聚焦临平新城、余杭经济技术开发区两大重点区域，深入实施“靓城行动”，加大老旧小区改造提升力度，全面提升中心城区建设品质。持续推进美丽城镇建设，深化塘栖小城市培育试点工作。深入实施“千村示范、万村整治”工程，加强农村环境整治力度，推进美丽乡村提质、扩面、增效。

同时，强化教育资源配置，加快现有学校改造提升和标准化学校建设；完善医疗卫生资源布局，加快区第五人民医院和社区卫生服务中心（服务站）等项目建设进度，提升建设一所三甲医院，深化与国内外知名医院、医疗团队合作，深入推进优质医疗资源“双下沉、两提升”。着力提升养老服务水平，积极引入和培育优质专业养老机构，加快区域性养老综合体建设，同时推进老旧小区和家庭“适老化改造”。

坚持惠民利民，推进优质公共服务均衡发展之余，也要加强和创新基层社会治理。强化数字赋能，临平还要迭代完善“一中心四平台一网格”基层社会治理体系，积极推进“智安小区”“智安街道”建设。建立健全党建引领城市社区治理机制，提升社会治理民主化水平。

正如陈如根所说，临平已经站上了一个新的起点，全区上下要坚决扛起时代赋予的使命担当，聚焦发展所需、企业所盼、民心所向，携手各界、共同绘就新画卷。

（《光明日报》客户端　2021 年 5 月 7 日　费彪　陆健）

大事记

Chronicle of Major Events

4月

9日　杭州市部分行政区划优化调整正式实施，设立新的临平区。以原余杭区的临平街道、东湖街道、南苑街道、星桥街道、运河街道、乔司街道、崇贤街道、塘栖镇的行政区域为临平区的行政区域，人民政府驻临平街道西大街33号。

10日　由中共杭州市临平区委员会主办，融媒体中心编辑出版的《今日临平》数字报上线。

15日　中共中央宣传部文化体制改革和文化产业发展工作领导小组办公室副主任李建臣一行在临平区考察文化创意大厦国漫孵化基地。

是日　临平区举行第27届全国肿瘤防治宣传周启动仪式，并表彰部分抗癌先进个人和单位。

17日　临平区唯一一家在浙外籍人士接种中国国产新冠病毒疫苗定点医院——区五院开发区分院，迎来首批在浙外籍人士接种国产新冠病毒疫苗。

18—21日　中国工艺美术大师、国家级非遗铜雕技艺代表性传承人朱炳仁以中国工匠代表身份出席博鳌亚洲论坛2021年年会并发表演讲。

19日　浙江省医疗器械检验研究院经济技术开发区院区启用，浙江省药品监督管理局党组书记、局长徐润龙与区委书记陈如根共同为院区揭牌。

27日　贝达药业股份有限公司获全国五一劳动奖状。

是日　塘栖镇塘栖村团支部获"全国五四红旗团支部"称号。

29日　"永远跟党走"临平区、余杭区庆祝中国共产党成立100周年青年理论宣讲活动举行，"临平青年说"宣讲团成立。

是日　由中共杭州市临平区委员会、中共杭州市余杭区委员会共同主办的"同心向党谱华章"临平区·余杭区庆祝中国共产党成立100周年文艺演出在余杭大剧院举行。

是月　临平段古海塘的发掘保护工作开启。

5月

4日　临平区委、区纪律检查委员会举行揭牌仪式。

5日　"永远跟党走 开启新征程"庆祝中国共产党成立100周年音乐会暨2021中国（宁波）大运河国际钢琴节临平区分会场开幕。

7日　全区高质量发展大会暨"未来工厂"建设推进大会召开。

10日　临平区融媒体中心举行"守好红色根脉 凝聚发展合力——奋斗吧，临平"主题新闻行动启动仪式。"天天看临平"微信公众号当天上线。

12日　临平区举办主题为"巩固残疾人脱贫成果，提高残疾人生活质量"的全国助残日暨"最美残疾人"表彰活动。

15日　第七届中国第三方评估论坛浙江分论

坛暨浙江共同富裕度监测评估高峰论坛、国信测评杭州院成立仪式在临平区举行。

17日　第23届中国杭州塘栖枇杷节开幕。塘栖镇被中国蜂产品协会授予“中国枇杷蜜之乡”称号。

18日　杭州市人大常委会党组书记、主任李火林带队，市政府民生实事项目第五监督小组到临平调研非机动车停车位设置情况。

19日　临平、余杭两区举行合作对接会，签订《余杭区·临平区六共促发展开启新征程战略合作框架协议》。

是日　临平区、余杭区联合举办“建党一百年，喜看新变化”特色旅游线路体验活动。

是日　浙江省唯一一家以枇杷为主题的专题展览馆——塘栖枇杷产业博览馆开馆。

20日　由浙江大学与经济技术开发区管委会合作共建的浙江大学基础医学创新研究院启用。

是日　浙江理工大学临平时尚家纺技术转移中心在经济技术开发区签约落地。

是日　杭州市塘栖职业高级中学举行获批建制揭牌仪式。

是日　区第五人民医院经济技术开发区分院护士长林裔和南苑分院天万社区的家庭医生周玲玲，分获2021年浙江省“优秀社区护士”“优秀乡村医生”称号。

21日　杭州市临平区2020年第七次人口普查主要数据公布。临平区常住人口为1175841人，与现辖区2010年第六次全国人口普查的588395人相比，10年共增加587446人，增长99.84%，年平均增长率为7.17%，增速分别高于全省5.45个百分点和全市3.96个百分点。

25日　“奋斗吧！我是临平人”庆祝中国共产党成立100周年专场文艺演出在临平区人民广场“藕花洲大舞台”举行。

是日　非物质文化遗产衍生品牌“朱炳仁·铜”和《国家宝藏》IP产业融合项目启动。

是日　临平区海珀社区、龙兴社区入选浙江省发展和改革委员会、浙江省住房和城乡建设厅公布的全省2021年未来社区创建名单。

26日　“有梦来临 天成地平”2021年临平区科技人才月暨2021中国科技成果创新创业大赛正式启动，发布“1+8”科技人才月系列活动，推出《关于打造高质量技能人才队伍的实施办法》。

是日　国家电网杭州供电公司创新研发省内首个“双碳地图”电力大数据产品，率先在临平区探索应用。

是日　全省未成年人“从小学党史·永远跟党走”主题赠书读书活动在临平区文正小学开幕。

31日　临平区临平街道星火社区、塘栖镇广济路社区入选浙江省人力资源和社会保障厅公布的第二批高质量就业社区（村）名单。

是月　临平区矛调中心“云上中心”获评全国政法智能化十大创新案例。

6月

1日　临平区首档舆论监督类栏目《重点关注》在98华数频道开播。

2日　经济技术开发区“新智造试点”入选浙江省经信厅公布的2021年产业集群（区域）新智造试点名单。

3日　杭州市人大常委会党组书记、主任李火林一行走访调研临平新城艺尚小镇和经济技术开发区。

4日　临平区举行“‘民呼我为’在临平”主题活动启动仪式暨“温润临平”党员志愿者广场服务活动。

6日　临平区获评“四好农村路”省级示范县（区）。

11日　2021年“文化和自然遗产日”暨首届“临平非遗季”系列活动开幕，涵盖12个活动子项。

15日　以“临平加速度·蝶变新征程”为主题的地铁专列（“跃动新临平”号地铁专列）发车仪式在杭州地铁1号线临平站举行。

是日　2020年度浙江省科学技术奖励大会在省人民大会堂举行，临平区7家企业、6个项目获奖。杭州汽轮机股份有限公司获浙江省科学技术进步奖一等奖；浙江运达风电股份有限公司、杭州老板电器股份有限公司、杭州新希望双峰乳业有限公司获浙江省科学技术进步奖二等奖；杭州诺贝尔陶瓷有限公司、兴源环境科技股份有限公司、杭州兴源环保设备有限公司获浙江省科学技术进步奖三等奖。

是日　临平区南苑卫生服务中心的10千伏南卫“零碳”自动化开关站投运。这是浙江省首个“零碳”自动化开关站。

16日　临平区首届新时代文明实践志愿服务项目大赛决赛举行。

17日　“奋斗百年路·跃动新临平——临平区庆祝中国共产党成立100周年主题展”开幕仪式在临平大剧院举行。

18日　临平区举行2021年第一次重大项目集中开工暨“云签约”活动，涉及50多个项目，总投资超311亿元。

是日　“与党同心，浙非同行”庆祝建党100周年，中非友好合作图片展在区文化馆开展。

18—20日　中国电视艺术家协会网络视听研究中心成立仪式暨2021年中国长三角网络视听传播高峰论坛在临平区召开。

20日　临平区与四川省石渠县签订深化对口支援框架协议。

21—23日　中国共产党杭州市临平区第一次代表大会召开。大会通过《中国共产党杭州市临平区委员会工作报告的决议》和《中国共产党临平区纪律检查委员会工作报告的决议》，选举产生中国共产党杭州市临平区第一届委员会和纪律检查委员会。陈如根当选中国共产党杭州市临平区第一届委员会书记，张启成当选中国共产党杭州市临平区第一届纪律委员会书记。

23日　“心向未来·意致亚运”临平非遗迎亚运系列活动启动仪式暨厉柏海铁艺画展新闻发布会在临平区文化馆举行。

24日　国家知识产权局公布第22届中国专利奖，浙江联运知慧科技有限公司第五代“智能分类回收垃圾箱”获得中国专利优秀奖。

是日　“巾帼向党　拥抱亚运　艺术先行——杭州市各界妇女群众庆祝中国共产党成立100周年”主题歌咏会在临平大剧院举行。

26日　临平区第一届区委常委“忆初心、谋发展”活动在鸭兰村举行。

27日　“红歌嘹亮　唱响亚运”临平区庆祝中国共产党成立100周年合唱展演在临平大剧院举行。

28日　临平首条城际铁路——杭海城际铁路开通。

29日　杭州未来智造工程师协同创新产业园开园。开园仪式上，杭州未来智造工程师协同创新产业园重点项目完成签约，杭州未来智造工程师协同创新服务联盟正式成立。

是日　“百年百忆——临平区庆祝中国共产党成立100周年档案史料展”在临平区档案馆开展。

30日　位于经济技术开发区的阿里巴巴云计算数据中心经开园区投入运营，并于当天举行园区开服仪式。

是日　杭州西奥电梯有限公司入选浙江省经济和信息化厅公布的2021年浙江省“未来工厂”试点企业名单。

是月　浙江省商务厅公布浙江省首批内外贸一体化“领跑者”企业、改革试点产业基地培育名单。临平区家纺出口基地被认定为改革试点产业基地，春风动力、豪悦护理、东华链条3家公司被认定为“领跑者”企业。

7月

1日　浙江省庆祝中国共产党成立100周年大会举行。贝达药业党委书记、副总裁马勇斌获评浙江省优秀共产党员，老板实业集团有限公司党委副书记、工会主席唐根泉获评浙江省优秀党务工作者，塘栖镇塘栖村党委获评浙江省先进基层党组织。

是日　全国人大代表、贝达药业董事长兼首

席执行官丁列明受邀到北京参加庆祝中国共产党成立100周年大会系列活动。

2日　临平区召开数字化改革工作推进会。深入学习和贯彻落实全省数字化改革工作推进会、“数智杭州”建设工作领导小组会议精神和省市委决策部署，总结前一阶段数字化改革工作成效，研究部署下一步工作。

4日　崇贤至老余杭连接线（高架）工程即东西向快速路（高架）工程全线贯通。

是日　临平山青少年文化体育教育基地揭幕暨橙狮悦动（临平山）运动馆开业仪式举行。

6日　“青春来临”2021临平区与在杭高校新时代文明实践共建行动暨“民呼我为”师生暑期“三下乡”志愿服务启动仪式在临平大剧院举行。

是日　市委宣传部副部长、市文明办主任钮俊一行到临平区，向塘栖镇河西埭村颁发“全国文明村”奖牌。

9日、12日　临平区委举办学习习近平总书记在庆祝中国共产党成立100周年大会上的重要讲话精神专题读书班。

10日　杭州地铁1号线临平段将调整为9号线独立运营，9号线一期工程全长29.5千米，全线设站21座。

14日　临平区委一届二次全体（扩大）会议举行，提出“争当高质量发展建设共同服务示范区样板”目标，审议通过《中共杭州市临平区委关于制定临平区国民经济和社会发展第十四个五年规划和二〇三五年远景目标的建议》《临平区高质量发展建设共同富裕示范区样板实施方案(2021—2025年)》。

是日　以“未来来临 幸福可期——临平高质量发展之品质城区”为主题的机关党员干部专题大讨论在区党群服务中心举行，同时宣布全省首个未来社区党建综合体启动建设。

15日　临平区召开网络餐饮“阳光厨房”计划启动会，通过在餐饮店厨房安装人工智能摄像头监督网络餐饮食品安全，保障网络订餐消费者权益。

18日　“我爱临平 百日精彩——‘百万市民拍临平’”摄影大赛在区融媒体中心启动。

20—22日　中国人民政治协商会议第一届杭州市临平区委员会第一次会议召开，选举张俊杰为政协第一届杭州市临平区委员会主席，通过政协第一届杭州市临平区委员会提案审查委员会关于区政协第一届一次会议提案审查情况的报告，通过政协第一届杭州市临平区委员会第一次会议决议。

21—23日　中国共产党杭州市临平区第一届人民代表大会第一次会议召开，通过《杭州市临平区人大专门委员会组成人员人选名单》（草案）《关于杭州市临平区政府（筹）工作报告的决议》（草案）《关于杭州市临平区国民经济和社会发展第十四个五年规划和二〇三五年远景目标纲要的决议》（草案）《关于杭州市临平区2021年国民经济和社会发展计划的决议》（草案）《关于杭州市临平区2021年财政预算的决议》（草案）《关于杭州市临平区人大常委会（筹）工作报告的决议》（草案）《关于杭州市临平区人民法院（筹）工作报告的决议》（草案）《关于杭州市临平区人民检察院（筹）工作报告的决议》（草案）《杭州市临平区政府2021年民生实事项目》（草案）。选举陈晨为杭州市临平区第一届人民代表大会常委会主任，选举施华森为杭州市临平区人民政府区长。

23日　中国体育代表团777名成员身着艺尚小镇设计师杨慧设计的“开门红”主题系列礼服亮相第32届夏季奥林匹克运动会开幕式。

26日　临平区人大、区政府、区政协、区监委举行揭牌仪式。

27日　临平籍选手陈灵龙与其他3位中国队队友在东京奥运会跆拳道表演项目——跆拳道混合团体比赛决赛中击败伊朗队，夺得冠军。

28日　首届世界时尚科技大会暨2021中国服装科技大会在临平区开幕。开幕式上，临平·数字时尚（服装）产业大脑、临平区时尚产业“碳达峰、碳中和加速计划”倡议书发布。

是日　临平区引进的首个帆船科技体育项目

小航之家投入运营。

是日　第十七届中国机械工业百强企业、汽车工业整车二十强、零部件三十强企业信息发布会召开。开发区企业东华链条集团再次登上百强榜，排名第55位。

是月　杭州麦乐克科技股份有限公司和杭州本松新材料技术股份有限公司入选工业和信息化部公布的第三批国家级专精特新“小巨人”企业名单。

是月　塘栖镇丁河村的沈剑芬家庭入选2021年第二季度浙江省“最美家庭”名单。

是月　区社区矫正中心通过全国首批部级“智慧矫正中心”验收。

是月　塘栖镇大运河畔新时代文明实践样板地入选浙江省共同富裕示范区“典型案例清单”，成为浙江省唯一一个以镇为主体的典型案例。

是月　数智临平治理端总门户及五大系统门户上线运行。

8月

1日　运溪高架路［崇贤至老余杭连接线（高架）工程］通车仪式举行，宣告临平区和余杭区迈入“高架通勤时代”，开启“半小时交通圈”。

2日　临平区青年商会（新生代企业家联谊会）成立大会暨第一次会员大会召开。

2—3日　临平区工会第一次代表大会召开。

6日　浙江省文化和旅游厅公示2021年度“浙江省民间文化艺术之乡”名单及“浙江省民间文化艺术之乡”通过复核名单，临平区人民政府（滚灯）项目通过复核，临平区人民政府崇贤街道办事处（崇贤花篮）获评2021年度“浙江省民间文化艺术之乡”。

是日　临平区首例女性造血干细胞捐献成功。

7日　《浙商》杂志发布“2021浙商全国500强”榜单，临平区企业浙江省运达风电股份有限公司、杭州老板实业集团有限公司、浙江春风动力股份有限公司、华临绿建科技股份有限公司、杭州豪悦护理用品股份有限公司、兴源环境科技股份有限公司、贝达药业股份有限公司、银都餐饮设备股份有限公司、浙江铁流离合器股份有限公司上榜。

9日　杭州首座“零碳”社区电瓶车集中充电站在星桥街道民乐社区铁铺埭家苑小区启用。

12日　临平云尚工园开园。该园区位于杭州临平新城核心区南苑街道，以数字经济、时尚、电商为主导方向，主攻新零售、新基建、智能制造等新经济业态，助力构建产业间互通共荣的创新发展生态体系。

是日　杭州中环临平段项目启动，全长17.4千米。

13日　临平区召开全区组织系统半年度工作会议。会上发布临平党建工作品牌——“临航先锋”。

17日　临平区人民政府与绿地数科签订战略合作协议，绿地集团数科总部项目落户临平区。

是日　临平区在户籍管理业务中启用人口信息区划代码“330113”。

是日　2021年度浙江省风景园林学会“优秀园林工程”金奖获奖名单公示，临平区8项工程榜上有名。

19日　临平区举行浙江（杭州临平）文化产业发展圆桌会，来自省市青年企业家协会的企业家代表40余人参加。

20日　临平区首个价格争议纠纷调解点在运河街道双桥村授牌成立。

是日　浙江日报报业集团融媒共享联盟临平工作站在临平区融媒体中心挂牌成立。

24日　临平区“交邮快农商融合发展”项目入选交通运输部办公厅公布的全国“第二批农村物流服务品牌”名单。

是日　临平区女企业家协会成立，并发布“AI临红擎双创”项目。

25日　浙江省第五个“全国残疾预防日”主题活动在临平举行，临平区被授予“浙江省残疾预防数字化改革先行区”称号。

是日　浙江省副省长王文序实地调研临平区妇幼保健院儿童早期筛查干预工作。

是日　区第一人民医院星桥分院新开设的血液中心投入运行。这是临平区首家基层血透中心，也是杭州市内首家开展血液透析治疗的社区卫生服务中心

是月　临平区首个省级未来社区项目——临平新城鼎湖社区项目启动。

是月　浙江省经济和信息化厅、浙江省财政厅公布2020年度创建全省制造业高质量发展示范县（市、区）创建财政专项激励政策考核评价结果，原余杭区获评优秀单位。临平区、余杭区共享此项荣誉（临平区获评制造业高质量发展省级优秀单位）。

是月　临平区被列为全省集中补领婚姻登记试点区（县、市），开展为期一年的集中补领婚姻登记证、补办结婚登记工作。

9月

1日　临平区人民政府分别与中国农业银行浙江省分行、中国工商银行浙江省分行、中国建设银行浙江省分行、浦发银行杭州分行、杭州银行5家机构签订战略合作协议。

是日　中共鸭兰村支部旧址文物守望志愿队入选第五届“最美浙江文物守望者”名单。

是日　临平一小将军殿校区全体师生在实验小学嘉文校区过渡3年后整体回迁改扩建后的老校区。

是日　临平区第一所智慧学校——吴昌硕实验学校全面投入使用。

3日　在东京残奥会男子盲人门球决赛中，以临平籍选手为主的中国男子盲人门球队获得银牌。

是日　临平区人民政府与农村商业银行签订战略合作协议。

5日　“亚运来临·幸福来临”临平区迎亚运倒计时一周年系列活动暨临平区亚运场馆启用仪式在临平区亚运场馆举行。作为省内首批启用的场馆，临平体育中心（亚运场馆）在亚运会上承担足球和排球预赛、空手道预决赛以及亚残运会坐式排球预决赛。

是日　临平区举行区慈善总会成立大会暨“中华慈善日”主题宣传活动。

7日　临平境内高速部分互通标志标牌更换工作完成，沪杭高速公路“余杭互通”更名为“临平互通”，杭浦高速公路“临平互通”更名为“临平东互通”。

9日　全国首个服务型制造研究院基地——工业和信息化部电子第五研究所启用。同时，“临聚里”全国未来智造工程师系列活动启动，宣布成立全国首个“未来智造工程师联盟”，并启动为期两个月的“全国未来智造工程师精英计划”。

是日　Seco中国区总部项目在星桥街道都市经济产业园开工。

10日　工业和信息化部总经济师许科敏一行实地走访东湖街道，参观调研开发区（东湖街道）党群服务中心。

是日　浙江省省长郑栅洁到临平一小调研推进“双减”工作。

11日　湖南省衡阳市雁峰区委副书记、统战部长李世钧，雁峰区委常委、宣传部部长卢雅琴一行到临平区考察学习文明城市创建和新时代文明实践中心建设工作。

是日　2021年全国科普日暨杭州市临平区科普宣传周活动启动仪式在临平科技馆广场举行。

14日　临平区第一次妇女代表大会召开。

15日　临平、德清两地首次跨区域治超治限联合执法启动。

16日　临平区工商业联合会（总商会）第一次会员代表大会举行。

是日　临平区首个政协委员之家——南苑街道委员之家启用。

是日　位于南苑街和南大街交叉路口的“小哥驿站”——南苑驿家·临城站启用。“南苑驿家”通过整合现有的社区党群服务中心、口袋公园

等各方资源，为外卖小哥、快递员等群体提供服务。

17日　区委书记陈如根率领区党政代表团赴四川省甘孜州石渠县落实对口支援工作。

是日　杭州地铁9号线一期北段开通运营。全线共设站4座，分别为龙安站、五洲路站、荷禹路站、邱山大街站，均在临平区内。

18日　京杭运河二通道三级航道整治工程小桥头桥建成，成为运河二通道项目全线第一座通车桥梁。

22日　临平区在全市率先实现商品房“全款、按揭”购房全业务“交房即交证”。

是日　杭州市政协主席潘佳伟到临平走访调研，参观考察政协委员会工作室。

23日　西子国际控股有限公司入选浙江省市场监管局、浙江省工商业联合会联合公布的“2021年浙江省民营企业100强”榜单，位列第63位。

24日　临平区举办2021年“临平工匠”认定发布会暨临平区首届职工技能争霸赛表彰大会。

是日　临平区残疾人联合会第一次代表大会召开。

25日　工业和信息化部总工程师韩夏、浙江省副省长卢山、浙江省经济和信息化厅厅长徐旭等共同为位于临平新城的中国工业互联网研究院浙江院揭牌。

是日　临平区举行“青春聚力”志愿服务项目暨首届青春集市风采展示活动。

是日　全国工商联在湖南长沙发布2021中国民营企业500强、中国制造业民营企业500强榜单，临平区企业西子国际控股有限公司获“2021中国民营企业500强榜单”第413名和“2021中国制造业民营企业500强榜单”第232名。

26日　临平区召开第一次归侨侨眷代表大会。

27日　临平区镇街（平台）微融媒体中心、社企微融媒体站集中授牌启动仪式在运河街道举行。

28日　临平区科学技术协会第一次代表大会召开。

是日　临平区举行2021年第二次重大项目集中开工暨“云签约”活动，集中开工、签约51个项目，总投资超310亿元。

是日　临平区新时代文明实践“和润”基金成立。

29日　临平区首届网络潮生活节暨长三角网络达人打卡新临平活动在艺尚小镇开启。

是日　临平区首个政协委员工作室——“沈卫东委员工作室”在大运河1986文创园举行揭牌仪式。

是日　临平区文学艺术界联合会第一次会员代表大会召开。

是日　临平区社会科学界联合会召开第一次代表大会。

是日　由区委宣传部（区文明办）、区教育局主办的临平区2021年度“美德少年”（新时代好少年）表彰活动举行。

是日　临平区举办“临商学堂”开班仪式暨工业互联网专题讲座。“临商学堂”是区委、区政府精心打造，由区委组织部（人才办）、区经科局组织承办的临平区企业高级经营管理人才培训平台。

30日　临平区红十字会第一次会员代表大会举行。

30日至10月3日　由临平区人民政府、浙江省音乐家协会主办，临平区委宣传部、临平区文化和广电旅游体育局承办的“国乐飘香 幸福来临”中国·临平国乐节成功举办。

10月

1日　临平九环路（杭海路—区界）通车。

是日　第十二届大运河鱼羊美食节开幕，发布“鱼羊节”IP。临平区人民政府与浙江盒马签订战略合作协议，设立临平盒马村。

8日　杭州市首个贯彻企业全生命周期服务理念、线上线下一体化高度融合的服务载体——

临平区企业服务中心启用。

11—12 日　临平运动员王丹琴在全国第十一届残运会上勇夺 1 金 1 银。

13 日　全国第十一届残运会浙江省集体项目出征誓师大会在塘栖国家盲人门球训练基地举行。

是日　全省“学史力行重实践　法治护航启新程”惠民惠企普法现场会在临平区举行。

14 日　在联合国《生物多样性公约》第十五次缔约方大会生态文明论坛开幕式上，临平区获评“国家生态文明建设示范区”。

是日　“临聚里”未来智造工程师研讨会举行。

14 日　临平区委区政府印发《全面实施乡村振兴战略推进“强村富农”实施意见》，出台“强村富农”二十条新政。

是日　临平区庆祝全国第九个“老年节”暨高质量推进“健康临平”行动启动仪式在东湖街道举行。

15 日　全国首家新中式建筑的临平百联奥特莱斯购物广场开业。

是日　临平区召开 2022 年城乡居民基本医疗保险暨西湖益联保参保工作会议。

16—17 日　由浙江省体育局、临平区人民政府主办，浙江省体育竞赛中心、浙江省游泳协会、临平区文化和广电旅游体育局承办的 2021 年首届浙江省青少年游泳精英赛在临平体育中心游泳馆举行。

16 日　中国工程院廖万清院士工作站第二轮合作签约仪式在临平区中医院学术报告厅举行。

18 日　由浙江省非遗保护中心主办、杭州市临平区文化和广电旅游体育局承办的全省非遗保护业务培训班在临平区举办。

是日　西奥现代化更新梦工厂奠基仪式在经济技术开发区举行。

19 日　南苑街道文仪社区入选国家卫生健康委、全国老龄办公布的 2021 年全国示范性老年友好型社区名单。

20 日　临平区人民政府分别与银行、保险、证券等 13 家金融机构签订战略合作协议。

是日　全省首个“一站一码”数智评价平台在临平试点上线。

21 日　临平新城管委会建设的临平现代服务业创新发展区入选浙江省现代服务业发展工作领导小组公布的首批浙江省现代服务业创新发展区名单。

是日　“贝达药业”研发的凯美纳和贝美纳两款药品作为“十三五”期间中国医药创新的代表性成果，亮相国家“十三五”科技创新成就展。

22 日　临平区第一届社工节“五社同行话初心 共治共融谱新章”主题活动在临平大剧院举行。

是日　杭州首个联合社区打造的“交通 E 家·叠华站”暨“南苑驿家·叠华站”启用。

23 日　余杭经济技术开发区入选浙江省发展改革委员会公布的省级双创示范基地名单，成为临平区首家区域类省级双创示范基地。

25 日　区委文化工作会议召开，启动以大运河为核心的新时代文化临平工程建设，发布文化临平“1510”规划及文化设施建设工程、文艺精品培育工程、文化产业引育工程“三张清单”，推动文化硬件、软件“双提升”。会上，临平文化传媒集团有限公司、临平学研究中心、浙江大运河文艺创研中心等单位揭牌；校地共建大运河文艺发展联盟、长三角（临平）数字文化产业联盟成立；临平文化工程项目签约仪式和新时代临平文化工程特聘顾问聘任仪式举行;中国曲艺牡丹奖全国曲艺大赛（南方赛区）落户临平。

26 日　沪杭高速临平段改建工程主线桥第八联悬臂梁合拢段浇筑完成，主线全线贯通。

是日　临平区大运河省级现代农业园区入选浙江省粮食安全和推进农业现代化领导小组农业“两区”办公室公布的 2021 年省级现代农业园区拟创建对象名单。

28 日　由 8 名临平籍主力队员组成的浙江男女盲人门球队双双夺冠，取得全国残运会四连冠佳绩。

29 日　双桥村获评第二批全国乡村治理示范村镇。

是日　临平区时尚行业团工委成立。

30日　临平区大运河国家文化公园建设动员大会召开，启动大运河国家文化公园（临平段）暨大运河科创城建设。临平区大运河国家文化公园暨大运河科创城建设指挥部和临平区大运河国家文化公园建设管理委员会、临平区大运河科创城建设管理委员会揭牌。

是月　临平区崇贤街道入选浙江省委宣传部公布的浙江省农村文化礼堂建设示范县（市、区）、示范乡镇（街道）名单。

是月　在浙江省高级人民法院批复同意下，临平区法院进行“非诉解纷法官全域指导”机制改革试点，探索以法官团队指导调解为主的基层社会治理新模式。

是月　杭州市文物考古研究所发现，临平段古海塘是杭州范围内目前发现规模最大、结构最完整、价值最高的古海塘。

11月

2日　浙江争光实业股份有限公司在深圳证券交易所创业板上市，成为临平区第19家上市公司。

3日　“长三角三省一市民营企业产业工人队伍建设改革工作交流活动”之“工匠沙龙”活动在临平区举行。

是日　2020年度国家科学技术奖励大会在北京举行，浙江运达风电股份有限公司作为主要完成单位的“网源友好型风电机组关键技术及规模化应用”项目获2020年度国家科学技术进步奖二等奖。

是日　运河街道召开街道共同富裕指标体系发布会，在全省率先发布镇街级共同富裕指标体。

3—4日　石渠县委常委、宣传部部长土登，县委常委、副县长郭欣玮带领第二批考察团一行35人到临平区考察学习。

4日　临平区艺尚小镇获“浙江省命名特色小镇”优秀等级。

是日　区委副书记、区长施华森带队赴衢州市柯城区考察山海协作工作，召开临平—柯城山海协作联席会议，签订《临平—柯城山海协作工程框架协议》和《临平—柯城山海协作“产业飞地”建设备忘录》。

是日　以“聚物流之红能，建品质新城区”为主题的“红色物流”党建联盟在临平区崇贤街道成立。这是杭州市首家成立的“红色物流”党建联盟。

是日　临平区2021年度社会科学普及周开幕式暨第一期“临平社科人文大讲堂”在区图书馆举行。

6日　临平区首个镇街级乡贤馆在乔司街道启用。

8日　2021杭州国际人才交流与项目合作大会临平分会场暨未来智造工程师大会举行。会上，国家级智能制造人才培训基地揭牌，海外工程师合作项目、海外人才项目签约，“中国农村青年致富带头人乡村振兴发展研究院”授牌，金融服务人才联盟成立，未来智造工程师精英计划颁奖仪式举行。

9日　宁波江丰电子材料股份有限公司集成电路核心零部件项目拟落户临平签约仪式举行。

10日　全市首个多部门网络联合执法工作站——临平区网络联合执法工作站揭牌仪式在区社会综合治理中心举行，为期1个月的“清朗临平”网络联合执法专项行动启动。

是日　临平区入选浙江省人民政府公布的第二批浙江省全域旅游示范县（市、区）名单。

12日　浙江省市场监管局局长章根明带队到临平区调研省政府质量奖创建、电动自行车综合治理集成改革等市场监管领域工作。

是日　塘栖镇丁山河入选农业农村部公布的2021年中国美丽休闲乡村名单。

13—14日　由区委组织部（区委直属机关工委）、区文广旅体局共同举办的临平区“共奋进迎亚运”2021年度机关、企业体育文化交流（气排球）活动在区亚运场馆举行。这是临平体育中心（亚运场馆）自9月交付以来举办的首场公开比赛。

16日　浙江省副省长成岳冲带队调研杭州海塘临平段遗址考古现场，实地了解遗址保护及规划、文物保护的总体情况。

是日　临平区企业浙江春风动力股份有限公司入选工业和信息化部办公厅公布的第三批服务型制造示范名单。

18日　高铁“余杭站”更名为“临平南站”。

是日　以“庆建党百年华诞，谱终身学习新篇”为主题的2021年临平区全民终身学习活动周启动仪式在运河街道举行。

20日　临平区召开乔司街道全域土地综合整治与生态修复动员大会。乔司全域土地综合整治与生态修复工程全面启动，成为区实施“南融”发展战略、打造产城人高度融合未来城市样板的一项重要举措。

是日　临平区首届足协人民杯足球比赛开赛。

22日　临平区政府门户网站（www.linping.gov.cn）上线运行。

是日　临平区学习贯彻中共十九届六中全会精神“六讲六做”大宣讲行动动员部署会召开。

是日　临平区快递物流行业团工委成立。

是日　杭州市临平区以“数智临平 共享亚运”为主题的亚运观赛空间启动仪式在人民广场举行。

是日　文化和旅游部办公厅公布2021年文化和旅游领域学雷锋志愿服务先进典型名单，临平区群星滚灯艺术团被评为“最佳志愿服务组织”，成为浙江省唯一获此荣誉的组织。

23日　临平区农创客发展联合会一届一次会员大会和联合会成立大会在运河街道召开。

25日　临平区首张全国统一版式医疗收费电子票据在杭州市临平区妇幼保健院开出，标志着临平区医疗收费票据跨入“电子化”时代。

是日　公羊会临平区应急救援大队成立。

26日　杭州市规划和自然资源局公示杭州首个共有产权房——临平新城共有产权房项目的选址意见和用地预审信息，杭州首个共有产权项目位于乔司街道。

是日　临平区—石渠县对口支援工作党政联席会议召开，并举办临平区—石渠县干部人才、教育、消费对口支援签约仪式以及首届暖冬行动捐赠仪式。

是日　临平区党史学习教育主题音乐会在临平大剧院举办。

30日　浙江中华文化海外传播高级研修班开班式在市委党校临平区分校（临平中华文化学院）举行。

是月　星桥街道入选首批浙江省数字生活服务特色镇（街道）名单。

12月

1日　沪杭高速公路临平段主线通车，成为继东湖高架路、留石高架路、秋石高架路后，第四条无缝连接主城区的重要道路。

3日　由浙江省社会科学界联合会、浙江日报报业集团联合主办的“长三角高质量一体化发展”研究成果发布暨研讨会在临平区举行。

是日　国家医保局、人力资源和社会保障部公布《国家基本医疗保险、工伤保险和生育保险药品目录（2021年）》，开发区企业贝达药业的盐酸恩沙替尼（商品名为“贝美纳”）和盐酸埃克替尼（商品名为“凯美纳”）术后辅助治疗适应症谈判成功，被纳入国家医保目录。

是日　临平区“青春社区”工作推进会暨迎亚运志愿服务项目大比拼活动在塘栖镇人才之家举行。活动现场，临平区青年业委会委员联谊会授牌，临平区青年业委会智囊团受聘，临平区“青春社区”推优荐才行动实施。

3—5日　石渠县考察团赴临平区开展第三期交流交往活动。

4日　临平区党外知识分子联谊会举行第一次会员大会暨“临知学堂”开办仪式。

5日　临平区青年企业家邹华被共青团中央、中国青年志愿者协会授予第十三届“中国青年志愿者优秀个人奖”。

是日 2021年度浙江省健康促进学校（银牌）评估与复评结果出炉，社区学院和星桥第二小学获评健康促进银牌学校。

8日 浙报·临平战略合作签约仪式暨融媒共享联盟微融站授牌仪式在区政府举行。

10日 临平区入选浙江省文化和旅游厅公示的浙江省公共文化服务现代化先行区创建名单。

13日 临平新闻频道在华数0频道（开机频道）开播。

是日 中共南苑街道工委、南苑街道办事处主办的群众文化内刊《南苑》杂志获2021年度浙江省群众文化报刊综合评比金奖。

15日 临平区启用“来临宝”，开启返临人员线上报备方式。

是日 浙江省“千村示范、万村整治”工作协调小组办公室公布2021年度浙江省美丽乡村示范乡镇等名单。运河街道新宇村被评2021年度浙江省美丽乡村特色精品村。

16日 临平区梅堰社区和杭海路社区入选省城乡风貌政治提升（未来社区未来乡村建设）工作专班办公室公布的浙江省第四批未来社区创建名单。

17日 由临平企业浙江晴辉影业出品的首部新时代航天题材电视剧《问天》在中央电视台一套黄金时间热播。

是日 临平区首个未来社区——中骏鼎湖未来云城项目全面开工。

18日 塘栖至仁和的老良塘公路桥项目完成交工鉴定。

20日 临平区企业杭州百诚医药科技股份有限公司在深圳证券交易所创业板上市。

21日 临平区“产业富民，力推家纺内外贸一体化”工作案例入选浙江省商务厅公布的全省商务领域共同富裕试点项目（第二批）名单。

是日 浙江省城乡环境整治工作领导小组公布浙江新时代美丽城镇建设工作2021年度考核验收结果，临平区崇贤街道和运河街道获评2021年度新时代美丽城镇建设省级样板。

22日 临平区春风动力、老板电器、西奥电梯、本松新材、意丰歌服饰、自强链传动6家企业入选省经信厅公示的浙江省第一批制造业“云上企业”名单，临平区入选企业数量居全省各区县第一。

23日 浙江大学高端装备研究院入选浙江省新型研发机构。

是日起 《人民日报》、新华社、央视新闻、光明网、文明浙江、《浙江日报》等70多家中央省市主流媒体纷纷报道临平9名交通辅警为车祸男子献血3300毫升的暖心故事。

是日 浙江省文化和旅游厅公布第七次乡镇（街道）综合文化站评估定级结果，临平区8个镇街综合文化站全部获评省特级综合文化站，是全省唯一一个特级站全覆盖的县区。

24日 运河二通道人民大道大桥左幅顺利通车。

是日 大运河国家文化公园码头征迁签约启动。

25日 临平区联合复旦大学、中国训诂学研究会举办纪念俞樾200周年诞辰研讨会暨《俞樾全集》新书发布会。活动通过视频连线方式在上海、临平两地举行。

26日 开发区企业浙江运达风电股份有限公司获2021年浙江省人民政府质量奖。

27日 临平区社会治理中心功能优化提升工程暨解纷大楼揭牌仪式举行。

是日 区红十字志愿者黄钢锋获全国红十字志愿服务先进典型称号。

28日 临平区企业浙江联运环境工程股份有限公司、迈迪信息技术有限公司和杭州码全信息科技有限公司入选浙江省数字经济发展领导小组办公室公布的2021年浙江省数字经济“五新”优秀案例名单。

是日 临平区举行2021年第四季度重大项目集中开工暨“云签约”活动，涉及51个项目，总投资超164亿元。

是日 中国与圣马力诺共和国建交50周年当代艺术邀请展在临平区美术馆开幕。

是日 “数智引领·携手共富”临平区产业

高质量发展新政新闻发布会召开，发布《临平区支持产业高质量发展政策的实施意见》和《临平区政府产业基金管理办法》。

是日　中国（杭州）算力小镇开园仪式在杭州九乔国际数字商贸城举行。开园仪式上，浙江图灵算力研究院揭牌。

29日　临平区入选浙江省新时代乡村集成改革第二批试点名单。

是日　临平区企业浙江运达风电股份有限公司、浙江元通线缆制造有限公司入选浙江省科学技术厅公布的2021年浙江省创新型领军企业名单。

是日　中国共产党杭州市临平区代表会议召开，选举产生出席中共杭州市第十三次代表大会代表23名。

是日　临平区人民广场公园，东湖中路（星光街—东大街）、临丁路、北大街（邱山大街—西大街）入选浙江省住房和城乡建设厅公布的2021年度浙江省“优质综合公园”“绿化美化示范路”“街容示范街”名单。

是日　崇贤街道入选2021年度“浙江省森林城镇”名单。

30日　2021中国科技成果创新创业大赛总决赛在临平区全国首个服务型制造研究院收官。

31日　临平区塘栖特色美食镇入选浙江省文化和旅游厅、浙江省商务厅公布的“诗画浙江·百县千碗”省级美食街区（镇）名单。

是日　浙江省健康办公布首批健康浙江行动示范样板与优秀案例名单，临平区降低出生缺陷工作入选首批健康浙江行动优秀案例。

是日　临平区企业杭州西奥电梯有限公司的“西奥电梯未来工厂”入选浙江省经信厅公布的第二批省“未来工厂”名单。全省累计认定省“未来工厂”32家，其中临平区入选4家，数量位列全省各县（市、区）第一。

是月　临平区企业杭州本松新材料技术股份有限公司、杭州麦乐克科技股份有限公司入选工信部公布的“建议支持的国家级专精特新‘小巨人’企业入围名单”和“建议支持的国家（或省级）中小企业公共服务示范平台名单”。

是月　“时尚E家”获评浙江省数字经济系统首批优秀地方特色应用，并率先在省数字经济综合门户上架。

是月　浙江省第四批未来社区创建名单公布，临平区梅堰社区和杭海路社区入选旧改类项目名单。

是月　临平区南苑街道入选浙江省文化和旅游厅公布的2021年度省级强镇（街道）名单。

是年　浙江省第四监狱民警靳毅热心公益事业、捐献造血干细胞的事迹入选2021年浙教版高一年级《人·自然·社会》教材，是浙江首位入选高中教材的监狱人民警察。

（区史志研究室）

临平概览

General Introduction of Linping

·自然环境·

【地理位置】 临平区地处浙江省杭州市东北部、杭嘉湖平原西南端。南连上城区、拱墅区、钱塘区，西邻余杭区、濒临京杭大运河，东面与嘉兴市接壤，西北与湖州市毗连，是杭州通往沪、苏的门户，区位条件得天独厚。全域面积286平方千米。区域界于北纬30°19′—30°31′和东经120°6′—120°20′之间，东西长约22千米，南北宽约23千米。

【地形地貌】 临平区域地势平坦开阔，为京沪运河流域的水网平原。西部、北部、南部地势低平，海拔仅2—3米，地表塘漾棋布；中部零星分布超山、临平山、黄鹤山等几座山脉。受亚热带季风气候影响，临平河流水量丰富、水位季节变化大。因地形差异，形成京杭运河、上塘河两大水系。

【土地概况】 根据第三次全国国土调查，临平区耕地4894.35公顷（73415.25亩），园地2607.42公顷（39111.30亩），林地2165.21公顷（32478.15亩），草地322.00公顷（4830.00亩）。湿地0.30公顷（4.50亩），均为内陆滩涂。城镇村及工矿用地12676.06公顷（190140.90亩）。交通运输用地1943.40公顷（29151.00亩）。水域及水利设施用地3926.51公顷（58897.65亩）。

（陈建君）

【气候特征】 2021年临平总体天气气候特征为气温明显偏高，降水量偏多。全区各地年平均气温在17.7℃（塘栖镇超山风景区）—19.1℃（乔司街道连城社区）之间，其中临平城区18.3℃，较常年（17.0℃）明显偏高1.3℃；全区各地年降水量在1438.0毫米（运河街道杭南村）—1704.3毫米（星桥街道星桥社区）之间，其中临平城区1567.3毫米，较常年（1438.0毫米）偏多9.0%；临平城区雨日158天，其中日降水量≥50毫米的暴雨日数5天。

2021年临平主要天气气候事件为：梅雨量偏少，但多短时强降雨；夏季高温热浪与台风交替影响；9月以来气温持续偏高，入秋明显偏晚。

梅雨量偏少，但多短时强降雨　2021年6月10日临平区入梅（常年6月13日），7月5日出梅（常年7月7日），梅雨日数25天（常年26天）。全区面雨量216.0毫米（较常年偏少22.1%），雨量分布不均，北部镇街雨量明显大于南部，其中塘栖镇超山风景区最大降雨为269.1毫米，临平城区为214.7毫米。梅汛期内多短时强降雨天气，其中7月2日全区出现短时大到暴雨，最大日降雨量塘栖镇超山风景区87.0毫米，最大小时降雨量东湖街道横塘社区40.3毫米。

夏季高温热浪与台风交替影响　7月5日出梅后，临平迅速进入高温盛夏季节，7月5—21日出现持续高温晴热天气，全区极端最高气温

39.7℃出现在南苑街道长树社区，出现于7月15日，同日，临平城区极端最高气温37.5℃。7月22—28日，受台风“烟花”影响，临平出现持续大到暴雨天气，过程面雨量216毫米，最大降水量（277.6毫米）在星桥街道星桥社区；6个站点（占比46%）出现8级及以上大风，最大在东湖街道朱家角社区9级（22.5米/秒）。

9月以来气温持续偏高，入秋明显偏晚。9月以来西太平洋副热带高压位置偏北、强度偏强，临平气温持续偏高，临平城区9月1日至10月15日平均气温25.7℃，较常年（22.7℃）异常偏高3.0℃；10月16日入秋，较常年（9月27日）明显偏晚19天。

（根据临平国家气象站和区域气象自动站数据，参考杭州国家气象站历史同期数据。）

2021年临平城区气象要素一览表

表1

气温	年平均气温（℃）	18.3
	极端最高气温（℃） 出现日期	37.5 7月15日
	极端最低气温（℃） 出现日期	−7.4 1月8日
	≥35℃高温天数（天）	17
	≤0℃冰冻天数（天）	16
降水	年降水量（毫米）	1567.3
	雨日（天）	158
	雪日（天）	2
	暴雨日数（天）	5
	日最大降水量（毫米） 出现日期	75.3 7月24日
梅雨	入梅	6月10日
	出梅	7月5日
	梅雨期（天）	25
	梅雨量（毫米）	214.7

（毛宇）

·历史文化·

【建置沿革】 秦时，境域大致属钱唐县，属会稽郡。三国时属吴郡。隋唐或属杭州，或属余杭郡。五代置钱江县，仍属杭州。

北宋太平兴国四年（979），改钱江县为仁和县，临平属之，仍属杭州。端拱元年（988），置临平镇。南宋时期属临安府。

南宋时，杭州城城内设厢坊，郭外设乡里。仁和县郭外分11乡，辖44里：丰平乡（今临平及运河街道一带）辖五杭、博陆、长寿、前庄4里；永和乡（今塘栖镇超山、临平街道小林一带）辖华严、保林、平湖、义和4里；安仁东乡（今乔司街道及南苑街道翁梅一带）辖仁和、望江、芳梅3里；安仁西乡（今星桥街道一带）辖永仁、白石、曲江、常熟4里。

元至元十五年（1278），改临安府为杭州路。杭州为江浙行省治所，仁和属杭州路，临平随之。

明代，杭州府与钱塘、仁和县同城设治。万历时，仁和县郊外设芳林、肇元、大云、丰稔、长乐上、长乐下、永和、安仁东、安仁西、廉德、太平、临江12乡，辖332里。

清代，宣统二年（1910），仁和县分县城和西镇、五都镇（今塘栖镇等地）、江干（今闸口、望江门外沿江地带）、湖墅（今德胜坝、大关、登云桥、拱宸桥一带）、临平、乔司、皋亭、皋塘、会堡（今清泰门外沿江地带）9个乡。

民国元年（1912）1月22日，仁和县与钱塘县合并为杭县，民国16年（1927），又将杭县划分为杭州市和杭县。临平属杭县。

中华人民共和国成立后，临平仍属杭县。1953年12月，杭县县治由拱宸桥迁至临平。1958年4月，杭县建制撤销，划为杭州市郊区。1959年3月，杭州市郊区建立半山、拱墅两个联社（县级），半山联社驻地临平镇。翌年，半山、拱墅联社合并为钱塘联社，驻地仍为临平镇。1961年4月，与原余杭县合为一县，称余杭县。

1994年4月，撤销余杭县设立余杭市；2001年3月，撤销余杭市，改置杭州市余杭区。2021年3月11日，从杭州市余杭区中析出临平、东湖、南苑、星桥、乔司、运河、崇贤街道与塘栖镇，组成杭州市临平区。

【名胜古迹】临平风光秀美，山水如画，钟灵毓秀，自然人文景观极为丰富。有“2011年全国十大考古新发现”的浙江余杭玉架山史前聚落遗址，杭州范围内规模最大、结构最完整的临平段古海塘。有“十里梅花香雪海”之称的江南三大观梅地之一的超山，丘壑妍美临平山，旧时桃源黄鹤、桐扣、佛日山，世界文化遗产——京杭大运河（临平段）、上塘河，静谧柔美的丁山湖等。有中国共产党杭县第一个村支部——中共鸭兰村支部旧址，著名法学家何思敬纪念馆，传承红色基因和地域历史文化的临平党史馆、中国江南水乡文化博物馆、临平方志馆，还有历史悠久的慧日禅寺、青莲寺、龙兴寺等。

【历代名人】临平人杰地灵，代有传人。褚无量，唐朝盐官县临平人，擅长词藻写作，精通经书典籍，曾任左散骑常侍兼国子祭酒，著有《翼善记》《帝王纪录》等百余卷。曹圭，五代吴越国临平人，其父曹信，是钱镠吴越开国的主要力量。唐朝末年战乱四起，曹圭作为吴越国嘉兴都将与军民奋起抗敌，使嘉兴百姓免遭洗劫。曹仲达，曹圭之子，曾为吴越国两代国王的丞相。曹信与子曹圭、孙曹仲达辅佐吴越王钱氏，功勋卓著，临平百姓为纪念曹氏建造将军殿。钟化民，明朝仁和县博陆（今属运河街道）人，曾任惠安知县、乐平知县，在任期间施行许多有利民生的政策，百姓称他为不要官、不要命、不要钱的“三不要”县令。后升至山西道御史、河南道御史等职，勤于政事，著有《读易钞》《赈豫纪略》等。沈谦，明朝仁和县临平（今属临平街道）人，才学博深，是临平历史上富有成就的诗人，一生著作很多，著有《东江集》《词韵》《南曲谱》等，所辑《临平记》四卷，是临平镇最早的志书。沈近思，清朝仁和县五杭（今属运河街道）人，曾任河南临颍知县，筑堤解决水患，后升任太仆寺卿、礼部侍郎等职，以秉公执法、敢于直谏著名。孙士毅，清朝仁和县临平人，曾任文渊阁大学士兼礼部尚书等要职，著有《百一山房集》12卷、《奏议》等。朱学勤，清朝仁和县塘栖（今属塘栖镇）人，曾任宗人府府丞、大理寺卿等职，从政之余，爱好搜罗古籍善本，家中有“结一庐”藏书近千种，编为《结一庐书目》4卷传世。姚虞琴，杭县亭趾（今属运河街道）人，擅长绘画，尤其精通画兰、竹，与国画大师齐白石有“北齐南姚”之誉。孙晓村，临平人，著名社会活动家，七届全国政协副主席。何思敬，塘栖人，著名法学家、马列主义经典著作翻译家，曾被毛泽东称为“有正义感，有勇气，有学问”的人。王公道，乔司人，在筹集军需物资，保障根据地和敌占区之间的交通运输线，护送干部和进步人士等方面作出积极贡献。张硕甫，乔司人，系20世纪60年代江浙十大名医之一，杭州市中医院的创始人。行医50余年，治疗病患无数，并培养了一批医学人才。钟履坚，临平人，著名制盐专家，曾为中国制盐、制碱、酿造及化肥业的技术发展作出显著贡献。

（区史志研究室）

·区划及人口·

【行政区划】2021年4月9日，临平区设立，下辖临平、南苑、东湖、星桥、乔司、运河、崇贤7个街道和塘栖镇，区政府驻地临平街道。截至年底，全区有建制村57个，社区127个。

【人口】2021年底，全区户籍人口58.34万人，总户数17.40万户。全年人口出生率11.3‰，人口自然增长率6.21‰，户籍出生婴儿性别比为120.24。

【交通区位】临平区交通便利，穿境而过的3号线、9号线地铁网，“两高一普”铁路网（沪杭高铁、沪昆铁路、宣杭铁路），2 条国道（G104、G320），4 条高速公路（沪杭高速、绕城高速、杭浦高速、申嘉湖杭高速），2 条省道（S304、S101），区内“三路一环”快速路网互联互通、畅达四方。104 国道良渚至崇贤段改建工程临平段等重大交通工程加速推进，拥有大运河、运河二通道（在建）等航运资源，可实现江海河联运。

（金依萍）

·经济建设·

【经济发展稳中向好】2021 年，临平区生产总值为 940.09 亿元，按可比价格计算，同比增长 10.6%，增幅高于全国 8.1%、全省 8.5%、全市 8.5%的平均水平。从生产总值构成看，第一产业增加值 15.42 亿元，增长 3.8%；第二产业增加值 505.89 亿元，增长 10.8%；第三产业增加值 418.78 亿元，增长 10.6%。全区三次产业增加值结构由上年的 1.8 ：52.2 ：46.0 调整为 1.6 ：53.8：44.6。人均地区生产总值为 7.93 万元（按年平均汇率折算 1.22 万美元）。数字经济核心产业增加值 61.8 亿元，增长 15.8%，占生产总值的比重为 6.6%，较上年增长 0.3 个百分点。固定资产投资增长 18.9%。其中：交通投资增长 233.1%；生态环境城市更新和水利设施投资增长 105.4%；项目投资增长 34.6%；高新技术产业投资增长 34.2%。全区实现社会消费品零售总额 349.00 亿元，增长 11.8%，增速高于省、市平均 2.1 个、0.4 个百分点。全年实现进出口总额 350.72 亿元，增长 29.7%。其中：进口额 22.59 亿元，增长 29.1%；出口额 328.13 亿元，增长 29.8%。

【产业高质量发展】2021 年 5 月 7 日，临平区高质量发展大会暨“未来工厂”建设推进大会召开。会议聚焦“未来工厂”建设，提出“3521”制造业数字化转型计划，加快装备制造、生物医药、家纺服装三大重点产业领域数字化、智能化演进。12 月 28 日，临平区发布《临平区支持产业高质量发展政策的实施意见》和《临平区政府产业基金管理办法》，精准设置 16 个方面、99 条产业高质量发展新政。2021 年，全区集中签约重大项目 138 个，总投资超 560 亿元。累计认定省级“未来工厂”4 家、省第一批制造业“云上企业”6 家，数量居全省各区县首位。2 家企业获评省级智能工厂（数字化车间），3 家企业获评市级“未来工厂”。经济技术开发区入选全省首批区域新智造试点、全省双创示范基地，工业经济规模突破“千亿”大关。临平新城入选全省首批现代服务业创新发展区名单。

【高新技术发展】2021 年，临平区以科技创新为引擎，统筹推进三大产业平台高质量发展。算力小镇开园，中国工业互联网研究院浙江分院、中国服装科创研究院、浙大高端装备研究院、浙大基础医学创新研究院、工信部服务型制造研究院投入运营。全区新增国家重点支持领域高新技术企业 280 家，省科技型中小企业 373 家。新增杭州市企业高新技术研究开发中心 33 家、市级科技企业孵化器 2 家、市级众创空间 1 家，3 家企业创新联合体备案为 2021 年杭州市企业创新联合体（第一批），9 个项目被列入省“尖兵”“领雁”科研攻关项目，22 家企业被列入省级以上企业研发机构。全年实现高新技术产业增加值 328.15 亿元，比上年增长 15.8%；新产品产值率达 54.4%，以高于全市平均 14.5 个百分点的水平，位居全市第一。

【房地产业发展平稳】2021 年，临平区房地产市场交易量、交易价格平稳，房地产市场保持有序发展。全年新建商品房成交 285.6 万平方米，同比增长 60.1%，成交金额 702.6 亿元，增长 73.4%，成交均价 24599 元 / 平方米，上涨 8.3%。其中住宅成交 24593 套，增长 60.1%，成交面积 266.8 万平方米，增长 60.5%，成交均价 24947 元 / 平方米，上涨 8.2%；非住宅成交 18.8 万平方米，增长 55.4%。

【民营经济高质量发展】2021年，临平区新设市场主体25983家，比上年增长38.81%，其中新设企业10777家，增长16.42%；新设个体户15206家，增长60.69%；新设农专社6家，增长100%。全区第一、二、三产业市场主体占比分别由2020年底的0.69∶12.71∶86.60调整至0.61∶11.80∶87.59，第三产业占比提高近1个百分点。同时，第三产业中科学研究和技术服务业、信息传输、软件和信息技术服务业新设市场主体3205家，占新设市场主体比重的12.33%，比上年增加846家。

【农业和农村持续发展】2021年，临平区全区实现农业增加值16.13亿元，同比增长4.1%；农业总产值24.11亿元，增长9.9%。其中，种植业产值12.85亿元，增长7.3%；畜牧业产值0.46亿元，增长12.2%；渔业产值9.08亿元，增长14.3%。全区实现农产品网络销售额6.3亿元，增长8%。建设高标准农田567公顷，大运河现代农业园区入选省级园区创建名单，国家地理标志农产品（塘栖枇杷）保护工程通过验收，莲藕特色农产品优势区被列入省特色农产品优势区。完成“塘栖水乡风韵线”等美丽乡村示范村项目建设，丁山河村、双桥村分别获评中国美丽休闲乡村、全国乡村治理示范村，塘栖村入选省级未来乡村创建名单。农民农村共富有效提升，全年村级集体经营性收入6.78亿元，增长18%，村均达569.7万元，全面消除经营性收入80万元以下相对薄弱村。实施农村建房解困工作三年行动，完成农村建房589户，住房解困211户。

【财政收支平衡】2021年，临平区财政总收入247.08亿元、地方一般公共预算收入151.33亿元，分别增长37.9%、35.7%。从收入结构看，税收收入保持较高占比，占地方财政收入比重的95.9%；从主要税种看，增值税、企业所得税比重分别为38.3%、14.8%。全年完成财政预算支出182.89亿元。其中，用于民生支出131.97亿元，占全区财政预算支出的72.2%。在支出结构中，一般公共服务、公共安全、教育、社会保障和就业、卫生健康、节能环保分别占比9.9%、4.3%、20.3%、10.7%、8.8%、0.8%。全年财政收支平衡。

（区史志研究室）

·政治建设·

【临平区委、区纪委揭牌】2021年5月4日，区委常委，区人大、区政府、区政协筹备组市管领导干部等齐聚区政府广场，举行隆重的升旗仪式。在随后的揭牌仪式上，区委书记陈如根，区委副书记、区政府筹备组组长施华森为中国共产党杭州市临平区委员会揭牌。区委书记陈如根，区委常委、纪委书记张启成为中国共产党杭州市临平区纪律检查委员会揭牌。

【中国共产党杭州市临平区第一次代表大会召开】2021年6月20—23日，中国共产党杭州市临平区第一次代表大会召开。会议听取和审查中国共产党杭州市临平区委员会工作报告、中国共产党杭州市临平区纪律检查委员会工作报告。在分析面临的机遇和挑战基础上，确定今后五年的奋斗目标和主要任务，并选举产生中国共产党杭州市临平区第一届委员会、中国共产党杭州市临平区第一届纪律检查委员会，动员全区广大党员干部和人民群众，凝心聚力、克难攻坚、锐意进取，为高水平建设“数智临平·品质城区”努力奋斗。

【第十四个五年规划和二〇三五年远景目标制定】2021年7月14日，中共临平区委一届二次全体（扩大）会议召开。审议通过《中共杭州市临平区委关于制定临平区国民经济和社会发展第十四个五年规划和二〇三五年远景目标的建议》。作为临平区社会主义现代化建设新征程的第一个五年规划，文件围绕市委赋予的“融沪桥头堡、未来智造城、品质新城区”战略定位，以争创共同富裕示范区样板为牵引，推动城市能级、经济动能、治理效能“三大跃升”，打造长三角开放高地、数智化变革高地、全景式幸福高地。

【综合考评】2021年，临平区重塑考评体系及考核内容，制定出台《进一步解决形式主义问题做好2021年为基层减负工作主要措施及分工方案》及《2021年临平区督查检查考核计划》，将综合考评与专项工作（行动）充分结合，对12项重点工作实行专项考核。6月，成立由区委主要领导担任组长的大督查考评工作领导小组，对“三大攻坚战”、新制造业计划、回迁安置、民生实事等40多个事项进行督查；对70个区直单位，8个镇街开展社会评价，总体满意度区直单位为95.03%、镇街为94.62%，征集意见建议182条；把2020年度综合考评社会评价中征集到的1045条意见纳入年度整改，对整改目标和完成情况予以公示，并进行满意度测评，测评结果计入年度综合考评。在杭州市2021年度区县（市）综合考评中，临平区位居第三，考评等次获优秀。

（区史志研究室）

·文化建设·

【新时代文化临平工程】2021年，临平区加强大运河文化保护传承利用，古运河上塘河文化带建设项目、古海塘临平段迁移保护工作启动实施，玉架山考古遗址公园全面施工，中国江南水乡文化博物馆（临平区博物馆）改扩建项目基本完成。10月25日，临平区委文化工作会议召开，聚焦“一个目标”“五大工程”“十大行动”（简称“1510”规划），全面推进文化重构、品牌重建、形象重塑。12月，临平区入选首批省级公共文化服务现代化先行区创建名单。同月，俞樾诞辰200周年纪念研讨会暨《俞樾全集》新书发布会举行。

【大运河国家文化公园（临平段）暨大运河科创城建设启动】2021年10月30日，临平区大运河国家文化公园建设动员大会召开，启动大运河国家文化公园（临平段）暨大运河科创城建设。临平区大运河国家文化公园暨大运河科创城建设指挥部和临平区大运河国家文化公园建设管理委员会、临平区大运河科创城建设管理委员会揭牌。大运河国家文化公园（大运河科创城）建设，以保护为前提，以文化为核心，全面开展崇贤段、东湖段、运河段、塘栖段建设，吸引创新产业、人才集聚，承接核心区产业要素转移，打响大运河（临平段）“杭北门户、水乡名镇、漕运古道、湿地田园”的品牌形象。

【亚运筹办】2021年9月5日，“亚运来临·幸福来临”临平区迎亚运倒计时一周年系列活动暨临平区亚运场馆启用仪式在临平区亚运场馆举行。9月17日，临平体育中心通过亚组委赛事综合验收，是省内首批通过验收的亚运场馆之一，并获得2021年亚组委立功竞赛一等奖。12月23日，塘栖盲人门球训练基地通过亚组委赛事综合验收。全区开展体育嘉年华、文艺演出、展览、知识问题等“亚运四进”活动34场，推进完成城市户外宣传5处、政府投资项目建筑围挡88处、公共艺术装置4个、倒计时牌1个，夜景灯光秀1处，形成全社会关心亚运、参与亚运、服务亚运的浓厚氛围。

【新时代文明实践】2021年，临平区围绕适应新时代要求和共同富裕示范区样板的新时代文明实践中心建设样板地，打造“15分钟文明实践圈”，出台三年行动计划，实施“三体系制度化”工程、“十核心项目化”工程、“三重点品牌化”工程等“三大工程”，建设区级中心（所、站）及示范点240余个，开展各类文明实践活动8000余次。打造“千万级实践基金”，建立新时代文明实践“和润”基金，联合农村商业银行设立初始基金1000万元，并在区慈善总会设立专项基金，专款用于项目扶持、服务保障、孵化培育、礼遇褒奖、组织培训等。打造“长三角校地共建平台”，与浙江大学、中国美术学院等13所在杭高校及复旦大学、华东师范大学等长三角知名高校建立新时代文明实践共建基地，开展活动60余场。在区—镇街—村社建立志愿服务总团—大队—分队，累计吸纳志愿者18.3万人，培育一大批“鱼鹰嫂”巾帼志愿服务、车行路上爱心车队、“乔心愿”爱心早餐等项目，惠及60余万人次。

（区史志研究室）

·社会建设·

【2021年十大民生实事项目】2021年7月23日，在临平区一届人大一次会议第四次全体会议上，与会代表表决通过临平区政府2021年民生实事项目草案，涉及住房保障、住房改善、教育惠民、健康惠民等的10项民生实事项目出炉。住房保障项目：开工建设安置房30万平方米，单体竣工安置房100万平方米，回迁安置1800户。住房改善项目：完成老旧小区综合改造提升25万平方米；推进既有住宅加装电梯，完成加装65台。教育惠民项目：开工建设16所学校，新增班数291班，提供学位11520个；启用14所学校，新增班数181班，新增学位6870个。健康惠民项目：新建、改造绿道12.6千米；新改扩建百姓健身房、社区多功能运动场、全民健身苑点等基层群众体育设施8处以上；对50—74周岁户籍居民开展结直肠癌筛查，筛查3.8万人以上，肠镜检查1500人以上。养老护幼全周期服务项目：新增10家示范型居家养老服务照料中心；新增机构床位数130张；实施生活困难老年人家庭适老化改造130户；新增示范型儿童之家8家；新增婴幼儿社区成长驿站14家，婴幼儿照护服务托位165个，组织婴幼儿家长养育技能提升专业课堂56场以上。无障碍环境建设项目：在全区实施无障碍设施改造8000平方米；规范提升星级“残疾人之家”2家、残疾儿童康复机构3家。食品安全项目：建设学校食堂“阳光厨房”195家，实现学校“阳光厨房”全覆盖，建设智能“阳光厨房”95家；新建农村家宴中心放心厨房4家，建成农村家宴“阳光厨房”8家；创建省级放心农贸市场8家。交通改善项目：按照“四好农村路”建设要求，开展乡村道路提升改造30千米；实施联网路工程，开工3条1.6千米，打通4条3千米；新增公共停车泊位800个；新增、优化公交线路不少于9条。文化惠民项目：新建杭州书房2家，开展杭州书房活动55场以上；开展文化惠民活动100场以上。全民反诈项目：通过集中治理电信网络诈骗案件，确保全年发案量同比下降，百万元以上诈骗案件破案率达到60%。

【数字化社会治理】2021年，临平区紧扣数字化改革工作目标，纵深推进数字化社会治理。4月，临平区被确定为省级“县乡一体、条抓块统”县域整体智治改革试点。5月，临平区矛调中心“云上中心”获评全国政法智能化十大创新案例。区社区矫正中心通过全国首批部级“智慧矫正中心”验收。7月，数智临平治理端总门户及五大系统门户上线运行。“入学早知道”被列入省发改委数字社会“揭榜挂帅”应用；“两慢病”被列入市发改委首轮“揭榜挂帅”应用；“残疾预防”“收房码”等6项应用被列入省市数字化改革试点；海珀、龙兴等5个未来社区（乡村）上线“亲子学堂”“邻活动”等7个场景11个应用。

【“疫管通”系统】2021年，临平区借助数字化改革优势，研发“疫管通”系统，实施“源头查控+硬核隔离+精密智控”防疫模式，共同构筑起疫情防控的“数字化防线”，切实守护人民群众生命安全和身体健康。平台通过建立人员管控四大模块，实现对区域疫情防控从事前研判，处置协同、过程留痕，到结果评价的闭环管控。平台开通后，采取第一时间上线“来临宝（报）”“智脑”程序等创新举措，实现区疫情防控的精准管控，推动防疫从“人工筛”到“智能控”转变，实现快检测、快流调、快转运、快隔离，减轻基层负担。据统计，“疫管通”应用让核心流调从原先平均4小时缩短至1小时，重点人群单趟转运时间平均缩减30分钟，集中隔离点人员接收从25分钟减少至5分钟以内。

（区史志研究室）

·生态文明建设·

【生态环境状况】2021年，临平区环境空气优良率为82.3%，细颗粒物（$PM_{2.5}$）浓度为27.2微克/立方米，$PM_{2.5}$降至有测量以来最好水平。运河、上塘河总体水质分别为Ⅲ类和Ⅳ类。国控断面塘栖大桥、五杭运河大桥水质均为Ⅲ类，市控及以上6个监测断面水质达到Ⅲ类的比例为83.3%。跨行政区域河流交接断面考核结果良好。临平区备用饮用水水源地喜庵港水质达标率100%。城市区域环境噪声为53.6分贝，达到2类区标准60分贝控制要求；道路交通噪声为55.8分贝，达到4类区标准70分贝控制要求。全区农用地未受污染（优先保护类）占比达98.2%，污染地块安全利用率100%。

【生态文明和美丽建设工作】2021年，临平区编制完成《临平区生态文明建设规划》《新时代美丽临平建设纲要（2021—2035年）》和《新时代美丽临平建设三年行动计划（2021—2023年）》。7月，成立美丽临平建设领导小组，由区委书记和区长任双组长，下设办公室、低碳建设办公室（碳达峰碳中和工作领导小组办公室）、五水共治（五气共治）办公室、土壤和固体废物污染防治办公室，统筹推进全区生态文明和美丽建设工作。12月，杭州余杭城东净水有限公司临平净水厂被命名为第十一批浙江省生态文明教育基地。年内，临平区创建市级“美丽河湖”3条，区级“美丽河湖”10条；创建市级绿色学校3家，区级绿色学校13家；创建市级绿色医院2家。

【无废城市建设】2021年，临平区通过强化工作责任落实、提升固废处置利用能力、促进企业管理技术升级、营造“无废城市”建设氛围等系列举措，着力打好污染防治攻坚战，推进绿色高质量发展，生态环境质量持续改善，生态文明建设水平显著提升。6月，成立“无废城市”建设工作领导小组及工作专班，统筹协调全区“无废城市”建设工作。按照“无废城市”建设方案，开展“无废工厂”“无废乡村”“无废学校”“无废医院”“无废工地”“无废景区”“无废园区”等七大类共39个“无废细胞”建设。9月30日，杭州市“无废城市”建设攻坚会暨“无废细胞”建设成果展示会在临平区召开。

【全省首个绿色低碳金融创新（一体协同）实验室成立】2021年5月26日，在临平区科技人才月启动仪式上，全省首个“政银保企产研用”一体协同的“绿色低碳”金融创新实验室宣布成立。首批参与实验室的共有9家省级银行保险机构和区内3家重点企业园区。该实验室旨在加强跨界合作，为银行保险机构在产品研发前期排摸需求、在研发中期提供场景、在研发后期对接首试，提供有效支撑，以推动探索更多的可复制可推广绿色低碳金融产品，推动创新更多的绿色低碳技术与绿色金融资源对接模式。

（区史志研究室）

中共杭州市临平区委员会

Hangzhou Linping District Committee of the Communist Party of China

·重要会议·

【全区高质量发展大会暨“未来工厂”建设推进大会】2021年5月7日，临平区高质量发展大会暨“未来工厂”建设推进大会召开。会议强调要深入学习贯彻习近平总书记考察浙江和杭州时的重要讲话精神，以及全市行政区划优化调整实施动员大会、全市制造业高质量发展大会暨“未来工厂”建设推进大会精神，集思广益、凝心聚力，全力抢抓新机遇，奋力开创新局面，朝着建设世界名城一流核心区的目标砥砺前行。

【中国共产党杭州市临平区第一次代表大会】2021年6月20—23日，中国共产党杭州市临平区第一次代表大会召开。大会高举习近平新时代中国特色社会主义思想伟大旗帜，深入贯彻中共十九大和十九届二中、三中、四中、五中全会精神以及习近平总书记考察浙江、杭州重要讲话精神，全面落实省委十四届九次全会和市委十二届十一次全会精神，分析面临的发展机遇和挑战，理清高质量发展思路，确定今后五年的奋斗目标和战略任务。大会审议区委、区纪委的工作报告，通过两个决议，选举产生中国共产党杭州市临平区第一届委员会、中国共产党杭州市临平区第一届纪律检查委员会。

【区委一届二次全体（扩大）会议】2021年7月14日，区委一届二次全体（扩大）会议召开。会议审议通过《中共杭州市临平区委关于制定临平区国民经济和社会发展第十四个五年规划和二〇三五年远景目标的建议》《临平区高质量发展建设共同富裕示范区样板实施方案（2021—2025年)》，进一步动员全区上下，坚定信心、铆足干劲，克难攻坚、奋勇争先，高水平建设“数智临平·品质城区”，争当高质量发展建设共同富裕示范区样板。

【区委文化工作会议】2021年10月25日，临平区委文化工作会议召开。会议强调要深入学习贯彻习近平总书记关于文化建设的系列重要论述精神，全面贯彻落实省委文化工作会议决策部署，围绕举旗帜、聚民心、育新人、兴文化、展形象的使命任务，以争创共同富裕示范区样板为牵引，深入推进新时代文化临平工程建设，全面彰显深厚人文底蕴，全域提升文化软实力。

【大运河国家文化公园建设动员大会】2021年10月30日，大运河国家文化公园建设动员大会召开。会议指出从战略全局的高度，深刻认识大运河国家文化公园建设的重大意义；以实干担当的劲头，全面掀起大运河国家文化公园建设征迁工作的热潮；用齐抓共推的合力，全力保障大运河国家文化公园建设的有序推进。临平区大运河国家文化公园暨大运河科创城建设指挥部和临平区大运河国家文化公园建设管理委员会、临平区大运河科创城建设管理委员会正式挂牌，标志着“一园一城”建设迈入全速推进的崭新阶段。

【乔司街道全域土地综合整治与生态修复动员大会】2021年11月20日，乔司街道全域土地综合整治与生态修复动员大会召开。会议全面吹响乔司全域土地综合整治与生态修复号角，把乔司板块打造成为生态文明样板区、产业振兴示范区、居民增收致富先行区。

【全区加强基层党建促进城乡共富工作会议】2021年11月22日，临平区加强基层党建促进城乡共富工作会议召开。会议强调深入学习领会习近平总书记关于基层党建和共同富裕的重要论述精神，全面贯彻落实全省基层党建会议以及全市高质量推进乡村振兴促进城乡共富工作会议精神，在新的赶考路上传承奋斗基因、赓续红色血脉，扎实推进基层党建，全面筑牢事业底盘，为临平争创高质量发展建设共同富裕示范区样板注入强大党建力量。

（王亚琼）

·重要决策和活动·

【行政区划优化调整工作完成】2021年4月，临平区全面启动行政区划优化调整工作，确立“平稳有序、安全稳定、减少影响”工作目标，以“先立后破、先人后事、先粗后细、先急后缓”为原则，妥善完成资产划转、机构设置、干部调配转任、“三定”方案编制、国有公司筹建等各项任务，实现新区揭牌成立，有序召开区第一次党代会、区委全会、区“两会”，完成区四套班子换届选举。

【共同富裕示范区样板建设】2021年，区委、区政府制定出台《中共杭州市临平区委 杭州市临平区人民政府关于印发〈临平区高质量发展建设共同富裕示范区样板实施方案（2021—2025年）〉的通知》，提出打造两业深度融合、优质生活共享、特色文化展示、人居环境优化、全域社会治理“五大样板”，通过实施制造业高质量发展、现代服务业扩容提质、中心城区品质提升、幸福通道畅通、“学在临平”建设、“健康临平”建设、新时代文明实践中心提升、大运河国家文化公园（临平段）建设、强村富农建设、“临平工匠”培育“十大行动”，推动实现共建共治共享共同富裕取得明显实质性进展，区域差距、城乡差距和收入差距不断缩小，基本达到生活富裕富足、精神自信自强、环境宜居宜业、社会和谐和睦、公共服务普及普惠。

【乔司全域土地综合整治与生态修复行动启动】2021年，临平区积极践行“绿水青山就是金山银山”理念，深入贯彻落实习近平总书记关于浙江“千村示范、万村整治”的重要批示精神，作为全国试点之一开展乔司全域土地综合整治与生态修复行动，通过全域规划、整体设计、综合治理，一揽子解决乔司区域农业用地、建设用地碎片分布现状，高标准推进该区域村庄整治、农田整治、生态修复、乡村振兴工作，提升区域环境、完善配套服务功能、拓展创新创业空间，努力打造成为生态优美、生产高效、生活富美的共同富裕示范样板。

【大运河国家文化公园（大运河科创城）建设启动】2021年7月，临平区成立大运河科创城，启动实施大运河国家文化公园（临平段）建设三年行动计划。以保护为前提，以文化为核心，持续深化大运河（塘栖段）文化遗产的保护提升，复兴塘栖千年水乡古镇，擦亮塘栖“名山、名湖、名镇”个性地标，全面开展崇贤段、东湖段、运河段、塘栖段建设，优化运河二通道航运、产业、水利、景观等功能布局，重塑沿岸沿线风貌，吸引创新产业、人才集聚，承接核心区产业要素转移，打响大运河（临平段）“杭北门户、水乡名镇、漕运古道、湿地田园”的品牌形象。

（王亚琼）

·组织工作(区直机关党建工作)·

【基层组织情况】截至2021年底，全区有基层党组织数2276个，其中党委171个、党总支125个、党支部1980个。在基层党委中，含镇党委1个、村党委42个、社区党委48个、独立核算的企业党委21个、机关党委33个、独立核算的事业单位党委24个。区委派出的党工委10个，其中机关党工委1个、街道党工委7个及杭州临平新城开发建设党工委和超山风景名胜区党工委。

全区有党员37270名。其中，正式党员36458名，预备党员812名；女党员14290名，占党员总数的38.34%；少数民族党员187名，占党员总数的0.50%。2021年，全区发展新党员676名。其中：女党员292名，占43.20%；35岁以下422名，占62.43%；高中及以上文化程度的党员654名，占96.75%；工作在一线的419名，占61.98%。

党员年龄、文化结构一览表

表2

年龄	人数（人）	占比（%）	学历	人数（人）	占比（%）
35岁及以下	10420	27.96	研究生	2175	5.84
36岁至40岁	4833	12.97	大学本科	13671	36.68
41岁至45岁	3335	8.95	大学专科	7211	19.35
46岁至50岁	3086	8.28	中专	1401	3.77
51岁至55岁	2676	7.18	高中、中技	3668	9.84
56岁至60岁	3150	8.45	初中及以下	9144	24.53
61岁及以上	9770	26.21	—	—	—

【“红色根脉”守护行动】2021年，临平区以推深做实“红色根脉强基工程”为主脉络，全面实施党建护航区划调整十项举措，精心组织开展“七个一百”庆祝建党百年系列活动，新一届区委常委在杭县第一个农村党支部中共鸭兰村支部旧址郑重宣誓初心使命，擘画实施“高水平建设‘数智临平·品质城区’”发展蓝图。扎实开展领导干部“七个一”“办实事、解难题、减负担”“民呼我为在临平”等专题活动，坚定守好红色根脉，传承红色基因。重温习近平总书记调研运河街道新宇村重要讲话精神，打造“两山理论”的新宇水乡实践样板。龙兴社区打造“未来社区党建综合体”入选全市未来社区党建试点，海珀“未来社区”深入推进“社企联动”获工信部总经济师许科敏调研肯定。揭榜挂帅省级“双建争先”指数系统，探索党建系统统领中心重点工作主平台作用，推动“七张问题清单”向基层贯通。统筹加强行业系统党建，通过“制定一批文件、召开一次推进会、创建一批示范点”，进一步抓实国企、学校、医院等各领域党建。

【党建引领基层社会治理】2021年，临平区建立基层党建联系点制度，撬动26名党建指导员实质作用发挥，区划调整以来，先后打造新宇村、老板集团等涵盖各领域的区级党建示范点40余个，形成“盆景”变“风景”良好态势。探索开展“红临E家”数字化党建引领小区治理，形成党建引领下小区三方协同数字化治理模式，使“组织在小区建强、作用在小区发挥、难题在小区化解”。探索推行“板凳议事团”工作机制，以“提、议、评、决、督”五步法，打造接地气的党建引领基层民主协商“临平样板”，相关做法在全市会议作交流经验。建强基层“领头雁”队伍，深入开展村社组织换届“回头看”工作，对全区57个村、127个社区、1246名村社干部实现全覆盖研判，扎实做好换届“后半篇”文章。深化导师帮带制，制定出师标准，发挥3名省市级、8名区级兴村治社导师牵引示范作用，带动42名镇街级导师开展结对帮带工作。实施分级考赛机制，全覆盖推动8个镇街184名村社书记开展打擂比武，持续加强村社党组织书记队伍建设。

【服务保障中心大局】2021年，临平区聚焦亚运、亚残运会筹备工作，精心做好临平体育中心、塘栖盲人门球基地场馆运行团队组建和人员计划编制工作。聚焦党建统领共同富裕，制定出台《以高质量基层党建推进共同富裕示范区样板建设三年行动计划（2021—2023）》，建立乡村“四千红盟”“未来可栖”等党建联建63个，开设“乡村话共富”“社区创未来”专栏实时晾晒破难案例，实施以组织共建、资源共享、阵地共用、项目共推、富裕共创“五共”机制为重点的联盟运转模式。聚焦织密防疫组织体系，全面落实全市疫情防控组织体系建设规范指引，通过建立指挥体系、落实管控制度、实施考赛举措，开展专项督导，构建纵向“四级包保”、线上村社管理骨干群、点上“五包一”、面上“大考大赛”机制，在疫情防控一线建强临时党支部战斗堡垒。

【“两新”组织党建工作】2021年，临平区按照省委“产业大脑＋未来工厂”数字经济构建要求，主动攻坚党建引领高质量发展课题，率先发布“未来工厂”党建工作指引，探索形成“1253”党建工作体系，增强党组织嵌合力推动企业高质量发展。攻坚新业态、新就业群体党建试点工作，围绕小哥群体关键需求列出“走心”服务清单，推出暖心、倡议“双十条”，打造81个“小哥之家”，服务小哥1.2万余人次。成立“星动力”区域性网约车流动党支部、“星动力”遇事帮帮车队，塘栖镇新业态联合工会、杭州市首家“红色物流”党建联盟，引导网约车、外卖小哥、货运司机等新就业群体融入临平基层党建格局，暖心小哥叶阳辉事迹得到人民日报公众号宣传表扬。

【党员教育管理】2021年，临平区推行发展党员区级联合审查制度，完成676名年度发展指标，其中高级知识分子85名、农牧渔民107名、产业工人106名、非公有制经济组织168名、社会组织3名。丰富党员教育形式，依托“自学＋线上”培训、红色教育基地、讲师团等，2276名基层党组织书记、37270名党员完成党史学习教育相关培训。加强教育载体建设，中共鸭兰村支部旧址列为杭州市党员干部教育培训基地。

【党群服务工作】2021年，临平区成立全市首个党群服务研学基地，全面建强“2+10+N”党群服务中心服务矩阵，推出红邻党群系列特色活动，提供点单式个性化服务，持续提升党群服务中心规范化、专业化水平。全年建成204个党群服务中心、15个“小而精”党群服务驿站，组织开展活动和服务22225场次，接待党员群众450万人次。搭建区级考赛平台，通过优秀党群服务工作者、党群服务中心评比等活动选树典型，开展2021年度十佳党群服务中心（驿站）打擂比武。塘栖镇党群服务中心被评为省级数字赋能、集成服务示范党群服务中心。

【干部队伍融合】2021年，区委组织部高质量服务保障第一次区党代会和“两会”，实现3次大会组织意图人选当选率和一次性选举成功率全部100%。根据省市委统一部署，有序推进乡镇班子换届，联动做好街道、区直单位班子配备，选优配强区管领导班子，100%完成镇街换届各项要求指标。针对行政区划优化调整后的实际情况，高质量开展“品质城区”“融沪桥头堡”等主题讨论活动，充分激发机关单位干部建言献策、干事创业热情，创新实施“大科室”机制，按照“大财政”“大信息”“大后勤”统筹整合行政资源，有效解决各单位人员分配不均、各科室间歇性忙碌问题，加快推动人心融合、队伍重塑。

【年轻干部培养】2021年，临平区及时针对分区后年轻干部储备不足、配备不优问题，开展全区干部队伍状况专项分析，谋划干部队伍建设工作。围绕择优选配镇街年轻班子目标，集中选调37名85后年轻干部参加年轻干部能力提升助推高质量发展专题培训班，通过“专题研修＋实践破难”补齐年轻干部基层实践历练短板，结合专题培训结果运用，择优选拔使用了20位优秀年轻干部进入区管领导班子。按照统筹一级、下管两级原则，开展全区90后年轻干部综合比选，储备100名以上90后科级年轻干部。贯彻实战历练、压担培养理念，共选派97名干部到区委区政府重点工作、重大项目一线挂职锻炼，注重提升机关干部应急处突、改革攻坚等方面能力。加快优秀人才源头招引，开展面向国内外高校招引高层次专业人才49名，进一步为干部队伍注入新鲜力量。

【“卓越工程师”队伍建设】 2021年，临平区委组织部（人才办）紧紧围绕三大优势产业集群，统筹资源、靶向发力，全力推动工程师人才队伍提质扩面。成立全国首个未来智造工程师联盟，吸纳相关领域的学者专家、协会会员、在职工程师进驻。面向全国启动未来智造工程师精英计划，甄选出12个契合临平产业发展的优质项目，导入104项优质技术成果。举办“未来智造工程师研讨会”“未来智造工程师大会”，邀请顾佩华等院士专家交流分享，全面打响“临聚里”未来智造工程师品牌。落地国家级智能制造人才培训基地、华为临平工程师人才培训中心，与德国隐形冠军协会、日本服务型制造发展研究院签订合作协议。在老板电器、西奥电梯等6个龙头企业建设5个企业卫星站，助力开展技术协同攻关35项，助力建成“未来工厂”4家，总量居全省第一，相关做法得到浙江省副省长卢山、工信部总经济师许科敏等领导的充分肯定。

【制度建构实施】 2021年分区以来，临平区委组织部聚焦基层党建“全领域”、干部工作“全周期”、人才工作“全链条”、自身建设“全流程”，制定形成涵盖干部、组织、人才和自身建设的制度体系，制定出台组织工作各类制度87条，涵盖11个大类，形成《组织工作制度汇编》，实现组织工作干事有章可循、有规可依。其中，聚焦党建统领整体智治，制定出台“1+2”制度体系确保基层党建“全领域”，共计4类22条；及时推进领导班子和领导干部考核、干部教育培训、监督管理等选育管用制度体系建设确保干部工作“全周期”，共计5类35条；出台《关于进一步打造人才活力强区的实施意见》、人才新政及其实施细则等文件确保人才工作“全链条”，共计21条；制定部机关议事、学习、保密、督查办理等制度确保组工干部管理“全方位”，共计9条。

【“数字组工”建设】 2021年，临平区委组织部揭榜挂帅省直机关工委“双建”系统，创新开发建设“双建争先”指数系统，构建清廉模范“两大指数”评价体系，实现机关、支部、党员日常考核“三级捆绑”，打造全区实施中心重点工作评价的主渠道、主平台；围绕人才“引、育、留、用”全链条服务要素，全面打造临云人才生态系统，依托“1+1+4+N”系统架构，实现主导产业人才需求分布精准掌握、人才身份信息集成共享、人才服务主动寻求；严格落实“浙里好干部”应用省市县三级贯通工作，同步完善区本级干部管理信息系统。

【机关干部队伍建设】 2021年，根据区划调整期间工作实际，临平区制定行政区划优化调整中党组织和党员作用发挥10项举措，举办临平高质量发展之“融沪桥头堡”机关党员干部专题大讨论活动，相关经验做法得到省委副秘书长、省委直属机关工委常务副书记郑才法，市委常委、秘书长朱建明等领导的批示肯定。打造“双建争先”指数系统，创新构建“党员、支部、上级党组织逐级捆绑，党务、业务同考同评”的过程管控与评价体系。从“讲政治、守纪律、负责任、有效率”4个维度细分出80余项具体指标，形成“清廉”“模范”两大指数。以“七张问题清单”（督查、巡察、纪检、审计、内控、效能、信访7张清单）形式提醒、督促整改，促进整体工作质量提升。完成全区机关党组织、党员的基础数据采集，全年共抓取汇集日常工作信息4万多条，基本实现全方位在线比拼。开展助力全区基础环境大整治大提升“五个一”活动、助力文明典范城市创建“五个一”专项行动、“清洁家园、喜迎国庆”环境卫生大扫除集中攻坚活动、“机关赋能联村”活动、“千名党员结对千名困难户”等活动，全年开展基层党建指导1200余次，上党课752次，帮扶困难家庭1200余户、上门走访5860次，赠送慰问金及物品折合220万余元，解决各类问题困难1800余件。组织“我为七一献热血”活动，280名机关党员参与无偿献血。

【机关基层党组织建设】2021年，临平区完成行政区划优化调整期间59家新建机关党组织筹建工作。制定《临平区机关党建工作标准化流程》，明确五大类、20个事项的工作流程，规范机关党建工作流程。指导17家机关党组织完成届中书记、委员补选工作，审批发展党员11名。制定《杭州市临平区机关党组织书记、副书记（专职）选拔任用管理办法》，选优配强24名机关党组织专职副书记。分级分类开展机关党组织书记、党务干部、纪检监察干部、党员发展对月象等各类培训8期、培训党员干部900余人次。各机关党组织全年走访慰问困难党员、老党员182名。

【政治思想建设】2021年，临平区深入学习贯彻习近平总书记关于党史学习教育的重要论述，坚持把开展党史学习教育作为建设模范机关的重大政治任务，按照学史明理、学史增信、学史崇德、学史力行的要求，统筹抓好全区机关以及行业系统党史学习教育工作，各级机关党组织开展党史学习活动550余次。持续以“周三夜学”“藕花洲大讲堂”“赠书·品书·荐书”“红临机关党务论坛”等为抓手载体，探索“云课堂”模式，全年共举办各类培训18期、培训7000余人次，发放书籍2000余册。依托“西湖先锋”规范开展组织生活，指导各级机关党组织落实全年2次组织生活会。严格党员干部“八小时以外”监督管理，督促党员领导干部落实好双重组织生活制度。常态化开展机关党建理论征文活动，获评省机关党建优秀课题研究成果三等奖1篇，市机关党建优秀课题研究成果特别奖和一等奖各1篇。

【模范机关建设】2021年，区委直属机关工委制定出台《关于纵深推进清廉机关模范机关建设的实施办法（试行）》《全面开展“五讲五强”十大行动建设新时代机关党建的实施意见》，明确“清廉机关模范机关建设”整体推进的主要目标、任务清单和方法步骤。召开“清廉机关模范机关建设”推进会2期，64个区级直属机关党组织发布“双建”建设方案，建立“双建”品牌。选树区税务局、杭州公积金临平分中心等4家单位机关党组织作为临平首批“双建”先进单位。开展区直机关志愿服务最美典型选树工作，评选十佳机关最美志愿服务组织，区海豚应急救援队和临平区税务局志愿服务队获2021年度杭州市机关最美志愿服务组织（单位、团队）称号。举办“共奋进·迎亚运”2021年度机关、企业体育文化交流（气排球）活动，以及“我的家书”主题诗词创作大赛等活动。

【党风廉政建设】2021年，临平区制定出台《中共杭州市临平区委直属机关纪检监察工作委员会履职细则（试行）》《临平区机关党建“四级四岗”责任清单（试行）》及各项日常工作制度，压实全面从严治党主体责任。选优配强机关纪检监察干部队伍，完成组建机关纪委18个，书记由机关党委副书记担任；任命一级机关党组织纪检委员34名、下属二级机关党组织纪检委员90余名，为清廉机关工作推进提供坚强组织保障。做好日常监督检查，围绕整治形式主义、官僚主义突出问题和为基层减负等主题，以随机抽查、交叉检查、不定期联合检查等方式开展专项督查4次，发现并整改问题90余个。

（孔海东）

·宣传思想工作·

【概况】2021年，临平区宣传思想文化战线深入学习贯彻习近平新时代中国特色社会主义思想，紧扣庆祝中国共产党成立100周年这一主线，守正创新、系统重塑，以共同富裕示范区样板为牵引，深入推进新时代文化临平工程建设，为高水平建设“数智临平·品质城区”提供坚强思想保证和精神动力。

【党史学习教育】2021年，临平区深入开展党史学习教育。区委理论学习中心组开展专题学习17次，带动各级党委(党组)理论学习中心组专题学习1255次、各单位党支部完成专题学习2258次。开展领导干部“七个一”专题活动、“三为”专题实践活动及“‘民呼我为’在临平”活动等，收集意见建议17130条，解决问题困难17122个。开展“七个一百”庆祝建党百年主题系列活动，举办全区“奋斗百年路 跃动新临平”建党百年主题展、档案史料展、书法美术摄影展览，以及主题晚会、合唱展演、“红色地图”发布等系列活动。

【新闻舆论运行机制】2021年杭州市行政区划优化调整之后，临平区第一时间设立区融媒体中心，完成《临平新闻》华数0频道转设，创办创建《今日临平》报纸、“临平发布”微信微博、“悦临平”客户端等各大传播端口，挂牌成立12家微融媒体中心（站）。完成第一次党代会、区“两会”等重大事件进行全方位、立体式报道，打造《感动临平 共富样板》等重大主题报道30多个栏目，获中央省市以上主流媒体刊播（转载）新闻稿件超2000余篇（次）。积极稳妥做好疫情防控各阶段舆论引导工作，建立健全舆情、社情、疫情“三情”联动防控机制。

【区委文化工作会议】2021年8月31日，省委文化工作会议召开后，临平区委第一时间组织学习，深刻领会省委文化工作决策部署，于10月25日召开首届区委文化工作会议。围绕高水平推进大运河文化保护传承利用和高水平推进宋韵文化研究传播转化核心内容，会议发布《区委区政府关于加快推进新时代文化临平工程实施意见》和公共文化服务、文艺作品扶持、文物保护利用、文旅融合发展、文化产业发展、社会力量办文化等6项政策性子文件，制定文化设施建设、文艺精品培育、文化产业引育“三张清单”，安排30余项重大项目。会上，临平区与中国曲艺家协会等多家单位进行签约，成立浙江大运河文艺创研中心、长三角（临平）数字文化产业联盟，聘任一批文化专家成为新时代临平文化工程特聘顾问。有50余位全国及省市专家学者参与，40余部作品获国家及省市荣誉。会议获得省委、市委领导的批示肯定。

【精神文明创建】2021年，临平区深入开展群众性创建活动，夯实文明城市创建基础。在文明村镇、文明单位创建工作中，全区摘得4块“国字号”荣誉，11家单位获评省文明村、文明家庭、文明校园。大力推进基层文明文化阵地，打造群众身边的精神家园。建成农村文化礼堂54个，其中省级五星级农村文化礼堂6个、市级四星级农村文化礼堂11个；建成社区文化家园81个、获评市高星级27个；建成企业文化俱乐部30个。广泛开展道德典型选树活动。徐梦薇家庭、高建芬家庭等获评全国文明家庭、五好家庭，靳毅、许国华、杨永根、胡阿虎、戴利雅、叶阳辉等一批“身边好人”获省、市道德模范称号，全区道德模范典型、美丽临平人超过200位。

【文化产业发展】2021年，临平区文化产业增加值为40.2亿元，增长7.5%，中宣部“原动力”国漫基地、朱炳仁铜、楠宋瓷业等优质文化企业影响力逐步提升。编制区“十四五”文化产业发展规划，构建“四大主导产业+十二大标志性行业”现代文化产业体系。组织浙江（临平）文化产业发展圆桌会等招商活动，相继建成大运河1986文创园、云裳城直播示范中心、国风研究院、文创大厦等一批文化产业重点发展平台。依托“原动力”原创动漫作品评选与成果打造，国漫孵化基地吸引了130余家企业入驻，助推10余家企业作品入围全国“金猴奖”“安妮奖”等动漫界大奖。临平区文创企业浙江青辉影业为出品方的电视剧《问天》在央视一套首播。

【网络安全与新闻出版】2021年，临平区推进依法治网体系建设，提升数字化改革揭榜挂帅项目"E网清"云平台。成立互联网行业党委，建成1家省级网络文化家园，建立全市首个多部门网络联合执法站，督促200余家问题网站整改到位。9月，举办临平区首届网络潮生活节，结合"如梦之梦"话剧演出，开展"临平8小时造梦之旅"线上热搜活动，总阅读量突破3.3亿次。实行重要时期24小时值班值守制度，启动网络重要应急响应8次，执行应急值班值守105天，下发舆情抄告单26件，舆情风险提示单3件。重点时段开展文化市场专项检查，出动3000余人次，检查文化市场经营单位1000余家次，获评省级"扫黄打非"进基层示范点1个。

【中国长三角网络视听传播高峰论坛】2021年6月18—20日，中国电视艺术家协会网络视听研究中心成立仪式暨2021年中国长三角网络视听传播高峰论坛在临平召开。本次活动由中国电视艺术家协会、浙江传媒学院、中共杭州市临平区委、临平区人民政府主办。来自北京大学、浙江大学、复旦大学、上海大学、浙江工业大学、浙江越秀外国语学院、南京传媒学院、江苏师范大学、安徽师范大学、中央文史研究馆、中国教育电视台、光明网、北京快手科技有限公司等全国多所高校和视听企业的100多位专家学者及业内人士会聚一堂，共商长三角一体化背景下网络视听传播人才协同、创新发展大计。

【俞樾200周年诞辰】2021年12月25日，"俞樾200周年诞辰纪念研讨会暨《俞樾全集》新书发布会"举行。该次活动由中共杭州市临平区委、杭州市临平区政府、复旦大学主办，采用线上线下结合方式在杭州市临平区、复旦大学同步进行。研讨会上，来自中国训诂学研究会、复旦大学、东南大学、浙江省地方志专家委员会等高校和研究机构的专家学者围绕主题作深入交流，共同研讨清代著名学者俞樾的学术价值和精神内涵。俞樾作为临平的历史文化名人之一，是清末著名文学家、经学家、古文字学家、书法家，国学大师章太炎、海派艺术大师吴昌硕均师承其门下。俞樾幼年跟随母亲迁居临平，完成了启蒙学习、组织家庭和进京赶考前的准备，自称"居临平三十年"。

（陆森）

·统一战线工作·

【概况】2021年，临平区有民主党派基层委员会6个、总支部1个，民主党派成员共394人。担任区政府实职的党外干部1人，担任区政府部门实职的党外干部10人。区内共有少数民族成分人口近3万人，分属48个少数民族；有依法登记的宗教活动场所和民间信仰活动场所多处。

2021年，中共杭州市临平区委统一战线工作部（下称"区委统战部"）围绕主责主业，开展专题研究统战工作7次，围绕"做实基础、谋划新篇、打开局面"的基本思路，紧盯年度工作目标，创新工作举措。深化党史学习教育，组织各类党课学习活动255场次。其中，发动各级支部书记为统战对象上党课51场次；企业负责人为企业党员、员工和社会各界人士上党课88场次。建立区领导"九个一"联系走访制度，带头开展党外人士、民营企业、政协委员大走访，一年来共走访谈心360余人次，举办统战各领域联络联谊活动72次，组织赴上海临平商会等省外商会走访考察2次，邀请上海、深圳"临商"回乡考察2次。开展"永远跟党走·共筑同心圆"庆祝中国共产党成立100周年系列主题活动31次，涉及6000余人次；向宗教界人士赠送红色书目350人次。组织部门、镇街（平台）和各级统战组织、下属单位专题学习《中国共产党统一战线工作条例》100余场次。

【基层组织建设】2021年5月31日至6月18日，临平区有序召开各民主党派基层组织成立大会。民革、民盟、民建、民进、农工党、致公党、九三学社7个民主党派基层组织按照各民主党派章程规定和民主程序，相继成立，分别选举产生第一届领导班子。截至2021年底，全区共有民主党派成员390余人。班子结构进一步优化，注重80后、85后梯队培养，46名基层组织班子人选中80后13人，占28.26%；85后6人，占13.04%，在综合素质、年龄结构、代表性等方面体现了较好融合和传承。

【“永远跟党走　共筑同心圆”庆祝建党100周年主题活动开展】2021年6月27日，临平统一战线庆祝中国共产党成立100周年主题活动在区融媒体中心演播厅举行，区级相关部门、各镇（街道）、统战各领域代表人士100余人参加。区委常委、统战部筹备组组长杨文闯致辞。临平统一战线各界代表人士宣读倡议书，临平农工党故事宣讲团讲述楷模故事。通过倡议书、楷模故事，弘扬时代精神投身祖国建设，以优异的成绩迎接中国共产党成立100周年。

【民主党派作用发挥】2021年，区委统战部探索建言新形式，开创献策新载体，打造以民主党派成员反映问题建议为主的《临听》专刊。组织各民主党派召开专题征求意见会议7次，专门就区一次党代会工作报告、政协工作报告、政府工作报告等，区人大、区政协人事调整等重大事项，征求各民主党派、无党派人士的意见建议。全年报送社情民意380余篇；在省、市和区级人大、政协会议上提交提案、议案120件。经区委政策研究室提议，各民主党派协商，形成相关领域的重点调研报告10篇。组织各民主党派开展“党内党外联动、同心同行服务”活动，全年开展社会服务活动60余次。举办民主党派负责人、党外中青年骨干读书班。

【基层统战工作】2021年6月30日，区委统战部筹备组召开镇街（平台）统战工作会议，安排部署下半年全区统战工作。区委常委、统战部筹备组组长杨文闯出席会议并讲话。各镇街（平台）统战工作分管领导和统战干事、部机关中层及以上干部参会。会议传达学习区第一次党代会精神和《中国共产党统一战线工作条例》，回顾总结上半年统战工作，谋划部署临平区今后阶段统战重点工作和特色亮点工作，为高水平建设“数智临平、品质城区”贡献统战力量。

【非公经济工作】2021年7月1日，临平区商会党建联盟成立。区总商会与14个基层商会党组织签订商会党建联盟盟约，整合商会党建资源，加强商会组织联动，发挥党建引领商会建设和非公企业健康发展作用。年内，结合出台的临平区《关于构建亲清新型政商关系的实施意见》和《关于加强新生代企业家教育培养工作的实施办法》，创推“新生代联合茁壮机制”，启动“临平区企业家青蓝传帮带行动”。其中，《实施新生代联合茁壮机制、全方位推动青年企业家成长》案例入选省工商联系统第三季度服务“两个健康”最佳实践案例。联合相关单位举办“亲清直通车·政企恳谈会”3期，现场解决问题80余个；以“商会来临·融沪共赢”为主题，邀请60家在沪企业走进临平考察投资，同时组织10余家深圳企业洽谈交流。

【各民主党派负责人座谈会】2021年7月30日，区委统战部召开各民主党派负责人座谈会，区委统战部全体班子成员、各民主党派主要负责人、分管参政议政工作负责人出席会议。会议传达学习《中国新型政党制度》白皮书，领会中国新型政党制度精神内涵与重要作用，回顾总结行政区划调整后各党派特色工作，交流下半年工作思路，并部署2021年开展各民主党派调研活动相关工作。

【浙江中华文化海外传播研修班在临平开班】2021年11月30日，浙江中华文化海外传播研修班在市委党校临平区分校开班。省社会主义学院一级巡视员张建明，临平区委常委、统战部部长、临平中华文化学院院长杨文闯出席开班仪式并讲话。浙江中华文化海外传播促进会部分会员，部分区县市统战部门和中华文化学院领导，省内海外侨界、留学生、海外华文媒体代表、高校国际学院负责人、文化和传播类企业代表等60余人参加。研修班为期5天，由浙江中华文化学院主办，浙江中华文化海外传播促进会和临平区委统战部协办，临平中华文化学院承办。旨在学习贯彻中共十九届六中全会精神和2021年习近平总书记在中央政治局第三十次集体学习时所作的关于加强国际传播能力建设重要讲话精神，落实省委文化工作会议决策部署及《中共浙江省委关于加强新时代海外统战工作的实施意见》。

【党外知识分子联谊会第一次会员大会暨“临知学堂”开班仪式】2021年12月4日，临平区党外知识分子联谊会第一次会员大会暨“临知学堂”开班仪式举行。会议听取《临平区党外知识分子联谊会筹备工作报告》，审议通过《临平区党外知识分子联谊会章程》、大会选举办法、理事候选人名单。选举产生区一届知联会领导班子并举行授牌仪式。首创“临知学堂”品牌，设5个“临聚里”专班，以共富、人文、教育、科创、公益为主题，提升会员知识性、先进性、专业性、服务性水平。真正实现以思想政治建设为统领，以培训教育模式为主线，积极探索知联工作新途径、新方法，做足“知识”文章，发挥“知识”效益，着力打造临平知联影响力品牌。

【临平统战系统十九届六中全会专题学习会】2021年12月7日，区委统战部在市委党校临平区分校举办临平统战系统十九届六中全会专题学习会。区委常委、统战部部长杨文闯出席并作动员讲话。区各民主党派代表人士、新阶层、党外知识分子人士、民族代表人士、全区宗教场所负责人及宗教教职人员、非公经济企业人士代表、侨界人士代表、统战干部等150余人参会。会议围绕学习全会精神的3个重要文献，结合党的百年历史，对中共十九届六中全会精神作系统阐释，为与会代表们准确理解和全面把握六中全会的精髓要义提供方法路径。

【临平区2个乡贤馆开馆】2021年11月6日，临平区首家乡贤馆——乔司乡贤馆开馆，市、区、乔司街道有关领导以及乔司乡贤代表共100余人参加活动。乔司乡贤馆成为展示乔司先贤人物，展现当代乡贤事迹、创新创业典型等内容，凝聚乡贤力量引资、引才、引智、引项的平台，也是乡贤、归侨、侨胞、侨眷联谊活动的统战阵地。12月4日，临平区南苑街道红联“弘贤馆”启用，市区相关领导及街道、社区班子成员和90余位南苑乡贤代表参加仪式。现场成立基层治理、经济发展、公共服务、乡风文明4个工作小组，各小组将根据不同的职能分工，通过民情调查、相互交流、议事协商、建言献策、扶贫共富等形式开展系列活动，引导广大红联和南苑的乡贤人士参与家乡各项事业建设，为南苑乃至临平的未来发展献计献策。

（王洁）

·改革工作·

【概况】2021年7月，临平区成立中共杭州市临平区委全面深化改革委员会办公室，为正处级区委工作机关，加挂中共杭州市临平区委政策研究室、杭州市临平区最多跑一次改革办公室牌子[简称区委改革办（区委政研室、区跑改办）]。建立健全改革工作组织架构和工作机制，制定完善《中共杭州市临平区委全面深化改革委员会工作规则》《中共杭州市临平区委全面深化改革委员会专项小组工作规则》《中共杭州市临平区委全面深化改革委员会办公室工作细则》（简称“两规则一细则”）。配齐配强改革办专职工作力量，区行政审批服务管理办公室主要领导、区数据资源管理局主要领导兼任改革办副主任，打通职能形成合力。新增全域土地综合整治、“县乡一体、条抓块统”改革、国家生态文明建设示范区等省级及以上全面深化改革试点13项，“生物医药产业大脑”“跨境电商溯源码”“社会矛盾风险智能预警处置”“基层治理四平台自动考核体系”等省市数字化改革试点45项，多项改革成果获省、市领导肯定批示；临平区打造的“智慧矫正中心”以全省最高分通过司法部验收；国家级档案工作服务农村基层社会治理试点通过验收，并在全省会议上作典型发言。在2021年度全省全面深化改革考评中，临平区获优秀等次。

【改革工作机制】 2021年，区委改革办建立例会推进、培训研讨、督查通报、专项考核等一系列工作机制。统筹推进方面，建立“一图双报三会”推进制度（“一图”即临平区数字化改革年度作战图，“双报”即数字化改革双周报和考核通报，“三会”即全区数字化改革推进会、数字化改革工作例会和数字化改革培训会）。项目管理方面，搭建全区数字化改革应用场景数据库，建立“揭榜挂帅—重点攻坚—种子培育”的应用场景梯次矩阵，实现分级分类管理。督查考核方面，建立“日常履职＋专项攻坚＋特色激励”考核机制，建立部门联动督查机制，对重大改革项目推进情况开展专项督查或暗访，加快改革任务落实落地。截至年底，全区召开5次推进会、9次工作例会；举办各类培训会23次，培训1726人次；开展进度跟踪100余次。

【改革试点推进】 2021年4月，中共浙江省委全面深化改革委员会发布《关于在衢州等地开展“县乡一体、条抓块统”县域整体智治改革试点的指导意见》，临平区被确定为省级“县乡一体、条抓块统”县域整体智治改革试点。8月，临平区制定出台《临平区“县乡一体、条抓块统”改革试点实施方案》，明确6个方面30项具体任务。集成基层治理“一件事”，聚焦基层治理、矛盾纠纷化解、综合执法等领域，梳理机动车违停整治、流动摊贩整治等16项“一件事”，厘清职责边界，优化机制流程，形成处置闭环。搭建整体智治“一张网”，依托“一中心四平台一网格”，以三级社会治理中心为中枢，发挥镇街社会治理服务中心综合指挥作用，统筹协调指挥“四平台”下沉部门执法力量，深化全科网格建设，建立“基层治理四平台”自动考核评价体系，构建“防控、执法、共治”三级联动圈。全面实施“大综合一体化”行政执法改革，整合划转11个领域785项执法事项，形成“1+8”的行政执法队伍架构。

【数字化改革总体情况】 2021年，临平区以数字化改革为引领，围绕高质量发展、共同富裕、基层治理、民生福祉等领域，因地制宜打造特色应用场景，有针对性地推出“线上线下融合企业服务中心”“时尚产业（服装）数智平台”“地下管网数字化生态系统”“疑残智防”等一批管用、好用、实用的应用场景。4项应用在省五大系统“揭榜挂帅”，城市管道燃气安全入选省大数据局数字孪生试点，另有“清廉机关驾驶舱”等26个应用入选省级条线试点、14个项目入选市级试点，“浙江公平在线”等40余项重大应用贯通落地。构建理论制度体系，坚持“实践—理论—实践”螺旋式上升路径，以数字化驱动系统性制度重塑，形成制度成果59项、理论成果41项。

【五大系统成果显现】 2021年，临平区构建党政机关整体智治系统，做好“七张问题清单”“应急处突”等应用场景落地推广，实现省、市、区三级贯通，“一表通”“民呼我为”等示范项目的复制推广进度位居全市前列，“镇街人大工作活跃度指数”数字化场景获省人大肯定。数字政府系统，“地下管网数字化生态系统”获评省数字政府系统第二批最佳应用，企业服务平台等4项应用获央视、新华社等国家主流媒体报道，“区级公物仓”等5项应用在省委省政府信息专报刊发。临平区在12月全省数字化改革推进大会上被省政府办公厅列入全省数字政府系统领跑榜。数字经济系统，“时尚E家”应用被列入全省数字经济系统优秀地方特色应用，并在省数字经济门户上架，“跨境电商溯源码”“时尚E家”“开发区产业大脑”3个项目被列入全市数字经济系统优秀案例。数字社会系统，“疑残智防”应用在中央电视台《新闻联播》栏目播出并在全省推广，“入学早知道”入选省发改委《数字社会案例集》，龙兴社区、海珀社区、塘栖村等未来社区（乡村）上线“亲子学堂”“邻活动”等7个场景11个应用。数字法治系统，“基层治理四平台”自动考核评价体系改革经验获省领导批示肯定，交通安全治理“一码一图”“疫管通”“基层治理四平台”自动考核评价体系3项应用在全市推广。

【门户及数据底座建设】2021年，临平区实现省、市、区一体化智能化公共数据平台三级贯通，申请“回流”省市数据4.02亿条，归集数据9.59亿条，为区级各部门提供数据资源450余类。完善区总门户及五大综合应用门户建设，上线应用场景30个，“公物仓”“安全生产综合监管平台”2个应用入选省总门户优秀应用，“入学入园服务”等6个应用入选“数智杭州”总门户优秀应用。

【临平改革经验宣传推广】2021年，临平区“安全生产综合监管平台”“数字孪生网格”2项改革经验被《竞跑者》刊发，“残疾预防”改革经验被《数字化改革（工作动态）》录用，“智慧矫正”“综合行政执法改革”2项改革经验被《杭州改革》录用。

（孙怡　冯攀）

·机构编制·

【概况】截至2021年底，临平区有党委机构11个，政府工作部门22个，市级部门派出机构3个，群众团体机关4个，街道办事处7个，镇政府1个，区政府派出机构3个。各类行政编制1633名；事业单位259家，有核定事业编制9674名。

【区划调整机构编制专项工作】2021年4月9日，浙江省人民政府发布《关于调整杭州市部分行政区划的通知》，设立杭州市临平区。根据《杭州市部分行政区划优化调整实施方案》《杭州市临平区机构设置方案》等文件精神，结合临平实际，制定党政机关、事业单位设置方案，完成全区党政、群团和各类事业单位的“三定规定”的沟通草拟、报备审核和印发工作。

【重点领域体制改革】2021年，临平区调整超山风景名胜区职责，增挂大运河科创城和国家文化公园牌子，促进大运河文化的保护传承利用，统筹大运河的文化属性和综合功能，加快推进大运河科创城融入城西科创大走廊。设立区委社会建设委员会，全面落实党对社会建设的领导，为人民群众提供更均等更充分的公共产品、公共服务和制度供给。在区文广旅体局增挂文物保护局牌子，加强文物管理机构编制，推动文物保护和文化旅游管理职责有机融合。在区农业农村局增挂乡村振兴局牌子，推进巩固拓展脱贫攻坚成果与乡村振兴有效衔接。创新“大财务”工作模式，在区级预算单位预算和财务管理方面实行报账制，以此解决机关人员力量不足、专业能力不强等问题，确保财务工作更加规范有序。

【“县乡一体、条抓块统”改革】2021年，临平区科学规范“属地管理”，通过意见征求、现场交流、意见反馈等多次论证，梳理形成镇（街道）“属地管理”事项92项。选取“校外培训机构监管执法、欠薪处置”等30项基层高频需求民生事项，按照“五个一”要求，编制事项工作运行的“说明书”“流程图”和典型案例，实现系统在线展示；结合基层社会治理“一件事”改革工作，推动清单事项场景化应用。调整镇街权力清单，督促镇街完成省指导目录108项权力事项和32项监管事项认领，及权力事项受理条件、法定期限、申请材料、事项流程图等基本要素填报，所有权力事项全部纳入浙江政务服务网镇街权力事项运行库，进一步规范权力运行。集中梳理监管事项。督促区直各部门及时梳理认领工作，监管事项认领率达100%。

【事业单位法人登记管理】 2021年，区委编办为保障区划调整后社保、税务划分工作需要，完成全区67家机关群团统一信用代码证换发工作。截至年末，共完成事业单位设立登记62个、变更登记129个，证书补换领6个；完成177家事业单位法人年度报告公示工作；对已设立登记事业单位，加强事中事后监管，选取部分单位实地核查登记事项、年度报告等公示信息。

（包瑞生）

·效能监督综合考评工作·

【概况】 2021年，临平区大督查考评领导小组办公室（下称“区大督查考评办”）全面聚焦杭州市综合考评和区委区政府中心工作，坚持“创一流业绩，让人民满意”的工作宗旨，努力发挥综合考评引领高质量发展的“指挥棒”“助推器”“风向标”作用，有效引导和推动全区工作力量向重点目标看齐、向重点任务聚力，为高水平建设“数智临平·品质城区”、争当高质量发展建设共同富裕示范区样板发挥激励作用。

【杭州市综合考评获优秀】 在杭州市2021年度区县（市）综合考评中，临平区获93.800分，居全市第3位，考评等次为优秀。其中，重要经济指标“14+7”位列全市第二，高质量发展考核指标居全市第五，平安创建排名全市第一，获重要经济指标攻坚（良好）、“三化融合”工作、拥江发展工作和打造国际一流营商环境工作4个单项奖。此外，2017—2020年度平安中国建设示范县、国家生态文明建设示范区、“最多跑一次”改革成效突出等工作获市级综合考评国内影响加分。

【综合考评体系优化】 2021年，临平区考评工作紧扣省市考核目标任务，围绕区委区政府重大工作、基层群众急需解决的问题短板等方面设置考核指标，将综合考评与专项工作（行动）充分结合，对高质量发展三年行动计划（六大工程）、“比学赶超”（“双招双引”、项目推进、征迁安置、“三服务”）、平安创建、全面深化改革（数字化改革）、乡村振兴（美丽乡村）、美丽临平、新制造业计划（数字经济）及“三化融合”、生态环境体质（污染防治攻坚行动）、迎亚运城市行动等12项重点工作实行专项考核。突出基层减负，重塑考评体系及考核内容，考评内容（指标）较上年度减少20%，区直单位共性目标由15项减至11项，镇街反向考核由21项减至9项；突出“三张报表”和上级巡视、巡察问题整改清单的考核力度，优化重点工作考核方式及结果运用，完善“晋优”、“否优”、加扣分等机制；突出争先创优，探索排名赋分法、任务完成法、超额激励法等考核方式，形成“比学赶超”拼搏氛围。实行“双向”考核，将四个平台下沉、“一机关一村社”、部门保障力度等内容纳入镇街、平台对相关区直单位工作目标进行考核。强化过程绩效考核，定期对重点工作进展情况进行“红黄黑榜”晾晒评分，结果按一定比例计入综合考评。加强对上沟通衔接，编发考评工作专报5期，得到区主要领导批示。开展半年度区级综合考评模测和2次社会评价工作模测，全面摸排短板指标（任务），激发发展活力。开展常态化社会评价和集中式评价，突出服务对象的评价，加大对意见整改的考核力度，切实提升群众的幸福感、满意度。

【社会评价开展】 2021年，临平区委、区政府坚持“问政于民、问需于民、问计于民”，对70个区直单位围绕“服务能力、办事公正、廉洁自律、工作实效和社会影响”等方面，8个镇街围绕“公共文化、创业就业、养老服务、义务教育、医疗服务、污染防治（生态环境）、平安创建、政务公开（依法行政）、从严治党及班子作风”等17个方面开展社会评价。面向“两代表一委员”、基层干部、企业及社会各界代表、群众代表等发出电子化评价邀约短信4788人次；对城乡居民办事服务对象开展随机抽样调查，向老干部代表发放调查表。总体满意度区直单位为95.03%，镇街为94.62%。征集意见建议182条，主要涉及政府治理、城市管理、民生保障、城市建设等方面。

【意见整改推进】2021年，区大督查考评办把2020年度综合考评社会评价中征集到的1045条意见纳入年度进行整改。其中，市级907条、区级138条（包括区直单位98条、镇街40条），分别选取8条、25条（区直单位14条、镇街11条）作为年度重点整改目标，对整改目标和完成情况予以公示，并进行满意度测评，测评结果计入年度综合考评。

【督查作用发挥】2021年6月，临平区成立由区委主要领导担任组长的大督查考评工作领导小组，下设大督查考评办及督查专班、考评专班，抽调挂职干部集中办公。督查专班聚焦省市和区委、区政府工作中心，通过“两抓三实”即抓问题发现、抓问题整改，跑实地、查实情、说实话，对“三大攻坚战”、新制造业计划、回迁安置、民生实事等40多个事项进行督查。编发通报35期、专报6期，区主要领导在通报专报上批示34次；下发交办单19份，交办事项到期办结率100%，开展“七张问题清单”工作，区委督查室积极做好领导批示件的跟踪督查和整改反馈工作，办理区委主要领导批示460余项，省市委批示件均按期办结。根据省委部署，成立区“七张问题清单”工作攻坚专班，深化问题发现、整改、销号、评估等全流程闭环管理，重点梳理存在倾向性苗头性、可能传导为政治风险的问题和整改滞后、多跨疑难、普遍共性问题，从体制机制层面堵漏洞、补短板、强弱项，强化面上风险管控。制定出台《进一步解决形式主义问题做好2021年为基层减负工作主要措施及分工方案》及《2021年临平区督查检查考核计划》，切实减轻基层负担。

链接▶▶

2021年度临平区综合考评结果

一、区直单位综合考评结果

（一）优秀单位（满意单位）32家

1. 窗口单位16家。区发改局（金融办、对口支援和区域合作局）、区农业农村局（区林业水利局）、市公安局临平分局、区商务局（粮食和物资储备局、投资促进局）、区财政局（国资办）、国家税务总局杭州市临平区税务局、区信访局、区卫生健康局（区红十字会）、区市场监管局（知识产权局）、区经科局、区交通运输局、市规划和自然资源局临平分局、区统计局（杭州市临平区社会经济调查队）、区教育局、区人力社保局、区文化和广电旅游体育局。

2. 非窗口单位13家。区委办公室（保密局、机要局、档案局、区委台办，区委改革办）、区政府办公室（外事办、区政府研究室）、区人大常委会办公室及各工委、区政协办公室及各委员会、区纪委区监委（区委巡察办）、区法院、区检察院考评成绩单列，按考核得分参照其他非窗口单位相对应的优秀等次奖励。

区委组织部（区委两新工委、区委直属机关工委、区公务员局）、区委宣传部（区政府新闻办、区文明办、区新闻出版局）、区委政法委、区委统战部（民族宗教事务局、侨务办公室）、区审计局、区委编办。

3. 评议单位3家。区交通集团、国网杭州市临平区供电公司、人民银行支行。

（二）良好单位16家

1. 窗口单位8家。区住建局（人防办、民防局）、市生态环境局临平分局、区综合行政执法局（区城管局）、区司法局（行政复议局）、区民政局、区融媒体中心、区行政审批服务管理办公室、公积金中心临平分中心。

2. 非窗口单位8家。区残联、区总工会、市委党校临平区分校、区工商联、区妇联、区委老干部局、区委党史研究室（区地方志编纂研究室）、区文联。

（三）达标单位20家

1. 窗口单位8家。区数据资源管理局、市医疗保障局临平分局、临平消防救援大队、区应急管理局、临平气象局、区退役军人事务局、海关办事处、超山风景名胜区管委会。

2. 非窗口单位2家。区科协、团区委。

3. 评议单位10家。银保监会监管组、区环境（水务）控股集团、杭州临平国有资本投资运营有限公司、中国电信临平分公司、杭州华数传媒电视网络有限公司、区供销联社、浙江移动通信临平分公司、中国邮政集团公司临平区分公司、中国联通杭州市临平区分公司、区烟草局。

二、平台综合考评结果

1. 优秀单位2家。经济技术开发区、临平新城。

三、镇街综合考评结果

1. 优秀单位3家。东湖街道、南苑街道、塘栖镇。

2. 良好单位3家。乔司街道、星桥街道、临平街道。

3. 合格单位2家。崇贤街道、运河街道。

（包小萍　方军　戚红怡）

·信访工作·

【概况】2021年，全区受理信访网电385045件（人）次，同比上升31.9%。其中，纸质来信306件，四级走访368批1055人次，网上信访7548件，来电376136件。获2021年度杭州市信访工作年度考核第一名、市级“三练三比”岗位练兵比武第二名，达到“全国信访工作示范县”创建标准。

【信访工作责任强化】2021年，区信访局坚持领导阅批来信、下访约访、会商研判等工作制度，区领导接待群众193批872人次，阅批群众来信28件。印发《关于进一步落实信访工作责任制的指导意见》，建立信访部门挂牌督办、整治工作机制，开展重大活动期间专项检查、过程性指标考核每月通报、约谈分管领导等各种监督行动。编辑每日访情300期，发送督办单89件，黄牌警告8家效能指数不达标单位。

【固化访源治理】2021年，区信访局制定《关于开展领导包案化解信访突出问题的实施方案》《临平区深化领导干部下访接访群众工作实施方案》规范制度，建立健全“日清、周审、月结”及分析倒查工作机制，分析倒查办理差错及不满意件1731件，责令43家单位予以及时整改。建立53名由调解员、律师、心理咨询师、两代表一委员、退休老干部等组成的重大疑难复杂信访案件化解专家人才库，充分发挥专业人员多元力量，调处化解矛盾纠纷4002件，5月起，四级走访、纸质来信、网上信访受理量连续7个月实现下降。

【积案攻坚推进】2021年，区、镇两级领导领衔包案督办、兜底领办信访突出问题186件，化解108件。211件国家、省、市三级交办重复信访事项，按照“近期可化解、短期可化解、攻坚化解”三级实行分类，定人定责定方案全力攻坚破难，实现动态清零。对一些信访难题，建立负责人、联络员、业务员、联系人服务专班，通过积极沟通、关心关爱，有效化解信访难题。

【专项工作】2021年，区信访局与区大督查考评办、区委政法委联合组建专项督查组赴各镇街开展现场督导检查28次、电话抽查25次，通报整改问题27个。完成各项重大活动期间信访保障任务。

（翟毅琳）

·史志编研·

【概况】2021年，中共杭州市临平区委党史研究室（杭州市临平区地方志编纂研究室）（下称“区史志研究室”），站在行政区划优化调整的起点，以中国共产党成立100周年为契机，围绕中心、服务大局，发挥“存史、资政、育人”职能优势，做好红色书籍编纂、红色资源挖掘利用、党史成果转化、地方历史文化宣传等工作。利用“临平史志”微信公众号，开设党史学习教育、党史大事记、地方志文化专栏，全年推送微信30期。依托中共临平历史馆、临平方志馆，全年接待参观者团队511批次11438人次，游客近6.5万人次。9月，区史志研究室受邀在全省方志系统业务骨干培训班上作方志馆建设的经验交流汇报，年底宣教工作获杭州市党史地方志宣传教育供稿二等奖。

【党史编研】2021年，区史志研究室有序推进《中国共产党余杭历史（1978—2002）》的编撰，4月编撰成评审稿，提交中共杭州市委党史研究室复审论证。根据省市党史专家和《中国共产党余杭历史（1978—2002）》编纂委员会成员反馈的意见，对全书进行修改、完善。截至年底，全书共5编25章65万余字，收录照片53张。

【红色根脉挖掘】2021年，区史志研究室收集习近平总书记在任浙江省委书记时调研临平的珍贵资料，撰写《临平区红色资源保护利用情况汇报》《中共鸭兰村支部旧址陈列馆开发利用意见建议》等调研文章。联合中共杭州市委党史研究室，围绕杭州最早农村党支部成立情况，开展全市范围内的摸底调查，对中共鸭兰村支部为杭州市最早成立的村级党支部进行论证，深挖临平区红色根脉。

【中共鸭兰村支部旧址改造指导】2021年6月，区史志研究室以上门指导与调研座谈相结合的方式，为崇贤街道鸭兰村改造中共鸭兰村支部旧址陈列馆提供史料，完善陈列馆展陈内容，培训指导讲解工作，切实把好政治关、史实关。

【中共临平历史馆】2021年，中共临平历史馆被评为浙江省第四批党史教育基地。截至年底，中共临平历史馆接待参观团队455批10343人次，游客34930人次，其中接待青少年团队195批，4617人次。全年共举办图片展2次，分别是“循·红色初心 不忘历史足迹”红色资源图片展和“丰碑——党代会巡礼”图文展。开展“小小红色传承人”讲解接待活动11次，参与党史讲解的学生达452人次；开展“庆百年 学党史 守初心，打卡红色临平”活动，参与打卡人数万余人次，送出红色书籍470册；开展“红色书场”活动19场，为13家单位提供红色书场观影服务；组织讲解员进社区、假日学校送党课5次。

【临平方志馆】2021年，临平方志馆接待游客30756人次，其中省、市、区各级领导团队52批1073人次，接待黔东南、绍兴史志办等史志同行4批22人次。全年举办图文展2期，即介绍临平区域特点及历史文化的“临平山水形胜”主题展和介绍全区红色资源的“全域红色资源联盟图文展”临展。与学校合作，通过方志进校园形式，开展“小小文化传承人”活动，为小学生提供培训服务5次，为高中生提供暑期集中培训服务5次，近100名学生志愿者参加区方志馆讲解、培训实践活动；5月，联合区青少年宫组织60名青少年开展“薪火相传、童心向党”写作采风活动；7月，面向全区招募50名中小学生开展“临平历史文化”研学夏令营活动。邀请专家学者到临平方志馆，开设“人人讲堂”讲座。全年举办讲座2次，分别是原史志办主任王庆讲解《传承红色基因、讲好临平故事》，结合党史学习教育，弘扬地方历史文化；史志爱好者费凡作《浅谈“临平—余杭”周边水系》讲座，探寻临平地理水系，宣传运河文化。

（张婷婷）

·党校教育·

【筹备工作】2021年，党校紧扣区划调整有关要求，平稳有序完成相关人员调转和资金、资产分拆、划转等工作，统筹谋划党校发展思路，注重以建设红色学府、示范党校，打造具有临平特色的高质量发展干部培训策源地等目标愿景来统一思想、鼓舞干劲，营造打造全省区县（市）示范党校的浓厚氛围。8月3日下午举行揭牌仪式，临平党校开启新征程。

【庆祝中国共产党成立100周年】2021年，党校围绕庆祝中国共产党成立100周年主题，组织开展百年党史的研究宣传工作，推动中共鸭兰村支部旧址、新宇村共同富裕实践交流中心、何思敬纪念馆等红色文化资源挖掘利用工作，打造“鸭兰村与中共早期农村基层党建”“何思敬的生平、思想与重要影响”“习近平共同富裕思想在临平的生动实践”“戊寅惨案与启示”等特色专题课程。组织开展习近平新时代中国特色社会主义思想学习和党史学习教育工作，开展“红色学府学党史”“沿着习近平总书记的足迹学党史”“重温入党志愿书”“民呼我为——我最喜爱的一堂课”“50年党龄银发教师上党课”“六个一”党员教育等特色活动。组织青年党员参加市、区党史“微党课”宣讲比赛，获“学党史、悟思想、启新程”2021年临平区青年理论微宣讲大赛三等奖1项。

【干部培训】2021年，党校以习近平新时代中国特色社会主义思想为指导，深入组织开展区管领导干部轮训班、党史学习教育培训示范班、区党政经济人才专业能力提升培训班、基层党组织书记党史学习专题培训示范班等主体班培训27期，培训2000余人次。保障区委讲师团、区党史学习教育宣讲团、区社科理论宣讲团、区关工委宣讲团、基层党员培训等师资派遣工作，开展党史学习教育等主题宣讲100余场，培训8000余人次。

【科研工作】2021年，党校开展“临平区打造长三角区域开放中心研究”“临平区打造算力小镇研究”“关于临平良渚文化遗址群发展定位的思考与建议”“临平区实施人口年轻与结构优化建议”等重点课题研究，相关成果获区领导批示肯定5件（次）。其中，区主要领导批示2件（次），打造独具特色和竞争力的长三角区域开放中心、打造引领浙江省算力产业发展的长三角地区算力产业的行业应用端枢纽中心等多项建议被区委、区政府及相关部门采纳，决策咨询工作在全市党校工作会议上作经验交流，决策研究成果获全省党校系统年度咨政研究成果评比三等奖1项。完成省委党校系统课题结题8项，获得省、市党校系统课题立项6项，“杭州样本”典型案例研究3项，市、区社科立项课题2项，提交各类研讨会征文10余篇。

【“藕花洲大讲堂”】2021年，党校举办区委理论学习中心组学习会暨“藕花洲大讲堂”5场，配合党史学习教育、现代化新能力培训，先后邀请浙江农林大学党委书记沈满洪，浙江省人民政府原副秘书长、研究室主任沈建明，省委党校原副校长郑仓元，浙江省委宣传部理论处处长郑毅等专家，分别作碳达峰碳中和、高质量建设共同富裕示范区、十九届六中全会精神、习近平科学的思维方法在浙江的探索与实践等专题讲座，区四套班子领导、各镇街、平台、区直机关各部门主要负责人等参加。

【首届“区两代表一委员”培训班】2021年6月8日，党校举办临平区第一次党代会基层一线代表培训班，6月29—30日举办临平区第一届人大代表培训班、临平区第一届政协委员培训班。主要学习政治理论、党史、区情区史和履职能力等内容，增强学员理论素养和综合能力，为首届“区两代表一委员”更好地履职尽责奠定基础。全区150余名基层一线党代表、280余名人大代表、270余名政协委员参加相关培训。

【区情区史与区域发展专题培训班】2021年6月17—18日，党校举办区情区史与区域发展专题培训班，杭州市部分行政区划优化调整从区外调入临平区工作的干部共计55人参加培训，主要学习临平区经济社会发展形势分析、临平历史文化与软实力提升、临平区特色产业发展、临平区平安综治工作等内容，同时赴老板集团、春风动力、塘栖古镇、大运河国家文化公园（筹备）、艺尚小镇、乔司街道综治中心等开展现场教学。

【年轻干部实践破难研修班】2021年7月8日至8月29日，党校以“实践破难＋专题研修”相结合的方式创新举办年轻干部实践破难助推高质量发展专题培训班，在理论学习的基础上，着重围绕现代都市农业、“临平智造”高质量发展、城市精细化管理、村级集体经济模式、老小区提升改造、工业园区改造提升、超山风景名胜区发展、亚运会提升区域首位度、大运河国家文化公园建设等相关主题开展实践破难，相关做法引起《中国组织人事报》《浙江组工》等的关注和报道。

【远航计划培训班】2021年9月4日至11月5日，党校举办临平区“远航计划”培训班第三学年培训，来自全区各镇街、部门、企事业单位的“90后”年轻干部共计47人参加。培训在前两年系统的理论学习的基础上，注重通过区情实训、实践锻炼、一线破难的方式开展。3学年培训分启动培训、实践调研、结业答辩3个阶段进行。主要学习跟着共产党学管理、临平区经济社会发展形势分析、实践调研实务等专题课程，分组开展接力亚运会契机提升城市国际化水平研究、未来社区建设、推进大运河国家文化公园建设研究等6项课题研究。

【党建群团类干部培训班】2021年，党校围绕全区党建群团工作需要，举办区纪检监察干部培训班、区组工干部培训班、区宣传干部培训班、区政法干部政治轮训班、区基层党组织书记党史学习专题培训示范班、区直机关党组织书记能力素质提升专题培训班、区工会干部培训班、区妇联干部培训班等培训8期。

【区党外代表人士读书班】2021年9月22—24日在浙江大学举办，来自全区各民主党派主要负责人及班子成员、各民主党派新成员代表、各统战团体党外中青年骨干、新生代企业代表人士共计50人参加培训学习。主要学习党外干部如何提高参政议政能力、共同富裕示范区建设、中国新型政党制度与多党合作、深入学习“七一”重要讲话精神、心理健康与压力调适、浙江省数字经济发展趋势等课程。

【浙江中华文化海外传播研修班】2021年11月29日至12月3日，由党校与浙江中华文化学院联合举办，来自省内统战系统、中华文化学院系统工作人员和海外侨领、留学归国人员，海外华文媒体及浙江新闻界记者共计60多名学员参加。主要学习习近平总书记关于加强国际传播能力建设的重要讲话精神、百年变局与中国发展战略、数字化背景下的中华文化国际传播等内容，邀请浙江中华文化海外传播促进会会长蒋学基、省委宣传部原常务副部长胡坚、盘石集团董事局主席田宁、中央广播电视总台环球奇观频道总监张明亮、Discovery探索频道亚太区副总裁、东南与东南亚内容总监魏克然等进行授课。中新网、中央广电总台国际在线、中国报道网、欧洲新闻网、南半球之声、浙江卫视、《非洲华侨周报》、新华侨社等10余家媒体对此进行报道。

【镇街党校建设】2021年，党校立足全区镇街党校“一校一中心”建设，以百年党史学习为主题推动全区各镇街和村级教学点改造升级。各镇街党校创新教育形式，结合中心工作，多形式开展党员干部培训和党史学习教育工作，不断提升镇街党校品牌建设效应，充分发挥党的理论、政策法规、红色文化等宣传教育培训阵地作用。

【互联网＋干部培训】2021年，党校推进“互联网＋干部培训”工作，采用“主会场＋分会场”视联网方式同步直播，开展党员干部轮训，打造线上党校。利用“浙里好课”云课堂、“西湖先锋”、钉钉等平台资源，开设“以习近平数字中国重要论述引领浙江数字化改革”“以习近平法治思想引领法治浙江建设”“学习习近平总书记‘七一’重要讲话精神”等系列讲座11场，培训650余人次。拍摄四川省石渠县对口帮扶特色电教片3部，以“远程送课”等形式助力帮扶。

（陈秀萍）

·老干部工作·

【概况】截至2021年底，临平区有离退休人员5097人。其中，离休干部61人，包括本区级48人、杭州市托管5人、垂直管理7人、易地安置1人；退休干部（含行政、事业职工）5036人。在离退休干部中，区（县）级正职领导职务的6人，区（县）级副职领导职务的32人；本区区委管理的正副局级职务的477人。

2021年10月28—29日，区委老干部局组织召开2021年度全区离退休干部党支部书记培训暨经验交流会　（区委老干部局　供稿）

【老干部思想政治工作】2021年，区委老干部局贯彻落实全国、全省、全市老干部局长会议精神，深入开展党史学习教育和庆祝中国共产党成立100周年系列活动。通过开展“银领向党·我看建党百年成就”活动、“看变化、聚思想、献余热”活动、临平口述史采访工作以及召开“共忆党史，共话初心”座谈会等，组织老干部开展党史学习教育，全区各层面老干部开展活动80余次。组织全区老干部庆祝中国共产党成立100周年“银领向党”主题征文及优秀文化作品评比，100余人获得文章、诗词、摄影等各类奖项。汇编出版《银领向党诗文集》《银领向党百年情怀摄影集》《翰墨颂党恩》及《爱心永恒（四）》纪念文集。开展庆祝中国共产党成立100周年系列活动，5200余人次参与，切实引导老干部坚定不移做“两个确立”忠诚拥护者、“两个维护”示范引领者。

【老干部党建工作】2021年，区委老干部局开展党组织规范化建设，引导全区退休党支部开展“六个一”行动，推出“十个一”服务举措。指导分区后全区离退休党组织的建立和选举工作，年内全区共有离退休干部党支部85个，组织开展离退休干部党支部书记培训暨经验交流会1场，联合区委组织部举行全区公务员集体退休仪式，引导新退休老干部完成角色转换。临平街道第二党支部被评为全市唯一一个市级优秀离退休党支部。深耕品牌，推进金秋驿站、老党员驿站建设，新建星桥街道香榭社区等区级金秋驿站 3 个。南苑街道文仪社区“邻客”金秋驿站、乔司街道“夕阳红”金秋驿站被命名为 2021 年度杭州市级“金秋驿站”。

2021 年 6 月 30 日，区委老干部局举办临平区老干部庆祝建党 100 周年表彰会暨文艺演出

（区委老干部局　供稿）

【正能量活动和作用发挥】2021 年，区委老干部局组织引导离退休干部发挥优势特长参与社区活动，开展电信网络防诈骗宣传、矛盾调解、垃圾分类、参与社会治理等工作。星桥街道成立“银耀星光老干部服务团”，检察院退休党支部建立玉和工作室，区卫健局老干部投身医院导医志愿服务工作等。截至 2021 年底，全区各老干部党支部开展正能量活动 1200 余次，服务群众 1.3 万余人次。

【老干部服务管理】2021 年，区委老干部局推进离休干部精准化服务，开展离休干部居家适老化改造，落实适老化改造专项工作经费，全年改造完成 41 户离休干部家庭。走访慰问重大疾病、生活困难老干部 80 余人次，离休干部 150 余次。顺利完成区级老领导在参加党代会、“两会”和区级重要会议期间服务保障等工作。

【老年大学建设】2021 年，区委老干部局举办“银领向党，共庆华诞”临平区老干部庆祝建党 100 周年表彰会暨文艺演出，送专场演出进村社，印发庆祝建党百年专刊，营造庆祝中国共产党成立 100 周年浓厚氛围。本部开设 35 个班级，塘栖教学点开设 5 个班级，与镇街合作开办“家门口老年大学”5 个，招收学员 1800 余人次。拍摄老年大学教学视频，入围全省老年大学视频课程及展示资料遴选活动。开展“银龄跨越数字鸿沟”科普专项行动的志愿培训，培训老干部 1700 余人。

【老干部活动中心建设】2021 年，临平区老干部活动中心按照“三个阵地”（党性锻炼阵地、活动教育阵地、文化养老阵地）标准，加强规范化建设和“满意家园”建设。组织开展“红歌演唱会”“迎国庆”花卉展等主题活动 50 余次，创作诗词书画作品 330 余件，6100 余人次参加。铁艺画非遗传承人厉柏海作为杭州市唯一代表入选省委老干部局银尚达人。

【老干部工作队伍建设】2021 年区划优化调整后，区委老干部局整合科室职能，建立每周局班子碰头会、每月局务会议、各科室负责人月度例会制度。赴各镇街、区直部门、各协会进行调研和指导，扎实开展党史学习教育、“三服务”、“民呼我为”、“临平发展大讨论”等活动，切实加强党员干部思想政治建设，打造一支政治过硬、业务过硬、作风过硬的老干部工作队伍。

（陈争蓉）

·保密工作·

【保密宣传教育工作】2021 年，临平区在新进公务员、高层次紧缺人才、政府高级雇员、军转干部培训班中设置保密相关课程，提高新进公务员和干部队伍的保密观念和保密意识。组织举办保密工作分管领导和保密管理员培训班，提高保密工作分管领导和保密管理员的责任意识和业务技能水平。组织开展庆祝中国共产党成立100周年保密宣传教育书画作品征集评选活动，临平区选送的《习近平总书记关于国家安全论述的节选》获中共中央保密委员会办公室、国家保密局颁发的全国书画摄影类二等奖。参与杭州市庆祝中国共产党成立100周年“不忘初心、与密同行”红色保密、红色密码故事征集活动，根据中共鸭兰村支部旧址历史整理的《临平鸭兰村的红色基因》获提名奖。

【区划调整期间重点保密工作】2021年，区委办（区保密局）制定下发临平区保密工作“十个不得、十个必须”，在全区范围掀起查找失泄密隐患、落实保密工作责任制高潮。利用非涉密计算机入网保密审查系统和数据库保密检查系统，做好全区非涉密计算机违规行为的日常监控和检查，及时排查失泄密隐患，防止失泄密事件发生。全年共排查失泄密隐患信息7万余条，登记违规非涉密计算机600余台，清除失泄密隐患信息800余条。对全区涉密人员入岗入职、在岗在职、因公（私）出国（境）、离岗离职进行全程保密管理。落实聘用、借调、外包业务人员等非在编涉密人员的保密教育和提醒，确保全区涉密人员保密管理工作整体推进。

【保密行政管理规范】2021年，区委办（区保密局）做好涉密项目、涉密信息系统的监督管理和保密审查，严格落实涉密项目保密审查制度，强化保密审查人员责任，规范审查权力运行，全年共计审查涉密项目3个。会同区教育局、区公安分局等单位，对考试卷存放的保密设备、制度、地点等进行检查，确保高考、中考保密工作“条件达标、培训到岗、措施到位、责任到人”。开展全区保密自查自评工作，准确掌握各单位自查自评工作进度，做到心中有数，整改及时、防范在前。

【秘密事项管理】2021年，区委办（区保密局）做好视频会议保障任务，严格按照省、市关于加强视频会议保障相关要求，完善视频会议保障制度，提升应急处理能力，全年召开全国、省、市各类视频会议89场，参与调试和保障任务230余次。做好杭州市专用通信临平子项目前期工作，助力后期项目能顺利落地。做好涉密载体集中回收销毁，全年组织10次涉密载体集中回收销毁活动，联系省涉密载体销毁中心对回收的涉密载体进行集中清运和销毁，共计回收涉密载体80余吨。

（董斌）

杭州市临平区人民代表大会

People's Congress of Linping District

·综　　述·

【概况】 2021年，区人大常委会在区委的坚强领导和上级人大常委会的精心指导下，在全体人大代表的共同努力和支持配合下，坚持以习近平新时代中国特色社会主义思想为统领，在高质量完成第一届区人大代表选举、顺利召开区一届人大一次会议的基础上，围绕高水平建设“数智临平·品质城区”目标，在谋新篇中凝心聚力、在开新局中担当作为，在坚持党的领导、服务中心大局、维护群众利益、保障代表履职、加强自身建设等方面交出了临平人大履职的高分答卷。

【工作完成情况】 区一届人大一次会议以来，共召开常委会会议5次，审议议题37项，依法作出重大事项决议决定9项，任免国家机关工作人员236人次，开展执法检查、视察、评议等活动15次，提出各类意见建议函8件，顺利完成各项目标任务。

（杨秀珊）

·重要会议·

【区一届人大一次会议】 2021年7月20—23日在临平举行。出席会议应到代表283名，会议开幕式实到代表279名。7月20日下午举行大会预备会议，选举产生由51人组成的大会主席团，选举何伟兼任大会秘书长。区一届人大一次会议共举行4次全体会议，6次主席团会议。

会议听取和审查杭州市临平区人民政府（筹）工作报告、杭州市临平区人民代表大会常务委员会（筹）工作报告、杭州市临平区人民法院（筹）工作报告、杭州市临平区人民检察院（筹）工作报告，审查和批准杭州市临平区国民经济和社会发展第十四个五年规划和二〇三五年远景目标纲要（草案）、杭州市临平区2021年国民经济和社会发展计划（草案）的报告、杭州市临平区2021年财政预算（草案）的报告，审议并表决杭州市临平区人民代表大会议事规则（草案）。

会议选举产生临平区第一届人大常委会主任、副主任、委员，临平区人民政府区长、副区长，临平区监察委员会主任，临平区人民法院院长，临平区人民检察院检察长；表决通过临平区人大专门委员会组成人员人选名单。

会议审查和票决了杭州市临平区政府2021年民生实事项目，从13个候选项目中票决出住房保障项目、住房改善项目、教育惠民项目、健康惠民项目、养老护幼全周期服务项目、无障碍环境建设项目、食品安全项目、交通改善项目、文化惠民项目、全民反诈项目等10个项目，列为2021年杭州市临平区人民政府民生实事项目。

会议期间，召开财政预算审查委员会会议，对2021年财政预算（草案）情况进行专题审查。

截至7月22日11时（大会议案征集截止时

间），共收到代表建议183件，未收到代表议案。会议提交的183件代表建议中，涉及基础设施建设、城建城管、交通、规划和自然资源等方面的有80件，占总数的43.7%；涉及文旅、教育、卫生健康、社会保障等方面的有49件，占总数的26.8%；涉及发展改革、经济、财政、金融等方面的有26件，占总数的14.2%；涉及乡村振兴的有9件，占总数的4.9%；涉及民主法制、社会稳定、公共安全等方面的有9件，占总数的4.9%；涉及生态建设和环境保护等方面的有4件，占总数的2.2%；其他方面的有6件，占总数的3.3%。代表反映比较集中的建议主要有4个方面：一是加快交通路网建设，主要涉及交通道路新改扩建、公交线路优化、地铁规划建设等；二是完善公共服务优质化均衡化，主要涉及安置房、教育卫生项目建设、养老服务等；三是提升城乡宜居水平，主要涉及深化“五水共治”、社区管理、村集体经济发展等；四是加快现代产业发展，主要涉及优化营商环境、加大人才引进力度等。

【历次筹备组会议】 杭州市临平区人大筹备组第一次会议于2021年4月16日召开。传达学习杭州市部分行政区划优化调整实施动员大会、全区领导干部会议、余杭区和临平区党员代表大会精神，研究和讨论筹备组近期重点工作安排。

杭州市临平区人大筹备组第二次（扩大）会议于2021年4月20日召开。听取和讨论关于区第一届人民代表大会代表选举有关事项，研究部署筹备组下一阶段重点工作。

杭州市临平区人大筹备组第三次（扩大）会议于2021年4月26日召开。讨论和通过关于区第一届人民代表大会代表选举工作有关事项的决定（讨论稿），关于区第一届人民代表大会代表选举工作的实施意见（讨论稿），区第一届人民代表大会代表名额分配方案，关于区人大代表选举选民登记工作实施细则（讨论稿），区人大正式代表候选人预选办法（讨论稿），区人大代表选举办法（讨论稿），关于区选举委员会组成人员方案，区选举委员会办公室成员及分工安排，区人大代表选举工作联席会议组成人员及责任分工方案，关于区镇选举工作领导小组、街道选举办事处组成人员方案等，区人大代表选举工作指导组联系镇、街道工作方案。

杭州市临平区人大筹备组第四次（扩大）会议于2021年4月30日召开。听取和讨论拟安排为区人大代表的领导干部名单、其他应选代表参选镇街安排方案、其他应选代表名额分配方案和选区划分、名额分配方案等。

杭州市临平区人大筹备组第五次（扩大）会议于2021年5月11日召开。听取和讨论区人大代表初步候选人联审考察有关情况，讨论和通过关于明确区选举委员会组成人员的方案，关于明确区人大代表选举工作联席会议组成人员的方案，关于调整镇选举工作领导小组、街道选举办事处组成人员的方案等。

杭州市临平区人大筹备组第六次（扩大）会议于2021年5月21日召开。听取和讨论关于临平区第一届人大代表选举工作进展情况，讨论和通过关于接受陈晨等8位同志辞去临平区选举委员会职务的决定（草案）。

杭州市临平区人大筹备组第七次（扩大）会议于2021年6月7日召开。听取和讨论召开临平区一届一次人代会有关事项，学习和传达区委工作务虚会、区委常委会等重要会议精神。

杭州市临平区人大筹备组第八次（扩大）会议于2021年6月10日召开。听取和讨论杭州市临平区第一届人大代表选举工作总结，讨论和通过《关于召开杭州市临平区第一届人民代表大会第一次会议的决定（草案）》《杭州市临平区第一届人民代表大会筹备组代表资格审查委员会组成人员名单（草案）》。

杭州市临平区人大筹备组第九次（扩大）会议于2021年6月16日召开。听取和讨论区第一届人民代表大会代表资格审查的报告（草案）、关于举办临平区第一届人大代表初任培训班的方案。

杭州市临平区人大筹备组第十次（扩大）会

议于2021年6月23日召开。学习传达中国共产党杭州市临平区第一次代表大会精神，研究部署区人大下一步的贯彻落实工作。

杭州市临平区人大筹备组第11次（扩大）会议于2021年7月7日召开。听取和通过区人大常委会组成人员建议名单、区一届人大一次会议筹备工作有关情况。

杭州市临平区人大筹备组第12次（扩大）会议于2021年7月8日召开。听取和讨论区人大常委会组成人员建议名单、区人大各专门委员会组成人员建议名单调整相关事宜。

【历次常委会会议】杭州市临平区第一届人大常委会第一次会议于2021年7月30日召开。审议并通过杭州市临平区人民代表大会常务委员会任免国家机关工作人员办法（草案）、区人大常委会主任会议议事规则（草案）、常委会会议议事规则（草案）和区人大常委会2021年工作要点（草案）及相关人事任职；书面审议通过关于设立杭州市临平区人大常委会相关街道工作委员会的决定（草案）；颁发新当选的国家机关工作人员任命书。

杭州市临平区第一届人大常委会第二次会议于2021年9月1日召开。听取和审议关于2021年上半年国民经济和社会发展计划执行情况的报告以及关于计划执行情况的审查报告，关于2021年上半年财政预算执行情况的报告以及关于预算执行情况的审查报告，关于2019年度审计工作报告指出问题的纠正情况和处理结果的报告以及关于2020年预算执行和其他财政收支情况的审计工作报告；审议并通过19项区人大常委会相关制度、办法（草案）。

杭州市临平区第一届人大常委会第三次会议于2021年9月27日召开。听取和审议关于国有资产管理情况的报告，关于国有资产管理情况的调研报告，关于土壤污染防治法贯彻实施情况的报告，关于检查土壤污染防治法实施情况的报告，关于巩固提升临平区村级集体经济工作情况的报告，关于巩固提升村级集体经济工作情况的调查报告，关于提请确定人民陪审员名额的报告和相关人事任职事项的报告，关于拟提请任命法律职务人员任职资格审查情况的报告；书面审议关于“七五”普法决议贯彻实施情况、关于2020年度法治政府建设情况的报告；审议并通过《杭州市临平区人民代表大会常务委员会关于开展第八个五年法治宣传教育的决议（草案）》《杭州市临平区人民代表大会常务委员会法律法规实施情况的检查监督办法（草案）》《杭州市临平区人大常委会各工作委员会委员名单（草案）的议案》《杭州市临平区人大常委会各街道工作委员会委员名单（草案）的议案》及塘栖镇人大换届选举有关事项、区法院有关人事事项。

杭州市临平区第一届人大常委会第四次会议于2021年11月26日召开。听取和审议关于未成年人权益保护工作情况报告，关于未成年人权益保护工作情况的调查报告，高瑛、柏君两名检察官的个人履职报告，关于办理代表建议、批评和意见工作情况报告，关于代表建议办理情况的调查报告，关于要求部分变更临平区2021年财政收支预算议案的说明，有关区人大代表辞职事项说明；审议并通过区政府、区人大常委会提请的人事任职议案、人事任免议案，区人大代表戴旭峰辞职事项；宣读区人大常委会任命人员名单，并为3名干部颁发任命书；学习传达中央人大工作会议精神；对区检察院未成年人权益保护工作和检察官个人履职情况进行满意度测评。

杭州市临平区第一届人大常委会第五次会议于2021年12月30日召开。听取和审议关于2021年度环境状况和生态环境保护目标完成情况的报告，关于要求大运河国家文化公园建设（临平段）崇贤塘栖段及东湖运河段工程增补列入政府重大投资项目计划的报告，对主任会议和区政府提请的人事任免议案说明，区检察院相关人事任职报告，关于拟提请任命法律职务人员任职资格审查情况的报告；书面审议区人大常委会城建环保工委相关调研报告，区人大常委会2021年度规范性文件备案审查报告，区人民代表大会监察和法制司法委员会、财政经济委员会、社会建设委员会的工作报告，2021年区政府民生实事项目监督报告；审议并通过关于召开杭州市临平区第一届人民代表大会第二次会议决定（草案），关于补选杭州市临平区第一届人民代表大会代表决定（草案），关于调整2021年政府重大投资项目计划的决定，向区一届人大二次会议提请审议《关于促进和保障高质量发展建设共同富裕示范区样板的决议（草案）》的议案，相关人事事项；为5名干部颁发任命书。

（杨秀珊）

·重大活动·

【决议决定】 2021年4月26日，区人大筹备组第三次（扩大）会议通过《杭州市临平区第一届人民代表大会代表选举工作有关事项的决定》《杭州市临平区人民代表大会正式代表候选人预选办法》《杭州市临平区人民代表大会代表选举办法》。

2021年5月21日，区人大筹备组第六次（扩大）会议通过《关于接受陈晨等八位同志辞去临平区选举委员会职务的决定》。

2021年6月10日，区人大筹备组第八次（扩大）会议通过《关于召开杭州市临平区第一届人民代表大会第一次会议的决定》。

2021年7月23日，区第一届人民代表大会第一次会议作出《关于杭州市临平区政府（筹）工作报告的决议》《关于杭州市临平区国民经济和社会发展第十四个五年规划和二〇三五年远景目标纲要的决议》《关于杭州市临平区2021年国民经济和社会发展计划的决议》《关于杭州市临平区2021年财政预算的决议》《关于杭州市临平区人大常委会（筹）工作报告的决议》《关于杭州市临平区人民法院（筹）工作报告的决议》《关于杭州市临平区人民检察院（筹）工作报告的决议》。

2021年7月30日，区第一届人大常委会第一次会议通过《杭州市临平区人民代表大会常务委员会任免国家机关工作人员办法》《关于设立杭州市临平区人大常委会相关街道工作委员会的决定》《杭州市临平区人民代表大会常务委员会主任会议议事规则》《杭州市临平区人民代表大会常务委员会议议事规则》等。

2021年9月1日，区第一届人大常委会第二次会议通过区人大及其常委会19项相关制度、办法。

2021年9月27日，区第一届人大常委会第三次会议作出《杭州市临平区人民代表大会常务委员会关于开展第八个五年法治宣传教育的决议》，通过《杭州市临平区人民代表大会常务委员会法律法规实施情况的检查监督办法》。

2021年12月30日，区第一届人大常委会第五次会议作出《关于召开杭州市临平区第一届人民代表大会第二次会议决定》《关于补选杭州市临平区第一届人民代表大会代表决定》《区人大常委会关于调整2021年政府重大投资项目计划的决定》，通过区人大常委会向区一届人大二次会议提请审议《关于促进和保障高质量发展建设共同富裕示范区样板的决议（草案）》的议案。

【坚持党的领导】 2021年，区人大常委会坚持把党的领导贯穿于人大工作的全过程、各方面。筹备阶段，筹备组认真学习法律法规，加强与省市人大常委会和其他新设区的沟通对接，立足临平实际，开展专题研究，形成杭州市临平区第一届人民代表大会第一次会议方案并报区委通过；成立人代会筹备工作组，下设8个小组，统筹推进会务、组织、宣传、后勤等工作，推进大会筹备进程；会前走访区发改局、区财政局、区规资局等部门，听取“十四五”规划和二〇三五年远景目标纲要编制、财政预算安排、政府民生实事项目等情况，为筹备组和大会审议各类事项、通过各项决议奠定基础。深入调研各镇街和主要平台，了解临平经济社会发展情况，精心起草筹备组工作报告。区第一届人大代表选举产生后，开展全体代表初任培训，上好履职“第一课”。邀请市人大常委会领导、区领导、专家学者和优秀人大代表，专题讲授人民代表大会制度、临平区经济社会形势分析、履职专业知识和业务技能。

通过集中系统培训，提升人大干部履职能力。

区一届人大一次会议以来，区人大常委会强化理论武装，通过党组会议、理论中心组学习、周三夜学等途径，学习传达习近平总书记“七一”重要讲话、中共十九届六中全会、中央人大工作会议精神，坚持用科学理论武装头脑、指导实践、推动工作。围绕区第一次党代会提出的目标任务，聚焦推动城市能级、经济动能、治理效能“三大跃升”，充分发挥人大职能作用。履行宪法法律赋予的重大事项决定权、监督权和人事任免权，助推经济社会各项事业高质量发展。完成区委交办的重大课题调研、“九个一”联系、信访包案化解、疫情防控、治水巡河等任务。落实请示报告制度，先后请示报告人代会筹备、塘栖镇换届选举、开发区人大工作等重大事项。制定常委会党组议事规则，召开党组会议 10 次，研究讨论议题 16 项，推动区委决策部署在人大工作中得到全面贯彻落实。

【区人大常委会自身建设强化】2021 年，区人大常委会以党史学习教育为契机，加强政治建设，强化制度保障，开创人大筹备工作和干部队伍建设新局面。区人大筹备阶段，建立健全定期会商、专题研究、部门联动等推进机制；完善工作联系、信息宣传、后勤保障等工作机制；精心谋划常委会年度工作计划，排出时间表和任务书，建立跟踪落实机制；配合省市人大开展省粮食安全条例执法检查、市政府民生实事项目联合监督、亚（残）运会赛事筹备情况监督等工作；梳理出亟须制定的 37 项制度、规则、办法，按照“先重点、分批次、限时完成”的原则开展制度拟定工作。

区一届人大一次会议以来，区人大常委会全面推进思想、组织、作风、纪律建设。以“履职能力提升年”和“数智人大建设年”活动为抓手，强化业务知识学习，开展预算监督、法律知识等专题培训，提升人大干部和人大代表履职能力。建成“人大数智中心”，迭代升级代表履职、民生实事监督、镇街活跃度等应用场景，构建系统集成、应用智能、数据融合的“数智人大”体系。上线“临平人大”微信公众号，向省市人大报送信息 170 余篇，录用刊登 70 篇，宣传人大制度在临平的生动实践，获评全省人大信息工作先进集体。深化廉政作风建设，建立健全机关内部管理制度，针对办文办会办事，优化工作流程，提高工作质效。扎实开展“双联系”“三服务”“民呼我为”等专题活动，协调解决反映问题。健全常委会高效运行的制度体系，围绕决定、监督、任免等工作，制定实施 38 项制度、办法。完成常委会机构设置，明确专（工）委工作职能，成立人大事务服务保障中心，为机关高效运转提供支撑。

【基层人大工作指导】2021 年，区人大常委会深入调研各镇街和主要平台，加强对基层人大工作的指导，制定《杭州市临平区人民代表大会常务委员会街道工作委员会工作办法》《杭州市临平区 2021 年镇（街道）人大工作考核细则》。加强对塘栖镇人大换届工作、街道居民议事会建设等工作的协调指导，夯实镇街人大工作基础。根据省市人大部署，研究制定《关于推进经济技术开发区人大工作实施方案》，有序推进经济技术开发区人大工作。协助区委完善“党领导人大工作”考核评价体系，开展镇街人大综合考评，推动基层人大规范化特色化建设。

（杨秀珊）

·人大监督·

【区人大常委会助推“三大跃升”】2021 年，区人大常委会围绕城市能级跃升，开展国有土地资源管理情况专项视察，推动批而未供、供而未用、低效用地加快处置。听取和审议“十四五”规划纲要及交通、教育等相关专项规划编制、执行情况报告，统筹安排土地利用总体规划、城市总体规划、城镇体系规划等执行情况监督检查，配合市人大做好国土空间规划编制等调研，推动“南融、北创、东靓、西优、中兴”区域发展战略加速实施。专题调研大运河国家文化公园建设工作，推进运河文化保护、生态环境提升和创新型经济发展。专项视察运溪高架、“三路一环”延伸段等重大交通项目，推动城市快速路网加快成型。围绕经济动能跃升，听取和审议区政府经济社会发展计划执行情况报告，强化政府重大投资项目计划安排和执行情况监督，做好财政预算、重大项目计划调整审查和批准事项，提升财政资金使用绩效。深化预算草案“三审”制工作，对星桥街道和经科、公安、住建、卫健等4个部门的预算草案开展预审和专题询问，提出意见建议48条。专题调研区划调整后全区国有资产管理情况，助力国有资产保值增值。听取区政府关于先进制造业发展情况报告，就增强企业竞争力、优化营商环境等提出意见建议。专题调研经济技术开发区、临平新城建设情况，推动产业平台加快创新驱动、集聚领先、产城融合步伐。围绕治理效能跃升，听取和审议区政府关于“七五”普法决议贯彻实施、法治政府建设等情况报告，依法作出“八五”普法决议，强化对普法工作的监督和支持。听取和审议区检察院关于未成年人权益保护工作情况报告，并对相关检察官进行履职评议。听取宗教事务工作情况报告，助力提升区民族宗教事务治理能力。与市人大联动开展土壤污染防治法执法检查，引入专业力量开展法律讲解、检查评估等工作，提高执法检查的专业性、针对性和实效性。配合上级人大开展立法调研，结合实际提出意见建议。建立全面报备与重点审查工作机制，对区政府报送备案的11件规范性文件进行审查，确保宪法法律在临平得到有效实施。

【民生工作监督推进】2021年，区人大常委会协助区委制定民生实事项目票决、街道居民议事等制度，为实现政府决策和群众需求精准对接提供制度支撑。扎实推进实事项目监督，强化“领导带队、工委牵头、代表参与、镇街联动”工作机制，通过座谈调研、视察走访、跟踪督办等形式，推动10件民生实事项目22个子项全部按时完成。精心组织常委会领导接待代表活动，协调解决河道生态整治、交通设施配套、社区用房保障等民生热点问题23个。按照“上下联动、多方参与、流程规范”的要求，完善镇街专题议事结果分类处置机制。听取和审议区政府关于巩固提升村级集体经济发展情况报告，调研特色农业园区建设、农文旅融合发展、农业科创成果转化等，提出服务“三农”举措，助推强村富农新政落到实处。听取和审议区政府年度环境报告，指导镇街人大专题听取辖区环境报告，实现报告制度全覆盖，增强环境保护监督合力。听取和审议区政府关于农村住房建设管理工作报告，要求加大农村危房改造、住房困难户帮扶等工作力度，确保3年内“解困清零”。专题调研社会救助、退役军人权益保障和流动人口子女入学情况，深入了解未成年人权益保护工作情况，督促

2021年11月，临平区人大常委会对区级民生实事项目开展专项监督活动

（区人大办　供稿）

相关部门健全完善保障体系和救助机制；持续开展无障碍设施建设监督，为残障人士打造便捷友好的生活环境。专题调研临平区公共卫生体系完善、现代职业教育发展和基层辅警队伍建设情况。

（杨秀珊）

·人大代表工作·

【人大代表选举工作】 2021年，区人大常委会把牢“政治关”“程序关”“民主关”，有序开展代表人大选举工作。5月依法成立区选举委员会和镇街选举机构，组建6个工作组赴各镇街开展督查和指导。组织开展专项培训，提升工作人员政治水平、法律意识和业务能力，贯彻选举工作各项纪律要求，在选举工作过程中充分发扬民主，重点抓好选民登记、选区划分、候选人推荐、投票选举等工作。5月28日，全区448967名选民踊跃参与投票，参选率达99.21%，各选区投票选举一次成功率达100%。选举产生区第一届人大代表283名，当选代表平均得票率为97.39%。

【代表履职服务保障】 区人大常委会制定实施《关于加强全区人大代表联络站建设的指导意见》，加快区级代表联络总站建设，初步形成“总站—中心站—联络站—联系点”四级阵地体系，实现站点运行规范化、制度化、特色化，将联络站打造成为各级代表履职主平台。常态化开展常委会领导接待代表、区领导及部门负责人进站，指导镇街组织人大代表、居民议事会成员进站接待群众等活动190次，受理问题570件，解决512件。强化代表队伍建设，制定实施区人大代表履职积分考核办法；实施新一届代表培训计划，开展初任培训；推动代表深度参与常委会工作，组织代表参加视察、调研、执法检查等活动410人次。开展走访、联系、慰问等工作，帮助代表解决工作、生活中存在的困难和问题。制定实施代表建议、批评和意见处理办法，完善常委会领导领衔督办、委办对口联系、满意度网上测评等工作机制，形成全过程全方位的建议督办体系。听取和审议区政府关于办理代表建议、批评和意见情况报告，督促责任单位对不满意建议进行二次办理，确保建议办理落到实处。区一届人大一次会议以来提交的185件建议均在规定时间内办复，代表对面商过程、办理态度、答复内容、落实结果的满意率均为100%。

（杨秀珊）

2021年6月29—30日，临平区人大常委会举办第一届人大代表培训班

（区人大办　供稿）

杭州市临平区人民政府

Linping District People's Government of Hangzhou Municipality

·重要会议·

【区政府常务会议】 2021年，临平区政府常务会议召开13次，即第一次区政府常务会议至第十二次区政府常务会议。

第一次区政府常务会议于2021年7月26日召开。研究讨论上半年经济形势、关于杭州市临平区人民政府工作规则及区政府领导分工等事项。

第二次区政府常务会议于2021年8月19日召开。研究讨论关于杭州市临平区人民政府2021年重大行政决策目录事项。

第三次区政府常务会议于2021年8月31日召开。研究讨论临平区2021年上半年国民经济和社会发展计划执行情况的报告、临平区2021年上半年财政预算执行情况的报告及2020年度原余杭区本级预算执行情况和其他财政收支审计工作报告、2019年度原余杭区本级预算执行和其他财政收支审计工作报告指出问题的纠正情况和处理结果的报告等事项。

第四次区政府常务会议于2021年9月14日召开。传达上级有关文件精神，研究讨论临平区支持产业高质量发展政策意见、临平区促进税源经济发展实施意见等事项。

第五次区政府常务会议于2021年10月9日召开。研究讨论关于《临平区“十四五”农业农村（林业）现代化发展规划》等5个专项规划，建立临平区大运河国家文化公园建设管理委员会、大运河科创城建设管理委员会及深化完善超山风景名胜区管委会体制机制事宜等事项。

第六次区政府常务会议于2021年10月18日召开。研究讨论关于《临平区“十四五”电力设施布局规划》等7个专项规划事项。

第七次区政府常务会议于2021年10月21日召开。研究讨论关于《临平区“十四五”教育事业发展规划》等4个专项规划、临平区“大综合一体化”行政执法改革实施方案等事项。

第八次区政府常务会议于2021年10月27日召开。研究讨论关于《临平区“十四五”现代服务业发展规划》等5个专项规划、前三季度经济形势等事项。

第九次区政府常务会议于2021年11月5日召开。研究讨论关于杭州市安全生产组团服务反馈问题的整改方案、乔司街道全域土地整治行动方案等事项。

第十次区政府常务会议于2021年11月23日召开。研究讨论关于《临平区“十四五”人才发展规划》等3项重点专项规划、杭州市临平区突发事件总体应急预案、临平区2021年财政收支预算调整情况、临平区工会经费（筹备金）征收管理相关政策等事项。

第11次区政府常务会议于2021年12月2日召开。研究讨论关于镇街、平台财政体制调整事宜，加强临平区应急管理体系和能力建设的实施意见等事项。

第12次区政府常务会议于2021年12月10

日召开。研究讨论关于2021年度环境状况和生态环境保护目标完成情况的报告。

第13次区政府常务会议于2021年12月30日召开。研究讨论关于临平区法治宣传教育第八个五年规划、2022年临平区主要经济指标任务分解等事项。

【区政府全体（扩大）会议】2021年8月4日召开。会议高举习近平新时代中国特色社会主义思想伟大旗帜，深入贯彻中共十九大和十九届二中、三中、四中、五中全会精神以及习近平总书记考察浙江、杭州重要讲话精神，全面落实省委十四届九次全会、市委十二届十二次全会、市政府全体会议、区党代会、区委一届二次全会精神，回顾总结上半年政府工作，研究部署下半年政府各项工作，动员各级各部门进一步提振精神，克难攻坚，稳抓落实，确保全年各项目标任务圆满完成。

（方心飞　李晶）

·法治政府建设·

【概况】2021年，临平区制定《法治临平建设六大专项工作方案》，全面推进各领域法治化改革，巩固法治浙江（法治政府）建设示范区成果。制定并下发法治政府考核任务分解表，明确法治政府建设要求和标准，推动全区法治政府建设任务有效落实。组织召开年度法治政府建设推进会暨府院、府检联席会议，总结行政区划调整以来全区法治政府建设以及“两高一低”整治情况，研究部署2021年推进法治政府建设工作。

【规范性文件管理】2021年，区司法局推行行政规范性文件立项预审制，规范发文流程及审查内容清单，建立行政规范性文件内部库。开展行政规范性文件后评估82件，牵头开展烦企扰民、涉行政处罚等专项文件清理3次；开展原余杭区800余件行政规范性文件全面清理工作，确保行政区划调整后各项政策有效衔接。

【合法性审查工作推进】2021年，区司法局落实区政府行政规范性文件、重大行政决策、行政机关合同合法性审查，审查率100%，实现乡镇（街道）合法性审查“有效”覆盖。完善“镇街机构+司法所+法律顾问”的合法性审查模式，将合法性审核工作纳入镇街领导干部实绩考核。编制并下发《临平区乡镇街道合法性审查工作“一本通”》，形成“流程图+审查项目清单+格式样本”的统一的流程标准，提供“教科书式”指导。年内，各镇街共审核各类合同1980余件，审核文件及其他法律事务150余件。

【执法队伍建设】2021年，区司法局组织全区各部门、街镇法治工作分管负责人、法制机构负责人及一线执法人员90余人开展为期3天的法治政府建设培训，提高执法人员法治思维和法律运用能力。按照行政执法证“应领尽领”“应考尽考”要求，加强执法证申领工作，组织全区符合条件在编工作人员参加行政执法资格考试，增强行政执法力量。截至年底，全区持证人数达1200余人。

【“大综合一体化”行政执法改革】2021年，区司法局整合区级11个领域的行政处罚权及与之相关的行政调查权和行政强制权，编制临平区综合行政执法事项目录项，构建形成“1支综合执法队伍+8支专业执法队伍”的行政执法体系。开展乡镇(街道)综合行政执法改革，赋权塘栖镇行使16个方面533项行政处罚权，通过“派驻”和“赋权”方式全面实现基层“一支队伍管执法”。

【行政执法监督加强】2021年，区司法局开展“三项制度”落实、“安全生产”等专项行政执法监督，制发《行政执法监督通知书》10份。开展全区水利系统行政执法质效评议，收集发现困难问题，提出整改建议。组织开展行政执法案卷集中评查、交叉评查工作，抽检行政执法案卷107

份，发现各类问题221处，全部反馈责任单位并督促落实整改。

【行政复议职责履行】2021年，区司法局制定行政复议简案快办工作办法，实行案件办理繁简分流，推动行政复议高效运行。拆分重建临平区行政复议数字化平台，丰富“云听证”“云调解”等数智办案功能。年内，区本级行政复议案件申请总量306件，复议发案量88件，办结行政复议案件279件，未发生经复议后被纠错案件。

【行政应诉制度完善】2021年，区司法局推行区重大行政争议案件包案化解制度。完善败诉风险预警处置，预警案件及时送阅区主要领导、分管区领导，限时制定化解方案，每周通报案件进展。抓好负责人出庭应诉，部门、镇街出庭率100%目标。年内，全区一审行政诉讼结案97件，败诉5件，败诉率5.15%。

（焦梦笑）

·智慧电子政务建设·

【数据平台建设】2021年，区数据资源管理局审核39个区级单位数据目录，完成省IRS（一体化数字资源系统）平台490个数据目录的编目与治理，数据目录、应用目录和组件目录关联率100%，其中201个数据目录开放至市公共数据开放平台，为区级各部门提供数据资源450余类。实现省、市、区一体化智能化公共数据平台三级贯通，逐步打造“纵向到底，横向到边”的“十字形”公共数据资源服务体系。激发平台应用支撑效能，实现镇街重点民生数据的自主建设、自主治理、自主归集，赋能临平基层服务。聚焦企业生产服务数据要素，接入区一体化平台71个数据目录，上线临平区“线上企业服务平台”。依托开发区基础数据，联合脉策公司打造“E眼鉴”项目，并最终入围浙江省数据开放大赛全省35强。

【“两端”及网站建设】2021年11月22日，区数据资源管理局上线临平区政府门户网站，创建网站栏目5534个，迁移数据约1800条，完成英文版开发，移动端、繁简体和无障碍浏览改造等工作。“数改临平”治理端总门户和五大领域分门户上线运行，“安全生产综合监管平台”“公物仓管理”“城市地下管网数字化生态系统”“残疾预防”“入学入园服务”“数智群团”6个优秀应用上架“数智”杭州总门户，入选为杭州市数字化改革的优秀应用场景。

积极提升掌上办公办事能力，临平区“浙里办”“浙政钉”两端建设成效显著。“入学入园服务”等10个应用场景上架至“浙里办”临平城市频道，海珀、龙兴社区上架至未来社区。“浙政钉”2.0累计激活用户1.5万余人，活跃率93.22%，29个微应用上架至“浙政钉”，其中“残疾预防”“公物仓”“数智临平”入选优秀案例。

【基础设施建设】2021年，区数据资源管理局加快分区后基础设施改造，推动区政务云平台和政务网出口建设，保障区划调整后后各部门业务系统正常运行。改造升级区综合办公平台功能模块和迁移分区后组织架构等，全面启用“临平区政务安全浏览器”。通过省政府云签章、电子公文系统，制作820余个电子签章，用于保障政务服务网、机关内部最多跑一次和公文系统的正常运行。24小时全区保障视联网系统稳定运行，2021年，共计保障540多场视频会议，在区党代会、“两会”、防范台风“烟花”、疫情防控等重要期间，发挥数字办公积极作用。

【改革试点工作】2021年，“数字孪生”燃气管道省级试点项目，实现管道燃气源头摸排和多部门预警联动闭环处置，提升城市安全运维治理水平，先后获得省委书记、省长、副省长批示。“浙里办”临平城市频道市级试点，实现入学入园服务、办事早预约、掌上查档、处罚申诉、找个说法、有缘来临、代表临距离、一呼百应等10个民生应用场景上架，有效提升掌上为民服务水平。一体化智能化公共数据平台试点，实现省市数据“回流”4.02亿条，归集数据9.59亿条，其中“通用加解密工具箱”“身份证位数转化”等5个优秀组件被省级平台采纳，推广复用。

【数据管理机制体系建设】2021年，区数据资源管理局编制政务数据管理办法和安全管理制度，出台《临平区政务数据管理办法》，进一步明确数据运用主体、范围和权限，规范数据采集、归集、治理、整合、共享、开放和使用标准。完善安全保障制度，创新建立《合作方安全管理制度》，规范数据安全领域的政企合作，逐步形成一体化数据安全管理合作体系。编制完成临平区数字政府“十四五”规划，进一步加快“整体智治、唯实惟先”的现代政府建设。

【政府投资信息化项目管理】2021年，区数据资源管理局结合临平区实际与数字化改革需要，编制出台《临平区政府投资信息化项目管理办法》，进一步规范临平信息化项目全生命周期管理，探索项目管理新模式。加快区划调整后部门信息化项目拆分复用，完成2021年信息化项目申报评审立项工作，确定建设项目69个，总投资17399.1万元。

（王珊）

·建议提案办理·

【概况】2021年，临平区人民政府办公室加强对人大代表建议、政协提案办理工作的目标和质量管理，及时交办、全程督办、跟踪落实；加强沟通协调，畅通与区人大、区政协的沟通联系渠道，自觉接受人大法律监督和政协民主监督。全年区政府领导领办人大代表建议8件、政协提案7件。各承办单位共计领办代表建议185件（其中闭会期间建议2件）、政协提案213件，均在3个月办理期限内完成办理。各单位围绕提高解决率，采纳和吸收代表委员的意见建议，建议提案率87.1%，推动出台有关共同富裕、产业发展、社会治理、民生保障等方面的政策举措。

【建议提案办理推进会议】2021年8月10日，区人大常委会、区政府、区政协联合召开人大代表建议、政协提案交办会议。会议强调，各承办单位要切实增强责任意识、大局意识和法治意识，本着对人民高度负责的态度切实履职尽责，把建议提案办好办实办出成效。会后，下发《关于做好2021年人大代表建议、政协提案办理工作的通知》，确保建议、提案办理“件件有着落”。

（徐晗玥）

·应急管理·

【概况】2021年，区应急管理局牢牢把握区划优化调整的新形势，以“防风险、除隐患、遏事故、减伤亡、保平安”为主线，深入推进安全生产综合治理三年行动，切实抓好安全生产责任落实、重点领域安全风险防控、基层应急管理体系建设和安全监管数字化改革等工作，成功应对“烟花”“灿都”台风等考验，稳妥处置各类突发应急事件，安全生产形势持续稳定向好，自然灾害共防共治体系逐步完善，应急管理体系和能力建设进展显著。“1+1+5”智慧监管平台工作在“浙里改”《竞跑者》刊登，“全员执法下沉”模式在全省应急执法会议上作交流发言，全市首个派驻应急局检察官办公室揭牌成立。

【执法监管效能提升】2021年，区应急管理局推动各级安委会和成员单位落实重点领域风险防控，全面推行问题隐患“区级30日、镇街15日”闭环整改，形成“发现、交办、整改、督查、销号”的全过程回路闭环，确保监管有效性，开展区级隐患曝光6轮，联动《重点关注》栏目组，拍摄媒体曝光片20期。建立全市首个驻应急局检察官办公室，落实安全生产行政执法与刑事司法衔接工作机制，增强安全生产违法行为刑事处罚的合力，完成行刑衔接 6 起。

【数字赋能治理深化】2021 年，区应急管理局深化“1+1+5”智慧安监平台应用，实现全年 24 小时对重大危险源实时监测、动态评估、及时预警，发布“7+1”安全发展指数 10 期，掌握辖区安全生产总体情况，了解事故高发区域、工作滞后区域、风险集中区域，实现分类监管、过程治理。聚焦工矿、危化、道路运输、消防、建筑施工、旅游、城市运行七大重点行业领域，扎实开展安全生产风险普查工作，全区普查一般风险点 18424 个，完成普查企业录入、核验 5600 家，分类建立全区风险点数据库，动态开展“常普常新”。

【防汛防台风屏障筑牢】2021 年，区应急管理局调整区级、镇街防指成员，指导镇街、村社健全防汛组织体系、指挥体系、责任体系和保障体系，形成党政主要领导负责防汛抗旱指挥部的指挥架构，更新全区 178 个村级防汛防台形势图。在“烟花”和“灿都”台风防御期间，区防指提前部署，快速反应，强化研判，科学调度，全区上下出动检查 3.3 万人次，转移避险人员 4.3 万余人，泵站排涝 1500 万立方米，临平城区未出现内涝现象。

（高磊）

·对口支援·

【概况】2021 年，临平区贯彻落实国家调整东西部协作结对关系工作的部署和省对口工作领导小组《浙川东西部协作结对关系调整优化方案》精神，做好对口支援工作。围绕加强组织领导、助力巩固拓展脱贫攻坚成果、强化区域协作和促进乡村振兴等重点领域帮扶，协助石渠县加快乡村振兴步伐。

年内，临平区为石渠县拨付财政帮扶资金 5279 万元，推进援建项目 6 个。为石渠县选派挂职干部 2 人、专技人才 12 人。推进援建就业帮扶车间 1 个，助力打造乡村振兴示范点 1 个，开展乡村振兴干部培训 335 人次、专技人才培训 350 人次。组织区内 20 家企业、3 个社会组织与石渠县 23 个村一对一结对帮扶。组织区内 5 所学校、2 家医院与石渠县 5 所学校、2 家医院开展一对一结对帮扶。助力石渠农牧产品拓展销售渠道，帮助销售农牧产品总额 4000 余万元。

2021 年 10 月 18 日，“护苗行动，彩虹助学”结对仪式在石渠县中学举行
（石渠县融媒体中心　供稿）

【对口支援结对工作】2021 年 6 月 20 日，临平区与石渠县签订深化对口支援框架协议，临平区统筹资源推动对口支援工作，扎实推进资金支持、人才支援、援建项目落地以及教育、医疗、消费等民生领域帮扶。9 月，区委书记陈如根率领的临平区党政代表团赴四川省甘孜州石渠县落实对口支援工作，深化帮扶协作，携手共赢发展。11 月 3—7 日，四川省甘孜州石渠县代表团一行 37

人到临平区开展交往交流活动。11月26日，临平区—石渠县对口支援工作党政联席会议在临平区举行。区委书记陈如根，石渠县委书记罗林出席会议并讲话。石渠县领导、临平区领导等30多人参加会议或考察。会议现场举行临平区—石渠县干部人才、教育、消费对口支援签约仪式以及首届暖冬行动捐赠仪式。在临平期间，石渠县党政代表团一行实地考察艺尚小镇、算力小镇、暖冬行动对口帮扶石渠展位现场、区综治中心“四平台一网格”数字化建设、塘栖镇塘栖村、楠宋瓷业和塘栖古镇，感受临平经济社会高质量发展新变化。

【临平区首届暖冬行动】 2021年11月12日，由临平区发改局、区机关事务服务中心和区慈善总会共同主办的临平区首届暖冬行动开启。活动通过无偿捐赠资金和物资，对口石渠县开展公益帮扶。帮扶方式主要有建设项目定向捐助、冬季衣物捐助、一对一助学、“幸福来临”暖心包捐赠四种。11月26日，首届暖冬行动捐赠仪式举行。

（戴科举）

·外 事·

【国外政府官员来访】 2021年3月26日，加拿大驻上海总领事馆总领事穆大纬（Dave Murphy）一行访问临平并考察艺尚小镇。7月9日，南非驻华大使谢胜文（Siyabonga C. Cwele）及公使衔参赞（经济）尤瑟夫（Yusuf Timol）访问临平并参观艺尚小镇。

【国际会议和活动】 2021年3月27日，“一带一路”中法艺术名家（雷米·艾融、俞晓夫、周刚）新作展在临平区文化艺术交流中心举办。受法国驻上海总领事馆文化领事的委托，杭州法语联盟主席伯乐（Paule Bou）作为代表出席开幕式。本次展览展出以“一带一路”为主题的画作60余幅。6月17—24日，“‘与党同心，浙非同行’庆祝中国共产党成立100周年中非友好合作图片展”在临平区举办。本次展览以时间发展为线索，以红、金、白、绿、蓝为板块，展出100张关于中非交流合作的图片展板。6月30日，“中国—瑞士国际科技人才创新交流活动”在临平新城国际人才港举办，瑞士驻华大使馆瑞士贸易与投资处首席投资官阳光（Roger Germann）出席活动并作专题推介。7月28日，首届世界时尚科技大会暨2021中国服装科技大会在艺尚小镇召开，国内外时尚企业领军人物、境内外行业协会商会和境外驻中国有关机构、时尚行业专家学者、时尚行业媒体等与会代表约600人参加活动。大会上，“临平·数字时尚（服装）产业大脑”发布。12月28日，中国与圣马力诺共和国建交50周年当代艺术邀请展在区美术馆开幕。圣马力诺共和国驻中国全权大臣罗仁舟（Lorenzo Riccardi）在线上参加开幕式。本次展览主要展出圣马力诺共和国艺术家维奥拉·康提女士（Viola Conti）与中国艺术家童雁汝南的作品，主题为“来自人类世的问候”。

【因公出国】 2021年8月15日，临平区首派2名教师到迪拜中国学校任教。8月19日，临平区1名教练员随中国残疾人联合会团组因公赴日本参加东京残奥会。

【涉外管理】 2021年，区外事办牵头完成临平75个境外浙企项目的服务工作，发布海外形势预警6次，妥善处置临平企业境外项目中国籍员工感染、滞留等突发事件。区境外人员隔离点全年完成包括乍得驻华大使、古巴驻华大使在内约1000人次外籍人员的隔离管理和服务工作。

【外国人来华邀请】 2021年，区外事办坚持疫情防控和助力复工复产相结合，受理企业和各类教育机构的外国人来华邀请核实单申请51批71人次。

（徐露丹）

·侨　　务·

【党史学习教育活动开展】2021年，区侨办、区侨联开展庆祝中国共产党成立100周年系列活动，围绕学习中共十九届六中全会精神开展学习讨论，召开侨界人士“侨心向党、情系临平”建党百年座谈会，共同回顾党的百年历程，助推临平高质量发展；组织全区涉侨人士以侨的角度、侨的视野，用影像形式记录、用故事形式歌颂积极向上的精神面貌和爱党爱国的赤子情怀。“侨心向党·圆梦中华摄影作品展”获市侨联系统组织奖，故事演讲《唱响体外检测的好声音》获市侨联系统演讲赛二等奖。

【疫情防控网络织密】2021年，区侨办、区侨联主动适应疫情防控常态化形势，积极与公安（出入境）、卫健、数管以及各镇街沟通协作，做好全区入境涉浙人员健康申报、数据核查、疫苗接种等精密智控工作，上报入境人员信息3500余人次，主动服务、动态跟踪入境后在临平集中隔离的侨胞侨眷和留学生200余人次，服务在临华人华侨新冠疫苗接种20余人次，全面筑牢“外防输入、内防反弹”的坚固防线。

2021年9月26日，临平区第一次归侨侨眷代表大会召开

（区委统战部　供稿）

【“侨事通”应用平台建立】2021年，区侨联适应群团数字化改革背景，结合临平侨务工作实际，建设本土化、易操作的“侨事通”联络联谊系统平台和“侨来临”为侨服务应用场景，涵盖临平侨音、联络联谊、基层动态、侨益维护、侨务指南、咨政建言等模块，初步建成集联络、服务、引资、引智为一体的多元化为侨服务数字赋能模式。

【临平区第一次归侨侨眷代表大会】2021年9月26日，临平区第一次归侨侨眷代表大会召开，选举产生区侨联第一届委员会领导班子，市政协副主席、侨联主席王立华莅临现场指导。建立区侨联会议制度、区侨联班子成员分工制度、区侨联领导班子直接联系制度以及兼职副主席履职工作暂行规定等制度，进一步形成侨联工作合力。

【临平区侨商协会】2021年11月18日，临平区侨商协会第一次会员大会召开。审议通过《杭州市临平区侨商协会章程》《杭州市临平区侨商协会会员大会选举办法》，选举产生临平区侨商协会第一届理事会理事，临平区侨联副主席、余杭石油有限公司董事长兼总经理俞海平当选临平区侨商协会会长。

【“侨助共富”启动仪式举行】2021年11月18日，“同心结对侨先行　共同富裕临平兴”项目缔结仪式在临平区政府新会议中心举行。本次共富缔结活动，旨在启动“政治引领侨、文化时尚侨、创新创业侨、美丽共富侨、暖心关爱侨、平安和谐侨”等六大系列、18个项目化的结对内容，积极将临平侨界优势力量主动融入全区高质量发展大局。活动中，4位侨界青年宣读《临平区侨界人士同心助力共同富裕倡议书》，生物医药、电商直播、职教人才等行业及塘栖村做创新创业、共富经验、共富愿景分享。

2021 年 12 月 7 日，临平区台胞台属第一次代表大会召开　（区委办　供稿）

【区政协侨联界别活动组委员工作室建立】 2021 年 11 月 24 日，区政协侨联界别活动组举行委员工作室揭牌仪式。区领导张俊杰、杨文闯、韩峻，区政协办、社法委、区侨联相关负责人及侨联界别活动组委员参加揭牌仪式。工作室是侨联界别活动组委员开展学习交流、联系侨界群众、协商监督、凝聚共识、汇智聚力的线上线下履职平台。工作室的建立，得到致公党临平总支的大力支持，空间上与致公党员活动基地“致荟”共用，将进一步拓宽委员履职渠道的新形式、有效提升委员的履职热情和水平。

（孙芬华）

·台湾事务·

【疫情防控工作】 2021 年 3 月 2 日，区台办协助 24 名台商台胞至区超山假日酒店，完成集中隔离医学观察。开辟绿色通道，协助台胞接种新冠疫苗，截至 11 月底，共有 72 名台胞完成第二针疫苗接种。

【台湾青年】 2021 年 6 月 11 日，区台办组织台湾青年代表参与南苑街道新城社区“浓情过端午 巧手做香囊”活动。11 月 29 日，组织 13 名台湾青年开展临平山快乐毅行，用身心感受临平美景。

【接待工作】 2021 年 8 月 2 日，接待台湾知名人士郭冠英夫妇。10 月 1 日，接待台湾旺旺集团副董事长周锡玮一行参访艺尚小镇。

【“台海形势”讲座举办】 2021 年 12 月 7 日，区台办邀请杭州市台办原主任梁建华为全区台胞台属联谊会会员代表、对台工作领导小组成员单位负责人、区政协台联界别活动组全体委员、区民革党员代表作讲座，分析台海形势，阐述中央对台方针政策。

【区台胞台属联谊会成立】 2021 年 12 月 7 日，区台胞台属第一次代表大会召开，选举产生第一届台联理事会会长、副会长、秘书长及理事。至年末，区台胞台属联谊会发展会员 98 人。

【台企台胞服务】 2021 年，临平区开展台资企业“三服务”活动，走访台企 28 家次，协调解决台企有序用电等困难和问题 6 个，协调解决台胞子女入学入托 5 名。

（王亚琼）

政协杭州市临平区委员会

Linping District Committee of the Chinese People's Political Consultative Conference

·综　　述·

【组织机构概况】 2021年4月27日，政协杭州市临平区委员会筹备组建立，张俊杰任组长，杨文闯、沈国祥、韩峻、吴电荣、章桂娣、江筠任副组长。6月17日，政协第一届杭州市临平区委员会筹备组第六次（扩大）会议产生政协第一届杭州市临平区委员会委员270名。7月22日临平区政协一届一次会议举行第二次全体会议，选举产生第一届领导班子。张俊杰当选为政协第一届杭州市临平区委员会主席，沈国祥、韩峻、吴电荣、章桂娣、江筠等5人为政协第一届杭州市临平区委员会副主席，张晓军为秘书长，马亚琴等40人当选为政协第一届杭州市临平区委员会常务委员。政协杭州市临平区委员会设立6个政协专门委员会，分别是政协杭州市临平区委员会提案委员会、政协杭州市临平区委员会经济科技委员会、政协杭州市临平区委员会城建和人口资源环境委员会、政协杭州市临平区委员会社会法制和港澳台侨委员会、政协杭州市临平区委员会文史和教文卫体委员会、政协杭州市临平区委员会委员工作委员会。政协第一届杭州市临平区委员会设置20个界别：中共临平区委、共青团临平区委、临平区总工会、临平区妇女联合会、临平区工商业联合会、临平区归国华侨联合会、临平区台胞台属联谊会、临平区科学技术协会、无党派人士、文化艺术界、科技界、社会科学界、经济界、农林界、教育界、体育和新闻出版界、医药卫生界、社会救济福利团体、少数民族和宗教界、特别邀请人士。20个界别委员组建18个界别活动组；中共界别、特邀界别委员不单独设置活动组，按委员所在单位职能或委员工作岗位情况安排至相应活动组。政协第一届杭州市临平区委员会设8个镇街联络工委：运河街道联络工委、乔司街道联络工委、塘栖镇联络工委、崇贤街道联络工委、临平街道联络工委、南苑街道联络工委、星桥街道联络工委、东湖街道联络工委。年内，建成首批11个委员工作室，其中集体工作室9个、个人工作室2个，实现镇街全覆盖；建成“民生议事堂”8个，实现8个镇街全覆盖。

（陈利文）

·重要会议·

【区政协一届一次会议】 2021年7月19—22日，区政协一届一次会议在临平举行。会议审议批准区政协主席张俊杰所作的常委会工作报告，选举产生第一届领导班子（主席1名、副主席5名、秘书长1名），常务委员40名，委员270名，从高标准推进政协组织建设、高质量完成政协委员推选、高效能落实会议保障等3个方面报告临平区政协一届一次会议筹备工作情况。全体委员列席区一届人大一次会议，听取并讨论区长施华淼所作的政府工作报告及其他报告。全体委员围绕区委、区政府重要决策部署和临平政协事业发展、通过审议报告、大会发言、分组讨论、撰写提案等形式，协商议政，建言献策。其间，共提交发言材料15篇，其中有7名委员作大会发言。区政协一届一次会议期间，收到以提案形式提出的意见建议255件次，初审通过219件，二审立案（含并案）213件，确定重点提案8件。会议审议通过区政协一届一次会议决议，听取提案初审报告。

（陈利文）

·协商议政·

【提案办理情况】 2021年，区政协一届一次会议后，区人大、区政府、区政协联合召开交办会议，各承办单位在3个月内完成全部提案的办理答复。其中，提案提出的问题已经解决或基本解决的（A类）210件，占98.59%；所提问题部分解决或意见被采纳并已列入计划逐步解决的（B类）3件，占1.41%。从提案人对提案办理工作的反馈意见看，对办理过程满意的213件，满意率100%；对办理结果满意的211件，基本满意的2件，满意率99.06%。

【提案办理清单式管理】 2021年，区政协创新提案办理模式，提出“提案办理清单式管理”工作办法，实行“内容清单、责任清单、评价清单、公开清单”四张清单式办理，提升提案工作水平和质量，促进提案办理成果转化。形成“内容清单”。围绕区委区政府中心工作，将主题一致、内容相近、关注点相同的提案进行打包，将213件提案归类形成“提升城市能级、产业发展及配套服务、提升区域文化软实力”等21个内容清单。建立“责任清单”。明确提案承办单位办理任务、时限、责任人，落实区政协领导、相关委员督办责任，形成“一名领导、一支队伍、一类提案、一抓到底”的工作机制。充分运用“请你来协商”“委员工作室”“民生议事堂”等平台和载体，召开提案办理集中面商会19场次，委员参加200余人次，形成提案办理合力。区委区政府领导领办、区政协领导督办重点提案8件，区委书记陈如根领办重点提案《关于促进低效工业用地项目迭代升级的建议》，以点带面推进提案办理。实行“评价清单”。针对每一轮的办理情况，组织委员“背靠背”进行分类评价和满意度测评，畅通信息回流渠道，掌握真实办理情况，提高委员满意率。建立“公开清单”。将全部提案的内容、办理复文、办理环节和办理实效列入公开清单，依托区级新闻媒体、“临平政协”微信公众号等跟进公开，在《今日临平》刊登专版宣传6期，有效扩大提案社会影响。

【民生议事堂建设及活动开展】 2021年，区政协贯彻省市政协部署要求，立足本区政协实际，结合临平区首批委员工作室工作，临平区政协出台《推进“请你来协商·民生议事堂”平台建设实施意见》。依托镇街联络工委，结合委员工作室建设，在临平区8个镇街，建成“民生议事堂”8个，实现8个镇街全覆盖。2021年7月以来，8个镇街开展“民生议事堂”各类协商活动40多次，政协委员提出建议100多条，收集基层意见建议40余条，为当地党政决策提供参考。不少优秀的协商意见，如《关于助推时尚学院建设、促进校地合作的专题协商建议》等，获区领导批示，推动当地中心工作。

【共同富裕示范区样板建设助力】 2021年，区政协围绕“共同富裕示范区样板建设”，深入相关部门和企业开展调研，广泛听取建议和意见，坚持问题导向、目标导向，撰写完成调研报告，提出部分有针对性、可行性的对策建议。8月26日，开展“争当高质量发展建设共同富裕示范区样板”专题民主协商暨“请你来协商”活动。区委书记陈如根同区各民主党派、工商联主要负责人、无党派人士代表以及部分区政协城建委、经科委、文史委负责人面对面，围绕法治建设、小微企业、义务教育、塘栖复兴、交通建设、融杭融沪、先进制造、民营经济等方面听取意见建议，各方围绕“争创共同富裕示范区样板背景下优化临平区城乡发展布局的思考”“我区制造业企业数字化转型路径的思考”等作交流发言。会后区政协将协商建议提交区政府，区政府办公室整理汇总成 14 条意见建议，由区委督查室集中交办给相关部门，于 12 月底前全部落实办理。

【产业经济发展助力】2021 年，区政协围绕临平区直播电商产业发展和未来工厂建设两大课题，组织委员实地走访杭州字符互动网络科技、杭州颖上传媒有限公司、杭州服务型制造研究院、浙江铁流离合器股份有限公司、杭州西奥电梯有限公司、浙江春风动力股份有限公司等企业，深入了解直播电商这一新经济新业态发展现状和未来工厂建设情况，听取企业科技创新、生产经营情况和意见诉求，并召开座谈讨论，与政协委员一起围绕直播电商产业发展与“未来工厂”建设建言献策。加强落实产业发展及配套服务、打造一流营商环境及政府服务、生物医药产业发展等专题提案办理面商。

【文化事业发展助力】2021 年，区政协组织委员实地踏看玉架山遗址公园在建工地、茅山出土文物临时库房、临平体育中心，专题听取区文广旅体局工作情况汇报，开展协商议政。牵头做好“提升区域文化软实力”“文化旅游体育发展”等专题的提案办理面商，增进提案人和提案办理部门的沟通协商，提高提案办理实效，推动提案落地解决。

【民生难题解决促进】2021 年，区政协组织专委会视察民生难题。组织专委会委员分别对“3 岁以下婴幼儿照护”和“基层医疗机构建设”进行视察。对提高婴幼儿照护覆盖面和解决就医“最后一公里”提出建设性意见。加强落实“教育发展”“医疗卫生”等专题的提案办理面商。

【养老事业高质量发展助力】2021 年，区政协开展老年人精神文化需求及服务重点课题调研。组织政协委员、专家学者实地考察省级示范型居家养老服务中心杭州市上城区四季青街道钱运居家养老服务中心、余杭区首家市民客厅余杭街道市民客厅和临平区老年健康服务中心、区老年大学、临平成校、蓝庭社区居家养老服务照料中心、梅堰社区邻里中心等，面向南苑街道新安社区、临平街道星火社区和东湖街道蓝庭社区、海珀社区等 4 个社区发放并收回线上线下调查问卷 246 份，就打造一站式养老服务综合体、构建多层次精神文化服务体系、建设智慧养老平台等方面提出可行性意见，撰写《老年人精神文化需求及服务情况研究》调研报告，助力临平养老事业高质量发展。

【公益慈善事业发展助推】2021 年，区政协围绕公益慈善事业发展开展调查研究，协商建言。组织委员调研公益性社会组织发展情况，形成《推动公益性社会组织发展，助力我区共同富裕示范区样板建设》协商意见，在“争当高质量发展建设共同富裕示范区样板”专题民主协商暨“请你来协商”活动中书面发言，区委区政府吸纳有关意见建议，出台《关于进一步推进社会组织创新发展的若干意见》，推进十大创新举措扶持社会组织。在金丹文委员工作室开展“发挥公益性社会组织作用，促进共同富裕”专题协商活动，组织委员赴余杭区学习考察阿里巴巴公益项目，撰写一届二次会议大会发言材料，在资金保障、队伍培养等方面提出意见建议，为公益慈善事业发声发力。

【基层治理助力】2021 年，区政协组织开展基层治理智能化建设专题视察，组织委员视察社会治理综合服务中心，观摩基层治理综合信息指挥中心演示，就进一步提升基层治理智慧化水平积极建言献策。组织开展社区矫正工作专委会视察，组织委员视察社区矫正中心，听取区司法局社区矫正工作情况介绍，并提出加快“智慧矫正”建设、推进社区矫正分类管理等意见建议。

（陈利文）

·民主监督·

【美丽大花园建设助力】2021年，根据省市政协“深入推进美丽大花园、打造美丽中国先行示范区”三级政协联动专项集体民主监督的部署，区政协组建专项民主监督专班，重点围绕“生态环境全域提质、城市环境整体提升、街道社区‘添花扩绿’、美丽乡村生态宜居、历史文化不断彰显”五大内容，到相关镇街、部门单位走访调研，通过召开专题座谈会、实地监督、区政协领导集体视察等活动，组织政协委员参与监督建言190余人次，实地监督点位35个，召开座谈会5次，提出意见建议57条，并向区委、区政府提交关于“推进美丽大花园建设、打造美丽中国样本”专项集体民主监督意见报告。

【老旧小区综合改造提升助力】2021年，区政协开展“深化老旧小区综合改造提升”专项民主监督活动，重点围绕“综合改一次、功能服务提升、未来社区建设、共建共享共治、构建长效机制”五大内容问计于民，倾听群众对改造工作的满意度和需要改进的意见建议。通过召开专题座谈会、实地监督、组织委员视察等形式，组织政协委员参与监督建言76人次，实地监督小区7个，召开座谈会3次，发现问题11个，提出意见建议12条。形成临平区政协开展“深化老旧小区综合改造提升”专项民主监督工作情况报告。

【运河二通道建设助力】2021年，区政协围绕运河二通道建设开展专项集体民主监督，委员们实地踏勘南苑街道小桥头公路桥和运河街道东桥头两个点位，听取区交通运输局、杭交投运河建管处和市规划与自然资源局临平分局对运河二通道项目建设情况和沿线产业发展概念性规划的介绍，围绕项目定位、产业规划、景观打造、宣传推广、安全文明施工和施工进度管理等方面积极建言献策。

（陈利文）

·文史研究·

【文史资料征集和编撰】2021年，区政协启动并开展《临平与上海关系研究》（暂名）和《临平创业口述史》（暂名）资料征集和编撰工作。《临平与上海关系研究》完成30万字的资料长编，并召开专家座谈会，对写作提纲征求意见。

【庆祝政协成立书画作品展】2021年，区政协组织“凝心筑梦·幸福来临”庆祝政协成立书画作品展，征集到全区60余位书画师作品，为期一个月的展出，有1000余位热爱书画的市民参观。印制“凝心筑梦·幸福来临”书画作品合集。

（陈利文）

纪检监察

Discipline Inspection and Supervision

·纪检监察体制改革·

【概况】2021年，临平区纪委区监委围绕贯彻落实习近平总书记重要指示批示精神和中央、省市区委重大决策部署，制定《年度政治监督计划20条》，明确监督任务和责任分工，围绕中央巡视反馈问题整改、行政区划优化调整、领导班子换届、大运河国家文化公园建设等开展监督检查。聚焦14个漠视群众利益问题扎实开展专项治理，发现并整改问题294个，推动完善制度机制62个。坚持以点带面、抓纲带目，以八大重点清廉单元建设为牵引，推动全区8个镇（街道）和61个区直单位制定实施个性化方案，提升清廉建设整体成效。召开清廉单元现场推进会7场，分管区领导到会作工作部署，形成齐抓共管格局。开展清廉单元建设大比武活动，进一步营造浓厚的比学赶超氛围，打造省级清廉机关数字驾驶舱1个、市级清廉学校示范点3个、清廉乡村示范点20个等，示范点培育成效显著。

【网格管理体系构建】2021年，区纪委（监委）统筹纪检监察人员力量，组建一体化监督网络，构建“定格、定人、定责”网格管理体系。探索实践“点题式监督+项目化推进+联片式共商”监督新模式，对25个专项监督项目开展监督检查177次，发现并整改问题209个，推动建立健全制度39项，实现监督信息共享、力量联动、成果共用。

2021年8月，临平区纪检监察干部监督护航清廉亚运

[区纪委（监委） 供稿]

【政治巡察开展】2021年，区纪委（监委）聚焦政治巡察定位，制定《巡察监督与纪律、监察、派驻、组织监督“五位一体”联动协作办法》，推动“纪、组、巡”监督贯通融合，一体构建巡前信息共享、巡中力量互派、巡后成果共用工作体系，完成对6个镇街、区直部门和66个社区党组织巡察，发现问题1523个。

（范云卿）

·执纪审查和监察调查·

【腐败问题专项整治】2021年，区纪委（监委）始终保持惩治腐败高压态势，深入开展政法、开发区（园区）、粮食、交通、教育、医疗、国企等领域腐败问题专项整治，减存量、遏增量。全区各级纪检监察组织受理信访举报126件，立案86件，采取留置措施7人，处分党员干部81人，移送司法机关4人，通过执纪审查和监察调查，为国家和集体挽回和避免直接经济损失1052万元。

【“四种形态”惩治震慑运用】2021年，区纪委（监委）注重发挥“四种形态”惩治震慑、惩戒挽救和教育警醒功效，运用“四种形态”处理329人次，其中第一、二种形态分别占73.3%、16.7%。制定实施区委反腐败协调小组工作规则，深化纪法衔接、法法衔接机制，形成反腐败斗争强大合力。

（范云卿）

·作风效能建设·

【“四风”问题整治】2021年，临平区持续巩固拓展中央八项规定精神成果，深挖细查“四风”及其隐形变异问题，开展违规发放津补贴、公职人员酒驾醉驾、违规出入高消费娱乐场所、违规公车私用等专项监督检查，查处违反中央八项规定精神问题22起。坚决整治形式主义、官僚主义，开展“责任转嫁村社”问题专项监督，推动整顿区级政务应用，有效纠治“指尖上的形式主义”。出台规范廉政账户管理、婚丧喜庆事宜报告等制度12项，查处“不担当、不作为、不落实”问题55起。

【容错免责机制深化】2021年，临平区开展“临平山前澄清暖人心，藕花洲畔正名促担当”专题活动，为8名干部公开澄清。出台容错免责事前备案机制，34名担当有为的干部在问责或党纪政务处分影响期满后被提拔重用，使勇于担当、敢闯敢试成为临平干部队伍的精神气质。

（范云卿）

·巡察工作·

【概况】2021年4月新设区以来，区委巡察机构在区委和区委巡察工作领导小组的坚强领导下，贯彻落实中央和省市区委巡视巡察工作部署精神，以“制度建设年、基础夯实年、提质增效年”活动为抓手，以“起步就是冲刺，开局就要奔跑”的奋进姿态，迅速理思路、布新局，统筹推进机构组建、人员选配、制度规范、巡察覆盖和中央巡视办“上下联动”试点推进等工作，坚定不移深化政治巡察，不断提升区委巡察科学化、规范化水平，推动区委巡察工作高质量发展。

【政治巡察深化】2021年，区委巡察机构坚守政治巡察定位，聚焦党中央各项决策部署在基层的落实情况、聚焦群众身边腐败问题和不正之风以及群众反映强烈的问题、聚焦基层党组织建设等重点内容强化巡察监督，采取“一托二”、交叉巡察等灵活方式推进巡察覆盖。全年3个区委巡察组完成2轮对6个镇街、区直单位和66个社区党组织的常规巡察，发现各类问题1523个，向区委区委政府及有关职能部门提出建议659条，梳理交办共性问题10个，推动问题整改落实。

【巡察整改抓实】2021年，区委巡察机构认真落实中央和省市区委巡察整改工作部署要求，加强与区纪委监委、区委组织部的沟通联系，健全完善巡察整改工作机制，制定《巡察监督与纪律监督、监察监督、派驻监督、组织监督“五位一体”联动协作办法》，有效形成监督合力。创新整改督办机制，制定《区领导领衔督办巡察整改工作实施办法》，结合区领导“一岗双责”要求，全程督办巡察整改工作，发挥压力传导作用，确保巡察整改质效。注重巡察成果综合运用，对巡察发现的10个方面共性问题，向职能部门发送《巡察整改意见书》，推动问题整改与堵塞漏洞、健全制度、规范执行有机结合，不断发挥巡察工作监督保障执行、促进完善发展的作用。

【“上下联动”试点取得实效】2021年，区委巡察机构认真落实中央巡视办“上下联动”试点部署和省市委工作要求，成立试点工作专班，制定《临平区“上下联动”试点工作实施方案》，稳步推进工作落实，高质量完成5项试点任务。临平区创新探索的《区领导领衔督办巡察整改工作实施办法》受到中央巡视办高度肯定，并作为全国66项“上下联动”试点成果中唯一的县级试点成果，被中央巡视办全文刊发推广。

【规范化建设推进】2021年，区委巡察机构以制度重塑、流程重构、信息迭代、队伍再造为重点，扎实推进区委巡察规范化建设，有序推进巡察制度“废改立”，制定19项制度机制，进一步完善了区委巡察工作制度体系；成立巡察信息化服务中心，建立“码上巡察”系统，用活用好中央巡视巡察单机系统、网络平台和省委“七张问题清单”系统，进一步提升区委巡察信息化水平；建立区委巡察工作人才库，遴选66名专业干部入库管理，定期动态调整，适时抽调加强巡察力量，形成巡察队伍“专兼结合”配备模式；开展“提能大练兵”系列业务培训，制定《内控管理制度》，加快巡察干部综合能力素质提升，打造忠诚干净担当巡察“铁军”队伍。

（杨小青）

·党风廉政教育·

【政治建设加强】2021年，区纪委常委会带头加强政治建设，建立“第一议题”制度，引导纪检监察干部学懂弄通做实习近平新时代中国特色社会主义思想。坚守红色血脉，扎实开展党史学习教育，高质量完成“七个一”系列活动，用伟大建党精神滋养党性修养。打造区域化组团式党建“廉”盟，同筑廉洁防线、共守清廉之约。

【纪检监察干部队伍建设】2021年，区纪委（监委）开展纪检监察干部“提能大练兵”五学一练活动，实现能力跃升。建立激励关怀、谈心谈话、慰问帮扶、“三访”活动等关心关爱纪检监察干部机制，不断提升纪检监察干部队伍凝聚力、向心力和战斗力。实施纪检监察干部“分类谈话＋分层家访”全覆盖，选树“最美纪检监察人”22名、“季度之星”36名，营造团结干事、争先创优工作氛围。

（范云卿）

民主党派

Democratic Parties

·综　　述·

【参政议政】2021年，临平区各民主党派以精心锻造“五个样板”、全力实施“十大行动”等内容为重点调研方向，开展联合调研和自主调研，形成相关领域的重点调研报告10篇。聚焦“未来社区”“共同富裕”“文化建设”等区内重点工作，开展建言献策。全年提交提案、议案120件，报送社情民意380余篇，被中央、省、市有关部门录用90余篇次，获得领导批示50余篇次。

【政治协商】2021年，各民主党派发挥界别优势，全年参与专题征求意见会议7次。围绕区第一次党代会及区委历次全委会工作报告，政府（筹）工作报告、民生实事候选项目，政协筹备组工作报告以及区政协和“两会”有关人事安排等重大事项建言献策。

【社会服务】2021年，临平区各民主党派深入做好“基层结对共建”“送服务进企业”等社会服务工作，开展“义诊进社区”及医疗咨询活动，为基层群众提供法律援助、农技指导、爱心帮扶活动，为企业解决困难的“走亲连心三服务”活动等各类社会服务活动60余次。

（莫斐）

·中国国民党革命委员会临平区基层委员会·

【概况】2021年，中国国民党革命委员会临平区基层委员会（下称“民革临平区基层委”）有党员49人。下设3个支部，第一支部17人、第二支部19人、第三支部13人。党员中有市政协委员1人，区人大代表2人，区政协委员11人（常委2人）。因杭州市行政区划优化调整，6月11日，民革临平区基层委召开成立大会，选举产生第一届临平区基层委班子，俞旭霞任主委，濮言昶、周旭一、包小萍任副主委，张迪、吴虹、谢俊任委员；包小萍、张迪、谢俊分别兼任第一、二、三支部主委。年内，民革临平区基层委二支部获民革市委会“示范支部”称号。

【参政议政】2021年，民革临平区基层委提交提案议案11件（其中政协提案9件、人大议案2件）。区政协一届一次大会期间，周旭一作《打造省生命健康科创高地示范区的几点建议》的大会发言，获区长点名评价。俞旭霞的《全维度推进法治建设，让营商环境优无止境》、范肖波与徐天生的《关于推进托幼机构健康发展和开办公办惠民托育机构的建议》、周旭一的《塑造创新发展新优势，聚力打造生命健康科创高地示范区》等被评为优秀提案。

【专题调研】2021年，民革临平区基层委撰写调研报告1篇，社情民意20余篇，动态信息37篇。俞旭霞的《关于尽快建立全国统一的核酸检测报告查验系统的建议》被全国政协录用；邓若琛的《侨胞侨领热议建党100周年》被民革省委会录用；谢俊的《小规模纳税人增值税优惠政策带来的税收负担转移至一般纳税人的问题需引起重视》及《关于将个人独资企业、合伙企业纳入个体工商户所得税优惠政策范围的建议》、柯儒斌的《关于进一步完善"互联网＋护理"顶层设计的建议》、王忠的《建议完善我国创新医疗器械产品专利保护相关法律》等被市委统战部录用。

【社会服务】2021年，民革临平区基层委利用多方资源，响应号召，发挥党派特色，精心开展各类活动。全年开展"同心·博爱"品牌社会服务活动10余次。二支部与台江三中结对提供帮扶坚持多年。9月，支部党员自发捐款购买18件羽绒衣和羽毛球运动器具、篮球等赠送给学生们，并送上关爱视频。11月，与塘栖镇塘栖村共建成立第一个"同心·博爱"社会服务实践基地，通过成立"社会服务团、法律服务团、"三农"服务团"，为百姓提供优质的医疗、法律、"三农"、文化等服务，为实现"乡村振兴、共同富裕"注入民革力量。与四川省甘孜州石渠县开展结对帮扶工作，举行"同心·博爱"情暖石渠帮扶活动仪式。各位党员捐款捐物，助推当地农副产品销售。

同时，充分发挥党派特色，做好服务祖国和平统一相关工作。9月，举办"迎中秋、话祖统"共赏花好月圆夜主题活动，展现"初心、传承、活泼"的特点及积极向上、朝气蓬勃的精神状态。12月，组织12名党员，参加临平区台胞台属第一次代表大会暨台海形势报告会。

【组织建设】2021年，民革临平区基层委发展新党员3名，分别是杜飞军、黄晓菁、朱翔。

【党员荣誉】2021年，民革临平区基层委党员高丽娟获评民革市委会优秀党员；包小萍、吴虹、柯儒斌、曹利锋、姜如金获评民革市委会优秀党务工作者；由尹世强带队的国家盲人门球男队获东京残奥会亚军，浙江盲人门球男队和女队均获全国第十一届残运会组暨第八届特殊奥林匹克运动会金牌，尹世强本人获省政府授予的两个"一等功"奖励；周旭一获"2021年度浙江民革骄傲人物、杭州市侨界十杰"称号。

（莫斐）

·中国民主同盟临平区基层委员会·

【概况】2021年，中国民主同盟临平区基层委员会（下称"民盟临平区基层委"）有盟员62人，下设4个支部，第一支部17人、第二支部15人、第三支部13人、离退休支部17人；平均年龄51.1岁。盟员中有中高级以上职称50人，占比78.1%；市人大代表2人、市政协委员1人、区人大代表2人、区政协委员14人（常委3人）。

因杭州市行政区划优化调整，6月17日，民盟临平区基层委成立，选举产生第一届基层委班子，章桂娣任主委，陈国良、王巍、俞建锋任副主委，沈慧丽、范松平、余诗颖任委员；龚罗平、高隽、李存勇、陈洁分别任第一、二、三、离退休支部主委。

年内，临平区基层委"盟员之家"被盟省委授予五星级荣誉；基层委获评盟市委2021年度先进基层委员会；第一支部获评盟省委组织建设类"双十佳"基层组织；第一、二支部获评盟市委2021年度五星级支部；第三支部获评盟市委2021年度四星级支部。

【参政议政】2021年，民盟临平区基层委提交提案议案28件（其中政协提案25件、人大议案3件）。区政协一届一次会议期间，杨佳作《围绕破解入学难"最后一公里"打响"学在临平"品牌》的大会发言，王伟达、范松平的《以大运河文化为引领，打造独具江南水乡韵味的品质之城》入选大会发言材料。高隽的《关于进一步推进我区养老事业健康发展的建议》、余诗颖的《提升老旧小区居住品质，打造共同富裕示范窗口》等被评为2021年度优秀提案。

【基层调研】2021年，民盟临平区基层委撰写调研报告4篇、社情民意129篇、动态信息20余篇。章桂娣的《杭州市老年人精神文化需求特征及服务提升建议》、成砾莹的《推动公益组织发展，助力共同富裕》、杨佳的《信息化背景下青少年近视现状调查及预防建议》和高隽的《数字治理与公民隐私权的平衡》4个调研报告提交盟市委，《数字治理与公民隐私权的平衡》被盟省委"盟声议政"民生法治建设研讨会评为优秀论文。其中，39篇社情民意信息被盟省委录用，录用率30.71%；于秋娜的《关于打造"宋韵临平"的建议》获区委常委、宣传部长沈威批示。

【专题学习】2021年，民盟临平区基层委员会围绕中共十九届六中全会、习近平总书记"七一"重要讲话等各级会议精神等开展专题学习讨论20余次。举行"诵读红色经典，重温光辉党史"活动，40余位盟员集体观看《中国共产党的百年述职报告》。举办中国共产党成立100周年专题活动，郑怡讲述以"伟大的转折"为主题的中国共产党党史，3位盟员诵读红色经典文学作品片段，全体盟员齐唱《没有共产党就没有新中国》。组织盟员全程收看"庆祝中国共产党成立100周年"大会直播实况，施琦的心得体会《不忘初心，薪火传承》在"杭州民盟"公众号发表。

【社会服务】2021年，民盟临平区基层委打造"以盟护萌"社会服务品牌。11月，"以盟护萌"未成年人关爱社会服务项目启动仪式在区社区学院举行，与社区学院和良山等4所民工子弟学校达成合作意向。相继举办"以盟护萌，同心共绘家乡梦"、音乐学科教学专场培训、防诈骗知识讲座、党史教育主题讲座、语文教学互动交流等专题活动5场，覆盖教师、学生1000余人。各支部结合自身特点分别与社区开展党盟共建。第二支部与新安社区进行"支部—社区"共建，为新安社区提供免费法律咨询和医疗卫生咨询。第三支部与星火社区完成党盟共建签约，并开展第一次共建沙龙，获《杭州日报》报道。同时长期关注老旧小区问题。

【组织建设】2021年，民盟临平区基层委组织建设规范有序，制定出台《民盟临平区基层委员会组织生活制度》《民盟临平区基层委员会盟员量化考评办法（试行）》等各项组织制度。根据《民盟临平区基层委员会组织发展工作基本程序和要求（试行）》，严格入盟标准，严肃入盟程序。2021年，发展新盟员3名，分别是陆增友、陈文锋、江小青。

【盟员荣誉】2021年，民盟临平区基层委盟员本职工作成绩斐然。王巍获评盟省委社会服务工作先进个人。龚罗平获评盟省委脱贫攻坚先进个人、盟市委宣传积极分子。范松平、高隽、朱世君、郑怡获评盟市委2020—2021年度优秀盟员。王巍、杨佳、周明勇获评2021年度优秀区政协委员。余诗颖获评市教坛新秀。江小青获评市优秀班主任，入选市中小学名师培养工程第一期培养人选。黄丽英获评市2021年最美思政课教师。魏小平被评为市高中英语新锐教师培养工程优秀学员。俞恒敏被评为区乡村振兴先进个人。林长春被评为区优秀教育工作者。程黎获评2021年度区最美女职工。周明勇、杨佳分别当选为区美术家协会、区诗词楹联协会主席。

（莫斐）

·中国民主建国会临平区基层委员会·

【概况】2021年，中国民主建国会临平区基层委员会（下称"民建临平区基层委"）有会员90人。下设4个支部，一支部21人、二支部19

人、三支部26人、四支部24人。会员中有市人大代表1人、区政协委员19人（常委3人）。

因杭州市行政区划优化调整，6月18日，民建临平区基层委召开成立大会，选举产生第一届基层委班子，冯啸涛任主委，朱彩、罗素云、吕璨任任副主委，陶枫颖、闻建明、王勇任委员；谢宇罡、陶枫颖、周智刚、罗素云分别担任第一、二、三、四支部主委。

2021年，民建临平区基层委4个支部均获市委会年度考核优秀，是全市唯一一个所有支部考核分值均在100分以上的基层组织。

【参政议政】2021年，民建临平区基层委提交提案议案22件，内容涉及社会民生、经济发展、民生保障、城市建设、环境保护等多个方面，发出民建好声音。李锦洪的《关于促进我区文化创意产业发展的建议》、闻建明的《加强临平区城市公园建设与管理的建议》等提案均被采纳，并得到有关部门的响应落实。区政协一届一次会议期间，冯啸涛的《组建产业学院，服务临平区产业新布局》入选大会发言材料。

【专题调研】2021年，民建临平区基层委撰写调研报告3篇、社情民意50余篇、动态信息20余篇。黄继生的《新发展阶段凝聚共识视域下全面提升参政党履职能力建设研究》获省委会理论研究课题优秀成果一等奖；蒋霄阳的《劳动合同法中关于未签订二倍工资在实践中诸多问题建议予以修订》被省委统战部、省委会录用；冯啸涛的《关于统筹推进我区轨道交通网络的建议》获评优秀提案。

【社会服务】2021年，民建临平区基层委一支部走访慰问东湖街道乾元社区居家养老服务中心的孤寡老人，并为养老中心59位老人送上慰问物品。二、四支部在金华市金东区开展助学帮困活动，为8名学生送上学习文具和助学金。二支部会员周志华领衔8位专家，参与接诊患者125人次。三支部赴乔司职高开展“温暖助学进校园”工作，为学生送上助学金。特别是12月初，疫情突袭杭州期间，一支部、三支部分别赴乔司、星桥街道，慰问一线抗疫人员，送上慰问物资。

【民建企业家联谊会临平分会成立】2021年11月，民建临平区基层委汇集会员中40余位经济界企业家，成立“杭州民建企业家联谊会临平分会”。同时，民建企业家联谊会临平分会与石渠县签订3年合作协议，定向采购30万元石渠特色农产品进行消费扶贫，助力石渠县巩固拓展脱贫攻坚成果，与乡村振兴有效衔接。

【组织建设】2021年，民建临平区基层委发展新会员4名，分别是王立方、汪松、张哲人、王亚平。

【会员荣誉】2021年，民建临平区基层委会员毛新雨获评国家体育总局“全国体育事业突出贡献奖”，收到中国体育代表团的感谢信，感谢其在东京奥运会备战参赛中为国家队提供的各项服务保障；王勇获评省委会“助力共同富裕”先进个人、成绩突出个人；黄继生获科技部（中国商业联合会）科学技术奖全国商业科技进步奖三等奖；蒋霄阳获评市委会信息工作积极分子。

（莫斐）

·中国民主促进会临平区基层委员会·

【概况】2021年，中国民主促进会临平区基层委员会（下称“民进临平区基层委”）有会员55人。下设3个支部，一支部17人、二支部18人、三支部18人；会员中有市政协委员1人、区人大代表4人、区政协委员10人（常委2人）。

因杭州市行政区划优化调整，6月2日，民进临平区基层委召开成立大会，产生第一届临平区基层委班子，楼秀华任主委，陈强、孙芬华、马亚琴任副主委，赵春锋、郑超、涂晓堃任委员；赵春锋、郑超、涂晓堃分别任第一、二、三支部主委。

年内，民进临平区基层委获评民进市委会“参政议政调研工作先进集体”“反映社情民意信息工作先进集体”；第三支部获民进市委会“先进支部”称号。

【参政议政】2021 年，民进临平区基层委提交提案议案 13 件（其中政协提案 9 件，人大议案 4 件）。区政协一届一次会议期间，许晓明的《关于推进塘超文旅小镇的建议》、涂晓堃的《关于加强推进体医整合，提升群众健康水平和科学健身意识的建议》、沈林峰的《关于在 40 岁以上人群体检中增加肺功能检查项目的建议》等提案均被采纳，并得到有关部门的响应落实。由李君共同参与的《破解入学难“最后一公里”，打响“学在临平”品牌》入选大会发言材料。

【专题调研】2021 年，民进临平区基层委撰写调研报告 2 篇，社情民意 70 余篇；举办“社情民意信息培训”2 次，开展“社情民意撰写研讨”2 次。10 月，成立由资深会员、会员骨干力量和民进之友共同组成的“资政建言工作室”，旨在打造临平民进会员履职阵地、提升会员建言水平、发挥会员主体作用的一个智囊型、民主化的参政议政工作平台。其中，近 30 篇社情民意被省市级以上部门录用。李君的《民办幼儿园普惠性机制转型进展不快三个方面问题亟待解决》被全国政协《每日社情》、民进中央录用；张怡的《交通工程建设项目亟待建立新的工伤体系》被民进中央录用；庞国莎的《建议宫颈联合筛查（TCT+HPV）常规纳入妇女病普查》被省委会录用。

【社会服务】2021 年，民进临平区基层委会员李君持续 10 年做好对贵州金沙、安龙两地幼教帮扶工作，获民进中央授予的全国社会服务暨脱贫攻坚工作先进个人称号，小博士幼儿园援教项目获民进全国脱贫攻坚优秀成果奖，被教育部、贵州省政府授予毕节地区“学前教育实践基地”。陈海峰捐赠 5 万元用于从江县“亮灯助学”工程，帮助 10 名高考生顺利完成大学学业，同时组织医疗、生活物资支援上虞抗击疫情。赵春锋、涂晓堃、江小洪、许立恒、金小芳参与 2021“同心·彩虹”爱心助学捐款近 1 万元。抗疫期间，医卫界会员戴晓瑛、葛伟荣、郎建花、赵玉红、程卯袁、姚瑛、庞国莎等逆行而上守护平安；金薇冬以笔墨为抗疫鼓劲；孙芬华参加南苑街道居家隔离管控、沿街商铺疫情防控督查工作；许晓明与社区工作人员开展入户走访，宣传防疫知识；吴鸿洲为居家隔离学生送物资、献爱心。

【组织建设】2021 年，民进临平区基层委发展新会员 2 名，分别是庞国莎、金小芳。

【会员荣誉】2021 年，民进临平区基层委会员李君获评“民进全国社会服务暨脱贫攻坚工作先进个人”；李君、葛伟获评民进市委会“优秀会员”；李君、郑超、张怡获评民进市委会“参政议政工作先进个人”；葛伟荣、姚瑛获民进市委会“庆祝中国共产党成立 100 周年——同心筑梦·民进记忆”主题分享作品优胜奖；葛树法获民进市委会“建党百周年暨纪念马叙伦征文”优胜奖；孙芬华获评全省侨联系统抗击新冠肺炎疫情成绩突出个人；马亚琴获评省统计学会《统计科学与实践》通联工作先进个人；郑超获市 131 人才、首届市杰出教育工作者称号；许晓明创作的地方曲艺小品杭滩《施新更》获省曲艺新作大赛金奖，小品《排练》获省戏剧小品大赛银奖、市小品大赛金奖、省戏剧小品大赛优秀表演奖；许立恒获评省优秀社区卫生服务中心主任；金薇冬获“庆祝中国共产党成立 100 周年”全省书画展二等奖。

（莫斐）

·中国农工民主党临平区基层委员会·

【概况】2021 年，中国农工民主党临平区基层委员会（下称“农工党临平区基层委”）有党员54人。下设3个支部，一支部17人、二支部19人、三支部18人；平均年龄51.8岁。党员中有中高级以上职称43人，占比77.8%；医卫系统30人，占比55.5%；市人大代表1人、区人大代表3人（常委1人）、区政协委员13人（副主席1人、常委3人）。

根据杭州市行政区划优化调整，5月31日，农工党临平区基层委成立，选举产生第一届基层委班子，江筠任主委，施志杰、戴劲、王朝丽任副主委，项荣轩、汤凌、徐武成任委员；汤凌、徐武成、叶凡一分别任第一、二、三支部主委。

年内，农工党临平区基层委通过市委会星级支部考核，一支部获评五星级支部，三支部获评四星级支部，二支部获评三星级支部。

【参政议政】2021年，农工党临平区基层委提交提案议案16件（其中人大议案3件、政协提案13件），涵盖产业升级、科技创新、营商环境、民生福祉、基层治理、美丽乡村等多个方面。区政协一届一次会议期间，汤凌代表基层委作《加快推进创新载体建设，助力提升“数智临平·品质城区”》的大会发言。王朝丽的《关于净化网络空间，加大对涉网络平台侵害未成年人行为打击力度的建议》被评为市人大代表优秀建议。

【专题调研】2021年，农工党临平区基层委撰写调研报告3篇、社情民意30余篇、动态信息20余篇。江筠在区委“争当高质量发展建设共同富裕示范区样板”专题民主协商暨“请你来协商”活动上代表基层委作《高标准建设综合交通服务体系》调研报告发言。戴劲的调研《加快推进国家实验室建设、高水平打造区域创新中心》代表市委会在市政协常委会发言。

【社会服务】2021年，农工党临平区基层委持续推进“浙江省民主党派基层建设现场教学基地”“浙江省统战系统廉政文化教育基地”工作，打造“讲好杭州故事、讲好廉政故事、讲好统战故事”的临平农工品牌。组织3名党员参加区委统战部“永远跟党走　共筑同心圆”故事宣讲活动；丰国需参加塘栖书场“志愿汇”活动；孙惠华参加塘栖镇“缅怀革命情怀，听红色故事”活动。8月，举办社情民意信息沙龙活动，解读农工党杭州市委会印发的《2021年支部工作考核内容》；10月，一支部与南苑街道新城社区开展结对共建工作，开展各类服务活动，在交流互动中焕发基层组织新活力。

【组织建设】2021年，农工党临平区基层委发展新党员2人，分别是马赫、易春红。

【党员荣誉】2021年，农工党临平区基层委党员丰国需的《山海经》获“范蠡故事征文”一等奖，并被中国民间文艺家协会评为2019—2020年度中国好故事作家（全国仅1人），同时获评省“文化示范户”。曹燕获市委会“微视频献礼100周年”展评二等奖、市侨界“庆祝中国共产党成立100周年”演讲比赛二等奖；孙惠华获评省“乡村文化能人”；王建之获评市“最美敬老爱老助老医护”。

（莫斐）

·中国致公党临平区总支部·

【概况】2021年，中国致公党临平区总支部（下称“致公党临平区总支部”）有党员21人，下设2个支部，一支部11人、二支部10人；平均年龄44.3岁。党员中有市政协委员1人、区政协委员8人（副主席1人、常委2人）；省级海外人才1人。

因杭州市行政区划优化调整，6月4日，致公党临平区总支部成立，选举产生第一届班子成员，韩峻任主委，范芬梅、张国强任副主委，杨晓慧任委员；杨晓慧、卢俊卿分别任第一、二支部主委。9月，参加涉侨机构组建工作，刘漪当选为临平区第一届侨联兼职副主席。

年内，致公党临平总支部获评市委会“组织工作先进集体”“海外联谊工作先进集体”。

【参政议政】2021 年，致公党临平区总支部提交提案议案 8 件。区政协一届一次会议期间，总支部与科技界别联合提出的《固本培元、雅俗共赏、动静结合，建设年轻活力新临平》入选大会发言；刘漪的《关于在艺尚小镇打造直播电商产业集群的建议》、沈琦的《加快引育高端创新人才推动临平经济高质量发展》等提案被列入重点提案，在委员中引起共鸣。年内，致公党临平区总支部重点围绕“建言助共富，同心迎亚运”主题组织开展“议政日”活动，详细了解临平亚运场馆及场馆周边环境改造提升工程项目推进情况。围绕城市亚运氛围营造、基础设施建设、安全文明施工及城市管理、小区物业管理等方面提出意见建议。

【专题调研】2021 年，致公党临平区总支部撰写调研报告 4 篇、社情民意 8 篇、动态信息 19 篇。张森伟的调研报告《千年古镇梅城“半朵花”待字闺中保护开发亟待破题》被市委统战部采纳，获得副省级领导批示。“名镇、名山、名湖的整体开发研究——打造临平区旅游金字招牌”被列入区重点调研课题。总支部课题“加快融沪融杭步伐，努力提高人民群众获得感”在区政协“争当高质量发展建设共同富裕示范区样板”专题民主协商活动上作主题发言，获得区委主要领导肯定。

【培训学习】2021 年 7 月，致公党临平区总支部制定《党员学习、分享制度》《党员关怀、慰问制度》《党员履职考核制度》等规章制度并实施。10 月，举办年度读书会，加强学习培训，鼓励党员推荐好书并作分享交流。同时，组织 3 名党员参加市委会的中青年骨干暨新党员政治共识教育专题研讨班。

【社会服务】2021 年，致公党临平总支部开展“杭州职工一家亲”基层组织联系结对活动，落实并超额完成消费帮扶助力西阳乡村振兴工作。2 月，张国强、卢俊卿协同“致善同盟”成员单位，助力“为年夜饭添道菜”慈善项目的“留在浙里，幸福过年”——同心抗疫送温暖捐赠活动，为 300 名 70 周岁以上老人、100 位养老院老人、100 位响应政府号召留杭过年的外来务工人员的年夜饭添上一道菜，送上节日的慰问。9 月，沈琦、俞清走进中翰盛泰生物技术股份有限公司，与浙江大学时代强鹰学员面对面，就创新创业发展进行互动交流。10 月，各支部与余杭基层委支部、萧山基层委支部、西湖基层委支部等分别开展结对交流活动。沈琦随团市委、市青企协考察团赴西藏那曲市色尼区开展对口支援工作，捐赠 3 万元（用于支持色尼区教育数字化发展及当地小学生购买学习用品等物资）。卢俊卿赴四川省与石渠县缔结结对帮扶爱心项目。

【党员荣誉】2021 年，致公党临平区总支部党员张森伟获省委会“庆祝中国共产党成立 100 周年党史知识竞赛”三等奖及市委会“参政议政工作先进个人”称号。张国强获评市委会“社会服务工作先进个人”。沈琦获评市委会“海外联谊工作先进个人”。卢俊卿的《关于进一步推进我区养老事业健康发展的建议》入选优秀提案。沈琦获评优秀政协委员。

（莫斐）

·九三学社临平区基层委员会·

【概况】2021 年，九三学社临平区基层委员会（下称“九三学社临平区基层委”）有社员 63 人。下设 3 个支社，一支社 21 人、二支社 22 人，三支社 20 人；平均年龄 49.2 岁，其中“80 后”占比 36.5%，均为高中级知识分子。社员中有市人大代表 1 人、区人大代表 2 人、区政协委员 13 人（常委 2 人）。

因杭州市行政区划优化调整，6 月 5 日，九三学社临平区基层委员会成立，选举产生第一届基层委班子，王新龙任主委，应健、方红梅、常青任副主委，沈艳芬、赵哲光、袁见华任委员；赵哲光、方红梅、沈艳芬分别担任第一、二、三支社主委。

年内，九三学社临平区基层委第三支社获评社市委四星级支社，第一、二支社获评社市委三星级支社。

【参政议政】2021年，九三学社临平区基层委提交提案议案19件（其中政协提案16件，人大议案3件）。区政协一届一次大会期间，九三学社临平区基层委的提案《推进临平地标建设　提升城市认知度》被列入大会发言书面交流材料。施旻涛撰写的《关于强化临平区创新创业相关政策精准度的建议》、应健联名撰写的《关于进一步推进我区养老事业健康发展的建议》、赵哲光联名撰写的《关于打造临平区生物医药产业校企联盟的建议》被列入优秀提案。施旻涛获评优秀政协委员。

【专题调研】2021年，九三学社临平区基层委撰写调研报告3篇、社情民意20余篇、动态信息18篇。其中，陈政的《以工程师协同创新中心建设加速高素质工程师引培的相关建议》、孙波的《互联网+背景下多元主体协同推进区域职业教育的相关建议》获社市委课题立项，王清诚的《基于等离子银纳米壳表面辅助激光解吸/电离质谱的丹参活性分子与道地性研究》获省卫计委立项。王新龙的《地方专项债支持新基建需突破三大瓶颈》被九三学社中央及全国政协采用。沈艳芬的《建议浙江尽早出台带薪护理假政策》、邓丹的《关于加强对未成年人整形监管的建议》等4篇被社省委录用。陈书峰的《G20成员国推进“全球最低企业税率”，中国需积极应对国际税收规则新变化》被市政协录用。

【社会服务】2021年10月，九三学社临平区基层委组织开展针对建德梅城保护开发和临平地区历史古迹调研活动。全年为每位社员发放2—4本书籍，组织线上交流学习心得，提升社员素养。建设“九三之家”2个，分别为党派同心楼九三之家、开发区茧·SPACE园区综合楼活动室。同时，充分发挥各类人才优势，继续开展“送服务进企业”活动，帮助解决企业难题。开展各类“义诊进社区”活动，为社区居民带来福音。开展“重阳送温暖”活动，积极调研，助力社会养老事业发展。张月龙为丽水困难学生帮扶捐款，为敬老院老人献上节日红包；游小文报名参加“浙江省援助四川省甘孜州首批专业技术人才”代表，赴甘孜州开展为期一年半的对口医疗帮扶工作，撰写的《新冠疫情防控经验分享与交流》被四川省有关部门作为新冠疫情防控素材摘取录用。

新冠肺炎疫情发生以来，临平九三全体医务工作者响应号召，坚守一线，全身心参与疫情防控，努力践行“最美逆行者”称号。相关社员也立足本职工作，支持保障疫情防控工作。施旻涛组织公司所辖各园区运营团队人员投入疫情防控，落实人员全面排摸、中高风险地区人员和红、黄码人员隔离管控等工作，确保9个园区入驻的600多家企业和5500多名职工防疫安全。

【组织建设】2021年，九三学社临平区基层委发展新社员6名，分别是耿鹏鹏、游小文、周慧、陈叶珍、邵晴盈、罗轶。

【社员荣誉】2021年，九三学社临平区基层委社员王新龙获评社省委“信息工作先进个人”。应健获评社省委优秀社员、市首批杰出教育工作者、市中小学名师培养工程第一期培养名单。陆森获评社市委“参政议政先进个人”。吴佳盈入选“浙派名师名校长”培养对象，其撰写的《学校德育模式的创生微探》等多篇论文获奖或发表。

（莫斐）

群众团体

Mass Organizations

·临平区总工会·

【概况】2021年，临平区共有镇（街道）、平台总工会9家，局系统工会32家。截至年底，全区有下属基层工会1498家，其中单建工会1274家、区域（行业）联合工会185家，涵盖职工16万余人。

【临平区工会第一次代表大会】2021年8月1—3日，杭州市临平区工会第一次代表大会召开。临平区工会第一次代表大会正式代表、列席代表和特邀人员等240余人参加开幕式。大会选举产生临平区总工会第一届委员会和经费审查委员会，以及区总工会第一届领导班子，开启临平工运事业新征程。大会确定今后五年的指导思想、奋斗目标和主要任务，旨在团结动员广大职工，开拓进取、唯实惟先、善作善成，为高水平建设“数智临平·品质城区”建功立业。

【“数智群团”建设】2021年，区总工会牵头“数智群团”建设，发动23万余人注册，访问量达419万余次，开展群团集市活动2800余次，参与人数11万余人次；发布风采1836条，浏览量85万余次；连续开展群团集市“赶集日”活动10期，发布福利活动200余场，吸引1万余人次参与活动。研发“一呼百应”“有缘来临”等应用场景，被市总工会认定为重点推广应用场景，入选“数智杭州”市级门户优秀应用场景。

【数智工会建设】2021年临平区数智工会项目启动以来，入驻镇局工会43个、基层工会1165个、实名会员库168845人。2021年，通过“有课来临”、疗休养等应用场景开展线上报名活动200余场，参与职工9000余人，在线参加职工医疗互助保险20.5余万人、参保单位1137家。

【新就业形态劳动者入会服务】2021年，区总工会不断深化新就业形态劳动者建会入会工作，临平街道外卖服务业联合工会、南苑街道叠华网约车联合工会、塘栖镇新业态联合工会等新业态工会组织相继成立，先后成立快递业、外卖服务业、护理业、保安业等新业态工会组织45家，吸引4000余名新就业形态劳动者入会。通过开展“夏送清凉”“免费体检”“免费疗休养”等服务活动，慰问新业态企业、网点50余家，为新就业形态劳动者送去慰问物资1200余份，全年线上线下面向新就业形态劳动者开展专场活动40余场，服务新就业形态劳动者1.5万余人次。

【爱心驿家（站、点）联盟建设】2021年9月7日，区总工会爱心驿家（站、点）联盟成立。遵循“六有”标准，规范“爱心驿家”建设，培育区级爱心驿家3家，推荐申报市级2家，临平区总工会爱心驿家（站、点）联盟受到《浙江工人日报》等媒体的关注。截至年底，临平区总工会爱心驿家（站、点）联盟有23家成员（单位），其中工会系统市级“爱心驿家”11家、其他有关单位“爱心驿家（站、点）”12家。这些“爱心驿家（站、点）”分布在户外劳动者相对集中的区域，配置齐全，专人负责，提供面对面、零距离和精准化、精细化服务，切实解决户外劳动者的现实问题。

2021年11月25日，南苑街道叠华网约车联合工会委员会成立，图为现场，爱心驿家（站、点）联盟的工会志愿者为参加活动的网约车司机开展防范诈骗公益宣传活动
（区总工会　供稿）

【产业工人队伍建设改革】 2021年，区总工会切实履行协调小组办公室牵头抓总职责，加强对产业工人队伍建设改革统筹协调工作。在省市产改试点企业的基础上，将50家规上企业列入产改区级试点单位。加强与省市协调小组办公室的联系，传达新精神新要求，动态掌握临平推进落实工作情况。牵头编制《临平区贯彻落实〈新时代浙江产业工人队伍建设改革“十四五”工作规划〉的实施方案》及《工作清单》，提高站位、整体协同、全域谋划，扎实推进产业工人队伍建设改革。

【职工素质提升】 2021年，区总工会助力产业工人“大学圆梦行动”，开展“双证制”工程，全年报名并参加成人高考专科学员709人、本科学员793人，为在读学员开展技能培训11期。助推企业新型学徒制工作，在杭州东华链条集团有限公司、杭州胡庆余堂药业有限公司、杭州大精机械制造有限公司开展涉及职业（工种）为钳工、药物制剂工、加工中心操作工的企业新型学徒制工作。

【职工维权帮困】 2021年，区总工会在全区开展建档困难职工家庭调查工作，实现精准建档，落实一户一档案。开展“两节”送温暖、医疗救助、“五一”送医送药、“夏送清凉”、疫情期间帮困助困等慰问活动。“冬送温暖”系列活动慰问职工8000余人次；“春送岗位”活动线上线下提供岗位1800余个，达成就业意向700余人次；“夏送清凉”系列活动慰问职工2500余人次；“秋送助学”活动为46名优秀外来务工子女和建档困难职工子女提供6.6万元助学慰问金。开办“小候鸟”暑期爱心托班86个，招募志愿者478名，投入经费150余万元，惠及“小候鸟”近4000名。慰问困难职工家庭136户次，发放慰问金32.72万元，配合市总工会及时向4名因意外伤害身故的在职工会会员给付保障金8万元。受理职工涉及法律援助、互助保障、困难帮扶等内容的信、访、电共325件，均妥善解决。

【职工文体活动】 2021年10月，临平区工人文化宫发布五大系列活动。开展茶艺、烘焙等“有课来临”系列公益课程，“两化”运营合作课程21期，参与职工580余人次。送公益课程到社区（村），惠及4个社区（村）的近200名居民。邀请知名作家举办读书分享会2场，并为职工赠书100余册。开展趣味运动会、绿道毅行等“迎亚运”活动20余场，参与职工550余人次。举办“咱们人人有力量·红心永向共产党”职工书画摄影比赛，多渠道征集作品1178件，最终86件作品和2家单位获奖。

2021年9月11日，临平区总工会举办“金秋助学”2021年优秀外来务工人员子女奖学金发放仪式
（区总工会 供稿）

【首届临平工匠认定】2021年7月14日，临平区成立由区委常委、常务副区长葛建伟担任组长的“临平工匠”认定工作领导小组。8月16日，认定小组办公室下发《关于开展2021年“临平工匠”认定工作的通知》，发动全区各镇街（平台）、部门、相关协会的力量，吸引优秀产业工人进行申报。“临平工匠”认定工作收到候选人材料69人份。经过专家评审团评审、实地走访，领导小组认定和公示，并报区政府同意，认定临平工匠10名。“9·26”工匠日期间，临平区召开2021年“临平工匠”认定发布会公布认定结果，被认定的“临平工匠”可申请评定为区级E类人才。

【临平区首届职工技能争霸赛】2021年5月以来，临平区首届职工技能争霸赛以“打造区域职业技能状元，服务临平产业转型升级”为主题，举办区级精英赛7场、镇街级群英赛30场，组队参加市级大赛6场，吸引1.7万余名技能人才报名参加。精英赛在全区范围选拔，体现临平最高水平；群英赛在镇街、企业范围选拔，体现区域较高水平。同时强化赛事结果运用，授予区级精英赛第一名“临平区技能状元”称号，并可申请评定为区级E类人才，享受最高20万元的购房补贴等相应的人才政策待遇。

2021年9月18日，临平区“东湖杯”模具工技能竞赛在杭州蓝道职业技能培训学校举行
（区总工会 供稿）

【临平“工小新”创建】2021年5月，“临平工会”微信公众号开通，“工小新”IP形象和“工小新”表情包发布。截至年底，“临平工会”新增粉丝近1万人，发布各类原创信息

120余篇，开展线上互动活动11次，参与职工1.8万余人次；拍摄各类微视频近20个，制作H5微场景4个，充分利用新媒体讲好工会故事。

【全国五一劳动奖状】2021年4月30日，浙江省举行庆祝“五一”国际劳动节暨表彰劳模先进大会。贝达药业获2021年全国五一劳动奖状，是杭州市唯一一家获该荣誉的集体。贝达药业副总裁蔡万裕参加表彰大会并代表公司领奖。2011年，贝达药业自主研发的中国第一个小分子靶向抗癌药——盐酸埃克替尼（商品名：凯美纳），填补了国内空白，打破了进口药垄断。2020年11月，贝达药业与其控股子公司Xcovery共同开发的全新的、拥有完全自主知识产权的创新药——盐酸恩沙替尼胶囊（商品名：贝美纳）获批上市，成为中国第一个用于治疗ALK突变晚期非小细胞肺癌的国产1类新药，再次填补同类药物国产空白。盐酸埃克替尼上市以来，有28万多名晚期非小细胞肺癌患者服用，累计销售超90亿元，并且持续开展后期免费用药项目，累计发药600多万盒，市场价值超100亿元，减轻了患者经济负担。

（方凤娣）

·共青团临平区委员会·

【概况】2021年，临平区有14—35周岁的常住青年41.74万人，其中团员2.6万余人、少先队员近8万人，团青比为6.4%。共青团杭州市临平区委员会（下称“团区委”）辖有直属团组织36个［11个镇街、平台团（工）委，25个区直机关、经济实体团工委］，有行业团工委5个（教育团工委，时尚行业、快递物流行业、互联网行业和社会组织团工委）。全区“智慧团建”系统录入基层团委41个、团总支29个、团支部1084个。全年获省部级以上荣誉或案例9个，承接省级试点及活动2项，在全省会议上作经验分享1次。

【基层团组织建设】2021年，团区委制定《临平区全国县域共青团基层组织改革试点工作实施方案》，推进团工作全方位、系统性变革，高质量推进共青团基层组织改革试点任务，有效提升基层团组织活力，塘栖镇塘栖村团支部被评为“全国五四红旗团支部”。完成全区36个镇街（平台）、区直单位团组织更名、设立工作，“两新”领域新建团组织98家，重点加强快递物流、互联网等新业态新就业领域团建，成立时尚、快递物流、互联网行业和社会组织4个团工委，有基层团支部165个，覆盖企业500余家，吸纳团员青年3700人。

2021年11月，临平区快递物流行业团工委在星桥街道成立（团区委　供稿）

【团干部队伍建设】2021年，团区委选配、调整全区直属团组织书记、副书记91人，本科以上学历100%。将团干部配备情况纳入重点工作考核项目，深度参与团干部协管。实施《临平区共青团“作风建设”三年行动计划》，抓好团干部作风建设。深化“团银合作”和团教协作，多名金融系统青年和少先队辅导员赴团区委挂职锻炼。建立统一的团干部任用、考核和评价机制，形成有效的团干部选拔、培养、管理和激励机制。

【青少年思想道德建设】2021年，团区委广泛组织全区青年开展“习近平总书记‘七一’重要讲话精神”“中共十九届六中全会精神”等学习活动，参与13.8万人次，100%覆盖团员青年。以“五四”“七一”“十一”等重大时间节点为契机，举办“童心永向党　筑梦新时代”庆“十一”升国旗仪式等主题教育活动。组织全区团员青年参与“青年大学习”网上主题团课，平均每期学习人数5000余人。深化“临平青年说”宣讲品牌，开展“学习六中全会精神　书写窗口别样青春”“六讲六做暨‘临平青年说’携手共同富裕”等大型宣讲活动，组织“临平青年说”“少年先锋说”宣讲团以“线上+线下”形式开展宣讲活动120余场，覆盖团员6000余名，辐射青年数万名，20余次登上学习强国平台。完善宣传阵地建设，充分发挥浙江省青少年红色基因传承基地何思敬纪念馆等爱国主义教育基地作用，创建第一批区级青少年思政、法治、廉政教育基地20家。

2021年4月，临平区、余杭区举行庆祝中国共产党成立100周年青年理论宣讲活动　（团区委　供稿）

【服务青年就业创业】2021年，临平区成立区青年商会（新生代企业家联谊会），发布“临平区新生代联合茁壮机制”，实施企业家青蓝传帮带计划，获评全省“服务两个健康”最佳案例。擦亮“青”字号工作品牌，全年开展青工技能比武活动13次，创建区级“青年文明号”70家，农村商业银行塘栖支行营业部获评国家级青年文明号。深化东西部对口帮扶工作，组织60余名临平区、石渠县青年企业家、少先队员双向交流，消费帮扶石渠县、泸定县数百万元农产品。成功争取中国农村青年致富带头人乡村振兴发展研究院落户临平，搭建政府、科研院所、高校、致富带头人企业四方桥梁。成立杭州学子工作站临平分站，发布“青春T计划”，面向全区征集500余个大学生暑期实践岗位，引导更多临平籍在外青年毕业返乡。深挖浙江大学、浙江理工大学“金矿”，开展“青年学子临平行”、青年企业家“创新训练营”等活动，为百余名青年学子、青年企业家搭建社会实践、科普教育、交流合作的平台。

【志愿服务工作】截至2021年底，临平区有注册志愿者18.4万人、志愿服务组织892个。团区委指导全区直属团组织、青年社会组织、志愿服务组织在各领域开展多类型的志愿服务，全年不间断开展交通路口平安劝导、平安巡防等志愿服务，参与“平安临平”建设。组建专业生态环保志愿服务队伍，全年开展垃圾分类、“五水共治”等生态环保类志愿服务260次，为建设“美丽临平”发挥重要作用。全年推选区级“美丽临平人”1位，“优秀社区志愿者”12位，国家级优秀青年志愿者1位。深入开展迎亚运志愿服务

2021 年 8 月，临平区青年商会成立 （团区委 供稿）

大比拼，评选出金奖 2 名、银奖 3 名、铜奖 5 名、优胜奖 8 名，发挥典型带头作用，弘扬志愿服务精神，营造志愿服务氛围。

【未成年人保护和预防青少年违法犯罪工作】 2021 年，团区委建立维权机制，依托临平“12355”青少年服务站、临平区未成年人心理健康辅导站开展青少年维权活动。与服务站、青少年社会组织、公检法司等部门合作，打通青少年权益维护的“最先一公里”和“最后一公里”，全年“12355”青少年热线接听率、处置率、满意度均达 100%，其中形成青少年维权典型个案跟踪帮扶 16 例。建立青少年网格化管理工作体系，分地域、分类别开展摸排五类重点青少年群体工作，并细分至网络；牵头各镇街网格对接帮扶；监督网格人员落实帮扶工作；形成帮扶个案，监督帮扶工作成效；整合全年重点青少年工作帮扶总结，形成档案。截至 12 月底，全区 32 名重点青少年完成 100%结对帮扶，实现“一助一”“多助一”帮扶 183 次。组建由专业教师、法律工作者、心理健康辅导师等组成的临平区“8090 普法宣讲团”，通过“三禁三防三自”“亲青帮百场巡回讲座”“开学法治第一课”等专题活动，组织专家讲座、模拟法庭、国旗下讲话等形式的进校园法治宣教活动等 40 余场，覆盖青少年 1 万余人次。

【网上共青团工作】 2021 年，团区委整合宣传资源，突出政治性宣传教育，推进“青春临平”微信平台建设，开设“团干部笔谈”“临平区优秀青年”“临平青年抗‘疫’记”等专栏。成立以来推送原创信息 200 余条，阅读超 20 万人次。加强与中央、省市区级媒体的合作，相关工作获省级以上媒体报道 20 余次。

（厉硕文）

2021 年 7 月，暑期托管志愿者岗前培训会议在临平区教育发展研究学院举行

（团区委 供稿）

·临平区妇女联合会·

【概况】2021年是杭州市临平区妇女联合会（下称“区妇联”）成立之年。行政区划调整后，全区共有8个镇（街道）妇联，3个平台（临平新城、经济技术开发区、大运河）妇联（妇工委），28个区直单位妇联（妇工委），179个村（社区）妇联；“两新”妇联组织达1459个。

【妇联组织建设】2021年，临平区第一次妇女代表大会召开，选举产生临平区妇联第一届执行委员会。结合区妇联成立和区级部门、平台妇联换届等工作，举办临平区妇联干部培训班，为各级妇联干部赋能。持续开展妇联执委大走访活动，制定区妇联执委履职清单，实施妇联执委“五必访·临里走亲”行动，全年各级妇联执委走访“五必访”对象及其他妇女群众3200余人次，收集建议113条，解决问题42个。开展新业态、新就业群体女性从业人员调查摸底，创新建设模式，加强组织覆盖力度。全年货运企业单建妇联2家，联建妇联15家、妇女小组1家；快递企业联建妇联11家；外卖企业联建妇联4家；新媒体行业、互联网领域单建妇联14家，联建妇联12家。

【红色文化传承】2021年，区妇联组织开展“学党史、明初心、再出发”系列活动。机关妇联观看党史教育片、阅读红色书籍、畅谈学习体会等60余次。各级妇联干部、妇女代表、妇女组长、巾帼志愿者、家庭代表等参观区党史馆、中共鸭兰村支部旧址、临平区庆祝中国共产党成立100周年主题展等红色教育点7000余人次。开展专题讲座、圆桌畅聊、庭院宣讲、流动课堂等268场，组织各级妇女1.4万余人次细数“家乡美”、畅谈“再出发”。

【妇联宣传矩阵】2021年，区妇联建立临平妇联网络媒体矩阵和女性融媒体联盟，推出“AI临”工作品牌，全新改版妇联微信公众号，拥有粉丝突破10万人。借助电视台、报纸、微信公众号等媒体宣传全区各行各业优秀女性160余名。临平妇女工作分别在《人民日报》《中国妇女报》等国家级媒体上报道28篇，在《浙江新闻》等省级媒体上报道20篇，在《杭州日报》等市级媒体上报道21篇。

【巾帼建功立业】2021年，区妇联发布“AI临红擎双创”，成立临平区女企业家协会，牵线区政协与女企业家协会开展“协手创赢　致力共富”结对共建。联合区经科局举办2021年临平区女性人才综合素质提升培训班，推荐女企业家协会会员单位人员至发改局金融办挂职锻炼。全年开展女性创业创新培训53场，举办技能比武8场，成立巾帼创业创新基地、女大学生实践基地11家，受益群众916人。发挥巾帼文明岗示范引领作用，开展岗社结对互帮互助活动，深入基层开展服务89场，受益群众1592人。创评市级三八红旗集体2个、三八红旗手5人，省级巾帼文明岗2个，省级巾帼建功标兵1人，市级巾帼文明岗6个，市级巾帼建功标兵5人。实施巾帼创业“雁阵培育”计划，分层次分领域培育一支“头雁”引领、“强雁”拉动、“雏雁”支撑的乡村振兴巾帼创业骨干队伍。

【清廉家风建设】2021年，区妇联开展清廉家风系列活动，挖掘“好家风贤内助”39名，举办映日清“莲”别样红·临平区“AI临爱家”清廉家风宣讲活动，向区直单位相关领导、基层妇联等赠送《习近平关于注重家庭家教家风建设论述摘编》500余册，打造清廉家风教育基地6个。深入开展《浙江省家庭教育促进条例》宣传，编制《临平区家庭教育工作“十四五”规划》。围绕“双减政策”，举办各级家庭教育指导课程50余场。持续开展美丽庭院创建，全年创建美丽庭院户3000户。

【妇儿权益维权】2021年，区妇联编制并发布“十四五”妇女儿童发展规划，明确发展领域和主要措施。与区检察院签订《关于共同推动保护妇女儿童权益工作合作机制》，坚决打击侵害妇女儿童权益的违法犯罪行为。成立“巾帼义警”队伍，紧密配合公安机关、属地镇街、村社，全方位、全覆盖开展反诈宣传活动，全年开展线上宣传120余次，覆盖20万人次；线下宣传2300余次，覆盖12万人次。联合区公安分局深入推进反家暴联动机制建设，在东湖街道开展反家暴智慧联动处置试点。截至2021年底，与区公安“110”平台联动家暴警情1300余件，提供上门走访、法律咨询、心理疏导2000余次。

【公益志愿服务】2021年，区妇联充分利用村（社）党群服务中心、社区文化家园、农村文化礼堂等公共服务资源，创建省级儿童之家1个，市级儿童之家2个。区妇女儿童服务中心举办“展女性魅力·扬巾帼风采”“护女性健康·促和谐家庭”等巾帼讲堂32期，开展各类培训53场，受益人数6000余人。联合理想慈善基金为全区特殊单亲家庭孩子打造“康乃馨小屋”2家。联合区女企业家协会开展巾帼共协“彩虹益行”项目，为四川省甘孜州石渠县的近千名一年级新生送去生活学习物资，对20名困境妇女儿童进行结对帮扶。

【疫情防控工作】2021年，区妇联发动巾帼党员、妇联执委、妇女组长等3000余人入户、入企、入商铺、入快递点宣传，配合做好核酸检测、值勤值守等疫情防控工作，发动女企业家协会会员、女性社会组织等社会力量参与疫情防控。在临平妇联微信公众号上开通“AI临有温度 巾帼齐抗疫”专栏，宣传在疫情防控中表现突出的优秀女性和优秀事迹27篇。

【数字化改革创新】2021年，区妇联助推临平“数智群团”建设，全年发布活动130场，参与6700余人次。开发“天添向上”家庭教育应用场景并上线运行，开设家庭教育直播课程4场，收看量超30万人次。在南苑街道试点探索“云畅聊”“云发布”“云协商”工作模式，吸引年轻妇女参与小区议事协商。

（陈春梅）

·临平区科学技术协会·

【概况】2021年5月，杭州市临平区科学技术协会（下称“区科协”）挂牌成立。以“区科协为主体，镇街科协、学（协）会为两翼，院士专家工作站（指导站）、科普教育基地、村社科普协会为三大触角”的基层科协组织体系逐步形成。镇街100%成立科协组织，村（社）100%建立科普协会。全区建有新经济企业科协9家、学校科协1家、学（协会）5家、科普教育基地5家、院士专家工作站（指导站）12家。

【区科协第一次代表大会】2021年9月28日，临平区科学技术协会第一次代表大会召开，108名正式代表参加会议。大会选举产生第一届委员会，并召开第一次全体会议，选举产生第一届委员会主席、副主席、秘书长、常务委员等，李卫东当选临平区科协第一届主席。

【科普宣传】2021年，区科协以党建为引领，推进科普进“一堂两中心”。全年送科普活动72场次，内容涵盖机器人展示、科学实验、科普讲座、流动科技馆、科普图版展示。年内，组织成立27人的老年人智能手机科普讲师团队伍，开展“银龄跨越数字鸿沟”老年人智能手机培训专项科普行动，培训9000余人次。

【科普阵地建设】2021年，区科协积极打造以临平科技馆为核心、镇街特色产业科普馆为延伸、村（社区）科普活动室为补充的“1+8+N”科普矩阵。全区共有科普e站112个、LED科普宣传大屏28个，科普宣传栏达到村社全覆盖。全年新增5家区级农村科普示范基地。组建一支分别来自卫生、农业、教育、社会等领域的73人讲师团，课题涵盖生活百科、农业技术、健康养生等三大类别，共计212项主题内容。

【科普宣传周活动】2021年9月11日，区科协以“百年再出发，迈向高水平科技自立自强”为主题的2021年全国科普日暨杭州市临平科普宣传周活动启动仪式举行。活动现场布置科普惠民、科普兴农、科普助企、科普筑梦四大板块，涵盖健康义诊，防灾减灾、食品药品安全、节能减排、反邪教等科普宣传，科普模型制作，农产品展示，农技专家咨询等20余个服务项目。科普宣传周期间，开展科普活动179项。邀请中科院白武明、徐德诗、高登义、陈光南、陈洪等5位老科学家到机关、学校、村（社区）开展科普讲座23场。举办机器人展示、科学实验进校园活动23场，青少年科普游2场，受众达26.8万人次。

【院士智力集聚工程】2021年，区科协联合区委人才办、区财政局印发《临平区院士专家工作站（指导站）管理办法》，出台《临平区院士专家指导站评审及绩效考核细则（试行）》。全年新增杭州市专家工作站1家、临平区院士专家指导站2家，引进院士专家及团队成员20名。

【“院士专家临平行”活动】2021年，区科协承办吴澄院士临平行的活动，在杭州老板电器股份有限公司开展未来工厂建设与实践理论研讨。多次邀请中国机械工程学会来参加临平工程培育体系建设研讨，助力“临平智造”。对接清华大学长三角研究院工业互联网工程技术中心，上海院士中心、省农科院、中国水稻所、中国纺织工程学会等多方科研资源，与区企业、农村合作，为纺织、时尚、装备制造等产业发展、乡村振兴及品质城区建设注入科技力量。

【学（协）会建设】2021年11月，区科协召开学会工作会议。指导完成土木建筑学会换届工作，积极推进临平区反邪教协会成立的筹建工作，协助区老科技工作者协会、区抗癌学会、区中医药学会完成变更手续，对区交通学会、区计量学会2家学会进行注销。

【学会协同创新载体】2021年5月，区科协举行以“众心向党·自立自强”为主题的2021年“全国科技工作者日”暨杭州市临平区“智荟乡村”活动，组建科技工作者“新长征突击队”，“智荟乡村”服务“薪火双桥”农文旅研学基地揭牌，成立生态农业产业临平学会企业联合体，为临平乡村振兴注入新动力。

【临平科技馆展教活动】2021年，临平科技馆接待游客约10.5万人次。举办“留杭过年”“庆建党百年·育时代新人”“童心向党·科技筑梦”“红船筑精神·科技梦未来”及现代军事科技主题展等红

2021年9月28日，临平区科学技术协会第一次代表大会召开，选举产生第一届委员会
（区科协　供稿）

色主题活动4场，联合临平实验中学开展“少年科普行之走进未来工厂”科技研学活动，为助力“双减”发挥作用。

【反邪教工作】2021年，区科协联合浙江工商大学举办“青春心向党，反邪谱华章”反邪教主题文艺演出。开展反邪教课题理论研究，推荐11篇反邪教优秀论文参加市级评选。申报东湖街道李家桥村文化礼堂、星桥街道燕子湖公园、运河街道东新村文化礼堂等3家文化礼堂为杭州市2021年反邪教警示教育阵（基）地。

（肖品）

2021年9月16日，临平区工商业联合会（总商会）第一次会员代表大会在区政府召开

（区工商联　供稿）

·临平区工商联（总商会）·

【概况】2021年5月初，临平区工商业联合会（下称“区工商联”）筹备组成立。9月16日，召开杭州市临平区工商业联合会（总商会）第一次会员代表大会，选举产生临平区工商业联合会第一届执行委员会、临平区总商会第一届理事会。截至年底，全区有镇街（平台、直属、团体）商会10个、5个异地商会、16个村级商会组成商会网络体系，商会会员企业1500余家。区工商联获评2020—2021年度全国“五好”县级工商联、2021年度杭州市工商联服务“两个健康”单项工作贡献单位（服务高质量发展贡献单位）、杭州市工商联2021年调查工作先进单位。《实施新生代联合茁壮机制　全方位推动青年企业家成长》案例入选省工商联系统第三季度服务“两个健康”最佳实践案例。《推行“商会微法庭”，多元化解涉企纠纷》项目入选“2021年度有辨识度有影响力法治建设成果市级培育项目”。

【党史学习教育做实】2021年，区工商联推出“商会红色引擎赋能行动”，成立临平区商会党建联盟。组织开展区女企业家“百年芳华唱红歌”庆祝中国共产党成立100周年活动。召开区工商联企业家“永葆活力红色谈”线上论坛。动员各商会党组织书记以党史为内容，给商会会员上红色教育、党史教育党课。全国人大代表、区工商联副主席、贝达药业董事长丁列明赴京参加庆祝建党百年系列活动。邀请丁列明向企业家宣讲全国“两会”精神，邀请省、市专家为企业家讲授中国共产党党史。开展“感党恩　跟党走——临平企业家谈建党100周年感想”活动，发布企业家感言25篇。在微信公众号推出“跟党创业　逐梦临平·红色故事伴征程”系列党史小故事48个。

【清廉民企建设推进】2021年，区工商联联合区税务局和各商会举办以“依法清廉经营　合规合理节税”为主题的企业财税风险管控讲座研讨会，“送课上门到商会”的形式被区党史教育办评为“民呼我为”最佳案例。联合区司法局启动“千所联千会”机制，推进民营企业法治建设。9月，市纪委监委、市工商联组成调研组赴临平调研清廉民企建设推进情况。10月，举办“新生代企业家讲党史党课”暨清廉民企警示教育活动，邀请区检察院检察官作清廉民企专题讲座。

2021年6月29日，临平区商会党建联盟成立仪式在商会大厦国际人才港举行
（区工商联　供稿）

【“数智群团”建设助力】“数智群团”于2021年5月底上线以来，区工商联在“活动阵地”版块实现镇街（平台）全覆盖。共上线12个阵地，发布活动30个、风采展示40条。其中，1个活动（临平商会财税讲座）签到量位列全市第七。

【“双招双引”活动助推】2021年5月，区工商联赴上海调研上海市余杭·临平商会，了解工作开展情况，推介临平区位、产业等优势。6月，以“商会来临　融沪共赢”为主题，联合上海市余杭·临平商会邀请60家在沪企业走进临平考察交流。区工商联还成立融沪亲企先锋队，助力区“融沪桥头堡”战略。6月，组织企业参加2021南京·宁杭生态经济带合作试验区（杭州）推介会。8月，携手深圳市余杭·临平商会捐赠防汛物资。9月，应邀参加第六届海商大会。10月，组织企业参与第二届长三角（苏州）数字经济峰会暨长三角企业家苏州行活动，临平区工商联为长三角数字经济联盟发起单位之一。

【企业家素质提升工作】2021年3月，区工商联举办两期企业家经营能力提高班，参观知名企业，邀请专家解读抖音营销课题。8月，召开区基层商会半年度工作会议。9月，组织企业家参加市联第三期“品质杭商”高级研修班（湖南大学）。10月，召开第一次主席（会长）会议。同月，在丽水市委党校举办非公经济人士（企业家人才）理想信念教育培训班，开展红色教育，感悟浙西南革命精神。11月，组织企业家参加全省民营经济领域切实践行“两个健康”全面助力高质量发展建设共同富裕示范区动员会。

【为企服务工作】2021年，区工商联联合区科技局、税务局、商务局、经科局、企业服务中心举办四期“亲清直通车·政企恳谈会”，现场解决问题60余个，在省“三服务小管家”平台上线问题35个，办结率100%，满意率100%。依托与建设银行的结对共建协议，帮助10家企业解决贷款需求共计3795万元。联合区司法局共同启动“千所联千会”机制，推进民营企业法治建设。区工商联牵头协调有关部门开办商会大厦内部食堂，解决了商会大厦企业员工就餐难问题。

【山海协作对口帮扶参与】2021年，区工商联开展主题为“跟党创业、为党分忧、为民解难”的扶贫帮困活动。组织基层商会、会员企业赴山海协作地区、东西部对口帮扶地区开展帮扶工作。6月，组织6名企业家赴山海协作的衢州市柯城区开展“知名浙商助力柯城跨越式发展”活动。8月，组织8个基层商会出资40万元用于四川省石渠县扶贫农产品的定向认购。11月，8个基层商会与石渠县8个村签订结对协议。同月，发动执委企业家认领石渠县帮扶项目38个，定向捐助资金140.6万余元。

【企业家事迹宣传】2021 年，区工商联通过工商联微信公众号、企业家微信群等媒体，宣传 30 余位临平企业家的创业创新事迹，讲好“临商故事”。全年对各商会及企业家在抗击台风、驰援河南强降雨、夏季送清凉、慰问抗疫一线人员、帮困助学、会员企业参与山海协作、东西部帮扶等行动开展宣传报道 78 篇次。

2021 年 6 月 11 日，沪商会企业走进临平考察交流活动在区政府举行

（区工商联　供稿）

【参政议政工作】2021 年，区政协工商联界别组积极参政议政、建言献策，提交提案 23 份。联合星桥街道联络工委开展调研活动，对星桥发展提出建议。推荐工商联界别优秀人士 3 名。

【机关工作力量增强】2021 年 11 月 10 日，区委编办发文，成立杭州市临平区工商联会员企业服务中心。

（陈怡）

·临平区文学艺术界联合会·

【概况】2021 年 7 月，临平区文学艺术界联合会（下称“区文联”）成立，有办公室（宣传联络部）1 个内部科室，下属区画院为全额拨款事业单位，机关、画院有在编人员 7 人、编外人员 2 人。有作家协会、书法家协会、美术家协会、戏剧家协会、曲艺家协会、舞蹈家协会、音乐家协会、摄影家协会、影视家协会、民间文艺家协会、良渚文化学会、诗词楹联协会、创意设计师协会等会员团体 13 个，各协（学）会加入省级及以上一级协会会员 117 名，会员总数 1032 名。创建“临平文联”微信公众号，推出《藕花洲》创刊号，团结引领全区广大文艺工作者，扎根人民，服务大局，为高水平建设“数智临平·品质城区”作出应有的贡献。

2021 年 12 月 9 日，临平区摄影家协会组织摄影爱好者听讲座

（区文联　供稿）

【文艺作品出版】2021 年，区文联所属协（学）会会员创作出版文艺作品 5 本，分别为梁

山的长篇小说《窠》（大众出版社）；张健的长篇小说《问道之枪出无心》（湖南文艺出版社）；袁明华的散文集《植物先生》（四川人民出版社）；卓介庚的散文集《茶事九十九》（中国文联出版社）；胡建伟的散文集《塘栖当代文选》（中国轻工业出版社）。

【获奖和参展（入选）作品】 2021 年，区文联所属协（学）会及会员创作的作品获奖或参展（入选）的有：区作协袁明华散文集《植物先生》获浙江省（2018—2020）优秀文学作品奖，同时被选作杭州市文艺精品项目；区美协孙宁、李渐明、苟中卿、童建平等会员的 14 件作品入选省级及以上展览；书协 3 件作品入展中国书法家协会全国展，25 件作品入展省级展；区摄协览鲍奇、谢伟洪、应召平、许强等会员作品获省级及以上奖项或入展；区民协名誉主席丰国需被评为年度中国好故事作家，厉柏海、丰国需被省文旅厅命名为 2021 年浙江省“文化示范户”，孙惠华被命名为 2021 年浙江省“乡村文化能人”，仲剑蔚雕塑作品获浙江省第八届青年美展优秀奖；区剧协童瑜媛获浙江省故事展演十佳新秀奖。

【文艺题材扶持作品】 2021 年，区文艺题材创作扶持、招标领导小组明确 25 件作品为文艺题材创作扶持作品，分别是长篇小说《窠》（作者：梁山），《问道之枪出无心》（作者：张建）；散文集《植物先生》（作者：袁明华），《茶事九十九》（作者：卓介庚），《塘栖当代文选》（作者：胡建伟）；散文《那段难忘的创业路》（作者：汤水根）；纪实故事《陪你到最后》（作者：吴新华）；中国画长卷《临平新貌图》（作者：周明雍、钱景茂、俞连法、李文、赵焕明）；中国画《练为战战为赢——不保密等于零》（作者：胡晓）；油画《抗洪英雄之一》（作者：孔进友）；书法册页《快雨堂题跋五则》（作者：沈车）；书法行书条幅《宋洪迈容斋随笔二则》（作者：俞燕芬）；行草书长卷《古风诗》（作者：金永强）；书法创作《快雨堂跋》（作者：张茂兴）；展览“王蒙艺术节少儿作品展”（作者：黄鹤山樵书画院、谢水火）；小品《我们的足球，我们的梦》（作者：张燕芬）；曲艺小品《排练》（作者：许晓明、黎艳珠）；抖音、微信视频号《新临平人在临平系列作品》（作者：钮国科）；小戏《签协议》（作者：赵子月）；系列歌曲《红船组歌》（作者：孟烨）；雕塑《无名山》（作者：仲剑蔚）；青瓷《〈毛泽东〉青璧》（作者：刘国俊）；剪纸《给党庆生》（作者：沈忠花、梁以欣）；铁艺画《百年华诞》（作者：厉柏海）；舞蹈《幸福中国一起走》（作者：张月珍）。

【文艺赛事和文艺展览】 2021 年，区文联及所属协（学）会举办的文艺赛事和文艺展览有“庆祝中国共产党成立 100 周年书法美术摄影展”“翰墨颂党恩，银龄心向党——庆祝中国共产党成立 100 周年书画展”“‘一带一路’中法艺术名家新作展”“杭州故事”池沙鸿中国画作品展，“熏风·江南”——学院艺术家邀请展，“爷爷的水稻田”儿童画国际巡展，“唯·艺真”——李宗峣、谢伟洪、高挺三人作品展，“庆祝建党 100 周年诗词大赛”等。

【创新文艺志愿活动】 2021 年，区文联组织书协、美协、诗协在传统节日送福送春联活动 30 余场，区民协开展乡村故事会 13 场，区影视协送电影下乡放映活动 40 余场，其他协会开展志愿活动 31 场，通过“数智群团”平台开展文艺志愿服务活动 28 场。开展“弘扬中华国粹”系列公益文艺体验活动、“艺术秋月”系列活动，包含绘画、书法、音乐等多种形式的文艺志愿服务活动，受到好评。在各协会开展广泛性志愿服务的同时，组织开展文艺服务定向结对工作，助推“艺术乡建”工作，协调下属协会与 4 个镇街签订“礼堂文化管家”社会化服务意向协议书，指导开展农村文化礼堂文化活动。

【国家级、省级协会会员】 2021 年，区文联所属协（学）会会员中，有 3 名会员加入国家级文艺家协会，分别是区美协李渐明加入中国美术家协会，区摄协会员林天立、王超英加入中国摄影家协会；另有姚水林等8名会员加入省级文艺家协会。

2021年9月29日，临平区文学艺术界联合会第一次会员代表大会在临平举行
（区文联　供稿）

【区文联第一次会员代表大会】2021年9月29日，区文联召开第一次文代会，选举产生新一届文联委员会。通过换届，新一届文联委员在年龄、学历、性别、新文艺群体等结构上更加合理高效。

【宋韵临平·文脉传承】2021年，区文联走访召集临平文化名人、专业人才进行座谈研究，组织开展“宋韵临平·文脉传承”文化名人研讨会、“宋韵临平·写生运河”创作采风、大运河诗路座谈和实地考察等活动，为发掘宣传临平文化发挥积极作用。

（徐海鹏）

·临平区残疾人联合会·

【“疑残智防”应用场景】2021年，作为全国残疾预防试验区，临平区面对逐户上门开展残疾筛查医生人力不足、居民家门难进、筛查效率低下的难题，将国家试点项目与数字化改革有效结合，开发“疑残智防”应用场景，通过智能化残疾筛查报告，实现残疾早发现、早评定、早康复。建立“双重筛查＋自主上报”精准筛查机制，通过“机构＋社区＋家庭”三级康复转介制度及配套政策体系，变“被动受理”为“主动服务”。通过构建“残疾预防”动态管理系统，线上实时抓取就诊信息，并开通自主上报入口，系统自动形成疑似残疾人员名单并派发任务至社区医生，经上门复筛后直接在线上上报完成筛查。

“疑残智防”应用场景于2021年8月开发完成，10月上线“浙政钉”。截至年末，完成筛查34717人，筛查出疑似残疾阳性（残疾一级到四级）1686人，筛查效率提升19倍，复筛筛查阳性率从原来的0.7%提高到29.44%，实现工作效率和精准度双重跃升，得到省市领导批示肯定。省政府授予临平区“残疾预防数字化改革先行区”称号，副省长王文序批示要求全省推广。该应用入选杭州市数字化改革优秀应用，经验材料在浙

2021年11月4日，临平区美术家协会、临平画院组织“宋韵临平，写生运河”2021金秋采风活动
（区文联　供稿）

江省数字化改革专报刊登。

【临平区残疾人联合会第一次代表大会召开】2021 年 9 月 24 日，临平区残疾人联合会第一次代表大会召开，审议通过区残疾人联合会筹备组工作报告，选举产生临平区残疾人联合会第一届主席团主席、副主席、委员等，确定今后五年临平区残疾人工作的指导思想和目标任务。

（赵苑）

·临平区红十字会·

【概况】2021 年 9 月 30 日，临平区红十字会（下称“区红十字会”）第一次会员代表大会举行，会议听取和审议临平区红十字会筹备组工作报告，选举产生临平区红十字会第一届理事会、监事会，以及临平区红十字会第一届领导班子。截至年底，全区建立基层红十字会组织 648 家，有红十字成人会员 7836 人。区红十字会组队参加 2021 年杭州市应急救护培训教学技能大赛获团队一等奖。

【人道救助】2021 年，区红十字会开展“新春博爱送温暖”“‘5·8’红十字送医送药”“中秋博爱行动”等“博爱藕花周”系列救助项目，走访、慰问各镇（街道）因病、因灾等困难家庭 418 户。年度募集社会捐款 268 万元，其中对口支援石渠县 200 万元。器官捐献家庭助学“小桔灯”项目上线“腾讯 99”，同杭红捐赠平台，共募集资金 1.8 万元。开展“生育关怀”救助项目和“牵手星星的孩子”自闭症关爱项目，定向关心帮助计划生育和自闭症儿童困难家庭。10 月，临平区红十字会、临平区博爱之家志愿服务中心、临平区对口支援石渠县工作队联合共青团石渠县委开展“情暖石渠 点亮梦想”爱心助学活动，以结对的方式陪伴受助学生成长，筹集爱心捐款 7.5 万元，资助甘孜州石渠县优困生。

【救护培训】2021 年，临平区“红十字救在身边”项目专题推进会召开，会议重点传达贯彻市“红十字救在身边”项目专题推进会精神，安排部署全区“红十字救在身边”项目推进工作。全年组织普及性救护培训 252 场，培训 40163 人次；救护员培训 79 场，3991 人获得红十字救护员证。5 月，区红十字海豚应急救援队代表临平区参加第四届浙江省红十字应急救护大赛，获全省应急救护大赛团体二等奖。世界急救日，区红十字会联合镇（街道）红十字会及学校红十字会开展以“做学校社区的急救英雄”为主题的急救知识学习，营造“学急救知识、做急救英雄”的校园氛围。

【救灾救援】2021 年，台风“烟花”来袭，区红十字会快速响应，第一时间将冰袋、医用纱布、碘伏等医疗物资送到受灾地区。区红十字海豚应急救援队参与风险隐患排查、防台风物资转运

2021 年 9 月，区红十字应急救护培训师张能在杭州橄榄树学校开展疫情防控暨红十字应急救护知识培训　（区红十字会　供稿）

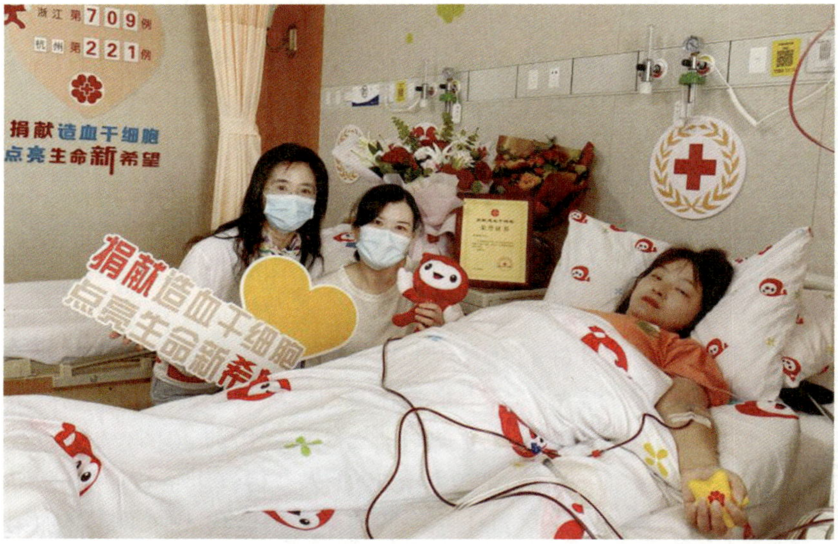

2021年8月6日，临平区第28例造血干细胞捐献者官学敏在浙江省中医院进行造血干细胞捐献　　（区红十字会　供稿）

等。引导社会各界捐款献爱心，接收抗台风抗洪救灾捐款6.8万余元。将郑州暴雨捐款移交郑州市红十字会，为受灾群体送温暖。

【造血干细胞捐献】2021年，临平区造血干细胞新增入库志愿者159人，捐献3人，完成初筛近300例。8月6日，新临平人官雪敏捐献190毫升造血干细胞混悬液，成为临平区首位女性造血干细胞捐献者、临平区第28例造血干细胞捐献者。

【器官遗体捐献】2021年，区红十字会开展“遗体器官捐献 生命之花永续”主题宣传活动，向社会公众宣传捐献知识。全年完成器官捐献2例、角膜捐献1例。在充分尊重家属意愿基础上，通过媒体报道捐献者故事，传播正能量增进社会公众对捐献知识了解。关心捐献者家庭，定期开展人道慰问，清明节开展线上捐献者缅怀活动。

【志愿服务】2021年，全区建有8支红十字志愿队，有红十字志愿者9340人，全年开展志愿服务140余场次，使活动成为传播红十字精神的生动载体。“红十字小手大爱”志愿队多次开展爱心义卖，慰问汀州学校自闭症儿童。造血干细胞服务志愿队服务大型无偿献血活动，“现身说法”宣传造血干细胞捐献知识，传播“我行你也行”的捐献理念，走进党群服务中心，进行捐献造血干细胞宣讲。“爱心的士”车队在疫情期间无偿参与核酸样本转运，共计服务时长946小时，转运核酸样本159次。

【“博爱藕花周”宣传月活动】2021年9月，区红十字会开展“博爱藕花周”宣传月系列活动。“中秋博爱送温暖”活动中，区红十字会组织慰

2021年6月16日，区红十字会生命爱相“髓”造血干细胞捐献志愿服务队和红十字爱心的士车队获临平区新时代文明实践志愿服务项目大赛铜奖
（区红十字会　供稿）

问造血干细胞捐献者 10 人、孤寡老人 32 人，组织志愿者为老人们进行义诊、理发等便民服务。

（曹丽惠）

·临平区关心下一代工作委员会·

【概况】2021 年，临平区关心下一代工作委员会（下称“区关工委”）加强班子建设，调整和充实区关工委讲师团、关爱团、科教团队伍，建立心理健康服务中心。双桥股份经济合作社实践教育基地获第三批“杭州市关心下一代教育基地”称号。塘栖二中学生张诗瑞被评为省关工委红船好少年，讲师团汪震林被评为省关工委红船精神优秀“五老”宣讲员。

【组织建设加强】2021 年 7 月 31 日，区关工委成立。区委组织部部长杨霞任区关工委主任，区政协原副主席潘法高任区关工委常务副主任（主持日常工作），区委组织部副部长、老干部局局长沈超乔任区关工委常务副主任，区委老干部局副局长莫少骅任区关工委专职副主任。调整和充实区关工委讲师团、关爱团、科教团负责人，建立心理健康服务中心。区关工委讲师团由陈志敏（区委党校原常务副校长）任名誉团长、占张明（区委党校调研员）任团长、高丽娟（塘栖中学原校长）任副团长；关爱团由夏渭云（区法院二级高级法官）任团长、孙建儿（区人社局原调研员）任副团长；科教团由罗耀来（区人大教科文卫工委原主任）任名誉团长，陆春良（区政协一级调研员）任团长，冯松妹（区政协原一级调研员）任副团长；心理健康服务中心由梅彩菊（余杭区司法局调研员）任主任，明确“三团一中心”主要工作职责。

【主题教育开展】2021 年，区关工委围绕建党100周年，以“百年潮涌　红船精神薪火相传”“钱江潮涌　红色精神代代传”“传承红色基因　争做时代新人”为主题，深入学校、社区（村）、党群服务中心等，同频共振开展党史国史、红船精神、抗疫故事等宣讲，全年开展宣讲活动 180 余场，受教育青少年达 1.5 万余人次。

【关心关爱青少年】2021 年，区关工委对家境贫困、品学兼优的 46 名青少年进行资助，对 15 名不良行为未成年人开展结对关爱帮教。“五老”志愿者通过面对面谈心谈话，日常走访联系，开展关怀、温暖、真情帮助青少年活动 160 余次。

【青少年工作调研】2021 年，区关工委深入基层调研，理清工作思路，赴镇街关工委、教育局关工委、有关成员单位、青少年教育基地、学校等进行基层关工委工作、青少年德育工作、教育基地工作、“双减”工作专题调研 10 次，动态掌握基层关工委工作开展情况和青少年教育需求。

【假日学校】2021 年暑期，全区各级关工委开办 140 多所假日学校，惠及青少年 8500 余人次。有 200 余名“五老”志愿者、310 名大学生志愿者、920 余名各类志愿者参与假日学校工作，依托各类阵地开展讲座及活动 950 余场次。

【数智群团】2021 年，区关工委深度融入城市大脑整体智治，参与全市“数智群团”系统建设，在“数智群团”发布活动 28 个，参与 1500 余人次，发布风采展 30 条，浏览 1.4 万余人次。

【信息宣传工作】2021 年，区关工委建强舆论宣传主阵地，在临平老干部微信公众号开辟“关心下一代”专栏，定期宣传区、镇街关工委工作和先进经验。区关工委开办假日学校的情况，被区党史学习教育简报作为“民呼我为”实践专版录用，相关报道《“五老”牵手“小候鸟”“假日学校”乐陶陶》在《浙江老年报》上刊登。全年动态报送区信息 25 篇，市关工委网站录用 21 篇，省关工委新星网录用 7 篇，中国关工委“中国火炬”微信公众号录用 10 篇。

（王舒）

法 治
Rule of Law

·政法委与综治·

【概况】2021年，临平区委政法委（下称“区委政法委”）围绕中心大局，以党史学习教育铸魂、以政法队伍教育整顿砺剑、以高水平推进平安建设笃行。年内，临平区获浙江省平安建设最高奖项“一星平安金鼎”，入选浙江省“县乡一体、条抓块统”改革试点；“基层治理四平台”自动考核评价体系获省委常委、政法委书记王昌荣、省政协副主席孙景淼批示肯定，并在全市推广应用；区综治中心“云上中心”获评2021年全国政法智能化十大创新案例。

【社会稳定维护】2021年，区委政法委完成平安护航建党100周年、党的十九届六中全会、中央巡视、村社换届选举等重大活动、重要会议的维稳安保任务。启动三级响应9次156天、二级响应1次4天、一级响应1次12天。全区镇街、村社发动志愿者9468余人次、平安巡防巡逻队员2777余人次对145个卡口、单位及社会面开展设卡巡防，有效防范各类风险。推进区、镇街两级领导包案化解事项56项，牵头处置面上突出涉稳问题，高度重视教育领域涉稳风险化解处置工作，组建由区委副书记、政法委书记任组长的维稳工作专班，专题会商30余次。

【治理水平提升】2021年，区委政法委以数字化改革为牵引，切实提高基层治理现代化水平。推进“数字法治”系统建设，临平区“基层治理四平台”自动考核评价体系、交通安全治理“一码一图”“网格疫管通”全流程数字化应用获全市推广。推进矛盾纠纷化解，开展区中心功能优化提升工程，构建“一个区社会治理中心＋信访大楼＋解纷大楼”的“一体两翼”矛盾纠纷化解机

2021年11月12日，临平区平安巡逻队出发现场　（江艺成　摄）

2021 年 12 月 27 日，临平区社会治理中心功能优化提升工程暨解纷大楼揭牌仪式举行　　（江艺成　摄）

制。推进指挥体系、属地管理建设，制定完善《“基层治理四平台”自动考核评价体系》，备案登记“基层治理四平台”下沉人员 864 人，全程考核受理各类事件 2 万余件。全面推进全科网格建设，定向招录 8 名专职网格员为社工，全区 500 余名专职网格员获评星级专职网格员。

【平安创建推动】 2021 年，区委政法委开展平安医院、平安校园等系列平安创建，编纂平安建设自查手册发放到企业、商户、学校、工地等，每月组织镇街平安创建交叉互查、责任部门联合督查。

全年常态化推进道路交通、消防安全等 15 项重点工作，做好过程管控提升。经过集中攻坚，全区面上平安隐患问题大幅减少，大量基础性、苗头性问题得以有效化解。2021 年，全区命案“零发生”，交通亡人事故发生 31 起，下降 16.22%；发生火警 417 起，下降 20.27%，无火灾亡人事故，电信网络诈骗受案 3171 起，下降 30.73%。

【执法司法规范】 2021 年，区委政法委扎实推进政法队伍教育整顿，两次举办全区政法干警政治轮训和党史教育专题党课培训、全区政法系统党史教育专题党课学习培训会，推动第一批教育整顿取得阶段性明显成效。成立临平区扫黑除恶斗争领导小组及工作专班，常态化开展扫黑除恶斗争，落实滚动排查和专项整治，加大线索排查核查力度。完善政法一体化办案体系，临平区政法部门单轨制协同办案比例稳定在 90%以上，数字卷宗源头数字化率稳定在 60%以上，提升执法司法规范化水平。

（郦舒婕）

2021 年 11 月 12 日，“人人行动‘三小步’　平安临平‘一大步’平安创建攻坚行动”启动仪式在临平区举行　　（江艺成　摄）

·公　　安·

【概况】2021年，全区公安机关接报有效警情23.78万起，接警总量位居全市第三；受理刑事立案4659起、治安案件1.7万起，刑事拘留1287人，取保候审1061人，逮捕302人，移诉1229人，行政拘留1848人。侦破命案1起，连续11年实现命案全破。年内，全区公共安全形势稳定，未发生重大安全生产事故和重大交通、消防安全事故。坚持以党建为统领，公安队伍持续稳定健康发展，28个集体、73名民警个人立功或嘉奖，涌现出下河救助轻生女子民警马洪斌、勇救悬在5楼保笼男孩的辅警潘建勇、自发为交通事故危重伤者献血的14名交警队员等一大批“三能”典型代表。分局蝉联“全省公安机关执法质量优秀单位”称号。社会治安环境平安建设工作得到王昌荣、王双全、刘忻、许明、金志等省市领导的批示肯定。

【疫情防控】2021年，市公安局临平区分局牢固树立“疫情就是命令、防控就是责任”意识，全警行动，冲锋一线，全力做好内防扩散、外防输入各项工作。面对突如其来的疫情，创新实施流调溯源工作“公安＋卫健”合署办公新模式，实现“专长＋专业”高效一体流调机制，完成36例密接流调研判工作，研判出密切接触者、次密切接触者1671人，落实隔离管控1391人次，得到区领导的批示肯定。

【侵财案件打击】2021年，市公安局临平区分局紧盯盗窃电动车、盗窃电瓶等关乎群众切身利益的突出侵财案件，主题式打击、集群式破案，打处682人，侵财警情同比下降25.6%。成功收网省委书记袁家军批示关注的AOT涉嫌组织、领导传销专案，破获全省首起披着“区块链”外衣、涉虚拟币类型的网络传销犯罪案件，帮助500余万名投资参与人群体免受300余亿元巨额损失。

【治安环境维护】2021年，市公安局临平区分局扎实开展“忠诚”系列行动，严打涉黄赌毒违法犯罪，全年打处2051人，有效净化社会风气，推动黄赌毒特别是涉黄涉赌警情分别同比下降24.82%、20.73%。

2021年10月29日，临平区公安分局承办“你我同心　反诈同行”杭州市妇联巾帼义警反诈宣传教育主题活动　（区公安分局　供稿）

【民生领域案件侦破】2021年，市公安局临平区分局成功移诉市纪委、市公安局交办“7·8”医保诈骗专案，得到市委副书记、市长刘忻等领导批示肯定。严打涉疫犯罪，侦破全市首例非法经营新冠疫苗案件，得到原副省长、公安厅长王双全批示肯定。打掉4个生产销售“毒牛百叶”犯罪团伙、打掉1个生产销售“病死甲鱼”犯罪团伙等，守护百姓“舌尖上的安全”。

【电信诈骗打击防范】2021年，市公安局临平区分局将打击治理电信网络诈骗犯罪工作纳入党政“一把手”工程，推动“全民反诈”项目列入2021年全区十大民生实事，齐步推进“七个化”工作，通过刚性落实全市反诈宣防“十条举措”，规范落实预警劝阻反制，自主研发AI智能语音外呼平台，推动区纪委（监委）将电诈整治工作纳入镇街、部门效能问责范围，不断提升防范工作的主动性、超前性、精准性、实效性。全年受理电信网络诈骗案件3171起，同比下降30.73%，止损金额2029万元。

【公安领域“一网通办”改革试点】2021年，市公安局临平区分局在2020年高质量完成市局“一窗通办”改革试点的基础上，入选全国公安机关“一网通办”政务服务业务机制建设试点。通过做大做强公安政务服务网办中心，全面融合户政、出入境、交警、治安等8个主要业务警种审批服务职能，建立健全“事先引导咨询、事中合标办理、事后群众满意”的运行模式，提升公安服务品牌辨识度和人民群众获得感。

【交通安全保障】2021年，市公安局临平区分局以道路交通安全综合治理行动为载体，以道路交通安全“百日攻坚”专项整治行动为抓手，紧盯“安全、畅通、便民”总目标，推动交通管理由公安“单打独斗”向全面防控、由被动应对向主动防控、由“单处罚”向“双追查”的“三大转变”，实现全区重点管控路口拥堵指数、全区早晚高峰延误指数、平峰时段拥堵时长的“三个下降”。全年道路交通全口径亡人30名，同比下降18.9%，交通安全形势持续向好，年度道路交通安全平安专项考核列全市第一位。

【消防安全隐患排查整治】2021年，市公安局临平区分局深化租房准入联审、星级评定、强制入轨等机制建设，进一步压实部门、镇街及房东消防安全管理主体责任，着力提升消防隐患查整率及防控力。全年检查租房15.6万户次，新发现安全隐患0.9万户次1.1万处，282名房东因违反消防安全管理规定受到行政处罚，全区未发生租房亡人火灾事故。

【刑事警情和治安警情双下降】2021年，市公安局临平区分局坚持集约运作、机制驱动扎实推进情指中心、侦查中心建设，构建集约化运作模式，做实二次研判，使分局“中脑”分析研判到位、所队“小脑”指令落地快速。坚持领导挂帅、部门领衔，出台“预警中心”首期工作任务书，实施24项重点任务挂图作战，构建适应临平治安特色的“核心指挥机制、引擎驱动机制、勤务准入机制”三项机制，“面上视觉威慑、精准行动威慑、行业严管威慑”三大威慑。4月以来，全局刑事警情、治安警情分别同比下降35.1%、21.6%，重复报警下降33.65%。

【队伍教育整顿】2021年，市公安局临平区分局扎实推进公安队伍教育整顿，全局民警主动自查填报问题5104条，其中65人主动向组织讲清问题97个；核查上级交办的问题线索10批26条、公开电话反映问题线索4条，党内警告1人、诫勉2人、通报1人。

【惠警措施落实】2021年6月15日，市局96名调配警力到岗临平，实现区划调整后市公安局临平区分局人心不散、业务不断、队伍不乱。以项目化、清单式推进缺口警力统计、警力调配划转、资产装备分割、办公营房建设、档案资料交接等工作，相继完成分局信息技术用房、星桥派出所营房等多个新基建项目；加强先进典型选树和日常表彰奖励，全年共有28个集体、73名民警个人获得立功或嘉奖。

【生产销售毒牛百叶案侦破】2021年3月30日，在市局统一指挥下，市公安局临平区分局抽调80余名警力，会同区市场监管局在余杭、萧山、德清三地开展集中收网行动，打掉马某等人为首的犯罪团伙4个，捣毁制售窝点5处，现场查获问题牛百叶约2吨，各种化学试剂若干。经查，上述犯罪团伙明知双氧水、吊白块、甲醛（为世界卫生组织认定的一级致癌物）等为非食用化学物质，仍然对牛肚、牛百叶浸泡增重、漂白对外出售，牟取暴利。

【制售假冒“西湖龙井”案侦破】2021年6月7日，市公安局临平区分局出动20余名警力，对位于海宁的某包装有限公司、崇贤的某包装设计有限公司进行突击检查，现场查获余某等犯罪嫌疑人5名及假冒“西湖龙井”茶叶的包装袋1000余件。经审查，余某等5名犯罪嫌疑人对生产、销售假冒“西湖龙井”茶叶包装袋，并供货姚某某的犯罪事实供认不讳，涉案金额10万余元。该5人因涉嫌假冒注册商标罪被采取刑事强制措施。

【病死甲鱼案侦破】2021年6月22日，市公安局临平区分局集结警力30余名，对1起生产、销售病死甲鱼案开展集中收网抓捕行动，先后在江苏徐州、河南商丘及临平等地抓获犯罪嫌疑人14名，扣押冰冻死甲鱼171箱4吨左右，涉案总价值300余万元。案件的成功侦办，一举捣毁这一盘踞全国四省九市、长期从事病死甲鱼买卖的特大犯罪团伙，得到市委市政府领导的批示肯定。

【特大制贩毒案侦破】2020年11月初，市公安局临平区分局通过1起普通吸毒案件的查办，发现一个活动在云南、浙江、湖北等地6个层级的制贩毒团伙。2021年5月起，先后出动警力200余人次，在武汉警方的配合下组织开展4次跨省收网行动，在湖北武汉等地抓获制贩毒嫌疑人30名，捣毁位于武汉的制毒窝点2个，缴获完整制毒工具2套，缴获甲基苯丙胺（冰毒）46189.96克，查获长气枪、仿真枪、弓弩等管制器具45件，成功深挖摧毁横跨三省的特大制贩毒团伙，其中14名犯罪嫌疑人由区检察院批准逮捕。

（刘艳萍）

·检　　察·

【概况】2021年，临平区人民检察院（下称“区检察院”）牢牢把握中共中央《关于加强新时代检察机关法律监督工作的意见》出台的历史机遇，立足全区发展大局，着力提高法律监督能力水平，为临平争创共同富裕示范区样板，高水平建设“数智临平·品质城区”提供坚强有力的法治保障。年内，区检察院共办理各类案件（含临平地区检察院审查办理的减刑、假释、暂予监外执行等案件）9212件，办案总量和人均办案数量均位居全省前列。

【临平区人民检察院揭牌】2021年8月23日，杭州市临平区人民检察院举行揭牌仪式。杭州市人民检察院党组书记、检察长陈海鹰同区委书记陈如根一道，为临平区人民检察院揭牌。临平区人民检察院党组书记、检察长高翔作表态发言。全体员额检察官面向国旗进行庄严宣誓。

【贯彻落实中央《关于加强新时代检察机关法律监督工作的意见》】2021年8月23日，临平区委召开关于落实中共中央《关于加强新时代检察机关法律监督工作的意见》(以下简称中央《意见》)，加强检察机关法律监督的专题会议。就贯彻落实中央《意见》精神，推动临平新时代检察法律监督工作提出具体要求。10月19日，召开首次府检联席会议，强调要深化府检联席制度，强化检察法律监督，提升公共法律服务供给水平。

【未成年人权益保护检察工作获认可】2021年11月26日，杭州市临平区第一届人大常委会第四次会议召开，专项听取并审议通过《区检察院未成年人权益保护工作情况报告》。检察长高翔就检察机关开展未成年人检察工作向会议作专题报告。经与会委员和代表满意度测评，全票认可区检察院未成年人权益保护工作。

【刑事检察】2021 年，区检察院受理刑事犯罪案件 1640 件 2365 人，其中审查逮捕案件 648 件 960 人，审查起诉案件 992 件 1405 人。落实少捕慎诉慎押理念，严厉打击群众反映强烈的黄赌毒案件 120 件 271 人，遏制电信网络诈骗案件高发势头，办理电信网络诈骗案件 34 件 147 人。推进认罪认罚从宽制度，提出量刑建议后法院采纳率超过 99%。妥善办理全市首例以高空抛物罪依法提起公诉的案件。依法开展侦查活动监督，监督侦查机关立案 33 人，撤案 24 人。追加逮捕犯罪嫌疑人 18 人，追加起诉被告人 27 人，追加后 10 名被告人被判处 10 年以上有期徒刑。强化对刑事裁判的审查，依法提出抗诉 4 件，改判 2 件。强化与区纪委监委配合协作，受理区监委移送审查起诉职务犯罪案件 5 件 5 人。

【民事行政检察监督】2021 年，区检察院审查办理民事检察案件 320 件，加大对“套路贷”等民事虚假诉讼的监督治理力度，办理王某某、张某某等犯罪团伙虚假诉讼系列案中，发出民事再审检察建议，法院对 31 件案件作出再审裁定，至年底改判 4 件。开展民事裁判文书公开、破产企业终本程序等专项监督，助推民事审判执行程序的规范化。审查办理行政检察案件 14 件，发出行政执行监督检察建议 6 份。积极助推行政争议实质性化解，联合区法院、区司法局，形成共同推进行政争议实质性化解的实施办法。

【公益诉讼】2021 年，区检察院审查办理公益诉讼案件 51 件，办理的蔡某某销售伪劣口罩民事公益诉讼案，获评最高人民检察院检察公益诉讼典型案例。通过提前介入、走访磋商等方式，对某化工企业失火造成环境污染的案件，促成企业与环保部门达成 230 余万元的生态环境损害赔偿协议，用于修复被污染的周边环境。走访勘察临平文保古迹，发现塘栖广济桥孔轴线、侧墙等存在安全隐患，积极与区文广旅体局沟通，征询浙江古建筑研究院专家，努力为千年古桥提供稳妥完善的公益保护方案。

【刑事执行监督】2021 年，区检察院审查办理罪犯减刑、假释、暂予监外执行 6994 人次。提出变更减刑幅度或不予减刑、假释、暂予监外执行的检察意见 496 件，全部得到采纳。依法向刑事执行部门发出检察建议 3 份、纠正违法通知书 13 份，立案侦查司法工作人员相关职务犯罪 3 件 4 人。参与省内监狱交叉巡回检察，巡回检察组获评全省法律监督成绩突出集体。

【未成年人司法保护】2021 年，区检察院办理涉未审查逮捕案件 39 件 50 人，涉未审查起诉案件 48 件 68 人，教育管束后对 37 名有悔改表现的未成年犯罪嫌疑人作出不批捕或不起诉决定。严惩侵害未成年人的刑事犯罪，对 13 名被告人提起公诉，其中办理的 1 起贩卖毒品供未成年人吸食的案件，融合未成年人涉毒现象的监督治理，获评杭州市检察机关未成年人司法保护精品案例。建成启用 240 余平方米的青少年法治教育基地，组织参观学习 300 余人次。与区法院、区民政局、区妇联等单位共建未成年人保护合作机制，联合开展“关爱困境儿童”专项活动，通过支持起诉，帮助解决 2 名困境儿童的落户、入学难题。

【营商环境保障】2021 年，区检察院明确专职专办的涉企检察部门，出台服务保障“未来智造”十五条工作意见，在经济技术开发区设立检察联络室，提供“线上 + 线下”的定制法律服务。上好“清廉民企”警示教育课，为重点企业以及全区青年企业家代表培训授课 1000 余人次。加大涉企犯罪惩治力度，审查起诉侵犯知识产权、员工职务侵占等侵害企业利益的刑事案件 17 件 39

人。举行“企业合规大家谈”检察开放日，探索对2家涉罪企业开展刑事合规考察，在全市率先制定企业合规办案流程，被列入2021年度法治建设成果的市级培育项目。

【知识产权保护】2021年，区检察院依法惩办侵犯“西湖龙井”“国窖1573”等知名品牌的假冒注册商标案件。支持西湖龙井茶管理协会对冒用“西湖龙井”品牌产销茶叶的侵权行为提起诉讼，形成检察机关支持起诉办案机制，促成双方达成调解协议，侵权人道歉认错，作出民事赔偿。该案系全省首例地理标志商标专用权保护支持起诉案，被《检察日报》《杭州日报》等媒体广泛报道，得到省检察院领导批示肯定。强化涉企知识产权保护，重点惩治侵犯企业商业秘密的犯罪行为，办理的周某侵犯商业秘密案获评全国检察机关保护知识产权典型案例。

【数字检察创新】2021年，区检察院深化数字监督变革，注重个案向类案监督转变，提升整体治理效能。在未成年人保护方面，聚焦1起贩毒案件的场景小切口，搭建“未成年人安全保障敏感数据”应用场景，通过大数据碰撞比对，排查出违法犯罪线索34条，发出检察建议书2份，立案侦查3人。在公益诉讼方面，紧盯社会焦点和治理难点，推进“数字公益·医保诈骗排查”应用项目，并与东湖街道联合研发“地下公共安全透视舱”应用项目，加强对地下管网安全和排污的精准化监督。积极争取揭榜挂帅，“社区矫正对象脱管漏管监督”“减刑假释规范监督”两项应用场景，纳入杭州市全域数字法治监督体系清单。

【队伍建设】2021年，区检察院持续推动党史学习教育和政法队伍教育整顿走深走实。组织专题党史学习40余次，普法宣讲20余场，做好“民呼检为”实事项目38件，帮扶结对困难群众26户。充分发挥业务骨干的示范引领和传帮带作用，推出青年干警“导师制”，全面助力青年干警成长成才，全年在省、市级业务竞赛中获评标兵、能手11人次。其中在全省刑事执行检察业务竞赛上获评标兵2名、能手1名，干警沈春凤获全省刑事执行检察业务竞赛第一名。第六检察部被评为市级“巾帼文明岗”。原创视频和普法宣传被省级以上媒体转载报道60余篇次。

（关巧巧）

·法　　院·

【概况】2021年，临平区法院（下称“区法院”）受理各类案件22490件，办结21796件，以全市4.9%的法官办结全市7.7%的案件，一线法官人均结案数478件，高出全省平均数51.9%。

【法治化营商环境助力】2021年，区法院出台12条服务保障“一园一城”建设的实施意见，助力打造大运河保护利用开发的临平范例，受到区委、区政府主要领导批示肯定。开展优化营商环境专项行动，审结涉企纠纷5567件，审理天数平均缩短11天，为杭州争创营商环境创新试点城市贡献临平力量。审结破产案件53件，出清房产3.16万平方米，盘活账面资产1.6亿元，中都系、杭宝系企业合并重整案均获评全市破产审判助力营商环境建设十大典型案例。探索个人债务集中清理工作，裁定受理全区首例个人债务集中清理案，助力“诚实而不幸”的债务人“重生”。

【社会风险防化参与】2021年，区法院强化常态化疫情防控中的司法应对，依法妥善处理涉疫纠纷，精准服务“六稳”“六保”。防范化解“两链”风险，妥善处理涉伟鹏家电债务纠纷，促成双方达成分期付款的执行和解协议。重视涉众涉稳纠纷化解，妥善审结泰国“7·5”普吉“凤凰号”沉船事故案，142名当事人均服判息诉，被告自动履行付款义务。深化打击虚假诉讼专项行动，向公安机关移送犯罪线索185条，让打“假官司”者付出“真代价”。

【法治政府建设推进】2021 年，区法院新收各类行政案件 140 件，审结 160 件。严格落实行政机关负责人出庭应诉制度，出庭应诉率 100%。深化府院良性互动，召开行政复议与行政诉讼联席会议 3 次，实质性化解行政争议 49 件。参与编撰行政案件败诉（纠错）十大典型案例，创造性开展败诉案件风险预警工作，行政机关败诉率 5.9%，下降 4.2 个百分点，行政审判临平经验获全市推广。

【刑事犯罪依法惩治】2021 年，区法院审结各类刑事案件 568 件 909 人，其中判处 5 年以上有期徒刑 124 人，营造安全稳定的社会环境。审结涉黑恶案件 5 件 38 人，深化“打伞破网”“打财断血”。审结电信网络诈骗、涉“两卡”等犯罪案件 61 件 154 人，斩断电信网络诈骗黑灰产业链。审结贪污贿赂等职务犯罪案件 7 件 8 人，追缴违法所得 990 余万元。审结集资诈骗、非法吸收公众存款等犯罪案件 7 件 20 人，坚决维护人民群众财产安全。落实证人、鉴定人出庭作证制度，27 名证人、鉴定人到庭作证，杨某某非法制造枪支案中，鉴定人到庭对鉴定意见进行详细说明，入围“浙江法院十佳庭审”。

2021 年 11 月 24 日，临平区法院和区关工委联合在塘栖中学开展青少年法治教育活动 （区法院　供稿）

【诉讼护民便民】2021 年，区法院全面贯彻实施《民法典》，保障民事主体合法权益，新收各类民事案件 4511 件，审结 4269 件。妥善处理欠薪案件 158 件，依法保障农民工合法权益。出台涉未成年人审判工作实施办法，开展“法治副校长进校园”等系列活动，审结涉未成年人案件 243 件 275 人，用法治力量守护青少年成长。为老年人提供优先、优选、优待的定制式诉讼服务 4 项，助力老年人跨越“数字鸿沟”。妥善处理逾期交房、房屋质量等涉房类纠纷 145 件，以法治方式强化住房保障。审结全市首例生态环境损害赔偿协议司法确认案，裁定赔偿生态环境修复费用 230.4 万元。加大司法救助力度，为当事人缓减免交诉讼费 232.5 万元，发放司法救助金 78.4 万元。

【胜诉权益兑现】2021 年，区法院办结执行案件 8791 件，执行到位金额 13 亿元。推行执行“一件事”改革，联动全区 15 家单位实现税费征缴、房产查询等 18 个高频查询事项从“线下”跑到“线上”。开展“高效为民执行专项行动”，执行到位金额 2.4 亿元，为 149 名当事人一次性发还执行案款 970 万元。强化执源治理，完善立审执破衔接机制，移送破产审查案件 58 件，破产审查受理率 100%。

【非诉解纷工作】2021 年，区法院坚持和发展新时代“枫桥经验”，在乔司街道先行试点的基础上，组建 8 个下沉法官团队，全地域覆盖辖区镇街，全领域指导各类非诉纠纷，全对象培养非诉解纷人员，打造共享法庭 2.0 版的临平样板，得到上级法院高度肯定，并被省高院确定为“非诉解纷法官全域指导”机制改革全省唯一试点法院，获《人民法院报》点赞。

2021 年 12 月 3 日，临平区法院工作人员赴乔司街道共享法庭指导调解工作
（区法院　供稿）

【“全域数字法院”建设】 2021 年，区法院推进“全域数字法院”建设，召开项目推进会 10 余次，成立工作专班 8 个，争取省级创新试点项目 3 个，数字卷宗单轨制协同办案系统运行通畅，自主研发的非诉纠纷在线预分案系统启用，“凤凰金融智审 3.0”上线运行，无纸化办案办公成常态。

【结案改革质效提升】 2021 年，区法院探索实行鉴定前置制度，出台涉建设工程类案件“鉴诉衔接”工作规程，对 126 件建设工程类案件实行鉴定前置，涉建设工程类长期未结案同比下降 87.8%。健全案件质量管控体系，成立案件质量管理委员会，常规评查、重点评查和专项评查案件 2047 件。创新“红黄蓝三色办案时限”预警机制，深化清理长期未结案，正常审限内结案率 99.1%。稳步开展四级审级职能定位改革试点，打破“诉讼主客场”。

【法院内外部监督落实】 2021 年，区法院进一步完善代表委员联络工作机制，邀请 6 名人大代表参加改革试点现场推进会，举办政协委员提案办理回复见面会，确保人大、政协监督落地有声。办理检察建议 5 件，支持、配合检察机关依法履行法律监督职责。落实检察长列席审判委员会制度，邀请检察长列席审判委员会 5 人次，合力维护法律权威。深化阳光司法，直播庭审 3751 次，在线观看 9.5 万人次，让公平正义以看得见的方式实现。讲好法院故事，16 篇次普法文章被最高人民法院司法案例研究院、浙江天平等省级以上媒体刊载，阅读量超 40 万人次，被人民法院新闻传媒总社授予“司法宣传和通联工作先进单位”称号。

（杨宇虹）

·司法行政·

【概况】 2021 年，临平区司法局（下称“区司法局”）按照“一个统筹、四大职能”的工作布局，厉行法治、尽职履责，各项工作取得显著成效。全年获市级以上集体荣誉 12 项，其中全国性荣誉 2 项。“智慧矫正中心”以全省最高分通过司法部验收；塘栖司法所获评全国依法治理创建活动先进单位。

【“法治临平”建设】 2021 年，区司法局与浙江省社会科学院合作编制出台《临平区“十四五”法治临平规划》，制订法治临平建设工作要点，推进法治杭州建设六大专项行动，牵头制发《法治临平建设六大专项工作方案》等方案，提炼申报有临平辨识度、影响力的法治建设标志性成果 5 项。指导培育塘栖镇、崇贤街道、东湖街道抢抓改革机遇，开展乡镇（街道）法治化综合试点改革，探索可复制、可推广的临平综合改革试点“样本”。

【公共法律服务】 2021年，区司法局聚焦弱势群体法律需求，开通援助“绿色通道”，加设外来务工人员、老幼病残妇等服务专席等，强化兜底保障。全年受理法律援助案件1892件，法律帮助案件1569件，解答法律咨询12997件，挽回群众经济损失937.55万元，为农民工讨薪298.22万元。推广支付宝公共法律服务平台，建立24小时公共法律服务亭，配备公共法律服务自助设备，为群众提供7×24小时不间断法律服务，打造普惠均等的公共法律服务圈。

【法治宣传教育】 2021年，区司法局推动“八五”普法编制，落实普法责任制，牵头开展《中华人民共和国民法典》《中华人民共和国安全生产法》等重点热点法律法规专项宣传50余场。成立8090普法志愿宣讲团，通过“点单送课”模式，增强青少年法治观念。培育“阡言普法”“沁少年”普法等社会组织，提升全民普法效果。发布临平普法IP形象和法治地图。将京杭大运河（临平段）周边的宪法主题公园、红色法学家何思敬故居、市级以上优秀民主法治村（社）的法治阵地等景点整合，绘制成临平区法治地图。河西埭村、沾桥村、兴旺村、海珀社区、新梅社区被命名为浙江省2021年度省级“民主法治村（社区）”。

【人民调解】 2021年，区司法局构建完成区、镇、村三级人民调解组织，并延伸至交通事故、劳动争议等7个行业领域。加强调解专家库、法治指导员库、调解志愿者库“三库”建设，健全和完善《专职人民调解员管理办法》。探索涉监矛盾纠纷化解有效途径，成立全省首家驻监狱企业调解工作室。推进政府购买调解服务，新培育3家，有9家调解类社会组织。成立临平区橄榄枝调解中心，不断扩大品牌影响力。全年全区镇街、村社两级人民调解委员会调解案件5354件，成功5347件，成功率99.9%。

【社区矫正】 2021年，区司法局聚焦数字化改革，以部级“智慧矫正中心”创建为抓手，有序推进数字卷宗省级试点，探索建设智慧矫正数字驾驶舱，优化社区矫正多场景应用全闭环。以全省最高分通过全国首批部级“智慧矫正中心”验收。全年接收社区矫正对象296人，解除248人，实现社区矫正对象零感染、零脱管、零犯罪工作目标。

【法治化最佳营商环境打造】 2021年，区司法局落实市场主体法律顾问服务网格化全覆盖要求，结合“法雨春风”“便民利企法律先行”“千所联千会”等活动，开展服务企业“大走访”“大体检”，组织法律法规宣讲65场，热点法务主题研讨22次，服务民营企业2518家，撰写“法治体检”报告403份，发布法律风险预警提示12条。加强涉企规范性文件合法性审查力度，审查涉企政府规范性文件6件。加快推进以律师服务为重点的法律服务体系建设，拟定《临平区律师行业扶持政策实施意见》，实现区内律师事务所规模化、品牌化、专业化发展。

（陈嫣红）

军　事

Military

·综　　述·

【概况】2021年，临平区人民武装部（下称“区人武部”）以习近平强军思想为引领，重点围绕“两兵工作”统筹开展全年工作。自10月31日人武部成立以来，全区武装工作呈现整体推进、全面提升的良好态势，有效促进区域经济建设与国防建设协调发展。

【揭牌仪式】2021年，根据中央军委国防动员部《转发中央军委〈部分人民武装部调整〉》和省军区《关于做好杭州市部分人武部调整的通知》精神，中央军委决定调整成立中国人民解放军浙江省杭州市临平区人民武装部。10月31日，临平区人武部举行揭牌仪式，杭州警备区大校司令员朱云忠、区委书记陈如根共同为临平区人武部揭牌，区委副书记、区长施华森，区级有关部门主要负责人，各镇街党（工）委书记、专武部长以及区人武部全体干部职工参加仪式。

·部队建设·

【概况】2021年，区人武部紧扣使命任务，抓好练兵备战和国防动员工作。协调区职能部门分解任务，采集基础潜力数据和新质动员潜力数据；贯彻落实杭州警备区年度军事工作指示，抓实首长机关训练，组织开训动员系列讲话，完成军事理论、基本技能、平时工作业务和应急应战业务等课目训练。

【“五个一”活动】2021年，区人武部围绕稳中求进工作思路，开展一次合编合心的专题教育、一次法规政策的学习运用、一次“四个秩序”的规范整治、一次军地部门的对接协调、一次武装工作的调研筹划的“五个一”活动，确保人武部安全稳定发展。

【上级检查】2021年11月25日，浙江省军区少将司令员夏俊友带工作组到临平区人武部检查调研，区人武部就临平区兵要地志和单位组建以来所做的工作作汇报，并重点汇报开展的“五个一”行动。11月29日，省军区少将副司令员莅临区人武部指导调研，查看各库室，了解区人武部成立后开展的工作，并和干部、文职、职工进行交流。省军区两位领导均对区人武部的工作给予肯定。

（朱珏嘉）

·兵役工作·

【概况】2021年，区人武部按照“全年准备、突出重点、补上短板”的工作思路，积极适应“一年两征”形势特点，以“五率考评”为指挥棒，强化组织领导，宣传发动筹划部署，顺利完成新兵征集任务。

【组织领导工作】2021年，区人武部把征兵工作摆上重要议事日程，坚持政府主导，年初调整完善征兵领导小组、征兵办公室和高校征兵机构，明确高校征兵领导小组和征兵工作站责任，落实人员、场地和经费保障。地方两级党委政府把征兵工作作为一项严肃的政治任务，主要领导亲自抓，分管领导具体抓，全程协调指挥征兵工作。宣传、公安、卫生、教育、财政等部门，积极配合，密切合作。

2021年11月15日，临平区人武部在中共鸭兰村支部旧址广场重温入党誓词

（区人武部　供稿）

【宣传动员工作】2021年，区人武部重点开展三次宣传动员工作，第一次是春节前后，各镇街利用大学生返乡时机，召开大学生座谈会，并上门入户，深入细致地做好一人一户的思想发动；第二次是1至2月份，结合兵役登记工作，村（社区）民兵连长挨家挨户反复宣讲征兵政策；第三次是6月份开始，区本级和各镇街共同发力，通过传统媒体（电视、报纸、横幅标语、宣传海报、小册子）与新媒体（微信、电子屏、灯光秀等）相结合的方式宣传。

（朱珏嘉）

·民兵预备役·

【概况】2021年，区人武部严格按纲施训、按战施训，做好民兵预备役工作。通过民兵亮身份、评比挂牌子、奖惩即兑现等举措，树立当民兵光荣的良好导向，展示民兵好风采。全区编组基干民兵队伍及应急队伍，重点依托辖区内科研机构、高新技术企业、高校编组特殊新质民兵专业分队。

【练兵备战】2021年，区人武部组织辖区战场和重要目标现地勘察，修订完善平时、战时指挥机构编成方案、战备方案、非战争军事行动方案。全年完成专武干部、民兵干部暨民兵教练员集训、基础训练及应急、专业训练等。承担全市特种电力设备维修专业跨区联训，参加警备区岗位练兵比武，取得指挥通信课目第二名的成绩。参加杭州市乡镇街道专业部长军事训练考核，取得总评第四名的成绩。

【民兵整组】2021年，区人武部做好国防动员潜力数据采集，会同区数管局和移动公司，开展国防动员潜力调查“数字化”平台建设，全面掌握民兵数质量、专业等潜力数据。

（朱珏嘉）

·国防教育·

【概况】2021年，区人武部推进国防教育“五进”

活动，指导各镇街设置“军人荣誉墙”“八一光荣榜”，扩大国防教育的辐射面和渗透力，推动全区进一步形成关心国防建设、关爱军人军属的浓厚氛围。在区管干部集训、新录用公务员岗前培训中融入国防教育元素，增强党政领导干部的国防意识和组织纪律观念。

【红色场馆参观】2021年11月15日，区人武部结合国防教育，组织全体人员及部分民兵到中共鸭兰村支部旧址陈列馆开展党史学习教育，提升人武部党员的使命感、责任感。

【青少年国防教育活动】2021年，区人武部立足职能实际，认真贯彻落实《中华人民共和国国防法》《中华人民共和国国防教育法》《中华人民共和国兵役法》，联合区教育局在全区中小学开展国防教育主题展览，指导区文广旅体局开展爱国主义书籍借阅和国防教育片播放活动。同时，通过宣讲、参观、实践、慰问等多种形式，在寒假期间给广大中小学生开展丰富多彩的国防教育活动，营造关心支持国防和军队建设的浓厚氛围。

（朱珏嘉）

·参建共建·

【概况】2021年，区人武部围绕参建共建工作目标，积极组织发动民兵参加地方经济建设，落实双拥工作。通过认真落实退役军人安置、随军家属就业、军人子女入学入托优待等暖心工程，营造尊崇军人、关爱军人的新风尚。

【拥军优属】2021年，区人武部深入贯彻落实习近平主席“让军人成为全社会尊崇的职业”的要求，开展拥军优属活动，落实军地“双清单”制度，开展办实事活动。会同区退役军人事务局等单位举行退役士兵返乡欢迎仪式暨就业推介会，接收退役士兵，开设专场招聘会。协调区政府面向退役军人和随军家属定向招聘专职社工，解决随军家属就业，一次性货币安置，军人子女优待入学等问题，并做好退役军人安置工作，依规安置军转干部和转业士官。

【防汛防台风演练】2021年6月11日，区防汛防台风指挥部在西坞塘举行防汛防台风应急综合演练。演练按照区防汛防台风应急预案要求，重点突出台风预警响应、受灾人员转移、外坝管涌抢险、民兵水上救援、灾后恢复重建五大场景，区人武部出动民兵参加人员转移安置、水利工程抢修、山洪灾害救援、水上救援等科目演练，提升抗洪抢险救援应急能力和实战水平。

【参加共治】2021年，区人武部积极发挥后备力量组织力、突击力强的优势，发动民兵参与地方经济社会建设，勇于承担抢险救灾、应急救援、维稳安保等急难险重任务，先后出动民兵担负疫情防控、防抗“烟花”台风、“七一”卡点执勤、协助搜捕金钱豹等任务，确保辖区安全稳定。11月起至年末，组织民兵1.2万余人次参与防疫洗消、交通管控、巡逻警戒、物资搬运、信息登记等工作。

【拥军服务】2021年，临平区广泛开展庆祝“八一”建军节系列活动，8个镇街、184个村社、20家区直单位共组织座谈会84次，举行文艺演出、主题活动等150余次；全区各级烈士纪念设施分批接待群众性祭扫38场，参与祭扫人数6000余人。营造尊军爱军和崇尚英雄、捍卫英雄、关爱英雄的浓厚氛围。

（朱珏嘉）

·人民防空·

【概况】2021年，区人防办围绕“战时防空、平时服务、应急支援”职能，重点开展防空警报器安装布点、人防专业队整组和训练、防空防灾警报试鸣演练、人民防空方案进小区试点、人防教育进学校、国防动员潜力调查等工作，有序推进人防数字化、实战化、体系化建设。

【人防工程维护管理】 2021年，区人防办开展人防工程平时使用和维护管理“双随机”检查，全年抽查37个人防地下室，提出整改意见并跟进；开展在建人防工程质量监督137次，并开具整改通知单，落实问题整改。

【人防应急指挥能力提升】 2021年，区人防办组织开展“5·12”防空防灾警报试鸣和“9·18”防空警报试鸣，共有290余人参与。配合开展实战化演习2次；推进地下人防工程可视化监测管理体系项目的数字化改革工作，实现在线监管、智能预警、云上调度；全区8个街道新增32台防空警报，实现建成区警报覆盖率90%以上。

【人防知识宣传】 2021年，区人防办开展进机关、进企业、进校园、进镇街、进社区的人防宣传“五进”活动，全区发放宣传手册5000余份，悬挂宣传横幅100余条，摆放展板200余块，受教育6000余人次。

（方彬）

城乡建设治理·生态环境保护

Urban and Rural Construction & Ecological Environment Protection

·城乡规划·

【空间规划】 2021年，临平区跟进对接市级国土空间总体规划编制，完善“南融、北创、东靓、西优、中兴”的空间策略，并同步开展镇街级国土空间规划编制。谋划研究乔司全域土地综合整治区块、大运河科创城、经济技术开发区核心区等重点板块能级提升。加快完善推进经济技术开发区、临平新城各项控规编制进程。开展运河二通道沿线整体概念研究、大运河科创城概念规划、塘栖历史文化名镇保护规划等。2021年，开展各类规划编制和研究14个。

【规划审批】 2021年，市规划和自然资源局临平分局核发建设项目用地预审和选址意见书150件，用地面积503.49万平方米（7552.29亩）；用地规划许可证（划拨供地）94件，用地面积388.35万平方米（5825.28亩）；出让地块及集体土地用地规划许可证33件，用地面积136.27万平方米（2044.05亩）；建设工程规划许可证153件，建筑面积1095.59万平方米；市政建设工程规划许可证48件，建筑面积57.35万平方米。10月30日，大运河科创城建设管委会挂牌成立，规划管理权限也随之下放。

【规划监督】 2021年，市规划和自然资源局临平分局加强规划和土地批后管理监管，加快工业投资项目联合验收。年内，全区完成竣工规划核实项目112个，总建筑面积514.20万平方米；完成土地复核验收项目37个，复核土地面积175.20万平方米，总建筑面积319.19万平方米。

（陈建君）

·城区建设·

【“五水共治”专项行动】 2021年，区住建局牵头推进全区城乡污水治理及保供水、抓节水等工作，重点抓好治污水工作。临平第二净水厂完成项目前期申报程序，完成新建、改造污水管网5.79千米；完成高层二次供水改造6个，累计完成改造19个，达到省市要求；完成“污水零直排区”生活小区类创建市级任务22个，其中省级任务9个；完成农村生活污水处理设施标准化运维138个，处理设施改造完成3个。切实履行上塘河河长单位职责，全年巡河1344次，处理问题380个，全民护河行动得到广泛参与。严格做好排水许可，开展城镇污水排入排水管网许可事项全程网办服务，优化服务队伍和服务水平，发放排水许可证335件，排水竣工备案155件。持续做好城市节水管理，2021年省级节水小区申报成功13个，非居民计划用水下达670家。

【重点工程建设】2021年，区住建局牵头推进部分区内重点项目建设。临平老城区有机更新安置房工程项目基本完工；临平亚运场馆周边环境提升工程于7月开工建设，其中临平职高外立面整治、广和街改造提升部分于8月31日全面完工，人民广场音乐喷泉和亚运观赛屏于10月1日前完成并开放；星光街（望梅路—红丰路）整治提升工程项目于3月开工建设，截至2021年底完成总工程量的70%。临平老城区部分道路改造提升工程于7月10日进场施工，截至2021年底，东、西大街机动车道、沥青摊铺、人行道铺装完成80%，外立面整治完成85%。河南埭路改造提升工程于12月1日进场施工，至年底市政部分完成地下雨污管道CCTV（管道视频检测）检测、管道疏通以及专项维修，混凝土路面洗刨。

【城市道路建设】2021年，区住建局统筹推进全区快速路、联网路等重大基础设施建设。有序推进S304余杭小林至塘栖段改扩建工程（五洲路—中环）、乔司至东湖连接线二期工程（临东路—五洲路）、崇贤至东湖路连接线二期工程（星河路—新纺路）等市重点快速路建设。梳理区属范围内的联网路（断头路）情况，同时开展临平区“联网路”（断头路）建设方案研究，提出3年打通断头路建设总里程20千米目标，其中年内打通联网路（断头路）7.8千米。完成星河路整治提升，南苑街改造提升等工程，完工昌达路、天华路、星梅路。

【轨道交通建设】2021年，区住建局协调推进杭州市轨道交通三期建设相关工作，完成杭州市轨道交通建设涉及临平区的2021年度全部征迁工作及其他建设任务。杭海城际铁路于6月28日开通，9号线一期北段于9月17日开通运营，原高铁余杭站于11月28日更名为高铁临平南站，3号线一期基本完工。

【地下空间及综合管廊】2021年，区住建局对接市地空办、管廊办，落实督促地下空间开发利用项目有序推进。其中：鼎湖社区一期（A1/A2/A3）完成30%，底板完成30%；二期（A4/A8）工程桩完成100%，围护桩完成95%；三期（A5—A7，A99—A11）工程桩完成80%，围护桩完成75%。

【公共停车泊位建设】2021年，区住建局完成停车泊位3480个，新开工及续建公共停车泊位1952个。为进一步加强管理，临平区现有51303个泊位接入杭州市城市大脑停车系统，区交通集团“智慧停车云”平台接入全市停车信息化系统平台。开工建设马家弄立体车库。

【充电桩建设】2021年，区住建局牵头做好公共充换电基础设施项目的备案管理工作。全年完成项目备案23个，完成充电枪建设并投入运营307个，其中公用充电枪89个，接入“杭州e充”平台74个。

【“海绵城市”建设】2021年，区住建局牵头开展“海绵城市”建设工作，全年完成海绵城市重点区域5.2平方千米以上，创建海绵示范项目10个，包括星光街（望梅路—红丰路）整治改造工程、开发区市民广场、新洲路小学及社会停车场工程等。同时，按照重大基础设施任务书要求，完工乾元北路（荷禹路—长宁路）、星河支路（绿洲路—黄家桥港）、崇贤街道卧龙浜幼儿园等3个项目。

【“美好家园”建设】2021年，区住建局牵头深化“美好家园”建设。5月，申报9个候选小区为杭州市“美好家园”示范小区创建工作，共涉及47个整改提升任务，惠及11359户居民。涵盖公共设施改造、设备维修保养、绿化补种养护、专项整治清理、创新管理机制等诸多方面。9月，区住建局物业服务科指导镇街开展“美好家园”居民满意度调查工作，9个候选小区满意率均在80%以上。11月30日，理想家园、佳兆君汇上品、梅堰小区、河畔新村、锦绣公寓三区、锦良嘉苑6个小区创建成为杭州市“美好家园”住宅示范小区。

【美丽城镇创建】2021年，区住建局围绕“五美”要求，持续推进美丽城镇创建工作。2021年12月21日，浙江省城乡环境整治工作领导小组公布浙江省新时代美丽城镇建设工作2021年度考核验收结果，临平区崇贤街道、崇贤街道获评美丽城镇省级样板。截至年底，临平区省级美丽城镇样板总量达3个。

【未来社区建设】2021年，区住建局牵头开展未来社区建设工作，启动《临平区城镇社区建设专项规划》编制，鼎湖、龙兴、海珀、梅堰、杭海路5个社区入选省级未来社区创建名单。其中，鼎湖社区（第二批）全面开工；龙兴、海珀社区（第三批）基本完工投入使用，龙兴社区申报省、市级验收；梅堰社区（第四批）结合老旧小区改造工程，完成邻里中心、社区养老服务中心、老年食堂等设施建设；杭海路社区在编制实施方案中，计划2022年底完成建设；运河街道运旺社区、塘栖镇西小河社区、星桥街道汤家社区、崇贤街道崇文社区被纳入2022年未来社区创建计划。

【城乡风貌整治提升】2021年，区住建局牵头推进临平区城乡风貌整治提升行动，深入梳理全区城乡风貌的特色优势、问题特征和整体格局，推进《临平区城乡风貌整治提升行动方案》编制工作。“门户客厅艺尚小镇”“未来工厂小林板块”“未来共富海珀社区”3个样板区入选第一批省级风貌样板区试点建设名单。

（方彬）

·美丽乡村建设·

【农村基础环境整治提升行动】2021年，临平区出台《临平区农村基础环境大整治行动实施方案》，以基本无暴露垃圾、基本无不雅（违法）建筑、基本无乱停乱摆、基本无乱堆乱放、基本无乱贴乱挂这“五个基本无”为目标，在全区农村范围全面开展暴露垃圾、不雅建筑、环境秩序等环境整治行动，通过“百日攻坚”，全区农村环境面貌得到有效改观。

【市级美丽乡村建设】2021年，临平区创建省级新时代美丽乡村达标村23个、新时代美丽乡村精品村5个。塘栖镇丁河村、运河街道新宇村获评省级美丽乡村特色精品村。

【区级美丽乡村建设】2021年，临平区谋划新一轮美丽乡村提质升级行动方案，按照“一园引领、两核驱动、十村未来、多点精致、全域美丽”总体布局，打造江南韵味美丽乡村。双桥村、沾桥村完成示范村项目建设，双桥村、塘栖村、姚家埭村完成农文旅融合发展示范村建设，塘北村完成精品村建设。实施全域环境扩面提升工程，全区103个组扩面提升项目完工。完成塘栖水乡风韵线精品主题游线主要项目建设，“大运河乡村旅游”电子地图场景先行先试被列入省级试点。

（金敏）

·城乡数字化治理·

【非现场执法】2021年，临平区探索人行道违停AI非现场执法，利用道路监控探头，通过视频分析智能算法抓拍人行道违停行为，自动向车主推送违停提醒短信；若车主十分钟后仍未整改违停行为，则系统向车主推送违停处罚短信。这一创新做法构建人行道违停“发现—提醒—复查—处置”的全流程工作闭环，有效填补人力执法盲区，实现违停巡逻“机器换人”。截至年底，非现场执法覆盖3个镇街76路视频监控点，巡查发现人行道违停26829辆次，经短信提醒自动驶

东湖街道莱茵知己小区垃圾分类投放点　　（区综合行政执法局　供稿）

离 22496 辆次，核实立案共 4333 辆次，自行整改率 83.85%。

【生活垃圾分类智治】2021 年，临平区东湖街道垃圾分类智治案例在中国环卫科技网主办的“2021 年度垃圾分类案例”评选中获第一名。该案例着力打造“AI+”无人化高效分类回收处理体系，居民可通过刷脸、扫二维码、扫垃圾袋颜色等，实现无接触精准投放垃圾，智能设备数据在后台汇总分析，构建垃圾分类前端、中端和末端的全链条监管体系。截至年底，临平区在东湖街道投放智能设备 170 余台，设立智能回收点 40 余个，服务居民 4 万余户，居民投放参与率上升至 98%，投放准确率维持在 90%以上，全年可回收再生资源总量达到 1.5 万吨以上。

【数字城管】2021 年，临平区数字城管以提高及时解决率为目标，进一步提升主动发现问题能力及采集质量，严格按照应采尽采及立结案规范要求开展工作，并通过日通报、周例会、月小结、定期公示等方式提升运行质效。全年解决问题 345704 件，解决率 100%，问题及时解决率 96.93%。2021 年，完成 16.75 平方千米的数字城管扩面工作，覆盖 82.4 平方千米，涵盖住建、林水、交通、公安等 22 家区级网络单位，有效形成多方协同、高效联动的运行架构。年内，临平区数字城管系统全年受理杭州市有奖举报问题 32385 件，解决率 100%。

【餐饮油烟在线监管】2021 年，临平区大力推广餐饮油烟在线监管系统，餐饮油烟监测物联感知设备全天候监测相关餐饮店铺的油烟排放情况，实时记录并形成详细的分析报告。对于油烟排放超标的餐饮店铺，执法中队进行针对性约谈，第三方专业人员上门协助检查油烟超标原因，推动餐饮店铺自行整改。如拒不整改或整改后仍不达标的，执法中队依法立案查处。截至年底，临平

临平区数字城管指挥大厅　　（区综合行政执法局　供稿）

区餐饮油烟监管系统覆盖点位 211 个，设备在线率 91%，油烟排放达标率 65.63%。

油烟管理指挥平台主界面　　（区综合行政执法局　供稿）

【店招店牌在线备案】2021 年，区综合执法局推出店招店牌在线办理微信小程序，引导广大商户主动办理备案相关手续。商户按照小程序要求填写必要信息后可在线申请办理店招店牌备案。审批完成后，商户可在相关微信小程序查看和展示店招店牌备案电子证明。全年受理店招店牌备案申请 2025 起。

【渣土运输审批提速】2021 年，区综合执法局推出“城管—交警内跑”小程序，原本需要线下企业“人工跑”确认的信息变为线上“数据跑”，审批流程从城管、交警部门“串联”审批变成两部门“并联”审批，相关渣土运输审批时长缩短一半以上，审批效能和审批速度明显提高。

（黄宇晖）

渣土运输审批现场　　（区综合行政执法局　供稿）

·生态建设·

【生态环境机构建设】2021 年 6 月 7 日，杭州市委编办印发杭州市生态环境局 13 个派出分局“三定”规定的通知，杭州市生态环境局临平分局（下称“区生态环境分局”）位列其中。7 月，临平区成立美丽临平建设领导小组，由区委书记和区长任双组长，下设办公室、低碳建设办公室（碳达峰碳中和工作领导小组办公室）、五水共治（五气共治）办公室、土壤和固体废物污染防治办公室，统筹推进全区生态文明和美丽建设工作。8 月 12 日，杭州市生态环境局临平分局和杭州市临平区生态环境综合行政执法队挂牌成立。

【生态环境损害赔偿制度落实】2021 年，区生态环境分局办理生态环境损害赔偿案例 4 件，赔偿总金额 245 万元，案件数和总金额在全市各区、县（市）中位列第一。张某等 4 人非法处置废物污染土壤地下水生态环境损害赔偿案获评浙江省生态环境损害赔偿磋商典型案例（第一批）。

【自然生态保护】2021 年，区生态环境分局全面落实“绿盾 2021 专项行动”任务，对超山风景名胜区开展自然保护地联合巡查和生态遥感监测，发现涉及生态环境领域问题4起，全部落实整改。同时开展超山风景名胜区生物多样性调查，初步掌握全区生物多样性资源底数。

2021年6月5日，杭州市生态环境局临平分局在艺尚小镇举办庆祝中国共产党成立100周年暨“6·5”世界环境日主题宣传活动（区生态环境分局　供稿）

【生态环境保护宣传教育】2021年5月，杭州市环保设施公众开放节活动在临平启动。区内临平净水厂和区生态环境监测站2家环境教育基地开展公众开放活动10余次，接待参观群众400余人次。6月5日，市生态环境局临平分局在艺尚小镇举办庆祝中国共产党成立100周年暨“6·5”世界环境日主题宣传活动，现场展示临平区生态环境保护工作突出成果。6月30日，在塘栖镇开展“走近大运河，感知流动的文化”红绿研学之旅暨“6·30”浙江生态日活动，带领小学生现场巡河护河，了解“五水共治”成效。

临平区围绕“无废城市”建设、生物多样性保护、“碳达峰碳中和”等生态热点主题，以播出刊登电视、报纸和户外公益广告、张贴宣传海报和现场宣讲等形式广泛开展生态环保宣传，努力提升公众生态文明理念。

（贾宇清）

·环境保护·

【生态环境保护督察问题整改】2021年，第二轮中央生态环保督察涉及临平的61件信访件（其中协办2件）全部按期完成整改销号；省委生态环境保护专项督察涉及临平的20件信访件（其中协办1件）完成全部调查办理，有序推进整改销号工作。临平区建立生态环境问题发现和整改闭环机制，拍摄2期生态环境问题曝光片并落实问题整改。年内，全区受理环境信访1171件，较上年下降24.84%，全部按规范流程落实整改销号。

【“污水零直排”建设】2021年，临平区8个镇（街道）全部完成“污水零直排”创建，建成“污水零直排”省市级小区22个、工业企业106家、“六小”行业类813个。新建改造污水管网5.79千米。城市污水处理率达到96.7%，城市生活污水集中收集率达到92.1%。138个日处理能力20吨以上农村生活污水设施实现标准化运维。

【水污染防治】2021年，临平区持续开展涉水行业整治效果评估，对已完成整治提升的工业企业开展整治效果“回头看”。完成入河排污口规范化建设。积极推广病虫害绿色防控技术，全年推广商品有机肥3150吨，水肥一体化技术215.8公顷次，主要粮食作物统防统治覆盖率达43%。深入开展“流域共治”专项行动，建立运河、上塘河、和睦港、学堂港等跨区域河道流域共治机制。

【大气污染防治】2021年，临平区开展锅（窑）炉专项整治，完成15家单位1吨/小时及以上燃气锅炉低氮燃烧改造；完成25家重点企业挥发性有机物（VOCs）整治提升、1家企业恶臭异味治理、1家医药企业LDAR（泄漏检测与修复）治理及涉气“散乱污”企业年度关停整治任务；关停淘汰落后产能和污染隐患企业3家；开展以工地道路扬尘、裸土、渣土车管理等为重点的扬尘污染专项整治行动，分别建成运行道路在线扬尘监测系统19套、工地扬尘在线监测监控系统168套，覆盖或绿化裸土500余处。推进移动源排放清洁化，落实杭州市重点领域机动车清洁化激励政策，提高车辆清洁化比例，年度更新公交车辆全部为新能源车辆。加强非道路移动机械联合监管，公布城区主要区域禁止使用高排放非道路移动机械政策。开展餐饮油烟和汽修行业污染专项治理，完成35家汽修企业水性环保型涂料替代，落实禁止露天焚烧长效管理机制。建立完善大气应急管控机制，以临平国控点周边区域为重点，制定落实各项强化管控措施，重点实施夏季臭氧（O_3）和秋冬季细颗粒物（$PM_{2.5}$）“双控双减”方案。

2021年9月30日，杭州市无废城市建设攻坚会暨无废细胞建设成果展示会在临平区召开

（区生态环境局 供稿）

【土壤污染防治】2021年，区人大对《中华人民共和国土壤污染防治法》贯彻执行情况进行专项执法检查。落实土地用途变更的土壤污染状况调查，规范开展建设用地开发利用前土壤调查55宗。完成临平电镀地块土壤污染风险评估、地块修复技术方案评审。与11家土壤污染重点监管单位签订土壤污染防治责任书。

【固体废物监管】2021年，临平区在区安委办下新设置危险废物专门委员会，强化危险废物领域安全生产工作。开展汽修行业废矿物油等危废专项整治行动；持续推进虎哥环境、联运智慧等第三方企业回收网点建设，实现可回收物、有害垃圾、大件垃圾应收尽收；建成镇街级易腐垃圾就地处置站点6处，新增日处理能力115吨；处理能力400吨/日的厨余垃圾减量化项目正在建设中；在西大门建筑垃圾处置项目配建装修垃圾处置点1个；推动属地镇街建成装修垃圾处置点3个。全区全年进场焚烧生活垃圾40.9万吨，比2019年下降2.8%。废弃农药包装物无害化处置率100%，回收处理废旧地膜约72吨，废旧地膜回收处置率96%以上。医疗废物、涉疫生活垃圾无害化处置率100%。

【辐射安全和声环境管理】2021年，临平区拥有涉及辐射环境的核技术利用单位137家，持有放射源180枚，射线装置302台，建有移动通信基站890座（物理站），广播电视信号发射塔1处，100千伏以上变电所26座，金属熔炼单位7家。临平区定期开展对重点辐射单位辐射安全检查，加强非在用放射源安全管理，完成闲置废弃放射源收贮7枚，收贮率100%。对209家核技术利用单位开展辐射安全与防护状况年度评估。完成《杭州市临平区声环境功能区划分方案（2021—

临平区废弃农药包装物回收中转库　　（区生态环境局　供稿）

2025）》编制。

【碳达峰碳中和行动】2021 年，国网浙江省供电公司依托“网上电网”为载体研发的全国首个“双碳地图”率先在临平区上线使用。5 月 26 日，在临平区科技人才月启动仪式上，由浙江银保监局余杭监管组等 8 家单位共同发起的全省首个“政银保企产研用”一体协同的“绿色低碳”金融创新实验室宣布成立。临平区建成杭州首个零碳社区电瓶车集中充电站，新建 146 座智慧光伏公交站；西奥电梯等 12 家企业入选杭州市绿色低碳工厂名单；星桥街道入选杭州市首批低碳试点乡镇（街道）。东湖街道海珀社区、南苑街道龙兴社区、星桥街道汤家社区入选浙江省第一批低碳村（社区）试点。年内，全区单位 GDP 能耗下降 1.2%，其中规模工业单位增加值能耗 0.24 吨标准煤 / 万元，远低于省市平均能耗。截至 2021 年底，全区新建分布式光伏项目 745 个。其中，自然人光伏用户 712 个，非自然人光伏用户 33 个，新增光伏装机容量 33.64 兆瓦。

【污染物减排】2021 年，临平区完成污染物年度减排任务，其中化学需氧量 115 吨、氨氮 10 吨、挥发性有机物 20 吨。实施排污权有偿使用的新、改、扩建项目 8 个，交易金额 119.1 万元；对 2 个项目实施排污权回购，拨付资金 51.75 万元。

【环保行政许可】2021 年，区生态环境局办理建设项目环境影响评价报告书、报告表许可类 24 项，零地技改备案 2 项，报告表降级为登记表备案 159 项，登记表项目网上备案 272 项，完成排污许可证发证 134 家，登记 235 家。同时，实施“环评审批 + 排污许可证”协同管理新模式。

【环境监管执法】2021 年，区生态环境局开展汽修沥青行业、涉及 VOCs（挥发性有机物）行业、砂石和码头堆场行业、石料加工行业和餐饮油烟等各类生态环境专项执法行动，全年出动执法人员 7131 人次，检查企业 3753 家次，立案行政处罚 112 件，罚款金额总计 1090.17 万元，查处生态环境涉刑案件 8 起，对 19 名涉案人员采取刑事强制措施。

【生态环境安全保障与应急管理】2021 年，市生态环境局临平分局大排查大整治行动，重点对区内环境风险源企业、核与辐射安全隐患、危险化学品、重点环保设施等环境安全风险隐患进行全面排查整治，督促企业严格落实环境保护和安全防范措施。疫情防控期间，加强对隔离点生活垃圾焚烧企业、医疗机构、污水处理厂的监督检查，确保涉疫生态环境领域安全。同时，妥善处置杭州余杭博陆生物化工有限公司火灾次生环境污染事件 1 起。

【环境监测能力建设和数字化改革】截至 2021 年末，临平区累计建成空气自动监测站 15 个，水质自动监测站 13 个。围绕智慧治水和企业环保

2021 年，临平区开展"绿色护航中国共产党成立 100 周年"生态环境安全隐患大排查大整治行动　　（区生态环境局　供稿）

全周期管理服务等领域，在杭州市"生态智卫"大场景平台下进行深度开发和小切口建设，启动建设临平区"生态智卫"项目。

【环保服务】 2021 年，区生态环境局引入"环保医生""体检问诊"式第三方环保服务，与区内 727 家生产型规上企业全面建立"一对一"联系机制，完成 212 家拟上市、环保重点监管企业环境风险"体检"服务，督促企业完成问题整改 452 项，帮助企业削减环保违法成本约 1850 万元。年内，对主动消除环境污染的 63 家企业予以从轻处罚，涉及金额 263.48 万元；批准 21 家经济困难企业分期或延期缴纳罚款，涉及金额 308 万元；完成违法企业信用修复 11 条。

（贾宇清）

·水　　利·

【概况】 2021 年，临平区持续推进水旱灾害防御、水利工程建设、河道引配水、农业水价综合改革、水利工程管理"三化"改革、涉河督查以及水资源水土保持管理等各方面工作，顺利完成年度各项工作任务，取得显著成效。

【水利发展政策】 2021 年，临平区出台《关于加快推进临平区林业水利建设发展政策实施意见》，2022 年 2 月 1 日起施行。该意见从水利工程建设、河湖库塘清淤、小型水利工程标准化创建、农业水价综合改革、美丽河湖创建等方面出台相关区级补助政策。

【水旱灾害防御】 2021 年，区农业农村局进一步做好水旱灾害防御工作。汛前，拟定《2021 年水旱灾害防御工作规则》，统筹农林水应急防范、指导防汛防台防御流程。开展 2021 年汛前水利工程大检查，检查全区水利工程、临平城区城防、配水闸站、水闸、河道、在建工程、防汛储备物资。进入主汛期，应对入梅后集中强降雨和运河连续高水位，全面掌握水情、雨情变化，进行预排预泄、降低上塘河等河道水位。做好 6 号台风"烟花"、9 号台风"卢碧"、14 号台风"灿都"防御工作。2021 年，发出调度指令 64 份，排涝 414 万立方米，全区未发生内涝。

【水利工程建设】 2021 年，临平区继续推进全区水利工程建设，提升全区防洪排涝能力。完成塘栖圩区防洪排涝一期工程建设，并在汛期中发挥重要作用。启动实施城市防洪及引配水设施标准化提升工程、城市防洪及引配水设施整治更新工程，进一步提升完善临平城防设施体系。启动实施运河街道新宇村北庄河闸站拆建工程、塘栖镇白河头水闸拆建工程、崇贤街道曹家墩闸站拆建工程以及崇贤街道跳家浜闸站拆建工程等泵闸设施改造提升，进一步提升泵闸设施工程效益。开展小林港、木省桥港、内排港、塘栖镇大运河支流等 20 余项河道疏浚综合工程，提升河道水环境及水安全保障能力。

【河道引配水】2021年，临平区开展河道引配水调度管理工作，保障河道日常水体流动和水生态需求。共发配水调度指令210份，开机、开闸配水6.29亿立方米，其中横山一、二级开机配水3.45亿立方米。

【农业水价综合改革】2021年，临平区根据省市部署，围绕“五个一”创建目标，制定方案，落实任务，重点在运河街道双桥村戴家里泵站、横山引水灌溉闸站、盛家河灌片、新宇村水管小组、南苑街道区域发展与治理中心等点位开展创建工作，带动面上水价改革工作深入推进。戴家里泵站、横山引水灌溉闸站等4个示范单位创建成为省级示范，顺利完成省市考核任务。

【水利工程管理“三化”改革】2021年，临平区继续推进水利工程管理“三化”改革工作，临平城市防洪配水工程、塘栖防洪一期工程等重要水利工程全部实行区级集中物业化管理，全区8个镇街，有7个镇街全部或部分水利工程实行物业化管理，物业化率达87%。实施临平区水利工程监测体系完善项目，按照“先行先试”的原则对全区34座重点泵站、水闸从监测感知、数字资源、应用支撑、新技术应用等多维度进行建设，实现水利工程数字化运行管理。

【河湖清“四乱”】2021年，临平区将河湖“清四乱”和长江经济带侵占岸线和围湖建坝专项排查纳入区“五水共治”《找短板寻盲区查漏洞挖死角专项行动方案》，组织开展全区河湖“清四乱”大排查，完成核查水域变化图斑88处，推进河湖“清四乱”常态化、规范化、制度化，实现新问题动态清零。

【水资源水土保持管理】2021年，临平区积极推进取用水管理专项整治行动和用水统计调查，严格实施取水许可和水资源有偿使用制度。开展全区水土保持措施落实回头看和重点建设项目水土保持督查检查，共计检查项目140个。2021年，获杭州市“十三五”期末实行最严格水资源管理制度考核优秀；获评浙江省农村饮用水达标提标行动工作成绩突出集体。

（韦余广　陈俊辉）

·供　　电·

【概况】2021年，临平区全年全社会用电量67.72亿千瓦时，比上年增长13.5%，其中工业用电量31.86亿千瓦时，增长6.8%；城乡居民生活用电14.70亿千瓦时，增长15.0%。

2021年，区供电公司被评为全国电力工程新闻宣传先进单位、全国质量信得过班组、国家电网公司2019—2021年省管产业施工企业能力建设标准化单位、浙江省电力行业2020年度统计工作先进集体、浙江省企业员工心理健康教育示范基地、全市经济文化保卫工作先进集体、杭州市“青年安全生产示范岗”，获第二十二届中国专利奖优秀奖1项、首届电力企业班组岗位创新创效二等奖1项、全国水利电力质量协会特等奖1项、浙江省科技进步奖三等奖1项、国家电网公司科技进步奖三等奖1项、中国电力科技进步奖三等奖1项、中国仪器仪表学会科技进步奖一等奖1项、2021年度国网浙江省电力有限公司工人先锋号（五星级班组）1项。

【电网建设】2021年，区供电公司完成临平区“十四五”电网规划和电力设施布局规划编制，全面衔接纳入政府规划。超常规速度推进白鹤滩特高压直流及其配套送出工程建设，政企协同克服“五大难点”。500千伏临平变220千伏配套送出项目取得重大进展。投运3个地铁主电源点项目，助力杭州地铁三期建设顺利收官。完成“三路一环”、运河二通道电力迁改工程，持续推进东西向快速路、S304省道电力隧道前期工作。电缆线路自动化覆盖率达90.6%，位列杭州各区县公司第一。

【优质服务】2021年，区供电公司多渠道推广便民服务电话，坚持服务工单驱动专业规范提升，在杭州公司“庆百年、比赶超、零投诉”活动中排名第一。落实2021年营商环境20项服务新举措，实现低压接入项目“零跑腿、零投资”，高压接入项目“低成本”。严格落实国家电价优惠及补贴政策，持续开展转供电主体违规电费清退，广泛应用“办电e助手”线上交互功能，落地全省首个电气、土建投资双延伸项目，为移动电信数据中心、阿里巴巴、超重力实验室等提供接入和施工保障。

【推动绿色转型】2021年，区供电公司积极推动绿色转型发展，加快“30、60”目标的实现。首创业扩报装、综合能源设计、电力工程承建“金三角”服务机制，加速推动传统设备安装运维向综合能源智慧电务转型。积极推广“达立电管家”运维业务，推动新能源推广，启动光伏倍增计划。高效融合新能源和新基建，建成全省首座“零碳”开关站——南苑卫生服务中心开关站。

【安全管理】2021年，区供电公司扎实推进安全生产专项整治三年行动，完成省市公司安全巡查122项问题清单整改销号。试点应用网络安全感知平台，有效提升信息管理大区网络安全防护能力。开展安全项目制，厚植全员安全文化，1人获国家电网公司企业安全文化优秀论文三等奖。现场管控持续加强。依托安全管控中心，实现现场+远程稽查覆盖率100%。坚持“四不放过”，落实“四个管住”，开展“三个一”柔性教育21次。完成“1+33”应急预案体系修订，组建网格化应急队伍，参加区政府抗雪防冻应急演练。获评杭州公司消防安全“四个能力”建设成果展示优胜单位。优化电网调度策略，超前谋划迎峰度夏工作部署，在最高负荷三创新高情况下，保障大电网的稳定运行。打赢抗击台风“烟花”“灿都”保卫战，推动全区开展小区地下配电房设施专项整治，梳理形成防汛抗台风标准化指导手册。主动应对电力供需紧张矛盾，推动政府成立工作专班，统筹做好电力保供和能耗“双控”工作，打赢电力保供遭遇战。

【经营管理】2021年，区供电公司落实电价市场化改革，坚持政府主导、电力主动，政企联动第一时间组建专班，推动用户参与市场化交易，国家改革政策平稳落地。完善运检一体、高低压营配融合等组织架构，组建电缆运检班。创新供电所薪酬包干制和绩效积分制管理模式，打造业务工单化、工单数字化、数字绩效化格局。完成产业单位星级员工、专家人才、劳务外包人员专业序列职业发展通道建设。成立铁军成长基地，结合“菁英计划”和“海星计划”，构建青年员工“选育管用”培养机制。开展全编制、全专业、全岗位一线人员技能“人人过关”考核，率先在杭州各区县公司范围内实现“千人岗位大练兵”。创新创效多点突破。《电力铸甲师》获国家电网公司青年创新创意大赛优秀项目；基于“网上电网”的“双碳地图”创新实践获国家电网公司董事长辛保安批示肯定；首获中国专利优秀奖和中国水电质协QC（质量控制）特等奖，科技创新项目获奖质量和数量均创历史之最；入选省公司卓越管理案例成果2项；获评全国质量信得过班组1项。

链接►►

术语注解

五大难点：总体工期紧、政策处理繁、遗址文保难、交叉跨越多、停电时间长。

“1+33”应急预案：1个总体应急预案和33个专项应急预案。

菁英计划：从新员工目标、能力和机会“三维度设计”出发，对应解决新员工职业生涯发展三大关键问题，引导青年员工职业发展融入公司组织发展，为公司提供坚实的人才保证和智力支持。

海星计划：即人力资源高弹性海星组织，跨单位、跨部门、跨专业组建组织扁平、办公模式灵活的共享员工柔性组织项目团队，以项目制运营、持续调整迭代的方式实现组织的高弹性，支撑高弹电网建设。

双碳地图：基于“网上电网”开发的将多元电量数据转换成碳排量进行可视化展示的应用。

第一议题：将习近平新时代中国特色社会主义思想、党的十九大精神和习近平总书记重要讲话精神作为各类各级会议的第一议题，推动学习制度常态化。

三个百：百人学四史、百人献百策、百人大宣讲。

四责协同：党委主体责任、纪委监督责任、党委书记第一责任、班子成员“一岗双责”。

1+7+N：1个本部示范、7个供电所落地、N个创新发展。

（项文阔）

·供　　气·

【燃气行业管理】2021年，区住建局加强燃气行业安全监管，对全区城镇燃气供应系统进行全面评估，推进管道燃气防第三方破坏工作制度化，开展城镇燃气领域安全生产专项整治三年行动与“燃气安全百日攻坚”行动。全年开展检查活动100余次，下发燃气生产企业检查意见书89份，整改安全隐患150处；巡查燃气管线81164千米；联合区公安局、区交通运输局、区城管等相关部门开展跨区域运输液化气整治行动2次，查扣非危化品运输车辆2辆，查处液化气瓶、丙烷气瓶200余个；整改用户端各类隐患12000余处。开展线上宣传活动，播放燃气安全宣传动画1000余次，组织开展场站应急安全演练2次，瓶装燃气“进村入户”活动2次，对储配站、供应站负责人、送气工等从业人员开展瓶装燃气场站安全管理培训2次。

【管道燃气改造】截至2021年底，全区天然气管线达到1324千米，全年新增68千米。居民配套用户达到260546户，新增24412户（其中完成旧城改造配套建设120户），同比增长10%；工商业用户1158户，新增133户，增长13%；全年管道天然气销售量2.4亿立方米，增长16%。

（方彬）

·供排水·

【概况】2021年，杭州余杭环境控股集团有限公司、杭州余杭水务控股集团有限公司［区划调整，未更名。下称“区环境（水务）控股集团有限公司”］下属运河水厂、塘栖水厂、宏畔水厂合计制水能力29万吨/日，另有仁和水厂部分供应临平区20万吨/日，全区供水能力总计为49万吨/日；下属临平净水厂、塘栖污水厂、崇贤污水厂3座污水厂自有污水处理能力25万吨/日，另有一座开发区污水厂作为污水预处理厂，污水处理能力2万吨/日。2021年，完成销售水量1.17亿吨，完成污水处理量0.79亿吨，供水出厂水质合格率和污水厂出水水质合格率均为100%，省市区各级监管部门水质抽检合格率保持100%。

【供排水体制改革】2021年12月，临平区召开水务工作专题会议，明确区划调整后，临平区涉及水务的体制机制改革方向不变，区环境（水务）控股集团继续保持现有管理模式，不受行政区划优化调整和水务一体化影响。成立杭州临平环境科技有限公司，新公司成立后的新资产归属新公司，作为今后临平区供排水基础设施和相关产业项目的建设投资主体。

【供排水专项规划方案】2021年，区环境（水务）控股集团有限公司以建设符合经济社会发展水平的供排水保障体系为目标，完成临平区污水专项规划的修编工作。按照规划，启动临平第二净水厂及配套设施工程的前期工作。

【供排水基础设施建设】2021年，区环境（水务）控股集团有限公司加快推进在建工程建设，临平自来水厂一期工程完成整体工程量的45%。临平第二净水厂项目前期工作有序推进，配合相关部门做好地铁专线迁改和考古工作，采用“地下污水厂+上盖产业”建设模式，上盖部分创新建设产业孵化器、众创空间，打造生态环保产业综合体。此外，同步推进全区供排水主干管网建设，实施2021年随道路建设供水管道项目。

【高层住宅二次供水改造】2021年是临平高层住宅二次供水改造工作的第三年，为了让用户享受“同网、同质、同价”的用水服务，实现从“供上水”到“供好水”的转变，区环境（水务）控股集团有限公司全年完成6个小区、2000余户高层住宅二次供水改造工作，超额完成市级考核任务，受到市级部门肯定。

【“污水零直排”创建】2021年，区环境（水务）控股集团有限公司响应“污水零直排”区创建要求，系统推进“污水零直排”改造，加快重点区域的市政雨污水管网整改工作，提升南横港输送能力，减少晴天满溢现象，提升禾丰港、亭趾港等河道水质，解决荷花塘区块长期内涝问题，配合区治水办制定临平区“污水零直排区”三年提升行动方案。“三大单元”管网项目委托建设方面，配合镇（街道）、平台做好住宅小区雨污水管网改造项目的委托实施工作，和属地镇（街道）协议明确项目42个。

【农村污水改造】2021年，区环境（水务）控股集团有限公司加快推进2021年农村生活污水治理建设，深入开展更加集约化、标准化、智能化的农污设施提升改造工作。全年开展2个市级“污水零直排村”建设工作，完成施工进度的70%；完成市级3个农污终端改造建设考核任务、38个终端改造验收考核任务。

【供排水服务】2021年，区环境（水务）控股集团有限公司贯彻落实“最多跑一次”改革要求，持续深化“水务办事零跑跑”服务，疫情期间以“零跑跑”“零手续”“零接触”模式服务村社和企业，配合应急隔离点做好供排水保障。优化流程办理，主动服务用户，按照企业水电气联合报装“零上门、零审批、零投资、一次办”的要求，助力全区营商环境提升。全年受理业务申请4968件，办理满意度99.53%。

【精细化管理】2021年，区环境（水务）控股集团有限公司推进精细化管理，不断提质、降本、增效。从管网端、用户端两个方面着手，成立专项指挥部，在全区范围内实施分级分区计量，组建管网测漏队伍，强化管网运维考核；推进供排水用户端的系统排查，落实分级分类管理和“标签式网格化”管理，有效降低产销差率。强化工程质量安全管理，落实工程质量全面追溯追责机制。结合全区数字化建设要求，加快“智慧水务”建设，提升企业数字化运行水平。开展一表一码小区试点，以实现表务全生命周期数字化管理。开展内控体系建设，系统梳理工作流程，优化内部机构设置，完善管理制度和内控机制，确保各项工作更加规范、高效。

【安全生产】2021年，区环境（水务）控股集团有限公司夯实安全管理基础，完善安全管理体系，落实各级负责人安全工作的“一岗双责”，与各子公司签订年度安全生产责任书。组织开展安全生产月活动和重大节日、重大专项安全检查活动。定期召开集团公司安全生产工作会议，下属子公司开展安全生产标准化创建工作。做好用水保障以及冬季防冻保暖工作，系统做好水厂、净水厂、泵站的生产调度和管网管理，采取工程性措施和管理性措施，确保高峰用水、庆祝中国共产党成立100周年等时段用水安全。

（陈虎宏）

交通运输·邮政·电信

Transportation, Post & Telecommunications

·交通基础设施建设·

【概况】 2021年5月，临平交通集团筹备组成立，有序推进与原余杭交通集团、原余杭旅游集团划分和临平交通集团组建工作。集团围绕“品质临平”要求，强化项目“匠心工程”理念，高质高效推进城市快速路网、基础配套设施建设。截至年底，集团总资产达508亿元，净资产335亿元，全年完成工程项目投资68亿元（其中新建项目13个，续建项目23个，资金承担项目19个），建成崇贤新城崇超路以东配套道路、超山奥特莱斯配套道路工程、莲花港路工程、公共自行车项目、人民路西延一期（西梅园食品段）、崇贤新城前村区块配套道路等6个项目并投入使用。

【崇贤新城崇超路以东配套道路完工】 项目位于临平区崇贤街道，总用地面积21863平方米。项目包括横九路和崇锦路。横九路呈东西走向，西起设计横九路，东至规划横十一路，全长约628米，标准段红线宽20米；崇锦路呈南北走向，南起现状崇锦路，北至杭州绕城高速南侧，全长约423米，标准段红线宽20米。项目概算9526万元，2021年6月完工。

【超山奥特莱斯配套道路工程完工】 项目东起香岸路，西至小白线，长约550米，宽24米。项目概算5626万元，2021年9月完工。

【莲花港路工程完工】 项目北起凌寒街，南至奥特莱斯配套道路，长约325米，规划宽16米。项目概算1370万元，2021年9月完工。

【公共自行车项目完工】 项目于2021年5月开工建设，11月底完工。临平区新建、扩容公共自行车服务点27个，投放自行车1099辆。总投资约800万元。

【人民路西延一期（西梅园食品段）完工】 项目东起圆满路，西至梅园食品厂段，全长约650米，红线宽26米。项目概算1.25亿元，2021年12月完工。

【崇贤新城前村区块配套道路完工】 项目位于临平区崇贤街道，总用地面积8061平方米。横九路西起崇超路，东至众望街，道路全场约136米，红线宽20米；众望街东延道路西起崇超路，南至横九路，道路全场约410米，红线宽12米。项目概算4852万元，2021年12月完工。

【公交候车厅无障碍改造工程完工】 项目对临平城区154个公交候车亭的无障碍设施进行改造，总投资额约100万元。

【乔司至东湖连接线二期工程】项目南起临东路，北至五洲路，全长约5.4千米，地面道路标准宽度为50米，总用地32.33公顷。截至2021年底，累计完成总工程量的70%，完成形象投资额27亿元。

【S304余杭小林至塘栖段改扩建工程】项目南起五洲路，北至运溪路，全长约5.88千米。其中，高架段长4.3千米，采用“高架+地面”的快速通道形式，主线（五洲路至小白线）高架标准段宽25.5米，地面道路标准段宽39米，标准断面均为双向6车道；小白线至运溪路设计为双向8车道地面道路。项目总用地28.4公顷。截至2021年底，累计完成总工程量的70%，完成形象投资额10.9亿元。

【崇贤至东湖路连接线二期工程】项目西起临平大道与星河路交叉口西侧，沿现状临平大道布设，东至临平大道与新纺路交叉口东侧，地面道路顺接运河二通道320国道大桥工程，高架与规划硖许公路高架顺接，全长约7千米。地面道路标准宽43米，总用地面积约46.8公顷。建设内容包括桥梁、路基、路面、管线、路灯、交通安全设施及绿化等。截至2021年底，累计完成总工程量的55%，完成形象投资额29.5亿元。

【S304省道（320国道段至运溪路）电力廊道建设项目】2021年11月项目开工。该项目南起横岭变，沿规划益梅路至五洲路后转入S304省道西侧向北，北端本期实施至泉漳变，全线共5.825千米，以电缆顶管隧道形式敷设。主要建设内容包括建筑工程（含一处管理用房，建筑面积约500平方米）、隧道工程、电气工程、安装工程及其他配套附属工程等，总投资概算为217765万元。

（杨霜）

·交通道路运输管理·

【概况】2021年，临平区交通工程完成有效投资55.5亿元。其中，由区交通运输局负责建设的项目7个（续建项目5个、新建项目2个），总投资约53.1亿元；配合省市重点项目1个、技术前期项目5个。全年完成投资额14.78亿元（计划完成投资11.99亿元），完成率123%。临平区新增、优化调整公交线路22条（含延长服务时间），新增更新公交车辆60辆（全部为新能源公交车）。

2021年，建设地铁荷禹路公交首末站和乾元北公交首末站2个。全区拥有客运站场（临平汽车北站）1个，客运企业2家，客运车辆83辆，客运从业人员133人；公交企业1家，公交车1458辆，公交从业人员3236人；出租汽车企业7家，出租汽车511辆，从业人员3049人（其中在岗710人）；道路普通货物运输企业和业户487家、营运货车2110辆，危货道路运输企业6家、

2021年6月6日，临平区首届“爱心助考”活动顺利开展

（区交通运输局 供稿）

危货车辆 135 辆，从业人员共计 2900 余人。拥有机动车维修企业 380 家，其中一类维修企业 16 家、二类维修企业 80 家、快修 104 家、三类专项业户及摩托车维修 180 家，维修从业人员 4000 余人，完成年度产值 10 亿元。全区拥有机动车驾驶员培训机构 8 家，其中二级机构 5 家、三级机构 3 家，教练车 364 辆，教练员 476 人，全年培训驾驶员 12571 人。

【临平区首届“爱心助考”活动】 2021 年 6 月 7—10 日，由临平区委文明办、区交通运输局、区教育局、区公安局主办，道路运输协会、红十字会承办的临平区首届出租车爱心助考活动顺利开展。全区共有 50 辆贴有“爱心助考”标识的出租车参加，其中 10 辆出租车在 5 个考点驻点守候，其余出租车在路上巡游。每辆助考出租车上都准备铅笔、橡皮、尺子等考试用品和口罩，随时为考生提供力所能及的帮助。

【11 个“交通 E 家”设立】 2021 年，区交通运输局与全区 8 个镇（街道）对接，完成 11 个“交通 E 家”的建设并投入使用，为全区广大网约车和出租车司机提供临时停靠、休息、如厕、添加饮用水、饭菜加热和药品急救等服务，解决司机在营运期间的“四难问题”。线上“交通 E 家”同步上线，为司机推送社区组织开展的活动信息，并提供法律和业务咨询服务。

【《临平区公交优化提升方案》拟定】 2021 年，区交通运输局按照“布局合理、清洁低碳、集约高效、服务广泛”的原则，结合区划调整委托规划设计部门，在充分调研基础上，对全区公交线网规划进行优化调整，结合新一轮“一核三片两轴”空间发展格局，利用轨道交通线网和快速路网，合理设置区内公交线路，拟定《临平区公交优化提升方案》，逐步打造功能明确、层次清晰的“快线 + 基本线（干线、支线、短驳线）+特色线”的公交服务网络，实现与地铁线路错位竞争、良性互补良性循环，逐步构建高质量公交出行链。

【地铁 9 号线及产业园区配套公交启用】 2021 年，区交通运输局结合百联奥特莱斯等商业综合体的开业以及经济技术开发区、临平新城等产业平台需要，合理设置综合体周边公交线。在充分考虑客运、高铁和地铁出行需求的基础上，配套百联奥特莱斯开业开通 2650 路、2651M 路及往返高铁临平站的假日线；配套南苑街道云尚工园开通 2622M 路云尚工园至地铁翁梅站的接驳线，解决园区通勤难题。

【学生“求知专线”开通】 2021 年，区交通运输局通过对接学校，整理出行需求，开设临平第三小学（吴昌硕实验小学）、南雅幼儿园（万常园区）2 个学校 5 条学生求知专线，解决学生接送问题，缓解学校周边上下学期间的交通压力。

2021 年 8 月 29 日，临平公交“求知专线”举行试乘活动

（区交通运输局　供稿）

【危货运输专项整治】2021年，区交通运输局落实危货运输安全长效机制，推进危货运输企业优化整合，对临平区6家危险货物道路运输企业安全管理水平、运输市场需求及企业运输业务进行实地核查，对1家企业扩大经营范围和17辆新增运力申请召开“三重一大”会议进行集体讨论研究。

【公路承灾体普查工作】2021年，区交通运输局组织开展自然灾害综合风险公路承灾体普查工作。普查范围包含普通国道28.907千米、省道15.282千米、县道133.036千米、城市高架路50.002千米、乡道57.054千米、村道338.752千米，合计623.033千米。普查内容包含外业调查、内业数据分析填报、风险评估等工作，将所有风险点纳入一张地理信息电子地图进行风险分类管理，明确风险点位置、灾种类型、灾害特性和风险类别，在电子地图上按红、黄、蓝、绿四色进行标识。普查共确定风险点位22个，其中崩塌风险点2个、沉陷与塌陷风险点11个、水毁（积水点）风险点9个。

【行业消防安全、应急救援演练】2021年6月17日，区交通运输局组织区内客运、公交、出租汽车、驾培、危货运输、普货运输、维驾协会等单位负责人或代表，开展常用消防灭火器材使用演练。6月22日，联合交通执法队、交警大队等多单位、多部门在杭州立佳环境服务有限公司厂区附近联合开展2021年危险货物运输道路交通事故应急救援演练。

2021年6月22日，临平区交通运输局组织危货运输交通事故应急救援演练
（区交通运输局 供稿）

【公路隐患排查整治】2021年，区交通运输局通过数字城管及小额零星指令，治理公路交通安全设施安全隐患956个。落实专人对重点路段、桥梁等的巡查检查，出动养护巡查人员13900人次，巡查公路18700千米，排查并处理公路隐患3100处，保障道路安全畅通。

【安全“两类”人员专项整治】2021年，为规范临平区“两类”人员考核点考务工作，区交通运输局在“两类”人员考核点增设人脸识别系统，新增不低于200万像素的监控设施；调整考场设置，设置防疫检查专区，并在考场外设置违规举报信箱；指定人员，对“两类”人员考核现场进行巡查和视频监控抽查，严肃考场纪律。结合临平区行业企业实际，制定并下发《关于规范临平区道路运输行业“两类”人员安全考核与证书管理工作的通知》。年内，共安排安全“两类”人员考核121场次，2606人参加考核，1381人通过考核取得安全员证。专项整治行动期间，出动58人次进行上门检查和集中审查，完成存在“两类”人员配置问题的9个企业限期整改。

【“浙里学车”驾培公众服务平台上线】2021年8月14日，临平区8家正规驾校完成驾培公众服务平台即“浙里学车”App上线工作，成为全市首批上线区县之一。“浙里学车”App 成为临平区驾培唯一报名方式。

【驾培行业“文明三起”倡议发起】2021，区交通运输局向各驾校教练员和广大学员发出“文明执教、文明训练、文明驾车”倡议，通过将“文明三起”倡议书张贴在驾校经营场所、训练场地等醒目位置，提醒教练员依法依规带学员、以身作则促训练，培养学员树立文明礼让驾车意识。倡议一经发起，在斑马线、黄格线、十字路口等路段，形成教练车礼让慢行、安全文明的一道风景线。

【驾培行业乱象整治】2021，区交通运输局在全区驾培行业开展“临平区重点领域集中整治行动”。通过约谈驾校、走访调查、查处违规经营行为，整治行业乱象。经过整治，驾培信访投诉量整体降幅明显，从高峰时每月 31 件降至最低 2 件，且未受理过“二次投诉”信访件。

【“阳光维修”等品牌建设活动】2021 年，区交通运输局组织杭州东康汽车维修服务有限公司等汽车维修企业开展“阳光维修进军营”活动，组织维修技术人员前往各个部队检查维修车辆 10 余次，服务车辆 300 台次。

【机动车维修行业绿色发展】2021 年，区交通运输局督促企业做好固废定点回收，推进水性漆应用，落实 I/M 制度，完成 2 家检测站机动车综合性能检测联网及验收工作，实现“三检合一”的一条龙验车服务，解决车主车辆检测难问题。

【交通安全风险闭环管控专项考核第一】2021 年，区交通运输局通过制定实施《临平区交通运输安委会工作规则》和成立局系统各单位安全生产领导小组，健全交通运输行业安全生产管理工作机制，保障行业安全生产管理。全区全年交通运输全行业安全生产“零事故”，并以市局考核满分成绩，在全市道路交通安全风险闭环管控专项考核中获年度考核第一。

（王怡旻　金翔飞）

·交通建设·

【运溪高架路通车】2021 年 8 月 1 日，运溪高架路通车仪式举行。运溪高架路全长 34 千米，起于临平区崇贤街道与杭州主城区，衔穿临平、余杭两区 6 个镇街，顺接秋石快速路余杭段疏港互通，终于余杭区余杭街道，是杭州亚运会重点配套设施项目，“杭州中环”首个启动开工、首个通车的项目。

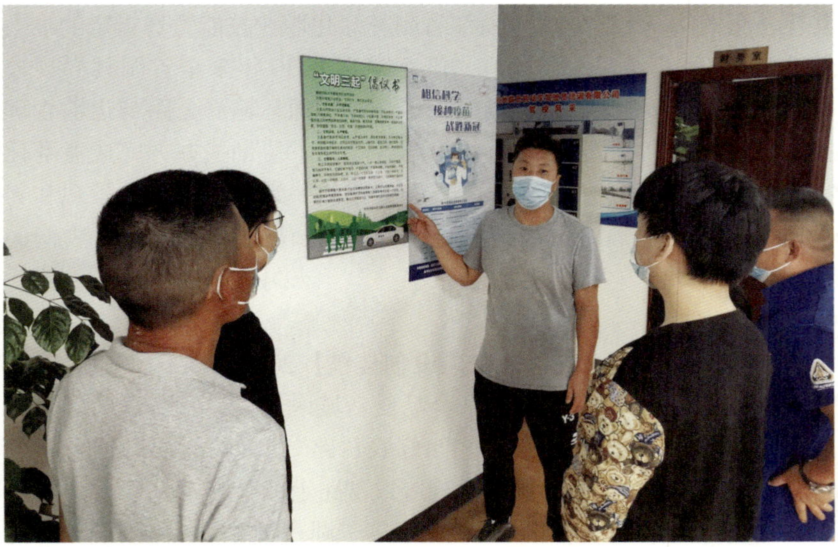

2021 年 10 月 9 日，临平区交通运输局发起驾培行业“文明三起”倡议书

（区交通运输局　供稿）

【104 国道杭州至绍兴公路（余杭良渚至崇贤）改建工程临平段建设】104 国道杭州至绍兴公路（余杭良渚至崇贤）改建工程临平段，路线全长约 15.4 千米。截至 2021 年底，

项目路基、路面约完成工程量35%，整体计划2023年完工。道路建成后，对于完善区域路网，带动地方经济发展具有重要作用。

【杭州中环临平段前期工作推进】杭州都市区中环临平段全长约17.34千米，起点位于临平区与桐乡市交界处，顺接320国道桐乡凤鸣至大麻段改建工程，终于东西大道运河大桥改造工程顺接。2021年10月12日，完成320国道杭州博陆至仁和段工程（临平段）项目代码申请。12月1日，完成项目勘察设计招标。

【104国道临平段改建项目前期研究启动】2021年11月，104国道临平段改建项目前期研究启动。项目起于秋石高架沿山互通，终于临平、钱塘区界，沿现状永玄路布线，全长约14.1千米，拟按城市快速路建设，打通永玄路运溪高架—东湖快速路—五一路通道。项目建成对于完善杭州市快速路体系和临平东部骨架路网体系具有重要意义，能有效缓解沿山互通及周边路网交通拥堵问题。

【临平区公交场站建设情况】截至2021年底，临平区共有公交场站29个（停保基地1个、临时公交场站6个），临平街道范围内没有公交场站。其中，乔司街道有地铁乔司站公交站、地铁乔司南站公交站、文正街公交站（临时）3个；南苑街道有地铁翁梅站公交站、高铁临平南站公交站（新南站）、永乐街公交站、309路车站、车站路公交站（临时）、红丰桥公交站（临时）、临平汽车南站（已拆、临时留公交通道）、余杭第一医院公交站8个；星桥街道有天都城公交站、天都城南站2个；东湖街道有临平北站（短途公交）、临平319路车站、人民书店公交站、新纺路公交站、荷花塘公交站、泉漳公交站、临平公交停保基地、乾元北公交站、地铁荷禹路公交站9个；塘栖镇有塘栖站、塘栖公交中心站2个；崇贤街道有崇贤公交中心站、崇贤新城公交站2个；运河街道有五杭公交站、五杭（临时场地、五杭大桥下）、博陆邮电所公交站（临时场地）3个。

【交通工程检测领域违法行为专项打击行动】2021年9月至10月，区交通运输行政执法队组织开展交通工程检测领域违法行为专项打击行动。行动名称为“风暴”。出动20人次，发现各类问题40余项，对湖北中铭等3家工地试验室存在的超范围出具检测报告、篡改检测数据等违法行为予以立案查处，共计处罚没款2.25万元。

（杨国贤　王怡旻　王明）

·公路养护与管理·

【公路养护管理工作】2021年，区交通运输局加强干线公路的日常养护，成立考核小组，确保养护质量。截至2021年底，修复国省县道路面约15140平方米；清理路面垃圾1696吨；修剪绿化1087公顷，补植绿化约10.8公顷，拔草面积约3598公顷；完成桥梁定检42座。路容路貌大有改观，养护质量明显提高。

【全省园林竞赛配合任务完成】超山环线之一的超梅路在全省所有备选场地中脱颖而出，成为2021年浙江省园林绿化职业技能竞赛指定的唯一比赛场地，该竞赛为近30年来全省园林界规模最大的技能竞赛。区交通运输局公路与运输管理服务中心作为配合单位，协助主办方完成竞赛任务。参赛各方和专家组一致对超梅路的景观和养护成果给予肯定，充分认可超梅路的“法桐大道”的养护水平。

【农村公路建设创佳绩】2021年，区交通运输局认真紧密结合品质新城区建设，坚持以新起点高标准建设“四好农村路”，打响交通助推乡村振兴攻坚战，打造致富路上的金腰带。建设涉及临平区乔司、南苑、东湖、塘栖、崇贤5个镇街，42条村道39.92千米，其中拓宽改造18条16.45千米、综合提升24条23.47千米，计划总投资

1.38亿元。2021年，临平区被评为“四好农村路”省级示范县（区）。

2021年，临平区被评为“四好农村路”省级示范县（区），图为塘栖镇四好农村路
（区交通运输局 供稿）

【全国“第二批农村物流服务品牌”入选】 2021年，区交通运输局继续推进“四好农村路”村级农村物流服务点建设，以“交邮快农商融合助推乡村振兴，构建城乡一体化物流体系”农村物流服务品牌为抓手，给予资金支持，因地制宜制订农村物流发展实施方案，加快补齐农村物流短板弱项，健全完善物流服务体系，改善农村物流服务水平，助力乡村产业振兴。全区建成村级农村物流服务点73个（精品级3个、标准级70个），初步形成以交通物流、快递网点、邮政自营点、村邮站、邮乐购等为基础的村级农村物流网络体系。9月，“交邮快农商融合发展”项目入选全国“第二批农村物流服务品牌”，浙江省仅有3个农村物流服务品牌入选。

【“四好农村路”新三年行动计划制订】 为抓好临平区农村公路建管养运协调可持续发展，不断提高全区农村公路通行能力，实现“建好、管好、护好、运营好”农村公路的目标。2021年，在前三年建设基础上，临平区启动新一轮三年行动计划，完成“四好农村路”建设三年（2021—2023年）行动计划实施方案制订。计划建成“四好农村路”125.36千米，总投资5.07亿元。其中，涉及拓宽、改造约39千米，综合提升约48千米，连接道路（拓宽、瓶颈、断头路）38.36千米。

【公路建设市场监督检查】 2021年底，区交通运输局组织开展2021年度公路建设市场监督检查，对主管监督的崇贤至东湖路连接线二期工程、京杭运河桥梁提升工程（一期）等8个项目进行抽查，从基本建设程序、合同履约、民工工资发放、廉政建设等方面加强监管，对存在突出问题的项目进行通报，保障全区公路建设市场健康发展。

（王怡旻　杨国贤）

·航道管理·

【临平区与德清县开展流域共治】 2021年10月9日，临平区与德清县开展流域共治现场会。现场会由临平区治水办会同德清治水办、两区县生态环境分局、港航执法大队、属地镇街、河长单位分管负责人参加。现场巡查四通桥监测点断面，踏勘德清县境内码头，查看风波港四通桥断面水质情况，德清县码头船舶管控情况。随后，在禹越镇镇政府召开关于提升风波港四通桥水质的座谈会，对近期风波港四通桥监测点断面水质情况，各自所属区域河道断面管理情况以及码头船只管控情况进行交流探讨。

【大运河文化带专题调研】 2021年6月7日，临平区委书记陈如根、区长施华淼等区领导一行专题调研大运河文化带（临平段）工作，区发改局、区交通运输局、住建局、文化和广电旅游局、规划和自然资源局、临平区属地相关街道和港航执法队余杭执法大队等主要负责人参加调研。区领导一行现场实地踏勘崇贤街道鼎源建材有限公司、塘栖镇金属压延有限公司、东湖街道强力墙体材料有限公司3家港口企业。

【船舶与港口防污染执法检查】2021年，区交通运输局根据水污染防治、"五水共治"相关要求，开展船舶与港口污染防治及过境运输船舶专项整治、杭嘉湖地区泥浆渣土船舶联动执法、内河船舶危防管理百日攻坚行动等专项执法检查行动。截至年底，开展防污染登轮检查3863艘次；发现问题123处，整改123处，整改率100%；实施涉及污染防治行政处罚51起，罚款3.35万元。

（方媛　王毅）

·邮政快递业·

【寄递服务网络完善】2021年，"交邮快农商融合发展"项目入选国家交通运输部"第二批农村物流服务品牌"。寄递服务由传统电商向全领域拓展，为农特产上行、直播带货等提供支撑，快递服务进村覆盖率100%。

【邮政行业数字化智能化】2021年，邮政行业及关联产业科技要素加速集聚，总部型企业无人化、自动化、智能化技术优化升级，数字化未来社区寄递末端配套建设示范推进，无人车派送、刷脸寄件、自助取件设备等智能服务广泛运用。

【邮路畅通保障】2021年，行业企业安全生产体系和末端网点备案初核查等工作机制建立健全，构建"条块联动"一张网立体监管防控体系，实现中国共产党成立100周年等重点节庆活动时段寄递渠道安全稳定。

【邮政行业绿色发展】2021年，"Yoohoo"绿计划实施，委托虎哥环境公司提供包装废弃物收集处理服务，打造"虎哥回收＋快递包装废弃物"回收利用模式，构建全省首个快递包装废弃物回收体系，推进包装废弃物的循环利用和无害化处理。

（龚芳芳）

·通信服务·

【中国电信股份有限公司杭州临平区分公司】2021年4月23日，中国电信股份有限公司杭州临平区分公司（下称"电信临平分公司"）成立，7月起独立运营，下设4个部门、3个中心、15个支局，所辖服务门店87家。年内，建成5G基站268个，累计达880个，基本完成全域覆盖；完成4G基站拆闲补忙72个，开通共享基站69个，在全区65个小区地下室进行信号覆盖；完成110个千兆小区覆盖；完成亚运场馆网络全覆盖、地铁9号线开通、3号线试运行等活动保障；配合做好320二期高架、高架东湖连接线二期等重大市政项目电信线路迁改工程。

2021年，电信临平分公司承建临平区数字化改革门户、"基层治理四平台"、东湖街道数字孪生管网等重大项目，与星桥街道"智慧星桥"达成战略合作，完成星桥街道南星社区、南苑街道"雪亮工程"等百万级以上项目签约合作，助力运河街道双桥村等数字乡村建设，优化升级12345平台，24小时不间断运维全区视频监控近8000个。疫情防控期间，安装宽带1300条、固话64个、智能门磁4585套、发送短信86.2万条。

（沈敏琦）

【中国移动通信集团浙江有限公司临平分公司】2021年，中国移动通信集团浙江有限公司临平分公司（下称"临平移动公司"）下设5个职能部门、6个生产单位，自有员工137名，合作三方直接就业1100余人。全年通信服务收入8.9亿元，通话用户 91.9 万户。截至 2021 年底，临平移动公司在全区有基站总数 4171 座。5G 网络建设二期项目开通率 100%，5G 三期项目开通率 96%，排名城区第一；700M 一期网络建设全量建成开通，在全市区县中第一个提前完成目标。针对浙商产业园、经济技术开发区、超山风景区等重点区域进行 5G 覆盖补强补盲，全区 5G 网络覆盖率 97.59%，5G 分流比 37.6%，位列全市第一；新增开通视联网 11 条，累计开通 60 条。与南苑街道共同打造 5G 警务通、5G 警务单兵执法记录仪等应用；打造南苑街道立体化监控感知体系项目，推进临平数字法治综合应用。与老板电器合力打造 5G 智慧工厂项目成功入选工信部第二批“5G+ 工业互联网”十个典型应用场景和五个重点行业实践，并斩获工信部 5G 绽放杯先进制造赛道专题赛一等奖。基于与老板电器、春风动力合作的未来工厂，进一步形成“伊芙丽、铁流、西奥电梯、杰克缝纫机”等企业 5G 专网项目“风景线”。

2021 年，临平移动公司与老板电器合力打造 5G 智慧工厂项目

（临平移动公司　供稿）

常态防疫阶段，临平移动公司 AI 语音机器人为东湖街道、崇贤街道、市场监管局等多家单位提供综合治理、疫情防控的调查通知，日外呼近千次；通过防疫产品“智慧民生”，向全区 8 个街道的特定人群发送约 600 万条疫苗接种、疫情防护通知短信；为东湖街道、塘栖镇、农业农村局等 36 家单位部署防疫产品“灵瞳”，为老年人、弱势群体的日常出行提供便利，成为杭州移动防疫场景示范点。

2021 年，临平移动公司与南苑街道、临平街道、老板电器签订“党建和创”协议，与 12 个社区签订“党员 i 家”联盟合作书，开展进驻服务 1000 余场。组建网格银龄讲团，深入各街道、社区开展“银铃跨越数字鸿沟”科普专项行动。针对老年人“慢懂快忘”的特点，围绕交通出行、消费、就医、办事等智能服务场景，定制个

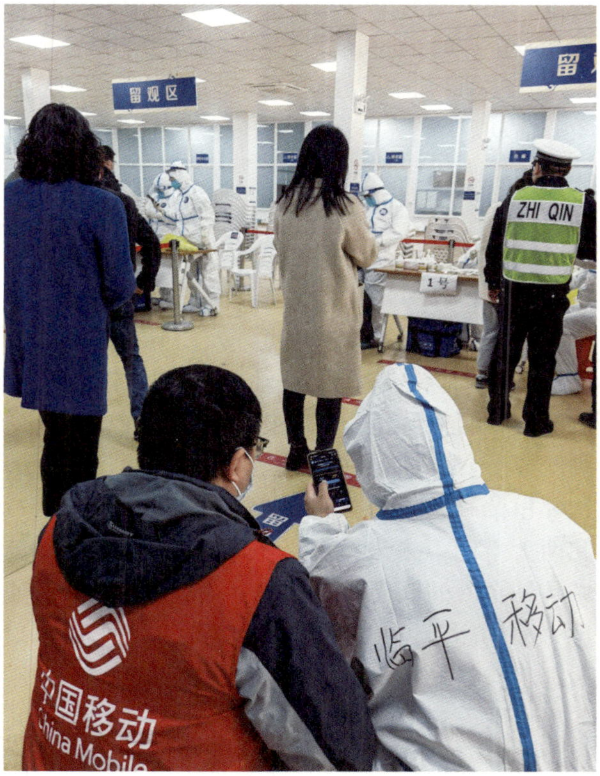

2021 年，临平移动公司在核酸检测点进行网络通信保障及志愿服务

（临平移动公司　供稿）

性化教材，一对一操作演示，帮助老年人熟悉智能产品，享受智慧生活。全年授课60余场，惠及1000余位老人。

（董嘉蔚）

2021年7月21日，临平移动公司开展“银铃跨越数字鸿沟”科普讲座

（临平移动公司　供稿）

【中国联合网络通信有限公司杭州市临平区分公司】 2021年，中国联合网络通信有限公司杭州市临平区分公司（下称“临平联通分公司”）建成5G基站715个，4G基站813个；新建省内5毫秒，城区2毫秒延时的低时延高可靠OTN精品网，以“双5G”网络能力为基础，以5G边缘云为应用承载，完善临平产业云数据中心及相应配套数字基础设施升级。配合完成小城镇整治、临平亚运场管5G宏站和室分建设，推进5G多网合一室内信号分布系统建设，接入新建国标小区260个，楼宇80幢。参与“阳光厨房”“平安E行”活动，推进社区联建、志愿服务、扶贫献爱心活动。

与区人民代表大会常务委员会签约人大“一键通”平台，建设完工数智人大展陈体验展示中心。与区住建局签约智慧工地“工长制”和“五色图”平台，深化建设工地“互联网+监管”模式，实现全区工地的量化考评及差异化管理。与政法委签约推进临平“百姓通”便民服务平台，依托全区网格员和平安志愿者队伍力量，提升便民服务平台线下支撑力度。与乔司街道三角村签约邻里治平台，聚焦一个门户（综合应用门户）和两大空间（未来社区、未来乡村）。首创“商城+平台”的低代码低成本全域建设新模式，通过“GIS地图+AI数字社工”等应用，方便基层治理。与临平区委宣传部签约“网信专网维护服务项目”；与美丽临平建设领导小组“五水共治”（河长制）办公室签约杭州市智慧河道云平台系统维护项目。

（姜美玲）

·广播电视网络传播·

【概况】 2021年，杭州华数传媒电视网络有限公司［下称“杭州华数（临平）公司”］主要承担临平区数字电视运营、广播电视网络建设、广播电视节目传输、数据专网运营、雪亮工程建设、智慧社区、社会治理“四平台”、智慧城市运营、广电物联网、广电5G运营等职能。

【教育网万兆升级工作完成】 2021年1月，杭州华数（临平）公司对区教育系统整体网络进行升级。受疫情影响，历时一个半月完成临平区125所学校的网络设备更换与调试升级工作，有效保障区教育系统网络的稳定与安全。

【全民4K普及活动开展】 2021年，杭州华数（临平）公司开展“我为群众办实事，百场服务进小区”专项活动，着重宣传推广4K超高清电视。通过进村（社区）现场便民服务、上门更换4K超高清机顶盒，制定实施团购村、退伍军人、残疾人优惠办理4K业务政策等，不断提升临平区4K超高清机顶盒入户率，提高临平百姓的收视体验和智慧化家庭应用水平，让“城市大脑”

的民生数据更多地惠及华数用户的“家庭小脑”。

【疫情防控宣传工作参与】 2021 年，杭州华数（临平）公司在防疫宣传方面，根据区委宣传部防疫宣传工作部署，启动农村应急广播，按照一天 6 次的频次进行防疫知识轮播；投放电视短信，按照每半小时 1 次的频次在华数农网机顶盒滚动播出防疫提醒。在技术支撑方面，为更好地阻断传染源，推出防疫卫士系统，助力科技防疫，实现居家隔离人员的智能化、精细化管理，让居家隔离暖心又安心。

【建党百年安全播出保障工作完成】 2021 年，杭州华数（临平）公司围绕“统筹部署、全面防范、突出重点”的工作思路，按照“四个坚持、四个坚决”的工作要求，严格规范机房管理，确保机房设备运行稳定，加强临平区骨干网络的巡检工作，优化环网传输结构，保障区光纤线路的运行稳定、畅通。年内，数字电视播出及传输网络方面整体稳定，无安全播出事故，顺利完成中国共产党成立 100 周年安全播出保障工作。

【临平新闻 0 频道播出保障】 2021 年 12 月 13 日 0 时，临平新闻 0 频道开播。播前，杭州华数（临平）公司加强与区融媒体中心的协作，承担临平电视台本地节目在华数电视用户范围内的节目传输工作，保障频道的顺利播出，实现临平本地节目的全域覆盖。

【临平区“双建争先”驾驶舱建设任务承担】 2021 年，杭州华数（临平）公司承担“双建争先”清廉机关模范机关建设在线比拼系统（简称“双建争先”驾驶舱）建设任务。截至年底，系统入驻机关单位 63 家，驾驶舱实现单位间横向在线比拼、纵向业务管理，促成“党建强发展强”的发展态势。

【华数物联网统一平台 2.0 版上线】 2021 年 12 月 7 日，华数物联网创新基地以“国内领先的广电物联网服务提供商”的发展愿景，研发上线华数物联网统一平台 2.0 版。聚焦“数字家庭、数字社区、数字园区、数字乡村、数字治理”五大方向，建立“云平台 + 场景 + 感知终端”三位一体的智慧物联服务模式，在浙江省内 60 个华数分（子）公司上线使用，设备连接 26.9 万个。

【有线数字电视减免政策】 2021 年，杭州华数（临平）公司继续对临平区低保户实施“广电低保”工程，对有线数字电视的安装费用及基本收视费进行减免。年内，临平有 2022 户广电低保户享受优惠减免政策。

（徐方圆）

产业平台
Industrial Platform

·临平区国家级经济技术开发区·

【概况】2021年，余杭经济技术开发区（区划调整未更名，下称“开发区”）积极把握临平区开启高质量发展新征程的重大战略机遇，咬定“千亿”目标，聚焦聚力制造业和数字经济“双引擎”驱动，抓项目、盯招商、优服务、提能级，经济社会发展呈现向上向好的良好态势。实现规模工业总产值1061.77亿元，首次突破千亿元大关，比上年增长23.2%；实现规上工业增加值313.69亿元，增长16.8%。实现规模高新技术产业增加值272.87亿元，增长17.2%；实现有效投资155.64亿元，增长46.7%，其中工业投资59.15亿元，增长24%；实现财政总收入66.6亿元，增长21.9%；实现地方财政收入35.2亿元，增长16.6%。引进固定资产总投资亿元以上制造业项目32个，10亿元以上制造业项目4个；引进外资总额1.146亿元，其中高技术外资占比74%。开发区在商务部2021年国家级经开区综合考评中列第24位，成功进入国家级开发区第一方阵。

【产业发展】2021年，开发区强化数字经济和制造业“双引擎”，聚焦重点产业、重点企业，加快推进产业能级跃升。全年完成“新升规”61家、“净增规”33家，规上工业企业突破355家，总量创历史新高。新增上市企业2家（杭汽轮、百诚医药）。微策、本松、福斯达、西奥更新等“扎根项目”新增用地全部开工，5个项目落实土地16.47公顷。创建成为以“未来工厂—数字化车间—数字化产线”为主线的省级新智造区域示范，西奥电梯入选省“未来工厂”；新希望乳业入选省智能工厂（数字化厂间）；老板电器、春风动力入选杭州市“链主工厂”（全市仅5家）；运达风电获国家科学技术进步奖二等奖、浙江省政府质量奖和浙江省创新型领军企业称

2021年10月18日，西奥现代化更新梦工厂奠基仪式举行

（经济技术开发区　供稿）

号；本松、麦乐克入选第三批国家专精特新“小巨人”；万通智控获省“隐形冠军”；西奥电梯、运达风电、老板电器获评全省制造业“亩均效益领跑企业”。

浙江大学高端装备研究院 （经济技术开发区 供稿）

【招商引资】2021 年，开发区围绕招优引强，立足主导产业，聚焦创新医药、高端医疗器械和医疗服务三大生物医药产业链，先后引进百强药企成都倍特药业投资的创新药和高端仿制药生产项目、纽安津生物科技总部项目、科创板拟上市企业联赢医疗总部项目，全球第二大 CRO（合同研究组织）公司艾昆纬、临平生物医学工程创新中心等项目并签约。聚焦细分领域龙头企业和科创板上市企业，先后招引江丰电子、新西奥、燕麦科技等装备制造头部项目。围绕全省首批开发区智能制造“链长制”试点，依托求是半导体等“链主”企业，引进中为光电、晶创自动化、科盛智能、慧翔电液等一批补链延链项目。深耕基金招商，先后引进璞睿科技、神州医疗项目、英术科技等一批科技型、成长型项目。加强与高校科研机构联系合作，引进飞仕得、博源涯生等 7 个高校系项目。

【创业创新】2021 年，开发区打造高能级平台矩阵，工信部服务型制造研究院建成启用；浙大高端装备研究院入驻徐工研究院、雪浪云等平台；省级家纺产业创新服务综合体签约落地浙江理工大临平家纺产业技术转移中心；中国（浙江）卫生健康科技研发与转化平台、省医疗器械检验研究院开发区院区、浙大基础医学创新研究院先后开园并投入运营。创建成为省级双创示范基地，新增创新空间载体 9 个，累计打造 48 个；新增创新空间 61.5 万平方米，累计建成创新空间 300 万平方米。创建省级“杭州未来智造工程师协同创新中心”（全省 14 家），打造未来智造工程师协同创新产业园，新增 F 类以上特色人才 520

2021 年 5 月 20 日，浙江大学基础医学院创新研究院在临平区启用

（经济技术开发区 供稿）

名；引进海外高层次人才60名，引进或培育海内外高层次人才项目57个；新引进顶尖人才3名，国家级领军人才16名，培育省级领军人才4名。

2021年9月9日，全国首个服务型制造研究院启用 （经济技术开发区 供稿）

【配套建设】2021年，开发区抓重点区块规划建设，市民广场项目开工，小林高科地块成功出让。深入推进“腾笼换鸟”，加快老工业区块连片提升改造，老板电器、恒生印染、双林化工、鸿辰化纤等15个项目开工。抓重点项目建设，加快推进浙江理工大学临平校区、红丰幼儿园、胡桥幼儿园等学校项目；加快实施老城区有机更新、禾丰港整治、重点道路改造提升等“靓城行动”项目；玉架山考古遗址公园开工并入围第三批省级考古遗址公园。抓征迁攻坚，东湖街道全年完成泉漳、李家桥等区块征地67.97公顷，签约农户563户；水享、微策、倍特等19个产业项目地块净地交付；星光街整治、横塘安置房地块实现“征迁清零”，完成运河二通道、红丰沿街商铺等项目征迁，临和家苑等安置房项目建成交付，工农、红旗、胡桥3个社区360户家庭安置房交付分房。

（沈晓燕）

·临平新城·

【概况】2021年，临平新城完成有效投资130.35亿元。其中，生态环保、城市更新及水利设施投资31亿元，同比增长111.2%；工业投资13.6亿元，完成全年目标的121.62%。签约重大项目62个，签约项目总投资额达222.15亿元。申报国家级人才2名、省级人才5名，引培海内外高层次人才项目36个，新增海外高层次人才85名，新增高校毕业生9758人。实现总税收91.1亿元，经常性税收43.98亿元。

2021年，临平新城精彩亮相全国首个算力小镇。落地浙江图灵算力研究院。入驻联芯通、赛热科技、地卫二等9家科技总部，鸿道、六和桥等8个创新孵化载体。精心打造丰收湖核心板块，开工基础配套项目九乔绿道等6个，完工杭乔路、九环路等8个，产业项目开工10个。高铁临平南站北广场建成启用，亚运场馆改扩建通过验收，沪杭高速临平段主线高架建成通车、中国江南水乡文化博物馆改扩建项目基本完成，长三角创新研发总部基地、阿里数据中心、菜鸟数字化转运中心等重大项目全面开工。

2021年，临平新城有序启动乔司全域土地综合整治与生态修复工程，同步紧抓九乔国际数字商贸城开发建设，扎实推进鼎湖未来社区建设，集中签约项目62个，完工天都路、星桥南路、临丁支路等11条道路，建成临平区体育中心，建成三角、丁山、吴家等3个67万平方米安置房，开工建设星桥、周杨、永西等3个31.7万平方米安置房，建成新城一幼等3所学校，开工建设新城一小等6所学校。

【杭海城际铁路通车暨高铁临平南站北广场启用】2021年6月28日，杭海城际铁路通车暨高铁临

2021 年 6 月 28 日，杭海城际铁路通车暨高铁临平南站北广场启用　　（临平新城　供稿）

平南站北广场启用。北广场地下空间及地面广场配套工程总面积约 5 万平方米，以高水准设计、高标准建设、高品质管理，打造高铁、城铁、地铁“三铁交汇”的重要枢纽，形成大剧院、小镇、公园、水系“多景共融”的城市客厅。

【长三角创新研发总部基地开建】 2021 年 7 月，长三角创新研发总部基地项目开建，总建筑面积约 26 万平方米。建成后，可连接新老城区，串联历史，眺望未来，成为传承临平文化脉络的地标节点。

【2021 中国国际儿童时尚周】 2021 年 7 月 17—21 日，第四届中国国际儿童时尚周在艺尚小镇举行。本届时尚周以“梦幻岛”为主题，21 家国内外知名童装品牌以及 26 家儿童高定品牌发布作品。其间，2021 中国童装企业高峰论坛暨供应链大会、中国童装时尚创新展、十大童装品牌评选、潮爸靓妈亲子互助系列活动等举办。

【云尚工园开园仪式暨 2021 直播电商论坛举行】 2021 年 8 月 12 日，云尚工园开园仪式暨 2021 直播电商论坛在临平新城举行。人民电器集团、遥望网络、如涵控股等作为首批入驻项目代表签署落户协议。

【临平体育中心（亚运场馆）启用】 2021 年 9 月 5 日，临平体育中心（亚运场馆）启用。作为省内首批启用的场馆，临平体育中心计划承办杭州亚运会足球预赛、排球预赛、空手道预决赛和杭州亚残运会坐式排球预决赛。

【鼎湖未来社区开工】 2021 年 10 月，鼎湖未来社区全面开工建设。总建筑面积约 150 万平方米，

2022 年 2 月 22 日，亚运场馆测试赛　　（临平新城　供稿）

约3.6万平方米公寓，约36平方米商业商务建筑。以“山水画城、产业立城、枢纽兴城”为主体，基于未来社区“一心三化九场景”的先进开发运营模式，聚焦邻里、创业、交通特色场景，打造临平CBD（中央商务区）核心的首个未来社区先行示范区。

【中国服装流行趋势研究与发布中心落户艺尚小镇】2021年10月10日，中国服装流行趋势研究与发布中心揭牌成立，落户杭州艺尚小镇。中国服装流行趋势研究与发布中心将充分运用大数据、人工智能、5G、AI等互联网技术，深度融合产业及人才资源，赋能中国服装品牌的设计研发能力，补齐服装企业的发展短板，开启新时代中国服装流行趋势研究与发布新篇章。

【中国江南水乡文化博物馆改扩建项目建成】2021年12月，中国江南水乡博物馆改扩建项目建成。新馆建筑面积约1.3万平方米，老馆建筑面积约0.8万平方米。新馆计划分5个单元讲述江南水乡地域、经济、文化的形成和演变，还原一段早年临平的市井生活。

【沪杭高速抬升主线通车】2021年12月1日，沪杭高速抬升主线通车。沪杭高速公路临平段改建工程西起杭浦高速，东至运河二通道，与运河二通道的沪杭高速桥相接，全长3.04千米，上层高架为“双向六车道”高速公路，设计速度为120千米/小时。

（孙卯宁）

·大运河国家文化公园（大运河科创城）建设·

【组织机构调整】2021年8月20日，中共杭州市临平区超山风景名胜区工作委员会、杭州市临平区超山风景名胜区管理委员会揭牌。

9月24日，中共杭州市委机构编制委员会办公室同意杭州市临平区超山风景名胜区管理委员会挂杭州市临平区大运河国家文化公园建设管理委员会、杭州市临平区大运河科创城建设管理委员会牌子。

10月22日，中共杭州市临平区委办公室印发《中共杭州市临平区委　杭州市临平区人民政府关于建立临平区大运河国家文化公园建设管理委员会、大运河科创城建设管理委员会及深化完善超山风景名胜区管理委员会体制机制的实施意见（试行）》，明确超山风景名胜区管理委员会增挂“杭州市临平区大运河国家文化公园建设管理委员会、杭州市临平区大运河科创城建设管理委员会”牌子，负责管理范围内的开发、建设、招商、运营工作。管理范围整体上南、北、西至区界，东至塘栖路、望梅路、五洲路、宣杭铁路围合区域，总面积100平方千米，重点建设区域52.8平方千米。

10月30日，临平区大运河国家文化公园暨大运河科创城建设指挥部、临平区大运河国家文化公园建设管理委员会、临平区大运河科创城建设管理委员会挂牌成立。临平区召开大运河国家文化公园建设

2021年9月5日，临平体育中心（亚运场馆）启用　（临平新城　供稿）

动员大会，全面启动大运河（临平段）建设。

【规划编制】 2021 年，区大运河管委会对标中央及省市上位规划，着重凸显大运河临平段“田园风光，古镇风貌，科创风采”特色优势，经多方论证和反复完善，完成《临平区大运河文化保护传承利用暨国家文化公园建设方案》《杭州市临平区大运河保护传承利用暨国家文化公园建设三年行动计划（2021—2023）》的编制。

【码头征迁】 2021 年，区大运河管委会建立健全征迁工作协调机制，会同区征迁办及沿线镇街，采取“一企一策”，明确责任分工，强化工作协同；按照“工作项目化、项目责任化、责任清单化”思路，科学制订征迁计划；通过“挂图作战、逐一销号”“日报告、周研判”等方式，形成工作闭环；统一规范征迁标准，已签约码头征迁费用平均为每亩 24.7 万元；联合执法部门开展大运河沿线环境秩序专项整治行动，检查车辆 5000 余辆，查处违法案件 1200 余起。2021 年，完成码头征迁 27 家、塘栖路以东企业 10 家、塘栖镇农户 2 户。

【项目招引】 2021 年，区大运河管委会摸清家底，走访调研，梳理汇总现有存量空间，初步完成大运河科创城《招商推介地图》《招商手册·资产篇》；主动对接省文投、招商蛇口、清华长三角研究院、华策影视等国内知名品牌文化与旅游专业运营单位，完成清大文产杭州数字研究院项目、吴家平领衔影视传媒项目等 2 个重大项目签约。

（杨莉）

延伸阅读▶▶

以文化人　以文兴城
杭州临平着力构筑新时代大运河畔文化高地

临平山下，越风吴韵，南宋文化源远绵长；大运河畔，江南水乡，创新之光生机勃发。

2021 年，临平经行政区划优化调整而单独设区，成为浙江省杭州市的一个新区，开启崭新的征程。

传承与创新，互动与共鸣，文化正在成为临平区最富魅力、最吸引人、最具辨识度的标识，也正在成为临平高水平建设“数智临平·品质城区”、争当高质量发展建设共同富裕示范区样板的重要引领和支撑。

理论宣讲“活”起来，讲好新时代“临平故事”

临平区乔司街道的村社、企业、机关单位等定期组织“乔司好声音”演出，台上的表演者来自街道干部、当地居民，通过快板、小品、歌曲、朗诵等表演形式宣讲最新的理论、政策，展现乔司近年来的发展成就、涌现出的好人好事等。

2013 年以来，“乔司好声音”已吸纳了一支总人数超过 2000 人的宣讲队伍，累计开展党的理论宣讲 1000 余场，受众超过 80 万人次。

在临平，像“乔司好声音”这样的理论宣讲队伍共有 106 支，他们通过鲜活生动的载体与形式，以“身边的干部讲身边的事、身边的故事教育身边的人”等方式，让新时代“临平故事”得以挖掘、弘扬、传播。

文化服务“沉”下去，诠释临平美好生活

“以玉为媒，间架为山”。日前，良渚文化玉架山遗址博物馆设计方案正式出炉。通过创新文化遗产的活化利用，博物馆建成后将成为临平一座独具特色的文化地标。

未来，大运河国家文化公园（临平段）、王蒙黄鹤山艺术馆、非遗馆等文化设施规划建成后，它们将与现有的临平大剧院、中国江南水乡文化博物馆、亚运场馆等相互辉映，形成具有江南特色、临平特征、标识性强、辐射效应大的临平文化矩阵。

临平积极推进社会公共文化服务建设，截至目前，临平已建有文化礼堂53个、社区文化家园81个、新时代文明实践中心（所、站、点）239个、企业文化俱乐部30个。

计划到2025年，临平高质量现代公共文化服务将基本实现覆盖城乡、均等均衡，实现杭州书房、农家书屋、24小时自助图书馆镇街全覆盖，新时代文明实践中心（所、站、点）覆盖率达100%，建成“15分钟品质文化服务圈”“10分钟健身圈”，每万人拥有公共文化设施面积达5530平方米，居民综合阅读率达92.5%以上。

文化产业“串”成链，推动高质量发展

临平积极以文化产业推动经济发展，将“软实力”转化成高质量发展的“硬实力”，逐步构建起软硬齐驱的文化发展格局。

临平加强文化产业建设，构筑有利于文化产业发展的优质环境，吸引了越来越多的文化人才、企业、园区、平台进驻，形成强大产业链条，积累、集聚起百亿能级的现代文化产业集群。

未来，临平文化产业将重点聚焦数字内容、设计服务、创意生活、文化制造四大主导产业，以工艺品制造、印刷出版服务、文化设备生产、现代传媒、游戏动漫等为细分行业，大力构建现代文化产业体系。依托大运河文创园、大运河国家文化公园（临平段）暨大运河科创城建设，以及艺尚小镇、算力小镇、工业互联网小镇等创新平台，临平将进一步串珠成链，形成具有规模效益、辐射作用、品牌引领的标志性文化产业带，持续以产业夯实新时代文化高地高质量发展的基底。

（《人民日报》2021年10月25日　中共杭州市临平区委宣传部）

数字经济

Digital Economy

·综　　述·

【概况】2021年，临平区紧扣“全省智能制造中心”的目标定位，编制“十四五”数字经济相关产业规划，《临平区工业互联网创新发展工作方案》《杭州市临平区“未来工厂”培育三年行动计划（2021—2023年）》，加快推进“产业大脑+未来工厂”建设。结合临平区北部以制造业为主，南部以数字经济为主的分布特点，科学谋划打造基础设施完善、应用场景丰富、产业生态繁荣、行业管理健全的工业互联网产业集群，实现南智北用，北题南解的跨行业协同。

【重要成果】2021年，全区获评省级“未来工厂”4家、省级“智能工厂”7家、市级“链主工厂”2家、市级“智能工厂”1家，入选市级“数字化车间”培育名单20家。全区列入省级工业互联网平台创建单位4家、认定单位2家。“时尚E家”入选浙江省数字经济系统优秀地方特色应用。“跨境电商溯源码”“时尚E家”“开发区产业大脑”3个项目被列入全市数字经济系统优秀案例。

（张婷婷）

【中国（杭州）算力小镇开园】2021年，临平区瞄准“数字经济+硬科技”融合发展，围绕以算力为基础的数字化平台经济，着力打造算力研究院、算力高峰论坛、算力母基金、算力创新载体于一体的产业生态集群，不断引进算力相关企业。12月28日，中国（杭州）算力小镇开园。小镇位于杭州市数字商贸城单元，南邻丰收湖公园，绕城高速、东湖快速路、地铁九号线在1.5千米交通圈内，区位条件优越，总用地面积约9.2公顷，是临平区主要创新引擎和产业园区之一。小镇通过聚焦人工智能、芯片设计两大赛道，着力构建长三角数字科创总部基地。至年末，入驻联芯通、赛热科技、地卫二等科技总部，鸿道、六和桥等创新孵化载体。

（孙卯宁）

·智能制造业·

【概况】2021年，临平区以打造“全省智能制造中心”为战略目标，智能制造为主抓手，以数字化改革为引领，加码“未来工厂”建设，面向数字化、智能化，抢先机、布新局，聚合政府、平台、专业机构力量，探索出体系化、场景化、生态化推进数字化转型的加速升级之路，扎实推动制造业高质量发展。截至2021年末，临平区有规上数字经济企业94家，较上年增长32.3%。创成首个浙江省智能制造示范基地、首批省级“两化”深度融合国家综合性示范区等先进示范，编制并出台《杭州市临平区“未来工厂”培育三年行动计划（2021—2023年）》，进一步加强数字经济发展工作领导小组对“未来工厂”建设的统筹协调，全面梳理“未来工厂”重点培育企业180家、重点实施项目80个，对600余家规上工业企业开展数字化水平调查，摸清数字化改造覆盖率底数，做到项目跟踪、项目服务、政策宣讲三个“全覆盖”。2021年，认定省级“未来工厂”4家、省第一批制造业“云上企业”6家，数量居全省各区县第一，列入省级智能工厂（数字化车间）培育企业12家，获评省级智能工厂（数字化车间）2家，被列入市级“未来工厂”培育企业29家，获评市级“未来工厂”3家，数量均居全省、市前列。

2021年5月7日，临平区召开全区高质量发展大会暨“未来工厂”建设推进大会
（区经科局　供稿）

【高质量发展大会暨“未来工厂”建设推进大会举行】 2021年5月7日，临平区召开全区高质量发展大会暨“未来工厂”建设推进大会。这是临平区设立以来召开的第一次全区性大会。会议号召全区上下围绕市委赋予的新定位，集思广益、凝心聚力，全力抢抓新机遇，共同描绘临平发展蓝图，携手开创高质量发展新局面。会议提出临平区实施“3521”制造业数字化转型计划，加快装备制造、生物医药、家纺服装三大重点产业领域数字化、智能化演进，分层次、分行业打造一批聚能工厂、链主工厂、智能工厂、数字化车间、云端工厂五大未来工厂示范，实施200个工厂物联网项目，推进1000家企业上工业互联网平台、云平台。

2021年7月22日，浙江省《“未来工厂”建设导则》发布暨工作推进会上临平区作代表发言
（区经科局　供稿）

【《“未来工厂”建设导则》发布会上作交流发言】 2021年7月22日，浙江省《“未来工厂”建设导则》（简称《导则》）发布暨工作推进会在杭州举行。为加快“未来工厂”培育创建工作，浙江省经信厅牵头组织之江实验室、浙江省技术创新服务中心等企事业单位编制《导则》，在国内率先提出并探索“未来工厂”建设的路径和标准，为推进新智造标准体系建设，发挥标准的基础

性、引领性、指导性作用。会上，临平区作为代表发言分享推进未来工厂建设相关经验及成效亮点，并计划聚焦龙头链主企业实施头雁生态培育行动，聚焦专精特新企业实施未来智造伙伴行动，聚焦小微企业群体实施全面数智转型行动，聚焦“1+N”平台实施产业大脑赋能行动，聚焦园区平台升级实施智造空间焕新行动，聚焦高端要素集聚实施智造生态提升行动，力争打造成全省未来工厂培育示范区。

2021 年 10 月 21 日，临平区承办的第三届中国工业互联网大赛落幕

（区经科局　供稿）

【第三届中国工业互联网大赛承办】 第三届中国工业互联网大赛由工业和信息化部、国务院国有资产监督管理委员会、浙江省人民政府主办。2021 年 10 月 21 日，由浙江省经济和信息化厅、国家工业信息安全发展研究中心指导，中国联合网络通信有限公司浙江省分公司、联通（浙江）产业互联网有限公司、杭州市临平区人民政府等承办的第三届中国工业互联网大赛·杭州站决赛在艺尚小镇雷迪森广场酒店落幕。浙江省经济和信息化厅副厅长吴君青，国家工业信息安全发展研究中心副主任何小龙，杭州市临平区人民政府副区长洪潮，中国联通浙江省分公司副总经理虞允纲等领导出席大赛并致辞。

（沈遨）

·数字化零售业（电子商务和网络直播带货）·

【概况】 2021 年，临平区网络零售额 818.5 亿元，比上年增长 16.0%，高于全市（10.7%），增速列全市第三位；跨境电商出口 11.2 亿美元，增长15.1%。抢抓数字化改革机遇，“跨境电商溯源码”入围首批揭榜挂帅项目，应用溯源查询量近 17 万次，溯源订单量超过 3 万单，为出口到海外 21 个国家和地区总价值 170 多万美元的跨境商品提供溯源服务。

临平大剧院前直播　　（临平新城　供稿）

【网络经济发展】 2021 年，临平区纺织服装、家电等传统企

业积极转型，老板电器、伊芙丽等大型传统企业线上销量不断增加，规模达数亿元甚至数十亿元。“双十一”期间，全区销售额突破100亿元。联合阿里巴巴集团、颖上传媒在临平家纺基地打造“云裳城”直播基地，提供一体化直播服务，拓展家纺行业国内市场增长新动能，助力实现家纺行业“双循环”。率先与阿里巴巴集团合作，联手打造全球速卖通“家纺产业带专区”，推动临平家纺服装企业向品牌化、优质化、个性化发展。截至2021年底，推动区内300余家家纺企业进入专区开展跨境电商业务，带动出口额超1.5亿美元。

（陈英）

延伸阅读▶▶

浙江临平打造“中国数字时尚新基地”

新冠肺炎疫情之后，传统产业纷纷开始挖掘数字经济时代新动能，服装行业也不例外。3月16日，中国服装科创研究院正式在浙江省杭州市的临平新城艺尚小镇内揭牌。

这个在中国服装协会的战略支持下应运而生的研究院，为艺尚小镇内的服装行业插上了二次腾飞的“数字经济”之翼，将为全国特色时尚小镇建设和中国服装产业打造国际化的时尚新地标树立典范。

中国服装科创研究院是一个专注于服装领域的科研机构和服务平台，旨在有效利用行业优质智慧资源，以推动服装业数字化转型升级和实现智能制造发展为核心，加快服装领域关键共性技术突破，增强产业创新能力，构建产业发展新生态，支撑和推动服装行业的可持续、高质量发展。

“在筹建过程中，我们已经接洽了十余家小镇内的企业，并为他们量身定制了解决方案。”中国服装科创研究院咨询负责人徐丙顺介绍，临平新城服装企业近年来积极拥抱“直播经济”等创新销售模式，然而由于企业在订单协同、供应链管理、生产管理模式方面较为传统，因此在应对快速多变的订单需求时候不能高效、低成本快速反应，成为了企业发展中的一个痛点。

这些痛点是许多企业在转型过程中共通的痛点。针对这个问题，中国服装科创研究院特意打造了中国服装快反供应链平台——橙织供应链平台，为企业提供了上下游企业的供应链资源对接服务，通过共享经济模式和供应链金融服务提升服装企业的快反能力，合理优化产能结构，赋能广大中小微企业，消除了服装行业中的信息不对称。

“通过橙织供应链平台，企业成功找到了匹配企业发展的数字化转型软硬件资源、优质制造资源、优质订单资源，成功帮助企业解决了当下问题，奠定了未来发展的方向。”徐丙顺说道，研究院计划五年内实现橙织供应链平台线上入驻企业数量达到1000家，针对临平新城企业的技术咨询服务次数累计达到100次，企业数字化转型线上线下培训次数累计132次。

事实上，中国服装快反供应链平台只是中国服装科创研究院赋能艺尚小镇企业过程中的一个版块。中国服装科创研究院下一步将会搭建培训咨询服务平台、技术合作服务平台等多个公共服务平台，全方位赋能艺尚小镇企业，助力小镇进入打造“中国数字时尚新基地”新阶段。

（《光明日报》客户端2021年3月16日　厉晓媛　严红枫）

工 业

Industry

·综 述·

【概况】2021年以来，尤其是行政区划调整以来，临平区紧扣“数智临平·品质城区”定位目标，以制造业为基础，以数字化改革和科技创新为引擎，着力构建以千亿级高端装备制造、八百亿级生命健康、五百亿级时尚产业集群为核心，覆盖工业互联网产业集群和未来产业集群的“3+1+X”现代产业体系。

科学谋划前沿产业，高质量编制《临平区“十四五”制造业和数字经济高质量发展规划》《临平区“十四五”生命医药与健康产业发展规划》《临平区“十四五”科技创新发展规划》等3个专项规划，谋深谋细“3+1+X”重点产业细分赛道。

临平区开展数字技术与生命健康、高端装备等跨领域交叉创新研究，杭州能源环境工程有限公司“生物质废弃物厌氧产沼行业‘中高温’功能菌剂研发与应用”、中翰盛泰生物技术股份有限公司“高端生物医药实验室常用耗材及试剂研发”、杭州汽轮机股份有限公司“高效高可靠透平机械关键技术研发及推广应用”等9个项目列入省“尖兵”“领雁”研发攻关计划项目，立项数较2020年增长80%。

年内，阿里巴巴浙江云计算数据中心开发区项目、阿里巴巴浙江云计算数据中心临平新城项目等落地临平。

【规上工业总产值、工业总投资实现双增长】2021年，临平区全年规上工业增加值达409.99亿元，增速13.0%，高于全市平均水平2.4个百分点，排名全市考核小组第一。实现营业收入1639.34亿元，增长22.6%，利润总额突破百亿元，达到114.84亿元；国家级经济技术开发区产值突破4亿元。全区十大产业增幅均达到两位数，其中高新技术产业、战略性新兴产业、装备制造业、数字经济核心产业分别实现增加值328.15亿元、159.98亿元、252.15亿元、61.76亿元，分别增长15.8%、16.4%、16.6%、15.8%，新产品产值率为54.4%，高于全市平均水平14.5个百分点，排名位列全市第一。

全区规模工业企业中217家营收超亿元，其中百亿元以上企业2家（浙江运达风电股份有限公司、杭州老板电器股份有限公司）、50亿元以上6家、10亿元以上26家。

全区工业投资85.5亿元，增长20.7%，高于全市平均水平5.5个百分点，其中制造业投资79.55亿元，总量全市排名第三，增速20.9%。完成“机器换人”项目79个，工业机器人推广应用356台。

（杨妍　黄震　沈遨）

浙江春风动力股份有限公司　　（区经科局　供稿）

【2家企业确定为省级服务型制造示范企业（平台）】2021年6月2日，浙江省经济和信息化厅公布关于浙江省服务型制造示范企业（平台）名单（第五批），经专家组评审并公示，浙江春风动力股份有限公司为浙江省服务型制造示范企业，杭州得体科技有限公司得体供应链服务平台为浙江省服务型制造示范平台。

【2家企业入选第三批专精特新“小巨人”】2021年7月19日，工业和信息化部公布第三批专精特新“小巨人”企业名单，杭州本松新材料技术股份有限公司、杭州麦乐克科技股份有限公司成功入选。8月，工信部公布了国家扶持第二批重点“小巨人”企业名单，上述2家企业亦上榜，临平区已有3家国家级重点“小巨人”企业和2家服务重点“小巨人”企业平台。

·高端装备制造产业·

【概况】制造业为临平区最主要的支柱产业，临平区亦是全省制造业高质量发展示范区（县、市）创建单位之一。2021年，临平区装备制造业实现增加值252.15亿元，增长16.6%，高端装备制造业实现增加值77.32亿元，增长15.1%，增速均高于全市平均水平。涉及通用设备、专用设备、交通运输、电气机械及器材、电子及通信设备制造等行业，形成以临平国家级经济技术开发区为核心，星桥、塘栖、崇贤为重点的装备制造业基地。有浙江运达风电股份有限公司、杭州老板电器有限公司、杭州西奥电梯有限公司、浙江春风动力股份有限公司、银都餐饮设备股份有限公司等龙头企业。

杭州老板电器股份有限公司　　（区经科局　供稿）

【临平企业获全国5G应用征集大赛一等奖】2021年9月29日，以“5G赋能·创智未来”为主题的第四届“绽放杯”5G应用征集大赛先进制造专题赛决赛在青岛收官。经过初赛、复赛、决赛的激烈角逐，杭州老板电器股份有限公司“黑灯瞎火‘透’光明——老板电器5G黑灯工厂”项目获全国5G应用征集大赛一等奖。

【3家企业入选杭州市“链主工厂”“智能工厂”】2021年12月28日，杭州市经济和信息化局公布2021年杭州市“未来工厂”评定企业，全市48家企业入选。其中，“链主工厂”5家，“智能工厂”18家，“数字化车间”25家。杭州老板电器股份有限公司、浙江春风动力股份有限公司2家临平企业获评市级“链主工厂”，数量居全市第一；浙江益海嘉里食品工业有限公司被评定为市级“智能工厂”。

【运达风电股份有限公司技术中心被认定为国家企业技术中心】2021年，国家发改委公布2021年（第28批）国家企业技术中心认定名单，浙江运达风电股份有限公司技术中心被认定为国家企业技术中心。截至2021年底，中翰盛泰生物技术股份有限公司企业技术中心等6家被认定为市级企业技术中心。

【新增首台（套）产品5项】2021年12月31日，根据《浙江省经济和信息化厅 浙江省财政厅关于公布2021年度浙江省首台（套）产品名单的通知》，浙江迪谱诊断技术有限公司、浙江运达风电股份有限公司、杭州汽轮机股份有限公司、杭州福斯达深冷装备股份有限公司、中翰盛泰生物技术股份有限公司5家企业5个项目被认定为2021年度首台（套）产品。

（王莉莉　戎晨）

·生物医药与健康产业·

【概况】2021年，全区生物医药产业实现规模增加值44.62亿元，同比增长17.9%。拥有省内唯一生物医药高新技术产业园，聚集生物医药产业链企业652家，基本实现从生物工程到药品制造和医疗服务的全产业链覆盖。拥有贝达药业股份有限公司、杭州豪悦护理用品股份有限公司、杭州民生药业股份有限公司、杭州微策生物技术股份有限公司、中翰盛泰生物技术股份有限公司5家产值10亿元以上企业，杭州民生健康药业有限公司、杭州胡庆余堂药业有限公司、杭州诺邦无纺股份有限公司、杭州贝因美母婴营养品有限公司、浙江健拓医疗仪器科技有限公司、杭州安杰思医学科技股份有限公司等优秀企业。杭州百诚医药科技股份有限公司在深圳证券交易所创业板上市。依靠贝达药业、信达生物两大龙头的引领带动，全区在小分子创新药、慢性病管理、体外诊断等行业细分领域构建起国内较为领先的创新实力和行业影响力。

中翰盛泰生物技术股份有限公司　　（区经科局　供稿）

贝达药业股份有限公司新总部全景　　（区经科局　供稿）

【第三届小分子新药研发与MAH合作共赢论坛】 2021年3月30日，第三届小分子新药研发与MAH（药品上市许可持有人）合作共赢论坛在临平开幕，来自国内外化学药知名企业的50余位代表共同探讨未来战略与产业化热点。论坛为期两天，汇聚了化学药当下最热门的研发热点，其中包括热门靶点、人工智能与云计算助力药物发现等新技术。论坛邀请20余家MAH试点企业深入解析MAH制度下的立项策略、风险规避、实操要点，携手600余家行业同仁在创新药开发的征途上披荆斩棘。

【省医疗器械检验研究院临平院区启用】 2021年4月19日，浙江省医疗器械检验研究院经济技术开发区院区启用，标志着省器械院分子诊断类医疗器械检测评价领域实现零的突破，提升了有源医疗器械的电器安全、电磁兼容和可靠性检测评价产能，打通产能瓶颈，有效改善电磁兼容检测排队问题，为省医疗器械安全监管构筑起高能级技术保障平台，全力助推“浙造器械”高质量发展。

【浙江大学基础医学创新研究院在临平启用】 2021年5月20日，由浙江大学与经济技术开发区管委会合作共建的浙江大学基础医学创新研究院在杭州临平区启用。研究院以“创新驱动、服务地方、成果转化、市场导向”为目标，打造国际一流的高水平生物医药源头创新基地，高质量服务赋能临平生物医药和健康产业，为临平医药创新发展出谋划策，共筑创新人才集聚的高地、医药企业孵化的摇篮。

【浙江省生命健康产业创新委员会在临平成立】 2021年11月5日，浙江省生命健康产业创新委员会成立大会暨生命健康产业创新论坛在临平举行。大会选举产生第一届委员会委员、常务委员、副主席、常务副主席、主席及秘书长、副秘书长，审议并通过委员会工作规则。贝达药业股份有限公司董事长兼首席执行官丁列明当选为委员会第一届主席。

【贝达药业创新药填补国内空白】 2021年12月3日，国家医保局、人力资源和社会保障部公布《国家基本医疗保险、工伤保险和生育保险药品目录（2021年）》，共74种药品新增进入目录，涉及21个临床组别，精准补齐肿瘤、慢性病、抗感染、罕见病、妇女儿童等用药需求。贝达药业股份有限公司盐酸恩沙替尼（贝美纳R）成为ALK（间变性淋巴瘤激酶）领域第一个进入国家医保目录的国产创新药，与此同时其盐酸埃克替尼（凯美纳R）术后辅助治疗适应症则填补了医保目录内非小细胞肺癌术后辅助治疗口服靶向药物的空白。

（杨妍）

·时尚产业·

【概况】 临平是中国最重要的家纺服装产业集群地之一，也是杭派女装的发祥地。家纺服装产业不仅是临平的一张金名片，也是临平时尚产业的重要支撑。2021年，全区有规上家纺服装企业176家，涉及成品服装、围巾、窗帘、抱枕、沙发、软体家居用品等多个门类，打造了众望布艺、米居梦、伊芙丽、JAC、INXX等知名品牌，形成与众多骨干企业百花齐放的产业格局，拥有杭州意丰歌服饰有限公司、众望布艺股份有限公司、杭州奥坦斯布艺有限公司、杭州杰丰服装有限公司、浙江米居梦家纺股份有限公司、杭州润娴服饰有限公司、杭州嘉溢制衣有限公司、浙江纳雅服饰有限公司、杭州琪瑶纺织有限公司、杭州润之雅纺织品有限公司、浙江菲摩斯纺织有限公司等营收超亿元优秀企业。全区家纺2021年产品销售约200亿元，主要销往美国及欧洲、中东等国家与地区，其中中高档装饰布（沙发布，窗帘布）销售占全球的30%以上。区内艺尚小镇、中国服装科创研究院、家纺服装产业综合体等一批省级创新平台，积极引进国内外顶尖设计师和时尚平台。

【中国服装科创研究院落户临平】2021年3月16日，中国服装科创研究院在临平新城艺尚小镇揭牌。研究院由中国服装协会与临平新城管委会共建，专注于服装领域的科研机构和服务平台，下设十大研发中心和三大服务平台，以推动服装行业数字化转型升级和实现智能制造发展为核心，有效利用行业优质智慧资源，加快关键共性技术突破，增强行业创新能力，构建产业发展新生态，支撑中国服装行业的可持续、高质量发展。活动现场，研究院与东华大学、浙江理工大学等10所高等院校和科研机构，中国联通、京东集团等22家共建企业代表签署合作协议。

【首届世界时尚科技大会暨2021中国服装科技大会开幕】2021年7月28日，首届世界时尚科技大会暨2021中国服装科技大会开幕。大会由中国纺织工业联合会、中国服装协会、浙商总会、临平区人民政府联合主办，临平新城开发建设管理委员会、中国服装智能制造技术创新战略联盟、中国服装科创研究院、浙商总会时尚产业委员会联合承办。旨在联通全球时尚产业，交流科技应用经验，展示高新技术成果，增强科技进步对时尚行业发展的支撑作用，从更宽领域、更深层次挖掘科技潜能，促进全球时尚领域变革。会上发布了临平·数字时尚（服装）产业大脑、时尚产业“碳达峰、碳中和加速计划”倡议书。在2021中国服装科技大会上，表彰了2021年度中国服装行业科技进步奖、中国服装专利奖、中国服装行业技术创新示范企业，并发布《2021年度服装行业用优秀新技术成果及解决方案推荐目录》。共超过40家时尚品牌、300余位时尚企业代表与会。

【临平区“时尚E家”入选全省首批数字经济系统优秀地方特色应用】2021年12月16日，浙江省数字经济系统建设专班办公室公布数字经济系统第一批优秀应用名单，临平区“时尚E家”入选省级优秀地方特色应用，并同步在省数字经济综合门户上架。“时尚E家”应用基于浙江省服装产业创新服务综合体各类线上应用，以多跨应用场景为重要抓手，在政府侧与企业侧开发政策引导、数字技术、企业服务等功能，搭建产业级线上线下融合的一站式服务平台，在数据融合、多跨联动、品牌打造等方面实现改革突破，有效推动区域内时尚产业的一体化发展，助推打造长三角产能中心、交易中心、品牌孕育中心。

（杨妍　戎晨）

·绿色低碳产业·

【概况】临平区始终践行“绿水青山就是金山银山”的发展理念，坚持走生态化工业道路，严控高污染、高能耗产业准入，抓好高耗能工艺和设备的淘汰和改造。积极发展天然气分布式、太阳能、风能等重大项目，壮大新能源产业，实现绿色产业规上工业产值445亿元。大力开展绿色园区、工厂等创建，杭州西奥电梯有限公司和浙江铁流离合器股份有限公司创建成为省级绿色工厂，杭州东华链条集团有限公司等12家（含省级两家）企业创建成为市级绿色工厂，经济技术开发区被评为省级园区循环化改造示范试点优秀园区。加快开展以“节能减碳、减污增效”为主题的自愿性清洁生产审核工作，36家企业完成自愿性清洁生产审核，浙江铁流离合器股份有限公司等8家企业经过省环保、能源专家验收，杭州胡庆余堂药业有限公司等8家企业创建成为省级节水型企业、杭州诺邦无纺股份有限公司等11家（含省级8家）企业创建成为市级节水型企业。2021年，临平区在清洁生产实施方案推进上投入2.27亿元，年节约综合能耗5205.36吨标煤（等价），其中年节电1474.57万千瓦时、天然气34.66万立方米、蒸汽6466.2吨、水62126.5吨，年效益达5253.27万元，减少废水38189吨，取得节能降耗减污的显著成效。龙头企业有浙江运达风电股份有限公司、浙江铁流离合器股份有限公司、杭州西奥电梯有限公司、杭州东华链条集团有限公司。

【省级绿色低碳工厂】2021年1月27日，浙江省经济和信息化厅公布2020年浙江省绿色工厂名单，浙江运达风电股份有限公司、贝达药业股份有限公司上榜，数量位列杭州市各县市区第一。2021年12月6日，浙江省经济和信息化厅公布2021年省级绿色工厂名单，杭州西奥电梯有限公司、浙江铁流离合器股份有限公司入选。

【东华链条入选省级节水标杆企业】2021年12月22日，浙江省水利厅等七部门联合公布浙江省2021年度节水标杆单位名单，杭州东华链条集团有限公司凭借“废水回用 减排增效”建设成功入选。

（范振宇）

建筑业·房地产业
Construction & Real Estate Industry

·建 筑 业·

【概况】 2021年，临平区建筑业企业完成产值261.82亿元，同比增长18.9%，实现税收15.08亿元。全年核发施工许可证279件，其中土建225件，建筑面积1159.19万平方米；市政54件，造价27.25亿元。竣工备案255件，其中土建206件，建筑面积1020.01万平方米；市政49件，造价18.08亿元。

【建筑企业资质管理】 2021年，区住建局加强建筑业企业资质管理，强调资质标准，督促整改落实，对不达标企业依法取消资质。截至2021年底，全区有土建、市政等各类资质企业385家。其中：一级总承包企业14家，占比3.6%；二级总承包企业52家，占比13.5%。

【建筑市场规范管理】 2021年，区住建局进一步落实实名制管理，强化劳务用工管理，加强拖欠工程款和拖欠农民工工资日常巡查监管；深化诚信体系建设和市场巡查机制，对企业日常经营、工程建设过程中的行为进行信用管理，落实在建项目抽检制度。全年对施工、监理单位信用主体扣分329分；推行管理人员考勤制度，在考勤项目246个，考勤管理人员1997人；落实工程项目施工许可前的现场检查制度，检查项目257个，开具限期整改通知单65张，开具停工整改通知书41张。

【建设工程招投标管理】 2021年，区住建局加强招投标监管，对1家投标单位和1名评标专家予以通报处理。全年完成直接发包项目审查备案255个，合同金额156.10亿元；完成招标项目278个，中标金额115.45亿元。其中：工程总承包招标项目8个，中标金额约36.81亿元；全过程工程咨询项目3个，中标金额约2148.02万元。

【建设工程质量与安全】 2021年，区住建局开展安全生产、工程质量等各类专项检查和整治12次，检查项目2680余个（次），出动2410余人次，办理建设工程质量、安全监督注册手续272项（土建225项，建筑面积约1123.66万平方米；市政47项，总造价23.067亿元），出具工程质量监督报告283份、工程安全评估报告137份，开具责令整改通知书1320余份、停工单149份。

【工程质量检测管理】 2021年，区住建局委托浙江省建设工程质量检验站有限公司完成房建工程检测部分的结构实体检测、住宅工程分户验收、空气检测和原材料抽检工作。其中，结构实体检测部分约116个工程；住宅工程分户验收部分完成16个工程；空气检测完成16个工程；原材料抽检完成17个工程。基桩成桩质量检测部分由成桩长度、超灌部分钻芯和钢筋笼长度检测组成，涉及1个工程。市政工程检测部分由路基路面检测、市政工程实体检测和市政材料抽检组成。路基路面检测完成56个工程；市政工程实体检测完成16个工程；原材料抽检完成3个工程。

【建筑工地标准化建设】2021年，区住建局结合“平安工地”“标化工地”等创优评优活动，以点带面提升全区建设工程安全生产文明施工管理水平。全年有34个项目获评临平区准化样板工地，其中15个项目获评杭州市标准化样板工地。

【建筑工地起重机械安全监管】2021年临平区完成起重设备产权登记740台（塔式起重机158台、施工升降机328台、物料提升机123台、高空吊篮131台），办理安装告知2006项（塔式起重机816项、物料提升287项、施工升降机903项）。截至年末，全区在使用塔式起重机503台，施工升降机524台，物料提升机150台。

【建筑工业化】2021年，区住建局推动建筑工业化发展，加强建筑业创新驱动和绿色发展，完成50万平方米的全年指标，主要项目2个，余政储出（2020)36号地块LP2503-02、04地块项目和余政储出（2020)36号地块LP2503-01地块，建筑面积约40.4万平方米。

【工程建设项目审批制度改革】2021年，区住建局以“前台综合受理、后台分类审批、统一窗口出件”的一窗集成服务模式，实现综合办理集成化，确保审批服务事项一站式办结。促使“小时制”审批改革，实现“亲清在线”工业项目施工许可3小时内审批，所有事项审批时限压缩率达100%，项目全流程审批时限均压缩在45天内；产业项目以100%的开工率领跑全市。

【城建档案管理】2021年，区住建局接收全区建筑工程、市政工程（含地下管线工程）档案及城市建设业务档案278份，提供城建档案查询利用服务1904人次，城建档案数字信息化归档75万余卷。

【消防管理】2021年，区住建局受理消防项目502个。其中，设计审查类项目157个，竣工验收类项目99个，验收备案类项目246个（其中抽中56个），完成现场竣工验收类（含抽中）项目155个，参加项目方案评审150余个。

【房屋建筑工程施工图图审】2021年，区住建局完成房屋建筑工程项目施工图图审网上摇号228个，审查备案615个。

（方彬）

·房地产业·

【概况】2021年，临平区批准商品房预售217.6万平方米，同比下降6.8%。全区新建商品房成交285.6万平方米，增长60.1%，成交金额为702.6亿元，增长73.4%，成交均价为24599元/平方米，上涨8.3%。住宅方面，成交面积266.8万平方米，增长60.5%，成交24593套，增长60.1%，成交均价为24947元/平方米，上涨8.2%。二手房成交面积85.7万平方米，成交8816套，成交金额171.3亿元，分别下降22.3%、23.1%、19.7%，成交均价19995元/平方米，上涨3.4%。其中，住宅成交8145套，下降22.9%，成交均价20257元/平方米，上涨3.5%。2021年，全区有房产类企业612家。其中，房产开发企业130家，房产中介企业127家，租赁企业355家。

【房地产市场监管】2021年，区住建局在全区房地产市场监管工作中全面落实长效管理调控机制，防范化解房地产市场风险，完善住房保障体系，全年检查房产开发企业237次（约谈46家），检查房产中介企业216次（约谈13家），指导企业开展商品房公证摇号公开销售 49 次，下发整改通知 19 家，通报批评 1 家。加强商品房预售资金监管，全区有新建商品房预售资金监管项目 43 个，涉及资金监管银行 26 家。全年根据工程节点应留存总余额为 54.99 亿元，实际监管账户总余额为 121.88 亿元，使用现金保函替换额度 7.24 亿元。全年检查租赁企业 112 家，完成 9 家高风险住房租赁企业整改，与属地镇街、公安、市场监管部门联合完成区内新设立（变更）租赁企业联审业务 330 件。

【房产交易管理】 2021 年，区住建局全年办理楼盘表确认 829 件，确认面积 2043.49 万平方米；办理购房落户 593 份、购房合同网签备案 29496 份、自行交易存量房网签 1895 份，租赁备案 8414 份，出具限购查档证明 26656 份。推进“互联网 + 政务服务”，优化房产交易领域营商环境，优化升级房屋网签系统，启用房产交易“云网签”模式。

【老旧小区住宅加装电梯】 2021 年，区住建局牵头推进老旧小区住宅加装电梯工作。全年加装电梯完工 67 台，12 台处于加装阶段，另有 80 台完成初步加梯意愿统一，惠及全区 48 个小区的 3600 余户居民。

【物业行业监管】 2021 年，区住建局进一步完善区、镇街、村社三级物业管理体制，指导镇街整合资源，配强力量，推动住宅小区物业管理规范化，推行住宅小区物业服务的分类管理和规范化管理，规范业主委员会运行，完善和推广镇街、村社、业委会、房企及物企“五位一体”物业纠纷调解机制。截至 2021 年底，全区实行物业管理建筑面积达 4244.77 万平方米，新建小区物业管理实现全覆盖，共有物业企业 147 家，业委会成立 266 个。全年共计预留物业用房项目 15 个，建筑面积 82.75 万平方米；物业用房竣工项目 38 个，面积 301.9 万平方米。全年归集物业维修资金 33 件，缴交金额 2.26 亿元；完成物业维修资金使用 79 件，使用金额 1.25 亿元；缴交物业保修金 23 件，缴交金额 1.33 亿元，完成物业保修金使用 6 件，使用金额 380.62 万元；正常开展物业保修金退还工作，办理小区物业保修金退还 20 个，退还金额 2422.09 万元。

【城乡危旧房屋治理改造】 2021 年，区住建局牵头推进全区城乡危旧房屋排查、鉴定和治理改造。充分利用“两查”工作契机，坚持横向到边、纵向到底，对每幢房屋开展 1 次“体检”、1 次信息筛查，确保“一房一档”全覆盖，做到“发现一处、登记一处、整治一处、销号一处”。依托老旧小区改造、美丽乡村建设等专项工作，推动危房排查鉴定与整治提升同步走，确保危房“应改尽改”；制定“一楼（户）一档一人一预案”机制，构建属地镇街、专业机构、区危改办“三位一体”的危旧房隐患防控体系。通过“腾、拆、修、控”等方式，全年完成城乡危旧房屋治理解危 157 处（农村 147 处、城镇 10 处）。临平区被杭州市评为 2021 年度房屋使用安全管理工作优秀单位。

【白蚁防治】 2021 年，区住建局加强白蚁防治业务、科研、宣传工作。全年签订新建房屋白蚁预防工程合同 212 份；完成预防施工面积 308 万平方米；发放预防证明 150 张；完成预防质量监督施工交底 155 个，现场检查 105 个，基础验收 210 个；完成白蚁治理项目 1067 个，回访复查项目 1108 个，建筑面积达 2312 万平方米。

（方彬）

农　业
Agriculture

·综　　述·

【概况】 2021年，临平区实现农业增加值16.13亿元，同比增长4.1%，增速提升2.6个百分点，增速列全市第一位。实现农业总产值24.11亿元，增长9.9%。其中，种植业12.85亿元，增长7.3%；渔业9.08亿元，增长14.3%；畜牧业0.46亿元，增长12.2%。

【村级集体经济发展】 2021年，临平区被确定为全省新时代乡村集成改革试点区县，通过构建村级集体经济发展稳定增收、资源整合、产村融合、高效运营、要素保障等“五大机制”，夯实共同富裕的物质基础，助力村级集体经济发展。全区全年村级集体经济总收入8.68亿元；经营性收入6.78亿元，增长18.13%，村均经营性收入569.75万元；全面消除经营性收入80万元以下相对薄弱村。《临平区构建五大机制发展壮大村级集体经济推动共同富裕》被浙江政务信息（专报）第1172期录用，并得到浙江省副省长徐文光批示肯定。

（范海芬　袁政）

·种植业·

【农业优质高效】 2021年，临平区粮食作物播种面积2300余公顷，同比增加333.33公顷，产量1.44万吨，同比增加0.19万吨。其中小麦增产1323吨、晚稻增产561吨。从粮食单产来看，晚稻增产幅度最大，平均每亩增产4.5千克；小麦平均每亩增产1.5千克。全区创建绿色防控技术示范方1个、稻鱼（虾）共生示范1个，省级水稻高产示范创建项目1个。90%以上应用了主推栽培技术和主推品种，93.44%应用了配方肥或实行了按方施肥，96.75%实行了病虫害统防统治，有力推动粮食生产的高质高效。

【单季晚稻亩产创新高】 2021年，临平区开展粮食高产创建活动，落实省级高产创建项目1个，位于塘栖镇超丁村，实施总面积73.33公顷，主要种植春优925籼粳杂交稻。以项目实施为契机，以点带面，示范推广粮油作物新品种新技术，示范带动全区粮食生产能力再提高。11月，经专家实割测产，整个示范片平均亩产达878.25千克，其中最高地块亩产达939.64千克，创下临平区范围历史以来的水稻单产最高水平。

【“市级”菜篮子基地（蔬菜类）建设项目】 2021年，临平区立项2021年度杭州市“菜篮子”基地建设项目（蔬菜类）1个，提升改造面积33.07公顷，预计投入资金200万元。

【区级规模种菜补贴】2021年，临平区为鼓励临平种菜大户规范种植，提升产业水平，提高土地产出率，出台《关于印发〈临平区支持产业高质量发展政策的实施意见〉的通知》文件，4家市区两级菜篮子基地预计享受直补面积74.33公顷，预计直补资金22.3万元。

【数字化育苗】2021年，临平区深耕数字农业，实施机械强农行动，蔬菜集约化育苗技术在全省处于领先地位，引进并建成以杭州康成农业科技有限公司为代表的数字化果蔬育苗工厂。8月31日，浙江省2021蔬菜（数字化育苗）重大技术协同推广项目推进会在杭州康成农业科技有限公司召开。12月，该公司获评浙江省全程机械化应用基地。

【农博会金奖产品】2021年，“湾里塘莲藕”被评为“2021浙江网上农博会金奖产品”。

（朱燕　黄锡志）

·畜牧业·

【概况】2021年，临平区生猪存栏0.22万头，同比下降71.87%，出栏0.76万头，减少12.83%；家禽总存栏17.85万羽，下降15.42%，家禽总出栏30.32万羽，增加41.39%；羊存栏0.93万只，增加31.55%，羊出栏0.70万只，增加28.01%。2021年，全区共2家屠宰企业，生猪定点屠宰点和临时家禽集中屠宰点各1个，全年实施生猪定点屠宰1.57万头（同比去年0.43万头增加268.44%）、家禽定点屠宰191.47万羽（同比去年290.77万羽减少33.98%）。全年开具检疫证明（B证）47645张，包括产地检疫生猪0.76万头、屠宰检疫生猪1.57万头和家禽191.47万羽、动物产品检疫12115.544吨；检疫证明（A证）65张，检疫对象为犬、猫等。共受理外来动物及动物产品备案报告4156批次。

【蜂业特色发展】2021年，临平区充分发挥“中国枇杷蜜之乡”优势，蜜蜂总存栏量达到1.6万群，树立和打造“蜜济堂”等蜂产品特色品牌，举办“5·20蜜蜂节”系列活动，临平区“枇杷花成熟蜂蜜高效生产技术集成与示范”项目被列入市院合作项目建设计划。

【畜牧业示范养殖场改造】2021年，临平区完成畜牧业示范养殖场改造提升项目1家，支持杭州合丰生猪养殖有限公司投入600多万元进行全场清栏改造，新增自动投喂系统和环境控制系统等引领全区畜禽养殖高质量发展。

【畜禽粪污资源化综合利用】2021年，临平区畜禽粪污资源化利用和无害化处理率95%以上。培育壮大畜禽粪肥收集配送社会化服务组织1家，配置沼液异地配送消纳专用车辆2辆，建成种植业基地沼液暂存池1000余立方米，田间沼液灌溉管网2000余米。

（俞黎晓）

·水产业·

【概况】2021年，临平区水产品总产量3.08万吨，同比增长13.85%，渔业总产出9.57亿元，增长21.17%。其中，主导品种中华鳖产量11387吨，增长6.23%；青虾产量681吨，增长4.13%；青、草、鲢、鳙等四大家鱼分别增长8.37%、6.7%、23.43%和17.71%，加州鲈鱼、黄颡鱼等名特水产品分别增长1544.63%和505.6%。涉渔流通和服务业的产出为2856万元，增长4.54%。

【养殖尾水治理】2021年，临平区建成“三池两坝”尾水处理设施15处，覆盖养殖面积240余公顷。在此基础上，开展人工湿地、生态沟渠、微生物制剂、水生植物净化池等不同模式尾水处理，规模养殖户基本实现尾水零直排。

【渔业资源增殖放流】2021年，临平区沿运河、上塘河流域增殖放流夏花苗种120万尾，冬片鱼种6.1万千克，投入资金65万元。

【无害化处理】2021年，临平区在全区范围内开展病死甲鱼无害化处置、福寿螺防治工作，全年投入约180万元。

【渔业生产设施项目建设】2021年，临平区实施省级稻渔综合示范基地项目1个，产业团队项目1个，市级水产"菜篮子"项目2个，项目投入资金197万元。截至2021年底，创建省级健康养殖示范场3家。

（王桂学）

·林　　业·

【概况】2021年，临平区活立木总蓄积197249立方米。其中，乔木林蓄积176266立方米，占89.37%；散生木蓄积147立方米，占0.07%；四旁树蓄积20836立方米，占10.56%。全年林业总产值3.385亿元，其中一产3.38亿元、三产50万元。

【林长制】2021年，根据省市部署，临平区在全区全面推进"林长制"工作。区委、区政府专门制定出台《临平区全面推行林长制的实施细则》，区林长办制定印发林长制相关配套制度，建立健全区、镇（街道）、村（社）三级林长体系。

【森林资源调查】2021年，全区森林面积（乔木林、竹林、特殊灌木林和一般灌木林面积之和）4367.4公顷，森林覆盖率15.41%，完成森林资源二类调查成果上报，开展临平区"林业一张图"与"国土三调"数据对接融合及上报工作。

【林业发展政策】2021年，临平区出台《关于加快推进临平区林业水利建设发展政策实施意见》，自2022年2月1日起施行。该意见从平原绿化建设、珍贵彩色森林、森林资源保护、湿地资源保护、森林灾害防控、生态示范创建、林业长效管理等方面出台相关区级补助政策。

【植树造林】2021年，临平区完成新增国土绿化面积63公顷，完成率117%。同时，开展造林更新"落地上图"工作，通过外业调查、资料分析、卫片判读和实地核实等方法，精确矢量上图。组织开展省级森林城镇创建，崇贤街道创建成为省级森林城镇。通过党建引领和社会多元参与，开展迎亚运义务植树活动。通过"亚运林""低碳林""巾帼林""青年林"等植树活动，建立义务植树基地10块，新增绿化面积3.33公顷。

【自然保护地管理】2021年，临平区完成对超山风景名胜区勘界立标工作，加大在超山风景名胜区宣传的投入力度，新增电子显示屏1块，制作宣传标牌19块，设置移动森林防火检查站1处。多措并举开展自然保护地生物多样性保护工作，系列主题科普活动开展12场，现场参与1000余人次。扩展杭州半山国家森林公园规划范围，完成南山林场50公顷纳入杭州半山国家森林公园规划范围工作。

【森林火灾防控】2021年10月，临平区召开全区森林安全生产工作会议，专题对国庆节长假期间森林防火安全工作进行布置和研判，积极消除森林火灾隐患。开展国庆、元旦、冬至、春节、元宵等节假日森林防灭火工作检查，对6个镇街及1个国有林场开展检查，出动160人次；举办区级防火演练1期、实战演练14次，平安度过第33个防火期。2021年，总体未发生森林火灾。

【林业有害生物防控】2021年，临平区启动秋季松材线虫病疫情普查，监测覆盖率100%，普查未发现松材线虫病在临平区发生。开展产地检疫、调运检疫及全区木材经营加工企业的调查工作，严厉打击违法采伐、运输、加工、经营和使用疫木及其制品行为。

【名树名木调查】2021年，临平区启动全区古树名木调查工作，完成全区现有88棵古树名木统一编号、登记造册、建档立案。

【野生动物保护】2021年，临平区野生动物救助共联动123起，其中涉及CITES（濒危野生动植物国际贸易公约）附录Ⅰ保护动物2起，国家二级/CITES附录Ⅱ保护动物15只，省重点保护动物4起，外来物种5起，其余为省一般保护动物。

（朱斐）

·农业产业化经营·

【农业企业建设】2021年，区农业农村局开展区农产品加工环节技改项目、农产品仓储保鲜冷链设施建设项目立项工作，“新增1万吨鲜奶储存及后包自动化升级项目”等7个项目完成项目建设，核定项目投资2339.59万元。全区农村电子商务农产品销售额6.3亿元，网上农博临平馆销售额515.6万元，销售商品118618件，拨付2021年企业农产品线上销售奖补资金82.16万元。截至2021年底，全区有省、市、区农业龙头企业40家，其中省级4家、市级23家、区级13家。

【农事节庆活动】2021年5月19日，塘栖镇举办第二十三届“塘栖枇杷节”。枇杷节期间实现产值2.19亿元，其中枇杷采摘零售7242万元、电商物流销售7842万元、农家乐餐饮6825万元。同期还举办第四届“5·20”世界蜜蜂日中国（杭州）主题活动，作为塘栖枇杷产业链的延伸，提升塘栖枇杷综合效益与品牌价值。10月1日，运河街道举办临平区第十二届大运河鱼羊美食节活动开幕式暨盒马村签约仪式。活动挖掘运河沿岸民间风情和美食文化精髓，以红烧羊肉、生态甲鱼等16道美食为特色，推动美食产业和农文旅融合发展，进一步促进美丽城镇建设，宣传大运河文化旅游，让“舌尖上的临平”成为临平区一张特色金名片。

【农业园区与数字化产业基地】2021年，临平区新认定区级现代农业园区10个，总面积363公顷，启动莲谊果莲、塘北鲜果和康成等现代农业园区提升发展项目3个，投资额895万元。6月9日，“塘栖枇杷全产业链数智通”和大运河“乡村旅游一键通”被列为浙江省农业农村厅多跨应用场景第一批先行先试项目；8月9日，临平“农创+”平台列入“杭州数字乡村景秀计划”首批十大应用场景建设任务的景秀计划。12月28日，杭州康成农业科技有限公司和本牌数字养殖渔场被认定为省农业农村厅第一批数字农业工厂（数字渔场）；塘北鲜果现代农业园区和浙江绿鹰农业科技有限公司被认定为省级数字化改造种养基地。

（孟进）

·农业机械化·

【概况】2021年，临平区拥有各类农业机械8447台(套)，农机总动力4.78万千瓦。其中，耕作机械264台(套)、3118千瓦；收获机械1台(套)、73瓦；植保机械25台(套)、45千瓦；排灌机械7221台（套)、22822千瓦；农产品初加工机械239台(套)、2733千瓦。全年完成机耕作业面积1.2万公顷，粮食机械收获面积2500公顷，水稻机械化播种638公顷，机械收获油菜396公顷。

【农机补贴】2021年，临平区使用农机购置补贴资金57.33万元。其中，中央补贴48.73万元，省级补贴3.44万元，区级配套5.16万元，补贴机具25台（套)，受益农户9户。个人补贴资金拨付首次启用“民生直达”拨付模式。审核确认水稻机械化插秧面积5333亩、油菜机收面积448亩，补贴资金55.12万元。受理报废补贴申请2

台，发放农机报废补贴资金 0.3 万元。

【农机智慧监管】2021 年，临平区利用北斗农机精细化管理系统开展重点补贴机具核查与作业补助审核，安装北斗农机 28 台，水稻机械栽植全部实现北斗智慧监管。

【农机免费实地检验】2021 年，区农业农村局组织开展农业机械免费实地检验工作，对危及人身安全的四大类农业机械进行检查检验，检验农机 32 台套（其中农田拖拉机 10 台，插秧机 12 台，烘干机 10 台），有效提高农业机械安全技术状态，确保农业机械生产作业安全。

【农机监理】2021 年，区农业农村局开展农机安全生产月、农机产品质量安全调查、春运期间农机安全生产专项检查等活动，检查监管对象 20 家，消除隐患点 16 个，解体报废农田拖拉机 1 台。办理拖拉机相关业务 17 件次。其中，办理农田拖拉机年检 10 台，办理农田拖拉机业务注册 3 件，办理拖拉机驾驶证申领 3 件，办理转移联合收割机 1 件。完成 8 个镇（街道）农机作业人员的培训工作，培训人员 300 人，发放培训资料 400 余份。检验过程中向农田拖拉机、收割机、烘干机、插秧秧机作业户发放告知书 50 余份。

（闻人秋群　沈文泉　章妍）

·农村经营服务站·

【“三资”管理领域腐败专项治理】2021 年 6 月，临平区成立农村集体“三资”管理领域腐败专项治理工作领导小组，下发治理方案，开展“飞行检查”、镇街自查等。全年全区各镇街开展检查 60 次，发现村级集体资产资源未纳入平台交易、大额资金存放、合同租赁等问题 398 个，应收未收及延时租金 5600 万元。创新推行“分色问题清单”整改销号机制，对发现的问题，做到告知即改，认真整改。

【浙江省农村集体经济数字管理系统启用】2021 年 6 月底，临平区全面铺开浙江省农村集体经济数字管理系统，全年支付成功 9636 笔，支付成功金额 3.83 亿元，通过“无纸化”网上审批、“非现金”结算，形成村级账户资金流转闭环。10 月 24 日，全区基础数据的归集工作完成，187 个数据标签涵盖农村人口、组织机构、土地流转、产权改革等，进度排名全省第一。

【清廉乡村建设体系完善】2021 年，区农业农村局下发《关于纵深推进清廉乡村建设的实施方案》，配合区纪委起草《临平区清廉乡村建设规范》。按照“建设一批、成熟一批、推广一批”的思路，对照清廉乡村建设标准，评定全区第一批清廉乡村，同步择优培育打造清廉乡村建设样板，申报东湖街道和塘栖村作为省级清廉乡村示范标杆。

【农村集体经济审计】2021 年，区农业农村局将村级财务审计由“三年轮审”提升为“每年必审”，全年完成 119 个村社的审计任务，包括 82 个村社的村级财务收支审计，37 个村社的村干部离任审计，以及 16 家村级全资下属单位审计，审计资金总额 27.7 亿元。审计发现问题 400 余条，其中工程问题 57 条、租赁问题 49 条、应收款问题 33 条、民主决策不规范问题 3 条。会计核算问题 200 余条。同时落实审计整改强化结果运用，落实整改责任，建立整改销号机制，收回及挽回损失 347.21 万元。

【农村集体产权交易制度完善】2021 年，区农业农村局推进村级集体资产、资源发包、出租、出让统一进入阿里拍卖平台网上交易系统，明确评估、辅拍、淘宝中介费标准，竞拍流标处理方案以及网络竞拍操作流程，对资产资源实行分类管理，明确协议转让范围。全年全区产权交易成交 323 宗，总成交款 4.67 亿元，溢价 7780 万元，平均溢价率 20%，单宗最高溢价率达 429.88%。

（许伊白）

商贸服务业

Commercial Service Industry

·商贸管理·

【概况】2021年，临平区商贸、开放型经济总体开局良好，商贸流通规模扩大，全区实现社会消费品零售总额349亿元，增速11.8%，列全市第五位。外贸竞争优势逐步凸显，出口贡献率为178.7%，列全市第一位。实现货物贸易进出口总额350.72亿元，增速29.7%。其中，出口328.13亿元，增长29.8%；进口22.59亿元，增长29.1%，均为历史新高。全区服务贸易出口总额增速42.86%，离岸外包执行额增速74.62%，均位于全市前列。

【限上零售额增长】2021年，临平区限上单位实现零售额169.36亿元，增长16.7%。其中，限上批零业实现零售额164.78亿元，增长16.6%。41家零售额亿元以上单位实现零售额130.07亿元，增长24.6%，占限上单位零售额比重为76.8%。

【消费促进工作】2021年，临平区联动属地先后举办塘栖“中国杭州塘栖枇杷节”和“第十二届大运河鱼羊美食节”等本土节庆品牌活动，以美食带动消费，提升“临平味道”美誉度。2021年，全区44家限上住餐业共实现零售额4.58亿元，增长19.9%。其中，住宿业实现零售额1.71亿元，增长33.9%；餐饮业实现零售额2.87亿元，增长12.9%。

【城市综合体建设】2021年，国内首家国风奥特莱斯建成投用，开业首月客流近100万人次，总销售额破亿元，释放强劲消费动力。结合节庆等时点，参与、指导区内18家大型商超、综合体开展超百场促消费活动，日营业额预计同比增长14%、夜间营业额预计增长21%。

（陈英）

·粮油供应·

【概况】2021年，临平区围绕保障粮食物资安全，实行党政同责，全力构筑高质量、多层次、可持续的临平粮食安全保障体系。全区粮食播种面积34502亩，完成年度任务的118.97%；粮食总产量14378吨，完成年度任务的114.11%。对标市政府核定的36827吨粮食和110吨食用油储备规模指标，坚持多措并举，部门通力合作，落实地方储备粮规模计划指标。其中，储备粳稻谷14879吨，占比40.4%，成品粮（晚粳米）4186吨，均超额完成指标任务。

【粮油安全管理】2021年，临平区认真落实粮食安全责任制考核要求，制定下发《粮食安全责任制考核方案》《区级部门重点工作责任清单》。设立24个应急供应网点、3个应急加工点和1个应急运输企业，签订新一轮应急保障协议。在2021年度杭州市粮食安全市县长责任制考核中，临平区获良好等次。

（陈英）

·对外经济贸易·

【进出口贸易工作】2021年，临平区进出口规模增长明显，实现进出口总额350.72亿元，同比增长29.7%。加强主体培育，全区有出口实绩企业1197家，增加超百家。出口商品结构优化，高新机电出口占比达42.36%，成为临平区第一大出口产业。积极引导国际市场多元布局，对“一带一路”等新兴市场的出口占比达32.6%，呈逐年上升态势。全年，实现服务贸易进出口总额7.18亿美元（其中出口总额6.18亿美元，增长42.86%）；离岸外包执行额5.33亿美元，增长74.62%。

【境外投资】境外投资稳步发展，2021年新增境外投资额1.28亿美元，涉及16个境外投资项目。

【内外贸一体化建设】2021年，全省内外贸一体化“领跑者”及产业试点名单中，临平区5家单位入选；“家纺内外贸一体化”案例入选全省商务领域共同富裕试点项目。作为全省贸易调整援助试点地区之一，全年组织企业50余家次参加10余场不同类型的网上交易会。

（陈英）

·烟草专卖·

【概况】2021年，余杭区烟草专卖局（分公司）（区划调整未更名，下同）销售卷烟8.22万箱，同比增长4.76%；销售额43.3亿元，增长7.77%；单箱销售额5.27万元/箱，增长2.87%；毛利12.36亿元，增长8.25%；税利13.25亿元，增长7.32%；销售重点品牌7.84万箱，增长5.39%，占总销量的95.38%。

【卷烟打假】2021年，余杭区烟草专卖局（分公司）突出云上监管，强化数据分析，出动检查3967人次，查获案件832起，同比增长26%。其中，查获私假烟案件507起，增长40%；查获各类违法卷烟75492.6条，增长7.6%；查获私假烟18678.8条，增长52.6%。同时，余杭区烟草专卖局深化内外协作，完善涉烟案件联动机制，会同公安部门成功破获“6·1”重大销售涉毒电子烟网络案，刑事拘留17人，其中6人被逮捕。

【终端建设】2021年，余杭区烟草专卖局（分公司）积极融入数字化转型大趋势，突出数字化门店打造和营销生态构建，“香溢购”“香溢通”“香溢家”“香溢坊”四大智慧管理系统全面推广，终端数字化转型稳步拓展。全年建成现代终端示范街5条，建成现代终端客户1840户，占比22.4%，其中加盟终端109户、三星现代终端205户，通过零售终端发展活跃消费者会员27.8万个。

【行政许可】2021年，余杭区烟草专卖局（分公司）为适应行政区划调整，在推出“网上办、掌上办、移动办”服务基础上，增加了“多点办、上门办、预约办”服务，将“最多跑一次”升级为“就近跑一次”甚至“一次不用跑”。全年办理行政许可4810件，网上申请率100%，移动端申请率79.6%。

（数据为临平区、新余杭区合计数据）

（肖霏霏）

·供销合作·

【概况】2021年，全系统实现总经营收入97.79亿元，同比增长7.9%；实现商品销售总额81.7亿元，增长2.96%；实现利润1674万元，完成全年计划的111.6%，增长24%，所有者权益39891万元，社会贡献总额4815万元。在杭州市供销系统综合业绩2021年度考核中获优秀，同时，被浙江省供销社（农合联）综合考核评定为全省供销系统“2021年度全省20强县级社”。

【区划调整相关工作完成】2021年4月，杭州市启动行政区划调整以来，原余杭区供销联社按照“资产随属地划转、人随公司整体划转、股份按工作需要划转”的基本原则，有序推进本级行政机关、下属事业单位、下属多种所有制企业划转的各项工作。调整后的临平区供销联社（区供销集团）有所属公司20家。其中，全资、控股11家，参股8家，托管1家自收自支事业单位（临平区市场开发服务中心）。

【农业生产服务】2021年，临平区供销联社构建临平区、镇（街道）两级农合联为农服务中心体系，将运河街道双桥村为农服务中心改造提升为临平区级北部为农服务中心，以塘栖镇水北街、运河街道双桥村、崇贤街道沾桥村、乔司街道朝阳村4个为农服务中心为支点，夯实为农服务阵地。

【产业农合联提升】2021年，临平区供销联社在扶强原有塘栖枇杷产业农合联、水产业农合联的基础上，加强稻虾共养、小林黄姜、运河果莲、崇贤“四姑娘”水生蔬菜等产业的培育，实现产业农合联扩容增量。稻虾共养、小林黄姜两个项目被列为市供销社重点扶持项目，获市供销社专项补助资金200万元。同时，区供销联社在此基础上，加大资金补助力度，按核定投资额的50%进行补助。

【农业产业项目招商引资】2021年，临平区供销联社围绕区委“将供销社建设成为集农业产业项目投资、农业服务于一体的全区综合性农业产业平台”要求，结合临平区农业产业特点，开展农业项目招商引资，与东湖街道、阿里数字乡村、牧鱼农业签订临平东湖智慧生态田园产业综合体（阿里数字乡村现代农业产业园）合作开发协议。

【金融信用服务】2021年，临平区供销联社深化拓展“三农”信贷风险池做法，在无抵押无第三方保证的情况下，通过互助的方式有效解决临平区内农业企业、合作社、家庭农场等农业经营主体融资难、担保难问题。同时，依托下属参股公司农信担保公司合理运用金融工具，推出农业扶持类金融产品，为广大农民释放金融扶持政策红利。2021年，提供审批通过担保10180万元，银行放贷落地4312万元，年末“三农”风险池贷款余额1200万元。

【对口协作帮扶】2021年，临平区供销联社充分发挥自身优势，推进与四川省甘孜州石渠县对口帮扶工作，下属临平供销社、江南食品市场协会均与石渠县人民政府签署合作意向书，签订特色农产品订单31.6万元，有效拓展石渠优势特色农产品来临渠道，获浙江省杭州市临平区对口支援四川省甘孜州石渠县优秀合作单位称号。

【应急物资储备】2021年，临平区域范围内完成储备草包5万个、防汛麻袋6.5万余条、铁锹1000把、橡皮艇10艘、救生圈20只、救生衣100件；同时，全年计划完成农资淡季储备，化肥5类2400吨左右，农药16类60吨左右。

【农业废弃物回收】2021年，临平区供销联社与临平区各镇街及全区农资店签订回收协议，回收农药废弃包装瓶（袋）约150万个。

【农贸市场建管】2021年，临平区供销联社平稳承接新南苑集贸点（原保障桥农批市场）、星桥农贸市场两个农贸市场的搬迁和托管工作。托管市场2.2万余平方米，托管商户380余户。同时，为进一步提升农贸市场数字化智慧化水平，加大对临平区内其他国有农贸市场硬件投入力度，增设公众智能显示屏41台，建立“浙食链”、智慧消防、综合管理3个数字化管理系统，安装AED（除颤仪）等公共应急服务设备，开展智能检测、智能称重、智能回溯、智能巡查建设试点，实现

南苑街道新南苑集贸点　　（区供销联社　供稿）

农产品智慧溯源、科学检测和数字管理。所辖中山、丘山、庙东3家农贸市场通过浙江省“五化”市场验收。

【大田托管】 2021年，临平区供销联社积极探索经济作物种植新路径，由单纯种植观赏花海向兼顾观赏与收益转变，在完成土地有效管理基础上争取提高经济效益。截至2021年底，新增土地托管面积248.53公顷，签约托管土地566.67公顷。

【运河二通道生态修复】 2021年，临平区供销联社作为原余杭区政府明确的运河二通道飞地流转和后续管理及实施的责任主体，经过多次实地踏勘及与相关部门会商，确定“社会效益为主、经济效益为辅”的建设原则，将运河二通道生态修复作为乡村“共富”实验区建设的重要内容整体纳入《运河二通道相关生态修复建设方案》。当年，集中流转两侧飞地37.09公顷，河堤护坡10公顷，并纳入统一管理。

【建筑垃圾资源化处置】 2021年，区供销联社坚持“拆运处”全链条闭环运营模式，做好临平区建筑垃圾资源化处置。下属杭州嘉润绿腾环保科技有限公司全面改造提升厂区安全生产设施，改进生产工艺，7月起日均处置量从1500吨提升至约2000吨，处理能力提升30%，全年处置建筑垃圾达35万吨。

【装修垃圾资源化处置】 2021年3月，临平区供销联社下属杭州绿恒环保科技有限公司完成全封闭标准厂房建设，4月投产。通过市场化运作降成本、全链条闭环运营优环境、主动寻求残余物外置新路径等方式，打通区内装修垃圾处置过程中的多个“堵点”。截至2021年底，该项目日均处置量约500吨，年处置量达10万吨。

（张晓露）

东湖街道万陈社区向日葵花海　　（区供销联社　供稿）

旅游业
Tourism

·综　　述·

【概况】 2021年，临平区接待游客351.6万人次，实现旅游收入61.69亿元，分别同比增长4.1%和1.3%，其中接待国内游客350.9万人次，实现国内旅游收入61.4亿元，分别增长3.9%和1.2%。全年未发生旅游安全责任事故。

【旅游资源和服务设施】 截至年底，全区有A级景区5家，其中AAAA级以上景区2家；星级饭店4家，其中四星级以上饭店4家；银宿民宿1家；星级旅行社5家；省级旅游风情小镇1个；省A级景区村庄36个，其中省AAA级景区村庄10个；市社会资源国际旅游访问点4家；纳入市旅游咨询体系的咨询中心5家。

（王雨佳）

·旅游规划·

【《临平区“十四五”文化和旅游体育发展规划》出炉】 2021年，临平区文化和广电旅游体育局（下称“区文广旅体局”）回顾临平区文化和广电旅游体育“十三五”发展成就，基于发展面临的机遇和挑战，确立“十四五”期间的指导思想和规划目标。

【旅游业“微改造、精提升”行动】 2021年，临平区全面启动A级旅游景区、旅游度假区、旅游风情小镇、文博场馆等旅游核心吸引物，景区镇、美丽城镇、景区村等旅游目的地，酒店、民宿等旅游接待场所的“微改造、精提升”专项行动。全年入库项目28个，竣工26个，其中临平智慧图书分馆微改造项目纳入省级试点。

【文旅融合指数发布】 2021年2月，临平区发布国内首个区县级文化和旅游融合指数，该指数以用户视角即居民和游客对文化和旅游融合的获得感为衡量标准，构建以消费侧为主体、供给侧为矫正的文化和旅游融合指标体系，是文化和旅游融合的创新之举。

【临平区入选浙江省第二批全域旅游示范区】 2021年10月，浙江省人民政府公布第二批浙江省全域旅游示范县（市、区）名单，临平区入选。

【“百城千镇万村景区化”工程】 2021年12月，浙江省AAA级和AAAA级景区镇、AAA级景区村庄名单公布。崇贤街道被评为AAA级景区镇，运河街道的杭南村、崇贤街道的沾桥村、塘栖街道的超丁村和超山村被评为AAA级景区村庄。

（王雨佳）

·旅游市场开发·

【塘栖特色美食镇通过“诗画浙江·百县千碗”美食镇评审验收】 2021年12月，省文化和旅游厅联合省商务厅、省餐饮行业协会组织开展“诗画浙江·百县千碗”美食街区（镇）评审工作，塘栖特色美食镇通过评审验收。

【“水镇寻芳、访古探梅之旅”入选浙江省诗路精品旅游线路】 2021年12月，浙江省文化和旅游厅发布诗路精品旅游线路，临平区诗路古镇古村游——“水镇寻芳、访古探梅之旅”入选。

【假日旅游市场】 2021年5月1—5日，临平区接待游客14.57万人次，营业收入合计372.07万元；10月1—7日，全区接待游客30.43万人次，实现营业收入752.32万元。

【中青旅走进临平】 2021年6月9—10日，“中青旅走进临平”活动举行，中青旅联盟及浙江中青旅分公司、临平本地旅游企业等200余人参加，旨在通过推介会和踩线等活动，推动区域文旅企业交流，进一步提升临平旅游市场知名度。

【国际KOL走进临平】 2021年7月5—6日，“国际KOL（关键意见领袖）走进临平”活动举办。活动以“让世界走进临平，让临平走向世界”为主题，招募长期在中国工作生活的国际友人走访临平亚运场馆、临平山运动休闲公园、艺尚小镇、塘栖古镇等地，亲身体验感受临平的城市面貌、发展成果、亚运氛围，也为临平区亚运城市建设提出国际化的改进意见。

【临平文旅（福建）推介活动】 2021年7月12—17日，临平文旅（福建）推介活动在福建省福州市、漳州市、泉州市举行。临平与福建三地优质旅行社开展广泛对接，推广运河文化旅游、超山文化旅游等精品线路，进一步挖掘中远程客源市场。

【8小时造梦之旅体验游】 2021年9月24日，区文化和广电旅游体育局围绕产业之梦、山水之梦、非遗之梦、美食之梦四大板块，推出临平8小时造梦之旅体验游活动，邀请自媒体达人、媒体记者、文化名人等一起体验临平山水之美、文化之源、美食之味、产业之兴，邂逅临平的风景与历史，构筑城市“造梦空间”，打响城市品牌。

2021年6月9—10日，“中青旅走进临平”活动在临平区举行

（区文广旅体局　供稿）

【临平大剧院上榜“杭州十大文化新地标”】 2021年10月，杭州市文化广电旅游局公布杭州文旅“新十大”的最终名单，临平大剧院被评为“杭州十大文化新地标”。

【旅游惠民】 2021年，临平区继续实行面向临平籍市民的景区（超山风景名胜区、运河塘栖谷仓博物馆）免费开放门禁项目，全年刷卡8004人次。

（王雨佳）

·旅游行业管理与服务·

【2家旅行社被评定为四星级旅行社】 2021年6月，经经营主体申请、区文广旅体局初评和推荐，杭州市星评小组终评，杭州市旅行社品质评定委员会发文公布，杭州天顺旅行社有限公司、杭州余杭国际旅行社有限公司被评定为四星级旅行社。

【1家酒店被评定为国家级银树叶绿色饭店】 2021年12月，经经营主体申请、区文广旅体局初评和推荐，浙江省旅游饭店星评定小组终评，浙江省旅游饭店星级评定委员会发文公布，富邦置业集团有限公司杭州丽佳国际大酒店被评定为绿色旅游饭店。

【亚运亚残运接待酒店】 2021年，杭州临平大酒店、杭州艺尚雷迪森酒店入选杭州2022年亚运会、亚残运会官方接待酒店。

【“杭州文旅优质服务计划”】 2021年，杭州临平大酒店获评2021年“杭州文旅优质服务计划”优秀饭店。杭州余杭国际旅行社有限公司黄晓强获评2021“杭州文旅优质服务计划”优秀导游。

【浙江省百强旅行社】 2021年，杭州假日国际旅游有限公司、杭州西湖假期国际旅行社有限公司、杭州天顺旅行社有限公司、杭州余杭国际旅行社有限公司分别入围浙江省百强旅行社排行榜第30、56、106、111位。

【区人才旅游券】 2021年，区文广旅体局配合区委组织部（人才办）负责“旅游券”的制作、使用、回收、结算，落实相关景区、酒店、剧院、民宿、健身场馆等的管理与服务保障，设计制作纸质旅游人才券300份，兑现2020年临平区高层人才旅游券资金383848元。

【杭州市景点（景区）金牌讲解员大赛】 2021年，中国江南水乡文化博物馆陈昊暘和运河综保有限公司靳贞慧参加杭州市第四届景点（景区）金牌讲解大赛，以排名第3和第11的成绩获杭州市第四届景点（景区）金牌讲解员称号与杭州市“优秀青年岗位能手”“最佳风采讲解”称号。区文广旅体局获大赛“最佳组织单位奖”。

【杭州市百名红色导游员（讲解员）】 2021年，杭州假日国际旅游有限公司朱明，杭州余杭国际旅行社有限公司单娜，运河综保有限公司靳贞慧、张建、冯丽娴，艺尚小镇景区董慧瑶，中国江南水乡文化博物馆陈昊暘，超山风景区何宝成8位选手入选杭州市百名红色导游员（讲解员）。

（王雨佳）

·旅游景区·

【超山IP】 2021年，超山风景名胜区以“超山”为核心IP，通过对超山梅花文化、金石文化等核心文化的挖掘与提炼，延伸出“香约梅海　悦动超山”的形象口号，推动文化和旅游融合发展，提升文化和旅游资源及品牌的转化能力。12月，经申报评审，超山IP入围浙江省第二批创建级文化和旅游IP名单、杭州市文化和旅游IP第一批培育名单。

【运河·塘栖古镇景区获评2020年度“浙江省五星级旅游购物场所”】 2021年9月，浙江省旅游协会、浙江省文化和旅游标准化技术委员会发文公布2020年度“浙江省星级旅游购物场所”，运河·塘栖古镇景区获评2020年度“浙江省五星级旅游购物场所”。

【“诗·书·画·印”载超山入围杭州亚运人文体验点】 2021年11月，杭州市文化广电旅游局公布2021“杭州亚运人文体验点”名单，“诗·书·画·印”载超山入围。

【超山风景名胜区研学基地获评杭州市中小学生研学旅行市级优秀基地】 2021年12月，杭州市教育局、杭州市文化广电旅游局公布杭州市中小学生研学旅行相关项目评估认定名单，超山风景名胜区研学基地获评杭州市中小学生研学旅行市级优秀基地。

（王雨佳）

·旅游节庆活动·

【第十三届超山梅花节】 2021年1月29日，第十三届超山梅花节开幕，本届梅花节以“香约梅海·悦动超山”为主题，以花为媒，以梅会友，全面生动展示江南赏梅胜地的秀丽风光和人文历史。

【塘栖枇杷节】 2021年5月17日，杭州塘栖枇杷节在中国TOP直播电商产业园开幕。开幕式以“穿越千年滋味·传承运河繁华”为主题，通过销售产地连线主持人水上游的方式，带动展示塘栖“一鱼一米一果”的特色产业，同时也带动了枇杷衍生产品以及民宿旅游等二、三产业发展。

【第十二届大运河鱼羊美食节】 2021年10月1日，大运河鱼羊美食节开幕，开幕式上发布“鱼羊美食节”IP、运河家宴、运河美食地图。临平区携手盒马开启战略合作，设立临平盒马村，为推动乡村振兴、共同富裕提供助力。开幕式当天，共富市集、民宿踩街活动同步启动。

（王雨佳）

·旅游资源文化运营·

【以节促旅】 2021年，塘栖古镇景区在元旦期间开展祈福雅集、舞狮巡街、广济桥祈福打卡、糕点亲子制作等系列活动；春节期间举办国朝古镇年味节打卡抽盲盒、祈福墙幸福桥、国潮集市活动；“五一”非遗民俗文化周上演评书、越剧、非遗展演、皮影等演出活动。

【首届中国长三角梅花文化旅游节启动】 2021年1月，临平区举办第十三届超山梅花节，通过文化惠民“超”温暖、综合监管“超”安全、线上直播“超”有趣等三大举措，全力保障广大市民“浙”里过年。同时联动无锡梅园、苏州邓尉等江南三大赏梅胜地，启动首届中国长三角梅花文化旅游节，领衔超山梅花新形象。梅花节期间接待游客47.3万人次，实现旅游收入473万元。

临平区第十二届大运河鱼羊美食节菜品展示　　（区文广旅体局　供稿）

【何思敬纪念馆获评红色基因传承基地】 2021年8月，何思敬纪念馆入选第二批浙江省青少年红色基因传承基地。何思敬纪念馆是塘栖第一所红色文化名人纪念馆。纪念馆由原何思敬老宅改造而成，展陈面积约200平方米，分三大板块、7个单元，陈列和收藏何思敬先生生前影像资料、手稿等实物资料，完整地展示何思敬先生在艰苦岁月中的不懈奋斗，全面展现其志存高远、坚韧不拔、为党奋斗、奉献一切的精神，是集法治教育和爱国主义教育为一体的综合性教育基地。

【旅游产品打造】2021年，超山风景名胜区基于超山南园农场原生态、农耕等特色设计包括自然教育、劳动教育、生态科普、运动竞技等七大系列板块的课程体系，并通过深挖红色文化内涵，打造推出“党建＋清风”之旅。

（杨霜）

·超山风景名胜区·

【概况】2021年，超山风景名胜区入园90万人次，经营收入1050万元。入选浙江省创建级文化和旅游IP、杭州市文化和旅游IP第一批培育名单，被评为2021年度“杭州文旅优质服务计划”优秀景区。超山风景名胜区自然教育基地获评2021年浙江省自然教育基地（第三批）。“诗·书·画·印”载超山获评2021年“杭州亚运人文体验点”。超山“绿萼梅花茶”获“2021杭州市伴手礼创意设计大赛”综合类银奖。

【党史学习教育主题活动】2021年，超山风景名胜区利用画展、宣讲、比赛、快闪等多种载体和形式，营造庆祝中国共产党成立100周年浓厚氛围。1月20日至3月19日，举办“超然峰上”张宗祥先生纪念特展；1月27日至3月19日，举办军民鱼水情——新四军画派创始人黄嘉明中国画展、“军民鱼水情·百年画百福”少儿绘画比赛；4月30日至5月6日，组织开展“铁军精神展风华　红色基因代代传”新四军主题画展暨红色宣讲周活动；6月1日，联合超山中心小学开展“建党一百周年，争做梅花好少年”梅树认养实践活动；9月28日至10月18日，组织“颂党建　迎国庆——唱支山歌给党听”沪浙两地漫画展、“十年不到香雪海　梅花忆我我忆梅——吴昌硕五代后裔书画篆刻作品展”。

【规划建设】2021年，临平区全面贯彻省、市、区自然保护地体系建设工作精神，推进自然保护地整合优化相关部署，依法依规做好涉景建设项目审批，完成投资近500万元。实施超山景区污水零直排二期工程、“数智超山”提升一期工程、景区白蚁防治工程第二期、景区绿化提升工程等项目。

【资源保护】2021年，超山风景名胜区深入开展生态文明和安全生产宣传教育，组织举办“平安护航建党百年”安全隐患大排查大整治专项行动、“安全生产月”等系列活动；常态化做好林业资源、文物古迹、古树名木、野生动植物、重要景观的保护，全面开展统计摸排，持续强化巡护管理，完成1300株珍贵彩色树种的种植，并入围“美丽浙江生物多样性保护十佳特色案例”。12月10日，超山风景名胜区森林消防队获2021年度临平区森林火灾扑救实战演练大比武二等奖。

【梅花节推出线上直播】2021年1月29日，第十三届超山梅花节在超山风景名胜区开幕。本届梅花节延续“香约梅海　悦动超山”主题，开展融合民俗、古风、研学、红色等多种元素的线上线下文旅活动及20余场“花姐姐带你游超山”直播活动，推出“党建＋清风之旅”游线。梅花节期间，景区推出“就地过年”梅花节半价（25元）优惠票；与无锡梅园、苏州邓尉建立中国长三角梅花战略联盟，推出江南“云赏梅”线上直播。2月23日“天目新闻”现场直播“春天花会开——江南共赏梅，寻觅长三角春光”，近10万人次在线欣赏超山“梅”好春色。

（杨莉）

金融·财政·税务
Banking, Finance and Taxation

·中国人民银行余杭支行·

【概况】2021年，中国人民银行余杭支行（区划调整未更名，下同）坚持稳字当头，把服务实体经济放到更加突出的位置，强化数字赋能金融支持，加大货币政策工具运用，持续提升普惠金融服务质效，为临平经济高质量发展提供有力的金融支持。

【金融党建】2021年，中国人民银行余杭支行加强党对金融工作的集中统一领导，全面提高机关党建工作质量。相继开展"光影里的百年党史"观影、"奋斗百年路，启航新征程"歌咏比赛、"祭拜革命英烈"等主题活动，深化党员干部理想信念教育。探索清廉金融建设，开展金融反腐专题调研，纠治工作作风，强化员工"八小时外"行为管控，切实巩固风清气正政治生态。

【信贷服务】2021年，临平区金融机构紧扣实体经济融资需求，加大信贷总量投放，深入实施融资畅通工程升级版，提升实体经济的金融支持力度。至2021年底，全区银行机构本外币贷款余额2473.35亿元。强化数字赋能金融支持，着力推广"贷款码"应用，为市场主体提供融资需求发布、对接、受理、审核、反馈等线上精准服务。2021年，临平区共有5263户企业通过扫码线上申请贷款，发放贷款金额99.14亿元。

【普惠金融】2021年，中国人民银行余杭支行持续做好"六稳""六保"工作，实施民营企业贷款"两个一致"，引导更多信贷资源向民营、小微等实体领域聚集。2021年，临平全区小微企业贷款余额764.76亿元，同比增长34.6%。

【科技金融和绿色金融发展】2021年，中国人民银行余杭支行开展"百地千名行长进民企送服务"（科创企业专场）活动，推动投贷联动模式创新，引导更多信贷资源流向科技创新领域。推动碳减排支持工具更好更多落地临平，为区内重点碳减排领域项目提供央行低息政策资金，其中，镜子山资源循环利用中心项目获得首批碳减排支持工具支持，拟对运达风电智能型风电机组产品系列化开发项目提供碳减排支持工具支持。

【金融生态维护】2021年，中国人民银行余杭支行强化金融风险底线思维，做好重点领域风险防控。着力打击治理电信网络诈骗，实施"开户码"，推进人脸识别技术应用，落地"红黄牌"机制，创新实施潜在受害人银行账户保护性止付机制，从严开展倒查问责，涉诈资金链治理取得积极成效。2021年，全区金融机构全年完成柜面劝阻40起，涉及资金146.25万元，移送跨境赌博线索7条，保护性止付账户51个。

【金融消费权益保护】2021年，中国人民银行余杭支行推动金融纠纷多元快速化解，引导临平辖区内金融纠纷特邀调解员积极参与调解；丰富金融知识普及形式，以“普及金融知识，提升金融素养”为主题，组织开展金融知识线上竞赛，提升全区金融机构从业人员的理论知识和履职水平，提高金融机构为民普及金融知识的能力。

【外汇管理服务】2021年，中国人民银行余杭支行坚持管服并重，助力涉外经济发展开创新局面。多项贸易投资便利化政策在临平实现增量扩面，立足临平贸易特点，深化外汇服务对外贸企业的支持力度，推动杭州市首笔跨境金融区块链信保融资业务在临平落地。实施“外汇联络员暖心助企”专项行动，建立108人的外汇联络员队伍，现场服务涉外企业100余次。

【货币管理】2021年，中国人民银行余杭支行深入开展整治拒收人民币、假币违法犯罪等专项行动，推动临平全区现金使用更为规范。设立“老年人服务绿色通道”，督导银行机构，消除老年人金融数字鸿沟；开展大额现金管理试点，深化硬币自循环基础建设，出台《辖区硬币自循环基础建设规划方案》；持续实施“大篷车”流动服务，以“大篷车”+网络化形式定期开展硬币兑换、人民币知识和反假宣传进农村、进社区、进市场、进集市活动。

（戴闻乐）

·银行与保险业监管·

【概况】2021年，浙江银保监局余杭监管组（下称“监管组”）(区划调整未更名，下同）指导临平辖区内银行机构、保险机构依法重构服务路径，承担服务职责。联合临平区发改局、区经科局、区环保局组建全省首个“绿色低碳金融创新一体协同联合实验室”，启动具有临平辨识度的碳金融跨界合作探索；会同区委组织部（人才办）等有关部门，在全省首试政保合作“人才创业险”加强版，延长保障周期，扩大创业覆盖，完善专属服务；协同经济技术开发区创新搭建“产融荟”银保企供需对接机制，协同区商务局联动建立“双招双引”金融保障“绿色通道”，深度推动科技金融与产业金融协同发展；联合区经科局、临平新城、经济技术开发区等部门深入探索企业园区“伙伴银行”“伙伴保险”数智金融模式，推动数字信息向数字信用转化探索。截至2021年末，临平区各项存款2727.79亿元；临平区各项贷款2557.01亿元；临平区不良贷款8.27亿元，临平区不良率0.32%。保费收入39.1亿元；保费赔付支出11.71亿元。

2021年5月，全省首个绿色低碳金融创新（一体协同）实验室在临平区科技人才月暨中国科技成果创新创业大赛启动大会上揭牌　（银保监局监管组　供稿）

【“绿色金融”赋能低碳产业】2021年，监管组、区发改局、区经科局、杭州市生态环境局临平分局、中国绿色制造联盟、未来智造产业联盟、服务型制造研究院、本应科技（杭州）技术应用中心等单位共同发起成立全省首个“政银保企产研用”一体协同的绿色低碳金融创新实验室。该实验室于5月在临平区科技人才月暨中国科技成果创新创业大赛启动大会上揭牌，首批参与实验室的共有9家省级银行保险机构和临平区3家重点企业园区，旨在加强跨界合作，为银行保险机构在产品研发前期排摸需求、在研发中期提供场景、在研发后期对接首试提供有效支撑，并致力打造成为集政府部门、监管部门、银行保险机构、研究机构和学者专家各类资源于一体的绿色低碳金融学术研究交流的合作平台。

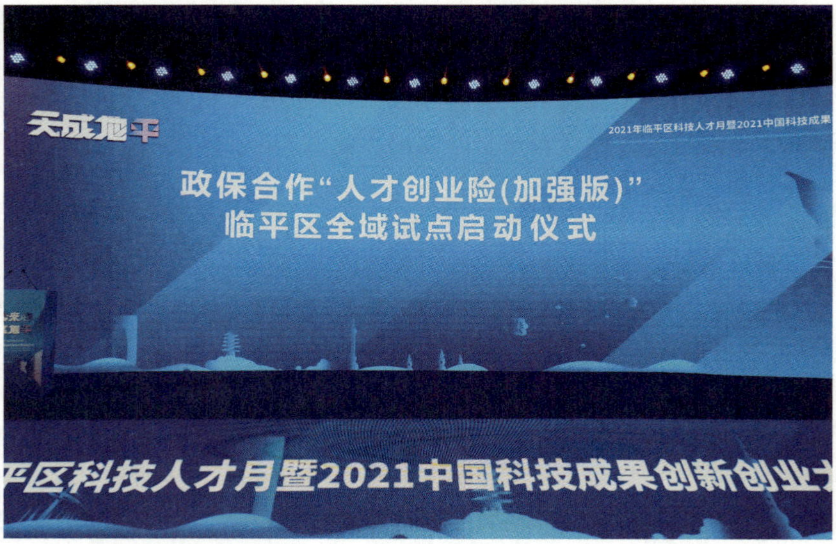

2021年5月26日，政保合作“人才创业险（加强版）”在临平区科技人才月启动仪式上发布 （银保监局监管组　供稿）

【政保合作“人才创业险”（加强版）试点】2019年11月，浙江省政保合作“人才创业险”首试。2021年5月26日，政保合作“人才创业险”（加强版）在临平区科技人才月启动仪式上发布。临平区将提供最高30万元、100%的保费补贴，并将以经济技术开发区、临平新城等产业平台为主体，在区内实施全域试点。政保合作“人才创业险”（加强版）重点是延长保障周期，扩大创业覆盖，完善专属服务。针对创业参保时间，将首试时原则上通过项目评审时间1年内，延长至最长3年内。从“初创落地项目”覆盖到“研发关键期重点新项目”，并全程落实专业团队一对一服务，提供参保咨询、承保履约、理赔发起等定向支持。

（蔡旖佳）

2021年10月20日，农发行浙江省分行与临平区人民政府全面战略合作协议签约仪式举行 （农发行余杭支行　供稿）

·政策性银行·

【中国农业发展银行杭州市余杭支行】2021年，农发行浙江省分行与临平区政府签订战略合作框架协议，助力临平区高质量发展建设共同富裕示范区样本。截至2021年底，农发行杭州市余杭支行（区划调整未更名）审批临平区中长期项目贷款40.74亿元，发放17.9亿元。其中，发放城乡一体化贷款7.7亿元、水利建设贷款2亿元、改善农村人居环境贷款8亿元、农村流通体系建设贷款0.2亿元。

（邵嵩）

·国有商业银行·

【中国工商银行股份有限公司杭州临平支行】 2021年8月23日，中国工商银行杭州临平支行挂牌后，践行“以人民为中心”的发展思想，进一步强化金融支持实体经济力度，支持临平区经济社会高质量快速发展。截至2021年末，支行本外币各项存款余额267亿元，较年初新增90亿元，其中储蓄存款余额82亿元，较年初增长5亿元，对公存款余额185亿元，较年初增长85亿元；本外币各项贷款余额138亿元，较年初增长37亿元。服务对公结算客户6292户，个人结算客户590202户，个人信贷客户6263户。

支行紧扣党史学习教育总要求，学党史、悟思想、办实事、开新局，以“临平有我”的责任和担当，加大信贷支持，重点推动区域内首个未来社区项目——鼎湖未来社区项目、大运河国家文化公园等项目建设，服务亚运场馆建设；支持超山百联奥特莱斯广场等重大招商引资项目。支行作为首批地方政府专项债监管账户服务银行，发行星桥等4个镇街卫生院项目债券，保障民生配套设施建设。支行紧扣临平产业发展特征，围绕“智能制造”特色，加大政策倾斜，支持企业“做大、做强、做新”，2021年，投放长三角数字产业园项目，净增制造业贷款5亿元；推动“普惠进万企”，线上线下多渠道提供普惠金融服务，普惠贷款净增7亿元，获“支持实体经济发展优秀金融机构”称号。支行积极响应杭州行政区划调整，与区政府签订全面战略合作协议，支持新临平建设。在区划调整过程中，支行成立专门服务小组，服务新区财政工作平稳过渡，保障预算单位集中开户和变更需求。支行积极打造党建特色品牌，在所辖6家网点创建“爱心驿家”，关爱户外工作者；开展“残币回收进村镇”、反诈宣传进园区等活动，守护群众钱袋子；开展老旧小区“加梯贷”上门服务，助力“共富临平”建设。

（沈亚青）

【中国建设银行股份有限公司杭州临平支行】 2021年11月，中国建设银行临平支行更名成立，12月30日，举行开业典礼。截至年末，支行本外币一般性存款时点余额260.4亿元，较年初新增19.9亿元；本外币各项贷款余额276.4亿元，较年初增加59.6亿元；不良贷款余额0.57亿元，比年初增加0.19亿元，不良贷款率为0.21%，比年初增长0.03%。

面向科创企业融资难问题，支行推进“投贷联动”业务，2021年授信并投放贷款1267万元，提供政策性担保3840万元。围绕产品创新，推出“善新贷”“善营贷”“善担贷”“共富贷”等产品，年内发放应急双保贷款3800万元，新增投放个人乡村振兴贷款3.28亿元，拥有普惠个贷客户2294户、贷款余额38.95亿元。提升首贷户服务力度，拓展首贷户364户、发放6.87亿元。推进“互联网＋不动产抵押登记”事项，办理互联网抵押登记500笔。推出“民工惠”业务，投放金额21431.73万元。完成第七轮安全评估工作，以99.6分的高分获得当地五行第一的成绩，被中银协授予“2021年银行业营业网点文明规范服务千佳示范单位”称号。

（数据为临平区、新余杭区合计数据）

（金偼英）

【中国银行股份有限公司杭州市余杭支行】 2021年，中国银行股份有限公司杭州市余杭支行（区划调整未更名，下称“支行”）本外币时点存款余额272.76亿元，新增49.73亿元，增长22.30%；日均存款余额264.0亿元，新增65.27亿元，增长32.84%。本外币贷款时点余额226.34亿元，新增48.67亿元，增长27.39%；贷款日均余额

207.43亿元，新增50.96亿元，增长32.57%。

本外币存款四大行日均份额19.10%，比年初增加2.77个百分点，增幅列四大行排名第一。四大行日均贷款余额市场份额18.66%，比年初增加0.08个百分点，增幅在四大行排名第二。实现营业收入6.55亿元；拨备前利润5.48亿元；净利润3.91亿元，同比增加1.15亿元，增长41.60%。在杭州市分行年度KPI考核中排名第一，机构考核等级为A+;在浙江省分行“季季拼”劳动竞赛中获年度总冠军。

与临平区政府签署战略合作协议，支持基础设施、旧城改造、民生工程等大项目建设，为重点领域提供综合性资金支持和全面金融服务。截至2021年底，实现三位一体客户投放41户，金额47.25亿元，其中向杭州临平基础设施建设有限公司投放2.53亿元；对公普惠金融余额达19.25亿元，较年初新增10.62亿元，绝对额排名杭州地区第二位。

（数据为临平区、新余杭区合计数据）

（王丽红）

【中国农业银行股份有限公司杭州临平支行】 2021年8月9日，中国农业银行股份有限公司杭州临平支行（下称“支行”）揭牌成立。至2021年底，支行各项存款日均为231.27亿元，同比日均增加7.15亿元，较年初时点增加31.99亿元。各项贷款余额169.63亿元，比年初增加15.25亿元，增长9.9%。不良贷款控制额、关注类贷款控制额全面完成市分行计划任务。不良贷款余额908万元，不良率0.05%，分别比年初下降271万元和下降0.02个百分点。关注类贷款2109万元，比年初增加311万元。全行实现营业收入53739万元，同比增加4万元；实现拨备前利润45662万元，同比下降496万元；实现拨备后利润45605万元，同比增加1852万元；实现净利润34469万元，同比增加1333万元；实现中间业务收入7253万元，同比增加137万元。

（数据为临平区、新余杭区仁和街道合计数据）

（李玲）

·保险业·

【中国太平洋财产保险股份有限公司杭州市余杭支公司】 2021年，中国太平洋财产保险股份有限公司杭州市余杭支公司（区划调整未更名）落地临平区全域试点的首单“人才创业险”（加强版），参与临平区低碳金融创新实验室成立并成为首批会员单位，在临平区继续拓展优质团车车险，承保区机关公务用车、浙江省监狱系统等团车项目。非车险承保人才创业险、人才保险券、学平险、安责险等各类政府政策险种，独家中标不动产登记责任险等地方标志性保险业务。农险涵盖茶叶低温气象指数保险、枇杷低温气象指数保险、生猪提标、水稻提标、新农综合、民宿等多个领域，项目逐年丰富。

（甘芬芳）

·财　　政·

【概况】 2021年，临平区财政总收入247.08亿元，同比增长37.9%。其中，一般公共预算收入151.33亿元，增长35.7%。全区一般公共预算支出完成182.89亿元，全年财政收支平衡。

杭州市临平区财政局获评2021年度浙江省财政管理绩效考评优秀单位、杭州市财政管理绩效考评优秀单位。

【财政收入组织】 2021年，区财政局抓好收入组织，强化财政、税务、规资等部门联动，形成工作合力。全年全区一般公共预算收入占地区生产总值的16.1%；一般公共预算收入占财政总收入的61.2%；税收收入占一般公共预算收入的95.9%。强化税源培育，坚持产业平台引领发展，出台产业新政、人才新政，支持制造业数字化转型，培育壮大新经济，做强做优总部经济。强化非税收入征管，稳步开展非税收入征收工作，全区完成非税收入 208.80 亿元，其中纳入一般公共预算管理的非税收入 6.23 亿元。

【民生保障强化】2021 年，临平区民生支出 131.97 亿元，占一般公共预算支出的 72.2%。教育支出 37.14 亿元，主要用于保障教师工资待遇，强化提升教育基础设施建设，支持余杭高级中学南区扩建及北区改造、余二高改扩建、超山九年一贯制学校等建设项目。卫生健康支出 16.18 亿元，主要用于保障新冠肺炎疫情防控，落实老年人免费体检、新生儿筛查、两癌筛查等惠民工程。社会保障支出 19.60 亿元，主要用于支持社会事业发展，落实民生帮扶政策，提升全区养老、助残和就业服务水平。

【产业发展服务】2021 年，区财政局做好产业培育和发展的资金要素保障，安排产业发展专项资金 27.52 亿元。支持产业发展，围绕企业生命周期不同阶段需求，会同行业主管部门出台《临平区支持产业高质量发展政策的实施意见》《关于进一步打造人才活力强区的实施意见》等文件及配套实施细则。支持重大项目，围绕“南融、北创、东靓、西优、中兴”发展战略，安排 4.52 亿元支持地铁建设，安排 5 亿元支持运河二通道项目，安排 2 亿元支持临平亚运场馆周边环境提升工程，安排 2.39 亿元支持亚运场馆改建项目。统筹做好乔司全域土地综合整治与生态修复、大运河国家文化公园等项目的资金保障方案。推进产业基金运作，出台《杭州市临平区政府产业基金管理办法》及 7 个配套实施细则，发挥产业基金的杠杆和乘数效应，批复投资项目 14 个，政府出资 20.1 亿元，撬动社会资本 80 亿元。助力招才引智，全年拨付人才专项资金 5.52 亿元，新引进国家级领军人才 21 名，新培育市级及以上海内外人才计划 7 人，新引进高校毕业生 2.33 万人。

【财政改革深化】2021 年，区财政局推进预算一体化改革，根据省财政厅统一部署，搭建预算一体化系统，针对区内 130 个预算单位、8 个镇街共 1000 余名财务人员开展 8 场专题指导，实现预算管理一体化基础信息、项目库和预算编制等 3 个模块覆盖率 100%。推进镇街平台财政体制改革，出台《关于优化完善镇街平台财政体制进一步加强财权事权管理的实施意见》，优化完善区与镇街、平台财权事权管理，提高镇街、平台财政保障能力；统筹教育、卫生经费管理，进一步加大财政保障力度；完善城市管理维护体制调动镇街积极性，提升城市化管理水平。推进政府采购改革，深化“政采云”平台应用，完成交易 4519 笔，交易额 8.91 亿元。

【财政监管】2021 年，区财政局强化债务管理，全年争取省政府地方债券 20.92 亿元，将已下达的债券资金 100%拨付至各项目单位，并督促各单位加快工程进度、规范使用债券资金。加强预算绩效管理。出台《临平区项目支出绩效评价实施法（试行）》等 7 个预算绩效管理文件，规范项目绩效事前事中事后全过程管理。开展 2022 年度预算项目绩效目标评审答辩会，组织评审专家评审项目 6 个。加强政府投资项目管理，优化调整招标控制价审核原有流程，加快项目建设推进速度，2021 年完成招标控制价评审 190 个；完善结算评审机制，加强中介管理，完成结算评审 153 个；开展“尾款项目清理”行动，推进竣工财务决算工作，完成财务决算项目 76 个。规范资产管理，强化行政事业单位资产管理，上线资产云 2.0 系统。

【队伍作风优化】2021 年，区财政局抓实党史学习教育，开展党史学习教育系列活动，通过党委书记上主题党课、分管领导讲心得、先进党员谈体会深化理论学习。组织开展“迎百年 庆七一”摄影比赛、拍摄“七一”宣传视频、走访红色教育基地、“财悦读”等系列活动进一步凝聚共识。提供财政专业服务，成立财政专业化服务队，结合“民呼我为”、党员固定活动日、“三服务 2.0”开展走访服务，积极对接部门、镇街平台、企业，协调做好教育资金保障、基层财政管理、政策兑现等事宜，全年受理办结问题329个。助力疫情防控，贯彻落实上级党委政府对疫情防控的决策部署，组织25名干部下沉全区10余个社区开展疫情防控工作，协助筑牢抗疫防线。

（戚梦蝶　蒋钦滢）

·税　务·

【概况】2021年，区税务局组织各项税费收入363.2亿元，同比增收117.3亿元，增长47.7%。其中，税收收入241.8亿元，增长31.3%；社保费收入75.5亿元，增长38.5%；非税收入43.3亿元，增长845.1%。其他收入2.6亿元，下降4.8%。实现地方级收入（不含省级）145.8亿元，增长22.0%。办理出口退税32.10亿元，增长41%。

【党的建设】2021年，区税务局深化5G监督管理体系。建立“月度动态、季度研判、年度述职”廉情分析机制，做实党组织日常监督和党员民主监督。开展“酒驾、醉驾”、纪律作风问题等专项整治，深化应用监督执纪“四种形态”。与钱塘区税务局、海宁市税务局共建“之江潮税”党建一体化联盟，持续开展领导干部一线讲、红色地标传承讲、党建联盟“云宣讲”等专题学习活动，参与1000余人次。规范党支部组织生活，推进税务“党建云”平台、省直机关“红色根脉”系统、临平区“双建争先”驾驶舱系统的搭建、维护。开展“三服务”“进万企、下基层”等活动，走访企业2000余户，解决群众关切问题118个。参与建党百年保密宣传活动，报送的书法作品在庆祝中国共产党成立100周年保密宣传教育作品征集评选活动中获书画摄影类二等奖。

【杭州亚运会助力】2021年，区税务局与浙江省盲人门球基地共建“助残圆梦·税企同行”联盟，获全国十一届残运会“爱心支持单位”称号，相关做法获浙江省副省长王文序批示肯定。以亚运基建项目需求为导向，推出“亚运基建项目税收档案”服务，推进亚运重大建设项目顺利落地。

【地方经济服务】2021年，区税务局融入“区企业服务中心”建设，为企业提供审批服务、政策兑付服务等9类服务。支持区内拟上市企业投资持股平台在本地的发展，加强临平新城和经济技术开发区的对接联系，为平台提供税收分析。优化整合临平片区原3个办税服务厅服务资源，建设二级集中处理中心。联合区规划和自然资源局对不动产登记缴费系统进行全面整合，实现“交房即交证”，试点办理不动产权证356本。试行推广增值税专用发票电子化，临平区电子专用发票的试点覆盖面超99%，开具发票3万余份，金额16亿元。推进财产和行为税合并申报，与财政局、规划与自然资源局、人民银行等部门协作配合，推进两批6项非税收入征管职责划

2021年12月29日，临平区税务局、区法院开展推进一件事综合集成改革暨深化民事执行与税费征缴协作会议　（区税务局　供稿）

转，完成国有土地使用权出让收入等4项非税收入划转试点任务。年内，向区领导报送经济情况分析报告20余篇，获得区委、区政府领导肯定性批示6篇，《从税收视角看总部经济发展》获浙江省副省长卢山、杭州市市长刘忻肯定性批示，《杭州医药制造业发展存在五方面问题》获浙江省副省长朱从玖批示。

【税收共治提升】 2021年，区税务局与上海税务部门等协作，对共享单车平台、二手奢侈品交易平台、灵活用工平台等重点风险领域制定征管配套措施，强化对平台经济、二手奢侈品、人力资源代理、建筑、医疗、假外贸、大宗商品等重点领域的风险预警。构建楼宇（平台）注册企业精准监管闭环机制，借助公安部门人员轨迹等信息，比对确定虚假注册企业，开展快速、有效监管，确定虚假注册企业33户，移送稽查虚开走逃案件3户。主动将税收基础事项纳入政法委网格管理，借助"基层治理"App平台，构建"基础信息网络地图"，完成49159户失联纳税人的核实排查。加强与法院的司法协作，参与11户破产企业债权申报，申报债权金额10.39万元，追缴入库个人所得税400余万元。开展成品油生产企业和经销企业核查，核实无问题企业90户，调减各类成品油244646吨。严格风险纳税人管理，累计纳入风险纳税人管理3185户，防范增值税发票虚开风险。

【税务营商环境优化】 2021年，区税务局优化线上办税缴费功能，实现办税缴费事项"非接触式"办理，临平区综合网上办税业务471.65万余笔，综合网上办税率达96.44%。推行财产和行为税"十税合一"申报，推动增值税、消费税与附加税费申报表整合。推广征纳沟通平台，推送税收政策125.47万户次，"税小蜜"智能客服对话量达39316条，解答纳税人疑问准确率达到89.88%。开展"我为纳税人缴费人办实事暨便民办税春风行动"，推出10类32项117条便民办税举措。优化整合出口退税系统，退税申报表单减少三分之一，填报数据减少项五分之一，企业退税办理时间从2020年的4.08天压缩至2.14天，提速近50%。深化"税银互动"，升级纳税信用贷款服务，为小微企业授信21.71亿元。

（汪远）

经济管理
Economic Management

·经济体制改革·

【营商环境优化】2021 年，临平区以国家《优化营商环境条例》为指引，制定建设一流营商环境实施方案和工作任务清单，涵盖深化商事制度改革、深化工程建设项目审批制度改革等 12 个领域共 34 项具体改革任务和举措，全力打造市场化、法治化、国际化、便利化的一流营商环境。

【为企服务平台建立】2021 年 10 月，临平区在全省率先成立线上线下高度融合的企业服务中心，探索构建涉企资源一端集成的整体智治企业服务平台。整合各部门涉企服务职能和办事事项，推动部门涉企审批事项、服务事项向一个科室集中、科室向企业服务中心集中，服务方式向跨部门、高效率、强监督、一站式集成转变，23 个涉企部门、105 名工作人员集中办公，进驻企业行政许可、政策兑现、投资审批、招标投标等 1041 个涉企事项。同时，以“一中心三平台八模块”为总体架构打造线上平台，率先整合涉企审批、“亲清在线”、“三服务”、投资项目、公共资源交易等多个涉企数据服务体系，打通数据壁垒，实现涉企事项“网上办”“自助办”。

【产业发展新政制定】2021 年，临平区以企业全生命周期和产业生态链视角为切入口，按照企业发展阶段和行业发展类型分门类精准设置 99 条惠企政策，通过学习深圳、苏州、滨江等地先进经验，结合实际制定《临平区支持产业高质量发展政策意见》等政策文件，为企业创新发展提供政策支持。

【项目服务机制建立】2021 年，区发改局确立签约后定制、挂牌后定制、拿地后定制的“三段式定制”服务模式，指导项目签约、选址、挂牌组件、摘牌后审批等各环节工作，指导开展项目规划方案设计、规划方案预评审及确认等工作，加快土地出让，本松、福斯达、明特、西奥现代等产业项目平均落地时间缩短至 45 天，康荣健康、贝达梦工场、阿里云数据中心新城项目等一批“152”和省市重点项目开工落地率达 100%。

【企业上市助推】2021 年，区发改局通过夯实“凤凰行动”服务小分队，联合各部门开展“体检式”服务，建立“五定机制”等营造上市良好氛围。截至 2021 年底，全区共有上市企业 20 家，其中沪市 6 家、深市 11 家、境外上市 3 家。20 家企业首发募集资金 137.68 亿元，再融资 44.8 亿元。全区在审企业 7 家，在浙江证监局辅导企业 11 家，区级重点拟上市企业 40 家。

（姜煌辉）

·综合经济管理·

【综合经济运行】2021 年，临平区实现生产总值 940.09 亿元，按可比价计算，同比增长 10.6%，高于全省、全市 2.1 个百分点，增速位列全市第三位，总量规模全市排名由上年的第九位跃居第八位。其中，第一产业增加值 15.42 亿元，增长 3.8%；第二产业增加值 505.89 亿元，增长 10.8%；第三产业增加值 418.78 亿元，增长 10.6%。三次产业增加值结构比重调整为 1.6：53.8：44.6。生产总值、农业增加值、服务业增加值、金融业增加值、固定资产投资等主要指标增速排名位居省市前列。

【区级政府投资项目】2021 年，临平区安排区政府投资项目 221 个，总投资 792.42 亿元，年度计划投资 193.59 亿元。其中，新建项目共 93 个，总投资 192.28 亿元，年度计划投资 29.8 亿元。新建项目中属于人大监督重大投资项目共 18 个，总投资 115.43 亿元，年度计划投资 13.43 亿元。续建项目共 128 个，总投资 630.15 亿元，年度计划投资 163.79 亿元。

【镇（街道）投资项目】2021 年，临平区安排镇（街道）投资项目共 139 个，总投资 98.21 亿元，年度计划投资 29.61 亿元。其中，新建项目共 79 个，总投资 47.21 亿元，年度计划投资 14.65 亿元；续建项目共 60 个，总投资 51.0 亿元，年度计划投资 14.96 亿元。

（姜煌辉）

·自然资源管理·

【概况】2021 年，临平区规划和自然资源管理工作紧紧围绕“高水平建设‘数智临平·品质城区’”的总目标，做好优布局、促发展、保资源、惠民生各方面工作。2021 年，获评 2021 年度全市规划资源系统综合考评优秀单位；获杭州市全域土地综合整治和自然资源要素保障工作集体嘉奖；在全市率先实现商品房不动产登记全类型“交房即交证”，并在《自然资源报》《杭州日报》上刊登报道。

【耕地保护】2021 年，临平区严格落实耕地保护制度，推进耕地监督协会、“耕地云”智慧监管等耕地保护创新举措，深入实施垦造专项行动，推进耕地功能恢复，不断建立健全各项耕地保护机制。全年完成垦造耕地面积 248.33 公顷（含异地调剂 168.13 公顷），垦造水田和“旱改水”面积 143.07 公顷，建设用地复垦面积 13.73 公顷。全年向村社拨付耕地保护以奖代补资金约 591 万元，土地整治指标回购资金 3.39 亿元，完成违法违规用地整改 54.53 公顷。

【生态修复】2021 年，临平区积极推进生态修复工作，扎实开展废弃矿山生态修复和全域土地综合整治与生态修复，全年完成废弃矿山生态修复 11 处。研究谋划乔司全域土地综合整治与生态修复，加快推进运河街道等 6 个全域已申报项目的实施进度，其中崇贤街道四维村、运河街道双桥村等 5 个村共 3 个项目完成区级验收。

【用地保障】2021 年，临平区获得新增建设用地指标 133.33 公顷，完成耕地占补平衡水田指标 264 公顷，完成土地农转用上报 121 个项目 133.33 公顷，新增建设用地指标执行率 100%，保障了临平第二净水厂、“三路一环”二期、崇贤小学等重点基础设施和社会民生项目用地。

【节约集约用地】2021 年，临平区坚持“存量为主、增量为辅”的用地理念，全面落实土地利用政策，加大存量土地盘活利用，全年盘活批而未供 248.76 公顷（完成率 142%）、供而未用 249

公顷（完成率200%）、低效用地239公顷（完成率143%），完成2009—2018年批而未供土地清理141.33公顷（完成率110%），土地节约集约水平得到进一步提高。

【土地市场管理】2021年，临平区坚持“房子是用来住的，不是用来炒的”定位，积极落实稳地价、稳房价、稳预期，确保土地市场健康发展。截至2021年底，出让经营性用地20宗、工业用地15宗，协议出让3宗，划拨119宗。

【测绘管理】2021年，市规划和自然资源局临平分局抓好基础测绘工作，完成36个省级永久性测量标志核查，对全区286平方千米范围进行全要素更新修测。开展实景三维建设，完成130余平方千米区域范围实景三维数据采集和建模，为全区社会治理提供三维底图。

【不动产登记】2021年，临平区不动产登记中心依托改革赋能、创新赋能、数字赋能，不断在为民利企上出举措，先后推出“午间不间断”服务，商品房全类型“交房即交证”，不动产登记“分钟制”办理等模式。全年办理业务14.7万件，收到表扬信30余封、锦旗15面。

（陈建君）

·国有资产监督管理·

【概况】截至2021年底，由临平区国资办出资的国有及国有控股企业共85家（不含环境〈水务〉集团），其中区直属国有企业5家，分别是杭州临平国有资本投资运营有限公司、杭州临平交通集团有限公司、杭州临平开发投资集团有限公司（与经济技术开发区管委会共同监管）、杭州临平城市建设集团有限公司（与新城管委会共同监管）、杭州临平文化传媒集团有限公司。全区有国企人员1678名。

【数字化监管平台构建】2021年，区国资办利用云计算、大数据等信息化技术搭建临平区国有资产数字化综合监管系统，立足临平区国企实际情况，全面优化调整系统流程，开发40余项业务模块，50余张表单，主要在人员招聘、产权及资产交易、财务监管和工资考核方面进行完善，旨在通过数字化手段实现国企人、财、物一体化数智化监管，从思路、举措、模式上积极开展试点探索，形成可复制可推广的方案模式和推进机制。

【国企“三定”推进】2021年，区国资办根据国有公司实际情况及未来发展目标，制定新一轮国有公司三定方案，若无重大变化，3年内（2022—2024年）不做变动。规范人员管理。出台《杭州市临平区国有企业中层及以下人员日常管理办法（试行）》《杭州市临平区国有企业人员招聘管理办法（试行）》等制度，规范国有企业人员招聘及日常管理。组成国有企业招聘专班，做好国有企业人员招聘工作。

【低效无能资产清理】2021年，区国资办深度梳理低效无效资产，牵头组建国有资产确权专班。镇街、平台、行政事业单位和国有企业负责梳理低效无效资产，经履行必要决策程序后，对无证资产进行确权，同时采取各种方式灵活处置，有效盘活存量国有资产，将市场化价值高的低效无效资产优先划转国有企业，切实降低企业资产负债率，提升企业综合竞争力。

【清廉国企建设推进】2021年，区国资办推进清廉国企建设，以清廉国企为抓手，着力在资产处置、物资采购、小额工程领域加强廉政风险防控机制建设。开展国企7个领域的专项自查工作，完善国企内控体系，明确内审重点工作，完善内审工作备案管理，督促企业全面梳理内控流程中风险点与控制点，促进内控体系权、责、利有机统一。强化资产处置闭环，规范国企的资产处置拍卖操作，出台相关的物资采购和小额工程招投标制度，启用最多跑零次流程简化审批流程。规范国企资金存放，通过检查、约谈、指导等方式规范国有公司资金存放管理，对不常用（零余额）、不合规资金账户进行清理，通过签订协定存款协议等方式有效提高资金收益，通过公开招标等方式确定遴选平台下属国有企业财政性资金存放模式。

（戚梦蝶　蒋钦滢）

·行政审批服务·

【概况】 2021 年，临平区行政审批服务管理办公室（下称“区审管办”）全年办理各类事项 188 万件，在 2021 年度营商环境便利度调查中取得全市第一名。政务服务 2.0 平台上线 2.0 事项 1081 个，开通受理终端 758 个，月均办件 1.3 万件。企业服务中心召开各层面诉求协调会议 274 场次，受理惠企政策、行政许可方面的诉求 16252 件，解决率 99%。区级交易平台完成进场交易项目 626 个，交易金额 179.67 亿元；小额交易平台完成 30 万元至 400 万元交易项目 1253 个、交易金额 8.2 亿元，3 万元至 30 万元小额工匠项目 315 个、交易金额 1.2 亿元。

【全省首个线上线下深度融合的企业全生命周期服务中心】 2021 年，临平区围绕企业全生命周期所涉及政策、资金、人才、空间、产业链等资源要素，整合涉企咨询、审批、政策兑现等职能，成立全省首个线上线下深度融合的企业全生命周期服务中心。10 月 8 日，企业服务中心启用，实现企业行政许可、政策兑现、公共服务、投资审批、招标投标等 957 个涉企事项及 23 个涉企部门 105 名工作人员统一进驻。整合“亲清 D 小二”、省“三服务小管家”、镇街代（帮）办员等 96 人组建企服专员，以“一中心三平台八模块”为总体架构打造线上平台，打通商务、发改等近 20 个部门 390 多项数据条目，标准化入库约 3.5 亿条产业数据，打造覆盖企业全生命周期的精准产业数据底仓。

【政务服务“就近办”“集成办”】 2021 年，区审管办制定出台《关于进一步加强行政服务中心建设深化政务服务一体化数字化改革的实施方案》，明确未来三年行政服务中心标准化、智慧化、制度化建设三大领域 10 项具体改革工作，统筹推进各级政务服务平台建设。进一步夯实劳动就业、社保医保、社会福利、公积金、公安事务、个体户登记管理、农民建房、涉农补贴等 245 个政务服务向镇街下沉，开展季度考核及两轮窗口业务轮训，实现受理标准、审批流程和服务效能在全区范围内同质同标，实现“就近办”巩固提升。推进政务服务 2.0 平台扩面增效，上线 2.0 事项 1081 个，开通受理终端 758 个，月均办件 1.3 万件。启动不动产“交房即交证”试点服务，

临平区企业服务中心　　（区审管办　供稿）

2021年，临平区审管办推进政务服务“就近办”“集成办”，提高群众办事便利度　　（区审管办　供稿）

以“数据跑”代替“群众跑”，在全市范围内首次实现“全款、按揭”购房均能立即领证，通过该模式办理不动产登记证书350本；将全区3个办税大厅所有办税业务全部整合至行政服务中心，优化办税流程，实现涉税事项“最多跑一地”。

【公共资源交易阳光监管】2021年，区审管办推进数字化全流程监管，搭建集小额工程信用管理、小额工匠工程评价管理、“中介超市”等功能于一体的全流程线上管理平台。利用招投标大数据，推出小额工程全流程电子化监管预警系统，配合人脸识别考勤，倒逼建设单位履职尽责、施工（监理）企业履约践诺，有效解决拆分标、转包、卖标等顽疾。出台小额建设工程施工企业和监理企业诚信评价管理办法等5套管理制度，搭建小额工程领域信用评价管理体系。综合运用合同履约评价、联合督查、项目班子考勤、项目审计等多种方式，对施工、监理等各方市场责任主体和从业人员进行全方位信用监督管理。

【市民之家“十点钟讲坛”】2021年，区审管办“十点钟讲坛”于7月2日启动，搭建在临平区市民之家一楼办事大厅，每星期一、三、五上午10点钟，由各窗口推荐业务精、口才好的青年业务骨干开展宣讲。根据群众需求，宣讲内容从日常咨询量最多、群众最关心的热点问题中选取住房限购政策解读、小客车摇号指南、犬类注册，退休人员养老金等20多个题材。“十点钟讲坛”不仅有口头宣讲、画面展示，也有现场答疑、互动体验等群众喜闻乐见的形式。比如，公安窗口的《“浙里拍”自拍App》宣讲中，群众可现场体验“自拍神器”；医保窗口的《医保共济政策》宣讲

2021年7月2日，“民呼我为”在临平十点钟讲坛揭牌仪式在临平区市民之家举行　　（区审管办　供稿）

中，群众可现场体验医保账户转账。此外，宣讲员既当老师，也当听众，听取收集老百姓的意见建议，通过讲者与听者的双向互动，在党史学习教育中不断改进工作方式，着力解决好群众“急难愁盼”问题。“十点钟讲坛”全年开展60期，获益群众5000多人，推动解决具体问题25个，取得良好的社会反响。

（王鉴）

·市场监督管理·

【临平区市场监管局成立】 2021年7月30日，临平区市场监督管理局、临平区知识产权局、临平区市场监管行政执法队举行揭牌仪式。临平区市场监管局（下称“区市场监管局”）重塑系统组织体系，新设内设机构、行政执法队、直属机构、市场监管所、事业单位等31个部门，实行“局队合一”体制。搭建党组织架构，新设19个党支部，筑牢基层战斗堡垒。开展中层干部选任和轮岗交流工作，打造“五事五力”中层干部队伍。迭代升级“1210”工作机制，建立新“十大机制”。

【数字化监管】 2021年，区市场监管局总结“智慧市场监管”系统建设经验，统筹运用数字化思维和数字化技术，开展临平市场监管领域全面数字化转型。依托全省一体化数字资源系统，结合浙政钉等工具，从内部管理、重点工作、对象纵览、监管行动、风险智处五大专题出发，梳理归纳全局核心业务指标，初步建立“临平区市场监管数字驾驶舱”及“无人驾驶”模式。推广11大场景应用。以数字化改革为牵引，结合全省市场监管系统“三比一讲”争先创优竞赛，推进“浙冷链”“浙江公平在线”“浙食链”“浙江e行在线”等11个数字化系统在临平全面落地应用。其中，“浙食链”“浙江e行在线”两项应用工作获省市场监管局局长章根明批示肯定；网络餐饮治理“一件事”集成改革暨“浙江外卖在线”应用工作获区委书记陈如根批示肯定，并在全省食品安全工作暨“浙食链”系统建设应用推进会上作经验交流；“浙冷链”应用工作获省市场监管局副局长卢永福批示肯定；“浙食链”应用试点工作接受40余家中央和长三角地区主要媒体专访，杭州市“‘浙食链’溯源码在线展示活动日”活动在临平举办；“掌上执法”系统全面应用工作获《中国市场监管报》头版刊登。敢于揭榜挂帅。商事登记智能办、监测线索闭环、“简案快办”执法领域拓面、浙江生产产品质量信息归集等4项省市场监管局揭榜挂帅项目落地临平，1项杭州市市场监管局场景建设应用“信用联动监管”在区试点，“智慧市场监管”系统进驻临平党政机关整治智治数字门户，“药导购”“就餐早知道”“隐私数盾”“处罚申诉”等多个创新应用场景受到区数字社会、数字经济、数字法治专班关注认可，其中“隐私数盾”列入杭州市数字化改革重大应用场景培育库。

【市场监管队伍建设】 2021年，区市场监管局结合改革总体要求，做好基层党组织筹建和选举工作，在稳妥推进行政区划优化调整工作任务中充分发挥好党建引领护航作用；坚持党建带群建，吸收预备党员3人，发展党员工作得到区委组织部通报表扬；完成临平区“红临锋行”清廉机关模范机关建设在线比拼系统先行试点工作，得到区委组织部分管领导的充分肯定。扎实开展党史学习教育，实现党员参加专题学习、阅读党史读本全覆盖；举办“百年党史青年说”和“忆党史话初心”座谈会，组队参加庆祝中国共产党成立100周年党史知识竞赛，排名全区第一，获杭州市大赛二等奖；聂思林、葛项项获评“美丽临平人”。发挥党建服务中心作用，实施“为民办实事”长效机制，以“走亲连心三服务”“助万企、帮万户”“访民情、解民困”活动为主线，开展“办实事、解难题、减负担”主题活动，走访服务企业2021家次、农（居）民292户次、村社

145次，解决各类问题588个，结件满意率100%。深入开展志愿服务，“结对帮扶”走访慰问困难户51户，送上慰问金3.06万元。

【市场主体服务提升】2021年，临平区新设市场主体25983家，比上年增长38.81%，其中内外资企业10777家、个体工商户15206家。深化企业全生命周期“一件事”改革，区市场监管局持续推行“企业开办一件事”，共办理企业开办全流程自选式套餐10573件，推动电子营业执照扩面应用，下载电子营业执照8.3万份；全面推广“容缺受理＋告知承诺审批”，40项区级“告知承诺审批”事项优化为36个；高效推进“生产经营一件事”，证照联办事项由18个部门91项缩减为17个部门78项，扎实推动“企业注销一件事”，完成在册企业注销4824家，其中简易注销占比65.63%；按照“一库、一群、一机制”要求，建立全区重点企业名录库，加强跟踪服务，做好安商稳商工作。

【小微企业成长】2021年，临平区启动第三轮“小微企业三年成长计划”，区市场监管局充分发挥“创业创新服务联盟”作用，联合人民银行推广小微企业和个体工商户“贷款码”，助力市场主体融资，全区新增小微企业8068家，其中八大万亿重点产业小微企业3553家；新增小微企业园5个、小微企业培育库企业2730家。临平区获评“2018—2020年浙江省市场环境建设成绩突出集体”，西子国际成为临平首家全省民营百强企业。

【商事登记领域“最多跑一次”改革】2021年，区市场监管局深化商事登记制度改革，完善市场准入便利化。推出企业开办全流程自选式套餐，将“设立登记、公章刻制、发票申领（含税控设备）、员工参保登记、公积金登记”整合为一个完整闭环流程，实现企业开办“一个环节30分钟办结”，为企业一次性发放营业执照、公章、发票（包括已开通的税控设备）。明确证照联办办理流程，通过“一网通”系统实现部门间信息共享，避免企业基础信息、高管身份信息、章程、地址材料等材料重复提交，简化办事手续，提高审批效率。依托浙江省企业注销“一网服务”平台，推动各部门之间“信息共享，同步指引”，压缩材料、精简时间，实现市场监管、税务、人社、商务、海关、银行注销“一网服务”，降低企业退出成本、促进资源优化重整。

【整合融资渠道】2021年，区市场监管局办理股权出质123家，出质股权37.39亿元，助企融资409.11亿元。

【非公有制企业党建工作】2021年，区市场监管局以“两新”组织党建整园建强、整楼推进、整线突破、全面提升的“三整一全”建设为抓手，全面加强“小个专”党建工作两个覆盖。联合镇街党群科对市场园区、楼宇、行业整线因地制宜，开展“小个专”党建工作，促进“两新”组织党建扩面提质和组织工作双覆盖。同时，按照省市区委“服务企业、服务群众、服务基层”的“三服务”大比拼的决策部署，联合区各镇街党群科和依托创建的百行百业党组织，进行“党建＋创业”双指导，抓阵地强服务，使党建阵地成为创业创新、活动开展、便民服务的综合性服务平台。加强对村（社区）“小个专”党建指导工作，助力乡村振兴战略。年内，协会党委新发展预备党员3名，迁出党员2名，共计在册党员109名，行政区划调整后，临平区协会在册党员46名。

【公共检测服务优化】2021年，区质量计量监测中心围绕省局提出的关于开展县级法定计量检定机构能力提升的要求，新建多参数监护仪检定装置、心电图检定装置、红外耳温计检定装置、无创电子血压计检定装置等6项计量标准；参加实验室酸度计和验光镜片箱两项省级计量比对，均获满意结果。由中心制定的国家推荐性标准《钢丝热镀锌铝合金镀层中铝含量测定》批准发布；在省局组织的《纺织品中邻苯二甲酸酯的测定》能力验证中获得满意结果；课题《基于价值链解构的余杭纺织业高质量发展研究》被省局列入 2022 年“雏鹰计划”培育项目。截至年底，中心已具备纺织产品检验资质能力参数 1258 项，建材产品检验资质能力参数 209 项，电缆料产品检验资质能力参数 420 项。建立社会公用计量标准 41 项，授权的检定项目 53 项，授权的校准 / 检测项目 39 项。

2021 年 11 月 29 日，杭州民生药业股份有限公司向临平区市场监管局赠送锦旗
（区市场监管局　供稿）

【市场监管执法维权】 2021 年，区市场监管局开展漠视侵害群众利益问题专项治理、民生领域案件查办“铁拳”行动、“亮剑 2021”系列综合执法行动、“护校安园”、转供电、“限塑令”、电动自行车、“低散乱”等专项整治，全年查办案件 852 件，罚没款 863.18 万元，其中直播虚假宣传案例入选国家市场监管总局《网络交易监管典型案例评析（2021）》，小姜电动车商行销售不合格电动车案入选省、市典型案例。“低散乱”整治工作整治点位 706 家，拆除违建 7.29 万平方米，腾出可用空间 11.61 万平方米。纵深推进市场监管执法体制改革，强化执法人员队伍建设，在第二届全国市场监督管理法律知识竞赛中成为全省首个实现“双一百”目标的区局，局干部获评全市市场监管系统行政处罚案件“十佳审核能手”，抽调业务骨干积极参与平台经济治理工作受到国家市场监管总局和省市场监管局表扬肯定。通过“两高一低”专项整治，行政发案量降低 90%以上，败诉率为零，行政负责人出庭应诉率达到 100%。10 月 13 日，全省“学史力行重实践　法治护航启新程”惠民惠企普法现场会在临平召开。

【市场主体事中事后监管】 2021 年，区市场监管局完成 2020 年度企业年报 48982 家、个体工商户年报 40112 家、农民专业合作社年报 58 家；列入并公示异常名录企业 6536 家，正常移出 5012 家；开展 2020 年度年报企业“双随机”抽查工作，抽查企业 963 家，其中通过大数据比对完成线上检查 644 家，实地核查 319 家。深化“放管服”改革，推进“双随机、一公开”（在监管过程中随机抽取检查对象、随机选派执法检查人员，抽查情况及查处结果及时向社会公开）监管及市场监管领域部门联合“双随机”检查工作 16438 次，均使用“掌上执法”检查，完成抽查任务 177 个（其中跨部门任务 42 个），告知承诺核查数 2808 家。落实“吊销未注销”市场主体强制退出机制，依职权除名企业 265 家，吊销长期未经营企业营业执照 711 家，依职权注销个体工商户 2867 家。

【企业诚信体系建设】 2021 年，区市场监管局继续推进“信用强企”战略，通过全国企业信用信息公示系统公示企业信息61502家、个体工商户信息56899家。4家企业（其中1家为续展）获评“浙江省信用管理示范企业”，2家企业获评“杭州市信用管理示范企业”。对市场主体注册登记实行身份管理实名验证制度，强力遏制冒名虚假登记等违法行为，2021年撤销冒名登记（设立、变更）3起。全区新认定浙江省3A级“守合同 重信用”企业11家、2A级16家、A级34家，续展认定浙江省3A级“守合同 重信用”企业20家、2A级14家、A级7家。

【“低散乱”企业（作坊）淘汰】 2021年，区市场监管局牵头，开展新一轮深化“低散乱”企业（作坊）淘汰整治实施方案暨工业园区、出租厂房整治工作。计划全年整治“低散乱”企业（作坊）622家，其中包含工业园区、出租厂房内“低散乱”企业（作坊）192家。截至11月25日，临平区排摸“低散乱”点位706家，整治“低散乱”点位706家，其中包含工业园区、出租厂房内的“低散乱”点位排摸265家，整治265家。通过整治拆除违章建筑7.29万平方米，腾出可用空间11.61万平方米。总体任务完成率为112.86%，其中工业园区、出租厂房内“低散乱”企业（作坊）完成率为138.02%，超额完成年度目标任务。

【知识产权保护】 2021年，区市场监管局开展知识产权宣传周活动，举办线上知识产权系列“云课堂”及拟上市企业知识产权风险预防与危机应对培训沙龙，会同临平新城举办“保护知识产权·护航创新发展”服装产业知识产权保护活动。全年新增专利授权量10354项，同比增长37.36%，其中发明专利授权量581项，增长73.95%；专利质押额10.738亿元，增长496.55%；老板电器和联运知慧获第二十二届中国专利优秀奖；临平新城知识产权综合服务平台联合杭州电子科技大学法学院、浙江省服装产业创新服务综合体等单位成立“杭州市服装产业知识产权保护联盟”；经济技术开发区管委会产业发展局创建成为省级商业秘密保护示范指导站，春风动力等5家企业成为市级商业秘密保护基地。

【网络市场监管】 2021年，区市场监管局网监分局依托数字治理，提升服务效能，构建系统化监管网络体系，创新“临近平台”治理理念，全面推进“公平在线临平驾驶舱”的建设及“新业态经济智治监管”和“跨政企社会共治机制”的创建。9月15日，与阿里巴巴集团再次合作，围绕推进区域数字经济发展签订合作共治协议，探索非平台所在地市场监管部门与平台的社会共治，通过升级“红盾云桥”合作机制实现情报智能分析研判与共享；临平同步上线原互联网执法办案系统，应用“在线执法办案系统”，实现网络案件办理“一次也不用跑”。9月底，

2021年9月27日，“保护知识产权·护航创新发展”——2021年临平新城服装产业知识产权保护活动在艺尚小镇举行　　（区市场监管局　供稿）

2021 年 9 月 15 日，临平区市场监管局与阿里巴巴集团签订合作协议
（区市场监管局　供稿）

为加强直播营销活动监管，申报省局建设培育“绿色直播间”，通过“绿色直播间”典型选树和梯次培育形成良好带动效应，促进临平区网络直播合规经营，助力浙江省平台经济高质量发展。11 月初，为推动科技创新，维护消费者权益，更加科学规范管理互联网平台，网监分局参与省局互联网平台分类分级指南研究报告撰写工作。为推动区楼宇经济可持续发展，加快直播、供应链、新零售等新业态体系创新发展，12 月中旬，联合区商务局、临平新城管委会等部门，会商研讨临平区网络经济主体现状，共谋监管和服务。

【产品、商品质量提升】2021 年，区市场监管局抽查产品 259 批次，合格率 96.53%；开展食品相关产品生产企业监督抽查 41 批次，合格率 100%；开展汽、柴油商品质量专项监督检查，抽检 20 批次，合格率 95%。

【计量合格评定】2021 年，区市场监管局做好法定计量技术机构能力提升，完成无创自动测量血压计检定装置、医用电子体温计检定装置、红外耳温计检定装置、心电图仪检定装置以及多参数监护仪检定装置等 6 个新建标项目，中心已建立 41 项标准考核，基本完成县级法定计量检定机构能力清单的全覆盖，达到 A 级县级法定计量检定机构的能力建设要求。实现强制检定原始记录电子化以及电子证书的在线查询，全年完成计量器具强制检定 14.4 万台件，受理计量仲裁检定 96 件。检查 3C 企业、计量器具使用单位、检验检测机构、企业标准自我声明等 133 家次。9 月 27 日，国家市场监管总局认证监管司二级巡视员陈海洋赴临平调研养老服务认证工作，区金扫帚养老服务认证获得全省首张居家养老服务认证证书，临平服务认证工作获国家局认证监管司领导的肯定。新增 2 家企业完成绿色产品认证，新增 1 张国际互认证书，产品竞争力进一步增强。

【价格监督管理】2021 年，区市场监管局开展殡葬服务机构收费、涉企收费、医疗收费等价格专项监督检查，查办价格案件 15 件，罚没款 66.48 万元。受理价格投诉举报 606 件。11 月 11 日，印发《杭州市临平区人民政府关于在市场体系建设中建立公平竞争审查制度的实施意见》，建立临平区公平竞争审查制度，明确审查标准和保障机制。同时印发《杭州市临平区人民政府办公室关于建立公平竞争审查工作联席会议制度的通知》，重新确立工作职责、成员单位、明确工作职责和工作要求，调整召集人和具体联络人。年内，公平竞争审查联席会议各成员单位按照实施细则的审查要求，对 192 份新增规范性文件和政策措施开展公平竞争审查，未发现存在妨碍统一市场和公平竞争规定的规范性文件及其他政策措施；清理存量规范性文件 126 份，清理 56 个不再适用临平区的规范性文件。

【消费维权工作】2021年，临平区市场监管局积极打造“放心消费在临平”品牌，举办“守护安全 畅通消费”“3·15”专题直播、消费维权“六进”、美丽消费课堂、儿童用品消费比较试验、“外卖在线 全民监督”消费体验直播、“金融赋能放心消费 战略合作签约暨放心消费金融网点授牌仪式”等活动，全年受理各类信访投诉举报160559件，培育放心消费单位4493家，其中无理由退货承诺单位1797家、放心工厂555家，建设放心消费商圈3个，临平归蜜家庭农场创建成为市级消费教育基地。组织临平区首次消费维权义工培训，首批16名电动自行车行业社会监督员上岗。创新放心消费与金融融合发展模式，农商行向临平区全体放心消费单位整体授信50亿元，公布临平区首批“放心消费金融网点”和放心消费协管员。建立第一人民医院、临平银泰百货2处产品质量安全伤害信息监测点，加强重点领域产品质量安全抽查，全年抽检电线电缆、床上用品、汽柴油等11个种类259批次产品。

【食品药品安全社会共治】2021年，区市场监管局深化食药安全党政同责“一岗双责”，加强食品安全违法打击力度，全年立案查处食品安全违法行为199起，移送公安部门追究刑事责任2起，罚没款163.65万元；全年查处药械化行政处罚29件（一般程序8件），罚没款31.116万元。加强食品药品安全诚信体系建设，强化信息共享和联合惩戒，推进食品安全责任保险、食品安全金融征信体系建设，深入推进食品安全宣传“四个你我”活动，开展“5·25”爱肤日系列宣传，安全用药进社区宣传等。2021年，完成食品及食品相关产品检测1675批次，不合格25批次，合格率98.51%；推行金融体系建设，向中国人民银行余杭支行推送72家食安不良信息企业。开展“你点我检”、青少年暑期食品安全教育、药械安全宣传进社区，以及以“同筑食品安全 共享幸福杭州”为主题的“食品安全宣传周”等活动50余场次。

【食品生产领域安全监管】2021年，区市场监管局积极推进食品生产企业高质量发展，食品生产规上企业全部建立HACCP或ISO22000质量管理体系。杭州燃烧食品有限公司、杭州恒都食品有限公司等6家企业获评“5S量化达标小微企业”，所有在产食品生产企业安装“阳光工厂”，开展“浙食链”食品安全质量追溯。开展桶装水、白酒、肉制品等专项检查，抽检不合格食品生产企业立案处罚61.98万余元。

【食品流通领域安全监管】2021年，区市场监管局开展风险隐患排查、桶装饮用水、进口冷链、放心示范小蔬菜门店、放心超市承诺、农村假冒伪劣食品整治、粮食安全保障、“一打三整治”和长江禁捕等10余个专项整治。牵头做好流通环节监督抽检，立案查处23起不合格。根据省市抽检分离和双随机最新要求，抽取流通环节501批次；开展“食品冷库风险智控”，7家地方冷库备案信息通过区政府网站公告，且都安装风险智控系统；做好食品销售风险分级管理和食品安全监管。截至年末，临平区参与风险分级评定的持有食品经营许可证的销售者共7548家。

【餐饮服务领域安全监管】2021年，区市场监管局推进网络餐饮“一件事”集成改革，建立市场监管部门和网络订餐平台“战略协作、示范引领、暂停供应、约谈惩戒、双核准”等五大长效监管机制，运用“爬虫”系统、“食安天眼”阳光监控智慧监管，下架处理无证无照、许可证过期等单位。为外卖“美丽骑手”颁发“食品安全宣讲员”聘书，投放“食品安全封签”60万条，建立“黄小贴”食品安全警戒制度，公示“黄小贴”325张，营造良好网络餐饮消费环境。截至12月25日，建成网络餐饮阳光厨房1758家，在线率保持85%以上，建成农村家宴阳光厨房20

家。临平银泰城（四楼）完成阳光街区建设，阳光街区35家餐饮单位全部实现提升改造，阳光厨房建设率、从业人员持证率、制度上墙率均为100%。

【保健品安全监管】2021年，区市场监管局对全区5家保健食品生产企业进行全覆盖监督检查；开展漠视群众利益打击保健食品虚假宣传专项整治，建立保健食品专项清理整治工作联席会议制度。制定保健食品专项清理整治工作方案并公开投诉举报电话，形成社会共治良好局面。2021年，拉宣传横幅50余条，消费警示公众号阅读量超1000人、张贴专题海报2000余张。同时，利用电梯轿厢，在辖区4000多台电梯中滚动播放公益宣传片。全年出动执法人员200余人次，检查各类保健食品生产经营单位400多家次，查处保健食品违法广告3个。

【药品安全监管】2021年，区市场监管局收集上报药品不良反应（ADR）报告865例（生产企业除外），其中新的、严重的219例。完成药品监督抽样省抽9批次、市抽98批次，合格率100%。完成11家药品生产企业、35家药品批发企业、443家零售药店全覆盖检查，对32家药品互联网经营平台开展监督检查。制作发布《临平区零售药店防疫流程图》，开发“发热小程序”落实零售药店闭环管理，抄告并通报5家防疫不力的医保药店。开展新冠肺炎疫苗接种点巡查，检查并上传报告121份。推进数字化改革工作，升级改造药械直通车系统为“药临通”并开发“药导购”系统。开展春节元旦两节期间药械安全专项检查工作，检查零售药店289家次。开展药品网络销售专项治理工作及零售药店违规销售处方药专项检查，完成139个网订店送药店线下排查、46家持互联网药品信息服务资格证企业线上排查。开展兴奋剂专项治理工作，排摸检查药品生产企业4家、药品批发企业3家、药品零售企业281家。

【医疗器械安全监管】2021年，区市场监管局收集上报医疗器械不良事件（MDR）报告304例。完成医疗器械监督抽检国抽15批次、省抽6批次、市抽39批次，合格率100%。完成105家医疗器械生产企业、316家三类医疗器械经营企业全覆盖检查，完成医疗机构、二类医疗器械经营企业双随机检查，对10家医疗器械互联网经营平台开展监督检查。开展疫情防控医疗器械督查、医美药械整治、春节元旦两节期间药械安全专项检查工作等专项检查，检查医疗器械生产企业178家次、医疗器械经营企业685家次、医疗机构154家次。开展第一类医疗器械备案清理，清理45家企业133个问题备案产品。

【化妆品安全监管】2021年，区市场监管局收集上报化妆品不良反应报告90例，完成国家、省、市三级监督抽检46批次。检查化妆品生产企业8家，非特殊用途化妆品备案721个品种，备案人143家，责令整改327件。录制“3·15”化妆品放心消费宣传视频，开展“5·25”爱肤日系列宣传活动、化妆品备案人新条例培训和婴幼儿化妆品专项 检查。

【特种设备安全监察】截至2021年底，根据“浙江特种设备在线”系统查询，临平区有特种设备使用单位4347家，在用设备25903台（不包括压力管道）。其中，电梯16615台，锅炉123台，固定式压力容器2510台，起重机械3729台，场（厂）内专用机动车辆2921台，大型游乐设施5台。自2015年后临平区未发生特种设备安全责任事故或有负面影响的特种设备安全事件，全区特种设备安全形势总体平稳。应用“浙江特种设备在线”，积极开展全区特种设备使用单位激活上线，确保“次次告知”“户户规范”“件件赋码”业务事项上线应用率达100%，处置存量高风险隐患795项，处置增量风险284项。通过“互联网+监管”平台和手机执法终端完成47家重点监督检查单位、197家一般单位双随机的特种设备，以及3家特种设备跨部门双随机检查；完成全区5家气瓶充装单位年度监督检查和7家制造单位许可证证后监督检查。开展特种设备智慧监管，完成特种设备制造企业赋码7家、阳光工厂7家、大型游乐设施物联感知接入5台、大型起重机械物联感知2台、电梯1631台。

（浦伊玲）

【文化市场管理】2021年，临平区有各类依法设立的文化、旅游、体育、广电类场所843家。驻市民之家窗口全年受理行政许可申请432件，其他行政权力事项申请21项，办结率100%。区文化市场行政执法队全年出动执法人员4235人次，检查各类经营单位3862家次，查获并纠正违规经营行为40起，立案处罚40件，警告16家次，罚款9.5万元，没收非法所得5元，没收违法物品780个。结合疫情防控形势，区文化市场行政执法队通过现场指导、行政约谈、关停整改等方式开展重点场所疫情防控专项督查，全年发现并整改各类防疫问题135处，行政约谈问题场所25家，关停问题严重整改不到位场所20家。自行开展学科类文化艺术类、体育类校外培训机构检查43次，出动执法人员402人次，检查相关场所175家次，发现违规设置学科等相关问题6起，配合教育局等相关部门开展联合督查26次，确保“双减”工作落实落地。根据平安护航建党百年专项整治工作要求，开展文旅市场安全生产和疫情防控大检查，共计出动执法人员370人次，检查相关文旅场所185家次，立整立改消防安全隐患8处，立整立改防疫措施不到位问题12处。

（王雨佳）

·审　计·

【概况】2021年，临平区审计局（下称“区审计局”）完成审计项目12个，查出主要问题金额27.45亿元，其中违规金额3071万元、管理不规范金额27.15亿元。审计处理处罚金额8.90亿元；移送司法机关、纪检监察机关和有关部门处理事项5件、处理人员9人、处理金额43万元；审计促进整改落实有关问题金额8.90亿元。出具审计报告和专项审计调查报告19篇，被批示、采用6篇；审计提出建议318条，被采纳318条；推动被审计单位制定整改措施74项；促进被审计单位制定、完善规章制度7项；提交审计信息80篇，被批示、采用76篇。向社会公告审计结果13篇。区审计局获浙江省县级审计机关考核优秀单位称号，获杭州市人民政府办公厅审计价值提升工作成绩突出的集体称号。

【财政审计】2021年，区审计局开展区本级预算执行和决算草案审计，镇街预算执行情况审计。本年度因涉及行政区划调整，同级审项目重点对原余杭区各类财政结余资金、往来资金、债务资金，行政事业单位房产土地情况，区级财政资金建设项目后续投入资金预测等内容进行审计。配合杭州市审计局完成对原余杭区财政运行情况专项审计调查和政府债务情况专项审计调查。

【民生审计】2021年，区审计局对全区孵化载体建设、全区征而未用土地等开展专题审计，揭示入孵企业毕业标准不明确、孵化载体扶持政策多数未兑现等问题。围绕全区征而未用土地存量大，存在大量无法开发利用情况，深查问题根源，提出分类处置建议。

【国有企业审计】2021年，区审计局根据行政区划优化调整改革事项，组建审计专班开展“摸家底”工作，对全区各行政事业单位房产、土地等重大资产情况进行核查，并对涉及区划调整的“4+1”家区直属企业及供销集团含86家子公司、五大平台8家区托管国有企业、3家其他国有企业进行资产清查，确保各行政事业单位及国有企业家底清、资产明，为区划调整有序推进提供审计保障。

【投资审计】2021年，区审计局开展对亚运场馆、浙大理工时尚学院等重点投资项目的审计，建立项目全流程监管机制。联合区建筑工程安全监督站赴浙江理工大学时尚学院、临平老城区有机更新等16个项目工地现场，以“不打招呼”“不定时间”方式进行飞行检查，摸清在审跟踪审计项目安全生产资金投入使用情况，揭示问题。

【经济责任审计】2021年，区审计局坚持党政同责、同责同审，持续开展领导干部经济责任审计，切实服务干部大监督格局。通过审计揭示领导干部在“三重一大”事项决策、财政财务收支管理、固定资产管理、工程项目管理、政府采购及三公经费使用等方面存在的程序不规范、管理不到位、操作不合规等问题681个，健全完善管理制度16项。

【政策跟踪审计】2021年，区审计局围绕全省税务系统2019—2020年度税收和非税收入征管及部门预算执行情况审计项目的统一安排，组建审计组对区税务局2019—2020年的预算执行、“三公两费”、资产、部门决算、食堂管理等方面进行核查，确保区内问题及时掌控，上报问题有效整改。

【审计管理】2021年，区审计局启动问题清单管理机制和整改销号制度，加大跟踪督促检查力度，下发审计整改督查催办通知书。统筹监督资源，加大部门联动，运用审计机关与纪委监委、巡察、大督查考评办等单位的协作联动机制，以联合督查为抓手，加大多部门、多层次联合督查和研究力度，确保督查工作有序推进，审计整改工作取得实效。在纠正查出具体问题的同时，坚持举一反三、由点及面，要求被审计单位对同类及相似问题进行自查自纠，做到“审计一点、规范一片”。对审计中揭露的体制机制障碍等问题，通过政策法规的“废改立”，进一步堵塞漏洞、完善制度、改进管理，防范同类问题再次发生。如针对分区后区文物管理底子不清，资产入账不明的实际，推动区级层面出台《临平区文物保护提升攻坚行动实施方案》，主管部门出台长效管理制度3项。

【党风廉政建设】2021年，区审计局以提升审计工作组织力为重点，发挥党建引领，积极构建国家审计、内部审计、社会审计党建联盟，充分释放“临审红盟”的整体效应，把党建联盟的政治优势、组织优势转化为审计的资源优势、发展优势，依托党建“五联”工作法，推动形成“大党建、大联盟、大审计”的区域格局，推进三审协同发展。在审计项目实施过程汇总中，探索推出“审计组＋党小组”模式，结合党史学习教育，建立临时党小组，打造移动宣讲阵地，主动融入被审计单位和属地村社，开展“三会一课”、廉政警示教育、主题党日和业务学习，将“学党史、悟思想、办实事、开新局”贯穿至审计业务全过程。以“民呼我为”活动为抓手，推出“你点单我送课”服务，主动向全区各镇街、部门、国有企业提供“一对一”课程服务。组建审计“微课堂”，与镇街、部门、国有企业的内审人员实现实时互动，指导抓好内控工作；编制下发《党政主要领导干部履职十大重点事项》手册160余册，发挥审计“防未病”功能，推动各单位从源头规范管理。

【人才队伍建设】2021年，区审计局全年组织全局审计干部、全区各单位内审人员及政府投资项目跟审单位开展审计职业化培训2场，开设大数据审计、经济责任审计、党史理论等课程，邀请省厅、市局、党校等专家学者进行专题授课，提升审计干部宏观层面的知识储备及专业化水平。同时，注重年轻干部培养，建立“三纵三横”导师计划，通过“以老带新”传帮带培养机制，对四位青年审计干部实施“一对一”帮辅，促进年轻干部快速成长。积极选送审计干部参加省厅组织的区县党政主要领导干部经济责任审计项目，通过以审计代训方式，提升审计干部的专业化水平和审计监督能力。

（朱小芳）

·统　　计·

【主要指标监测预警】2021年，区统计局强化主要指标监测预警。紧密结合"十四五"规划与中心工作，对照年度经济社会发展目标任务、"15+7"重要经济指标、高质量发展指标体系等，关注统计指标动态监测、位次变化、横纵向对比，强化监测分析预警，服务中心决策与经济社会发展。全年完成监测分析报告46篇次，获区领导批示8篇次，其中季度经济形势分析在区委常委会、区长办公会议上交流。

【重点领域调查研究】2021年，区统计局坚持"身子往下沉"，加强对全区经济社会的焦点、热点、难点情况以及企业生产经营、民情民意等情况调研，切实把企业建议、社会期盼、群众智慧充分吸收到政府方针政策中来。全年完成平安临平、群众安全感、居家养老服务等10多项社情民意调查，撰写统计调研报告12篇，获区主要领导批示8篇次，其中《全区规（限）上企业跨区异地经营情况分析》《临平与富阳主要经济指标比较分析》《全区常住人口职住分离情况分析报告》《全区营利性服务业现状、短板及对策建议》等获区委书记陈如根批示。

【专业领域统计调查】2021年，区统计局全面完成工业、服务业、批零住餐、建筑业、房地产等"四上"单位统计报表填报审核验收工作。截至年末，全区"四上"企业达到1758家。按季完成规下工业、规下服务业等行业抽样，以及低收入、社情民意、人口抽样等各类专项调查工作，涉及样本对象7200多家（户）。推进固定资产"一项目一档案"建设，不定期开展检查、验收，夯实投资项目基础资料，抓好项目入库统计，全年新开工项目入库239个，同比增长14.9%。

【三服务活动】2021年，区统计局从服务群众、服务企业、服务基层3个方面集中开展"统计联心、数为民用"主题服务活动，形成8个镇街、平台的"发展报表"，合力破解发展难题。选取有服务需求且符合临平区重点产业发展导向的企业，开展"一对一"上门服务，提供一企一策报告32篇。开展"深化三服务，助推半年红"等企业调研走访活动，走访企业100余家，听取企业意见建议，为企业发展营造更好的营商环境。

【统计系统数字化改革】2021年，区统计局以全省数字化改革为契机，推动"最多报一次"改革，以服务业财务报表为切入口，按照"模式创新、制度创新、流程创新"要求，通过建立上下联动、部门协同、政企协作的工作机制，有效整合资源，全面摸清梳理痛点需求，打造"两端一平台"运行架构和"4+12"应用场景，构建统计数据从源头到出口的全流程管理体系。改革1.0版上线试运行，并纳入全区"152"框架中的党政机关整体智治和数字政府浙里营商应用场景，入选省、市统计系统数字化改革第一批试点区县。在工业统计领域先行先试，打造场景化"数字员工"，实现专业报表催报、数据审核、测算、分析等四项需求场景由AI+RPA机器人自动化替代执行，优化统计人力配置，提升统计服务能级。创新数据发布载体，打造"数据临平·浙政钉"应用，将统计月报电子版在浙政钉上发布，提升统计数据信息化和共享，满足党政机关的个性化需求，实现1.5万余用户免账户密码登录，月平均阅读点击量突破1000次。

【统计监督管理】2021年，区统计局加强对部门、镇街（平台）统计工作的监督管理，加大对重点企业、重点领域、重点指标的数据核查力度，严防数据失真风险。全年对716家企业进行数据核查，同时做好业务指导工作。

【“四上”单位入库管理】2021 年，区统计局完善升规纳统联动机制。强化组织领导，加强与行业主管部门的协调联动、深入排摸、实地核查，紧盯滴滴系、绿地系、杭迁系、奥特莱斯等重点企业，做好入库工作。2021 年，月度新增入库企业 100 家；年度入库企业 239 家，其中工业 111 家、服务业 32 家、批零业 92 家、住宿业 4 家；从区外划转 19 家。

【第七次全国人口普查后续管理】2021 年，区统计局扎实做好第七次全国人口普查后半篇文章。完成人口数据的比对、核实、汇总、评估验收工作，5 月 18 日，发布全区人普主要数据公报，全面客观展示第七次人口普查成果。做好人口普查数据成果应用，联合浙江工商大学、智库等开展人普课题研究，提高普查数据开发应用的广度和深度，发挥普查成果为党政领导决策提供参考作用。区统计局获杭州市第七次全国人口普查集体嘉奖。

【部门会商机制】2021 年，区统计局发挥 GDP 联席牵总作用。建立健全发改、经科、商务、住建、农业、文创等部门会商机制，召开部门工作对接会议 20 余次，协调解决项目入库、企业纳统、行业界定、数据使用等问题，加强投资业、社会消费品零售业、农业、规模工业、服务业、建筑业等行业重点指标的审核评估、研判分析。

【校地合作】2021 年，区统计局与浙江工商大学统计与数学学院共建统计数字化技术与应用研究中心，并建立党建联盟。一方面，加快统计科研成果转化利用，促进统计数字化改革落地；另一方面，通过组织联建、资源联享、党日联动、服务联网等“四联”的党建模式，不断提高党组织引领发展的能力和水平。

【普法宣传】2021 年，区统计局强化统计普法宣传工作，开展统计法律法规进党校活动，全年学习 800 人次。深入企业开展统计法治宣传，全年区、镇街两级对企业统计员开展统计法治宣讲 8 场，实现全区“四上”单位全覆盖。

【统计责任体系建设】2021 年，区统计局落实中央及省市《关于深化统计管理体制改革提高统计数据真实性的意见》精神，区政府印发《进一步加强统计调查工作的实施意见》，区统计局制定《防范和惩治统计造假弄虚作假责任制的实施办法（试行）》，各镇街、开发区、各相关部门均建立《防范和惩治统计造假弄虚作假责任制》。制定《临平区统计数据质量管控办法》，从调查项目设计、调查对象确定、调查任务布置、统计数据采集、数据审核加工、数据质量检查、数据评估等统计数据生产全过程，健全数据审核制度和工作责任机制，夯实统计数据质量基础。

【统计网格建设】2021 年，区统计局将全区“四上”单位划分为 73 个网格，设立 8 个网格驿站，开展 165 次网格活动。各镇街以网格为单位进行培训、交流、咨询、指导等活动，开展统计数据自查自纠工作，促进网格内成员企业统计数据质量提升。

【统计信用建设】2021 年，区统计局制定统计信用建设三年行动计划和 2021 年实施计划，到 8 个镇街（开发区）开展统计信用建设督察指导，分专业开展统计信用建设业务培训、实地检查指导和评价，推进村（社区）、“四上”单位统计信用建设。9 家企业被评为市级统计诚信单位，评定区级统计诚信企业 170 家、区级统计诚信村社 50 家。

（陈丹娜）

·安全生产监督管理·

【安全生产责任链条压实】 2021年，临平区强化“1+X”行业安全监管责任，新增安全生产委员会领导下的城市运行、危险废物等6个重点行业领域专委会，完善联席会议、信息报送、联合执法、工作通报、督查检查等制度，联系、协调、督促13个专业安委会落实工作职责。建立《生产安全事故镇街及区级部门领导干部到场处置暂行规定》，制定年度应急管理（安全生产）综合考核细则，明确安全生产述职制度，建立突发事件应对处置复盘分析机制，推动“一岗双责”“三个必须”和企业主体责任落实。

【安全生产专项整治抓实】 2021年，临平区推进综合治理三年行动，推动134项年度整治任务，强化“3+11”专项整治和综合监管，切实增强安全防范治理能力。坚决打赢“遏事故”攻坚战。实施“四张清单”机制，明确六大攻坚任务18项具体举措，聚焦9个重点领域落实“遏事故”清单化防控。开展“平安护航建党百年”安全生产大排查大整治专项行动，聚焦“消防、交通、建筑、危化品”等重点领域，全方位开展排查整治，全区出动检查人员12335人次，检查各类生产经营单位25287家次，发现并整改问题隐患20256处，立案查处违法案件242件。

（高磊）

教 育

Education

·综 述·

【概况】2021年，临平区教育局按照区委、区政府的安排部署，以加强党对教育工作的全面领导为根本保证，以立德树人为根本任务，通过深化改革、建强队伍、拓展资源、优化治理，教育综合竞争力得到有效提升。

2021年，临平区高考质量再创新高，普通类特殊类型招生控制线上线984人，上线率33.8%，超省平均水平13.8个百分点。高职考本科上线194人，连续3年领跑全省。义务教育7所初中列入省市“提质培优”培养对象。制订并启动《临平区德育尚美行动三年计划》，开展“红星闪闪放光彩 百年潮涌”演讲比赛、“品味书香 经典诵读”读书征文比赛、“童心向党 向国旗敬礼”绘画比赛等各类主题教育活动，举办“美好教育”杯思政教师教学竞赛，评比表彰区百名“美德少年”。

2021年，临平区营利性学科类培训机构压减率100%，课后服务覆盖率100%；培训机构治理总体平稳、风险可控；学后托管服务得到社会认可。在全市实现“五个率先”：率先出台校外培训机构课程认定办法，有效化解大批语言、素质类机构非正常关停风险；率先构建线上视频督查系统，实现线上线下双管控，数字赋能助力提升校外培训机构治理水平；率先组织召开区县级教培人才招聘会和教培行业人才转岗转业专场云聘会，力促教培人员再就业；率先搭建校外培训机构场地转租服务平台，研发并推出“临培转”服务平台，帮助机构减轻负担；率先实施“1+X+T”课后服务模式，引入优质社会资源，充分发挥本土文化及非遗文化资源优势，吸引众多学生由校外辅导转向校内学习。

2021年，临平区出台“教师生涯全周期培养工程”，阶梯式培养“新教师—中青年教师—名教师”三支队伍。实施师能建设“五个一”行动，有效落实教师、校长分层分类培训，自主选课培训10668人次。在杭州市中小学教师专业发展培训绩效考核中位列第二，获评市级优秀。4人入选浙派名师名校长培养工程，20人入选市中小学名师名校长培养工程，选拔产生230名“新三名工程”培养人选。新评省教坛新秀3人，市级荣誉称号128人，区级荣誉称号584人；新引进省特级教师3人、省教坛新秀等4人、市教坛新秀等12人。深化校长素质提升工程，选派11名副校园长到局机关实践锻炼、8名干部到区重要部门挂职锻炼、23名校园长到省内外名校跟岗研修、13名优秀教师赴四川、新疆、贵州、迪拜等地支教援教，全面提升教师、校长队伍素质。

2021年，临平区有序实施鑫业路九年一贯制学校等续建项目58个，其中竣工投用吴昌硕实验学校等项目16个，新增学位6870个。对26个新开工教育项目倒排计划，实行周报制度，切实保障所有项目按期开工。在所有镇街分别部署暑托学校，开展2期共计20个工作日托管服务，解决2000余户家庭暑期“看护难”问题。在全区27所公办小学实现“营养+”计划全覆盖，惠及学生5万余名。借力政府“公物仓”建设，提前晾晒新建校课桌椅、物资7200余件，解除家长后顾之忧。设立6条公交“求知专线”，为670余名学生提供上下学接送便利。

2021年9月，吴昌硕实验学校投入使用 （区教育局 供稿）

2021年，临平区招生工作平稳有序，全年招生34082人，克服资源总量不足及分布不均困难，通过扩班招生、购买服务、分流安置等办法，分流安置学生4085人。招生工作启动以来，浙江省统一政务咨询投诉举报平台交办信访件较2020年减少1091件，同比下降45.4%；区级接访群众来访批次14批、38人次，同比下降66.7%、82.2%，未发生去省市群体访。临平区教育局在全区信访工作会议上作交流发言。

2021年，临平区扎牢校园疫情防控网，做好防疫检查、人员排摸、关心关爱、网上教学等工作。稳妥推进师生疫苗接种，全区教职工完成两针疫苗接种1.56万人，3—11岁学生疫苗接种率达94.82%，排名全市第二；12—17岁学生疫苗接种率达97.62%，排名全市第一。联合区公安分局成立“校园反诈联盟”，通过培训、宣讲、“小手拉大手”等形式开展反诈宣传，全系统电信网络诈骗案件下降54.7%，案损率下降90.8%。成立“护校安园”工作专班，开展系列校内外安全专项行动；推行错时放学，联合属地街道、区交通运输局、公交公司，开通公交专线，缓解校园周边交通拥堵，保障学生安全出行。截至2021年末，全区已形成以学校自查—中心学校互查—教育局督查为主要模式的校园安全“三级检查机制”。全年排查校园安全隐患588处，完成整改588处。

2021年，全区国家财政性教育经费为383733万元，其中教育事业费347790万元、教育费附加23594万元；教育经费总支出489757万元（含民办学校支出）。全年安排学校项目建设65个，其中新建26个、续建23个、竣工项目16个，新增建筑面积55.2万平方米，新增班级453个。

【浙江省省长郑栅洁调研临平“双减”工作】 2021年9月10日，浙江省省长郑栅洁、副省长成岳冲、市长刘忻走访临平一小世纪校区、临平一中望梅校区，专题调研临平区“双减”工作落实情况，给予充分肯定。

【7所学校获评省现代化学校】 2021年，杭州市余杭第二高级中学、杭州市临平乔司中学、杭州市临平区实验小学、杭州市临平区星桥第二小学、杭州市临平区天长世纪小学、杭州市临平区新星幼儿园邱山园区、杭州市临平区塘栖镇教育指导和社区教育中心学校等7所学校获评省现代化学校。

【劳动教育项目试点学校】 2021年，余杭高级中学、育才实验小学、临平职业高级中学、星桥第

2021年3月18日，临平区“建党百年，走进百校”活动启动仪式在临平第一小学举行 （区教育局 供稿）

二小学、塘栖第二中学被认定为浙江省劳动教育项目试点学校；乔司中心小学等10所学校被认定为区级劳动教育项目试点学校。

【绿色学校创建】 2021年，玉架山幼儿园等3所校园创建成为市级绿色学校，文正小学等13所学校被命名为区绿色学校。2021年，临平区学校开展垃圾分类专项行动，组织全区11万名师生参与，校园垃圾分类覆盖率保持100%。

【“无废学校”创建】 2021年，临平全区有15所学校创建为区“无废学校”，并推荐参加市级创建。乔司职高入选国家级“无废校园”建设试点，社区学院获评浙江省节水标杆单位。

【语言文字工作】 2021年，区教育局建立临平区语言文字工作委员会组织架构，出台《临平区高质量推进新时代语言文字工作的实施方案》《临平区贯彻〈浙江省语言文字事业“十四五”发展规划〉实施意见》，与各语委成员单位部门联动，加强党政机关、新闻媒体、学校、公共服务行业四大领域语言文字应用的监督检查。

【党史学习教育】 2021年，区教育局多形式开展“六个一”主题教育活动，组建“临平美好教育”宣讲团，开展宣讲325场，受众56万余人，3个案例获评市教育系统党史学习教育优秀案例。

【党建品牌建设】 2021年，区教育局深化“党建＋育人”工作模式，探索实施“四融五化六联”党建工程，构建“一校一品”“一支部一特色”党建品牌建设格局，培育选树系统内优秀党建品牌（案例）28个。星桥二小党支部获评市先进基层党组织，临平一中党委等4家党组织获评区先进基层党组织。

【民办培训学校年度考核】 2021年4月开始，区教育局对符合条件的114个民办培训学校（含教学点）场地开展年度考核。通过对各机构依法办学、队伍建设、学校管理、办学条件、社会评价、疫情防控管理等方面定量打分，评定优秀21家、良好28家、合格59家、基本合格2家、不合格4家。对其余未参加考核的96个培训场地做现场指导检查。同时，将以上考核结果和检查结果作为本年度办学许可证年检的重要参考指标。

【“清廉学校”建设工作部署会推进】 2021年8月25日，临平区纵深推进“清廉学校”建设工作部署会在临平第一小学南枝校区举行。首次聘请15名师德师风监督员，开展师德师风专项整治“五个一”系列行动。临平一中等3所学校创建成为市级清廉学校示范点，余二高等3所学校案例获评清廉学校建设优秀案例。

【《智慧家长“临”跑吧》推出】 2021年8月，临平区首次推出《智慧家长“临”跑吧》家庭教育系列直播项目，首播在线人数达 14 万人，成为临平区家庭教育的“黄金频道”。10 月，《智慧家长“临”跑吧》继续发力，推出《关注细节有效陪伴》直播，聚焦小学低段家长，在线达 10 万余人，点赞超 100 万人次。该项目获《人民日报》客户端、“学习强国”、“浙江在线”、杭州网、《天目新闻》等中央、地方新闻媒体的多方报道。

【护校安园专项行动】 2021 年，区教育局成立“护校安园”区、镇街、学校三级专班，使校园安全排查常态化、整改清单化。重点对照护校安园专项行动检查细则清单 28 条要求排查治理，解决交通秩序问题 141 条、工程建筑问题 35 条、食品卫生问题 56 条、文化环境问题 12 条、治安问题 17 条。

发挥学生交通安全保障领导小组职能，加强学生上下学接送车安全管理。9 月以来，召开现场协调会 9 次，新增公交路线 7 条，落实公交车 14 辆，解决 780 余名一年级和幼儿园新生上下学接送问题。联合区交警大队、区交通运输局、各镇街开展两次校车专项检查，现场检查校车线路 10 条，发现问题 9 处，整改 9 处。

【临平区政府教育督导委员会】 2021 年 12 月，临平区政府教育督导委员会组建，比照省市规格，充实组织、宣传等部门力量。推进全国义务教育优质均衡发展区和全国学前教育普及普惠区创建，对接指导相关部门、镇街、学校对标对表补足短板，抓好整改。

（胡艺卿）

·学前教育·

【概况】 2021 年，临平区有幼儿园 61 所，比上年新增 5 所，共有 1228 个班；全年招生 11267 人，在园幼儿 35764 人，较上年增加 2105 人，3—5 周岁幼儿入园率 99.8%；幼儿园专任教师 2789 人，较上年增加 357 人；幼儿园占地面积 62.78 万平方米，较上年增加 4.97 万平方米，生均占地面积 17.55 平方米；校舍建筑面积 51.44 万平方米，较上年增加 4.49 万平方米，生均校舍建筑面积 14.38 平方米。

推进学前教育“双品”建设工程，全区新增省一级幼儿园 4 所、省二级幼儿园 11 所。全区共有省一级幼儿园 20 家、省二级幼儿园 120 家，3—5 周岁幼儿入园率和等级幼儿园在园幼儿覆盖率继续分别保持在 99.8%与 99.8%以上，公办园在园幼儿数占比为 79.32%，优质学前教育覆盖率达 98.24%，居全市前三。

【6 个新园（区）秋季投入使用】 2021 年 9 月，星光幼儿园星辰分园、临平第二幼儿园惠丰园区、乔司第三幼儿园月牙河园区、崇贤第二幼儿园卧龙浜园区、南雅幼儿园万常园区、塘栖镇第三幼儿园李家桥园区等 6 个园区建成投入使用。

【4 所幼儿园获评省一级幼儿园】 2021 年，临平第三幼儿园北大街园区、东湖幼儿园临东园区、崇贤第一幼儿园崇韵园区、乔司第二幼儿园天长园区等 4 所幼儿园获评省一级幼儿园。

（胡艺卿）

·义务教育·

【概况】 2021 年，临平区有小学 26 所，九年、十二年一贯制学校（小学部）11 所，招生 13241 人，较上年增加 1235 人；在校学生 68955 人，较上年增加 4855 人；小学适龄儿童入学率 100%，女童入学率 100%；小学巩固率 100%，女童巩固率 100%；小学专任教师 3524 人，较上年增加 231 人；专任教师学历高标率为 99.94%，提高 0.04%。

全区有初中 10 所，九年、十二年一贯制学校（初中部）9 所，新增 1 所；招生 8666 人，较上年增加 1043 人；在校学生 23949 人，较上年增加 2195 人；初中阶段入学率 100%，初中巩固率100%，初中毕业生升学率99.97%；初中专任教师1856人，较上年增加205人。

全区小学占地面积103.65万平方米，较上年增加2.72万平方米，生均占地面积15.03平方米；校舍建筑面积72.26万平方米，较上年增加45309.2平方米，生均校舍建筑面积10.48平方米。全区初中学校占地面积93.27万平方米，较上年增加2.26万平方米，生均占地面积38.94平方米；校舍建筑面积60.25万平方米，增加5.82万平方米，生均校舍建筑面积25.16平方米。数字终端拥有量，小学为12216台、初中为7909台。

深化城乡教育共同体建设，结对帮扶学校7对。实施义务教育“公民同招”政策，6所民办中小学采用市级统一平台计划招生1178人，实际招生1133人，平均招录率约96.2%。落实“10+X”惠民政策，资助贫困学生23542人次，较2020年增加1392人次，同比增幅6%；金额2155.22万元，同比增加81.55万元，同比增幅4%。实施公办初中提质强校专项行动，4所初中被列入浙江省2021年初中学校提升培优行动学校名单。扎实推进儿童青少年近视攻坚行动，严格执行《杭州市卫生健康委办公室杭州市教育局办公室关于印发杭州市学生常见病和健康影响因素监测与干预工作方案的通知》精神，全区儿童青少年近视率下降至55.66%，降幅1.04个百分点。

【杭州市“市长杯”校园足球精英联赛】2021年9月，由临平区实验小学、临平第二小学、临平第五小学等学校学生组成的区小学男子足球队斩获2021年杭州市“市长杯”校园足球精英联赛暨小学男子组最佳阵容挑战赛B级组亚军。

【临平区首届中学校园足球联赛】2021年10月22日，临平区首届中学校园足球联赛（初、高中组）在余杭第二高级中学绿茵场进行，共有29支队伍、588位队员参赛。截至2021年底，临平区累计拥有杭州市级及以上足球特色学校15所，其中全国足球特色学校5所。

【临平区首届中小学生田径运动会】2021年10月30—31日，临平区首届中小学生田径运动会在塘栖中学举行。全区56所中小学校，666名运动员参加比赛。本届运动会设有短跑、长跑、跳高、跳远、铅球、铁饼、标枪、接力等项目。

【临平区2021年足球特色学校班级联赛】2021年11月7日，临平区2021年足球特色学校班级联赛在临平区实验小学足球场落幕。本次联赛由7所临平区市级及以上足球特色小学参加，采用双循环淘汰制进行。各校四年级队伍参加5人制比赛（其中必须有1名女生），所有队伍均来自各特色学校的1个自然班。

【安全提醒“反光贴”发放】2021年11月15日起，临平区义务教育段全覆盖发放学生安全提醒“反光贴”，“点亮”十万学生回家路，相关新闻被《人民日报》报道。

【临平区首届中小学篮球比赛】2021年11月17日，临平区首届中小学生篮球比赛在乔司中学体育馆闭幕。61支参赛队伍，810名学生运动员参加，经过5天64场激烈比赛，分别决出小学、初中、高中各组别男女组名次。

【中小学2021年劳动教育专家诊断指导会】2021年11月30日，临平区中小学2021年劳动教育专家诊断指导会在育才实验小学召开。汇报采用三校一组、专家逐一把脉点评的形式推进。专家们结合临平区文化背景、地域特色，联合新时代劳动教育的发展方向、各校办学理念，给出指导性建议。

【浙江省第十五届ZSBL中学生篮球联赛杭州市市级比赛】2021年11月，在浙江省第十五届ZSBL中学生篮球联赛杭州市市级比赛中，乔司中学获初中男子组亚军，崇贤中学获初中女子组冠军。

【临平区首届小学生“三跳”比赛】2021 年 12 月 4 日，临平区首届小学生“三跳”比赛在临平三小体育馆举行，本次比赛 28 支参赛队伍，465 名学生运动员参加，分别进行单摇跳、双摇跳、单踢毽、单摇接力、集体长绳 5 个项目角逐。

【临平区首届中小学生健美操比赛】2021 年 12 月 5 日，临平区第一届中小学生健美操比赛在运河中学举行，本次比赛有 31 支参赛队伍，312 名学生运动参加。本次小学组比赛是新增区级项目，有 18 支队伍参加，在全区中小学中普及健美操运动。

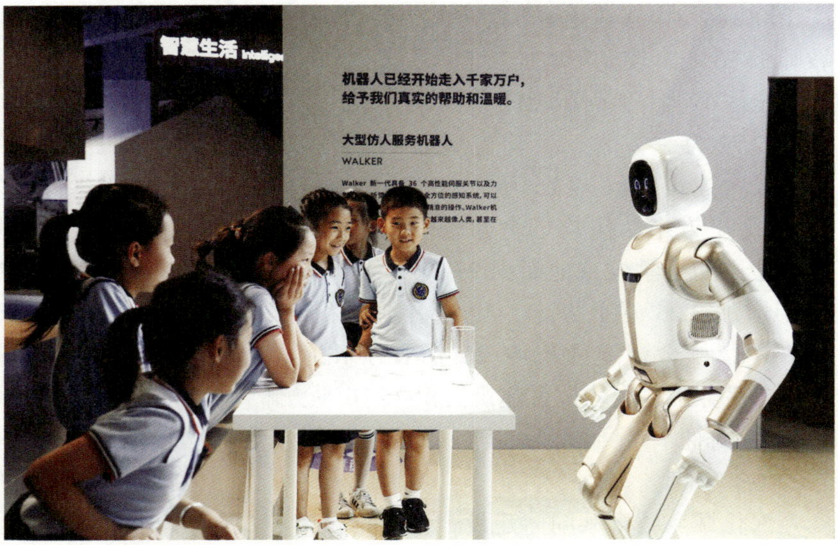

2021 年 7 月，皇国山人工智能教育基地开展暑期夏令营活动

（区教育局　供稿）

【义务教育作业改革政策出台】2021 年 12 月，临平区义务教育段出台《作业改革实施指导意见》和《课后服务拓展课程指导意见》，推进作业改革十大内容和 10 项举措，全面提升课后服务拓展课程质量。

【杭州市中小学生体能素质检测】2021 年，在杭州市中小学生体能素质检测中，临平区在八区、县（市）总平均分排名第二。

【临平区首届中学校园排球比赛】2021 年临平区首届中学校园排球比赛由区教育局、区文广旅体局主办，塘栖中学承办，21 支队伍、260 名运动员分初中、高中男女四个组别进行。比赛采用三局两胜制。塘栖第三中学获初中女子组冠军、临平第二中学获初中男子组冠军、塘栖中学获高中女子组冠军、临平职高获高中男子组冠军。

【“1+X+T”课后服务全覆盖】2021 年临平区实施“1+X+T”（“1”指基础性服务，“X”为个性化兴趣课程，“T”为体育锻炼）课后托管服务，课后服务覆盖率达 100%，46 所学校参与学生 8.53 万人，占比 91.7%。其中，参加 X 课程选课学生约占 57.9%。各校根据临平地域特色，充分发挥本土文化及 54 项非遗文化资源优势，依托临平区人工智能教育“标准校实验室＋中心校实验室＋基地实验室”三级体系，推动地方文化、“非遗”文化、“人工智能”与课后服务课程有机融合，如小林小学依托超山“梅”文化打造梅花小导游课程、SUN 研究性课程；塘栖三小等学校打造米塑、皮影戏、水乡民俗、水宝教我学 AI 等精品课程。

【提质强校专项行动】2021 年，由基础教育科和教育发展研究学院牵头，以提质强校为抓手，对全区所有初中开展全面调研，要求所有初中抓好课堂主阵地，提高课堂教学质量。塘栖三中、乔司中学、临平二中、运河中学等被列入浙江省 2021 年初中学校提升培优行动名单。

（胡艺卿）

·高中教育·

【概况】2021年，临平区有普通高中（含十二年一贯制学校）7所，比上年新增1所。全年招生3397人，比上年增加203人；在校学生9514人，比上年增加562人；普通高中专任教师864人，比上年增加7人；普通高中占地面积51.70万平方米，比上年增加6.66万平方米，生均占地面积54.34平方米；校舍建筑面积47.81万平方米，比上年增加7.13万平方米，生均建筑面积50.25平方米；数字终端拥有量3740台。

全区有职业高中4所。2021年招生2686人，比上年增加36人；在校学生7995人，比上年增加460人，毕业2184人；职业高中专任教师606人，比上年增加31人；全区职业高中占地面积23.58万平方米，生均占地面积29.49平方米；校舍建筑面积15.92万平方米，生均建筑面积19.91平方米；数字终端拥有量3755台。

普通高中启动高质量发展三年攻坚计划。高考质量再创新高，普通类特殊类型招生控制线上线984人，上线率33.8%，超省平均13.8个百分点。余杭高级中学C9录取112人，浙江大学录取88人，近6年浙大录取平均人数位列全省第五位。2021年升入高校总人数6779人，高职考本科上线216人，连续3年领跑全省。各中职学校师生共获国家级奖项5项。

【《中职教育领航三年行动计划》实施】2021年9月，临平区实施《中职教育领航三年行动计划》，以“双高计划”为引领建好服务优势产业的专业群，构建临平区职业教育体系，推动全区职业教育走在省市前列。

【《临平区普通高中高质量发展三年攻坚计划》出台】2021年11月，临平区出台《临平区普通高中高质量发展三年攻坚计划》，进一步明晰定位和特色，明确主要攻坚任务，明确高考具体目标，确保普高高质量发展。

【11名中职学生获国家奖学金】2021年，杭州市临平职业高级中学（杭州市临平技工学校）、杭州市乔司职业高级中学、杭州市临平区商贸职业高级中学、杭州市临平区塘栖职业高级中学、杭州市临平卫生中等专业学校11名中职学生获2020—2021学年度中等职业教育国家奖学金。

2021年，临平区高职考本科连续3年领跑全省　　（区教育局　供稿）

【杭州市师生职业能力大赛】2021年11月，杭州市师生职业能力大赛举行。临平区中职学校参加16个专业项目的60余个比赛项目，获得37金61银84铜，奖牌总数182枚，位居全市前列。其中临平职业高级中学以20金28银33铜总奖牌数81枚的成绩，连续3年蝉联杭州市师生职业能力大赛金牌、奖牌榜“双冠王”。

【3支队伍在足球联赛杭州市级比赛夺冠】2021年12月，在浙江省第十三届中学生校园

足球联赛杭州市级比赛中，余杭第二高级中学、临平职业高级中学、临平第三中学分获普高男子组、职高男子组、初中男子组3项冠军。

【“临平工匠”】 2021年9月24日，杭州市临平职业高级中学（杭州市临平技工学校）老师周超、乔司职业高级中学老师陈鸣获评2021年“临平工匠”。

【黄丽英获评市最美思政课教师】 2021年10月，余杭第二高级中学特级教师黄丽英获评市“最美思政课教师”。

（胡艺卿）

·成人教育·

【概况】 2021年，临平区5所教育指导和社区教育中心学校全年培训28.77万人次。其中社区教育培训26.57万人次，职工教育培训15338人次，新型职业农民培训3816人次，进城务工人员培训2880人次。

全区有社区教育服务文化礼堂（家园）150个，开展活动775次，参与人员11406人次。完成老年人智能技术日常应用培训178场次，培训老年学员13406人次。

【塘栖社区教育中心获评省现代化学校】 2021年，临平区塘栖社区教育中心创建成为浙江省现代化学校（社区学校）。

【临平区全民终身学习活动周】 2021年11月19日，“2021年临平区全民终身学习活动周”启动仪式在运河街道举行。活动周以“庆建党百年华诞，谱终身学习新篇”为主题，展示2021年临平区社区教育成果，表彰社区教育工作优秀个人和集体。其间，全区各镇街组织开展一系列终身学习活动。

（胡艺卿）

·教育改革·

【概况】 2021年，区教育局成立“双减”工作专班，发挥学校主阵地作用，推进义务教育强基提质行动，出台作业改革指导意见；推进校外培训机构治理，出台校外培训机构课程认定办法；构建线上视频督查系统，实现线上线下双管控，数字赋能助力提升校外培训机构治理水平；组织召开区县级教培人才招聘会、教培行业人才转岗转业专场云聘会，力促教培人员再就业；搭建校外培训机构场地转租服务平台，帮助机构减负担。杭州市副市长丁狄刚批示在全市推广临平校外培训机构治理模式。

年内，临平继续做好人工智能教育推广和5G智慧校园建设工作。依托“标准校实验室+中心校实验室+基地校实验室”的三级体系，在区内公办中小学46所学校全覆盖开展AI人工智能教育；将5G智慧校园与“互联网+”、大数据、智慧城市等工作统筹推进，探索融合传统文化与现代技术的新智慧教育校本课程，并依托钉钉优势，构建包含智慧办公、教研、教育等全业务场景的智慧教育大平台，打造“三融三创”教育信息化格局。

【暑期托管服务】 2021年暑期，区教育局部署暑托学校，联合团区委、区青少年宫等开展“暑托”服务，共计两期20个工作日，解决2000余户家庭暑期“看护难”问题。

【教育数字化改革工作新突破】 2021年，临平区“入学早知道”数字应用平台入选省发改委数字社会第二轮“揭榜挂帅”名单，被列入省教育厅数字化改革首批创新试点。指导推动海珀社区未来教育数字化场景列入省首批数字社会未来教育重点场景先行建设单位。46所中小学全覆盖开展AI人工智能教育，全年学生团队获国家级及省级赛事一等奖10余项，皇国山人工智能教育基地获评全国青少年人工智能活动特色单位。

2021 年，临平区各镇街布点 8 所学校，为家庭解决暑期“看护难”问题
（区教育局 供稿）

【“双减”工作专班办公室工作】 2021 年，区教育局成立“双减”工作专班，牵头交办事项 60 件，召开工作例会、协调会等 20 余次，协调处置涉稳事项 10 起，设置工作热线 9 个，编发简报 8 期、工作快讯 59 期、检查通报 20 次，报送省市专报 48 篇，录取 13 篇。检查培训机构 4120 家次，查处涉嫌违规机构 93 家次，下发整改通知书 54 份，联合拆除户内外违规学科培训类广告 437 块。

【作业改革】 2021 年 11 月，区教育局以作业改革为抓手，深入推进义务教育强基提质行动，发布作业改革十项要求、十项举措。十项要求以完成严控作业布置总量、提升作业设计质量、提高作业完成质量等工作为目标；十项举措以强化作业改革组织保障、健全作业设计实施研训机制、健全作业管理和评价制度、构建家校协同合作机制、加大舆论宣传力度为立足点。

【《临平区推进中小学学科建设三年行动计划》出台】 2021 年 11 月，临平区教育发展研究学院出台《临平区推进中小学学科建设三年行动计划》，以学科建设为基础，以评价标准为导向，以项目建设为抓手，建设一批学科建设示范学校及在省市有一定话语权的学科，全面提升区域教育软实力，为打响“学在临平”美好教育品牌提供重要支撑。

【《临平区中小学“五定四要”集体备课规范》出台】 2021 年 11 月，经区教育局研究决定，临平区教育发展研究学院制定《临平区中小学“五定四要”集体备课规范》，进行全区推广，加快推进临平中小学学科发展及教研组建设。

【培训机构压减】 2021 年，区教育局全力推进校外培训机构治理，与区民政局、区市场监管局联合建立转登“一件事”联办机制，推动线上线下“一站式”同步办理。教育、经科、文广旅体、市场监管四部门实行机构转型过渡期营业执照联办机制，为转型开通绿色通道。11 月 24 日起召集区市场监管、教育、民政、文广旅体、经科五部门在区教育局设立集中指导办理点，排定日程，挂图作战，对于办理进度缓慢的机构，实行“一对一”服务，逐个上门办理。截至年底，营利性学科类培训机构压减率达 100%。

（胡艺卿）

人才·科学技术
Talent & Science and Technology

·综　　述·

【人才队伍建设】2021年，区人力社保局围绕为“未来智造城”提供人才支撑这一目标，引进高校毕业生2.33万名，认定市级E类以上人才827人，培养高技能人才2613人。结合全区各项配套政策，参与制定出台《临平区关于打造高质量技能人才队伍的实施办法》等系列人才政策，着力构建人才政策体系。年内推荐并列入省级及以上海外高层次人才引才计划人选4人，杭州市“万人计划”3人，省领军型创新创业团队2个，省“海外工程师”5人，杭州市“115”引智计划10项。

（黄頠思）

【科技发展】2021年，临平区不断加强科学技术与人才培育工作，创新集聚“人才资源”，打造临平产业创新高地。全年新增国家重点支持领域高新技术企业280家，省科技型中小企业373家，增长率均居全市前列。全区有国家重点支持领域高新技术企业841家，省科技型中小企业954家。全年实现高新技术产业增加值328.15亿元，同比增长15.8%；新产品产值率达54.4%，高于全市平均水平14.5个百分点，位居全市第一。有省级新型研发机构1家，省级重点企业研究院1家，省级企业研究院7家，省级企业研发中心14家，市级企业研发中心33家，市级创新联合体第一批4家。拥有国家企业技术中心7家，省级制造业创新中心1家，省级企业技术中心14家，市级技术中心46家，省级新型研发机构1家，省级重点实验室3家，省级重点企业研究院5家，省级企业研究院64家，省级高新技术企业研究开发中心143家，市级高新技术企业研究开发中心200家。新增孵化载体20个、物理空间118万平方米；新增省级小微企业园5家、市级孵化器2家、市级众创空间1家，In Park获评杭州市高新技术孵化成果转化园（全市仅10家）。累计创建市级以上众创空间2家，各级孵化器14个（国家级3个），现有孵化物理空间面积378.42万平方米。累计拥有省级小微企业园30家，省级中小企业公共服务示范平台1家。

（王莉莉）

·人才人事·

【企业育才】2021年，区人力社保局发挥企业育才主体作用，推进企业职业技能等级认定（试点）工作，鼓励企业开展新型学徒制，支持企业开展以工代训，提升职工技能等级。截至2021年底，全区有14家企业16个工种开展自主评价职业技能等级认定，开展职业技能培训14610人次，完成410名企业新型学徒培训任务。

【人事工作】2021年，区人力社保局梳理衔接事业人事管理，开展全区事业单位岗位设置、人员关系转隶、事业人员招聘工作，有序组织事业单位人员招聘9场，涉及700余人。开展编外人员招聘27批次，共招聘1475人。组织国家职业资格考试3场，涉及28422人次。推广全省职称系统，推进职称评审工作。截至2021年底，完成初定初级职称920人，中级职称评审及初定1148人，高级职称评审235人。

【人才工作数字化改革】2021年，临平区聚焦人才“引、育、留、用”，开发云聘图、云集图和云享图及“五云五优”十大场景，促进人才工作的系统性重构。“云上智聘”统合区内招聘需求，依托人才画像个性化推送岗位，实现人才与企业的精准匹配；“云链科创”建立专家智力库、技术攻关库、设备共享库，实现创新资源的一屏整合、一键预约；“云圈畅享”针对创新创业空间紧缺的问题，集成区内30余个人才之家、人才驿站和众创空间等场地资源，向人才开放预约使用权限，并精准化推介至潜在合作者。“云绘赛谱”以知识图谱的形式，记录赛会活动人才项目、技术资源、人才团队，进一步促进信息流动、资源涌动、人才联动。“交通优化”对人才集中的通勤路线和公共交通布局进行数据碰撞，研判急需增设公交的主要路段。“教育优选”打通“入学早知道”系统的数据链路，实现学区、学籍等信息的动态同步。“人才优引”面向职在区外、住在临平人群，分析群体画像，推送岗位信息，促进人才回引。“技能优育”依托人才职称和技能等级，精准推送技能培训、资格考试等信息，促进人才升级职业等级。“政策优享”打造“人才计算器”，全面上架人才政策、认定目录，基于填报信息显示对应的人才类别、政策补贴，并链入申报的线上端口。

（黄颀思）

·人才结构·

【高技能人才引培】2021年，临平区修订《杭州市临平区高层次人才分类认定办法（试行）》，完善人才评价机制。组织开展市高层次人才特殊支持计划培养类人才的遴选，通过申报和评审，从全区120余名优秀中青年专业技术人才中选出45人，参加杭州市的选拔。2名优秀高层次人才入选2021年“钱江特聘计划”。开展博士后工作站建设，新增省级工作站2家。培养高技能人才2613名，12名高技能人才在区“两优一先”表彰大会上获得表彰；发放奖励6185人次，1147.95万元。

【专业技术人才培育】2021年，临平区不断提升技能人才综合素质，举办临平区首届职工技能争霸赛36场，参与1700多人，评选出技能状元7名，技术能手13名。开展“临平工匠”及技能大师工作室认定，当年认定“临平工匠”10名，2人获得“浙江青年工匠”称号。认定区级技能大师工作室5家，获评1家市级技能工作室。全年申请认定人才总数1544名，其中，市级E类以上827人，含D类以上52名;区级F级以上717人。

【大学生就业创业】2021年，临平区实施高校毕业生就业援助月活动，通过向1500余名临平籍在外学子发送回乡就业创业邀请函等形式，开展高校毕业生就业帮扶工作。举办2021年度高校毕业生专场大型招聘会，赴浙江传媒学院（桐乡校区）开展“相约临平”校园招聘会，赴武汉开展校园招聘会，推送就业岗位3661个。完成第七届中国杭州大学生创业大赛总决赛临平、余杭赛区的半决赛、决赛组织工作，共组织118个参赛团队，360余名大学生开展比赛，决出2个项目参加总决赛的比拼。落实大学生创业项目无偿资助和房租补贴，打造“政策、服务、环境”三

2021 年 11 月 8 日，杭州国际人才交流与项目合作大会临平分会场活动暨未来智造工程师大会在临平国家级经济技术开发区浙江大学高端装备研究院开幕

（区融媒体中心　供稿）

位一体的创新创业生态。全年共有 58 家大学生创业企业申请项目无偿资助（发放大创项目无偿资助资金 154 万元，惠及企业 28 家），43 家大学生创业企业申请经营场地补贴（经营场地补贴扶持资金 93.47 万，惠企 42 家），全区新增大学生创业企业 395 家。

（黄頠思）

·人才政策·

【人才工作启航行动】2021 年 5 月 26 日，临平区启动首届“科技人才月”活动，创新推出人才新政 20 条，释放临平求才若渴的强烈信号。科学制定《临平区“十四五”人才发展规划》，明确开展 13 项人才发展重点工程，深化五大领域机制改革，优化六大方面人才服务效能，确立 2025 年人才资源总量达到 28 万名的发展目标。年内新引进国家级领军人才 21 名，新培育市级及以上海内外高层次人才 7 名，增长 38.9%。

【市场活力释放行动】2021 年临平区创新实施人才“举荐制”“薪酬制”，划分人才层级。将人才认定权限下放给企业，激发人才内驱力，认定市场化人才 141 名。推动区域人才互认互通，率先将长三角地区高层次人才纳入认定范围，给予同城待遇保障。充分发挥企业引才主体作用，对突出贡献企业以及人才较为集中的科技型中小企业，按需分配人才公寓、子女入学名额给企业，改以往“由政府认定”为现在“由企业说了算”，保障 50 余名人才子女顺利就学，为 2000 余名高层次人才提供货币化住房保障。创新推行“人才创业险”全域试点，对人才项目提供最高 1000 万元保额的创业保险，让人才创业无后顾之忧。

【卓越工程师引育行动】2021 年，临平区紧扣临平制造业优势，打响“临聚里”未来智造工程师品牌，成立全国首个未来智造工程师联盟和国家级智能制造人才培训基地，全年吸纳 2500 余名未来智造领域专家进驻，引进杨华勇、樊春海、顾佩华 3 名顶尖人才。启动精英计划，甄选出 12 个契合临平产业发展的重点项目，导入 104 项未来智造相关先进技术成果，获《人民日报》、新华社、《中国组织人事报》等国家省市媒体集中报道 100 余次。

（曹晋）

·科技管理·

【省医疗器械检验研究院临平院区启用】2021 年 4 月 19 日，浙江省医疗器械检验研究院经济技术开发区院区启用，标志着省器械院分子诊断类医疗器械检测评价领域实现零的突破。院区围绕医疗器械全生命周期质量控制及监管的要求，设立有源医疗器械产品性能、电气安全、电磁兼容、可靠性软件评测等专业实验室，提升了有源医疗器械的电器安全、电磁兼容和可靠性检测评价产能，打通产能瓶颈，有效改善电磁兼容检测排队问题，为浙江医疗器械安全监管构筑起高能级技术保障平台，全力助推“浙造器械”高质量发展。

“有梦来临 天成地平”2021 年临平区科技人才月活动　　(区经科局　供稿)

【“有梦来临　天成地平”2021 年临平区科技人才月活动】 2021 年 5 月 26 日至 6 月底，临平区举办中国科技成果创新创业大赛、浙大基础医学创新研究院启动仪式、中国—瑞士国际科技人才创新交流会等“1+8”系列活动，吸引高端人才集聚、优质项目落地，为临平高质量发展提供智力支撑。

【科技强区建设领导小组成立】 2021 年 8 月 26 日，区委办、区府办发布《关于成立区委科技强区建设领导小组的通知》，成立科技强区建设领导小组，区委副书记、区长施华森任组长，全面组织、指导、协调、推进科技强区建设工作。

【国高企认定专家辅导和预审培训会】 2021 年 7 月 5—7 日，区经科局举办临平区 2021 年国高企申报专家现场预审会，邀请电子信息、生物医药、新材料等领域的 50 余位专家对全区 430 余家拟申报企业进行“一对一”辅导，为企业提供针对性指导，提升认定通过率。

2021 年 7 月 5-7 日，区经科局举办临平区 2021 年国高企申报专家现场预审会　　(区经科局　供稿)

【“专精特新”培育企业上门问诊活动】 2021 年 10 月 21 日，区经科局开展“专精特新”培育企业上门问诊活动，杭州市经信局中小企业发展处处长吴毓娟、杭州市中小企业服务中心副主任郭昱以及市、区两级相关人员参加走访，为金士顿实业、微策生物、诺邦无纺、铁流离合器、飞仕得科技等 5 家“专精特新”企业或入库培育企业进行“问诊”。

(王莉莉　徐琳玺)

·科技成果·

【新增杭州市企业高新技术研究开发中心33家】 2021年8月24日，市科技局公布《关于认定2021年杭州市企业高新技术研究开发中心的通知》，临平区“华虹电子连接器及线束市级企业高新技术研究开发中心”等33家企业高新技术研究开发中心上榜。

【新增市级科技企业孵化器2家】 2021年9月，市科技局公布2021年杭州市级科技企业孵化器认定结果，因诺智创谷和航启万贝孵化器两家科技企业孵化器入选。

【3家企业创新联合体备案为2021年杭州市企业创新联合体（第一批）】 2021年10月26日，市科技局发布《关于2021杭州市企业创新联合体备案的通知》，杭州市小分子抗肿瘤靶向药物开发企业创新联合体（贝达药业股份有限公司）、杭州市西奥高端装备制造业企业创新联合体（杭州西奥电梯有限公司）、杭州市高通量芯片核酸质谱技术企业创新联合体（浙江迪谱诊断技术有限公司）等3家联合体备案为2021年杭州市企业创新联合体（第一批）。

2021年11月3日，浙江运达风电股份有限公司项目获2020年度国家科学技术进步奖二等奖 （区经科局　供稿）

【9个项目获批省“尖兵”“领雁”科研攻关项目】 2021年11月25日，省科技厅公布《浙江省科学技术厅关于下达2022年度“尖兵”“领雁”研发攻关计划第一批项目的通知》，临平区企业杭州本松新材料技术股份有限公司“新型功能高分子材料的制备关键及产业化”等9个项目获批。

【临平区首家浙江省省级新型研发机构】 2021年12月31日，省科技厅发布《关于公布2021年度省级新型研发机构名单的通知》，浙江大学高端装备研究院入选省级新型研发机构，成为临平区首个省级新型研发机构。

【22家临平企业被列入省级以上企业研发机构】 2021年12月29日，省科技厅发布《关于公布2021年度新认定省级企业研发机构的名单》，浙江省本松高性能改性尼龙材料重点企业研究院入选省级重点企业研究院，浙江省百诚药物研发企业研究院等7家研究院入选省级企业研究院，浙江省锐健马斯汀运动医学高新技术企业研究开发中心等14家研发中心入选省高新技术企业研究开发中心。

【浙江运达风电股份有限公司获2020年度国家科学技术进步奖二等奖】 2021年11月3日，2020年度国家科学技术奖励大会在人民大会堂举行。临平区企业浙江运达风电股份有限公司作为主要完成单位的“网源友好型风电机组关键技术及规模化应用”项目获2020年度国家科学技术进步奖二等奖。

（王莉莉）

文化·传媒
Culture & Media

·综　　述·

【概况】2021年，区文广旅体局围绕打造“数智临平·品质城区”等区委、区政府中心工作，在建设人民满意的公共文化服务体系上不断取得新突破。临平区入选首批浙江省公共文化服务现代化先行区，省特级综合文化站覆盖率实现100%，省级文化强镇覆盖率达到62.5%，初步建成数字文化馆总分馆体系。举办2021新春系列活动、临平区庆祝中国共产党成立100周年系列文化活动、“亚运来临·幸福来临”临平区迎亚运倒计时一周年系列活动暨临平区亚运场馆启动仪式、“藕花洲”系列品牌文化活动与“高雅艺术走进临平”浙江交响乐团专场文艺演出、中国·临平国乐节、中国曲艺名城创建启动暨曲艺名家走进临平专场文艺演出等特色活动。

【临平区入选浙江省公共文化服务现代化先行区创建名单】2021年，临平区申报创建浙江省公共文化服务现代化先行区。区委区政府先后出台《关于加快推进新时代文化临平工程实施意见》《关于高质量建设公共文化服务现代化先行区的实施意见》等文件。12月，经过各地申报、专家评审、厅长办公会审议及公示等环节，临平区列入首批浙江省公共文化服务现代化先行区创建名单，是杭州市唯一入选的县区。

【省特级综合文化站100%全覆盖】2021年12月，省文化和旅游厅公布浙江省第七次乡镇（街道）综合文化站评估定级结果，临平区8个镇街综合文化站全部获评省特级综合文化站，覆盖率达到100%，是全省唯一一个特级站全覆盖的县区。

【省级文化强镇、文化示范村创建复评】2021年，南苑街道创建成为省级文化强镇，塘栖镇、崇贤街道、星桥街道、临平街道通过文化强镇复评，省级文化强镇覆盖率达到62.5%；乔司街道永西村创建成为省级文化示范村，南苑街道新城社区、乔司街道三角村、乔司街道和睦桥村、崇贤街道鸭兰村、星桥街道香樹社区通过文化示范村复评。

【数字文化馆总分馆建设】2021年，临平区初步建成以区文化馆为总馆、8个分馆的数字文化馆总分馆体系，联通区、镇街的文化馆（站、室）数字化资源，融合线上线下，实现阵地、平台、资源、人员的共享互通，文化馆体系服务效能提高。

【临平区首次群众文体团队等级评定】2021年11月，区文广旅体局组织启动临平区首次群众文体团队等级评定工作，8个镇街共92支文体队伍申报。12月，经过严格审查，南苑街道滚灯队等50支队伍获评区级等级团队，共给予补助资金

64 万元，进一步提升了镇街文化队伍的活跃性。

（王雨佳）

·群众文化·

【新春系列文化活动】 2020 年 12 月 28 日，由区委、区政府主办，区委宣传部、区文广旅体局承办的 2021 新年音乐会在临平大剧院举行，天津交响乐团及临平区优秀歌手现场表演。2021 年 2 月 9—27 日（农历腊月廿八至正月十六），人民广场、艺尚小镇文化艺术中心、府前路、上塘河等临平城区主要地点新春亮灯；区文广旅体局派出送花灯小分队，为部队、企业、工地、医院等地送去 2000 余盏花灯，营造新春、元宵节日氛围。

【临平区庆祝中国共产党成立 100 周年系列文化活动】 2021 年，区文广旅体局举办庆祝中国共产党成立 100 周年系列文化活动。推出“同心向党 谱华章”大型文艺演出、“奋斗吧！我是临平人”专场文艺演出、“学党史 守初心 红歌嘹亮 唱响亚运”合唱展演、“永远跟党走 开启新征程”音乐会、“牢记使命心向党”百篇经典诵读、“艺术花开别样红”百场文化活动献礼等 6 个系列大型文化活动。

【“高雅艺术走进临平”浙江交响乐团专场文艺演出】 2021 年 11 月，区文广旅体局携手浙江交响乐团在乔司街道、临平街道、塘栖镇举办 3 场“高雅艺术走进临平”浙江交响乐团专场文艺演出，引进高质量文艺演出走近基层百姓，提升群众文化获得感幸福感。

【“藕花洲”系列品牌文化活动】 2021 年，区委宣传部和区文广旅体局联合主办“藕花洲”系列文化惠民活动，先后引进杭州新青年歌舞团、杭州娃哈哈艺术团等市级文艺团队的演出，组织临平区优秀文艺团队、协会演出。其中，“藕花洲文艺轻骑兵·欢笑进万家”文化下基层演出 60 场，“藕花洲大舞台”广场文艺演出 50 场，藕花洲周末剧场 45 场，藕花洲故事会 15 场，全年服务群众近 100 万人次。

（王雨佳）

·专业文艺·

【中国·临平国乐节】 2021 年 9 月 30 日至 10 月 3 日，由临平区人民政府、浙江省音乐家协会主办，区委宣传部、区文广旅体局承办的 5 场大型民乐演出在临平大剧院、藕花洲大舞台、临平文化艺术长廊等地举办，本次演出邀请中国音乐家协会名誉主席赵季平担任艺术总监总顾问，特邀著名指挥家张列、著名胡琴演奏家姜克美、著名二胡演奏家陈春园、著名笛子演奏家蒋国基、著名歌唱家许红霞等参与演出。

【中国曲艺名城创建启动暨曲艺名家走进临平专场文艺演出】 2021 年 11 月，区文广旅体局举办中国曲艺名城创建启动暨曲艺名家走进临平专场文艺演出，邀请著名莲花落表演艺术家翁仁康带领浙江省曲艺表演艺术家进行演出，向临平群众传播传统文化。

（王雨佳）

·文艺创作·

【概况】 2021 年，临平区文化馆获得国家级、省级、市级各类奖项 43 件。其中，国家级 3 件（次）、省级 18 件（次）、市级 22 件（次）。

【曲艺、声乐、舞蹈创作】 2021 年 1 月，舞蹈《滚灯人》获浙江省三团三社总决赛表演金奖。3 月，舞蹈《临平滚灯》获杭州市第九届残疾人艺术汇演一等奖。7 月，杭摊新作《施昕更》获浙江省第十一届群众曲艺大赛金奖。9 月，排舞《等你来》获浙江省乡村舞蹈大赛金穗奖二等奖。

11 月，歌曲《小村故事》获浙江省第二十届群众音乐大赛银奖。12 月，歌曲《山水引》获 2021“诗画浙江”旅游歌曲大赛金奖。

【故事小品创作】 2021 年 3 月，童瑜媛辅导的故事《迟到的纪念章》获浙江省第十届故事会“十佳新秀”、2021 杭州市故事会大赛金奖。11 月，新创小品《排练》获“杭州有戏”戏剧大赛创作金奖、表演金奖、最佳男演员奖 3 项大奖，并获浙江省第三十二届群众戏剧小品大赛银奖。

【书法摄影美术创作】 2021 年 5 月，临平区文化馆组织选送的书法作品 7 件入选、3 件入展浙江省文化和旅游厅主办、浙江省书法研究会执行承办的“浙江革命历史文化书法大展”；6 月，组织选送的 16 件作品获杭州市文化广电旅游局主办、杭州市文化馆承办的“童心向党·红色传承”2021 杭州市少儿书画摄影大赛一、二、三等奖及优秀奖，临平区文化馆获优秀组织单位奖。

（王雨佳）

·非物质文化遗产·

【获 2020 年度浙江省非物质文化遗产保护发展指数县（市、区）第一名】 2021 年 3 月，浙江省文化和旅游厅发布 2020 年度浙江省非物质文化遗产保护发展指数排名，原余杭区（临平区、新余杭区）第五次位列全省县（市、区）第一。

【首个“临平非遗季”活动】 2021 年 6 月 11 日，由区文广旅体局主办的 2021 年“文化和自然遗产日”暨“临平非遗季”系列活动启动仪式在塘栖古镇举行。

【三家村藕粉、法根茶食被评为第三批浙江省优秀非遗旅游商品】 2021 年 6 月 16 日，浙江省文化和旅游厅发文公布第三批浙江省优秀非遗旅游商品名单，临平区“三家村藕粉”“法根茶食”入选。

【非物质文化遗产体验点创建】 2021 年 6 月 23 日，杭州市文化广电旅游局发文公布首批杭州市非物质文化遗产体验点名单，临平区江楠糕版艺术馆、临平非遗智慧生活馆 2 家单位入选。11 月 19 日，杭州市文化广电旅游局发文公布第二批杭州市非物质文化遗产体验点培育名单，杭缎非遗创意体验点入选。

【崇贤街道被评为“浙江省民间文化艺术之乡”】 2021 年 8 月 23 日，浙江省文化和旅游厅发文公布“浙江省民间文化艺术之乡”名单，临平区被评为“滚灯”之乡，崇贤街道被评为“崇贤花篮”之乡。

【王元兴特色菜点烹饪技艺获“非遗薪传”浙江传统小吃展评活动“入围奖”】 2021 年 7 月，王元兴特色菜点烹饪技艺参加浙江省文化和旅游厅举办的“非遗薪传”浙江传统小吃展评活动，粢毛肉圆获“入围奖”。

【非遗特色酒店（民宿）创建】 2021 年 12 月 2 日，杭州市文化广电旅游局发文公布首批非遗特色酒店（民宿）培育名单，临平区水墨蓉庄艺术主题民宿被列入培育名单。

【临平区首批非物质文化遗产传承基地等公布】 2021 年 12 月 8 日，区文广旅体局发文公布首批非物质文化遗产传承基地 10 个，体验基地（点）6 个，传承工作室 5 个，展示场所（馆）19 个，主题公园 1 个，主题酒店（民宿）1 个。

（王雨佳）

·文物保护·

【文物保护体制机制完善】 2021 年，临平区文物保护工作领导小组成立，区文广旅体局增挂区文物局牌子，单设区文物保护管理所，文物保护专业技术力量配强。《关于加强临平区文物保护利用的实施意见》《临平区文物保护提升攻坚行动实施方案》《临平区不可移动文物巡查制度》《临平区施工工地地下文物保护制度》等6项制度出台，文物保护长效制度不断完善。

【文物安全大排查】 2021年，区文广旅体局制定并实施《临平区文物安全大排查大整治大提升攻坚行动实施方案》，基本掌握临平区“三责”落实情况、“三防”到位情况、“四险”防范情况。

【革命文物保护利用工程】 2021年1月，中共鸭兰村支部旧址等3处不可移动文物入选浙江省第一批革命文物名录。7月，中共鸭兰村支部旧址文物守望志愿队获浙江省第五届“最美浙江文物守望者”荣誉称号。11月，何思敬故居和十五堡碉堡两处革命文物被列入全省第二次革命文物专项调查工作，郭彬、刘维申、董代孝烈士墓综合保护工程完成。临平区党史和中共临平历史馆等场馆入选国家文物局主编的革命纪念馆成果汇编图书，中共鸭兰村支部旧址等3处入选浙江省第一批革命文物名录图书，何思敬故居等入选《红色印记——杭州市革命文物保护利用案例汇编》图书。

【“红色印记”巡展】 2021年3月至11月，临平博物馆组织“红色印记”巡展活动，以革命遗址、革命人物事迹为主题，进镇街、社区、学校、部队，举办展览100余场次，受众达12万人次。

【临平博物馆（中国江南水乡文化博物馆）改扩建项目】 2021年，临平博物馆（中国江南水乡文化博物馆）新馆内部装修、布展工作基本完成。新馆设置“春风又绿——江南水乡文化展”，共5个单元，分别是“何处是江南——地域的江南”“富庶鱼米乡——经济的江南”“诗意栖居处——生活的江南”“文才尽风流——文化的江南”“春风无尽绿——转型的江南”。新馆建设有专题展厅、水乡工坊、学术报告厅、江南文献研究中心、办公区域等，引进杭州晓风书屋进行文创经营。老馆展陈建设推进中，设有“此地自古繁华”系列5个单元的展陈，分别是“东方文明圣地”“吴越交融之所”“东南京畿门户”“京杭运河南埠”“江南美丽沃土”。

【良渚文化玉架山遗址考古公园（博物馆）建设】 2021年，良渚文化玉架山考古遗址公园（博物馆）项目启动，总投资约6.6亿元，总占地面积约12.13公顷，拟建成一个以考古遗址为主题，集遗址保护、文化交流、教育科研、艺术共鉴、生态休闲和公共活动等为一体的开放式的城市文化公园（博物馆）。项目计划分两期实施，一期为玉架山遗址本体保护展示工程，占地面积约10.33公顷，主要包括遗址本体保护、复原展示、绿地景观等内容。二期为玉架山考古遗址博物馆工程，占地面积约1.8公顷，总建筑面积约2.3万平方米，主要包括遗址文物展陈、临时展厅、文物科技保护研究基地及地下停车场等。截至2021年底，完成遗址精细化勘探、土方回填；完成一期景观绿化公园施工招标，进场施工；完成二期考古博物馆建筑设计方案。

【文物保护修缮利用】 2021年，区文广旅体局组织实施完成5处不可移动文物修缮整治工程。其中，运河街道五杭公社红旗大队礼堂及东湖街道长板木桥、张家坝桥、万安桥4处保护修缮项目被纳入2021年市政府民生实事项目。

【大运河遗产保护管理】 2021年，区文广旅体局持续推进广济桥和桂芳桥安全监测，并编制《广济桥结构安全监测方案》《广济桥承载力检测方案》《桂芳桥安全监测方案》，在现有监测系统的基础上，增设监测管理平台及承载力评估分析。

【文物考古】 2021年，临平区继续严格执行土地出让考古前置制度。全年配合市园林文物局审核

钱塘江古海塘——运河二通道段　（区文广旅体局　供稿）

出具36宗地块出让前无须考古的意见，完成21宗地块约156万平方米的勘探发掘。4月，发掘揭露出杭州段规模最大、结构最完整的钱塘江古海塘。11月，组织全区考古前置工作专题培训。

（王雨佳）

·公共图书馆·

【概况】2021年，临平区图书馆采购编目图书15万余册，新增电子报刊机1台、电子图书1651册（不计平台更新电子书），订购报刊893种。全年接待读者112余万人次，图书借还95万余册次，开展读者活动500余场次，参与读者10万余人次。全区57个村级图书室（农家书屋）均开通“一证通”。开展“最多跑一次”全区公共图书馆服务大提升工作，指导建成杭州书房4家、24小时自助图书馆5家。

【总分馆建设】2021年，临平区图书馆（总馆）通过政府购买服务引入社会化力量参与公共文化服务的供给，向8个镇街派驻专职图书管理员，实行统一招聘、统一管理、统一培训，通过抓分馆建设及图书业务工作，强化落实总分馆制，切实提高基层图书馆协同服务能力。

【“阅百年历程，燃红色初心”“4·23”世界读书日系列活动】2021年4月，临平区图书馆联合镇街分馆开展“阅百年历程，燃红色初心”“4·23”世界读书日系列活动，共32项40余场。4月23日，区图书馆举办“阅百年历程，诵红色经典”“4·23”世界读书日专场诵读会，浙江省朗诵协会常务理事、常务副秘书长曹勇等朗诵名家带领200余名市民诵读红色经典。区图书馆阳光中厅同步启动阅读悦享“你点书 我买单”惠民活动，新华书店和临平大剧院作为分会场。喜马拉雅App、临平区图书馆及分馆的朗读亭推出“牢记使命心向党”百篇优秀经典朗诵活动和“世界读书日·送你一本习大大推荐的好书”互动留言活动。

【入选省第一批“满意图书馆”】2021年5月，浙江省文化和旅游厅公布第一批“满意图书馆”达标名单，临平区图书馆入选。

【百场暑期文化活动】2021年6月26日起，临平区图书馆举办“百场暑期文化活动”，分“悦读·有声、有讲、有乐、有展、有影、有行”六大篇章，策划开展故事会、陶艺培训、编程、书画展、“小小图书管理员”暑期实践等，形式丰富，市民参与度高。

【接入“一键借阅”杭州地区线上服务一体化平台】2021年9月19日，临平区图书馆完成“一键借阅”杭州地区公共图书馆线上服务一体化平台接入并上线服务，该平台融合“悦借”（线上借书）、“悦读”（书店借书）、数字阅读（电子资源）三大业务模块，由1个市级中心馆，13个区县级馆，联动书商、合作书店、物流等第三方在同一平台上为用户提供一站式的线上线下资源和服务。每月23日，读者可享首单免邮。

【“书香临平”万册图书进万家文化惠民活动】 2021年10月29日，2021年“书香临平”万册图书进万家文化惠民活动启动，临平区图书馆将3万余册新书送至全区8个镇街农村文化礼堂及58个农家书屋。

【《明画全集》入藏】 2021年11月，由浙江大学和浙江省文物局联合编纂，首次在全世界范围内对现有的中国历代绘画作品进行全面系统的调查、整理、考证、研究、出版的国家级重大文化工程《中国历代绘画大系》中《明画全集》第四、五卷，共9本入藏临平区图书馆专题文献室。

【汽车图书馆流动服务】 2021年，临平区汽车图书馆驶进军营、村社、企业、学校等，全年出车459次，接待读者3万余人次，借还图书6.5万余册。

（王雨佳）

·档案事业·

【概况】 2021年，区档案馆馆藏档案199个全宗，53余万卷（件），照片4000多幅。全年接待查档利用者6873人次，提供案卷9697卷（件）次，复印6325页。

【档案指导服务】 2021年，区档案馆依托浙江省行政执法监管（互联网+监管）平台、档案“三服务”等抓手，深入推进档案服务指导，全面依法治档，促进档案管理规范化、标准化。做好专题档案特别是脱贫攻坚档案、新冠肺炎疫情防控档案、行政区域界线勘定档案服务指导工作。着眼行政区划调整以及以学习贯彻新档案法为契机，组织参加专题培训、继续教育、在线培训等60余人次；开展全区档案培训班，实现350余名基层档案员培训全覆盖。

【档案接收】 2021年，区档案馆实施开展一级立档单位到期进馆档案的依法接收，完成66个一级立档单位的进馆档案目录初审、16个单位的目录再审以及25个单位的配套材料审核，接收进馆10个全宗档案，共计82730卷（件）。

【档案征集】 2021年，区档案馆开展建党百年档案史料征集，征集档案资料、实物等300余件。征集收集反映本地区历史面貌，具有参考价值的各类资料和省、市、区的主要报纸、期刊、书籍等。征集到《临平志》等地方文献8种20余册，新增图书33册、期刊159期、报纸14册。

【档案利用】 2021年，区档案馆在“浙里办”上线“临平掌上查档”系统，让查档申请、身份验证、业务办理、档案出证等操作更便捷，实现个人查档事项“移动办”；建设全区数字档案利用服务平台，满足机关工作人员一网申请、一键查阅电子档案的功能；继续深化长三角地区民生档案“异地查档、便民服务”，推动跨馆跨平台民生档案利用全程网办。实现“临平掌上查档”应用查档申请467人，涉及档案52卷（件）次；馆室共享查阅1025人次，提供档案1160卷（件）次；长三角地区跨馆查询3269人次，涉及档案2795卷（件）次。

【档案数字资源建设】 2021年，区档案馆持续推进馆藏档案数字化加工项目，全年抽检项目档案862卷、27775条，完成民国地价册修裱5871页、扫描和条目著录34卷6800条。围绕“存档零纸件”推进行政权力事项电子文件归档，推动电子归档与电子出证、事项办理高效协同，实现市级自建、区统建系统中可网办行政权力事项95%以上归档率。结合档案工作服务农村基层社会治理国家级试点工作，实现村级档案文件级目录库零突破，全区村社档案条目录入85万余条，扫描142万余页，村社档案室藏总量突破68万卷（件）。

【档案文化建设】2021年，区档案馆发挥档案存史功能，档案资源建设触角由历史向现实社会生活延伸，与退役军人事务局合作编纂《留住英雄故事》，印发500册。选送编研产品参与省市优秀评选，宣传档案声音。在2019—2020年度全省优秀档案编研成果暨档案学优秀成果评选活动中，《档案文化建设的浙江实践与若干启示》获二等奖。

【建党百年庆祝活动开展】2021年，区档案馆围绕全区庆祝建党百年系列活动方案，策划举办“百年百忆”主题展览，用档案讲好党史故事，参观2100余人次。用好微信公众号，推出“云听百年”栏目。结合“6·9”国际档案日，开展线上档案党史知识竞猜，共计1000人参加。举办“童心向党”第二课堂活动，组织中小学生观展学习、参与志愿服务，充分发挥档案在意识形态阵地建设中重要作用，推动爱国主义教育基地和红色档案馆建设。

【区划调整档案处置工作】2021年，区档案馆按照临平区、余杭区联席会议精神及《关于区划调整中加强档案管理规范档案处置的实施意见》，做好对原余杭区88家涉调单位制定的档案管理与处置工作方案的审核把关，开展上门服务指导，督促各单位做好原余杭区档案的收集整理、清点交接与安全保管。认真谋划区划调整后档案进馆工作，申报备用库房启用项目，推进70万卷（件）档案进馆工作，为临平档案工作高起点、高标准、高质量发展起好步、开好局。

【全面融入数字化改革】2021年，区档案馆贯彻落实省两办《关于新时代全面推进档案工作数字化转型的意见》、省档案局《浙江省档案工作数字化改革方案》，对标区委区政府《关于推进全面数字化转型推动“数智临平”高质量发展的实施意见》任务，推进档案工作数字化改革，完成数字档案系统流程重构、平台整合，搭建全区数字档案智慧管理平台，建立区、镇街、村社三级档案管理架构，精准记录档案行为，实现数字档案管理全覆盖、档案数据共建共享、档案馆室智慧化发展。

【国家级试点任务收官】2021年，区档案馆围绕档案工作服务农村基层社会治理国家级试点工作的总体部署与要求，推动各项试点任务落实落地，有效建立基层档案工作“常态化、长效化”机制，构建“1+2+3+4”（1个业务建设纲领性文件、2个管控性文件、3个考核与协作文件、“四张清单”）制度体系，实行日常化、精准化的基层档案全链条管理，同时以数字化改革为引擎，创新打造“一屏观全域、一键收管用、一端惠全民”的档案管理模式，推动形成基层档案工作“新范例”。7月5日，试点工作顺利通过专家组验收，成为浙江省首个通过档案工作服务农村基层社会治理国家级试点验收地区，并在全省档案工作服务农村基层社会治理试点工作现场会上作为区县代表进行典型发言。

（张燕）

·现代传媒·

【概况】2021年，杭州行政区划调整以来，临平区融媒体中心播出自办电视节目275小时，报纸出刊192期，围绕中国共产党成立100周年及区委区政府中心工作，推出重大主题报道30余组1500多篇。承办各类活动77场，拍摄制作各类短视频及宣传片100余条，完成专题节目75期；舆论监督类栏目《重点关注》播发49期，职能部门和镇（街道）属地解决率达95%以上；电视在中央电视台播出新闻9条，在浙江卫视播出新闻124条，在杭州电视台综合频道播出新闻256条；新媒体在中国蓝新闻客户端录用201条，在浙江新闻客户端录用135条；高质量发展大会、大运河国家文化公园（临平段）启动建设、临平段古海塘发现等重要新闻在《浙江新闻联播》等多个省市新闻栏目中播出；开展网络新闻直播18场，其中两场在央视新闻客户端播出。“学习强国”临平供稿中心向全国、省、市三级平台推送稿件2000余篇。其中，杭州市平台录用1500余篇，浙江省平台录用359篇，全国平台录用344篇。“韵味杭州”临平平台供稿排名位列全市第三。“临平发布”微信公众号用户数超8万，在市宣发布的政务类平台融合指数和传播影响力榜单中保持前列。“天天看临平”微信公众号上线一个月，在全国区县级媒体公众号百强榜跻身第37位，至12月跻身全国区县级媒体公众号百强榜第21位。实现全年安全播出零事故。

【全媒体矩阵建设】2021年4月，临平区融媒体中心筹备组建立，从零起步构建临平区融媒传播体系。4月10日上线《临平新闻》栏目、“临平发布”微信公众号、《今日临平》刊物；5月10日上线“天天看临平”微信公众号；7月18日上线“悦临平”客户端；12月13日上线临平新闻频道。加强融媒协作，布局“学习强国”临平供稿中心、浙江新闻临平频道、浙江卫视新蓝网临平频道等外宣端口；开拓与央视新闻移动网、新华社浙江分社、浙江之声等新媒体平台的合作。

【政务服务拓展】2021年，区融媒体中心在做好新闻宣传工作的基础上，做好政务类大型活动的服务保障工作。高质量完成“临平区大运河国家文化公园建设动员大会”“2021杭州国际人才交流与项目合作大会临平分会场暨未来智造工程师大会”“临平区少先队员庆祝建党100周年暨庆祝六一国际儿童节活动”“杭海城际铁路通车暨高铁临平北广场启用仪式”等77场融媒体活动的执行和直录播保障等工作；配合区委区政府中心工作宣传，做好“党代会”“两会”等区内重大会议的直录播等工作；拍摄制作各类短视频及宣传片100余条，其中，《新临平·新征程》专题片全景展示临平文化资源，传播临平文化的精神内核；与临平镇（街）合作推出《24节气》系列短视频，全数被“学习强国”杭州平台录用。完成专题节目75期。12月疫情防控全面收紧期间，制作防疫短视频13条，从日常防控、平安出行、安全过节等多方面普及防疫知识，在电视、手机端同步推送。

2021年5月10日，“守好红色根脉 凝聚发展合力——奋斗吧临平”融媒体主题宣传行动启动暨“天天看临平”微信公众号上线仪式举行

（区融媒体中心　供稿）

【《重点关注》首播】2021年6月1日，推出临平区首档舆论监督类栏目《重点关注》，采用“一事一曝光”形式，与多部门联合曝光安全生产、工地管理、公共环境等领域的短板，助推区委区政府中心工作。播发节目49期，全媒体浏览量超100万次。为解决群众急难愁盼问题，开通24小时新闻热线、电子邮箱、微信等渠道，受理群众来电来访500余件，督促责任单位解决群众问题100余件，跟踪采访处理难度较大问题44个，解决率达

95%以上；开展监督回头看，加强典型案例通报，督促责任单位进行彻底整改。播出报道反馈29期，整改率达95%以上。栏目获评临平区2021年度十大“民呼我为”优秀案例。

【区“党代会”“两会”报道】2021年6月和7月，临平区第一次“党代会”和区人大、政协“两会”召开期间，区融媒体中心整合资源报道大会情况，“天天看临平”、华数98频道、“临平发布”同步直播开幕式。《临平新闻》《今日临平》开设《代表风采》《委员风采》等专题专栏，刊播报道200余条，为反映基层代表心声，增加寄语、观察、开幕侧记等专栏。广泛运用H5、短视频等形式，推出各具特色、创意十足的大会报道，大会盛况相关报道被新华社、浙江卫视中国蓝新闻、杭州电视台、学习强国杭州平台等省市级媒体录用播出。其中，《杭州新闻联播》、浙江卫视中国蓝新闻等平台头条报道大会进程及临平发展新方向新动态。

【庆祝中国共产党成立100周年主题宣传】2021年，为庆祝中国共产党成立100周年，区融媒体中心通过电视、报纸、新媒体多平台推出主题报道十余组200余篇。积极报道庆祝建党百年、党史学习教育、“民呼我为”等活动，其中，《杭州临平：大运河畔学党史》等312条报道被“学习强国”平台录用，《红色精神薪火相传》等21条报道在省市级媒体中录用播出；为推进党史学习走心走实，“悦临平”客户端开设“建党百年”频道，每日更新党史百年天天读系列内容，发布稿件100余篇；“临平发布”“天天看临平”等两微一端平台专设《我为群众办实事》专题专栏，推送稿件200余篇。

【“悦临平”App上线】2021年7月18日，“悦临平”App上线。“悦临平”新闻客户端是一款具有临平本地特色的“信息+服务+商务”的一站式移动端融媒体平台，设有“新闻”“微融媒”“微视频”“服务应用”四大板块，提供本地新闻资讯，联合区数管中心，开发本地便民应用，方便临平人的出行生活。构建起全功能、智能化、新媒体平台，实现媒体内部资源融合、媒体与政务服务资源整合、媒体与商务之间融合，打通媒体服务人民的“最后一公里”。

【区融媒体中心成立】2021年7月30日，临平区融媒体中心举行挂牌仪式，区委常委、宣传部部长沈威和区融媒体中心党委书记、主任戚金海一同揭牌。自杭州区划调整后，临平区融媒体中心克服人员、设备、平台建设、新闻题材等诸多不利影响，改造生产流程、丰富报道手段，推进体制机制创新。围绕融媒业务成立4个管理机构、8个专业机构，制定出台20余项内控制度，建立形成适应媒体融合发展的组织架构，奠定了“引导群众、服务群众”的发展基础。先后打造出《今日临平》、《临平新闻》、“临平发布”、“天天看临平”、“悦临平”等传播端口，初步建立起“一体策划、一次采集、多种生成、多元发布、立体传播”的工作机制。利用建立起来的宣传平台矩阵，丰富宣传形式，打造接地气的内容，不断巩固壮大主流舆论阵地，为进一步提升临平美誉度和影响力作出贡献，为高水平建设“数智临平·品质城区”、争当高质量发展建设共同富裕示范区样板贡献力量。

【微融媒体中心（站）建设】2021年9月27日，临平区12个微融媒体中心（站）挂牌成立，包括全区8个镇街，经济技术开发区、临平新城2个产业平台，以及星火社区、浙江联运环境2个社区、企业微融媒体站（试点）。融媒体中心作为共建单位，积极开展融媒体传播体系建设，延伸向基层扩展的触角，助力打通信息沟通“最后一公里”。

【疫情防控宣传】2021年12月7日，疫情突发，临平区融媒体中心迅速行动、集结力量，通过报纸、电视、微信、客户端、视频号等多平台密集宣传临平区疫情防控情况，刊播报道300余条。

其中:《今日临平》策划推出《众志成城防控疫情特别报道》栏目及特别报道115条，公益广告13条;《临平新闻》播出疫情防控报道85条;“临平发布”“天天看临平”微信视频号发布防疫宣传内容及短视频20余条;视觉传达中心等部门策划制作《主播说》防疫宣传短视频4条。浙江卫视、杭州电视台综合频道等播出有关临平区抗疫报道近20条，浙江卫视中国蓝客户端录用图文、视频20余条，扩大了临平暖心故事、正能量的影响力，营造临平防疫抗疫的浓厚舆论氛围。

【临平新闻频道开播】 经省市广电主管部门批准，临平新闻频道于2021年12月13日在华数0频道（开机频道）开播。临平新闻频道主打两档新闻栏目,《临平新闻》每日18:30首播，以主题报道的形式，紧扣区委区政府中心工作，展现临平经济社会发展的崭新成就，弘扬社会正能量;《重点关注》每周二、四18:45首播，重点反映社情民意，聚焦社会热点，切实发挥媒体传播党委政府声音、实施舆论监督的作用。

（施建新　王军）

延伸阅读▶▶

构建家门口的“文化风景线”

9月24日，位于杭州市临平新城CBD的临平区南苑街道综合文化站新馆正式启用。在文化客厅里，悦读空间、健身房、非遗传习所、文化公益课堂都有自己的“文化粉丝”。“把城市最中心的大楼门面房留给了文化，南苑街道有气魄、有情怀!”中国曲协副主席副翁仁康这样点赞。

据南苑街道党工委负责人介绍，街道以创建省级文化强镇（街道）为抓手，加快打造书香南苑、动感南苑、风雅南苑、经典南苑、南苑文化名家，构建起家门口的文化风景线。发源于南苑的国家级非遗项目滚灯先后舞进奥运会、世博会，并走出国门代表中国开展文化交流，成为闪亮的文化金名片。

走进南苑综合文化站一楼大厅，一场亚运主题读书会正在进行之中。组织这场活动的是原杭州图书馆退休干部何妨,“大家读好书、好读书的热情感染了我。”她和书友们一年内将在这里参加50场的读书活动。

中国作协会员、临平区作家协会主席袁明华和中国美术家协会会员李建明、中国舞蹈家协会会员刘伶、中国曲艺牡丹奖得主翁坚民等十位文化界知名人士，在这里开设了以自己名字命名的“名家工作室”，他们每个季度将在这里设文化公益课。浙江省朗诵协会会长刘忠虎说，知名专家到一个街道为本土文化名家开设工作室，足见对文化文艺人才的重视。

目前，南苑街道共有14支文艺团队，人数800人，他们活跃在24个文化家园和4个企业文化俱乐部，并不定期送节目到社区、学校、乡村和企业。今年上半年，南苑街道已举办各类文化活动100余场次，让群众在家门口享受文化大餐。

（人民日报客户端浙江频道2021年9月25日　杨嘉诚）

卫生健康

Health and Wellness

·综　　述·

【概况】 2021年，临平区有各类医疗卫生机构477家。其中，区属医院4家，卫生单位5家，监狱医院2家；社区卫生服务中心8家；社区卫生服务站74家；民营医院19家（包括护理院2家，互联网医院1家），门诊部87家，检验所实验室4家，病理中心1家，诊所184家，厂矿学校医务室89家。医疗机构拥有床位3998张，其中区属医院2516张。全区有医师3528人（其中执业医师3129人）、注册护士3638人。全年家庭医生签约服务24.64万人。

全年辖区内孕产妇死亡率为零，5岁以下儿童死亡率1.95‰，人均期望寿命83.82岁。年末，全区户籍人口数58.34万人，人口出生率7.39‰，死亡率5.11‰，人口自然增长率2.28‰。

【机构、干部调整】 2021年5月，临平区卫生健康局（以下简称“区卫健局”）完成行政区划调整后的人员转隶工作。7月，区委、区政府批准杭州市临平区卫生健康局“三定”方案，设7个内设机构。8月，区委批准杭州市临平区计划生育协会“三定”方案，设1个内设机构。同月，区委编委2021年第一次会议研究决定，设立杭州市临平区卫生健康行政执法队、杭州市临平区卫生健康事业发展中心、杭州市临平区疾病预防控制中心、杭州市急救中心临平分中心、杭州市临平区老年健康服务中心，并将杭州市余杭卫生中等专业学校（杭州市余杭区卫生进修学校）更名为杭州市临平卫生中等专业学校（杭州市临平区卫生进修学校）。同月，完成区卫生健康局所属4家区属公立医院和8家社区卫生服务中心更名，并于11月明确机构编制事项。11月，完善机关、卫生单位基层党组织及群团组织设置，完成中层干部选任。

【宣传报道】 2021年，区卫健局全年外媒刊发稿件549篇，其中传统媒体刊发217篇，新媒体录用刊发332篇，被市级以上媒体录用272篇，被“学习强国”录用25篇。“妈妈连夜出征无法照顾生病儿子”等新闻故事被光明网、人民网等多家媒体报道，“援川干部组织跨越千里的直播课”被《健康报》等行业媒体报道。全年全区有9人获评“杭州最美医师”，1人获评“杭州卫健2021年度十大感动人物”，7人获评2021年“美丽临平人”。

【安全生产和维稳】 2021年，区卫健局组织开展消防逃生、反恐防暴等各类演练53场次，参与1361人次；开展《中华人民共和国安全生产法》、消防安全和防范电信诈骗等各类讲座，实现培训全覆盖。根据省卫健委大型医院安防系统建设项目要求，4家区属医院全年安装安检门13台。

（余丽君）

·健康临平·

【大健康共建体系】2021年，临平区重组健康临平“6+1”平台建设大健康共建体系，“健康临平建设领导小组”由区委书记、区长为双组长，各镇街平台部门群团组织主要领导为成员，下设“一办七组”。制定汇编“健康临平三年行动计划”，初步建立临平区公共政策健康评价体系。制订出台《2021年健康临平考核细则》，并组织实施考评，做好健康建设六大类27项指标的动态监测。

【健康生活普及】2021年，临平区组建健康讲师团，启动“建党百年宣讲百日”活动，全年开展健康讲座300余场。对全区15—59岁的800名市民开展健康素养调查，全区居民健康素养水平为41.47%（标化），较2020年（37.95%）提高3.52个百分点。其中，居民基本知识和理念为55.26%，健康生活方式与行为41.34%，基本技能健康素养水平34.22%，15岁以上居民的吸烟率为18.61%（标化）。创建市级健康单位28家、区级41家，区级健康家庭2400户，区级无烟单位115家，全面禁烟示范单位3家，健康民宿2家，区级美丽河湖5条。完成新增百万亩国土绿化任务64.93公顷，森林覆盖率稳定在38.74%，2021年临平区被命名为“国家生态文明建设示范区”。

【健康保障完善】2021年，临平区投入基层医疗机构基础建设、医疗设施设备添置等健康建设9.27亿元。全区基本养老保险参保人数60.33万人，职工基本医疗保险参保人数106.25万人。新建公共健身场所40余个、绿道12.6千米，新增体育场地180万余平方米。完善新建婴幼儿照护驿站18家，新增托位172个；新建示范型居家养老服务照料中心10家、镇街居家养老服务中心4家、康养联合体试点1个，新增养老床位130张。

【健康城市打造】2021年，区卫健局牵头开展亚运健康城市打造行动，建成望梅路健康绿道、梅堰路健康绿道，全年举办各级体育赛事、亚运健康活动120余场，多层次推进心理健康服务，全年使用AI心理机器人52685人次，心理测评8668人次，心理咨询139776人次。其中，以青少年心理健康服务为抓手，举办“青春之心灵 青春之少年”主题精神卫生日活动，引进骆宏名医工作室，开展学生心理健康干预206人次，开展家长和学生心理健康课堂20余场，开展班主任老师团体心理建设10余场。

（刘晓虹）

·新型冠状病毒肺炎疫情防控·

【新冠肺炎疫情概况】2021年，临平区全年报告病例7例，其中本土病例1例、境外输入病例6例；报告无症状感染者3例，均为境外输入。

【流行病学调查处置】2021年，区卫健局建立流行病学调查54人工作组，对疑似和确诊新冠肺炎病例进行个案调查，应急人员24小时在岗值守，12月份杭州疫情发生后，启动“公卫＋公安”紧密型流调模式。加强物防处置能力，出动小分队23次、55人次，撰写流调报告10份，与区市场监管局协同调查处置涉阳物品或邮件等事件13起，涉及店家或接触者76人，疫点消杀45处。

【隔离医学观察】2021年，区卫健局设置11个区级集中隔离点，对368名密切接触者、1591名次密接，1594名入境人员实施集中隔离医学观察。

【新冠肺炎疫苗接种】2021年，区卫健局推进新冠病毒疫苗接种，全区设置8个新冠病毒疫苗方舱接种点及多个临时接种点，全年完成3岁以上人群接种261.56万剂次，加强针接种22.6万剂次，构筑全民免疫屏障。

【核酸检测】2021 年，区卫健局完成备案实验室 40 个，包括 BSL-1 实验室 7 个和 BSL-2 实验室 33 个。其中，开展新冠核酸检测的有 7 个（全部为 BSL-2 实验室），分别为医疗系统 4 个、疾控系统 1 个和企业 2 个。制定《临平区新冠病毒核酸全员筛查检测工作方案》，在全区设置 335 个采样点位和 811 个采样单元，并落实一点一方案，分镇街开展应急演练，提升核酸检测的镇街动员能力。全年全区完成 PCR（聚合酶链式反应）人员配备 101 人，完成核酸检测 206 万人次。

【发热病人闭环管理】2021 年，临平区 8 家社区卫生服务中心推进“基层医疗卫生机构传染病监测哨点”建设，提升改造发热诊室 8 家，全部通过市级验收。各中心通过规范工作流程、完善首诊负责制，提升基层传染病预警报告能力。落实所有发热患者的全流程闭环，即研发发热闭环小程序，下发至所有未设置发热门诊（发热诊室）的诊所、门诊部、民营医院及社区卫生服务站，要求在预检分诊中发现的发热患者通过小程序主动上报，并由镇街落实全流程闭环管控，直至核酸检测结果阴性方可解决管控。持续推进发热闭环的后续督导机制，通过有效整合区级医院与基层医疗卫生机构人力资源，全面开展网格化排查工作，全年督导检查 1.5 万余家次。

（刘晓虹　戚海华）

·卫生健康监督执法·

【概况】2021 年，临平区受理投诉举报案件 125 起，立案处罚 294 起，罚没款 205.51 万元，移送公安机关追究刑事责任 2 起。

【“双随机一公开”】2021 年，临平区接收国家双随机任务 259 家次，执行率 100%，掌上录入率 100%。建立省级双随机任务 46 个 211 家次，完成率 100%，掌上录入率 100%，信用规则应用 100%。做好浙江省行政执法平台、浙江省卫生监督综合管理系统动态更新维护工作，力求与实际情况基本相符。

【疫情防控常态化检查】2021 年，区卫健局行政执法队检查医疗机构 1726 家次、疫苗接种点 58 家次，责令整改 283 家，口头责令关闭 28 家。对发现问题的 84 家单位立案查处，罚没款 6.93 万元。

【医疗美容机构百日攻坚专项整治】2021 年，区卫健局行政执法队检查医疗美容机构 24 家次，覆盖率 100%，处罚医疗美容机构 8 家次，责令改正 12 家次，罚款 18.1 万元；处罚从业人员 3 人次，罚款人民币 7.7 万元；开展无证医美机构和个人检查 72 家次，立案 9 起，没收违法所得 6.79 万元，罚款 53.7 万元。

【环境卫生监督】2021 年，区卫健局行政执法队开展集中空调通风系统专项整治，检查 31 家，检测 3 家，行政处罚 1 家。开展电影院公共场所室内环境专项检查，检查 5 家，抽检 51 件。开展游泳场所卫生知识专项培训，检查 51 家，行政处罚 23 家。开展学校卫生双随机检查和饮用水专项检查，双随机检查 12 家，教学环境监测 12 家，责令整改 12 家，行政处罚 11 家，联合执法检查幼托机构 24 家。指导并参与运河街道、崇贤街道国卫创建，全年爱国卫生检查单位 1045 家，发出整改意见 76 份。开展 PCO（有害生物防治）单位双随机检查 4 家。全年检查水厂、二次供水单位等 72 家次，抽检水样 45 件；检查涉水产品生产企业 8 家，抽检涉水产品 2 件。

【消毒产品与餐饮具集中消毒企业监管】2021 年，区卫健局行政执法队抽检展消毒产品生产企业 21 家，立案查处 6 起，罚款 1.6 万元。抽检餐饮具消毒单位 6 家次 60 件，立案查处 1 家，罚款 1 万元。

【职业卫生监管】2021年，区卫健局行政执法队开展建材、机械加工、木质家具制造、金属铸造等重点行业职业卫生执法工作，全年检查重点职业危害企业40家次，立案查处10起，罚款28.5万元。开展职业病危害因素检测17家。开展“送职业卫生知识进企业”健康宣讲活动2场，组织“职业病防治宣传周”活动，编印用人单位职业卫生指导手册。

【行政审批制度改革】2021年，区卫健局行政执法队推进落实卫生健康领域“放管服”各项改革措施，推进公共场所卫生许可告知承诺制改革工作，实施诊所备案制度，加强窗口服务建设，巩固和扩大“一网通办、只跑一次”改革成效，适当拓展“当场办结”事项和“全程网办”事项。全年办结各类许可3546件。

【规范执法行为】2021年，区卫生健康局行政执法队一线执法人员每人配备执法记录仪，建设完成数据采集工作站，做好影像资料的存储及归档，落实执法全过程记录制度。办结非现场执法案件37件，处置预警平台预警29条，处置率100%，查实并立案查处12家，执法事项覆盖率100%。

（周新）

·疾病预防与保健·

【传染病报告】2021年，临平区全年报告传染病19种，9038例，发病率为768.64/10万。无甲类传染病报告；乙类传染病14种1837例，发病率为156.23/10万；丙类传染病5种7201例，发病率为612.41/10万。报告法定传染病死亡4例，死亡率为0.34/10万，较同期（0.26/10万）上升30.77%。乙类传染病发病数居前10位的病种为淋病、梅毒、肺结核、痢疾、肝炎、艾滋病、猩红热、百日咳、新型冠状病毒肺炎、布病；丙类传染病发病数居前三位的病种为流行性感冒、手足口病及其他感染性腹泻病。

【重点传染病管理】2021年，临平区落实艾滋病“铁三角”、结核病“三位一体”和血吸虫病联防联控工作机制。全年报告艾滋病106例，接受免费抗病毒治疗926人；新登记结核病患者438例（其中肺结核349例、单纯性结核性胸膜炎46例、肺外结核43例、密切接触者242人）；对20所高中及寄宿制初中新生开展结核菌素试验筛查，筛查11261人，发现结核病患者1人。全区查血吸虫病历史流行村22个，查螺面积23.23万平方米，查螺面积完成省“十四五”计划任务指标；完成8个镇街620份流动人口血样，结果均为阴性，继续保持血防“三无”成果。

【艾滋病防治】2021年，临平区本地报告艾滋病例81例（男性73例，女性8例）。除港澳台和外籍，全区管理病人456例，死亡45例，现存活411例。大力开展干预和HIV（艾滋病）抗体检测，结合医疗检测诊疗工作，对术前、产前、性病门诊就诊者等开展监测，在对重点人群干预的基础上，通过与社会组织合作扩大干预检测的覆盖面，检测174051人次。对老年人、流动人口、FSW（女性性工作者）、MSM（男男同性恋者）和吸毒人群等特殊人群开展监测约9600人次。

【麻风病防治】2021年，临平区加强麻风病可疑症状监测，切实做好“世界麻风病防治日”宣传和慰问工作；完成社会治愈存活麻风病人随访工作。

【疟疾防治】2021年，临平区全年新发疟疾病例3例，均为境外输入恶性疟疾病例。该3例境外输入恶性疟疾病例是在集中隔离点集中隔离期间发现，后在杭州西溪医院接受规范的抗疟治疗，截至2021年底基本恢复。同时，规范开展流行病学调查和疫点处置工作。

【布鲁氏菌病防治】2021年，临平区全年新发病例4例，分别为乔司街道2例、运河街道1例、临平街道1例，病例按规范进行个案调查和现场处置，经规范治疗已基本恢复。

【卫生应急】2021 年，区疾病预防控制中心调查处理各类聚集性疫情 210 起，其中手足口病、疱疹性咽峡炎聚集性疫情 116 起，急性胃肠炎疫情 21 起，发热呼吸道感染疫情 73 起。报告 4 例新冠肺炎确诊病例（3 例境外输入），3 例无症状感染者（3 例境外输入）；管理密切接触者 318 人，次密接 1707 人，对 12 个疫点进行终末消毒处理。

【检验检测】2021 年，区疾病预防控制中心完成检测样品 4806 件，检测项目数 16949 项。检验科完成检测样品 4717 件，检测项目数 16649 项。其中计量认证检测样品 2698 件，检测项目 11566 项，出具报告 1638 份。计量认证外样品为麻疹、风疹血清 29 人份，HIV 检测样品 247 件；布病抗体监测 60 份。流感监测 301 例（1204 项），手足口病监测 75 例（375 项），诺如监测 62 例（124 项），禽流感监测 30 例，致泻大肠样品 297 份。全年 PCR（聚合酶链式反应）应急检测呼吸道疫情 426 份（1704 项），胃肠道疫情 492 份（984 项）。采样并检测新冠样本 13908 份。新建成的新冠检测 PCR 实验室达到国家核酸实验室 P2+ 标准。检验科设备更新 300 余万元，增强了应急检测能力。

【免疫规划管理和预防接种服务】2021 年，区疾病预防控制中心加强冷链管理，全程冷链配送，落实 16 个临时接种点冰箱实时监测工作。全年开展常规疫苗接种 44 万剂次，其中一类疫苗、含麻类疫苗接种率均大于 95%。开展民生流感接种 7000 人次，完成率 100%；二价、四价、九价 HPV（艾滋病）疫苗有序进行。全年报告疑似预防接种不良反应报卡 646 例。其中，常规疫苗疑似预防接种不良反应报卡 386 例，新冠疫苗疑似预防接种不良反应报卡 260 例，其审核及时率 100%，符合召开疑似预防不良反应专家诊断 51 例，完成疑似预防不良反应专家诊断 49 例，异常反应专家组诊断率达 96%，高于省市 90%的要求。全面落实 AFP（急性弛缓性麻痹）监测，全年调查出入院记录 16840 份，门诊日志 638379 份，均未发现 AFP 漏报、误报病例。全年排除麻疹风疹病例报告 24 例，监测病例报告后 48 小时内完整调查率 100%；全年突发水痘疫情 7 起，及时完成率 100%。

【重点地方病防治】2021 年，区疾病预防控制中心开展饮水型地方性氟中毒监测，完成辖区 16 个病区村基本情况及改水情况调查，调查结果显示监测点有常住户数 1848 户，常住人口数 8529 人，自来水覆盖率 100%。对病区村进行水氟监测，采集 16 份水样，水氟监测结果均符合《生活饮用水卫生标准》（GB5749—2006）要求；对病区本地出生并居住的 210 名 8—12 周岁儿童进行氟斑牙检查，未发现氟斑牙病例。开展碘缺乏预防工作，完成 42 名学生家庭盐碘、尿碘监测，调查结果显示合格碘盐食用率为 83.3%（35/42），尿碘中位数为 256 微克 / 升，符合中位数≥100 微克 / 升的指标要求；完成 21 名孕妇（孕早、中、晚期孕妇各 7 名）个案问卷调查，结果为合格碘盐食用率 86%（18/21），尿碘中位数 232.2 微克 / 升，符合中位≥150 微克 / 升的指标要求。全年采集蓝海星盐制品有限公司和盐务局碘盐 72 件，并开展碘含量监测，所有样品均合格。

【职业卫生】2021 年，临平区有职业健康体检机构 2 家，分别是区中医院、邦尔医院有限公司。临平区疾控中心对辖区内职业健康检查机构进行培训或督导 12 次。区中医院个案信息上报率为 96.07%、邦尔医院个案信息上报率为 93.39%。与新余杭区共同完成尘肺病主动监测 358 人，通过市级审核。区中医院作为哨点医院开展尘肺病筛查，全年呼吸系统门诊就诊 25472 人次、拍摄 DR、X 光片或 CT 6599 人次，其中接尘工人 16 人，发现尘肺样改变 1 例，经核查为历史尘肺病人。每周进行职业病网络报名审核（含新余杭区），共审核职业健康档案卡 34395 张、疑似职业病报告卡 17 张、职业病病例报告卡 20 张、农药中毒报告卡63张。完成辖区内间皮瘤、肝血管肉瘤病例、白血病病例信息的收集调查随访工作，调查随访5例病例，信息报市职防院。组织开展17家工作场所职业病危害因素监测，完成24家企业监测并进行监测质量复核和资料上报。

【省网慢性病监测】2021年，区疾病预防控制中心开展重点慢性病监测工作，收到恶性肿瘤报告卡2823张、糖尿病报告卡2646张、心脑血管病报卡1449张。按要求对网络上报的病人进行审核、监测和重卡剔除，由辖区卫生服务站进行分级随访管理。3月底完成死因年报，分析发现居民死亡主要原因仍为慢性非传染性疾病，占全部死亡的85%。全年浙江慢病管理系统死亡报卡2548例，完成全区初访、查重工作。

【社区高血压、糖尿病随访管理】2021年，区疾病预防控制中心组织全区8家社区卫生服务中心对一季度社区高血压、糖尿病随访中的问题进行质量复核，逐项答复，最终通过审计核查。5—6月及12月按基本公卫工作要求，开展社区慢病综合工作半度年质量复核，共抽查高血压、糖尿病人400余例，对慢病社区随访工作中存在的问题进行分析和反馈。举办两期社区高血压、糖尿病随访管理质量评估专题培训，区医共体200余专业人员参加。

【食品营养工作】2021年，区疾病预防控制中心组织开展2021年全民营养周和“5·20”中国学生营养日宣传教育活动，发动全区医疗机构、中小学校、幼儿园开展以传播“合理膳食 营养惠万家”和“珍惜盘中餐，粒粒助健康”为主题的宣传活动。其中，各医疗单位活动开展率100%，公众号推送营养科普文章6篇，举办科普讲座9场、现场活动12场。开展全区营养监测工作，覆盖8个镇街；对星桥中学、塘栖第二中学、星桥第二小学、塘栖超山小学4所学校开展学生午餐剩饭剩菜状况调查，了解学生午餐营养状况。全年举办营养科普讲座7场，其中学校4场，社区3场，受益人数700余人。在全市举办的“美味三餐 营养做主”主题活动中，1件参赛作品获评三等奖。

【健康教育及控烟工作】2021年，区疾病预防控制中心开展874场健康讲座，受益37528人；开展卫生日、结核病宣传日、世界无烟日等卫生宣传活动98场，受益26586人；制作、发放健康素养、《预防新型冠状病毒肺炎》三折页及画报等健康教育资料12万份；开设“临平疾控”微信公众号，进行自媒体健康科普，总阅读量达到4.6万人次。

【万名初中生青春期健康教育工程】2021年，临平区“万名初中生青春期健康教育工程”覆盖全区所有公办、民办初中6174名初二学生，内容涉及青春期生理、心理、自我保护（避免早孕、预防性骚扰、性侵害等）、重点疾病预防（艾滋病、性病、结核病、乙肝预防）等知识。全年完成13所初中393节健康教育课堂授课。授课后，学生总的青春期健康知识知晓率为73.94%，较授课前（40.34%）提高33.60个百分点；总青春期健康态度持有率为73.16%，较授课前（59.52%）提高13.64个百分点；健康行为规范率为73.59%，较授课前（62.67%）提高10.92个百分点；学生性健康知识知晓率为77.13%，较授课前（49.40%）提高27.73个百分点；性健康正确态度持有率为71.51%，较授课前（54.76%）提高16.75个百分点；性健康行为规范74.28%，较授课前（59.51%）提高14.77个百分点。

【学校卫生监测】2021年，区疾病预防控制中心对全区监测点学校的学生开展常见病和生长发育状况筛查，掌握学生近视、超重肥胖、营养不良、龋病、脊柱弯曲异常、贫血、沙眼等常见病情况，监测2693人。其中，男生1480人，女生1213人。监测结果显示：近视率55.67%，营养不良率5.29%，超重肥胖率31.58%，血压偏高率23.29%，龋患率47.88%，脊柱弯曲异常率

0.71%。对7所中小学监测点学校全体学生开展以疾病症状、疾病种类为主的因病缺课监测，整体缺课率为0.24%。缺课病因占比中，感冒占比最高为53.40%，其次胃肠道疾病为10.67%，其他传染病占10.47%。

【环境及水质卫生监测】2021年，临平城区设有6个饮水监测点，枯水期和丰水期分别监测样品6份，总样品数为12份，总检测项次396项，水样合格率和总项次合格率均为100%。农村饮水监测枯水期和丰水期分别监测农村饮水水样13份，农村饮水总水样数26份，合格样品数26份，总水样合格率100%。总检测项次858项，合格858项，总项次合格率100%，农村合格饮用水人口覆盖率100%。

【食品安全风险监测与处置】2021年，临平区制定食品污染及食品中有害因素监测计划，全年采集食品样品1464份，734份用于微生物指标检测，730份用于理化指标检测，完成率100%。734件样品发现15件问题样品，因无相关的微生物限量标准，无法判定是否合格。其中：2件生肉制品中检出2株沙门氏菌；4件动物性水产品中检出4株副溶血性弧菌；1件巴氏杀菌乳中检出1株金黄色葡萄球菌；6件本地特色产品中检出6株金黄色葡萄球菌；2件含蛋三明治中检出2株金黄色葡萄球菌。食品中化学污染物和有害因素监测任务数730件，完成数730件，任务完成率100%。开展食源性疾病监测，区一院、区中医院、区中西医结合医院和区妇保院通过“浙江省食源性疾病监测报告系统”上报腹泻病例1022例。区一院上报病例569例，采集粪便样本561份进行沙门氏菌等4种食源性致病菌检测和诺如病毒检测，总体阳性率25.13%。

【消毒质量监测及院感监测】2021年，根据监测方案，全区公立区级医院监测样品83件，合格82件，合格率为98.8%；公立社区卫生服务中心监测30件，合格30件，合格率为100%。重点场所消毒质量指导合计45人次。

【美沙酮维持治疗】2021年，临平区通过免费供药、免费体检、开展吸毒成瘾者心理帮扶、专项培训禁毒工作者等举措，提高吸毒成瘾者服药依从性，截至2021年底，美沙酮维持治疗入组患者109人。

【精神卫生】2021年，临平区全区在册严重精神障碍患者3406人，检出率3.77‰，规范管理率100%，规范服药率100%，面访率99.99%。落实精神卫生综合管理工作机制，强化部门信息联动机制，完善排查工作机制，全年新增入网患者202人。落实重精患者救治救助政策，实施严重精神障碍患者监护补助政策，为患者提供免费药品43.7万元，为困难重性患者住院减免约3万元。加大力度招引精神卫生专业人才，公开招录3名精神科医生、7名精防护士。落实精神卫生专项补贴，制定精神卫生业务考核细则和赋分办法，落实专项补贴与绩效挂钩，激发团队积极性和主动性。建立精神卫生专业技术合作联盟，借助省市精神专科医院的专家资源，落实患者全病程管理和精准治疗工作，组织8名精防护士脱产在杭州市第七人民医院规范化培训3个月。加强社会心理服务，完善心理防疫助力社会治理，出台《临平区新冠疫情心理健康咨询及危机干预实施方案》，投入7.8万元，开通抗疫心理健康援助热线，开展线下心理危机干预，线下值班389次，接待咨询155人次，心理评估155人次。同时，开展学生心理健康干预206人次，教师团体心理建设10余场，不断提升师生心理健康素养。

（刘晓虹）

·医疗服务·

【医共体建设】2021年，区卫健局新组建以区第一人民医院、区中医院、区中西医结合医院为牵头单位的三家医共体，实现县域就诊率95.21%。

持续推进全—专科联合门诊和联合病房建设，全区8家成员单位均可提供住院服务，成员单位门诊和住院病种分别达到100种和60种。开展医共体内临床科室垂直管理数48个，推进医共体内管理和医疗质量同质化。

【优质医疗供给能力提升】2021年，区一院、区妇保院顺利完成三级乙等医院的等级复评。全年，区属医院手术例数38676例，其中三四级手术8089例，同比提升23.79%；梳理全区的名医、名护、名科，评选出临平区首届名医65名、首届名护15名，并制订名科培育计划，计划用5年时间打造一批特色突出、优势明显、社会认可的临平区名科。

【“双下沉两提升”工作推进】2021年，区卫健局依托浙大二院优质资源，深化区一院与浙大二院的全面深度合作。2021年，浙大二院共派驻专家医生55名、专家团队5个，覆盖20个临床科室；专家出诊2163次，接诊22016人次；开展手术1055例，操作517例，参与疑难病例讨论20余次，教学查房100余次。此外，浙大二院专家加入分院家庭签约医师团队，4名浙大二院专家定期下沉医共体分院，出诊36次，接诊149人次。在浙大妇院专家团队的带领下，区妇保院门诊量年底实现58万余人次，出院患者达到2万余人次，手术人次占比逐年提升，达41.08%，疑难病例占比最高达0.91%，远超三级乙等妇幼保健院0.5%水平，全年三四级手术占比10.87%，达三甲妇幼保健专科医院水平；门诊患者和住院患者满意度分别达到97.55分和97.96分，职工满意度达到95分，位列全省妇幼保健系统第二位。

【资源输出能力提升】2021年，4家区属医院派出7名专技人员进行对口支援。全年完成门急诊、会诊1700余人次，专项疾病救治活动3次，专项救治患者17人次；完成手术15例；开展新技术、新项目20余项；举办授课培训50余场次，培训人数3000余人；参加当地义诊活动10余次，受益500余人次；健全规章制度（含管理与业务）11项，开展对口帮扶管理对接工作4人次，远程会诊20余次，远程查房30余次。

（戚海华）

·基层卫生·

【家庭医生签约服务】2021年，区卫健局做实项目健康管理，细化“医生助手—全科医生—专科医生”三级管理流程，完善医共体牵头医院专科团队与社区家庭医生团队联动工作机制。探索专病专科签约服务模式，新增COPD（慢性阻塞性肺疾病）专病专科签约，按照三甲医院专家+医共体牵头医院专科专家医生+全科医生+专科康复护士的服务模式，进行全周期的健康管理。全年共签约246434人，其中重点人群199859人，重点人群签约覆盖率87.58%。落实签约居民就医便捷措施，为慢性病患者提供慢病长处方134854张，建立家庭病床608张，经由双向转诊平台在区内医院转诊29519人次。

【两慢病分级诊疗改革推进】2021年，区卫健局通过创新开发AI慢病管理系统，打通医疗、公卫、健康档案等数据应用，对就诊率、转诊率、健康评估率、规范管理率、风险指标改善率、控制满意率等多组数据进行综合测算，精准描绘健康画像，同时结合高血压、糖尿病的分级分层规则，通过判断未来风险情况，形成“低危—中危—高危”的三级评估报告体系，落实红、黄、绿三色管理健康指数模型。在实现“业务类与数据流”“预防与诊疗”双融合的基础上，临平区启用“医防融合指数”，开展慢病门诊一站式服务建设，进行“诊前、诊中、诊后”的全周期管理，推进两慢病分级诊疗改革。

【老年人健康体检】2021年，区卫健局下发《关于做好2021年临平区60周岁及以上老年人健康体检工作的通知》，为60周岁及以上户籍老年人提供免费体检服务。做好体检机构“体检前中后”全流程管理，结合家庭医生签约服务开展体检报告解读，完善居民健康档案，继续开展个体化健康教育服务和针对性干预。乔司街道社区卫生服务中心首次将体检项目DR（直接数字平板X线成像系统）拍片由低剂量胸部螺旋CT检查替代，为辖区7533位老年人进行胸部CT体检，初筛出早期肺癌50余例，提示肺部结节1000多例。全区应体检老年人10.42万人，实际体检7.99万人，体检率76.66%。

【基层机构提档升级】2021年，区卫健局以提升基层服务能力为目标，开展“优质服务基层行”创建，东湖、崇贤、星桥街道社区卫生服务中心围绕人才培养、学科建设、资源整合、服务优化等体系建设，在医疗服务、公共卫生等领域与医共体之间深度融合，全部通过国家服务能力推荐标准验收。2021年，全区国家推荐标准覆盖率62.5%；基本标准覆盖率100%。同时，东湖分院率先成立“盆底康复中心”“青少年心理健康中心”，星桥分院血透中心项目投运，创新开展社区可及的透析治疗模式，居民在家门口即可享受到区一院同质化的血液透析治疗服务。区一院医共体成功创建胸痛单元项目，通过一键启动流程，上下联动，打通胸痛救治的“起跑第一公里”。通过创建，基层机构实现提档升级，逐步架构起“小病在中心，大病到总部，康复回社区”的服务模式。

【基层医疗机构环境提升】2021年，星桥、乔司、崇贤、运河、临平街道社区卫生服务中心改扩建项目有序推进，同时，结合区域规划及服务人口等因素，不断优化服务站布局，全区完成新改扩建服务站7家。立足未来社区，以龙兴、海珀社区为试点，打造智慧健康小屋。对实现慢病患者自我健康监测、持续完善“互联网+”医疗卫生服务、方便慢病患者就医购药提供便利。

【基层补偿改革信息化建设】2021年，区卫健局制定《临平区基层医疗卫生机构绩效考核实施方案（试行）》，涵盖45条指标，开展基层医疗机构内部补偿机制改革信息化建设工作，加强全流程质控，通过“数据流”反映综合实力和薄弱环节，促进基层不断提升服务能力和服务质量。同时在崇贤、星桥街道社区卫生服务中心试点，落实中心端考核评价系统。

（戚海华）

·中医中药·

【中医特色服务开展】2021年，临平区发挥中医药在疫情防控中的作用，组建疫情防控中医专家组，积极开展中医药预防工作，为集中隔离点隔离人员、医务人员及市民发放中成药及中药汤剂茶饮1.5万余份。区中医院、区中西医结合医院发挥区域中医医院功能，开展等级医院评审和复评筹备工作。强化社区卫生服务站“网底”功能，全区74个社区卫生服务站全部开展传统中医药适宜技术诊疗服务。推进中医药健康管理服务项目，包括老年人中医体质辨识和中医药保健指导，以及0—36个月儿童穴位按摩及饮食喂养指导。

【中医人才培养】2021年，临平区以中医高质量发展为目标，积极遴选优秀中医人才。区中医院傅克模、区一院吴州红被评为杭州市名中医，区五院杨伟莲、区一院陈丽娟被评为市级青年名中医，区中医院舒继承、区五院曹荣旗被评为市级基层名中医；选拔杭州市中医骨干跟师培养对象6人、中医护理优秀人才培养对象5人，并开展集中式培训。做好第七批全国老中医药专家学术经验继承工作、2021年全国老中医药专家继承工作室建设项目、第五批全国中医临床优秀人才研修项目培养对象等遴选工作。组织参加市中医药适宜技术应用技能竞赛活动、市首届中药养生膏方制作竞赛活动和中医馆骨干人才培训项目，开展名中医、中医青年跟师和中医护理骨干人才遴选培养，选拔人员参加杭州市中医住院医师技能竞赛，临平区获团体二等奖；在市首届中药养生膏方制作竞赛中，区中医院孙力获一等奖，区中西医结合医院祝凯华获二等奖。

（戚海华）

·医教科研·

【科研立项】2021年，区卫生健康系统全年新获省市级科研项目立项46项，其中省医药卫生科研项目3项，省中医药科研项3项，市卫生健康科技计划（市卫健委和市科技局）项目30项，其他10项；科研申报、立项的数量和档次稳步提升。截至2021年底，完成科研项目验收94项。

【专利论文】2021年，区卫生健康系统全年获批新型专利60项，区一院申报实用新型专利21项，区中西医结合医院20项，区中医院10项，区妇保院9项。各单位参与科技创新发明的积极性呈逐年上升趋势，其中区一院获批国家实用新型专利6项，区中西医结合医院2项。全年发表论文225篇，其中43篇收录在美国科学信息研究所出版的引文数据库（简称SCI），Ⅰ级杂志论文20篇，Ⅱ级杂志论文153篇，其他9篇。

【生物医药】2021年，区卫生健康系统积极开展临床研究与转化工作，申报市卫健委“挂榜揭帅”项目，区一院揭榜生物医药和健康产业发展扶持科技专项2项，为浙江海正博锐生物制药有限公司《比较帕捷特和HS627分别与赫赛汀+多西他赛联用新辅助治疗早期或局部晚期HER2阳性乳腺癌的有效性、安全性和免疫原性的多中心、随机、双盲、阳性药平行对照的III期临床试验》和杭州胡庆余堂药业有限公司《安宫牛黄丸抗急性缺血性脑损伤的临床研究》。区一院揭榜第五期生物医药和健康产业发展扶持科技专项5项。

【人才培养及储备】2021年，区卫生健康系统住院医师规范化培训，全年新学员报名并被录取33人（其中西医25人、中医8人），在培2019级59人，2020级55人。通过定向培养，全年招录农村社区医生16人，分别是温州仁济医科大学临床医学专业本科11人，浙江中医药大学预防医学专业本科3人，杭州师范大学临床医学专业本科2人，为基层储备一支高素质的后备人才队伍。同时，在校培养2018届14人，2020届16人。此外，全年举办省级和省中医药继续医学教育班23项（其中线上项目5项），培训2556余人次；市级继续医学教育班61项，培训4956余人次。2021年，开展临床实践教学活动262次，参加临床实践教学活动5032人次。开展医疗卫生实践技能培训383场，参加13551人次；模块化培训项目33个，模块化培训78场，各成员单位参加模块化培训13020人次。开展各层面的学术活动160余场，线上、线下同步开展，培训近3万人次。

（戚海华）

·爱国卫生运动·

【卫生创建复审】2021年，区爱国卫生运动委员会办公室（下称“区爱卫办”）全面落实杭州市国家卫生城市复评各项任务，对照国家卫生城市标准，针对临平区城市综合管理和国卫复评省级复查存在的问题，开展调研、督查和通报，加强协调，扩大宣传，提高镇街、部门的工作力度，做好复评迎检工作。同时，推进以国家卫生镇为重点的卫生创建、复审工作，全区卫生创建工作走在全市前列。申报新一轮（2020—2022年）国家卫生乡镇创建的塘栖镇、运河街道完成省级暗访；列入本年复审的21个省级卫生村完成区级审核、市级抽查复核。

【病媒生物防制】2021年，区爱卫办动员社会力量开展病媒生物防制行动，清除“四害”孳生地，严格落实病媒生物控制水平国家标准，要求各镇街对所辖区域开展“四害”孳生地调查和清除，采取环境治理和药物消杀并重的病媒生物防制措施，有效、环保地降低“四害”密度。突出加强技防设施建设工作要求，全力推进技防设施建设。对全区各镇街开展多形式全方位的督查，切实督促各镇街落实职责，组织督查 50 余次，发出抄告单 19 张，发现问题 519 个。把病媒生物防制和疫情防控工作相结合，同向发力，推动工作实现“双赢”。全年将鼠、蚊、蝇、蟑螂等病媒生物密度控制在国家 C 级及以上标准，完成 2021 年杭州市病媒生物控制水平评估。启动病媒第三方密度监测，开展南苑街道、塘栖镇等部分镇街病媒生物控制水平 B 级建设和亚运场馆病媒生物防制保障工作，推进以灭蚊灭蝇为重点的除四害村建设，运河街道新宇村、塘栖镇丁河村推荐为省级样板村备选。

【生活垃圾分类】2021 年，区爱卫办落实检查自查机制、保底处置机制、目标责任机制，建立卫健系统生活垃圾分类工作检查机制，采用互查和抽查相结合的方式，针对分类设施、分类质量、分类标识、分类辅导、分类清运、分类宣传等内容，要求各医共体牵头单位、医共体分院、区卫健各相关单位每半月完成一轮互查，社区卫生服务站每半年完成 30%抽查，局本级不定期组织人员进行暗访抽查，并纳入综合目标责任制考核，推进生活垃圾分类长效管理。

【清露拆棚行动】2020 年以来，“清露拆棚”专项整治在全区范围内开展，累计完成 433 处露天粪缸和棚厕旱厕的拆除。2021 年，区爱卫办通过国卫复评、卫生创建、日常督查等活动继续加大对“清露拆棚”工作的检查，巩固深化“清露拆棚”工作成果。开展医疗卫生单位机构厕所革命，加强全区医疗卫生机构厕所建设和管理。

（刘晓虹）

·妇幼保健·

【概况】2021 年，临平区有户籍产妇 4060 人，活产数 4113 人，系统管理率 98.18%，住院分娩率 100%。孕产妇死亡率为零。各监测医院出生 9860 人，围产儿死亡 18 例，死亡率 1.83‰；出生缺陷 196 人，出生缺陷发生率 19.85‰。全区 3 岁以下儿童 18417 人，系统管理 18165 人，系统管理率 98.63%。7 岁以下儿童 43345 人，其中接受保健儿童 42983 人，保健覆盖率 99.16%。5 岁以下儿童死亡 8 人，死亡率 1.95‰，其中婴儿死亡 3 人、死亡率 0.73‰。

【3 岁以下婴幼儿照护服务】2021 年，临平区出台《杭州市临平区人民政府办公室关于促进 3 岁以下婴幼儿照护服务发展的实施意见》，明确临平婴幼儿照护服务工作的主要目标和重点任务，成立临平区婴幼儿照护服务工作领导小组，强化部门间的分工协作机制。制定《临平区婴幼儿照护服务资金补助实施办法》，落实婴幼儿照护服务的财政补助长效机制，助力普惠性婴幼儿照护服务持续、健康发展。全区可提供婴幼儿照护服务托位 3381 个，每千常住人口拥有托位数 2.8 个；建有婴幼儿照护服务社区成长驿站 18 家，每千名儿童拥有成长驿站 0.5 家；全区建成并投入使用母婴室 34 个，评定三星级 19 家，四星级 13 家，五星级 2 家。

【母婴安全保障】2021 年，临平区落实母婴安全“五大行动”重点工作任务，严格高危孕产妇首诊负责制，确保对妊娠风险评估高风险人群做到专人专案、全程管理、动态监管。不断提升妇幼专科能力建设，规范危急重症转诊救治流程。推广和使用孕产妇“五色智控码”，通过强化数字赋能，精准智控，为孕产妇舒心就医、母婴安全提供有力保障。通过多方合力筑牢母婴安全防线，管理高危孕产妇 7030 人（其中危重孕产妇

50 人），管理率为 100%，未发生孕产妇死亡。（说明："五大行动"即包括妊娠风险防范行动、危急重救治行动、质量安全提升、专科能力建设行动、便民惠民服务行动）

【出生缺陷预防】 2021 年，临平区完成国家免费孕前优生健康检查 11628 人，完成全年目标数的 147.96%。发现精神疾病人数 9 人，指定传染病 73 人，影响婚育疾病人数 82 人。全区产前筛查 22808 例，筛查率 90.89%，筛出高风险 2438 例，参加产前诊断 295 例，确诊 21-三体综合征 8 例；无创 DNA 检测 2284 人，检测出 21-三体综合征高风险孕妇 4 人，其他染色体异常 17 人，通过产前诊断确诊 21-三体综合征 3 人，其他染色体异常 4 人。全区助产医院分娩活产 9860 人，新生儿疾病筛查 9819 例，筛查率 99.58%，筛查出可疑儿童 387 例，确诊新筛异常儿童 29 例。全年听力筛查儿童 9816 例，筛查率 99.55%，筛查出可疑儿童 946 例，确诊听力异常儿童 23 例。免费开展双指标法新生儿先天性心脏病筛查 9844 人，筛查率 99.84%，筛查阳性 194 人，开展心超诊断 193 人，诊断率 99.48%，发现异常 182人。

【消除艾滋病、梅毒、乙肝母婴传播项目】 2021 年，临平区消除"艾梅乙"母婴传播项目不断完善和规范。孕产妇"艾梅乙"检测率达 100%，艾滋病感染孕产妇所生儿童早期诊断检测率 100%；梅毒感染孕产妇所生儿童出生采血率及预防性治疗率均为 100%；全区艾滋病母婴传播率、先天梅毒发病率、乙肝母婴传播率均为零。

【儿童发育筛查与疑似残疾儿童监测】 2021 年，临平区完成监测 0—3 岁儿童发育筛查 18165 人，筛查率 98.63%。筛查出可疑、异常 218 例，确诊 26 例，干预康复 22 例。同时将儿童发育筛查工作与 0—6 岁新发疑似残疾儿童工作有机结合，根据儿童发育预警征检查表、标准化发育筛查，对初筛疑似残疾儿童进行逐级转介、诊断和康复服务，全年监测儿童 43345 人，上报疑似残疾儿童 50 例，需进一步鉴定 17 例。

【基层培训】 2021 年 4 月，区卫健局组织全区"婴幼儿家长养育技能专业课堂讲师竞赛"活动，来自各社区卫生服务中心 20 位儿保医生参加本次竞赛。10 月，举办 2021 年母婴保健技术服务复训班，临平区及周边区县从事助产技术服务、结扎手术和终止妊娠手术的母婴保健专项技术服务机构，共计 170 余名从业人员参加培训。9 月 17 日至 10 月 17 日，举办主题为"儿童优先、母亲安全"的妇幼健康学术月，吸引省内多家医疗卫生单位的 1000 余位妇幼同仁到临平区现场学习交流。

【托幼机构保健管理】 2021 年，全区 121 家持卫生保健合格证的单位中，托幼机构卫生保健工作达到省一级标准的有 14 家，达到省二级标准的有 86 家，达到省三级标准的有 3 家，达到基本合格标准的有 18 家。指导推进全区托幼机构卫生保健系统使用。在园儿童贫血患病率、营养不良患病率、视力不良率均控制在较低水平。

【"出生一件事"多证联办】 2021 年，临平区有序开展新生儿出生"一件事"平台办理事项，提供出生医学证明便民邮寄服务，全年受理出生证签发 9880 件，开展"出生一件事"多证联办 4556 件，减少材料近 2 万份，切实践行便民服务"最多跑一次"。加强出生医学证明的规范管理，对 2016—2020 年的 64856 份出生医学证明进行数字化归档工作。

（周任婧）

体 育
Sports

·综 述·

【概况】2021年，临平区亚运场馆改建项目临平区体育中心和塘栖盲人门球训练基地场馆建设全面完工，场馆团队设置基本完成，场馆运行编制有序推进。完成省市级多功能运动场、百姓健身房、体育小康村提升工程等各类基层体育设施建设6处，新建健身点、篮球场等区级全民健身工程36个。截至2021年底，全区共有各类健身苑（点）898个、篮球场351个、足球场100块、健身步道323条、百姓健身房10个，体育场地总面积302.4万平方米，全区村（社区）体育健身点覆盖率达到100%。2021年，获浙江省体育民生实事建设突出贡献奖。

【体育活动】2021年，临平区举办杭州市第二十届青少年运动会青少年部摔跤比赛、2021年首届浙江省青少年游泳精英赛等省市级青少年竞技体育赛事。举办临平区亚运场馆启用仪式、“喜迎建党百年 同走红色绿道”杭州绿道健身月活动暨浙江省第三届“绿道健走大赛”、2021国际（杭州）毅行大会暨杭州绿道健康行临平区分会场、全民亚运健康促进行动和全民科学健身行动启动仪式、2021年杭州市全民健身全市大联动（临平赛区）活动。指导各镇街、各体育单项协会结合自身特色举办体育赛事活动110余场，举办体育科学大讲堂、单项体育培训班等科学体育指导、培训60余场。全区参加体育锻炼的人数（含学生）比例为44.7%。全年培训、认定三级社会体育指导员681人，开展临平区国民体质监测工作，完成监测样本3650例，合格率94.3%。

（王雨佳）

·亚运筹办·

【亚运场馆建设】2021年3月，亚运场馆临平体育中心主体竣工，6月完成场馆预验收，9月17日完成亚组委赛事综合验收，具备亚运会办赛条件，是省内首批通过验收的亚运场馆之一，并获2021年亚组委立功竞赛一等奖。4月，塘栖盲人门球训练基地开工建设，12月23日完成亚组委赛事综合验收。

【亚运场馆团队设置】2021年，临平区完成亚运场馆运行团队设置和人员计划编制（深化版），完成临平赛区指挥层、执行层（19个业务领域“主任级”）的建议名单和工作职责编制。12月，在区文广旅体局、区残联集中办公人员基础上，由区委组织部全区统一选派7名人员，进行专班化集中办公。

【亚运场馆运行编制】2021年，亚运场馆运行编制工作有序推进，临平赛区两个竞赛场馆的运行工作计划编制完成，明确计划编制阶段、测试演练阶段、赛时运行阶段、赛后移交阶段的时间节点和任务要求。场馆运行设计2.0版和竞赛场馆赛时运行计划（第一版）、临平赛区《场馆赛事器材工作计划(初版)》和《场馆赛事器材赛后处置方案(初版)》完成，为赛事提供运行保障。

【亚运宣传氛围】2021年，临平区开展体育嘉年华、文艺演出、展览、知识问题等“亚运四进”活动34场，推进完成城市户外宣传5处、政府投资项目建筑围挡88处、公共艺术装置4个、倒计时牌1个，夜景灯光秀1处，形成全社会关心亚运、参与亚运、服务亚运的浓厚氛围。

（王雨佳）

·群众体育·

【基层体育设施建设】2021年，区文广旅体局以“体育惠民”为主题，积极推进百姓健身房、社区多功能运动场、小康体育村升级工程等便捷、综合的新型体育场地建设，全年建成省级多功能运动场2个、百姓健身房2个、小康体育村升级工程2个、区级各类健身苑点28个，篮球场8个。

【2021年体育场地普查】2021年，临平区组织全区体育场地大普查，大力推进体育场地建设、改造工程，对老、破、偏的场地提档升级，引培新兴体育项目，截至12月31日，通过审核的体育场地面积新增162万平方米，总量达到302.4万平方米，人均体育场地面积从原来的1.2平方米上升到2.53平方米，实现了翻番。

【国民体质监测】2021年9月，临平区启动国民体质监测，对象为常驻临平区公民（不包括学生），样本人群分为幼儿（3—6周岁）、成年人（20—59周岁）、老年人（60—69周岁）三个年龄段，历时1个月，先后对8个街道3650人的样本量进行集中监测，为临平群众健康“把脉”。

【体育指导员培训】2021年9月，临平区开展三级社会体育指导员培训工作，开设5期培训班，其中线上3期，线下2期。培训681位三级社会体育指导员，主要对象为未取得三级社会体育指导员证书的文体干部或文体志愿者，另有80名医护人员参与，实现首次“体医融合”三级指导员培训。

【2021全民健身大联动】2021年9月12日，由杭州市体育局主办，区文广旅体局承办，区社会体育指导中心协办的杭州市全民健身全市大联动（临平赛区）活动在临平亚运场馆综合训练馆举行。来自临平区的8个镇街及区红十字会、部分区级协会的300余名体育运动爱好者共同参与。临平区以组织的规模和运动员的成绩优势，获杭州市（13个县区）总赛区特等奖。

【2021杭州毅行大会临平赛区】2021年9月，“全民健身·共享亚运”2021国际（杭州）毅行大会暨杭州绿道健康行活动启动，采用“线上+线下”模式，分为云上启动仪式、线上绿道毅行、线下毅行大会3部分。9月18日至10月17日，临平赛区共2000余人参加为期30天的线上绿道毅行。12月5日，线下杭州绿道健康行临平区分会场全民亚运健康促进行动和全民科学健身行动开赛，全程5千米，全区有200余名选手参加，共享“浙江省最美绿道”，共创临平全民健身热潮。

（王雨佳）

·竞技体育·

【杭州市第二十届运动会摔跤比赛】2021年7月22—23日，杭州市第二十届运动会摔跤项目在临平体育中心举行，来自全市7个区县市共计201名运动员参赛，采用国家体育总局审定的最新摔跤竞赛规则，设古典式和自由式两个子项，根据不同级别产生 33 枚金牌。

【首届浙江省青少年游泳精英赛】 2021 年 10 月 16—17 日，由浙江省体育竞赛中心、临平区人民政府主办，由浙江省游泳协会、区文广旅体局承办的 2021 年首届浙江省青少年游泳精英赛在杭州市临平体育中心游泳馆举行。赛事按年龄分为 7—8 岁组、9—10 岁组、11—12 岁组、13—14 岁组，设有自由泳、蛙泳、仰泳、蝶泳、扶板自由泳打腿、扶板蛙泳蹬腿、男女混合 4×50 米自由泳接力等项目，全省 13 个代表队共 200 余名教练员、领队、运动员参加。

2021 年 10 月 16—17 日，2021 年首届浙江省青少年游泳精英赛在临平体育中心游泳馆举行

（区文广旅体局 供稿）

【东京奥运会跆拳道表演项目跆拳道混合团体比赛冠军】 2021 年，临平区选手陈灵龙及队友宋洁、高盼、唐皓，在东京奥运会跆拳道混合团体赛中初赛对战科特迪瓦，半决赛对战俄罗斯，以两战两胜成绩，获东京奥运会跆拳道表演项目跆拳道混合团体比赛冠军。

【全国射箭 U12、U14 锦标赛】 2021 年，临平区运动员在全国射箭 U12、U14 锦标赛上获得金牌 2 枚，银牌 2 枚。

【浙江省青少年射箭锦标赛】 2021 年，临平区运动员在浙江省青少年射箭锦标赛中斩获金牌 7 枚，银牌 1 枚，铜牌 4 枚，总成绩排名第二。

【杭州市第二十届运动会（青少年部）】 2021 年，临平区运动员在杭州市第二十届运动会（青少年部）沙滩排球、拳击、散打项目中均列金牌总数第一位、团体总分第一位，摔跤比赛中列金牌总数第二位、团体总分第二位，射箭项目中获金牌 7 枚。

（王雨佳）

·体育产业·

【新型体育产业项目培育】 2021 年，临平区在星桥街道杭州市跑步中心引进开发卡丁车基地、户外帐篷区、农业观光区等区域；在塘栖镇丁山湖水域引进开发塘栖丁山湖水上运动基地；在东湖街道皇国山公园引进开发浙江省科技体育运动训练基地，以农旅拓展临平区体育产业的广度深度。

【杭州臻元休闲用品有限公司】 2021 年，杭州臻元休闲用品有限公司入选杭州亚运会、亚残运会特许生产企业和特许零售企业。

（王雨佳）

社会生活

Social Life

·人口监测和家庭发展·

【概况】2021 年，临平区上报户籍出生人口 4191 人，同比下降 7.24%。其中：一孩出生 2145 人，减少 0.19%；二孩出生 1943 人，减少 13.95%；三孩、多孩出生 103 人，下降 7.21%。全区人口出生率 7.39‰，下降 0.98 个千分点；人口自然增长率 2.28‰，下降 1.59 个千分点。2021 年全区总出生人口 8695 人（含流动人口 4504 人）。其中，男孩 4595 人，女孩 4100 人。总出生人口性别比 112.07，户籍出生人口性别比 111.24。

【人口统计与监测】2021 年，临平区开展人口统计与监测，全员人口信息覆盖率、准确率均达 90%以上。2021 年全区育龄妇女 128920 人，已婚育龄妇女 99501 人，分别增长 4.22%、3.24%；女性初婚 1602 人，下降 0.87%；育龄妇女总和生育率 1.12，下降 0.15 个千分点。开展育龄人群生育意愿调查，了解三孩政策实施后，适龄家庭对于生育政策的态度，内容涵盖育龄人群的个体情况、家庭基本情况、基本社会经济特征、生育意愿和生育行为等，合计回收有效问卷 2000 份。

【“最多跑一次”改革深化】2021 年，临平区依法实施一对夫妻可以生育三个子女政策及配套支持措施。简化办事流程，实现群众生育登记和生育补助领取“零跑路”。1—12 月网上办理生育登记 5196 件、再生育审批 69 件（三孩政策施行后已取消再生育审批）。

【计划生育奖励扶助政策】2021 年，临平区落实计生家庭各项惠民政策。全年完成 5076 例生育补助对象审核，发放金额 609.12 万元；完成 5795 名奖扶对象审核，发放奖扶金 556.32 万元；完成 671 名特扶对象审核，发放特扶金 594.32 万元；完成 446 名 2018—2020 年退休计生家庭成员养老保险补贴对象审核，发放补贴 46.2 万元；完成 21446 名计生家庭医保奖励对象审核，发放奖励 343.16 万元；完成 9613 名独生子女父母奖励对象的审核，发放奖励 14.5 万元；完成 24 户 38 名市级公益金对象的审核并发放金额 10 万元，完成 12 户 19 名区级公益金对象的审核并发放金额 10.5 万元；完成 18 名计生手术并发症对象的每月审核，发放补助金 23.80 万元，对计生手术并发症对象发放春节慰问金 8.41 万元。

【协会改革】2021 年 9 月 28 日，区计划生育协会第一次会员代表大会召开，选举产生区计生协第一届理事会班子成员。制定《临平区镇（街道）计生协会改革工作实施方案》，全区 8 个镇街的 181 个村（社区）“计生协会”全部更名为“人口家庭协会”，完成改革工作。

【生育关怀】2021年，区计生协开展计生特殊家庭暖心行动，走访慰问失独家庭256户413人，使用资金82.6万元。与区心理卫生协会合作开展失独家庭心理健康关爱和团辅活动，开展个案评估和心理咨询服务80多人次，团辅、培训6场。为独生子女家庭和计生特殊家庭分别购买平安险和意外医疗保险投保53.4万元，理赔58.28万元，理赔率109.13%。开展计生困难家庭圆梦微心愿活动，征集兑现49个微心愿。举办区“护爱小禾苗 健康助成长”公益讲座8场，承办市优生优育公益讲座5场。

【计生家庭志愿帮扶】2021年，临平区在塘栖镇、运河街道探索志愿服务新模式，持续打造国家级、市级暖心家园。塘栖镇成立镇、村（社）两级共430余人的志愿者队伍，组建心理服务、法律服务、金融服务、爱心企业、慈善公益、健康服务和生活服务7支志愿队，采用从上至下的主动服务和由下而上的点单服务，打通服务群众的渠道，做好计生家庭的娘家人、贴心人。运河街道依托第三方组织星运公益等，成立街道人口家庭志愿服务团队，实行“点单式”个性化服务。

【老龄工作推进机制】2021年，临平区印发《2021年镇街老龄工作目标》，明确年度老龄工作评价内容及范畴。完善统筹协调制度，根据区老龄工作委员会调整情况，明确区老龄委成员单位及具体工作职责。完善信息统计制度，推进内容涵盖老年人状况、健康服务、社会保障、权益保障等方面的全区老龄事业年报统计工作。

【敬老孝亲服务】2021年，临平区为全区11.5万户籍老年人购买意外伤害保险，投保345.36万元。开展百岁老人慰问活动，走访慰问百岁老人64名，发放慰问金19.2万元。组织以“实施积极应对人口老龄化国家战略，乐享智慧老年生活”为主题的全区性老年节大型庆祝系列活动，开展以智慧助老、健康宣教、维权保障、文体惠老等为主体的各类活动100余场，大力弘扬尊老爱老助老的传统美德和社会风尚。

【文化养老工作】2021年，临平区利用老年电视大学分校及教学点的资源优势，开展远程教育（围绕老年健康、中医养生、防诈骗等方面），全年近1.5万名老年人受益。区老年健康服务中心开设瑜伽、书法、陶笛、电子琴、歌咏等30门课程，年招收学员660余人次；组织开展老年人摄影书画展活动，全年送展作品237幅（市活动137幅、区活动100幅），极大丰富老年人的精神文化生活。各镇街设有191家老年精神文化活动阵地——老年活动室（中心），活动面积约4.7万平方米，服务老年人16余万人次。

【三项创评工作】2021年，临平区广泛开展敬老爱老助老“最美”系列选树活动，评出52家单位、个人和家庭为区级“最美”典型，6家单位、家庭和个人入选市级“最美”典型。开展“老年友好型社区”创建活动，4个社区入选杭州市老年友好型社区，其中南苑街道文仪社区获评全国示范性老年友好型社区。启动“老年友善医院”创建工作，优化老年就医环境，让“老有所医”更便捷高质，临平区10家公立医疗机构（3家区属公立医院、7家社区卫生服务中心）创建成为老年友善医疗机构。

【老年健康服务体系】2021年，临平区深化医养结合工作，积极促进紧密型医养联合体建设，区养老机构医养结合签约服务覆盖率100%，基层医疗卫生机构与居家养老服务（照料）中心医养结合服务签约率达85%以上，拥有医养结合机构5家，床位1853张（医疗床位601张、养老床位1252张）。推进安宁疗护服务，区中医院规划建成全区首个“安宁疗护病区”并投入使用。

（余丽君）

·劳动就业·

【稳定就业】 2021年，临平区城镇新增就业55510人，城镇登记失业率为2.47%。区人力社保局举办各类线上线下招聘会30场，发布用工岗位信息3.9万条，促成1.6万余人次达成用工意向。推进失业保险待遇“畅通办”，鼓励企业吸纳就业，兑付各类援企稳岗政策，助力企业发展，稳定就业岗位。全年发放失业保险金9387.79万元，各类就业补贴6532.83万元。

【重点群体就业帮扶】 2021年，区人力社保局开展就业困难人员摸底调查，开展离校未就业高校毕业生跟踪帮扶和“民呼我为”活动。全年引导和帮助4420名失业人员再就业，其中就业困难人员2481人，发放创业担保贷款5578万元。

【根治欠薪系列行动】 2021年，区人力社保局开展护航建党百年“浙江安薪”专项行动、全区重大工程建设项目劳资纠纷专项治理行动、女职工产假等权益暨新业态行业用工专项执法行动、建筑项目“六项制度”落实情况飞行检查等行动，做好无欠薪县区复评工作。

【劳动纠纷化解】 2021年，区人力社保局受理立案各类劳动监察投诉举报案件577件，涉及劳动者886人，金额1077.39万元；受理国务院欠薪线索反映平台线索件1205件；受理劳动人事争议案件1094件，涉及劳动者1213人，金额8043.32万元。

（黄頔思）

·居民生活·

【概况】 根据住户抽样调查资料显示，2021年临平区（原余杭区口径）城乡居民人均可支配收入67760元，比上年增长9.9%。其中，城镇居民人均可支配收入77184元，增长9.2%；农村居民人均可支配收入48705元，增长10.4%。城乡居民收入之比为1.58∶1，居全省最低行列。

从收入构成来看，全区城乡居民四大类收入全面增长。全年全体居民在各类经济单位劳动得到的人均工资性收入44699元，增长8.6%。其中，城镇居民人均工资性收入51174元，增长8.0%；农村居民人均工资性收入31607元，增长9.0%。全体居民人均经营净收入9351元，增长10.3%。其中，城镇居民人均家庭经营净收入9724元，增长9.7%；农村居民人均家庭经营净收入8596元，增长11.4%。全体居民人均财产净收入6599元，增长18.5%。其中，城镇居民人均财产净收入7886元，增长17.3%；农村居民人均财产净收入3997元，增长20.2%。全体居民人均转移净收入7111元，增长9.7%。其

2021年7月9日，临平区人力社保局和乔司街道办事处在永和村村委共同举办“岗位宅急送　就业我来帮”专场招聘会活动　（区人力社保局　供稿）

2021年临平区城乡居民四大类收入及增长情况表

表3

收入结构	全体居民人均可支配收入		城镇居民人均可支配收入		农村居民人均可支配收入	
	绝对值（元）	增速（%）	绝对值（元）	增速（%）	绝对值（元）	增速（%）
可支配收入	67760	9.9	77184	9.2	48705	10.4
一、工资性收入	44699	8.6	51174	8.0	31607	9.0
二、经营净收入	9351	10.3	9724	9.7	8596	11.4
三、财产净收入	6599	18.5	7886	17.3	3997	20.2
四、转移净收入	7111	9.7	8400	8.9	4505	10.2

注：居民收入数据沿用区划调整前统计口径。

（综合统计科）

中，城镇居民人均转移净收入8400元，增长8.9%；农村居民人均转移净收入4505元，增长10.2%。

（陈丹娜）

【未来乡村建设】2021年，临平区坚持“美丽普惠、数智赋能、未来引领”建设路径，突出数字化改革重点，聚焦人本化、生态化、数智化、共享化、融合化价值取向，聚力打造邻里、文化、健康、生态、创业、建筑、交通、数字、服务和治理等应用场景，推进未来乡村建设。塘栖村被列入省级未来乡村创建名单，双桥村被列入市级未来乡村创建名单。

（金敏）

·民　　政·

【养老服务设施】2021年，临平区新增镇街级居家养老服务中心4家，示范型居家养老服务照料中心14家，全区有居家养老服务（照料）场所116个，其中90%以上的示范型照料中心实现社会化运营。开展养老机构服务质量大检查，召开全区养老机构负责人安全管理会议，并组织消防安全演练。探索开展医养结合服务，全区117家居家养老服务（照料）中心提供医疗服务。加强养老机构管理，建设区级康养联合体1家，新增养老机构床位130张。截至2021年底，全区有养老机构9家，其中公办1家、民办4家、公建民营4家，有床位2620张。超额完成困难家庭适老化改造135户。全区有助餐场所106家，其中集中配送餐中心12家、老年食堂24家、助餐服务点70个，90%以上实现社会化运营。

【政府购买服务】2021年，临平区享受政府购买居家养老服务时间标准为每人每月8—56小时，政府购买服务对象1.2万余人，占老年人口10%，购买资金2137.53万元。出台《杭州市临平区养老服务电子津贴实施办法（试行）》。

【老年人生活补贴和节日慰问发放】2021年，临平区对年满60周岁及以上享受临平区城乡居民基本养老保险待遇的临平户籍老年人，按1000元/人·年的标准发放生活补贴，端午节、中秋节按600元/人·年的标准发放节日慰问。2021年，全区有16109人享受老年人生活补贴，发放资金1601.9万元；33127人次享受节日慰问，发放资金1987.62万元。80—89周岁享受临平区城乡居民基本养老保险待遇的临平户籍老年人，按50元/人·月的标准发放高龄津贴，90—99周岁按100元/人·月的标准发放，100周岁以上按300元/人·月的标准发放，全年发放71.24万元。

【养老队伍建设】2021年，临平区全年组织开展六期养老护理员培训，培训人数285人。

【困境儿童扶助】2021年，区民政局委托第三方开展困境儿童和农村留守儿童入户调查，维护困境儿童和农村留守儿童的权益；办理孤儿送养、收养业务，共计办理国内收养7人；承接公安分局、检察院、法院委托的临时寄养任务。推进适度普惠型儿童福利体系建设，保障困境儿童权益，开展“七彩阳光 快乐童年”主题“六一”儿童节专题活动，组织临平片区8个镇街213名困境儿童进行公益体检。截至2021年底，临平区有孤儿及其他困境儿童535人（在院45人），发放基本生活补贴467.48万元。

【帮扶救助】2021年，临平区新增低保141户270人、低边45户166人、特困4户6人，退出低保401户640人、低边72户270人、特困11户11人。截至2021年底，全区低保对象共1713户2206人、低保标准为每人每月1102元，低保边缘对象184户582人、低边定期生活补助标准为每人每月74元；特困人员41户41人，特困人员基本生活标准为每人每月1837元，发放各类救助金4607.24万元，其中低保资金2656.15万元。探索社会帮扶创新项目“幸福码”，完成全区在册困难家庭“幸福码”上墙工作，实现一键申请社会救助，一单查看“幸福清单”。“精准帮扶 幸福加‘码’”获评杭州市党史学习教育“民呼我为”最佳实践案例及临平区“民呼我为”优秀案例，“幸福码”相关信息获杭州市委宣传部部长戚哮虎批示。推进主动精准高效救助，依托省民政厅“大救助”信息系统，利用浙江省经济状况核对系统，实现“应保尽保”“应退尽退”。落实“一证通办”，进一步简化申请资料；通过政务2.0受理救助申请，救助“一件事”网办率达100%；遵守审批时限，及时处理预警信息；做好社会保障卡在民政领域的应用，在办理社会救助等民政相关业务时，社会保障卡可作为有效证明身份的文件。开展业务知识培训与竞赛，加强社会救助领域人才队伍建设，提高大救助信息系统应用水平和经办能力，两名社会救助工作人员在全市第一届“幸福杯”社会救助业务竞赛中获“救助业务知识达人”称号。做好特困人员救助工作，在省市文件下发前，根据民政部文件拟定《关于进一步做好特困人员救助工作的通知》，先行开展特困人员摸底排查，扩大救助人群范围。开展“三项倒查”工作，全面摸排全区3%相对困难家庭、大额医疗支出家庭和老年人家庭，主动发现困难群众，及时救助。

【慈善救助】2021年，临平区募集慈善资金4186.75万元，发放2811.16万元，帮扶困难群众16183人次。在“中华慈善日”当天发布20个慈善认领项目，全部由爱心企业认领，认领资金890.6万元。开展“慈善一日捐”、靓厨行动、爱的陪伴、一路伴你、童病关爱、送清凉、节日救助、慈善临时救助等慈善项目。

【流浪乞讨人员救助】2021年，临平区加强流浪乞讨人员救助管理，切实做好特殊灾害性天气街面巡查工作，救助各类困难人员372人，跨省护送返乡人员74人。

（张秋佳）

·医疗保障·

【概况】2021年行政区划调整后，市医疗保障局临平分局成立。分区后截至2021年底，临平区基本医疗保险总参保人数达74.76万人。其中，职工医疗保险参保人数53.56万人，城乡居民基本医疗保险参保人数21.2万人。市医疗保障局临平分局围绕区委区政府的中心工作和市局任务要求，深入推进党史学习教育与工作相容互促，加快完善医保经办服务体系，不断提升医保标准化规范化水平，进一步提高临平区群众医保办事服务的满意度。同时不断加强医保基金监管，守好人民群众的“保命钱”，不断提升基本医疗保障水平。

【区域参保率提升】2021 年，市医疗保障局临平分局着力提升参保率，持续做好新增扩面资源的维护，有序开展 2022 年度城乡居民基本医疗保险和西湖益联保参保工作。至年末，临平区城居参保率为 99.96%。每月通过浙江省大救助系统排查新增持证人员，做到应保尽保。以“三服务”活动为抓手，与多部门联合，重点关注困难人员的医疗费个人负担情况，为大额费用人员提供一对一优质化服务。至年末，临平分局针对全区困难持证、边缘困难人员 8852 人，18966 人次免费购买城乡居民医疗保险及西湖益联保，化解大额费用人员 2 人，化解医疗费 112961.58 元。

【推进党建品牌建设】2021 年，市医疗保障局临平分局制定实施医保“小燕子”六个一“医心服务，药事相商”党建品牌方案，成立医保“小燕子”健康服务团队，与安乐社区共同推动建设党建联盟，开设医保“小燕子”健康服务为民驿站，推进机关、社区双方资源有机整合、共建共享，发挥医保的医疗资源优势和社区的属地管理优势，相关工作得到杭州市医保局党组书记方健国的批示肯定。在区医保管理服务中心窗口开设办事专窗、咨询服务热线等，推进开展医保“小燕子”六个一系列服务活动。同时结合党史学习教育主题实践，在全局各业务科室开展医保“四比四看”服务提质工作，确保业务经办人员熟练掌握各项政策，持续提升医保服务质量和水平。

【医保“两定”机构管理】2021 年，临平区继续扩大医保定点范围，截至年底，有签约开通协议定点医药机构 620 家，其中医疗机构 261 家、零售药店 359 家，进一步促进定点医疗机构和定点零售药店管理的规范化，区内参保人员就医更加便捷。

【医银合作深化】2021 年，市医保局临平分局与浙江杭州余杭农村商业银行深入推进“医银合作”，随着临平区医银合作项目的全面铺开，余杭农村商业银行服务网点开放医保经办服务后，均可办理异地长期居住人员备案等 18 项医保高频办理事项，进一步简化医保办理流程，打造医保经办“15 分钟服务圈”。

【医保网办业务优化】2021 年，市医保局临平分局要求定点医疗机构开通跨省异地就医结算，完成率达 32.8%。持续推进电子凭证介入改造，提升医保电子凭证激活率和结算率，至年末，医保电子凭证结算率每月达 25%以上。切实做好医疗保障经办服务工作，创新服务形式和载体，推进区医疗保障业务“网上办”“掌上办”等非接触办理方式的广泛使用，倡导办事群众和用人单位实行“不见面”“零跑腿”，确保参保人员及时享受到各项医保待遇。

【医保专项检查行动】2021 年，市医保局临平分局扎实开展医保反欺诈专项整治工作。加大重点领域的监管力度，按季度开展专项行动，同时参与省、市医保部门组织的国家飞检、省飞检、市飞检工作。截至 2021 年底，网上排查可疑人员 3.87 万余人次，巡查 715 家定点单位发现各类违规扣款约 1195 万元，行政处罚 2 家，解除协议 2 家、暂停服务协议 4 家、限期整改 10 家、约谈 78 家单位负责人、移送公安 1 家、临时协议期医药机构不予续签正式协议 7 家。

【异常信息数据化挖掘】2021 年，市医保局临平分局通过医保实名制监管系统，筛选出违规签到签退的机构，对 5 家违反协议约定的单位扣分处理；根据排序规则，每月对费用增长异常的机构列出重点审核名单；对每月机审中发现有异常就诊行为的参保人员进行梳理汇总，列入重点监管名单，统一编辑短信给予提醒，已向 129 人发送提醒短信。至年末，机审总数量约 1089.23 万条，问题单据约 131.57 万条，实际扣款金额约

1201.28万元。

【付费方式改革推进】 2021年，市医保局临平分局与市局同步完成2020年总额预算管理下的按病组、按床日、按项目等多元复合式医保支付方式下的费用清算工作，涉及各类奖励金额2345万余元。对区内定点机构50个DRG（疾病诊断相关分组付费）病组不设差异系数，与省、市机构同病同价支付，进一步促进分级诊疗，推进县域医共体建设。同时，开展DRG数据分组审核反馈工作及省市DRGs（疾病诊断相关分类）病案交叉现场大检查工作，临平共涉及840份病案，检查中专家认定的问题病案261例，合计金额约340.26万元。

【药械集中带量采购】 2021年，市医保局临平分局按照国家、省、市医保部门统一安排，常态化推进落实药品耗材集中采购和使用工作。截至2021年底，在临床执行的带量采购药品有国家5批、省1批，涉及中选药品品种173个，部分批次药品超额完成采购任务量；国家组织冠脉支架和省组织球囊均分别采购786个、1681个，完成全年采购任务量的375.2%、234.4%，进一步降低药品耗材采购价格。

【两定机构医保贯标指导】 2021年，市医保局临平分局通过制定工作方案、成立业务专班、召开专题培训会议、上门业务指导、网络交流、现场摸底验收督查等举措做好两定机构的贯标指导工作。7月底，临平区中西医结合医院作为浙江省杭州市地区的代表机构，参加国家15项贯标编码落地工作的视频验收，获国家、省、市医保局的高度评价，为推进临平区“智慧医保”建设，无缝对接国家医保信息平台打下扎实基础。

【疫情防控专项资金划拨完成】 2021年，市医保局临平分局压实医保零售药店主体责任，下发关于医保零售药店做好疫情防控的通知，必要时责令暂停整改；结合医保日常巡查全覆盖开展现场督查；与财政、卫健等部门共同落实好新冠病毒疫苗及接种工作的费用保障，及时完成疫苗及接种专项资金的划拨。

（徐千云）

·住房保障·

【住房保障审批】 2021年，区住建局做好住房保障有关工作。全年发放高层次人才购房补贴、租房补贴，杭州市新引进应届大学生租房补贴，新就业大学毕业生、创业人员公共租赁住房补贴，城镇中等偏下收入住房困难家庭公租房补贴、廉租房补贴3.1亿元。

【保障房和人才房建设】 2021年，区住建局推动保障性住房（公租房、人才专项租赁住房）建设进度，全年全区共有保障性用房10548套，包括廉租房实物房源199套，蓝领公寓在营1602套，在建的保障性住房8747套（集中建设公租房项目4个，房源2147套；逐宗配建公租房项目18个，房源1472套；人才专项租赁住房项目5个，房源5128套）。

【征迁清零】 2021年，区住建局完善和出台全区征迁、回迁配套政策4个；受理房屋征收决定书6件，发出房屋征收决定书5份；协调、指导完成1151户农居户和51家企业的征迁工作，共征地262.41公顷；拔掉企业钉子户17家、农居户钉子户27户。

【安置房建设】 2021年，临平区新开工安置房项目9个（按施工许可证统计，下同），建筑面积122.76万平方米，建设套数6692套；单体竣工安置房项目20个，建筑面积207.65万平方米，建设套数12812套；竣工备案安置房项目17个，建筑面积161.04万平方米，建设套数10196套。

【回迁安置】2021年，区住建局实际完成回迁安置2933户，提前超额完成年度任务；完成安置房项目办理产权初始登记3095户，完成安置房不动产初始登记72333套。

（方彬）

·社会保障·

【社保扩面】2021年，临平区各类养老保险参保人数达60.33万人，工伤保险、失业保险参保人数分别达51.89万人、40.16万人，区内户籍人员基本养老保险参保率为99.83%，贫困人员参加城乡居民养老保险率达到100%。

【征地安置清理】2021年，区人力社保局根据省人社厅等4部门联合下发的关于征地农民参加基本养老保险的工作通知，调整被征地人员参保政策，为保障新政策实施，对存量征地项目开展清理工作，涉及安置人员3840人，其中参保安置2441人、货币安置1399人。

【基金风险排查整改】2021年，区人力社保局开展全区养老保险基金管理风险排查和问题整改，开展服刑人员待遇领取清查、异地重复参保清查等专项检查，发现并整改问题10个，涉及基金2.8万元、银行应付未付利息0.28万元。

【社保业务下延】2021年，区人力社保局将人力社保服务事项向镇街村社便民服务中心和52个农商银行网点下延，畅通“掌上办、网上办、就近办”三位一体服务渠道，基本做到服务事项全部进驻窗口、涉企事项全部进驻区企业服务中心、民生服务事项全口径下延。

【数字化改革】2021年，区人力社保局推进信息化项目工作。“退休办理零次跑”应用上线，数字“临”办——工伤应用被列入区级信息化建设项目和市局数改项目名单，推进“数智就业”“网签电子劳动合同”等市级信息化项目推广应用。

【“人社我帮您”活动开展】2021年，区人力社保局开展“人社我帮您”政策宣传服务活动，建立“亲清助企服务团”等5支宣传服务队伍，开展“岗位宅急送”就业帮扶行动等八大宣传服务行动，提升人力社保惠民利企政策及便民服务的覆盖率、知晓度、惠及面。

（黄頔思）

·公积金管理·

【概况】2021年，临平区新开户职工5.27万人。截至年末，实缴职工14.91万人，实缴存额31.39

2021年12月3日，区人力社保局在崇贤街道鸭兰村村委广场开展“人社我帮您”政策宣讲服务活动 （区人力社保局 供稿）

亿元，提取额 18.36 亿元；发放个人贷款 5613 户，发放贷款额 30.49 亿元；业务收入 3.26 亿元，业务支出 1.87 亿元，实现增值收益 1.39 亿元。

【还贷提取】 2021 年，临平区新增上海银行、广发银行、江苏银行为公积金还贷提取按月转账业务合作银行。

【退休“一件事”】 自 2021 年 6 月 2 日起，临平区住房公积金退休封存和提取纳入企业职工退休“一件事”办理。企业在人社部门申请办理达到法定退休年龄领取基本养老保险待遇时可以一表申请个人住房公积金账户封存和离休、退休提取住房公积金两个事项，实现网上全流程办结。

【缴存基数】 自 2021 年 7 月 1 日起，临平区 2021 年度住房公积金缴存基数上限按杭州市 2020 年全市非私营单位就业人员月平均工资的 3 倍确定，缴存基数上限为 32077 元。自 2021 年 8 月 1 日起，2021 年度住房公积金缴存基数下限为 2280 元。

【矛盾化解工作实施方案出台】 2021 年 8 月 27 日，《临平区住房公积金矛盾纠纷化解工作实施方案》出台，旨在合理处置公积金纠纷案件，妥善处理因用人单位未按规定缴纳公积金引发的突发性、群体性事件，形成部门配合、镇街联动的长效处置机制，保障劳动者合法权益，规避企业法律风险，促进临平区劳动关系和谐稳定。

【机构设立】 2021 年 9 月 17 日，根据《中共杭州市委机构编制委员会办公室关于杭州住房公积金管理中心余杭分中心和临平分中心机构设置事项的批复》，设立杭州住房公积金管理中心临平分中心（以下简称“公积金临平分中心”）。9 月 29 日下午，公积金临平分中心举行揭牌仪式。临平区委常委、常务副区长葛建伟，杭州住房公积金管理中心党组书记、主任刘强以及公积金临平分中心主任张红雨共同揭牌。

【高层次人才安居支持】 2021 年 9 月 26 日，公积金临平分中心与区委人才工作领导小组办公室、区人民政府金融工作办公室联合制定《关于实施我区住房公积金支持服务政策保障高层次人才安居的通知》，在杭州住房公积金系统内首个推出“高层次人才首次购买自住普通商品房申请公积金组合贷款的，公积金分中心委贷合作银行应对配套的商业贷款部分给予利率优惠”政策，该政策有效期至 2023 年 12 月 31 日。

【制度覆盖】 2021 年 10 月 9 日，公积金临平分中心起草的规范性文件《杭州市临平区人民政府关于推进全面建立住房公积金制度的实施意见》公开发布。临平区进一步加快推进临平区住房公积金制度覆盖面，维护广大缴存职工合法权益，降低企业等单位法律风险，充分发挥住房公积金制

2021 年 9 月 29 日，杭州住房公积金管理中心临平分中心揭牌仪式举行。图为合影

（杭州住房公积金管理中心临平分中心　供稿）

度在推进住房保障体系建设中的作用，提高职工居住水平。

【住房补贴】自 2021 年 6 月 7 日起，临平区机关内部“最多跑一次”平台上线住房补贴个人账户查询功能。自 11 月 1 日起，临平区住房补贴（包括住房公积金补贴和一次性住房补贴）由公积金临平分中心统一管理。住房补贴提取业务政策参照《关于统一萧山区、余杭区与主城区住房公积金提取政策等有关事项的通知》执行。

11 月 26 日和 12 月 23 日起，临平区教师和医务工作者分别可通过“钉钉”端查询本人住房补贴缴存余额及账户缴存明细等信息。

2021 年 11 月 13—14 日，杭州住房公积金管理中心临平分中心参加气排球活动。图为合影　（杭州住房公积金管理中心临平分中心　供稿）

【气排球活动第一名】2021 年 11 月 13—14 日，公积金临平分中心和临平新城开发建设管委会组队参加“共奋进 迎亚运”2021 年度机关、企业体育文化交流（气排球）活动，获得第一名。

【专场服务】2021 年 11 月 20 日，公积金临平分中心开展“临平公积金走进梅堰社区——加装电梯提取住房公积金专场服务”活动，助力靓城行动。

【联动机制】2021 年 12 月 9 日，公积金临平分中心与区法院联合出台《关于建立工作联动机制的若干意见》，在关于协助查询、冻结、扣划住房公积金的执行，实施人民法院参与住房公积金矛盾化解，住房公积金贷款案件的审理和执行，住房公积金在企业破产案件中的执行等方面建立协作联动机制。

【智能服务平台】2021 年 12 月 13 日，“临平公积金”微信公众号上线，同步推出“小金灵”数智公积金服务平台，设置“这里办”“微服务”“看我们”三大主栏目，创建“语音咨询”“表格下载”“云看房”“图说公积金”“数说公积金”“我们的伙伴”等 15 个子栏目，为群众打造集政策宣传、业务咨询、资料下载、线上看房、投诉建议等多项功能于一体的智能服务平台。

（沈美娣）

·退役军人事务·

【概况】临平区退役军人事务局于 2021 年 7 月 31 日挂牌组建。机构组建以来，区退役军人事务局坚持以习近平新时代中国特色社会主义思想为指导，围绕“让退役军人成为全社会尊崇的职业”的工作总目标，持续推进退役军人权益保障、就业创业、拥军优抚等工作，推进“新时代枫桥式退役军人服务站”建设，加快退役军人事务数字化转型，发挥退役军人的积极作用，加强拥军崇军宣传。

【“新时代枫桥式退役军人服务站”建设】2021 年，全区 1 个区级、8 个镇街级、184 个村社级退役军人服务中心（站）基本建成并投入实际运作。其中运河街道、临平街道、星桥街道3家镇街级，临平街道星火社区、塘栖镇塘栖村、南苑街道高地社区、运河街道兴旺村、东湖街道映荷社区5家村社级服务站获评市级“枫桥式”服务站；区退役军人服务中心、运河街道、星桥街道、临平街道、崇贤街道、乔司街道、南苑街道、临平街道星火社区、南苑街道高地社区、乔司街道五星村、南苑街道新城社区、崇贤街道大安村、塘栖镇三星村、运河街道东新村、临平街道庙东社区、星桥街道汤家社区、塘栖镇乐苑社区、东湖街道星河社区、塘栖镇莫家桥村、东湖街道茅山社区、乔司街道三角村、临平街道西大街社区22家服务中心（站）获评省级“枫桥式”服务站；运河街道、临平街道、星桥街道3家镇街级服务站获评国家级“示范型”服务站。

【优抚安置】2021年，区退役军人事务局接收计划分配军转干部（含团职干部）、符合政府安排工作条件的退役士兵（含消防员）、自主就业退役士兵以及军队离退休干部多名。同时，积极探索“123456”工作模式，破除退役士兵待安置期间教育管理“空档期”，帮助他们尽快融入地方生活；严格落实抚恤优待各项政策，足额发放各类优抚补助补贴。

【数字赋能】2021年，区退役军人事务局以退役军人全生命周期服务保障为主线，积极推进数字化改革工作，依托杭州“智慧老兵”平台，探索“码上优待、码上服务、码上办事、码上管理”的全生命周期服务保障新模式，8个镇街1012家崇军商家开通“老兵码”智慧应用，提供线下优惠服务，打通服务退役军人的“最后一公里”。

【就业创业】2021年，区退役军人事务局举办2场退役军人专场招聘会，为退役士兵提供免费职业技能培训和学历提升。顺应新时代下的就业形势，开设退役军人创新创业培训班，选送的优秀退役军人创新创业项目《多功能消防零后坐力水枪技术》，获全省退役军人创业创新大赛二等奖。

【军休服务】2021年，区退役军人事务局扎实推进全省军休服务管理信息化建设，运用杭州市“智慧军休”服务管理平台，加速军休工作向数字化转型；通过“共忆党史共话初心”座谈会、“红色之旅”等活动，激发军休干部知史爱党、知史爱国的情怀，引导军休干部将“红色”作为“精神底色”。

【发挥退役军人积极作用】2021年，区退役军人事务局积极构建“1+8+X”志愿服务组织体系（1支区级队伍+8支镇街级队伍+X支特色小分队），组建志愿服务队伍194支，吸纳聘任退役军人志愿者为镇街、村社退役军人服务站“轮值站长”，引导退役军人在参与抢险救灾、抗台防疫、社会公益、护航亚运等方面发挥模范带头作用。

（沈蕾）

·民族与宗教事务·

【概况】2021年，临平区有少数民族人口近3万人，分属48个少数民族。全区有依法登记的宗教场所和民间信仰场所多处。

【中华民族共同体意识铸牢】2021年，区委统战部扎实开展民族团结进步宣传“七进”工作，增进各民族交往交流交融，加强民族团结凝聚力。年内，崇贤街道及中共鸭兰村支部旧址分别获评第四批省级民族团结进步创建重点培育单位和第一批浙江省民族团结进步教育基地培育单位（革命纪念）。

【爱国主义教育开展】2021年，区委统战部坚持社会主义核心价值观引领，加强思想教育，筑牢宗教界共同思想基础。深入开展民族宗教界“庆百年、学四史、跟党走”系列活动，以民宗局及文联举办共庆建党百年活动、展出宣传临平区党史发展历程的展板、向宗教界人士赠送红色书目、组织开展专题学习会等形式，持续推进党史学习教育走深走实。

【坚持宗教中国化方向】2021 年 10 月 17 日，佛教中国化（临平）培育基地创建活动在菩昙寺举办；10 月 28 日，青莲书院挂牌启用，以公益形式，面向社会开放；11 月 23 日，临平区第一次宗教文化挖掘与保护研讨会在南山讲寺召开，区政协副主席韩峻、区统战部副部长、区民宗局局长胡建斌出席活动并讲话，临平宗教中国化方向取得良好开局。

【标识标牌优化提升】2021 年，区委统战部积极推进文明城市整体建设，对全区清真餐饮食品店标识标牌进行统一更新，标识标牌管理得到有效规范，整体形象得到有效提升。

【平安创建持续推进】2021 年，区委统战部落实每月浙江省“掌上宗教”App 平安巡查工作任务，持续开展每月 19 日固定消防日活动，开展平安护航建党百年大排查大整治和安全生产月活动，做好燃气安全“三大”专项整治工作，全面推进平安场所创建工作。

【教职人员培训加强】2021 年 12 月 7 日，区委统战部举办全区宗教工作培训学习会，传达学习全国宗教工作会议精神。重点对宗教政策法规与平安创建、消防安全知识等内容进行培训，增强宗教法律法规意识，确保全区宗教工作扎实有效开展。各宗教活动场所负责人及宗教教职人员等 80 余人参加会议。

【临平区基督教“两会”成立】2021 年 9 月 7 日，临平区基督教第一次代表会议召开，全区 35 名代表参加会议，区委常委、统战部部长杨文闯，区政协副主席章桂娣出席开幕式并讲话。会议讨论并通过《临平区基督教三自爱国运动委员会章程》《临平区基督教协会章程》，选举曹连芬为临平区基督教三自爱国运动委员会第九届委员会主席，选举马雪涛为临平区基督教协会第七届委员会会长。

（邹晓筱）

延伸阅读▶▶

杭州临平老旧小区改造，“改”得“好看”了

8 栋住宅楼前，32 部加装电梯高耸入云，中央花园共享客厅别具一格，创新性与实用性兼具的风雨连廊、住宅屋顶“平”改“坡”、污水管网零直排、人脸识别门禁系统……通过老旧小区综合提升改造，杭州临平区南苑街道河畔新村焕发出新活力，不仅长得“好看”了，更是“好住”了。

前几天，杭州市 2020 年度老旧小区综合改造提升工作评出十大最佳案例，临平区南苑街道河畔新村、临平街道梅堰小区榜上有名。成绩背后有故事。去年以来，临平区高站位、高标准探索谋划，通过“拆、改、加、商”四字诀，精准施策，精心构建全民参与新格局，逐步探索出一套老旧小区改造工作模式和标准，成为全区党史学习教育期间用心用情为民办实事的生动实践。

全加梯：实现“上下”的美好愿望

从去年7月开工改造，半年多时间里南苑街道办事处城建办主任何宇超每天至少来到河畔新村小区三次。通过“量身定制”，从景观到公共服务、从居民关注的现实问题到社区未来数字化建设，这个建于上世纪90年代的小区，颜值实现了“逆生长”。而这份“逆生长”的“法宝”就是一张小小的地形图。

在河畔新村，60岁及以上老人住户有198户，走楼梯“上下两难”问题尤为突出。因此，小区整体加装电梯是一个重要环节，也是整个改造项目的关键突破口。在多次协调中，何宇超发现居民们对于文件解读和专业图纸，并不完全了解。于是，他们对辖区内118个小区地形地貌展开了排摸，制作了一份加装电梯服务地图。这份地图很快成为南苑街道居民们的“宝贝”，为百姓的“加梯梦”提供一份详细的攻略。

除此之外，街道还依托小区“邻里汇”机制，指导成立“加梯帮帮团”民主协商议事平台，制订“一层一策一团队”，组织开展集中讲解、AI演示、上门签约，积极服务居民，20天内，就促成河畔新村32个单元楼全部签约，成为全区首个量最多的全加装电梯老旧小区。

“小区改造相当于二次开发，我们以‘心’焕‘新’，做出了百姓满意的产品，不仅小区居民幸福感强了，其他小区居民也非常艳羡。有了河畔新村的试点和样板，今年的改造工作顺利很多。”何宇超告诉记者，今年街道还将提升改造爱民小区等11个老旧小区，加上亚运场馆周边5个小区的改造，预计加装电梯100多台。

邻里中心：家门口的你来我往

“你，从嘉兴南湖的红船上走来，风采卓越，风雨如磐……”一场“庆祝建党100周年唱红歌、忆党史”活动在梅堰小区邻里中心激情展开。

这是一幢五层楼高的“综合体”，刚于上月投入使用，设有老年食堂（集中配餐中心）、社区卫生服务站、居家日间照料中心、青少年之家、健身等区域。“之前社区活动场所有限，现在每个区域都有足够的活动空间。还有卫生服务中心，看小毛病、配药都非常方便了。不想烧饭，也可以来食堂用餐。我们安心在这里享受幸福的晚年生活啦。”今年74岁的李桂芝说。

自2020年5月梅堰小区旧改项目正式进场施工，临平街道考虑到周边居民的需求，将原本的农林集团大楼改建为现在的市民客厅，打造出2800平方米的邻里中心。而对于这样的生活配套，梅堰社区居民期盼已久。

“邻里中心的启用，给社区居民一个健身和活动的场所，同时也给辖区的社会组织搭建了工作平台，让社区居民在家门口享受综合服务，不断提升居民幸福感和获得感，共创美好家园。”临平街道梅堰社区党委书记沈娟娟说，这是社区补齐民生短板、推动改造设施和完善服务相结合、高质量推动老小区精彩蝶变的有益探索和实践。

据了解，目前临平街道老旧小区提升改造工作稳步推进，邱山小区、新曙光公寓、史家埭路小区正在施工，协办宿舍等老旧小区的改造方案正在初步设计中。

（人民日报客户端浙江频道　2021年5月18日　李雪红　杨荣　周铭）

街道·镇

Community and Towns

·临平街道·

【概况】临平区临平街道成立于2021年7月，为临平区委、区政府所在地。2001年8月，原余杭区临平镇撤销，分设临平、南苑、东湖3个街道。2008年4月，临平街道与东湖街道合并为临平·东湖街道。2016年2月，临平街道与东湖街道分署办公。2021年4月，杭州市行政区划优化调整。7月30日，新临平街道挂牌成立。

临平街道东至临东路，南至藕花洲大街，西至望梅路，北至星光街，与东湖街道、南苑街道、星桥街道接壤。区域面积6.4平方千米。临平街道为管理服务型城市街道，辖15个社区，包括13个城市社区、2个撤村建居社区。下辖社区中，钱江、武林社区与省第二监狱、省第四监狱实行双重管理。截至2021年底，总户数16802户，总人口75763人。

2021年，临平街道立足“中兴”区域发展定位，积极开展城市党建深化年、城市能级提升年、社会治理创新年、民生服务优化年、队伍建设加强年“五个年”专项行动。完成财政总收入5.52亿元，同比增长42.3%，其中经常性财政收入2.67亿元，增长48.68%。规模以上服务业营业收入30.45亿元，增长7.9%。农业增加值0.03亿元，增长6.7%；规模以上工业增加值1.37亿元，增长5.8%；社会消费品零售总额40.28亿元，增长10.3%。三产业增加值20.49亿元，增长1.6%。培育申报省科技型中小微企业10家，申报国家高新技术企业6家，25家企业拥有有效发明专利。中都、星星大厦、雷恩科创园等辖区重点楼宇新增入驻企业100家。钱江五金工贸年产2000万件中高档成衣项目、东海产业园项目、宇航交通建设公司生产用房改建项目及“德信博宸君府”项目加快推进。出台《临平街道产业招商、服务企业工作方案》，建立街道领导联系重点企业机制，帮助企业解决问题166个。发挥商会作用，举办“助力招商引资促进街道发展座谈会”“企业财税风险管控研讨会”等服务活动。

开展老旧小区综合改造，实施新建、续建老旧小区改造工程67.5万平方米。邱山小区、史家埭区块、新曙光公寓等改造区块有序推进；油车弄区块、北庙北弄区块、缸甏弄区块完成居民保笼、花架、太阳能热水器等签约拆除，进入“样板楼”施工阶段；工农新村协办宿舍小区3万平方米改造项目完成外立面施工；文化艺术长廊东区块靓化项目基本收尾。

推进征迁清零工作。1100多个老旧储藏室完成签约拆除，运河二通道丁塘社区13户居民征迁、老城区76户危旧房及14家非住宅征迁按预期进度进行，洋园春晓公园旁集资房、知青宿舍、党校宿舍及原商业大厦、新大地水车河弄6号楼、9号楼等历史遗留问题得到妥善解决。

深化基层治理“整体智治”格局，开展“护航建党百年大庆”等活动及禁毒、反恐、疫情排查管控等专项工作。举办防诈宣传“五进”宣讲活动585场，受众8.2万人次；申请“浙江反诈码”3.2万人。提升街区、店铺、小区治理效能，网格事件平均处置时间由5个工作日缩短至3个。

完善民生服务配套。街道社区卫生服务中心项目一期、邋遢港游步道建设项目、双林港整治提升项目等民生实事工程完工，西大街老年人助餐点，庙前、新颜两处日间照料中心，罗庄党群服务中心，丁塘文化礼堂等民生服务场所投入使用。全年加装电梯139台，完成思惠家园、月光苑等高层住宅二次供水改造。搭建智慧养老服务综合平台和老年人智慧养老助餐系统，智慧助餐系统办理就餐卡3000多张，日均就餐量600人左右。参保登记率100%，户籍人员养老保险参保率99.5%。

临平街道获评2021年度全省“五水共治”工作考核优秀街道、2020年度浙江省生活垃圾分类示范片区。星火社区获“浙江省高质量就业社区”称号。临平街道退役军人服务站创建成为省级枫桥式退役军人服务站。

【梅堰小区入选省实践“完善管理机制”典范案例】 2021年5月、7月，梅堰小区旧住宅区改造工作被评为杭州市老旧住宅综合改造提升项目最佳案例、浙江省城镇老旧住宅改造实践“完善管理机制”典范案例。12月，梅堰社区被列入浙江省第四批未来社区创建名单。梅堰小区位于临平街道梅堰社区，建于20世纪90年代，占地18公顷，总建筑面积22万平方米，有住宅66幢、住户2463户，为临平区相对老旧的开放式住宅小区。2020年，临平街道以“综合改一次、一次改彻底”理念，以“全龄安康、全域平安”为目标，推动梅堰小区旧改进程，先后拆除保笼1.2万个，完成楼道加梯100部，新增停车泊位463个。建成2800平方米梅堰邻里中心，中心设市民客厅、社区卫生服务站、集中配送餐中心三大区块，打造“15分钟”暖心、贴心、舒心的居家生活服务圈。

【环临平山党群服务联盟成立】 2021年6月9日，环临平山党群服务联盟在临平山成立。联盟由1个指导单位、4个盟主轮值单位、11个联盟成员单位和联盟基层组织组成“1+4+X”联盟体系。建立悦青驿、笃行驿、善邻汇、星火驿、临里驿等7个环临平山党群服务驿站，形成“8+X”服务项目。居民群众可在各驿站享受志愿者提供的八大类基础便民服务，包括免费饮用水、免费咨询、免费休憩、共享充电、共享雨伞、应急药箱等，以及围绕科学锻炼、亲子互动、传统文化等开展的各类特色主题活动。至年末，联盟和各驿站开展党建宣讲、志愿服务等活动60多次，服务群众1800多人次。

【丁山社区居民完成摇号分房】 2021年10月27日，临平街道丁山社区1—7组的246户拆迁居民完成摇号分房，结束在外8年的过渡时间。安

2021年6月9日，临平街道环临平山党群服务联盟成立仪式在临平山举行

（临平街道　供稿）

置房源位于星河南路与苏家街交叉口的丁山郡府，该房源北接临平山公园，南邻水景公园，地理位置优越，占地面积5.33公顷，总建筑面积18.6万平方米，可安置住户1200多户。小区配备900多个停车位及养老用房、社区礼堂、中心景观亭等设施。

2021年10月27日，临平街道丁山社区246户拆迁居民完成摇号分房

（临平街道　供稿）

【微视频《心廉之门》获“玉琮杯”铜奖】 2021年11月10日，第三届“玉琮杯”清廉微电影微视频大赛闭幕，临平街道报送的微视频《心廉之门》获铜奖。《心廉之门》通过一个超现实主义舞台风格的奇幻梦境，展现主人公在欲望、良知和信念间的抉择。

【清廉文化公园开园】 2021年11月19日，临平街道梅堰渔火清廉文化公园开园。文化公园位于梅堰小区内，占地面积2500平方米。公园融入“梅堰渔火”等老底子元素，设置颂廉德、创廉品、学廉迹、育廉心、践廉行、传廉音、寄廉语七大板块，内容包括名人清廉故事、清廉事迹和清廉谚语等，并通过线上公开二维码宣传临平街道及各社区清廉特色工作。至年末，公园举办清廉知识讲座、清廉活动展演、清廉影像播放活动3场，参加游客200多人次。

【街道退役军人服务站被评为省新时代枫桥式退役军人服务站】 2021年12月22日，临平街道退役军人服务站创建成为省“新时代枫桥式退役军人服务站”。该服务站成立于2018年12月，下设15个社区退役军人服务站，为辖区内的退役军人提供政策解读、就业创业、优抚帮扶、走访慰问、权益维护等服务。服务站发挥退役军人“退伍不褪色，退役不退志”的品质，组建临平退役军人轮值站长队伍——“护临军”；结合辖区内的红色教育资源，开展“老兵茶话会”“老兵学习会”“老兵红歌会”“党史知识竞赛”等活动40场；以“老兵码”等形式，便捷老兵的优先、优待、优惠服务；通过视频走访形式，记录退役军人的励志故事，彰显榜样力量。

2021年11月19日，临平街道梅堰渔火清廉文化公园开园（临平街道　供稿）

【北大街（邱山大街—西大街）创建成为省级“街容示范街”】2021年12月29日，北大街（邱山大街—西大街）被省建设厅评为2021年度省级“街容示范街”，成为临平区唯一获此荣誉的街区。北大街是临平城区最老的主干道和商业街之一，全长778米。2019年被列入临平老城区有机更新二期计划。先后完成雨污水主管道铺设、沿线商铺住宅污水支管整理、快车道改设、非机动车道拓宽等工程。结合北大街历史文化，设置前横弄民国风里弄等宋韵文化艺术元素、宋代榨油传统工艺场景等老城记忆。2021年12月，实施亮灯工程，大街两侧建成800米亮灯带及银泰大楼LED亮灯景观，临平街道首次出现楼宇灯光秀。

（杨晓燕）

2021年12月29日，北大街（邱山大街—西大街）被省建设厅评为2021年度省级“街容示范街”

（临平街道　供稿）

·南苑街道·

【概况】临平区南苑街道成立于2021年7月。2001年8月，原余杭区临平镇撤销，分设临平、南苑、东湖3个街道。2021年4月，杭州市行政区划优化调整。7月30日，新南苑街道挂牌成立。

南苑街道东至海宁许村镇，南至乔司街道和乔司农场，西至乔司、星桥，北至上塘河。区域面积28.03平方千米。辖29个社区，包括城市社区14个、撤村建居社区15个。截至2021年底，实有人口约25万人。

2021年，南苑街道抢抓机遇，着力打造健康和谐南苑、创新宜业南苑、品质宜居南苑、平安智治南苑、乐享幸福南苑，全力争创一流善治之地。完成财政总收入18.69亿元，同比增长70.14%，其中地方财政收入8.91亿元，增长67.47%。规模工业增加值6.77亿元，增长3.2%；工业投入2.62亿元，完成目标的164%；规上服务业营收257.47亿元，增长19.8%；社会消费品零售总额57.93亿元，增长12.8%；外贸进出口47.3亿元，增长13.05%。新增18个100万元以上的科技类产业化项目，科技型企业达到550家，增长19%。其中，列入国家高新技术企业185家、列入市级雏鹰计划企业87家、列入市高新技术研发中心储备库100家。申报省级智能工厂、数字化车间、工厂物联网改造项目等29个。改造提升低效企业6家，淘汰落后产能企业2家，完成低散乱企业（作坊）整治127家。50幢重点楼宇实现财政总税收11.35亿元（不含金融、房地产税收），增长116%。打造15.5万平方米数智时尚产业园“云尚工园”，招引入驻企业195家。艺尚创谷中心竣工投用。协助企业兑现各类惠企政策5900万元。完成高层次人才认定111人。打造36个专而精的小哥驿站，制定出台“红色小哥”服务成长十条。推进钱塘、天万社区0.8公顷村留地置换、天万综合供能站等项目，完成东安社区2.67公顷土地置换，街道村级集体经济突破亿元大关。

推进征迁安置工作。西安联盟区块征迁项目扫尾工作完成，鼎湖未来社区项目建设有序推进，临平新城高地安置房及东湖路以西区块160户农户及南大街、鑫业路、运河二通道两侧环境整治工程等项目65户农户签约完成。首次采用“单套散摇到户”的方式，完成苏家社区“苏城名府”277户回迁安置工作，分配房源1221套。联胜农民高层公寓（二期）已建部分完成竣工初验。

开展城乡环境综合治理。深化垃圾分类示范工作，创建6个省级、47个市级示范小区、25个区级示范社区、75个区级精品小区，完成年度控量指标。启动亚运场馆周边5个住宅小区改造提升项目，涉及住宅楼223栋，总建筑面积约48.6万平方米，惠及群众1万多人。开展农村环境整治，整改点位1662个。启动长树社区综合整治项目。建设完成四好农村路8条，实施运河二通道小三改路网改造项目，方便农村社区群众出行。推进“五水共治”，完成康城国际等11个生活小区，22个工业园区“污水零直排”整改任务，全年拆除违建8.89万平方米。

构建基层治理整体“智治”体系。提升“一中心四平台一网格”体系建设，上线“基层治理四平台”自动考评系统。以“警源治理”为突破口，探索构建“小脑+手脚”警网协同运行机制，有效警情下降9%，受理刑事案件下降30.32%，治安案件下降19.4%。持续开展反诈宣传，受理电信网络诈骗案件下降33.83%。加强交通综合治理，亡人事故下降60%。完善应急管理体系建设，工伤事故下降20%，火警下降3.1%。迭代升级街道“数字驾驶舱”，拓面“智慧楼宇”“云上板凳”“一室一码”等特色场景，实现基层治理与民生服务双直达。推进“雪亮工程”，完成农村片全球眼升级补盲、人脸识别三年规划项目（三期）等项目。

推进老旧小区改造，成立老旧小区改造“邻里汇”党建联盟。其中爱民小区、康家公寓等11个旧改项目全面启动，总建筑面积14.9万平方米，惠及群众1000多户。

完善民生服务配套。深化推行“互联网+失能老人”服务平台，为辖区1400名老年人提供11万个小时的居家养老服务。新建示范型照料中心2家、标准型照料中心7家。建成2个集中配餐中心、4个老年食堂、11个助餐点，日均服务700多名老年人。建强省特级综合文化站，新建5个社区文化家园、3个健身苑点、1个社区百姓健身房。举办建党百年、亚运系列文化活动100多场。新建西安社区卫生服务站，加快南禾幼儿园艺禾园区、万常幼儿园、南苑小学迎宾校区等3个教育项目建设。完成5个公厕无障碍设施改造，20多条道路500多个点位盲道、坡道的改造。分别完成两癌筛查、结直肠癌筛查2305人和6270人。完成家庭医生签约3.9万人。

南苑街道获评浙江省“文化强镇”、浙江省第五批“扫黄打非”进基层示范点。南苑街道、高地社区、新城社区退役军人服务站创建成为2021

2021年12月4日，南苑街道红联社区乡贤馆开馆　（南苑街道　供稿）

年度“浙江省‘新时代枫桥式’退役军人服务站”。南苑街道食安办获评省级第二批“四星级乡镇（街道）食安办”。群众文化内刊《南苑》获2021年度浙江省群文报刊综合评比金奖。文仪社区获评“全国示范性老年友好型社区”。

【龙兴未来社区启动建设】 2021年5月，南苑街道龙兴未来社区建设启动。7月，成立全省首个未来社区党建综合体。龙兴未来社区是省第三批整合提升类项目。实施单元面积27.9公顷，涉及东方俊园、毓秀家园、龙尚府、野风珑园4个小区，规划单元面积147.1公顷，覆盖居民1.2万人。龙兴未来社区锚定融入数字长三角、开放社区智生活的创建目标，以运河文化和龙兴文化筑底人文家园，打造党建引领下的“生活单元体”“服务综合体”“社会联合体”“有机生命体”“幸福共同体”“五体”矩阵。至年末，服务汇、邻里汇、健康汇、公益汇4个未来社区空间场景建成并试运营。其中，邻里汇面积1500平方米，一楼设置居家养老服务照料中心；二楼设置街道首个24小时自助图书馆、四点半课堂、幸福学堂；三楼设置创客空间、妇女之家、退役军人服务站、人大联络站等，服务社区居民日常交往、学习和娱乐。

【南苑街道被评为省“扫黄打非”进基层示范点】 2021年9月13日，南苑街道被浙江省“扫黄打非”工作领导小组办公室评为全省第五批“扫黄打非”进基层示范点。街道依托“杭州城市大脑”数字驾驶舱，重点打造“1+7+N”（1个方案、7项措施、多项专项行动）运行机制，在29个社区设立“扫黄打非”基层站点，推进“扫黄打非”工作。至年末，开展文化经营场所安全检查1200次，处置违规行为25起；组织区文化执法大队、派出所、网格员对网吧、KTV、印刷企业、书店等场所联合执法3次；网格员完成上报“扫黄扫非”App巡查信息线索1000多条；拆除非法卫星电视接收器180个。

【南苑街道创建成为省文化强镇】 2021年11月18日，南苑街道以专家评审会小组答辩第一名成绩创建成为省级文化强镇（街道）。街道以推动高质量发展为主线，以创建“文化强镇”为抓手，打造“文化共享”大空间、培育“滚灯”金名片、开拓“文旅融合”新途径、构建“数智文化”E场景，协同推进“物质富裕和精神富有”。至年末，建成启用街道综合文化站，结合区域内临平大剧院、临平区文化馆、临平体育中心亚运场馆、中国江南水乡文化博物馆、临平图书馆等众多大型文体场馆，依托社区“文化家园”“小区文化驿站”等阵地，结合“藕花洲大舞台”“相约周末”文化夜市、元帅庙会等活动载体，联合南苑文化名家、文艺社团、社区文化志愿者3个层次近千人的文化队伍，开展文体活动260多场次，服务群众3万人次。

【街道食安办被评为省四星级食安办】 2021年11月23日，南苑街道食安办被评为全省第二批“四星级乡镇（街道）食安办”。街道食安办围绕“舌尖安全”总目标，强监管、聚合力、抓落实，提升治理能力和工作水平。至年末，完成6家放心外卖餐饮店的验收，推广外卖店阳光厨房监控安装及使用350家，推广使用浙食链78家；组织开展网络餐饮专项整治、食品安全百日攻坚行动等，检查食品相关单位2175家（次）。

【弘贤馆启用】 2021年12月4日，临平区规模最大的城市社区级乡贤馆——南苑街道红联弘贤馆启用。弘贤馆位于新城路，总建筑面积1000平方米，展示红联社区历史发展沿革、乡贤人物简介、红联人文历史、知青情怀等内容，是南苑乡贤助力家乡建设、弘扬乡贤文化的重要阵地。启用当天，基层治理、经济发展、公共服务、乡风文明4个工作小组成立，乡贤助力计划开展。

【南苑街道综合文化站】 南苑街道综合文化站位于临平新城核心区块，总面积约2800平方米。分为上下两层。一楼设“杭州书房”，总藏书近3.2

万册；二楼设乒乓球室、健身房、红色记忆馆、非遗陈列馆等活动室。文化站于 2021 年 9 月 24 日运营，是服务广大居民和展示辖区内各类文化遗产资源的重要场所。至年末，举办“江南的琴声”专场音乐会、百善孝为先·翁仁康莲花落专场、“南苑文化公益课”等活动 62 场次，服务群众 6800 人次。图书借阅超 38924 册次。12 月 23 日，文化站被浙江省文化和旅游厅评估定级为特级综合文化站。

2021 年 9 月 24 日，杭州市临平区南苑街道综合文化站运营（南苑街道　供稿）

【南苑街道退役军人服务站等被评为省新时代枫桥式退役军人服务站】2021 年 12 月 22 日，南苑街道、高地社区、新城社区三家退役军人服务站创建成为省“新时代枫桥式退役军人服务站”。南苑街道自 2018 年 7 月成立街道退役军人服务站，以街道级服务站为基点，建立街道、社区两级退役军人服务体系，实现街道 29 个社区退役军人服务站全覆盖。各服务站坚持以服务到位、走访到位、慰问到位、帮扶到位、关爱到位、代办到位、答复到位“七个到位”为工作标准，为退役军人提供政策咨询、帮扶援助、心理疏导、就业指导等服务，打通服务退役军人工作落实的“最后一公里”。

（陈青）

·东湖街道·

【概况】临平区东湖街道成立于 2021 年 7 月，是经济技术开发区所在地。2001 年 8 月，原余杭区临平镇划分为临平、东湖、南苑 3 个街道。2008 年 4 月，东湖街道与临平街道合署为临平·东湖街道。2016 年 2 月，临平街道与东湖街道分署办公。2021 年 4，杭州市行政区划优化调整。7 月 30 日，新东湖街道挂牌成立。

东湖街道东至海宁、桐乡，南至临平山，西至塘栖镇，北至大运河。区域面积 72.19 平方千米（含托管区域）。辖 40 个社区、3 个建制村。其中，托管临平街道 20 个社区；运河街道 6 个社区；塘栖镇 3 个村及 4 个社区。截至 2021 年底常住户籍人口 131881 人。

2021 年，东湖街道高标准打造“区街一体化、城乡融合化、治理现代化”样板街道。完成财政总收入 66.7 亿元，同比增长 25.8%，其中地方财政收入 35.2 亿元，增长 23.5%。规模工业总产值 1061.77 亿元，首次突破千亿大关，增长 23.2%。实现有效投资 155.64 亿元，其中工业投资 59.15 亿元，分别增长 46.7%和 24%。完成 19 个产业项目地块净地交付，浙江理工大学临平校区（时尚学院）交地。完成人才之家、人才驿站建设 3 个，承办省级科技人才月活动。举办人才创客营、“智造工匠”技能比武活动 13 场，培训技能人才 1400 人次。辖区内新增 D 类及以上人才 92 名、F 类及以上人才 418 名，新增高校毕业生 6891 人。处理小管家平台问题 6902 个，回访满意度达 100%。制定出台全区首个镇街级农业产业扶持政策，新建 20 公顷小林黄姜现代产业园，签约总投资 1 亿元的智慧生态田园产业综合体——阿里数字乡村现代农业产业园项目。推进全省首批全域土地综合整治与生态修复试点工程，完成高标准农田建设146.67公顷、垦造耕地34.13公顷。实施村级集体经济发展三年行动计划，村级留用地安置实现清零，村级集体经济经营性收入总额达1.55亿元，增长33%。

推进美丽东湖建设，创建“污水零直排”生活小区32个，配合启动临平第二净水厂项目建设，全年空气优良率达88%。召开全市“无废城市”建设现场会，装修垃圾处置“牛能模式”、装配式绿色建筑成果在全市推广。开展“‘迎亚运’城市环境大整治、城市面貌大提升”长效管理工作，整改问题7.3万个，处置违法建筑25.7万平方米。累计完成533公顷已征未用地块“覆绿”。推进320国道以北区域“限货”、地铁周边序化、城市公交优化等工作。地铁9号线开通运营，星河路、荷禹路改建通车，百联奥特莱斯建成开业。在辖区四条主干道实施“多杆合一”智慧灯杆项目，年预计省电8228千瓦时，投运绿色公交站台150个。

开展平安建设工作。有效警情下降9.9%。其中，涉黄、涉赌警情分别下降27.7%和39.3%。建成街道、村社、重点运输企业交通治理站121个，查处各类交通违法5.2万起，完成全域道路交通整治专项验收。电诈案发率下降23.4%，成功劝阻54起，挽回经济损失1439.7万元。推进安全隐患大排查，检查单位387家（次），发现隐患400多个，整改率100%。建成集模拟报警、VR（虚拟现实）体验、系统演示于一体的市民消防体验馆。完成世贸布艺城补偿纠纷、环桥花苑地基沉降等18件历史积案化解。办结欠薪案件1019起，帮助2165名劳动者追回拖欠工资2786.4万元。

健全民生保障体系。街道居家养老服务中心投入运营，建成老年人集中配（送）餐中心3家、老年食堂6家、助餐点16个。发放低保金、救助金788万元。建成街道残疾人之家。创建示范型儿童之家9个。完成老兵码申领2137个。发布用工信息2061条，申请创业担保贷款2340万元。完成塘栖三小朱家角校区、塘栖三幼园区暑期改造维修项目。户籍学生高考一段线以上114人，中考成绩超余高分数线76人。完成龙船坞卫生服务站建设。建成上环桥、龙船坞、红湖等8个文化家园。举办建党百年主题摄影展、歌咏比赛等文体活动900多场。

推进征迁安置工作。运用网格化征迁做法，完成泉漳村、李家桥村等区块征地67.97公顷，拆迁签约农户563户、企业30家、商铺64间。回迁结网、乾元、石坝社区等过渡安置户2129户，交付安置房6800多套。办结19744套安置房房屋产权证并录入区智慧安置系统。

东湖街道获评浙江省第七次人口普查省级成绩突出集体，是全市唯一获该荣誉的镇街；档案工作服务农村基层社会治理国家试点通过验收。街道食安办获评浙江省四星级乡镇(街道)食安办。

【海珀未来社区启动建设】 2021年5月25日，东湖街道启动创建首个未来社区项目——海珀未来社区。海珀未来社区位于临平山北迎宾路隧道口，为整合提升类创建项目，规划单元总面积100.83公顷，实施单元总面积35.13公顷。实行三社联创，以海珀社区为创建主体，小林、映荷社区共同参与，建成后受益居民数达15768人。项目坚持“1139”设计理念，打造集党建引领新高地、民生服务示范地、数字改革实践地、创新创业孵化地于一体的幸福生活共同体。截至2021年底，串联全场景管理、应用、服务的数字化平台——“宜来客”小程序上线，建筑面积1600平方米的党群服务中心启用，占地面积213平方米的零碳小屋建成，占地面积2100平方米的邻里中心试运营。

【党群服务中心启用】 2021年9月1日，经济技术开发区（东湖街道）党群服务中心启用运营。9月9日，工业和信息化部总经济师许科敏带队实地走访调研。中心位于临平区荷禹路33号，建筑面积1600平方米，设置党建展厅、未来社区可视化驾驶舱、城市书屋、创业基地人才培训中心、多功能活动室等功能区。党建展厅，通过筑城、兴城、成城3个篇章，展示街道发展历史。城市书屋为辖区人才提供24小时图书借阅服务，同步开展“阅鉴东湖”“致敬最美”等系列活动。创业基地人才培训中心，专设3个实体化办公室，由3个专业团队负责运营，截至2021年底，开展党建宣教、人才服务、文化生活等主题活动40多场（次）。

【地下管网数字化生态系统通过省级试点验收】 2021年8月，东湖街道地下管网数字化生态系统代表临平区承接管道燃气安全省级数字孪生项目场景建设；10月，通过省级试点验收。该系统是多元化应用系统，将地下管网以数字身份模式进行数字化建设，汇集城市风险预警、施工管养过程追踪溯源、决策分析仿真推演、城市要素资源高效配置、城市数字孪生互动五大功能，实现地下管网空间安全运营、经济管养、精准抢修、审批互动。系统于2019年投入使用，现迭代更新到3.0版本，闭环管理和跨部门跨行业应用进一步增强。截至2021年底，处理5起塌陷紧急抢修工作，地下管网数据库更新200万条。与传统模式相比，管网运维综合成本下降20%以上，地下管网开挖审批服务效率提升50%以上。12月8日，系统案例获浙江省副省长高兴夫批示肯定。

【东湖街道被评为人口普查省级成绩突出集体】 2021年10月13日，东湖街道被省政府第七次人口普查领导小组评为人口普查省级成绩突出集体，成为杭州市镇街唯一。东湖街道针对人口普查区多、新成立社区多、村级边界调整确认多、流动人口多等情况，在街道设置43个普查区、1415个普查小区，召开培训60多场。利用线上+线下方式宣传普查知识，提炼和推广普查一线好的经验与做法，如茅山、映荷社区的人普工作“三”字经；小林社区的“每日三度”（上午知进度、中午释难度、晚上推热度）工作法；长虹社区实施的《人普工作纪录》等。编写《东湖街道第七次人口普查工作简报》，至普查结束共刊印15期5万多字，并汇编印制成《东湖人普》，相关做法得到省人普办、市人普办等的好评。

【东湖街道被评为生活垃圾分类省级示范】 2021年12月30日，东湖街道创建成为生活垃圾分类省级示范镇街，辖区内凯文杭庄和临城花苑获浙江省高标准生活垃圾示范小区称号。街道坚持“党建引领、街道主导、专班主考、社企主抓、物业主管、三方协同、居民参与、执法跟进”垃圾分类工作体系，持续完善“互联网+”提升前端智能分类、“第三方+”改革中端运输规范、“创新力+”实现末端资源再生的全过程闭环监管。截至2021年底，生活垃圾进场量为8.14万吨，上升10.85%；兴中路易腐垃圾处置站处理能力从30吨/天扩容至60吨/天，效率增加1倍；新增12个小区开展垃圾分类工作，投入无接触投放智能箱体20套（台），解决传统模式小区内到处是垃圾桶和垃圾暴露的问题。

（檀祝宽）

·星桥街道·

【概况】 临平区星桥街道成立于2021年7月。2001年8月，星桥镇建制撤销，设立余杭区星桥街道。2021年4月，杭州市行政区划优化调整。7月30日，新星桥街道挂牌成立。

星桥街道东至临平街道，南至杭州铁路分局乔司铁路编组站，西至上城区丁兰街道，北至风景旅游胜地超山。区域面积18.26平方千米。辖17个社区。截至2021年底，总户数16510户，户籍总人口47721人，登记出租房屋11243户，外来人口90840人，市内区外9761人。

2021年，星桥街道抢抓“南融、中兴”两大区域发展战略契机，加快推进产城人文深度融合发展。完成一般公共预算总收入6.03亿元，同比增长14.4%；地方一般公共预算收入3.04亿元，增长16.6%；实现规上工业总产值85.51亿元，增长27.42%；规模工业增加值17.66亿元，增长22%；高新技术产业增加值11.89亿元，增长21.5%；外贸出口额38.1亿元，增长39.24%；社会消费品零售总额56.86亿元，增长11.9%。培育小升规企业10家，申报国家高新企业27家、省科技型中小企业11家、省级企业研究院2家、省级企业研发中心3家，实施“机器换人”项目2个、工厂物联网试点项目2个。实施企业提升改造9家，引进创新企业300多家、高层次人才34名，新增3个重点楼宇。出台出租园区管理办法，关停淘汰落后产能、低效企业23家，腾出新空间1.5万平方米。运用“小管家”“亲清在线”等服务平台，解决企业问题137个，发放人才“创业担保贷”“房续贷”1.48亿元。制订村集体经济发展三年行动计划，村集体经济年收入达6787万元，增长8.1%。

保障重大产业项目落地。阿里巴巴浙江云计算数据中心、菜鸟IOT数智化转运中心、安必信、隆午科技等项目落地星桥，意大利SECO中国总部项目开工。

推进老集镇征迁清零，实施“揭榜挂帅、拔钉扫尾”攻坚行动。电管大楼、农商行楼、电信楼等先后完成签约拆除。完成农贸市场搬迁工作，转移摊位91个、商铺118间，签约商铺19户。老集镇征迁总体签约率、拆除率达99.7%。

推进党建阵地建设。新就业群体国庆“流星汇”活动举办，新就业群体流动党员党支部成立。成立临平区、上城区首个“临上兰星”跨区党建联盟，发布第一期“上塘河流域共治项目”“村社人才共育共建项目”“青春共行项目”。

推进民生事业发展，经票选确定的街道婚宴中心、安置房小区亮灯、新增停车泊位和公共自行车点位、汤家幼儿园停车场配套公厕、桐鹤名苑卫生服务站五件民生实事项目建成。星桥四幼、四小续建，星桥中学、临平区第一人民医院星桥分院改扩建项目有序推进。新建7家、改建1家养老照料中心，养老设施社区覆盖率达70%。

推进交通安全隐患整治，完成271处隐患点整治，43个交治站实体化运转。安装违停抓拍、智能卡口、交警远程喊话执法系统等，新增减速带500多米、隔离护栏1500多米、安全警示软桩350多个、标志标线4000多米。举行交通安全宣教活动，覆盖实有人口的93%。头盔佩戴率达80%以上，交通事故数下降11.33%。“市级道路交通安全突出问题挂牌整治地区”完成销号。

星桥街道创建成为省数字生活新服务特色镇（街道）。星桥街道退役军人服务站创建成为省“新时代枫桥式”退役军人服务站，并获省退役军人服务保障体系先进单位称号。

2021年10月20日，在上城区丁兰街道党群服务中心成立临平区、上城区首个“临上兰星”跨区党建联盟　（赵一然　摄）

【保障学堂港整治项目开工助力“五水共治”】 2021年5月31日，学堂港（上塘河—大农港）河道整治工程（一期）（简称学堂港河道整治工程）开工。工程跨上城、临平两区。其中，临平星桥段北起上塘河，南至临丁路，全长约1.55千米，占整治线长度的97%以上。港道宽20米，两边设置10—20米宽度绿化带。3月底、4月底，内道庙、民乐白事点分别被拆除，落实4.08公顷土地征用。同时，街道以整治项目为契机，以点带面推进“五水共治”，实现51个小区、45家工业园区企业、81家“六小”行业及53公里市政管网改造“全覆盖”，12条河道整治完成，完成年度雨污分流建设目标。

【SECO中国区总部项目开工】2021年9月9日，杭州凡诺智能科技有限公司SECO中国区总部项目开工。项目位于星桥街道都市经济产业园内，占地面积1.18公顷，建筑面积3.8公顷，总投资1.2亿元。建成后，预计可形成年产350万片触摸显示屏建设项目，实现工业产值2亿元。

【“红临E家”数字化党建品牌打造】2021年7月，星桥街道汤家社区锦绣三区和贾家社区桐鹤名苑二区作为临平区试点，创新打造“红临E家”数字化小区党建品牌。通过重塑组织体系、再造工作流程、提升考核质效，形成事件一级流转物业处置、二级流转楼道长（居民管家）或楼道党小组领办、三级流转小区三方协商议定的“三级流转”模式，使“组织在小区建强、作用在小区发挥、难题在小区化解”。依托“智慧星桥”平台“智能端+人工端”采集居民反映的问题，做到“一级流转当日办结、二级流转两日办结、三级流转两周办结”。分析研判小区问题数量和类型，进行高频问题预警提示，助力小区治理科学化、精准化。8月12日，相关做法得到市有关领导的批示肯定。

【杭州市首座“零碳”社区电瓶车集中充电站启用】2021年7月底，杭州市首座“零碳”社区电瓶车集中充电站在民乐社区铁铺埭家苑小区启用。充电站将光伏板与车棚构造相结合，具有吸热性好、安装便捷、成本低廉等特点。顶部设置50块太阳能光伏发电板，预计可年发电2.27万千瓦时，相当于节省标煤7.46吨、减排二氧化碳18.58吨。充电桩上设置二维码，居民只要扫码即可充“太阳能电”。充电站启用后，铁铺埭家苑小区电瓶车充电区域面积和充电口数量比之前增加1倍多，能满足80辆电瓶车同时充电，解决了居民充电难、充电不安全等问题。

【新就业群体流动党员党支部成立】2021年10月1日，星桥街道举行新就业群体国庆“流星汇”暨新就业群体流动党支部成立仪式。现场，临平区首个包含快递员、网约车司机、直播从业人员等在内的新就业群体流动党员党支部成立。作为临平区城市发展的前沿区块，星桥街道新就业群体数量庞大，流动党员日益增多。对此，星桥街道在全面掌握底数基础上，探索建立“三同四员”教育管理服务机制，引导流动党员与本地党员同学习、同活动、同服务，争做政策宣传员、民情收集员、公益示范员、平安协管员。打造“1+17+N”服务阵地“星新之家”。在各“星新之家”，新就业群体可以享受休憩、饮水、阅读、手机充电、

2021年9月9日，杭州凡诺电子有限公司开工仪式在星桥街道都市经济产业园举行 （赵一然 摄）

免费理发等服务。至年末，各“星新之家”开展便民服务、志愿活动等235次，服务新就业群体1160多人次。

【星桥街道创建成为省数字生活新服务特色镇（街道）】 2021年11月，星桥街道被省数字生活新服务联席会议办公室审定为浙江省数字生活新服务特色镇（街道），成为临平区首个省数字生活新服务特色镇（街道）。2020年5月起，星桥街道搭建“智慧星桥”城市大脑“1+3+N”体系，依托物联网基础感知平台，开启居民、企业、社区3个端口，构建智慧物业、智慧园区、智慧政务等N个应用场景，形成高效协同的智治新格局。至年末，受理工单2803条，解决率达95.58%，处置速度提升30%；发布招商政策、产业孵化等信息340多条；完成政府外包任务管理26件。10月12日、14日得到区委区政府主要领导批示肯定。

【星桥街道退役军人服务站创建成为省“新时代枫桥式”退役军人服务站】 2021年12月22日，星桥街道退役军人服务站被评为省“新时代枫桥式”退役军人服务站。服务站于2019年建成，占地面积450平方米，位于天都路40、42、44号，是集思想政治教育、帮扶援助、权益维护、就业创业扶持为一体的综合性退役军人之家。服务站建成退役军人信息库，设立退役军人心理咨询服务点等19个。组织走访困难退役军人、发放优抚年画、送喜报等活动1200多次。组建退役军人志愿队18支，参与志愿活动520多人次；帮扶再就业岗位22个，其中7人实现再就业、3人成功创业。

（王月）

2021年10月1日上午，在星桥街道党群服务中心举行新就业群体国庆“流星汇”暨新就业群体流动党员党支部成立仪式 （赵一然　摄）

·乔司街道·

【概况】 临平区乔司街道成立于2021年7月，是临平区南大门。2011年8月，乔司镇建制撤销，成立余杭区乔司街道。2021年4月，杭州市行政区划优化调整。7月30日，新乔司街道挂牌成立。

乔司街道东至钱塘区下沙经济开发区、临平区南苑街道，南至杭州上城区九堡街道，西至上城区笕桥、丁兰街道，北至临平区南苑街道、星桥街道。区域面积30.12平方千米。下辖11个村，6个社区。年末常住人口6.2万人。

2021年，乔司街道立足“南融”发展战略，做活“数字化”改革，锚定“共同富裕”目标，实现人才、产业、城市三大“蝶变”。完成财政总收入19.2亿元，同比增长137.6%，其中经常性地方财政收入6.58亿元，增长106.7%，总量和增幅位列全区第一。农业增加值2.37亿元，增长2.2%；完成社会消费品零售总额58.71亿元，增长15.1%，增速全区排名第一。实现村级经营性收入2.06亿元，其中8个村经营性收入超千万元。完成工厂物联网项目1个、工业互联网试点应用 3 家、工业机器人应用 6 台，规模企业数字化覆盖率达 100%。完成企业提升改造 13 家、低效出清 6 家，新增“小升规”企业 6 家。规上工业增加值能耗下降率达 15.8%。申报区级示范性家庭农场 2 家。

深化美丽城镇建设。对已征未用区块环境进行综合整治，清理完成 40 宗地，完成覆绿 126.67 公顷。拆除整治违建 265 宗，处置面积 26.20 公顷，处置面积数全区第一。深化“迎亚运”城市环境大整治、城市面貌大提升长效管理，城市环境红榜上榜 20 次，7 个村完成新时代美丽乡村达标村创建，创建成为“污水零直排”镇街，$PM_{2.5}$ 浓度下降 5.4%，空气优良率和臭氧浓度控制均居全区第一。

完善民生服务配套。开工建设乔司二中、三角小学、三角幼儿园，推进乔司中心小学、乔司卫生服务中心北区块改扩建，竣工投用乔司三幼月牙河园区，新增 120 个学位。持续完善“2 个街道集中配送餐中心 +2 个村社老年食堂 +10 个助餐服务点”养老助餐服务全覆盖体系，日均助餐 280 人。补齐大型文体设施建设短板，实施杭州书房、潮文化客厅、24 小时图书馆等项目 13 个，乔司乡贤馆开馆。实施回迁安置小区改造提升项目 50 多个，涉及 664 户居民、3000 多套房源的三角村、吴家村回迁安置工作完成。

强化党建阵地建设。启动“红乔先锋”团队建设暨方桥村“七彩桥”志愿服务活动，扩大基层党组织党建工作矩阵。发布“奋斗百年路 启航新征程”红色资源地图，点亮辖区境内 14 处红色打卡点。街道党工委与福建省龙岩市连城县莒溪镇党委以视频连线方式举行“乔莒山海协作”党建联盟成立仪式，共创山海协作新局面。

构建“整体智治”格局。在全区先行试点“非诉解纷法官全域指导”机制，矛盾纠纷多元化解能力增强。持续攻坚乔司商城等重大涉稳问题化解处置。探索“乔网智治”云上中心建设，集成五大“数字 +”智能模块和 N 个特色场景，形成可复制可推广的基层“整体智治”经验。优化街道便民服务中心大厅建设，增设“互联网 + 政务服务”体验区，打造“24 小时自助服务区”。全年火警成灾数、交通事故报警数、刑事案件受理数分别下降 62%、9.8% 和 9.8%。

乔司街道综合文化站获评省特级综合文化站，劳动监察中队获评第一批“全国百家金牌劳动人事争议调解组织”，骨灰存放中心创建成为省级公益性节地生态安葬示范点。永西村获“浙江省文化示范村”称号，葛家车、永和村创建成为省级善治示范村。胡阿虎和“乔司好声音”理论宣讲志愿服务队分别获评浙江省最美志愿者和最美志愿服务组织。

【首届全国优秀直播基地颁奖盛典】 2021 年 3 月 31 日，以“新直播、新经济、新生态”为主题的首届全国优秀直播基地颁奖盛典暨 2021 直播电商发展新趋势峰会在乔司开幕。乔司直播基地代表“1949 飞鹊直播基地”被评为全国优秀直播基地。

2022 年 6 月，乔司街道工作人员到农户家中宣传征迁政策（乔司街道 供稿）

【时尚乔司人才培育计划启动】2021年4月16日，乔司街道举行“联盟合作新实践 聚力发展新窗口”时尚乔司人才培育计划启动仪式暨时尚人才对接活动，推出“时尚乔司人才培养计划”，通过开展服装制版师培训、技能竞赛，搭建一个时尚产业、人才信息互联互通的共享平台，精准服务乔司服装企业。9月3日，意法·圣玛丁人才实训项目暨校企人才战略合作签约仪式举行。数十家服装企业代表与乔司职业高级中学、浙江轻工技师学院负责人参加活动。该项目的启动标志着时尚乔司人才培育计划向纵深发展，实现从“引才”到“造才”的跨步。

【乔司“红色资源地图”发布】2021年6月28日，乔司街道“奋斗百年路 启航新征程”红色资源地图在艺尚小镇发布。该地图嵌入红色资源、党史人物等要素，分为“百年辉煌·砥砺前行”“改革创新·合力为民”“勿忘历史·砥砺前行”“热土新家·红色司联”“薪火相传·勇立潮头”五大板块，并推出以临平大剧院、戊寅公墓、综治中心、党群服务中心、丰收湖公园为主的14处红色“打卡点”。截至2021年底，该地图服务党员干部群众线下打卡2万多次。

【首届乔司工匠颁奖典礼】2021年9月17日，首届乔司工匠颁奖典礼暨企业职工庆中秋活动在乔司街道朝阳村工业园区举行。活动以文艺汇演、工会会员单位成果展示、五湖四海相聚交友为主题，让企业职工感受“工会娘家人的温暖”。辖区工匠、劳模环卫工人、快递外卖小哥、产业工人、直播网红、企业家及志愿者代表等200多人参加。高彩珍、李洪心、吕明、王志广、周斌、竺培基6人被评为首届乔司工匠。

【首届社工节开幕】2021年10月27日，乔司街道举办第一届社工节，区领导和街道相关部门负责人、村社主要负责人、全体社工、社会组织代表等参与活动。活动以“汇聚社工力量 助力共同富裕”为主题。活动中，“省级农村社区领军人才”林贤琴、“区级社会工作领军人才”王海民以及“区级城乡社区领军人才”陈江、沈丽美4人受到表彰。现场，社区及机关社工举行“师徒结对”仪式，开展领军人才社区书记访谈活动，表演《共同富裕的路上 我们大步前行》诗朗诵、《公共服务工作站》情景剧节目，彰显心系群众、甘于奉献、认真负责、扎实肯干的乔司社工精神。

2022年5月，乔司街道全域土地综合整治葛家车村法律服务组开展工作

（乔司街道　供稿）

【乔司乡贤馆开馆】2021年11月6日，临平区首个镇街级乡贤馆——乔司乡贤馆开馆。馆址位于新街社区南李家弄21号。总建筑面积约450平方米。以“乡贤”“侨联”为主题，分乡贤之路、乡贤之志、乡贤之书、乡贤之翌4个主题版块，展示乔司先贤人物、乔司现当代乡贤事迹、乔司创新创业典型等内容。

【微电影《被告书记》获“玉琮杯”优秀奖】2021年11月10日，第三届“玉琮杯”清廉微电影微视频大赛闭幕，乔司街道报送的微电影《被告书记》获优秀奖。《被告书记》讲述的是一个好干部为了保护群众利益被告上法庭的故事。

【太极拳交流活动及国家新编28式太极拳比赛举行】 2021年11月21日，作为“浙江省太极拳（剑）之乡”，乔司街道举行村社太极拳交流活动及国家新编28式太极拳比赛，来自街道8个村、2个社区的200余名运动员参加活动。大赛共评出一等奖1名，二等奖2名，三等奖3名，优胜奖5名。

【中国(杭州)算力小镇开园】 2021年12月28日，全国首个算力小镇——中国（杭州）算力小镇开园。小镇位于乔司街道杭州九乔国际数字商贸城核心商务区，占地面积9.2公顷，体量46万平方米。围绕人工智能、大数据、量子信息等前沿科技，小镇以产学研一体的算力研究院与超级算力企业为抓手，将打造长三角算力应用端枢纽中心和全球一流的算力产业创新区。截至2021年底，签约入驻联芯通、地卫二、衣科信息等60多个项目及200多个储备项目。

【全域土地综合整治与生态修复启动】 2021年11月20日，临平区召开乔司街道全域土地综合整治与生态修复动员大会，全面吹响乔司全域土地综合整治与生态修复号角。整治涉及方桥村、永和村、永西村、朝阳村、葛家车村5个村，整治区域总面积超666.67公顷，涉及整治农户2206户，涉及整治企业96家。整治后，街道将实现耕地成片化保护，建设用地规模化利用。

（张建忠）

·运河街道·

【概况】 临平区运河街道成立于2021年7月。其前身是运河镇，由原亭趾、博陆、五杭3镇合并而成。2011年8月，运河镇建制撤销，成立余杭区运河街道。2021年4月，杭州市行政区划优化调整。7月30日，新运河街道挂牌成立。

运河街道东至嘉兴市桐乡市大麻镇，南至经济技术开发区、东湖街道，西至塘栖镇，北至湖州市德清县禹越镇。区域面积32.15平方千米。下辖14个建制村、2个农村社区、3个居民社区。截至2021年底，总户数12119户、总人口92739人，其中户籍人口44705人、流动人口48034人。

2021年，运河街道围绕“共同富裕示范地、运河文化展示区、融沪美丽后花园”目标，争创国家卫生镇、国家AAA级旅游景区、全国示范型退役军人服务站3个“国字号”，实施六大新行动。完成财政总收入34733.31万元，同比增长29.95%，其中经常性财政收入13704.94万元，增长34.02%。规模工业销售产值37.41亿元，增长2.78%；工业投资10546万元，增长89.85%，规模工业新产品产值15.76亿元，增长103.62%；社会消费品零售总额5.8亿元，增长10.2%。申报高新技术企业22家、省科技型中小企业7家，有效发明专利拥有量69个。实施机器换人项目5个、工业互联网试点项目3个。重点推进“大运河1986文创园”建设，与浙江理工大学等4所高等院校达成长期战略合作协议，招引20家企业入驻园区。海得龙新材料、戴乐搪瓷等技改项目落地。

发展高效农业。“非农化”“非粮化”整治工作签约超233.33公顷。双桥村与省水稻研究所开展战略合作，引入高品质稻种，年产粮食357.5万公斤。杭州第一家功能水稻试验示范点落户双桥村“爷爷的水稻田”临平基地。运河果莲与盒马生鲜达成战略合作，销售额超500万元，主产地新宇村成为“盒马村精品点”。发展共享经济，量身打造“共享厨房”“共享稻田”等农文旅配套服务。

打造美丽环境，开展环境长效管理行动，5次被评为杭州市优胜单位，全区排名第一。开展农村基础环境大整治，发现不雅观点位254处，100%完成整治。存量违建拆除8.98万平方米。

省级生态环境督察“回头看”实现全销号，空气质量优良天数316天，优良率排名全区第一。

推进“五水共治”，落实河长制、小微长制和长效管护机制，14条预警河道和5条区级小微水体完成整治，10家企业、30家六小行业污水零直排改造通过验收。泥鳅全面禁养，防汛抗灾工作扎实平稳。

完善民生保障。社区卫生服务新中心完成主体建设，运河三幼项目通过验收。完成螺蛳桥村、运旺社区2家照料中心建设。完成适老化改造33户，1500多位老年人享受政府购买服务，区、街道两级购买资金达300多万元。为老助餐体系实现全覆盖，日均就餐量达500人。

推进住房解困，落实建房点位规划41个，博陆危旧房改造区块进场施工，农民建房监管由“五到场”升级到“八到场”。

挖掘特色文化。深化“一村一品”特色馆理念，壮大7支非遗队伍，与浙江理工大学合作成立非遗专项社会实践团。完成省级非遗项目“宝卷”复评工作。申报第六批浙江省非遗主题小镇并通过初评。

强化新时代文明实践工作，构建“1+19+11”新时代文明实践站点体系。强化公共文化阵地建设，区级24小时图书馆和街道综合文化站建成启用。举办藕花洲大舞台、相约周末等活动80余场，组织电影下乡305场。

提升社会治理水平，五杭、亭趾、博陆3集镇综治分中心启用，全年调处各类矛盾纠纷179起，调解成功175起，调解成功率97.8%。全年万人成讼率全区排名第一。街道领导包案信访件实现化解率、稳控率双100%。

运河街道获评国家卫生镇、新时代美丽城镇建设省级样板。运河街道退役军人服务站获评全国示范型退役军人服务站。双桥村获评全国乡村治理示范村、省善治示范村。杭南村获评省善治示范村。兴旺村获评省级民主法治村。

【街道退役军人服务站被评为全国示范型退役军人服务站】2021年1月11日，运河街道退役军人服务站被评为全国示范型退役军人服务站。服务站位于运河街道兴旺大道109号，2020年建成使用，面积约700平方米，设置服务接待区、办公区、休闲交流区、宣传展示区、八一讲堂、心理辅导室等功能区块，为退役军人提供信息登记、就业创业指导、困难帮扶等“一站式服务”。至年末，服务站举办爱国主义教育活动12场；组织退役军人开展志愿服务、军地联谊、创业就业等活动，服务群众8600多人次。

【杭嘉湖“金三角”党建联盟成立】2021年3月23日，运河街道与湖州市德清县禹越镇、嘉兴市桐乡市洲泉镇三地建立跨市域党建联盟——杭嘉湖“金三角”党建联盟，发布“杭嘉湖三府十项行动”，共同发挥资源、人才优势，合力推动资源共享、区域发展。

【杭州首家功能水稻试验示范点落地双桥村】2021年9月18日，由袁隆平院士倡导并题名的“爷爷的水稻田”科普体验与文学艺术项目落地双桥村，该村成为杭州首家功能水稻试验示范点。示范点位于双桥村的杭州临平“爷爷的水稻田”学农基地，旨在通过以“水稻”为主题的活动倡导青少年从小养成“爱科学、爱劳动、爱粮食”的优秀品质，同时为基地提供新技术、新品种、新项目，助力乡村振兴。10月1日，由联合国粮农组织驻华代表处与中国儿童画国际巡展组委会等机构共同举办的“世界那么大 美丽我的家”2021“绘丰收 画节约”艾瑞卡儿童画画展在双桥村开展为期一个月的巡展，来自中国、美国、俄罗斯等9个国家的238幅作品参展。至展览结束，参观游客达13800人次。其间，全区中小学生围绕“爷爷的水稻田”主题进行创作，收到作品1393件。

【运河鱼羊美食节升级】2021年10月1日，“寻味大运河 乐享新临平”第十二届大运河鱼羊美食节在五杭集镇开幕。运河美食节首次升级为“大运河鱼羊美食节”，并纳入杭州市“最江南·杭州味”大运河文化旅游节活动。其间，发布

“大运河鱼羊美食节”IP、运河家宴、美食地图，进行两天三场非遗民俗踩街集中展演，推出共富集市、稻田集市、“莓”好集市等共富集市系列，吸引人流1.2万人次，创收120多万元。

【《运河街道志》出版发行】2021年10月，临平区首部镇街志——《运河街道志》出版发行。《运河街道志》编纂工作始于2018年，上限随春秋上溯，下限为2018年，部分事物延至2020年。全书分6卷28章，共137万字。该书分别从舆地、经济、政治、文化、社会、人物等方面，记载运河街道历史变迁、发展历程与现状。内容包括运河街道的自然资源、地域文化、特色产业、发展成果、乡土风情、社会人文及人物风采等，为人们了解运河街道历史和区域建设的成果提供了资料。

【运河街道通过国家卫生镇省级评审】2021年10月底，运河街道以优秀等次，通过国家卫生镇省级评审。运河街道按照“联动创建、全面提升”的思路，将9个大项52个小项创建任务细化分解到各个责任科办、村社。抽调专职人员，开展“全民动员行动”“环境整治行动”等专项行动。组织“运河大姐”、党员、村民等6000多人次，依托分片“找茬”“随手拍”、每周巡查、热线监督等方式，查找各类问题324个，整改率达99.4%。先后清洁绿化带19万平方米、河道751.65千米。新建、改建公厕17座，无害化卫生厕所普及率达100%，集镇范围内“十分钟如厕圈”全覆盖。完成四好农村路建设70条，建成美丽公路6条。建有千亩荷塘绿道等7条，长度1.2万多米。居民外出平均500米即有公园、绿地和休闲场所。

【全省首个镇街级共同富裕指标体系发布】2021年11月3日，运河街道发布全省首个镇街级共同富裕指标体系——《运河街道共同富裕指标体系》，获《人民日报》、新华社等20多家主流媒体聚焦报道。体系从经济高质量发展、品质城区建设、精神文明建设、美丽环境建设、治理能力现代化5个维度，筛选出33个适用于街道的指标进行分类别评价，包含“农业劳动生产率”“农业产业化组织带动农户比重”“新时代美丽乡村达标创建行政村覆盖率”等六大特色指标。至年末，街道成立“运河共富专家智库”“乡贤帮富团”，建成共富实践交流中心，完成街道共同富裕示范区总体规划、大运河现代农业产业园区三年行动计划编制，与浙江理工大学建立校企地合作机制，与区供销联社、电力部门、区农商行建立共富合作机制。

【农创客发展联合会】2021年11月23日，临平区农创客发展联合会成立，位于运河街道五杭村的1986文创园区内的区农创客之家启用。区农创客发展联合会首批会员56名，均是种养殖生产、育种育苗、民宿（农家乐）、农村电商、农产品加工业等领域的优秀创业者、经营者、管理精英以及获得多项荣誉资质的优秀农创单位。农创客之家建筑面积3000平方米，除用于农创客发展联合会日常活动外，设置乡创体验孵化中心。

【运河街道被评为新时代美丽城镇建设省级样板】2021年12月21日，运河街道被浙江省城乡环境整治工作领导小组评为2021年度新时代美丽城镇建设省级样板。街道对标省美丽城镇建设指标要求，进行全域全要素全覆盖“五美提升”。大运河以南，以景区的理念规划，将五杭、博陆、亭趾集镇连片提升，打造“有故事的小镇、有记忆的街区、有味道的院落”。大运河以北，以“千亩荷塘、千年古刹、千亩稻田、千品果园”为特色，发展现代都市农业，打造大运河现代农业产业园。至创建成功，累计建成五杭农贸市场、三治融合馆、姚虞琴纪念馆等项目26个，投资6.48亿元，实现环境、生活、产业、人文、治理五方面齐头并进。

（梁淑愫　马晓玲）

·崇贤街道·

【概况】临平区崇贤街道成立于2021年7月。2011年8月，崇贤镇建制撤销，成立余杭区崇贤街道。2021年4月，杭州市行政区划优化调整。7月30日，新崇贤街道挂牌成立。

崇贤街道东至星桥街道，南至拱墅区康桥街道、半山街道，北至塘栖镇，西至余杭区仁和街道、良渚街道。区域面积38.62平方千米。辖11个行政村，5个社区。截至2021年底，户籍人口60615人。

2021年，崇贤街道围绕“打造红色薪火传承地、产城融合示范区、宜居宜业卫星城，建设全面发展、全域美丽新崇贤”五大工作目标，积极开展经济社会发展、项目推进、环境治理、数字化转型、民生保障五方面具体工作，推进区域治理现代化。完成财政总收入21.78亿元，同比增长68.82%，其中经常性财政收入7.45亿元，增长70.09%。农业总产值3.19亿元，增长6.3%；规模工业销售产值133.86亿元，增长20.5%；规模工业增加值22.48亿元，增长1.6%；社会消费品零售总额15.32亿元，增长13.2%。申报“国高新”企业29家、评定省科技型中小企业33家。实施“机器换人”智能化项目9个、建立工业互联网试点2个、打造数字化车间2个、应用工业机器人28台。新增华纺布艺等“零土地技改”项目5个，浙江益海嘉里食品工业有限公司智能化配送中心项目建成，益海嘉里智能化食品深加工项目开工建设。浙江米居梦家纺股份有限公司旗下“探生活”品牌进军高档家居市场。关停、整治“低散乱”企业45家。

推进环境综合整治，整改问题3808件，整改率达100%。拆除违章建筑13.1万平方米，完成率达105%。建设垃圾投放两定点位200多个，易腐垃圾减量7703吨，可回收物回收4434吨。完成10个生活小区、34家工业企业、3家公建单位雨污分流改造工作。开展河道保洁、河长制宣传等专项行动，推进河长“绿币”积分制“绿水币”建设。

推进征迁安置工作，完成拆迁农户27户、多层公寓82套、企业7家，征地5.27公顷、借地38.13公顷，办理269户、1214套房屋的不动产证。实施中共鸭兰村支部旧址一期提升改造，1天完成12户农户搬迁签约、1个月实现项目竣工。

开展美丽乡村建设。辖区11个村集体经济总量增长48.1%；聚焦绕城以北7个村30个组，有序开展第一轮美丽乡村扩面和独山新苑环境提升行动；建设沾桥1510美丽乡村示范村。

推进社会保障工作。建成杭州首家授牌的企业退役军人服务站——杭州大运河智能科技有限公司退役军人服务站及16个村社退役军人服务站；完成就业困难人员用工补贴办理1000多人次。推进调解、监察、仲裁“三位一体”劳动纠纷化解平台建设，至年末，崇贤街道劳动纠纷化

2021年，庆祝中国共产党成立100周年，崇贤街道融合党建元素打造崇贤花海
（崇贤街道　供稿）

解中心共调解劳资纠纷案 989 起，涉及劳动者 3684 人、金额 3185 万元。

文化崇贤建设。启动并完成中共鸭兰村支部旧址及周边区块提升改造工程、独山三烈士墓综合保护工程。与杭师大合作，实施“中共鸭兰村支部访谈录”项目，对“19276”鸭兰密码进行时代化解读，总结提炼鸭兰“四个薪火”（敢于追梦、勤于圆梦的梦想薪火；敢于革故、精于实干的创造薪火；百折不挠、自强不息的奋斗薪火；凝心聚力、相融共生的团结薪火），用一组数字“0–1–10–73–161”讲述鸭兰村党支部的诞生和发展；承办“党课开讲啦”活动，演绎《鸭兰薪火》艺术党课等，丰富鸭兰红色文化内涵。

抓好民生实事，沾桥中学、向阳幼儿园、石前幼儿园工程主体完工，崇贤村幼儿园、崇贤村小学、运河路小学建设稳步推进。16 台便民服务自助机实现 24 小时自助办理，形成 57 项便民服务事项。沾桥村示范型照料中心投入运营，社区卫生服务中心改扩建项目加快推进。

平安崇贤建设。打击治理电信网络诈骗，受案 289 起，下降 9.40%；立案 217 起，下降 2.69%。火警数、火灾数分别下降 20.5% 和 16.7%；排查调处各类矛盾纠纷 324 起，矛盾纠纷调处率达 100%。受理市、区公开电话件 3651 件，下降 18.27%，办结率、满意率均达到 100%。

加强基层社会治理，推出“店铺码”“企业码”，辖区 1112 家店铺纳入“店铺码”管理，通过“店铺码”落实整改问题达 500 个，整改实效度和配合度提升。

民主法治建设。依托中共鸭兰村支部旧址、卧龙浜宪法主题公园等普法阵地，开展大型普法 6 场（次）、法律宣传进村社区 8 场（次）、中小学“法制副校长普法进校园活动”3 场（次）。围绕疫情防控、交通安全等主题，利用专题电子屏滚动播放标语、视频 220 小时，发放法治宣传资料 3 万多份；开展法治“知晓率、参与率、满意度”专项宣传活动，发放宣传册 6000 份。

崇贤街道获评浙江省农村文化礼堂建设示范乡镇（街道）、2021 年度“浙江省森林城镇”、新时代美丽城镇建设省级样板，入选浙江省第四批民族团结进步创建重点培育单位名单。中共鸭兰村支部旧址入选第一批浙江省民族团结进步教育基地。

【中共鸭兰村支部旧址提升改造一期项目】 2021 年 4 月，崇贤街道启动旧址及周边地块提升改造项目，立足“红耀革命情、莲印鸭兰心”主题形象定位，锁定“一个具有地标功能的主入口区、一条具有历史积淀的文化展示带、一条具有故事呈现的薪火之路、一个具有复合功能的党建示范区”的打造内容，在旧址陈列室新增鸭兰村党支部成长足迹，在旧址广场新增“薪火初心”“琴音赞歌”等九大区域景观小品，在外围增设停车泊位 30 个，实现外部环境提升、文化氛围增强。至年末，支部旧址文物守望志愿服务队成立，建成“杭州市党员干部教育培训基地”“浙江工商大学新时代大学生思政实践教育基地”等红色阵地，接待团队 378 个，参观者达 3 万人次。

【崇贤街道被评为省农村文化礼堂建设示范乡镇（街道）】 2021 年 10 月，崇贤街道被中共浙江省委宣传部评定为浙江省农村文化礼堂建设示范（乡镇）街道。街道围绕文化礼堂“建、管、用、育”功能，因村制宜打造服务内容涵盖文艺、宣传、体育、志愿活动等内容的人员队伍各 6 支及以上；推进文化礼堂联盟品牌建设，成立运河文化联盟、崇贤新城联盟、乡村振兴联盟，开展联盟走亲活动；培育七色彩虹桥、四叶幸运草等社会组织，开设“青少年阳光驿站”。截至 2021 年底，举办“红色鸭兰 薪火相传”主题系列、文化礼堂“我们的村晚”“书香崇贤”文化阅读、“相约周末”文化夜市、送戏下乡等活动 83 场次，服务群众 3 万人次。

【崇贤街道入选省第四批民族团结进步创建重点培育单位】 2021 年 11 月，崇贤街道被浙江省民族宗教事务委员会列入浙江省第四批民族团结进步创建重点培育单位，成为临平区唯一。崇贤街

朝阳下的崇贤新城　　（崇贤街道　供稿）

道以“赓续红色根脉、讲好红色故事”为方向，以中共鸭兰村支部旧址为教育基地，以“民族团结一家亲，鸭兰薪火共传承”为主旨，结合鸭兰村红色文化品牌培育，打造“民族团结的红色鸭兰”，形成了“一馆一厅一廊一栏一公园”。一馆指中共鸭兰村支部旧址陈列馆，一厅指鸭兰非遗文化展示厅，一廊指“同心鸭兰”文化廊，一栏指鸭兰村石榴籽宣传栏，一公园指鸭兰村石榴籽公园。此外，街道聚力“红色鸭兰宣讲团”“石榴籽帮帮团”“邻里绣娘团”三团共建，探索“精神、文化、经济”三富共进，打造具有崇贤辨识度的民族工作品牌。

【崇贤街道被评为“浙江省森林城镇”】 2021年12月6日，崇贤街道被浙江省关注森林组织委员会认定为2021年度“浙江省森林城镇”。街道按照《浙江省森林城镇评价量化指标》要求，以“五水共治”“三改一拆”“美丽河湖”“美丽乡村”“小城镇环境综合整治”等工作为抓手，通过城镇绿化、生态廊道、村庄绿化等工程建设，实现建成区绿化覆盖率30.18%，人均公园绿地19.02平方米，93%的居民出门平均500米有公园休闲绿地，主要道路、河道宜林地段绿化率达99.5%，超额完成2021年度“新增百万亩国土绿化行动”1.58公顷，为计划任务的124.7%。截至2021年底，街道有市级一村万树推进村2个、区级森林生态科普知识教育基地1个。

【崇贤街道创建成为美丽城镇建设省级样板】 2021年12月22日，崇贤街道被浙江省美丽城镇办公室评定为商贸特色型美丽城镇建设省级样板。崇贤街道围绕“水韵崇贤　商贸新城”建设目标，加强交通路网、雨污分流、景观打造、公共服务等基础设施建设力度，协同推进乡村振兴和新型城镇化战略。以创新创富为抓手，促进“以产促城”“产城融合”。将“商贸特色”作为崇贤经济发展引擎，形成以“崇贤老板”为代表的创业创富的经济文化。以城乡统筹为路径，推动“以城带乡”“以乡促城”。与临平区交通集团建立深度合作机制，提升项目推进、区块开发质效。以共建共享为主题，形成“城乡共美”“全民共富”。截至2021年底，建成10条滨水景观带、2个绿色生活广场和3条绿化长廊；建成四好农村路33条，总里程约32千米；打造沾桥老街、上亿广场等商贸特色街区和大型商业综合体。

（王传湖）

·塘栖镇·

【概况】 临平区塘栖镇成立于2021年8月。原塘栖镇始建于北宋，1959年重新设立。2021年4

月，杭州市行政区划优化调整。8 月 3 日，新塘栖镇挂牌成立。

塘栖镇东至运河街道、临平街道、东湖街道，南至崇贤街道，西至仁和街道，北至湖州市德清县。区域面积 62 平方千米。辖 18 个建制村，10 个社区。截至 2021 年底，总人口 132490 人。

2021 年，塘栖镇推进“五个全域”建设，做好征迁回迁、双招双引、实招实干、借势借力、创先争先“五篇文章”，积极打造“千万工程”，建设新时代美丽乡村先行区、新时代文明实践样板地、大运河国家文化公园建设示范带。完成财政总收入 9.75 亿元，同比增长 21.1%，其中经常性财政收入 4.11 亿元，增长 9.7%。规模工业总产值 101.16 亿元，增长 11.1%；农业增加值 4.40 亿元，增长 5.1%；社会消费品零售总额 35.45 亿元，增长 10.1%。申报市数字化车间培育企业 2 家、工厂物联网项目 5 个、工业互联网试点项目 2 个、工业机器人项目 29 个，实现机器换人 7 项，实施技改项目 23 个，新增省科技型中小企业 11 家，国家高新技术企业 44 家。中通物流、鲜丰水果、阿里健康及凯秀纺织等项目建成投产。争光实业在深交所创业板上市，18 家小微企业完成升规。已来科创园被认定为省级小微园区，申报区级孵化器、区重点楼宇，招引开心猫食品等优质企业 12 家，入驻率达 90%以上。

推动“美丽乡村建设”全覆盖，促进农文旅融合。举办第二十三届杭州塘栖枇杷节，实现营业总收入 2.19 亿元，同比增长 6.33%，其中网络销售收入 7841.88 万元，增长 8.42%。举办塘栖枇杷电商培训 18 场（次），培训 1327 人次，打造一支由 80 多人组成的本土直播人才队伍。培育民宿（农家乐）45 家，实现经营性收入 4500 万元。接待游客近 157 万人次，增长 38.4%。推进美丽乡村扩面提升，推进水乡风韵线二期及北塔漾绿道建设。开展美丽河湖创建工作，内排港和石目港沿线及支流整治项目，分别完成工程量的 50% 和 20%。推进全域土地整治和生态修复，完成超山村等土地整理项目 5 个，新增耕地 7 公顷，旱改水 33.07 公顷。

“美丽城镇”“靓城行动”同步推进。服务保障大运河国家文化公园和科创城项目建设，征迁签约码头企业 11 家。推进西小河社区、仓桥路小区等 5 个区块 15.58 万平方米老旧小区改造，加装电梯 15 台。

强化基层治理维护社会稳定。解决答复“固定信访接访日”事项 68 件，镇长公开电话事项 243 件，镇村（社）代办 134 件。推进省级法治化综合改革试点及综合行政执法体制改革试点工作，获批相对集中行使发改、应急管理等 16 个方面 533 项行政执法事项。全域推广河西埭村“六约工作法”。新增社会组织 35 家，推行“益满塘栖”公益创投、“栖善汇流·大爱塘栖”慈善公益等 15 个项目。

繁荣本土文化。举办大运河畔学党史活动，以何思敬纪念馆等红色资源为重点，打造党史教育“新游线”。举办第二届“百位十佳”评选，选树

2021 年 5 月 17 日，第二十三届中国杭州塘栖枇杷节开幕 （塘栖镇 供稿）

"最美战疫人"等51位先进个人（集体）。7人被评为最美临平人，快递小哥叶阳辉的事迹获央视新闻、《人民日报》、新华电讯等30多家媒体报道。完成新时代文明实践挂牌任务，塘北村文化礼堂、宏磻村文化礼堂、城市书房、"塘栖书苑"塘栖人家客栈分馆和塘超小径分馆建成使用，临平区首个"网络文化家园"在塘栖人才之家挂牌成立。

完善民生服务配套设施。完成塘栖一幼思敬园区扩班改造，塘栖三中、塘栖三小朱家角校区环境提升及镇属学校暑期项目建设；泰山村卫生服务站、社区卫生服务中心传染病监测哨点和健康小屋投入使用。完善一老一小服务，新建2家养老服务照料中心，启用6家老年助餐点，完成38户家庭适老化改造，为2025名老年人提供居家养老服务；建立1家镇级未成年人保护工作站，建成村社儿童之家23家。做好548户在册低保家庭、76户低边家庭的扶危帮困相关工作，发放救助金1137.47万元。

塘栖镇入选省共同富裕示范区"典型案例清单"；创建成为"诗画浙江 百县千碗"美食小镇、省级社区治理和服务创新实验区；获评2020年度省五水共治（河长制）工作考核优秀乡镇。塘栖镇塘栖村团支部获评全国五四红旗团支部，余杭农村商业银行塘栖支行营业部获评2019—2020年度全国青年文明号。丁山河村获评2021年中国美丽休闲乡村、省级农家乐集聚村，丁河村获评省善治示范村，三星村创建成为省级示范儿童之家。

【争光实业上市】 2021年11月2日，浙江争光实业股份有限公司在深圳证券交易所创业板上市，成为临平区2021年首家上市公司。股票简称"争光股份"，股票代码为301092。浙江争光实业股份有限公司位于塘栖镇，成立于1996年，是一家主要从事离子交换与吸附树脂的研发、生产及销售，并致力于产品在新领域的推广与应用的高新技术企业。公司获"国家重点新产品""国家火炬计划项目""中国电力科学技术奖"等多项荣誉。"争光股份"首次公开发行股份3333.33万股，发行价36.31元/股，募集资金12.1亿元。募集资金将用于年处理1.5万吨食品级树脂生产线及智能化仓库技术改造、年产2300吨大孔吸附树脂技术改造、厂区自动化升级改造、研发中心建设等项目。

【塘栖镇创建成为省级特色美食镇】 2021年12月31日，塘栖镇被省文化和旅游厅联合省商务厅、省餐饮行业协会认定为"诗画浙江·百县千碗"特色美食镇。塘栖美食特色街区包括水北街、水南街两大功能区块，聚集朱一堂糕点、法根糕点、百年汇昌、同福永等塘栖"老字号"商业品牌，拥有各类经营户近百家。2019年后，塘栖镇发扬传统"四大名菜"，挖掘老底子"十大碗"系列，创新推出"运河宴""枇杷宴""早茶宴"等特色宴席，承办"诗画浙江·百县千碗"区级名点心、名冷菜评选大赛等系列活动，依托"枇杷

2021年8月，临平区首个"网络文化家园"在塘栖人才之家挂牌成立

（塘栖镇　供稿）

节、开运节、年味节”等特色节庆打响“诗画浙江·百县千碗”旅游美食知名度。至年末，塘栖镇“诗画浙江·百县千碗”美食店新增7家，累计培育10家。

【塘栖镇入选省法治化综合改革试点乡镇（街道）】2021年6月29日，塘栖镇作为临平区唯一代表，入选全省法治化综合改革试点乡镇（街道）名单。塘栖镇围绕《塘栖镇省级法治化综合改造试点责任分工表》中十大类30项127条目标任务，探索“一二三”工作法，建立“司法所+职能科办+法律顾问”三位一体的合法性审查模式；构建“1+3+28+X”（1个镇委、3个调解工作室、28个村社调委会、X个社会组织）多元立体化大调解体系；将“两约”建设与法治建设有机结合；依托驾驶舱数字化应用改革，打造了“一支队伍管执法”等众多具有塘栖辨识度和影响力的法治化综合改革标志性成果。

【省级社区治理和服务创新实验区创建】2019年，塘栖镇被确认为全省首个以村规民约与社区公约（简称“两约”）建设为主题的城乡社区治理和服务创新实验区。塘栖镇以“两约”建设为突破口，通过确立立约修约、宣传引导、执约评审、监督奖惩四大机制，持续创新基层社会治理模式。其中：河西埭村建立道德银行和执约积分制度；华城社区建立楼道执约团、网格执约团和社区评审团三级执约评审和居民诚信档案、执约情况反馈公示机制；三星村出台“八五二一”工作法，建立村规督导队和“三心银行”等。2021年6月28日，塘栖镇以“优秀”等级创建成为省级社区治理和服务创新实验区。

【2016—2020年全国普法工作依法治理创建活动先进单位】2021年12月28日，中央宣传部、司法部、全国普法办发布《2016—2020年全国普法工作先进单位、先进个人和依法治理创建活动先进单位的决定》，临平区司法局塘栖司法所被评为“2016—2020年全国依法治理创建活动先进单位”。自2016年以来，塘栖司法所扎实开展依法治理、普法宣传等工作，打造“法治长廊＋主题公园＋法治小景”的法治文化阵地，建成何思敬纪念馆、塘超小径法治宣传墙绘、塘栖民法公园、丁河法治小广场、莫家桥村墙体普法三字经、河西埭法治公园、柴家坞村蜜法园等辐射全域的法治文化阵地。年内，创建国家级民主法治村（社区）1个，省级民主法治村（社区）4个。

2021年，塘栖镇开设塘栖书场20场次，图为丰国需在塘栖书场讲故事

（塘栖镇　供稿）

【“栖溪新语”网络文化家园挂牌】2021年8月，临平区首个“网络文化家园”——栖溪新语网络文化家园在塘栖镇人才之家挂牌成立。栖溪新语涵盖临平人才之家塘栖驿站、塘栖镇党群服务中心、塘栖枇杷产业博览馆等多个阵地，总面积达2500多平方米。依托图文直播、视频直播、短视频宣传等形式，举办“蒙面好声音歌唱比赛”第二季、“塘栖枇杷‘云’养成”“塘栖镇新青年羚

2021年12月，塘栖镇举行红临“栖+”治理合伙人聘用仪式

（塘栖镇　供稿）

羊宣讲团云直播”等活动，吸引10万余人次线上观看。同时，栖溪新语将水乡特色文化融入活动策划中，传播本土文化。

【塘栖镇入选省共同富裕示范区“典型案例清单”】 2021年8月12日，浙江省共富办印发《高质量发展建设功能共同富裕示范区重点任务清单、突破性抓手清单、重大改革清单和典型案例清单》，塘栖镇以“健全服务网 扩大朋友圈 全力打造大运河畔新时代文明实践样板地”案例入选“典型案例清单”，成为全省唯一一个以镇为主体的典型案例。塘栖镇围绕物质富裕和精神共富建设，2019年以来，成立丁河村“鱼鹰嫂”、三星村“送福嫂”、塘栖村一抹绿军人志愿服务队等志愿服务队伍262支，完成志愿服务活动2336场，服务群众15万人次；2020年以来，累计搭建何思敬纪念馆、塘栖书场、文化礼堂等文化设施、理论宣讲基地、俱乐部、旅游设施80余处；2021年，新增39个不同类别的新时代文明实践点，打造老百姓身边的文明实践“15分钟活动圈”。

【塘栖镇党群服务中心被评为省级示范党群服务中心】 2021年8月，塘栖镇党群服务中心被评为全区唯一省级数字赋能、集成服务示范党群服务中心。塘栖镇党群服务中心自2019年成立，不断完善“1+28+N”党群服务体系，打造“栖行党课”等高辨识度党群服务品牌。“栖行党课”被省、市、区各部门单位“点单”136次，获评全市党群服务“优秀项目”。截至2021年底，党群服务中心开展活动200多场次，服务群众7万多人次，获人民网、新华关注、《浙江日报》等各级媒体报道30多次。

【红临“栖+”治理合伙人机制建立】 2021年12月3日，塘栖镇举行新业态联合工会成立暨红临“栖+”治理合伙人聘用仪式，出台红临“栖+”治理合伙人机制。塘栖镇以线上一体化的集中处理平台为核心，联合线下15个综合服务站点，吸纳新就业群体、两新企业、社会组织、党建联盟、劳模工匠等各层面社会群体广泛参与治理，以服务联动、问题联结、资源联享的三联模式为引擎，建立起党建引领基层治理的模式。在现场，同步确定首批10位红色合伙人，并根据其职业特点定制对应的城市治理服务项目。其中，塘栖商会党支部开展“栖善汇流 大爱塘栖”公益项目认领；浙江诺力亚律师事务所建立栖“+”邻里法律调解队伍，使公共法律服务下沉旧改、征迁等民生工程。

（刘鸿）

人物·先进集体

Figures and Advanced Units

·先进人物·

【浙江省优秀共产党员】

马勇斌　贝达药业股份有限公司党委书记、副总裁

（省委、省政府）

【浙江省优秀党务工作者】

唐根泉　杭州老板实业集团有限公司党委副书记、工会主席

（省委、省政府）

【浙江好人榜】

邹　华　杭州华临绿建科技股份有限公司创始人

胡阿虎　临平区“胡阿虎党员志愿者服务站”负责人

（区委宣传部）

【杭州市优秀共产党员】

沈　锋　临平区运河街道双桥村党委书记、村委会主任

赵杏文（女）　临平区商务局筹备组组长，一级调研员

王永忠　杭州余杭经济技术开发区管委会机关第四党支部书记、产业发展局局长，一级调研员

郎国锋　市公安局临平区分局筹备组副组长

邹　华　临平区青年商会党支部书记，华临绿建科技股份有限公司创始人、总裁（兼）

（市委、市政府）

【杭州市优秀党务工作者】

唐国标　临平区塘栖镇塘栖村党委书记、村委会主任

王晓丹（女）　临平区临平街道星火社区党委书记、居委会主任

杨小芬（女）　临平区星桥街道安乐社区党总支书记、居委会主任

黄月春　临平区融媒体中心筹备组副组长

严建华　理想国际控股集团有限公司党委书记、董事长助理

（市委、市政府）

【杭州市五一劳动奖章获得者】

高伟兴　杭州余杭环境（水务）控股集团有限公司

叶荣鑫　浙江交工宏途交通建设有限公司

仲崇善　杭州老板电器股份有限公司

（区总工会）

【杭州市道德模范（平民英雄）】

胡阿虎　临平区“胡阿虎党员志愿者服务站”负责人

戴利雅（女）　临平区东湖街道新塘社区居民

（区委宣传部）

【杭州好人榜】

胡阿虎　临平区“胡阿虎党员志愿者服务站”负责人

戴利雅（女）　临平区东湖街道新塘社区居民

叶阳辉　美团外卖杭州塘栖站骑手

（区委宣传部）

【2021 年荣立二等功及以上临平籍军人】

吴永辉，男，1985 年 5 月出生，2003 年 9 月入伍，2014 年，长期安全飞行，荣立三等功；2018 年处置特情，荣立二等功；2020 年，工作表现突出，荣立三等功；2021 年，长期安全飞行，荣立二等功。

（区退役军人事务局）

【2021 年“临平工匠”】

李永兵　杭州自强链传动有限公司

杨喜丽（女）　杭州川空通用设备有限公司

周　超　杭州市临平职业高级中学

周　斌　杭州千森服装设计有限公司

黄春祥　浙江益海嘉里食品工业有限公司

吴清华　杭州临平新花中人大酒店

沈士良　杭州同福永酿酒有限公司

曹永祥　杭州老板电器股份有限公司

王昌伟　浙江春风动力股份有限公司

陈　鸣　杭州市乔司职业高级中学

（区总工会）

·先进集体·

【2021 年临平区获得的省级及以上荣誉】

第二批浙江省全域旅游示范县（市、区）

推进“最多跑一次”改革成效突出的市、县（市、区）

“四好农村路”省级示范县（市、区）

临平区省塘栖盲人门球基地获省政府集体二等功表彰

浙江省残疾预防数字化改革先行区

（区委办）

【全国五一劳动奖状获得者】

贝达药业股份有限公司

（区总工会）

【浙江省先进基层党组织】

杭州市临平区塘栖镇塘栖村党委

（省委、省政府）

【杭州市先进基层党组织】

临平区东湖街道工农社区党总支

临平区临平街道工农新村社区朝阳新苑红管家党支部

临平区南苑街道龙兴社区毓秀家园小区党支部

临平区临平街道离退休第二党支部

临平区救助管理和未成年人救助保护中心党支部

临平区星桥第二小学党支部

临平区第五人民医院党委

杭州华数传媒电视网络有限公司党总支

杭州西奥电梯有限公司党委

（市委、市政府）

【杭州市五一劳动奖状获得者】

临平区东湖街道工农社区

（区总工会）

附 录

Appendix

·文件辑录·

中共杭州市临平区委 关于制定临平区国民经济和 社会发展第十四个五年规划和 二〇三五年远景目标的建议

（2021年7月14日中国共产党杭州市临平区第一届委员会第二次全体会议通过）

中国共产党杭州市临平区第一届委员会第二次全体会议，认真学习贯彻党的十九届五中全会、省委十四届九次全会、市委十二届十二次全会精神，紧密结合临平实际，就制定国民经济和社会发展“十四五”规划和二〇三五年远景目标提出以下建议。

一、高水平打造“数智临平·品质城区”，加快建设社会主义现代化国际大都市标杆性城区

1. 行政区划优化调整掀开临平发展新篇章。2021年3月，国务院批复同意杭州市部分行政区划优化调整；4月9日，杭州正式启动实施部分行政区划优化调整，撤销余杭区，设立临平区和新的余杭区，临平的发展翻开了崭新篇章。新的时期，新的使命。年轻而富有内涵的临平，区位优势明显，是杭州都市圈东北门户和融沪天然桥头堡，境内交通网络发达，快速路里程达到31.4公里，多条对外快速通道与上海直接联系；经济基础扎实，2020年实现地区生产总值769.05亿元，628家规上工业企业实现增加值315亿元，上市企业达17家，3家企业入选全省首批“未来工厂”，占全省四分之一；城市配套完善，统筹推进“靓城行动”、美丽城镇、美丽乡村建设，城乡融合展现新面貌，教育、医疗水平持续提升，博物馆、大剧院、亚运场馆等文体新地标相继建成，公共文体服务日臻完善；创新活力显现，工信部服务型制造研究院、中国服装科创研究院、中国工业互联网研究院浙江分院、浙大高端装备研究院、浙大基础医学创新研究院、阿里云supET工业互联网创新中心等一批创新平台相继落户，浙江理工大学临平校区建设稳步推进，国家高新技术企业达578家；生态环境良好，全力打好污染防治攻坚战，绿色成为临平高质量发展的鲜明底色；文化底蕴深厚，涵养了临平“兼收并蓄、开放包容”的人文精神，玉架山考古遗址公园、大运河国家文化公园（临平段）加快建设，历史文化与现代文化相互融合。这些都为我区高水平开启全面建设社会主义现代化新征程奠定了坚实基础。

2. 新征程面临的新机遇新挑战。当前和今后一个时期，我国发展仍处于重要战略机遇期，但机遇和挑战都有新的发展变化。世界百年未有之大变局进入加速演变期，国际力量对比深刻调整，国际环境日趋复杂，不稳定性不确定性明显增加。我国进入新发展阶段，经济长期向好的基本面没有改变，以国内大循环为主体、国内国际双循环相互促进的新发展格局加快构建，长三角一体化发展等国家战略深入实施。我区发展具有良好的基础，同时面临着数字化改革全面推进带来创新优势再突破的挑战、重大平台能级不够带来高端资源集聚难的挑战、人口快速增长和结构有待优化带来公共服务优供给和社会治理水平再提升的挑战、空间要素管控趋紧带来发展空间的挑战、区域竞合加剧带来要素流失的挑战，等等。综合研判，“十四五”期间，我区将处在战略机遇叠加期、城市蝶变加速期、蓄势跃升突破期、瓶颈破解攻坚期，必须依托良好的发展基础，坚定信心、抢抓机遇，抓好用足科技革命与产业变革带来的产业蝶变新机遇、长三角一体化纵深发展带来的融沪接长新机遇、高质量发展建设共同富裕示范区带来的共享发展新机遇、科创走廊与智造走廊对接带来的高端要素集聚新机遇、行政区划优化调整带来的空间重塑和要素重配新机遇、杭州构建“一核九星”城市空间格局带来的城市能级提升新机遇，全力推动临平高质量发展。全区党员干部必须增强机遇意识、忧患意识和创新意识，保持战略定力，办好自己的事，以确定性工作应对不确定性挑战，全力在危机中育先机、于变局中开新局，高水平开启全面建设社会主义现代化新征程。

3. 到二〇三五年远景目标。城市综合能级、核心竞争力、治理现代化水平大幅提升，率先实现共同富裕，率先基本实现高水平现代化，基本建成社会主义现代化国际大都市标杆性城区。经济高质量发展迈上新台阶，以数字变革推进创新驱动发展，制造业数字化转型取得显著成效，成为全省制造业高质量发展示范区，建成符合高质量发展要求的现代化经济体系；城乡融合发展先行示范，区域协调发展程度更高，城市综合能级大幅提升，乡村振兴深入推进，千年水乡古镇全面复兴，收入和财富分配格局更加优化，中等收入群体显著扩大，教育、卫生、文化、体育等公共服务更加优质均衡，人民生活品质持续提升；区域治理现代化水平全面提升，建成法治政府、法治社会，安全保障体系不断健全，共建共治共享的社会治理体系更加完善，高水平建成平安浙江示范区；生态文化软实力显著增强，城乡人居环境持续改善，建成生产空间集约高效、生活空间宜居适度、生态空间山清水秀的全域美丽大花园，成为大运河等历史文化展示传承高地，社会主义精神和物质文明全面协调发展，居民素质和社会文明水平达到新高度；对外开放新格局全面形成，以国际化引领推动全面开放，牢固树立融沪桥头堡、杭州重要对外门户枢纽地位，在浙江打造国内大循环的战略节点和国内国际双循环的战略枢纽中走在前列，参与国际经济合作和竞争新优势明显增强。

4. “十四五”时期经济社会发展总体要求。高举习近平新时代中国特色社会主义思想伟大旗帜，深入贯彻中共十九大和十九届二中、三中、四中、五中全会精神以及习近平总书记考察浙江、杭州重要讲话精神，按照“五位一体”总体布局和“四个全面”战略布局，准确把握新发展阶段，深入贯彻新发展理念，服务构建新发展格局，忠实践行“八八战略”，以高质量发展为主题，以改革创新为根本动力，以满足人民日益增长的美好生活需要为根本目的，围绕市委赋予的融沪桥头堡、未来智造城、品质新城区战略定位，以争创共同富裕示范区样板为牵引，推动城市能级、经济动能、治理效能“三大跃升”，打造长三角开放高地、数智化变革高地、全景式幸福高地，高水平建设“数智临平·品质城区”，奋力展现“重要窗口”的临平风采。

5. “十四五”时期经济社会发展主要目标。锚定二〇三五年远景目标，力争2025年重要经济指标实现“三突破、两倍增”，共建共治共享共同富裕取得明显实质性进展，高水平建设融沪桥头堡、未来智造城、品质新城区，为基本实现高水平社会主义现代化开好局、起好步。

——综合实力实现跨越突破。经济实现更高质量发展，全区生产总值力争突破1200亿元、年均增长7%以上，财政总收入力争突破270亿元；产业发展达到更高能级，高端装备制造产业营收突破1000亿元，实现三个突破。

——科技创新实现超额倍增。以高新企业、高新技术、高端人才为核心的创新生态全面形成，特色领域创新走在前列，R&D经费占GDP比重突破4%，上市企业数量从17家增长到35家，国家高新技术企业数量从578家增长到1200家，实现两个倍增。

——社会发展实现全面提升。人民群众获得感、幸福感、安全感不断提升。居民人均可支配收入与经济增长基本同步，城乡居民收入差距持续缩小。区域治理能力持续提升，数字治理不断创新，现代应急体系基本建成。数字化牵引全面深化改革，市场化、法治化、国际化的一流营商环境初步形成，开放型经济发展水平显著提升。

二、坚持创新驱动，深入推进创新强区建设

坚持创新在现代化建设全局中的核心地位，深入实施人才引领、创新驱动发展战略，加快构建创新人才集聚、创新主体活跃、创新服务完善的综合生态系统，打造引领未来的核心驱动力。

6. 全面对接高端科创载体。主动对接上海全球科创中心，加速推进长三角G60浙江（临平）科创基地建设。创新跨区域联动发展模式，深度对接城西科创大走廊，以大运河创新大道、规划沪乍杭铁路等为廊道，串联国家级经济技术开发区和未来科技城，推进在城西科创大走廊核心区设立科创飞地，加快与钱塘科学城创新联动，推动临平与下沙大学城建立人才对接流通机制，积极承接城西科创大走廊和钱塘科学城创新资源要素溢出。

7. 打造人才活力强区。统筹推进人才队伍全方位引培，实施“菁英”赋能、“临商”提质、“精匠”锤炼等人才结构创优计划，打响“有梦来临、天成地平”人才工作品牌。依托国家级经济技术开发区、临平新城两大平台，探索建设科技人才园、产业人才园、专家人才园等载体，大力引进诺贝尔奖获得者、院士、海外高层次人才等重量级创新人才和顶尖人才团队。聚焦数字经济、新制造、生命健康等重点领域，精准招引海内外高端工程师、生命科学领域领军人才、时尚设计产业先锋等。深化人才创新创业全生命周期“一件事”改革，打造人才创新创业服务综合体矩阵，加大人才创新创业政策支持力度，提升人才精准服务水平。

8. 突出企业创新主体地位。实施“科技型中小企业—国家高新技术企业—科技型领军企业”梯度培育计划，加快培育一批细分领域创新型领军企业，支持龙头企业组建创新联合体带动中小企业创新活动，打造技术水平领先、竞争力强、成长性好的科技企业群。深入实施“名校名院名所”工程，积极引进国内外知名大院名所，推动重点名校与企业共建联合研究院。支持建立以政府为主导、以企业为主体的产学研战略联盟，鼓励国内外一流高校、科研机构、企业或高层次人才团队设立或共建新型研发机构。加大科创政策支持力度，健全R&D经费支出持续增长机制，提升企业自主创新能力。

9. 构建全域创新创业生态。迭代升级“大孵化器”战略，梯次布局“重大平台+特色小镇+科创园区+孵化器+众创空间”金字塔创新矩阵，加快孵化器（众创空间）提质升级，推动运营主体多元化、运营模式市场化。健全科技服务与成果转化机制，开展科技服务“补链、优链、建链”行动，加强公共技术服务平台建设，建立技术经纪人队伍，大力发展成果转化、技术转移、创业孵化等第三方专业科技服务。

三、坚持产业立区，全力推进新旧动能转换

坚持把发展经济着力点放在实体经济上，打造高能级产业平台，促进数字经济和实体经济深度融合，推进产业基础高级化、产业链现代化，推动经济发展质量变革、效率变革、动力变革。

10. 培育壮大优势产业未来产业。大力发展智能制造装备、提升发展智能城市装备、积极发展现代能源装备、持续做优高端装备关键部品件，培育细分领域竞争优势，打造千亿级高端装备制造产业集群。着力提升医药研发创新能力，大力发展生物技术药及疫苗、小分子创新药、检验检测试剂、高端医疗器械、现代中药及保健食品，积极发展数字医疗服务，打造八百亿级生命健康产业集群。推动家纺服装产业向价值链高端攀升、向智能化升级，促进设计、制造、服务一体化发展，打造五百亿级时尚产业集群。结合工业互联网小镇建设，创建国家级工业互联网创新中心，培育工业互联网产业集群。紧盯全球产业发展趋势，加快布局5G生态、第三代半导体、下一代人工智能等未来产业，把握未来产业发展主动权，争创未来产业先导区。

11. 推进现代服务业高质量发展。以产业转型升级为导向，重点培育信息服务业，加快推进现代金融、科技服务、商务服务、现代物流等生产性服务业创新发展。聚焦提升家政服务、体育健康、养老育幼、旅游休闲、商贸服务等生活性服务业水平与品质，运用互联网、大数据、云计算等推动业态、管理和服务创新，加快推动生活性服务业向品质化、多样化、便利化升级。大力发展平台经济、创意经济、在线经济、共享经济等新业态新模式，做优做强总部经济。

12. 提升产业链现代化水平。以实施“3521”制造业数字化转型计划为重要抓手，大力推动数字技术与实体经济融合发展，加快建设产业大脑，分层次、分行业打造一批聚能工厂、链主工厂、智能工厂、数字化车间、云端工厂五大“未来工厂”示范，成为全省“未来工厂”示范区。坚持招商引资“一把手”工程，强化产业链精准招商，加快“补链”“扩链”“强链”，全力招引一批竞争力强、辐射力大、成熟度高、成长性好的优质项目。发挥工信部服务型制造研究院支撑能力，支持企业发展服务型制造新模式，提升与制造企业的协同、配套服务水平，促进先进制造业与现代服务业深度融合。

13. 建设高能级产业平台。国家级经济技术开发区重点发展高端装备、生物医药、新材料等战略性新兴产业，打造“未来智造高地”，成为创新驱动、集聚领先、产城融合的高能级平台，跻身国家级开发区第一方阵。临平新城依托长三角创新研发总部基地、艺尚小镇、工业互联网小镇、中国（杭州）算力小镇、金融科技大厦、文化创意大厦等“1+3+N”产业创新平台，高质量发展数字经济、总部经济、时尚产业、工业互联网、电商产业，提升临平新城产业综合竞争力和吸引力。聚焦科技创新、数字经济、智能制造、时尚产业等领域，高标准建设大运河科创城，谋划建设“万亩千亿”新产业平台、省级现代服务业创新发展区、制造业平台经济创新实验区等一批高质量发展新载体新平台。

14. 完善产业高质量发展支撑体系。实施“企业扎根计划”“雄鹰计划”，对符合临平产业导向、科技创新强、税收贡献大、行业地位高的现有优势企业，按产业布局规划发展空间，有序安排拓展用地，推动龙头企业跨越式发展。实施“放水养鱼”“雏鹰行动”“单项冠军”行动计划，加大对科技型中小微企业引培力度，完善“微成长、小升规、高壮大”梯次培育机制。营造尊重企业家、鼓励创新、宽容失败的创业文化和社会氛围，实施“滴灌”式政策支持、精准减负，推动土地、资金、人才、技术等各类要素资源向实业主业集中，激发企业主体活力。全面推进园区平台优化提升，分级分类推进低效用地再开发利用。

四、坚持畅通循环，构筑对外开放重要门户

持续放大区位优势，抢抓长三角一体化发展等国家战略机遇，立足大循环、融入双循环，在服务构建新发展格局中不断增强自身开放能级和综合实力。

15. 深度融入长三角一体化发展。服务共建杭州大都市圈，深度参与杭嘉、杭湖一体化发展，配合推进G60科创走廊建设，加强与合肥、南京等长三角重要节点城市交流合作。联动上海松江区，依托国家级经济技术开发区核心区，建立科技、经贸、服务、人才合作的沪杭创新合作区。深化产业对接，建立上海高新产业拓展区，持续推动国家技术转移东部中心浙江（临平）分中心项目落地孵化和产业化，打造“上海科研溢出+临平智造落地”产业转化模式。深化区域月高水平合作，持续做好东西部协作、山海协作等工作。

16. 推动投资与消费升级。立足国内超大规模内需市场，不断提升优质供给能力，推动消费提质扩容升级，形成供需联动发展新格局。引导企业实施质量管理升级计划，培育“质量标杆”企业，完善品牌培育服务体系，以高质量供给创造新需求。加大精准有效投资，实施新一轮扩大有效投资工程，深入落实“152”省市县长项目工程，大力推进省重点、省“4+1”、省“六个千亿”、市重点等重大项目建设。着力培育消费新业态新模式，建设一批高品质步行街，完善商业网点布局，打造区域性时尚消费中心。

17. 发展高层次开放型经济。借力“一带一路”倡议发展机遇，着力深化与共建“一带一路”国家的贸易合作，促进外贸持续稳定增长，积极参与打造杭州数字丝绸之路战略枢纽。加大先进制造、高新技术、服务贸易等领域外资引进力度，持续提高利用外资质量水平。大力发展跨境电商、数字贸易等新型贸易，推动外贸企业数字化转型，探索以高端服务为先导的“数字＋服务”新业态新模式，高质量建设浙江自贸试验区杭州联动创新区临平片区。

五、坚持深化改革，充分激发体制机制活力

以数字化改革撬动各领域全方位改革，加快构建区级“152”工作体系，加强改革举措系统集成、协同高效，促进活力和秩序有机统一、市场有效和政府有为相统一，不断丰富“数智临平”建设实践成果。

18. 加快建设新型智慧城市。深入推进“城市大脑·临平平台”建设，打造面向数字资源管理者、建设者的中枢平台，丰富拓展数字驾驶舱和应用场景，加快形成区域治理现代化数字系统解决方案。拓展数字生活场景应用，推进教育、医疗、就业、养老等公共服务数字化转型，促进数字技术与居民生活深度融合。强化数字技术赋能社会治理，深化“雪亮工程”建设，推广“智安小区”“智安街道”建设，提升社会数字治理水平。

19. 数字引领现代化政府建设。深化政务服务 2.0 平台应用，加速与云平台深度融合，推动开发“微应用”，高标准建设政务“一朵云”，构建统一行政办公应用生态，着力打造“掌上办事之区”“掌上办公之区”。强化“互联网＋监管”，加快构建以远程监管、移动监管、预警防控为特征的市场监管数字化体系，加强安全生产、交通运输、自然灾害等领域智慧化监管。加快构建法治领域数字化体系，推动法治建设重要领域体制机制、组织架构、业务流程的系统性数字化重塑。

20. 加快打造国际一流营商环境。围绕实现个人和企业全生命周期事项“一件事”“一次办”“一网通”，深入开展营商环境提升工程，持续深化商事登记、投资审批、水电气网联动报装等重点领域改革。稳妥推进市场领域企业抽查“双随机、一公开”，推行包容审慎监管和柔性执法，强化知识产权保护，营造公平有序的市场竞争环境。全面实行政府权责清单制度和动态管理，落实市场负面清单制度，建立健全涉企政策评估和企业家参与机制。完善公共信用体系、个人信用管理体系，建立健全信用监管机制，持续拓展信用场景应用，加快打造“信用临平”。

21.充分激发市场主体活力。深化要素市场化配置改革，推动土地、资金、人才、技术、数据等要素向优质项目、企业、产业流动和集聚。实施“融资畅通工程”,创新全牌照金融机构与产业深度融合机制，提升金融服务实体经济能力。全面落实“三服务”2.0 版，全力帮助企业纾困解难，助力民营经济高质量发展。深化国资国企改革，健全国资国企监管机制，推进国有企业混合所有制改革，更好发挥国资国企在区域开发建设、基础设施、公共服务等方面的支撑保障作用。

六、坚持协调发展，持续提升区域综合能级

按照集约高效、城乡统筹、全域赋能、三生融合的发展理念，立足杭州“一核九星”城市空间格局，全面推进以人为核心的新型城镇化，优化全区空间布局和功能板块定位，加快形成高水平城乡融合发展新格局。

22. 优化全域空间格局。以临平环线快速路围合的区域作为城市发展核，引领数创时尚片、未来智造片、大运河科创片“三片共兴”。强化

"三片"交通联通、协同联动、职住平衡，推动三大功能片区彰显特色、错位发展。以产城融合发展轴、区域联动发展轴为带动，深化与周边区域战略合作，强化产业协同分工，积极承接核心区公共资源外溢和科技成果转移孵化。围绕"一核三片两轴"空间布局，深入实施"南融、北创、东靓、西优、中兴"区域发展战略，不断增强全域综合竞争力。

23. 提升城市功能品质。深入实施"靓城行动"，加快建设城市展览馆，积极构建公园城市绿道体系，大力开展城市更新行动，统筹实施老旧小区改造提升，高质量完成鼎湖社区等未来社区建设，打造靓丽城市升级版。拉高城市管理标准，健全城市管理长效机制，推进城区智慧运营，提升城市精细化管理水平。全力服务保障杭州亚运会，深入实施亚运城市行动，加强亚运场馆配套、无障碍环境等建设，借力亚运会提升城市国际化水平。

24. 全力推动乡村振兴。积极发展休闲美丽农业、乡村夜经济、创意农业等多元化业态，深耕塘栖枇杷、生态甲鱼等农业品牌建设，谋划建设大运河现代农业产业园，壮大农业经营主体，推进现代农业提质增效。加快实施美丽乡村新一轮建设行动，围绕"一园引领、两核驱动、十村未来、多点精致、全域美丽"总体布局，加快打造一批乡村新社区。深入实施"强村富农"行动，通过留用地开发、村庄经营等举措，增强村集体造血能力。统筹城乡一体化发展，深化塘栖小城市培育试点，持续推进美丽城镇建设，健全城乡融合发展机制，促进城乡要素平等交换、双向流动。

25. 完善现代基础设施体系。深入推进交通强区建设，谋划新增杭苏通道，提速推进沪乍杭铁路及临平北站项目，优化提升乔司编组站，谋划超级高铁和利用既有铁路开行市域市郊列车，加快构建"四横三纵"快速路网和"八横七纵"主干路网，全面打通断头路，畅通城市交通微循环，对接落实杭州地铁四期规划，依托运河二通道布局集装箱码头，打造区域性综合交通枢纽。持续加强能源、水利、环保等重大工程建设，积极推进地下空间开发利用，提升城市综合承载力。加快新型基础设施建设，大力推进5G基站等布局和人工智能中枢、云计算数据中心、物联网基础设施等协同建设，强化传统基础设施数字化改造。

七、坚持以文铸城，全面彰显深厚人文底蕴

积极践行社会主义核心价值观，繁荣发展文化事业和文化产业，全面提升文化软实力，加快建设古代文明和现代文明交相辉映的文化交融地。

26. 加强历史文化保护传承利用。全面推进大运河国家文化公园（临平段）建设，持续深化大运河文化遗产保护提升工作，复兴塘栖千年水乡古镇，擦亮塘栖"名山名湖名镇"个性地标。充分挖掘良渚文化，建成玉架山考古遗址公园。推动中国江南水乡文化博物馆（区博物馆）争创国家一级博物馆，加强临平段海塘综合保护利用，积极争取列入《中国世界文化遗产预备名单》。开展临平"文化基因"解码工程，建成区非遗馆，强化传统民俗文化活化传承。

27. 构筑现代城市文明。深入开展习近平新时代中国特色社会主义思想学习教育，打造学习传播实践的重要阵地，建设有影响力的理论发声平台。创建新时代文明实践中心临平模式，推动形成适应新时代要求的思想观念、精神面貌、文明风尚、行为规范，不断提升市民文明素质。开展"美丽临平人"、道德模范、美德少年等系列选树活动，夯实崇德向善、文明有礼的人文基础。

28. 提升公共文化服务水平。加强公共文化设施建设，创新实施文化惠民工程，推动公共文化资源有效整合和互联互通，不断提升公共文化服务品质。高质量建设美术馆等一批具有国际水准的文体设施，实现杭州书房、24小时自助图书馆镇街全覆盖，形成布局合理、规模适度的文化设施网络，强化临平体育中心等运动场馆运维，积极争创省级体育现代化区，加快打造15分钟文化服务圈、10分钟健身圈。

29. 促进文旅全面融合发展。以运河文旅带和湖山文旅带串联临平文化生态资源，全力打造全国文旅融合样板区。深化与浙江理工大学临平校区合作，提升产业成果就地转化率，大力发展设计服务产业、数字内容产业，打造浙江文化产业先行地。深度提炼特色文化品牌和文旅 IP，创新推进“文旅 + 城镇化”“文旅 + 美丽乡村”“文旅 + 产业体验”“文旅 + 会议会展”，加快形成农商文旅体多元融合发展格局。

八、坚持生态优先，促进人与自然和谐共生

大力推进生态文明建设，厚植最美生态底色，进一步拓展绿水青山转化为金山银山通道，促进经济社会发展全面绿色转型，加快创建国家生态文明建设示范区。

30. 打造最忆江南“湿地水城”标识。落实“公园城市”理念，统筹湿地河湖系统保护开发利用工作，深入推进“美丽河湖”建设，实施“万顷湿地、万里碧水”工程，加强丁山湖湿地资源保护利用，建立集湿地污染防治、湿地功能恢复为一体的湿地保护网络体系，绘就“湿地水城”亮丽风景线。

31.加强生态保护修复。强化国土空间用途管控，严格落实“三线一单”约束。加快推进以超山—塘栖为核心的城市湿地森林建设，重点提升以超山风景名胜区为代表的城市生态保护带的生态作用与生态质量，开展以大运河为代表的生态廊道森林质量提升工作。积极创建森林城市和森林乡村，持续推进平原绿化和山地造林工程，全面落实“林长制”，完成新增百万亩国土绿化任务，加强彩色森林景观带建设。

32. 打好升级版污染防治攻坚战。持续推进“五气共治”，加快建设“清新空气示范区”。深入推进“五水共治”，深化落实河（湖）长制，建成“污水零直排区”。切实加强土壤污染防控，实施农用地分类管理，强化土壤污染风险管控，持续推进污染地块名录动态更新，适时开展污染修复。抓好源头减量，完善废弃物源头收集和安全处置体系，加快建设“无废临平”。

33. 推动绿色低碳发展。深化低碳城区建设，大力实施生态文明教育基地、绿色社区、绿色工厂等生态细胞工程。推动资源高效循环利用，完善能源消费总量和强度“双控”制度。健全绿色发展体制机制，全面实行排污许可制，推进排污权、用能权、用水权、碳排放权市场化交易。完善企业环境信用评价制度，健全企业治污正向激励机制。

九、坚持利民为本，建设共同富裕美好家园

完善为民办实事长效机制，扎实推进共同富裕新举措，提升城乡居民创造美好生活的能力，推动人的全生命周期民生服务优质共享，促进人的全面发展和社会全面进步。

34. 以更加充分更高质量就业促进增收。聚焦重点群体就业，多渠道引导和帮助高校毕业生、退役军人、农民工、低收入群体就业创业。拓宽灵活就业发展渠道，优化落实新业态劳动用工服务政策措施，健全就业援助和托底帮扶，加大援企稳岗扶持力度，实施职业技能提升行动，确保零就业家庭“动态清零”。健全工资决定和正常增长机制，持续拓宽城乡居民财产性收入渠道，积极引导农民通过经营、持股等方式增收。

35. 健全社会保障体系。发展多层次、多支柱养老保险体系，健全重大疾病医疗保险和救助制度。深化“1+8+X”新时代社会救助体系建设，建立解决相对贫困长效机制，完善慈善支持促进措施，加强志愿服务制度建设，健全党委领导、政府负责、民政牵头、部门协同、社会参与的社会救助工作机制。强化住房保障，加大公租房、蓝领公寓、人才租赁用房建设力度，大力开展城乡房屋安全隐患排查和整治，确保困难家庭危房“动态清零”。

36. 打响“学在临平”美好教育品牌。坚持把教育事业摆在优先位置，落实立德树人根本任务，深化“美好教育”建设，争创浙江省教育现代化区、全国学前教育普及普惠区、全国义务教育优质均衡发展区。实施学前教育“青蓝工程”，加强省级幼儿园创建和小区配套幼儿园治理，推进学前教育优质普惠发展。实施中小学“强基提质”行动，推动义务教育高水平均衡，重点支持余高创全省一流、余二高走在全市前列。推进职业教育高质量发展，支持临平职高创建省高水平中职学校。持续加大名优教师引培力度，实施新时代校长素质提升工程、特级教师领航计划，打造一流师资队伍。强化数字赋能教育，推动5G、AI技术在教育管理、同步课堂中的集成应用，打造一批智慧教育示范学校。加强青少年身体素质和心理健康教育，健全学校家庭社会协同育人机制。

37. 建设高品质“健康临平”。优化调整区域医疗卫生服务体系结构，深化医联体、医共体建设，加快推进区一院实现综合性三甲医疗服务能力提升建设，力争引育1家以上国内知名的三甲专科医院或单项性国家级医疗平台团队。积极开展国内外医疗交流合作，深入推进“名医名护名科”培育工程，探索临平特色的中医药服务模式，全方位提升医疗卫生服务水平。加强基层医疗卫生资源规划建设，加大基层医疗卫生人才引培力度，夯实基层卫生服务网底。健全重大疫情应急响应机制、保障工作机制和高效应对机制，打造联防联控、统一高效、快速响应、科学精准的公共卫生应急管理体系。

38. 促进各类人口均衡发展。实施人口年轻与结构优化工程，引导人口有序流动和合理布局，促进人口结构优化、总量适度、素质提升。增强生育政策包容性，实施鼓励生育配套政策措施，支持普惠性婴幼托育服务机构建设，降低生育、养育、教育成本，提高优生优育服务水平。积极应对人口老龄化，加快区域性养老综合体建设，积极引培优质专业养老机构，推进老旧小区和家庭适老化改造，着力构建以居家为基础、社区为依托、机构为补充、医养相结合的立体型养老服务体系。

十、坚持平安为基，着力打造一流善治之区

全面落实总体国家安全观，强化“大平安”理念，树牢底线思维，完善平安建设体系，防范和化解影响现代化进程的各种风险，建设更高水平的平安临平。

39. 坚决维护政治安全。坚定维护国家政权安全、制度安全，守牢政治安全底线。严格落实意识形态工作责任制，加大各类阵地建设和管理力度，全面加强网络安全保障体系和能力建设。严密防范和坚决打击敌对势力渗透、破坏、颠覆、分裂和暴力恐怖活动。加强国家安全宣传教育，增强全民国家安全意识和国防观念，巩固国家安全人民防线。

40. 坚决确保经济安全。健全预防预警、处理化解、处置问责等制度体系，加强重要经济指标动态监测和研判，完善政府性债务风险管控机制。全力维护区域金融稳定，严厉打击违法违规金融活动，守住不发生系统性金融风险底线。确保粮食安全，维护水利、电力、供水、油气、交通、通信、网络等重要基础设施安全。

41.坚决保障人民生命安全。坚决把保护人民生命安全放在第一位，全面提高公共安全保障能力。完善和落实安全生产责任制，深入开展安全生产专项整治，提升安全生产监管执法能力水平，有效遏制危险化学品、建筑施工、交通、火灾等重特大安全事故。构建精密智能的风险管控体系、专业有序的应急救援体系、全民参与的宣教培训体系以及立体覆盖、上下协调、总专联动的应急预案体系，不断提升应对自然灾害和突发公共事件能力。

42. 坚决维护社会稳定。建立健全重大决策社会风险评估机制，深化“六和工程”临平实践，构建源头防控、排查梳理、纠纷化解、应急处置的社会矛盾综合治理机制。深入开展领导接访下访和包案化解工作，着力化解各类信访案件和重大历史遗留问题，努力创建“无信访积案县”。坚持专群结合、群防群治，健全社会治安防控体系，坚决防范和打击黑恶势力、新型网络犯罪等。

十一、加强党的全面领导，凝聚全社会力量，为建设社会主义现代化国际大都市标杆性城区而努力奋斗

实现“十四五”规划和二〇三五年远景目标，必须坚持党的全面领导，坚持和完善党领导经济社会发展的体制机制，凝聚起建设社会主义现代化国际大都市标杆性城区的强大合力。

43. 坚持和加强党的全面领导。坚持将党的领导贯穿“十四五”规划实施全过程，织密建强上下贯通、执行有力的组织体系，打造政治过硬、具有领导现代化建设能力的干部队伍。加强规划实施的制度化建设，优化工作机制和方法，提高党领导经济社会发展的能力水平。全面履行政府职能，发挥好市场的决定性作用，引导市场主体围绕规划目标协同发力。纵深推进“清廉临平”建设，扎实推进全面从严治党主体责任、监督责任同向发力，持续抓好巡察工作，一体推进不敢腐、不能腐、不想腐，驰而不息落实中央八项规定及其实施细则精神，营造风清气正的良好政治生态。

44. 提升依法治区水平。认真学习贯彻习近平法治思想，加大党内法规执行力度，深化法治政府建设，促进党委依法执政、人大依法监督、政府依法行政、政协依法履职和司法机关公正司法。深化政府、村社、企业法律顾问体系建设，加快建成覆盖城乡、便捷高效、均等普惠、智能精准的全业务全时空公共法律服务体系。持续加大“互联网+”普法应用力度，深化社会“大普法”格局，促进全民守法，建设法治社会。

45. 健全规划制定和落实机制。建立健全以发展规划为统领，以空间规划为基础，以专项规划、区域规划为支撑，定位准确、边界清晰、功能互补、统一衔接的规划体系。高质量编制和实施好专项规划，加强专项规划之间以及与规划纲要的有效衔接。强化规划的严肃性和实效性，加强规划实施监督，规范规划修编程序。落实规划健康影响评价制度，健全规划监测评估制度，全面推进规划中期评估工作。建立健全重要目标任务实施跟踪反馈机制，提高规划实施的约束性。

全区上下要更加紧密地团结在以习近平同志为核心的党中央周围，坚持以习近平新时代中国特色社会主义思想为指导，同心同德、奋力拼搏，为顺利完成“十四五”规划各项目标任务、加快建设社会主义现代化国际大都市标杆性城区而努力奋斗！

中共杭州市临平区委　杭州市临平区人民政府关于印发《临平区高质量发展建设共同富裕示范区样板实施方案（2021—2025年）》的通知

临平区委〔2021〕33号

各镇党委、政府，街道党工委、办事处，区直各单位：

现将《临平区高质量发展建设共同富裕示范区样板实施方案（2021—2025年）》印发给你们，请结合实际认真贯彻落实。

中共杭州市临平区委
杭州市临平区人民政府
2021年8月4日

临平区高质量发展建设共同富裕示范区样板实施方案（2021—2025年）

为深入贯彻《中共中央、国务院关于支持浙江高质量发展建设共同富裕示范区的意见》《浙江高质量发展建设共同富裕示范区实施方案（2021—2025年）》，全面落实《杭州争当浙江高质量发展建设共同富裕示范区城市范例的行动计划（2021—2025年）》，结合临平实际，就推动高质量发展促进共同富裕，制定如下实施方案。

一、聚焦精准突破，擘画共同富裕美好蓝图

临平既是全市“一核”的重要组成部分，又是“九星”当中紧密联动的一颗魅力星城，在探索推进全域共同富裕方面具备基础和优势，但在产业发展、公共服务、人居环境、人口结构等领域仍存在短板弱项，具有广阔的优化空间和发展潜力。站在新的历史起点，聚焦新的目标任务，奋楫再出发，为全省推动高质量发展、实现共同富裕贡献临平力量，在全市建设“大杭州、高质量、共富裕”的征程中走前列、做示范。

1. 指导思想

高举习近平新时代中国特色社会主义思想伟大旗帜，深入贯彻中共十九大和十九届二中、三中、四中、五中全会精神以及习近平总书记考察浙江、杭州重要讲话精神，全面落实省委十四届九次全会和市委十二届十二次全会精神，准确把握新发展阶段，深入贯彻新发展理念，服务构建新发展格局，忠实践行“八八战略”，以高质量发展为主题，以改革创新为根本动力，以满足人民日益增长的美好生活需要为根本目的，以争创共同富裕示范区样板为牵引，高水平建设“数智临平·品质城区”，精心锻造“五个样板”，全力实施“十大行动”，唱响产业美、生活美、人文美、生态美、治理美的幸福篇章，绘就高质量发展建设共同富裕示范区的全景式精彩画卷。

2. 突破方向

一是聚焦两业融合突破。加快推动先进制造业和现代服务业深度融合，加速服务业的科技智力要素向制造业领域拓展，促进制造业中的生产要素向服务业延伸，实现服务型制造业整体跃升，积极创建制造业平台经济创新实验区、省级现代服务业创新发展区。二是聚焦生活品质突破。重点推进“学在临平”“健康临平”品牌建设，加快构建覆盖全人群、全周期、多层次的高品质公共服务体系，增强普惠性、基础性、兜底性民生保障。三是聚焦文化服务突破。重点推进文化服务走上“云端”、进入“指尖”，加快公共数字文化建设，打造文化数字应用场景典范。四是聚焦人居环境突破。重点推进农村人居环境和质量优化，厚植最美生态底色，打响塘栖“大运河南源首镇”品牌，建设大运河国家文化公园(临平段)。五是聚焦全域治理突破。重点推进数字赋能基层治理，建立统一的基层社会治理网格体系，加快“城市大脑·临平平台”实体化运作，拓展场景应用，打响城市精细化管理服务品牌。

3. 主要目标

到2025年，共建共治共享共同富裕取得明显实质性进展，区域差距、城乡差距和收入差距不断缩小，基本达到生活富裕富足、精神自信自强、环境宜居宜业、社会和谐和睦、公共服务普及普惠。

经济质效迈上新台阶，实现共富基础跃升。人均生产总值突破9.5万元，全员劳动生产率达到36万元/人；科技创新取得重大进展，R&D经费投入强度达到4%，有效发明专利拥有量4000件，以高新企业、高新技术、高端人才为核心的创新生态全面形成，数字经济核心产业增加值实现翻一番。

品质生活跃上新水平，实现城乡均衡协调。婴幼儿照护体系更加完善，每千人拥有婴幼儿照护设施托位数达到4.7个；全民受教育程度不断提高，儿童预期受教育年限达到16年，高等教育毛入学率达到75%；“健康临平”建设不断深化，构建优质高效医疗卫生服务体系，人均预期寿命超过85岁；基本养老保险覆盖率达到100%；多元化住房保障体系更加完善，职住平衡、共有产权房、自建租赁房试点稳步推进；高标准建成一批未来社区，打造10个引领时代潮流、呈现未来元素、彰显运河水乡文化韵味的未来新乡村。

社会文明取得新提升，实现文化自信自强。社会主义核心价值观深入人心，市民文化道德素质和社会文明程度全面提升，每万人拥有公共文化设施面积达到5500平方米，文明好习惯养成实现率达90%以上，社会诚信度达96%以上。

生态建设展现新风貌，实现环境美丽安居。建立适应临平区域协调发展的碳汇补偿机制，全面建成兼具山水之秀和人文之美的全域美丽大花园，生态环境质量持续优化，绿水青山就是金山银山转化通道进一步拓宽，碳达峰碳中和取得明显成效。

全域治理激发新活力，实现社会和谐共富。区域治理水平不断提高，数字治理实践不断深化，现代应急体系基本建成，万人犯罪率低于11，万人成讼率低于62.5；居民人均可支配收入与经济增长基本同步，城乡居民收入倍差缩小到1.57以内，以中等收入群体为主的橄榄型社会结构加快形成。

二、着力经济高质量发展，打造两业深度融合样板

1. 构建“一核三片两轴”空间格局

加快构建“一核三片两轴”空间格局，实施“南融、北创、东靓、西优、中兴”的区域发展策略，打造充满活力、富有魅力、时尚美丽的品质新城区。“一核引领”，高标准打造城市客厅，有序推动城市更新，适度增加商业服务功能、完善公共服务，着重充实文化休闲功能、改善生态环境，构造中央活力区。“三片共兴”，未来智造片依托国家级经济技术开发区，建设产城人融合的未来经济发展综合型平台；数创时尚片依托临平新城，推进乔司全域整治与空间改造提升，发展数字经济、总部经济；大运河科创片依托生态、文化名片，开展存量空间整治提升，吸引创新产业和人才集聚，打造未来战略空间和新增长极。“两轴带动”，打造南北向产城融合发展轴，强化主导产业及城市综合服务功能集聚；东西向区域联动发展轴，深化与周边区域战略合作，强化产业协同分工。（责任单位：市规划和自然资源局临平分局、区发改局、区经科局、国家级经济技术开发区、临平新城）

2. 打造全域科创生态

梯次布局“重点产业平台 + 特色小镇 + 科创园区 + 孵化器 + 众创空间”金字塔创新矩阵，到2025年，新增各类孵化载体90家，面积550万平方米。其中，新增市级以上孵化器、众创空间数量达到18家，新增面积18万平方米，累计达到30家，总面积突破30万平方米；省级及以上孵化器、众创空间达到10家，总面积突破12万平方米。深入实施“名校名院名所”工程，积极引进国内外知名大院名所，推动重点名校与企业共建联合研究院。鼓励龙头企业联合上下游、产学研力量创建创新联合体，提升科研攻关的精准性、高效性。加快布局建设一批制造业创新中心、企业研究院、研发（技术）中心等创新平台，努力打造全市产业科技创新样板区。加快形成覆盖创新全链条的科技服务体系，开展科技服务建链、补链、优链行动，深化国家技术转移东部中心（临平）分中心建设，打造长三角科技转移转化承载平台。（责任单位：区经科局、区发改局、区委人才办、区市场监管局）

3. 构建现代产业体系

加快形成以数字经济为核心、新经济为引领、实体经济为支撑的现代产业体系。依托国家级经济技术开发区、临平新城等平台载体，积极创建制造业平台经济创新实验区、省级现代服务业创新发展区，聚力打造千亿级高端装备制造、八百亿级生命健康、五百亿级时尚产业三大产业集群，大力培育工业互联网产业集群，加快布局5G生态、第三代半导体、新一代人工智能等战略性新兴产业、未来产业。培育壮大金融保险、信息技术服务、研发设计等现代服务业，大力发展平台经济、创意经济、直播经济、共享经济等新业态，做强做优总部经济，大力培育消费新业态新模式，发展假日经济、夜间经济、直播经济等“全域、全时、多元”新业态。加快发展现代都市农业，重点发展休闲美丽农业、乡村夜经济、创意农业等多元化业态，建设大运河现代农业产业园，加快推动农文旅融合发展。实施做大产业扩大税源行动，坚持招商引资“一把手”工程，强化产业链精准招商，加快“补链”“扩链”“强链”，全力招引一批竞争力强、辐射力大、成熟度高、成长性好的优质项目。〔责任单位：区经科局、区发改局、区商务局、区农业农村局（区林水局）〕

4. 加快两业深度融合

以“数字化、柔性化、集成化、共享化、平台化”为路径，以“产业大脑 + 未来工厂”为突破口，大力推广协同制造、服务型制造、智慧制造、个性化定制、全生命周期管理等制造新模式，抢占现代化产业体系的制高点。支持制造业企业提高一体化集成服务能力和开展模块化设计、柔性化生产和个性化定制，构筑基于服务型制造的智能化供应链平台。依托工信部服务型制造研究院，支持企业发展服务型制造新模式，引导生产性服务业企业加强服务创新能力，提升与制造企业的协同、配套服务水平。鼓励龙头企业

开展产业链垂直整合和短链生产，做强做优产业链核心环节。到2025年，规模以上工业新产品产值率达到60%，两化融合发展指数达到110。（责任单位：区发改局、区经科局）

5. 推进低效用地盘活

建立“存量为主，增量为辅”用地模式，每年盘活的低效用地，优先支持工业发展。制定实施存量工业用地有机更新政策，大力开展工业全域治理，推动全区小微工业园区整治，分级分类推进低效用地再开发再利用。持续深化“亩均论英雄”改革，完善工业用地资源要素评价机制。充分利用崇贤存量低效工业用地，吸引创新产业、人才集聚，承接核心区产业要素转移。重点推进乔司全域土地综合整治，拓展创新创业空间。全面推进国家级经济技术开发区存量空间改造提升，形成产业空间形态连片、土地利用集约高效、产业链条集聚发展的新格局。（责任单位：市规划和自然资源局临平分局、区经科局、经济技术开发区、临平新城）

三、推进高品质城区建设，打造优质生活共享样板

1. 建立互联互通的交通设施体系

推动沪杭城际、沪乍杭高铁及临平北站建设，谋划新增杭苏通道，提升改造高铁临平站，打造区域性综合交通枢纽。积极对接落实杭州地铁四期规划，建成沪杭高速临平段改建工程、东湖快速路北延、320国道快速路二期、望梅快速路二期，新建杭州中环（临平段）、秋石北路改扩建等项目建设，形成“四横三纵”快速路网，加快与主城核心区一体融合。积极构建公交系统先行、慢行交通补充、静态交通服务提质的城市综合交通体系。依托运河二通道，启动建设内河集装箱码头，打造多式联运货运枢纽。持续推进“四好农村路”建设，加快构建城乡双向畅通的物流配送网络。（责任单位：区交通运输局、区住建局、区城管局、区交通集团）

2. 协同推进区域一体化

谋划建立沪杭创新合作区、上海高新产业拓展区，加速推进长三角G60浙江（临平）科创基地建设，持续推动国家技术转移东部中心浙江（临平）分中心落地孵化，打造“上海科研溢出+临平智造落地”产业转化模式。紧密联动余杭区，深化两区合作交流机制，共建大运河创新大道，积极承接城西科创大走廊创新资源。参与杭嘉、杭湖一体化发展，打造长三角跨市域同城化发展示范区。坚决扛起东西部协作政治责任，聚力打造山海协作工程升级版。（责任单位：区发改局、区经科局、经济技术开发区）

3. 加强优质公共服务供给

加大民生投入力度，率先建成学前教育、公共卫生、养老照料、体育健身等“15分钟公共服务圈”。建立以家庭为基础、社区为依托、机构为补充的多元化婴幼儿照护体系，建设普惠性托育机构，积极构建育儿友好型社会。打响“学在临平”美好教育品牌，优化教育资源布局，建设高素质教师校长队伍，推动基础教育优质均衡发展，争创全国学前教育普及普惠区、全国义务教育优质均衡发展区和省级教育现代化区。统筹推进“健康临平”建设，建立完善以三级综合医院为核心的立体化医疗服务体系和以“一老一小”为核心的健康生命全周期服务体系，切实提升区域健康水平。完善公共卫生应急管理体系，提高突发重大公共卫生安全事件应对能力。实施“养老机构跟着老人走”行动，强化养老服务设施、养老服务人才和养老服务标准化建设，推进家庭养老照护床位和区域性康养服务综合体建设，打造幸福养老服务体系。（责任单位：区教育局、区卫健局、区民政局）

4. 打造多层次广覆盖的住房保障体系

持续推进“职住平衡”，积极布局共有产权住房建设，优化调整用地供给空间结构。落实“房住不炒”，加大公租房、蓝领公寓、人才租赁用房保障力度。探索利用集体建设用地和企事业单位自有闲置土地建设租赁住房，多渠道增加租赁住房供给，多途径有效解决产业工人等重点群体的住房问题。全力推行“实物+货币”安置，全面完成在外过渡户回迁安置。推进城镇老旧小区改造提升，到2025年，完成老旧小区综合改造40个，改造面积总计约76万平方米。推动农村住房解困，实施农民安居工程，加强房屋安全隐患排查和整治，保持“农村家庭危房”动态清零。〔责任单位：区住建局、市规划和自然资源局临平分局、区农业农村局（区林水局）〕

5. 构建全区统筹的社会保障体系

完善城乡居民社会保险制度，实现法定人员社保全覆盖。积极发展企业年金、个人储蓄型和商业养老等多层次、多支柱养老保险体系。深化社会救助体系建设，增强兜底保障功能，稳步提升低保低边人群医疗、教育、住房、就业救助水平，实现应保尽保、应救尽救。实施救助共同体美好工程，提升社会救助工作效能和救助对象幸福感、获得感。加强依法保障妇女儿童权益，推动民法典、反家庭暴力法进学校、进社区、进机关，提升未成年人关爱服务水平，促进和谐家庭建设。加强残疾人康复服务，推动数字赋能，实现残疾预防动态管理，打造覆盖残疾人全生命周期的康复服务体系，保障残疾人社会平等主体权利。（责任单位：区人力社保局、区民政局、区公安分局、市医疗保障局临平分局、区妇联、区残联）

6. 建设共同富裕现代化基本单元

深入实施“靓城行动”，持续推进迎宾路—荷禹路城市发展轴沿线开发建设，高标准创建鼎湖、龙兴、海珀等未来社区，打造示范全省、引领全市的未来社区临平样板。以塘栖村、双桥村等创建乡村新社区为抓手，统筹推进数字乡村、未来乡村、富美乡村建设，推广邻里、文化、健康、创业、建筑、交通、服务和治理等多领域数字化应用场景，建立健全农村（社区）共享优质公共服务机制，建成一批乡村新社区。〔责任单位：区住建局、区农业农村局（区林水局）〕

四、弘扬新时代精神文明，打造特色文化展示样板

1. 创建新时代精神文明高地

深入开展习近平新时代中国特色社会主义思想学习教育，践行社会主义核心价值观，打造新时代文明实践中心临平模式，打通宣传群众、教育群众、关心群众、服务群众的“最后一公里”。大力推进文明城市、文明村镇、文明单位、文明家庭等群众性精神文明创建。开展“美丽临平人”、道德模范、美德少年等系列选树活动，夯实崇德向善、文明有礼的人文基础。弘扬三大历史文化，传承“兼收并蓄、包容开放”的文化基因，融合临平现代时尚文化、数字文化，铸就“开拓创新、追求卓越”的时代精神。（责任单位：区委宣传部、区文广旅体局、区妇联）

2. 完善公共文化服务体系

创新实施文化惠民工程，推动姚虞琴纪念馆、塘栖文化展馆群、大运河美食展示馆、爱莲馆等一批特色文化展馆建设。深入开展文化惠民活动，办好中国临平国乐节、临平艺术节、“临平之春”新春系列、“藕花洲”系列等文化艺术活动，打造公共文化服务示范性活动品牌。推动全民阅读，建设“书香临平”。加快形成以临平大剧院、临平体育中心、良渚文化玉架山考古遗址公园（博物馆）、临平文化馆、临平美术馆、临平图书馆等为代表的公共文化服务阵地。全面加快公共数字文化建设，提升文化公共服务功能，打造文化数字应用场景典范，推广“互联网+公共文化”，大力发展云展览、云阅读、云视听，推动公共文化服务走上“云端”、进入“指尖”。（责任单位：区委宣传部、区文广旅体局、区文联、区交通集团）

3. 加快文化产业高质量发展

加快构建以文化制造为基础，数字内容为核心，设计服务、创意生活为支撑的文化产业体系，打造具有辨识度和影响力的文化产业组团，实现文化产业高质量发展。紧抓大运河国家文化公园（临平段）建设机遇，依托名山名镇名湖名河等文化资源，打造文化企业雁阵，促进文化创新载体、孵化平台扩容提质，引培专业性、复合型、领军型文化人才，打响一批临平特色文化品牌，提高临平文化产业对社会经济发展的贡献度。（责任单位：区委宣传部、区融媒体中心、区文广旅体局、区文联、区交通集团）

4. 擦亮临平文化“金名片”

实施“文化基因”解码工程，梳理临平文化元素，创新临平文化品牌传播方式。加强红色资源、非遗资源、海塘资源等特色文化资源保护利用研究，高水平推进大运河国家文化公园（临平段）、省级大运河文化传承生态保护区建设，提高文化认知度和辨识度。推广“年味节、梅花节、枇杷节、开运节”等节庆活动，举办国际时装秀、动漫节分会场等重大文化活动，增强临平文化知名度。（责任单位：区委宣传部、区文广旅体局、临平新城、市规划和自然资源局临平分局、区交通集团）

五、建设全域美丽大花园，打造人居环境优化样板

1. 建立碳汇补偿机制

深入研究辖区内重点流域、林地、耕地、湿地等生态补偿工作，探索生态保护红线生态补偿机制，紧密挂钩生态补偿资金与保护责任，进一步强化受益者和保护者权责。积极推动跨地区、跨流域生态补偿机制建设，优化饮用水、一般污泥处置等现有跨区域生态补偿机制，提升跨区域生态环境共治互保能力。继续探索多元化补偿路径，建立健全碳减排等绿色发展财政奖补机制，拓宽市场化、社会化运作方式，逐步建立政府引导、市场推进、社会参与的生态补偿模式。〔责任单位：市生态环境局临平分局、区农业农村局（区林水局）、市规划和自然资源局临平分局、区财政局〕

2. 建设蓝天碧水美丽城区

实施“万顷湿地、万里碧水”工程，推进运河流域湿地群生态修复，加强丁山湖等湿地资源保护利用，加快建设以超山—塘栖为核心的“生态绿芯”，建立集湿地污染防治、湿地功能恢复为一体的湿地保护网络体系。实施严格的生态环境保护制度，深化“五气共治”“五水共治”“五废共治”工程，推动大气环境质量明显改善，全面建成“污水零直排”区，全力打造“无废临平”。〔责任单位：区农业农村局（区林水局）、市生态环境局临平分局、区“五水共治”办、区综合行政执法局〕

3. 推动制造业低碳转型

按照绿色发展和碳达峰、碳中和要求，前瞻布局绿色低碳产业，全面推进绿色低碳制造，推广节能、节水等先进工业技术应用，加快行业结构低碳化、制造过程清洁化、资源能源利用高效化。加强低碳、零碳等关键核心技术攻关，持续推进绿色低碳创新成果转化，探索打造一批示范引领的“零碳”工厂，着力打造国家绿色产业示范基地。建立健全碳排放统计、监测、信息披露机制，主动接受社会监督。（责任单位：区经科局、区发改局、市生态环境局临平分局、经济技术开发区）

4. 推进生活方式绿色化

深化低碳城区建设，推动生态文明教育基地、绿色社区等细胞工程建设，倡导低碳健康生活方式，实施家庭减碳计划，大力推进绿色出行、绿色消费、光盘行动等低碳行动。深化生活垃圾精细化分类和源头减量，实施塑料污染治理和过度包装专项整治行动，探索推广生活垃圾分类积分制度，实现城乡生活垃圾分类和无害化处理全覆盖。加大环保类民生工程推进力度，让群众在生活中充分体验低碳环保的幸福感，强化认同感，形成共建“绿色家园”的行动自觉。（责任单位：区综合行政执法局、区发改局）

六、构建橄榄型社会结构，打造全域社会治理样板

1. 促进更充分更高质量就业创业

完善就业创业政策体系，健全有利于更充分更高质量就业的促进机制，扩大就业容量，提升就业质量，缓解结构性就业矛盾。聚焦重点群体就业，多渠道帮助和引导高校毕业生、退役军人、农村转移劳动力、失业人员和残疾人就业创业，实施就业困难人员精准帮扶计划，实现零就业家庭动态清零。深入实施职业技能提升行动和重点群体专项培训计划，全面提升劳动者就业创业能力。加强创业培育，推行“互联网＋创新创业”新模式，创建高水平“双创”示范基地。到2025年，累计新增城镇就业10万人。（责任单位：

区人力社保局）

2. 多措并举提高居民收入

引导居民树立通过勤劳致富改善生活的理念，建立健全工资合理增长机制，推动居民收入与经济增长基本同步，实施中等收入群体倍增计划，实现居民收入十年翻一番。完善企业工资集体协调制度和最低工资标准调整机制，建成薪酬调整和信息发布体系。健全面向终身劳动者的技能培训制度，重点培育“临平工匠”，完善创新要素参与收入分配机制，通过再分配制度重点保障低收入人群收入，畅通低收入群体迈向中等收入群体的通道，拓宽城乡居民财产性收入渠道，多管齐下推动低收入群体增收。支持农民参与农产品精深加工、商贸物流、文化旅游等经营性产业，提高农民经营性收入水平。〔责任单位：区人力社保局、区财政局、区农业农村局（区林水局）、区总工会〕

3. 推动人口结构优化

打造人才活力强区，实施“菁英”赋能、“临商”提质、“精匠”锤炼人才结构创优计划，制定实施新一轮人才新政，优化升级人才政策体系，加大人才服务支撑力度，加强人才创新创业服务综合体建设，力争到2025年，人才资源总量突破28万人。推进新时代产业工人队伍建设，壮大高技能人才队伍，畅通产业工人提升学历、提高技能的成长成才通道。实施职业技能提升行动，打响“临平区职工技能争霸赛”品牌。着力培育和引进一批专业化、高技能人才队伍，健全人才服务体系，多领域搭建人才交流平台，实现人口发展与经济社会、资源环境相协调。根据全市相关要求推进以新型居住证为基础的人口量化积分管理制度，建立较为完善的流动人口网格化、信息化管理服务体系。（责任单位：区委人才办、区公安分局、区发改局、区卫生健康局、区总工会）

4. 大力发展公益慈善事业

完善区、街镇、村（社区）三级慈善平台，加快发展扶贫赈灾、扶老助残、助医助学等民生领域的慈善—公益组织，探索建立公益性社区发展基金会，培育基层社区慈善组织和民间“草根慈善”。建立“临平区数字慈善系统”，推动“现代互联网＋慈善”体系建设，实现慈善捐赠、结对帮扶、慈善街区、慈善乡村、公益售卖、资源募集、项目运营等线下线上融合发展。大力弘扬慈善文化，建设“大爱来临”慈善文化品牌，打造“1+N”慈善空间，即1个全省示范型慈善基地和N个统一标识的镇街特色公益“慈善场景”。（责任单位：区民政局）

5. 以数字化赋能社会治理

加快推进政务服务事项“一网通办”，健全线上线下融合的政务服务体系，优化“浙里办”城市频道临平站点，全面提升在线体验。重点推进“一件事”集成改革，深度融合“一件事”联办和“一件事”全流程通办，不断推出一批优质服务专区，推动各类政务服务场景应用“一端”集成，持续优化数字营商环境。以数字社会系统建设为引领，迭代提升“教育、就业、医疗、交通、养老”等社会事业领域的数字化能力，探索大党建统领下的“五社联动”基础治理新模式，打造一批跨部门多业务协同应用，在未来社区、乡村服务等社会空间落地。（责任单位：区行政服务中心、区发改局、区数据资源管理局）

6. 全面建设平安法治临平

深化法治政府建设，强化严格执法、公正司法、全民守法。完善全业务全时空公共法律服务，为高质量发展提供法治支撑。健全防范化解重大风险体制机制，大力开展道路交通、消防、安全生产等重点领域突出问题整治攻坚行动，牢牢守住公共安全底线。加强社会治安防控体系建设，推进扫黑除恶长效常治，加大打击违法犯罪力度，着力化解重点领域矛盾纠纷和信访积案，持续提升“三源治理”实效。推进“平安建设五色图”等“图码指数”应用迭代升级，拓宽社会面智慧安防前端建设，完善风险预测和动态预警体系。（责任单位：区委政法委、区司法局、区法院、区检察院、区公安分局）

七、实施十大行动

1. 制造业高质量发展行动

实施“3521”制造业数字化转型行动，加快装备制造、生物医药、家纺服装三大重点产业领域数字化、智能化演进，分层次、分行业打造一批聚能工厂、链主工厂、智能工厂、数字化车间、云端工厂五大“未来工厂”示范，实施200个工厂物联网项目，推进1000家企业上工业互联网平台、云平台，完成规上企业数字化诊断全覆盖。推进国家级经济技术开发区全省新智造区域试点创建，探索建立新智造长效发展机制，着力构建“区级智能工厂、数字化车间（产线）—市级未来工厂（数字化车间）—省级未来工厂”的企业培育梯队和以“未来工厂”为引领的新智造企业群，打造全省“未来工厂”示范区。实施低效工业用地有机更新行动，支持低效工业用地通过提高容积率、土地置换、分割转让、政府收储等多种途径，实现二次开发；制定实施推进低效工业用地有机更新政策措施，以乔司、崇贤、开发区等为重点，实施低效工业用地再开发行动计划，每年盘活存量土地不少于2500亩，释放存量土地的潜力，保障产业发展用地需求。（牵头单位：区经科局）

2. 现代服务业扩容提质行动

加大规上服务业企业招引力度，培育发展一批具有较强竞争力的企业和知名品牌，持续扩大市场主体规模。聚力壮大数字经济、现代金融、商务服务、科技服务、智慧物流等生产性服务业，高品质发展旅游休闲、文化产业、康养服务等生活性服务业，到2025年，生产性服务业营收占服务业比重提高至50%以上，服务业增加值达到570亿元，年均增长8%以上。实施“以楼聚产”工程，紧盯一批总部型企业、专业招商运营机构、创新型、成长型企业，培育打造总部经济园区，壮大亿元楼宇队伍，力争亿元楼宇达到10幢。以特色小镇、未来社区等为载体，规划建设省级服务业创新发展区，引导服务业总部企业、平台企业、研发中心等集聚发展，形成1—2个“数字赋能、特色鲜明、业态高端、能级突出”的现代服务业创新发展区。（牵头单位：区发改局）

3. 中心城区品质提升行动

聚力推进核心区域建设，好中求优、拉高标杆。落实强轴线强核心理念，依托迎宾路—荷禹路城市中轴，聚焦临平新城水汀东湖周边及国家级经济技术开发区东湖新城核心区域，坚持对标先进地区先进经验，通过城市设计手段框定重点地区、重点界面、重要节点，严控建筑风貌和界面打造，明确核心区域公共服务配套设施招引标准，以国际水准和开放视野保障城市核心品质建设。加快推进老城区域有机更新，补齐短板、宜居宜业。加快推进临平老城区和开发区临平大道以南、东湖路两侧老城区块有机更新，结合轨道站点周边进行重点研究，挖掘存量空间补齐公共配套，解决民生难题，突出解决便利性、宜居性问题，全面提升临平中心城区品质水平。（牵头单位：市规划和自然资源局临平分局）

4. 幸福通道畅通行动

坚持交通先行，打造全方位立体交通体系，着力推进轨道交通、城市路网、慢行绿道网、过街设施、停车设施等城市基础配套项目，加大与主城核心区快速联通、高效对接的地铁、快速路网建设力度，同步匹配主次干路网系统，打通一批“断头路”，构建内畅外联的交通网络体系，实现与核心区及周边深度融合。推进城市基础设施向农村延伸对接，加快建设高品质“四好农村路”，打通村社区交通“最后一公里”，绘就美丽交通新画卷，完善公交场站建设布局，构建城乡交通运输一体化的新格局。新增公共停车泊位7000个以上，新建绿道65公里以上，新建“四好农村路”60公里。（牵头单位：区交通运输局）

5. “学在临平”建设行动

实施学前教育“青蓝工程”，加大省级幼儿园创建和小区配套幼儿园治理，优质学前教育覆盖率达97%以上。实施新名校集团化战略，加快义务教育标准化学校建设，深化“互联网+教育”行动，促进城乡义务教育一体化发展；实施初中“提质强校”行动，培育3所以上市级初中提质强校试点校、4 所以上学校列入省初中学校提升培优行动计划，综合办学水平位于全市前列；实施普通高中高水平发展攻坚计划，重点支持余高创全省一流、余二高走在全市前列，强化其他普高分类特色办学，让更多学生升入优质大学；落实中职教育领航计划和终身教育特色发展计划，支持临平职高创省中职高水平学校，建成省市级示范性职业教育集团（联盟）、生产性教学实训基地（车间）等 6 个。持续加大名优教师引培力度，实施新时代校长素质提升工程、特级教师领航计划，市级名优教师占比达 10%以上。优化教育布点规划，落实新建类学校项目不少于 60 个，全面提升教育资源配置水平。（牵头单位：区教育局）

6. “健康临平”建设行动

对标核心城区，优化调整医疗卫生服务体系结构，完善医疗卫生资源布局，加快推进区一院实现综合性三甲医疗服务能力提升建设，力争引育 1 家以上国内知名的三级甲等专科医院或单项性的国家级医疗平台团队。推动资源整合、智慧联合、能力聚合“三网融合”建设全省一流医共体，重点加强医共体成员的技术水平培养、设施设备配置、管理能力提高。实施名医名护“双百”计划，培养一批具有“工匠”精神的一流学科带头人，促进医疗技术水平持续提升。所有区属公立医院和社区卫生服务中心实现“互联网 + 医疗”服务，区内至少有一家医疗机构达到电子病历六级和互联互通五级水平，区域卫生信息互联互通达到国家四级甲等水平。（牵头单位：区卫生健康局）

7. 新时代文明实践中心提升行动

构建新时代文明实践三级组织体系、志愿服务队伍体系、阵地资源体系，打造各类新时代文明实践阵地 200 个以上，“全覆盖”打造新时代文明实践“15 分钟文明实践圈”。推进新时代文明实践中心与融媒体中心融合建设，“全链条”打造新时代文明实践“融合发展临平模式”。开展学习科学理论、践行主流价值、繁荣群众文化、培育文明风尚、加强人文关怀等工作，开展“候鸟守护”计划，“全过程”打造新时代文明实践“百姓身边的精神家园”。实施“青春来临”临平区与高校新时代文明实践共建行动，全方位打造新时代文明实践“全国样板地”。（牵头单位：区委宣传部）

8. 大运河国家文化公园（临平段）建设行动

实施大运河国家文化公园（临平段）建设三年行动计划，以文化为核心，复兴塘栖千年水乡古镇，持续深化大运河（塘栖段）文化遗产的保护提升，擦亮塘栖“名山、名湖、名镇”个性地标，打响大运河（临平段）“杭北门户、水乡名镇、漕运古道、湿地田园”的品牌形象。以保护为前提，切实保护好沿河自然生态风貌和历史文化遗产，进一步提升沿线生态环境品质。到 2023 年，全面完成崇贤段、东湖段、运河段建设，到 2025 年，全面完成塘栖段建设。优化运河二通道航运、产业、水利、景观等功能布局，重塑沿岸沿线风貌。谋划布局大运河科创城，吸引创新产业、人才集聚，承接核心区产业要素转移，成为杭州国际人才汇聚之地和临平新增长空间和平台。（牵头单位：区大运河国家文化公园暨大运河科创城建设指挥部）

9. 强村富农建设行动

大力发展高质高效现代农业产业，加快土地流转，实现规模化、集约化经营，推进大运河现代农业产业园建设；全面落实粮食、蔬菜稳产保供提质，做精塘栖枇杷、生态甲鱼等特色产业，积极发展休闲美丽农业、乡村夜经济、创意农业等多元化业态，农林牧渔业增加值突破 16.28 亿元。实施新一轮“强村富农”政策，通过飞地抱团、留用地开发、村庄经营等举措，增强村集体造血能力，实现村级集体经济经营性收入年增长 8%以上，村均达 600 万元，全面消除经营性收入 150 万元以下的相对薄弱村；畅通农民增收渠道，加大对低收入农户就业帮扶力度，实现低收入农户人均可支配收入年均增长 10%。实施农民安居工程，编制多规合一的实用型村庄规划，在落实上位国土空间规划强制性内容基础上，挖掘村庄可利用土地，在规划层面预留农民建房空间，多部门联动推进农村建房解困工作，通过整体规划加快盘活闲置、低效利用、零星分散的存量集体建设用地，落实新建宅基地用地空间500亩以上，破解农民建房需求；加强农村房屋安全隐患排查整治，推进农村危房长效治理。推进江南水乡韵味美丽乡村建设，围绕“一园引领、两核驱动、十村未来、多点精致、全域美丽”总体布局，打造2个美丽乡村核心示范区、10个未来乡村、20个数字乡村和一批特色村，实施扩面提升项目350个；新创建2个省级森林城镇，优化农村人居环境和质量，进一步完善农村基础设施和公共配套设施建设。〔牵头单位：区农业农村局（区林水局）〕

10. “临平工匠”培育行动

聚焦高技能人才素质提升，打造一支知识型、技能型、创新型产业工人队伍。推进产学对接、产教融合，开设“工匠学堂”，筹建1所技师学院，定向培养高技能人才。创新技能人才培养模式，充分发挥企业在技能人才培育中的主体作用，鼓励开展企业职业技能等级认定，全面推行企业新型学徒制，推进现代化高技能实训基地、技能大师工作室等平台建设，每年培育符合产业发展需求的高技能人才2500名以上。梯度培养临平技术能手、首席技师，灵活调整人才培养计划。加大社会工作人才培育力度，全面提高社会工作人才素质。制定实施高技能人才支持新政，完善技能人才培育激励机制。力争五年选树50名“临平工匠”，100名镇街、平台级工匠，培育1000名企业级工匠型技能人才。（牵头单位：区人力社保局）

八、保障措施

1. 加强组织保障体系

强化党建引领，将党的领导贯穿于推动共同富裕示范区样板全过程、全领域、全环节。统筹推进基层党组织建设，织密建强上下贯通、执行有力的组织体系，为顺利实现共同富裕目标任务提供坚强保证。深入实施领导干部专业能力提升计划，鼓励引导党员干部创造性开展工作，提升推进共同富裕建设能力。区委成立社会建设委员会，下设办公室。区委区政府建立高质量发展建设共同富裕示范区领导小组，区委区政府主要领导任组长，建立常态化、实体化专班运作机制。各部门要按照职责分工，压实工作责任，结合各自实际，完善工作机制，形成系统集成、协同高效的工作闭环。（责任单位：区委办公室、区委组织部、区政府办公室、区发改局）

2. 建立争先创优机制

聚焦重点领域，加强政策机制创新，积极争创全省共同富裕改革试点示范，努力在经济高质量发展、城乡区域一体化、人居环境优化、全域社会治理等方面先行先试，率先形成创新性、突破性最佳实践成果。组织实施原创性改革举措，形成长效化、常态化推进机制，每年推进一批重点项目落地，打造一批临平特色共同富裕创新案例和数字化应用场景，扎实推进共同富裕建设。（责任单位：区直各单位、各镇街）

3. 完善全面评价机制

科学确定合理的发展指标和标准水平，按照经济社会发展规律循序渐进，脚踏实地、久久为功，不吊高胃口，不搞“过头事”，坚持使推动共同富裕与临平经济社会发展阶段相适应、相协调，尽力而为满足实际需求，量力而行保障持续供给。落实省市评价考核体系，将推动共同富裕有关目标要求纳入党政领导班子和领导干部综合绩效考核。建立监督检查机制，创新监督检查方法，完善问题反馈整改机制。（责任单位：区委组织部、区大督查考评办、区发改局）

4. 营造全民参与氛围

全方位、多渠道对推动共同富裕相关政策和做法进行宣传报道，增强人民群众的知晓度、认同感和满意度。积极发动村（社区）、群众参与共同富裕建设，发挥总工会、团区委、妇联、工商联等各类组织作用，强化服务联系群众功能，充分动员各方力量，积极推进“有事好商量、众人的事情由众人商量”的制度化实践，形成全民推动共同富裕的整体氛围。（责任单位：区委宣传部、区总工会、团区委、区妇联、区工商联、各镇街）

附表：

2021—2025 年临平区共同富裕主要目标指标一览表

表 1

类别	序号	指标来源	指标名称	单位	2020 年实绩	2022 年目标	2025 年目标	责任单位	指标属性
经济高质量发展	1	省、市	人均生产总值	万元 / 人	6.69	7.5	9.5	区发改局 区交通运输局 区农业农村局（区林水局） 区经科局 区住建局 区商务局 区财政局	评价指标
	2	省、市	全员劳动生产率	万元 / 人	28.12	31	36	区经科局	评价指标
	3	省、市	单位 GDP 建设用地使用面积	平方米 / 万元	19.23	16.42	12.75	市规划和自然资源局临平分局	评价指标
	4	省、市	规上工业亩均税收	万元	29.9	32	38	区经科局	评价指标
	5	省、市	高技术制造业增加值占规上工业比重	%	16	20	26	区经科局	评价指标
	6	市	有效发明专利拥有量	件	1804	2460	4000	区市场监管局	评价指标
	7	省、市	R&D 经费支出占 GDP 比重	%	3.5*	3.7	4	区经科局	评价指标
	8	省、市	数字经济增加值占 GDP 比重	%	—	—	—	区经科局	评价指标
			数字经济核心产业增加值占 GDP 比重	%	6.3	7.5	9		
	9	省、市	居民人均可支配收入	元	—	与经济增长基本同步	高于全市平均水平	区人力社保局 区农业农村局（区林水局）	评价指标
	10	省、市	居民人均消费支出	元	—	与经济增长基本同步	高于全市平均水平	区发改局 区商务局	评价指标
	11	省、市	恩格尔系数	—	—	稳步下降	稳步下降	区人力社保局 区农业农村局（区林水局）	观察指标
品质城区建设	12	省、市	城乡公交一体化率	%	100	100	100	区交通运输局	评价指标
	13	省、市	高峰时段城市通行平均车速	千米 / 小时	—	稳步提升	稳步提升	区交通运输局 区交警大队	观察指标
	14	省、市	每千人口拥有 3 岁以下婴幼儿托位数	个	1.65	3	4.7	区卫健局	评价指标
	15	省、市	普惠性幼儿园占比	%	81.4	88	90	区教育局	评价指标
	16	省、市	每千人口拥有执业（助理）医师数	人	2.82	3	3.2	区卫健局	评价指标

续表

类别	序号	指标来源	指标名称	单位	2020年实绩	2022年目标	2025年目标	责任单位	指标属性
品质城区建设	17	省、市	每万老年人拥有持证养老护理员数	人	18	20	>25	区民政局	评价指标
	18	省、市	个人卫生支出占卫生总费用比例	%	—	逐步下降	逐步下降	区卫健局	观察指标
	19	省、市	人均预期寿命	岁	84.95	逐步提高	85	区卫健局	评价指标
	20	省、市	城镇住房保障受益覆盖率	%	10	23.5	25	区住建局	评价指标
	21	省、市	最低生活保障标准	元	13224	完成市下达目标	14000	区民政局	评价指标
	22	省、市	城市公园绿地服务半径覆盖率	%	85	86	90	区住建局	评价指标
	23	省、市	常住人口城镇化率	%	89.48	90.5	92.5	区住建局 区发改局	评价指标
精神文明建设	24	省、市	人均文化娱乐消费支出占比	%	—	稳步提升	稳步提升	区文广旅体局	评价指标
	25	省、市	人均体育场地面积	平方米	1.2	2.6	2.8	区文广旅体局	评价指标
	26	省、市	国民体质合格率	%	94.7	94.7	95	区文广旅体局	评价指标
	27	省、市	每万人拥有公共文化设施面积	平方米	4533	4900	5500	区文广旅体局	评价指标
	28	省、市	居民综合阅读率	%	94.2	94.9	95.7	区文广旅体局	评价指标
	29	省、市	文明好习惯养成实现率	%	78.93	83	>90	区委宣传部 区公安分局 区综合执法局 区市场监管局	评价指标
	30	省、市	社会诚信度	—	94.2	94.9	96	区委宣传部 区发改局	评价指标
美丽环境建设	31	省、市	单位 GDP 能耗	吨标准煤 / 万元	—	完成市下达目标	完成市下达目标	区发改局	评价指标
	32	省、市	单位 GDP 碳排放	吨 / 万元	—	完成市下达目标	完成市下达目标	市生态环境局临平分局	评价指标
	33	省、市	PM2.5 平均浓度	微克 / 立方米	30.6	完成市下达目标	完成市下达目标	市生态环境局临平分局	评价指标
	34	省、市	地表水达到或好于Ⅲ类水体比例	%	100	100	100	市生态环境局临平分局	评价指标
	35	省、市	生活垃圾分类覆盖面	%	100	100	100	区行政综合执法局	评价指标
治理能力现代化	36	省、市	城乡居民收入倍差	—	—	—	1.57	区人力社保局 区农业农村局（区林水局）	评价指标
	37	省、市	劳动报酬占 GDP 比重	%	—	—	—	区人力社保局 区农业农村局（区林水局）	评价指标

续表

类别	序号	指标来源	指标名称	单位	2020年实绩	2022年目标	2025年目标	责任单位	指标属性
治理能力现代化	38	省、市	居民人均可支配收入与人均GDP之比	%	—	—	—	区人力社保局 区农业农村局（区林水局）	评价指标
	39	省、市	家庭可支配收入（家庭人口系数按普查结果确定）10—50万群体比例	%	—	—	—	区人力社保局 区农业农村局（区林水局）	评价指标
			家庭可支配收入（家庭人口系数按普查结果确定）20—60万群体比例	%	—	—	—	区人力社保局 区农业农村局（区林水局）	
	40	临平特色	村集体经济经营性均收入	万元	481	530	600	区农业农村局（区林水局） 市规划和自然资源局临平分局	评价指标
	41	临平特色	全面消除收入相对薄弱村	万元	70	100	150	区农业农村局（区林水局） 市规划和自然资源局临平分局	评价指标
	42	省、市	基尼系数	—	—	维持在合理区间	维持在合理区间	区人力社保局 区农业农村局（区林水局）	观察指标
	43	省、市	房价与居民人均可支配收入之比	—	—	逐步下降	逐步下降	区住建局	观察指标
	44	省、市	民生支出占一般公共预算支出占比	%	71.21	76.5	保持稳定	区财政局	观察指标
	45	省、市	公共食品和药品安全满意度	%	84.18	稳步上升	稳步上升	区市场监督管理局	评价指标
	46	省、市	城镇调查失业率	%	—	—	—	区人力社保局	评价指标
	47	省、市	儿童平均预期受教育年限	年	15	15.5	16	区教育局	评价指标
	48	省、市	高等教育毛入学率	%	70	73	75	区教育局	评价指标
	49	省、市	技能人才占从业人员比重	%	30	35	40	区人力社保局	评价指标
	50	省	整体智治实现率	%	—	稳步提升	稳步提升	区委改革办	观察指标
	51	省、市	全面从严治党成效度	%	—	>97.5	>97.5	区纪委	评价指标
	52	省、市	亿元GDP安全生产死亡率	人/亿元	0.015	<0.01	<0.01	区应急管理局	评价指标
	53	市	万人犯罪率	—	14	13	<11	区检察院	评价指标
	54	省、市	万人成讼率	—	—	65.5	62.5	区法院	评价指标
	55	省、市	律师万人比	—	2.7	3	5.5	区司法局	评价指标
	56	省、市	群众获得感幸福感安全感满意率	%	—	稳步提升	稳步提升	—	评价指标

注：带 * 为隔年公布数，实际为2019年数据；第40项和41项为临平特色指标。

中共杭州市临平区委
杭州市临平区人民政府关于
加快推进新时代文化临平工程实施意见

临平区委〔2021〕53 号
（2021 年 11 月 15 日）

为深入贯彻党的十九大和十九届二中、三中、四中、五中全会精神，认真落实习近平总书记关于文化建设重要论述和对浙江、杭州重要指示精神，按照省委文化工作会议的部署要求，推动文化硬件、软件“双提升”，为高水平建设“数智临平·品质城区”，争当高质量发展建设共同富裕示范区样板注入强大的文化力量，现就加快推进新时代文化临平工程提出如下实施意见。

一、深刻认识加快推进新时代文化临平工程的重大意义

习近平总书记指出，“文化是一个国家、一个民族的灵魂。文化自信，是更基础、更广泛、更深厚的自信，文化是更基本、更深沉、更持久的力量”“要以时代精神激活中华优秀传统文化的生命力，推进中华优秀传统文化创造性转化和创新性发展”。文化是力量源泉，凝魂聚气，培根铸魂，为全体人民奋进新时代、实现中华民族伟大复兴的中国梦提供强大精神动力。

“郡县治，天下安”，站在行政区划优化调整的新起点上，文化是重要引领和支撑。临平必须扛起文化建设先行示范的使命任务，以文化创新推动思想进步、以文明提升推动社会进步，以文化力量引领社会变革。要以坚定的文化自信和强烈的文化担当，把文化临平工程建设作为争创发展新优势的关键之举，在共同富裕中实现精神富有，在现代化先行中实现文化先行，让文化成为最富魅力、最吸引人、最具辨识度的标识。

二、指导思想和总体目标

1. 指导思想。高举习近平新时代中国特色社会主义伟大思想旗帜，深入学习贯彻习近平总书记关于文化建设重要论述和对浙江、杭州重要指示精神，始终践行“举旗帜、聚民心、育新人、兴文化、展形象”的使命任务，以高水平建设“数智临平·品质城区”为目标，争当高质量发展建设共同富裕示范区样板为牵引，全面实施文化先行战略，加快推进新时代文化临平工程，着力培育临平文化新标识，着力构建文化建设大平台，着力形成文化发展新格局，为建设社会主义现代化国际大都市标杆性城区提供强大价值引领力、文化凝聚力和精神推动力。

2. 总体目标。推动以文化人、以文铸城、以文惠民、以文兴业，坚持一张蓝图绘到底，聚焦“一个目标”，全力推进“五大工程”，全面实施“十大行动”（简称“1510”规划），全面推进文化重构、品牌重建、形象重塑，实现文化临平工程系统性优化和历史性跨越，文化硬实力与软实力同步提升，社会主义精神和物质文明全面发展，进一步展示“共同富裕”样板的文化新形象。到 2025 年，临平文化实力明显提升，社会文明风尚更加鲜明，人文精神力量显著增强，基本形成城乡一体的现代公共文化服务体系、高质量发展的现代文化产业体系、活力充沛的文化创新体系和以文化力量推动社会进步的文化发展格局。在理论武装先行方面，打造 3 个（家）左右具有影响力的理论发声平台和地方新型智库，培育 10 个左右新媒体传播平台，建立 50 个微融媒体中心（站）；在精神文明先行方面，培育 1—2 位具有标杆性的全国有影响力的文明标识，文明好习惯养成实现率达 90%以上，新时代文明实践所、站覆盖率达 100%，挖掘培育 600 名左右具有榜样引领示范性的“美丽临平人”；在文艺精品先行方面，推出 10 部（件）左右具有辨识度的文艺精品项目；在文化惠民方面，启动 10 项左右重大文化设施建设项目，建成“15 分钟品质文化服务圈”“10 分钟健身圈”，新建社区化公共文体 500 处，建成全域健身绿道 300 公里，每万人拥有公共文化设施面积达 5500 平方米，居民综合阅读率达 92.5%以上，成功创建浙江省公共文化服务现代化先行区；在文化产业方面，打造1—2个具有全国影响力的文化产业品牌，培育10项左右重大文化产业项目，文化产业增加值占GDP比重达到8%左右，年均增长10%以上，引进区级及以上高层次文化人才200名左右。到2035年，物质富裕和精神富有达到新高度，软硬齐驱、形神兼备的文化发展格局全面形成，文化发展主要指标全省乃至全国领先，成为社会主义文化强国的区域样板。

三、全力推进“五大工程”

1. 理论研究践行工程。深入开展习近平新时代中国特色社会主义思想学习教育，完善理论学习中心组和藕花洲大讲堂机制建设。深化“不忘初心、牢记使命”和党史学习教育制度化常态化。加强和改进思想政治工作，加强“四史”教育，进一步挖掘、凝练和弘扬“鸭兰村支部精神”“长征大队精神”“围垦精神”“老虎钳精神”等“临平精神”谱系。弘扬社会主义核心价值观，把社会主义核心价值观要求融入法治建设和社会治理。完善青少年理想信念教育齐抓共管机制。建好临平学研究中心等新型地方智库。

2. 文化设施建设工程。高质量建成大运河国家文化公园（临平段），纵深推动上塘河文化带建设，加快建设玉架山考古遗址公园（博物馆）和古海塘遗址公园。深入开展宋韵文化工程，强化历史建筑、古迹遗存和自然遗产系统性保护利用。统筹标志性文化设施建设，推进城市“文化会客厅”工程，建立健全城市形象视觉传达体系和区域性文化标识。推动文化资源品牌化运作、产业化经营，建好市民文化综合体、开发区文化中心等重点项目，建设俞樾、钟化民、姚虞琴、王蒙、沈近思纪念馆等一批博物馆。

3. 文艺精品培育工程。围绕开启全面建设社会主义现代化国家新征程等重大主题，不断推出反映时代新气象、讴歌人民新创造的精品力作。深入挖掘、提炼临平文化元素，创造具有辨识度、表现力和冲击力的文艺精品。精心培育各类文艺院团，积极鼓励社会力量参与文化建设。支持优秀报刊、图书、影视、音乐、舞蹈、戏剧、曲艺、美术、文学、民间文艺等生产、发行和推广。保护网络文化知识产权，扶持高质量网络文化产品生产。

4. 文化产业引育工程。着力构建文化产业体系，加快发展新型文化企业、文化业态、文化消费模式，做大做强文化产业。改造提升传统文化业态，提高质量效益和核心竞争力。实施文化品牌战略，培育建设大运河文创园、艺尚小镇文旅演艺、动漫产业园等载体。做优做强区文化传媒集团。

5. 文化惠民共享工程。高质量现代公共文化服务基本实现覆盖城乡、均等均衡，全区标志性公共文化设施实现五馆一院全部具备。统筹做好公共文体空间和公共景观文化规划，全面提升公共文化服务品质与效能，实现城市书房、农家书屋、24小时自助图书馆镇街全覆盖。增加乡村公共文化服务总量供给，编实织密基层公共文化设施网络，促进城乡基本公共文化服务均等化。

四、全面实施“十大行动”

1. 实施党的理论学习实践深化行动。深化理论铸魂溯源走心工程，完善党委（党组）理论中心组学习制度。进一步擦亮临平国字号宣讲品牌，举办青年理论微宣讲大赛，多渠道创新集聚建强宣讲队伍，打造分众化、常态化宣讲平台。推进“学习强国”应用与建设。深入推进党的创新理论研究阐述，系统推进习近平总书记对浙江、杭州工作重要讲话和指示精神再学习、再领悟、再落实。定期推出一批具有战略性、前瞻性的研究课题。推动意识形态工作责任制高质量落实到位。

2. 实施精神文明创建提质行动。深入推进公民道德建设，深化“最美临平人”系列品牌活动。全面加强未成年人思想道德建设，新创建各类青少年德育基地，打造“青少年马克思主义者培养学院”品牌。扎实开展全国、省市文明测评迎检等工作。实施“和润临平·文明有礼”主题行动，不断深化文明品牌实践行动。开展清廉文化建设，深入推进诚信文化。深化新一轮文明单位、文明村创建，加大“一镇街一品”“一村社一品”“一校一品”“一园一品”等建设力度。打造适应新时代要求和共同富裕示范区样板的新时代文明实践中心建设样板地。

3. 实施文化遗产保护传承行动。加强大运河世界文化遗产、玉架山遗址群、古海塘遗址等挖掘、保护、传承。高水平推进大运河（临平段）“一园一区”建设，深入挖掘“三条运河”沿线尤其是塘栖古镇、临平山、超山、黄鹤山等历史人文内涵。继续完善世界文化遗产和重大文化遗址、文物保护单位（点）、名镇名村、文化街区、历史建筑和其他遗迹等多层级保护体系。持续开展年度文物资源保护调查和评价，依法做好文物保护区域评估、土地出让前的考古调查勘探发掘。持续提升非物质文化遗产保护传承水平，有效推进师徒传承、群体传承等多种形式的传承活动。

4. 实施公共文化服务增效行动。推进社区化公共文体空间建设，实现城市客厅、城市书房、农家书屋等镇街全覆盖。进一步增加乡村公共文化服务总量供给，拓展镇街综合文化站，深化“文化管家”项目，加强农村文化礼堂、社区文化家园、企业文化俱乐部等场馆的使用效能。推动公共文化服务数字化、品质化、便利化、标准化、特色化“五化”协同发展。培育美好文化生活新消费，建立多样化的公共艺术与休闲文化空间，设置多元化的文化消费项目，建设一批夜间文化消费载体。

5. 实施文化艺术精品繁荣行动。繁荣文艺精品创作，不断做强美术、书法、摄影、戏剧、曲艺、影视、音乐、金石篆刻、网络文艺等文化品牌。办好中国曲艺牡丹奖、国乐节、艺术节、音乐会、灯会等活动，创新开展“临平之春”“藕花洲”系列等公益性文化惠民活动。积极引入文艺名家大师参与我区文化精品创作生产。加大文艺作品再奖励和扶持力度。办好《藕花洲》杂志，推出一批优秀主题出版物。持续加强群众文艺队伍建设，重点打造临平滚灯艺术团，培育藕花洲越剧团等。每年举办文化惠民演出 100 场以上，举办各类文艺辅导培训 100 场以上。

6. 实施媒体传播体系构建行动。坚持正确舆论导向，做好重大主题宣传报道。健全完善新闻发布制度和新闻发言人制度。推动媒体深度融合，坚守党报党刊和广播电视主阵地，统筹各类网络传输资源。积极探索微融媒体中心模式，融合区、镇街、村社、企事业单位四级平台资源，打通信息沟通“最后一公里”。打造“清朗”网络空间，深入推进依法管网治网工作模式，提升完善“E 网清”云平台建设，完善网上舆情应急处置工作机制。强化互联网数据资源保护和管理，有效保护数据安全和个人隐私。

7. 实施文化产业做强做优行动。聚焦数字内容、设计服务、创意生活、文化制造四大主导产业，大力构建现代文化产业体系。制定出台规划文件，突出政策导向，加大政策扶持力度。积极拓展产业链条，打造集文化企业孵化器、众创空间、加速器、产业园一体化的创新创业生态体系。大力推进大运河文创园等大运河文化产业带建设、数字创意文化产业带建设，切实打造具有临平辨识度和影响力的文化产业集群。积极推动朱炳仁铜、楠宋瓷业等文化制造业企业高质量发展。

8. 实施文化旅游深度融合行动。加强顶层设计，构筑“一核两带、四心三片”文旅融合发展新格局，重点擦亮大运河（临平段）文化旅游金名片，谋划打造首个国家 AAAAA 级旅游景区，积极推动艺尚小镇、中国江南水乡文化博物馆等创建国家 AAAA 级景区。深化全域旅游示范区创建成果，打造新“临平十景”。支持“文旅+”产业融合，打响临平味道美食品牌，推广“临平有礼”旅游商品。实施“微改造，精提升”行动，建设一批体验精致的文旅打卡点。高质量完成亚运会指定赛事任务，实施好亚运城市文化传播工程和城市文明共建工程。

9. 实施新闻出版高质发展行动。强化新闻出版相关行业管理。加强部门联动，构建“亲清”政企关系，加强对数字化产业市场主体监督管理。深化网上办事流程，优化审批服务。扎实开展“清源”等专项行动。加强全域治理驾驶舱建设，形成区级、镇街、村社三级联动机制。积极参与国家级、省级基层示范点创建工作及市级“扫黄打非”双优选树，进一步擦亮国家级“扫黄打非”进基层示范点金名片。推动版权保护工作，推进软件正版化常态长效。

10. 实施文化人才队伍提升行动。壮大各领域文化人才队伍，培养造就一支政治过硬、本领高强、求实创新、能打胜仗的文化人才队伍。引进一批文化领域紧缺人才和骨干力量。联动校企资源，深化与长三角知名高校战略合作，加大文化人才柔性引进力度。培育一批具有引领效应的群众性文艺社团、演出团体和基层宣讲队伍、业余文化队伍。健全文化人才发展平台体系，以国家“四个一批”人才工程为龙头、省市“五个一批”人才为重点，创新建立全方位文化人才选育体系。做好新型人才评定、扶持与激励工作。

五、保障措施

1. 切实加强组织保障。坚持区委对文化工作的全面领导，深刻认识文化在经济社会发展总体布局中的重要地位。牢牢把握文化的意识形态属性，推动正确政治方向、舆论导向、价值取向贯穿文化建设全过程各方面。建立健全领导小组会议制度和议事规则，加强重大问题研究和民主决策。充分发挥各地各部门职能作用，按照“每年有突破、两年大提升、五年开新局”要求，制定责任清单，切实抓好落实。

2. 加大保障投入力度。加大公共财政对文化建设的投入力度，建立与全区经济发展水平相适应的文化投入机制，鼓励和引导社会资本参与文化事业产业，确保全区文化投入稳定增长。设立“大运河杯”，表彰对为临平文化建设作出重大贡献的单位和个人。加强立项前论证和可行性分析预测，强化事中监管和事后评价。

3. 完善责任考核机制。进一步强化考核的激励作用，动态完善文化临平工程发展的考评指标体系、监测体系以及考评机制，真正体现奖优罚劣的考核导向，使考核在操作上更加科学规范、客观公正。以完成文化项目“三张清单”为目标，有针对性地做好一批重点项目。

4. 党建统领整体智治。推进文化领域党建工作，完善组织设置，配强文化领域各级领导班子。加强以党建统领的整体智治体系建设，加强文化新业态、新文艺群体特别是互联网企业党建工作。强化宣传思想文化工作领导小组统筹协调职能。加强文化领域法治建设，发挥政协民主协商和民主监督作用。把文化素养作为党员干部的基本素养，纳入党校（行政学院）培训教学体系。

附件：1. 临平区文化设施建设工程项目清单

2. 临平区文艺精品培育工程项目清单

3. 临平区文化产业引育工程项目清单

附件 1：

临平区文化设施建设工程项目清单（2021—2025 年）

表 1

序号	项目名称	建设内容及规模	责任主体
1	大运河国家文化公园（临平段）	大运河国家文化公园（临平段）总长度约 29 千米，总整治面积约 257 万平方米。南起绕城高速崇贤段，北至邵家坝，东至博陆。以塘栖镇为核心，以崇贤四维公园等六个公园为载体，辅以民俗、非遗等文化元素，构建“一核一城两翼四区四片”的临平大运河国家文化公园总体架构。利用项目建设提升运河沿线的文化遗产保护、文化研究挖掘、生态环境保护，打造成为大运河国家文化公园的典范园区	区大运河国家文化公园建设管委会
2	市民文化综合体项目	项目位于临平新城水汀东湖西侧、临平高铁站北侧，总用地面积约 77 亩，建筑面积约为 14.1 万平方米。主要建设区图书馆、区美术馆、区城市展示馆、老年大学、青少年活动中心等配套功能	临平新城管委会
3	玉架山考古遗址公园（博物馆）	项目东至星河路、西接兴中路、南邻绿洲路、北至五洲路，总占地面积约 12.13 公顷。遗址公园主要包括复原展示、公共考古展示、地面标识区展示、绿地景观等；博物馆总建筑面积约 2.6 万平方米，主要包括遗址展示馆、临时展馆和文物科技保护研究基地等。该项目可充分发挥区域出土文物社会效益，提升文化内涵，助推周边文旅及文化产业的发展	临平国家级经济技术开发区
4	临平山文化景观提升工程	建设包括临平山东来阁文化布展、苏轼游园等一批人文景观节点的改造提升，新建邱山书院，临平山绿道延伸等内容。项目涉及改造提升面积约为 92 万平方米，可以提升区块整体人文环境氛围，改善文化体验品质	区住建局
5	中国江南水乡博物馆扩建提升项目	包括原博物馆改造及新建博物馆一座。总建筑面积约 2.2 万平方米，项目建成后，将融合最新考古研究成果，运用新的展陈理念及现代科技手段，带来全新的展陈体验	临平新城管委会
6	开发区文化中心项目	项目包括会展中心、市民文化中心等功能。在市民广场周边建设会展中心、市民文化中心等配套等功能。总用地面积约 5.99 公顷，总建筑面积约 11.2 万平方米。立足打造形象展示、文化交流、展览活动、娱乐休闲的多元空间载体，是活力创新展示的新空间、新窗口	临平国家级经济技术开发区
7	公共景观文化提升项目	实施范围为临平区全域的公共空间，重点就入城口、公园、广场、桥梁、城市道路等公共空间的文化内容挖掘及实施	区住建局
8	社区化公共文体设施项目	建设 24 小时自助图书馆（城市书房）、文化驿站、百姓健身房、健身路径等“公共文化体育 +”空间 500 处（公共文化 +100 处，公共体育 +400 处）；建成全域健身绿道 300 千米。为全区居民提供丰富多彩、形式多样的公共文化服务	区文广旅体局、区住建局、各镇街道
9	上塘河（古运河）文化带建设项目	上塘河临平区段，长约 11 千米，拟对上塘河沿线进行改造提升，植入文化元素，通过建设王蒙纪念馆、班荆馆遗址、历史文人遗址保护、绿道等形式，达到文化遗产传承发扬、生态保护与恢复、休闲游憩等功能需求	临平新城管委会
10	超山风景区品质提升工程	拟对超山景区整治提升，并就景点和休闲产业整体打造，以十里梅花香雪海为特色，融金石文化于一体，通过系列品质提升工程，将超山风景区打造成为城市园林类省级风景名胜区、临平区山水休闲旅游的重要节点	区大运河国家文化公园建设管委会
11	鸭兰村红色文化基地提升扩建项目	对现鸭兰村文化基地周边区域进行提升扩建，拟新增非遗文化展示馆和体验馆，开发红色互动文旅产品，建设滨溪步道，丰富游客的体验感，打造鸭兰文旅景观	崇贤街道

注：临平区文化设施建设工程项目（2021—2025 年）包含实施类与谋划类，具体建设工程项目以政府投资项目立项结果为准。

附件 2：

临平区文艺精品培育工程项目清单（2021—2025 年）

表 2

序号	项目名称	项目内容	责任主体
1	“运河南源·精彩临平”大运河文艺创研工程	深入贯彻《大运河国家文化公园建设保护规划》，加大大运河国家公园临平段管控保护力度，成立浙江大运河文艺创作研究中心和大运河摄影数字创新中心，编著《中国大运河文化随笔》丛书，举办大运河国乐节、歌剧大赛、摄影展等，推进大运河主题影视创作，进一步阐释大运河文化价值，弘扬大运河时代精神	区委宣传部、区文广旅体局、区文联、区大运河国家文化公园建设管委会
2	“大师原乡”临平历史文化名人研究弘扬项目	围绕王蒙、俞樾、姚虞琴、孙士毅、钟化民等临平历史文化名人，深入挖掘其成长故事、艺术成就和思想价值等，编著《名人故事》，举办主题书画展和学术研讨会，涵养临平人文精神内核	区社科联、区文联
3	“宋韵临平·文脉传承”宋韵文化创研项目	深入挖掘临平特色的宋韵文化，以临平宋词、宋画、宋代遗迹和典故等为主要题材，探索“文史研究＋文艺创作”的跨界合作模式，开展宋韵文化传承系列活动，推出一批《宋韵临平文化绘本》，打造“宋韵临平”金名片	临平学研究中心、区文联
4	中国曲艺名城创建项目	深入挖掘、保护和传承临平曲艺文化，创作地域特色曲艺精品，承办中国曲艺牡丹奖全国曲艺大赛，积极创建中国曲艺之乡和中国曲艺名城	区文广旅体局、各镇街
5	“文化临平”丛书项目	以临平史料为基础，兼顾真实性、艺术性和可读性，从多个层面系统展示临平历史文化精髓，打造高品位的地方历史文化读物、文学艺术精品和对外宣传文本，存史存文，资政育人	临平学研究中心
6	“大美临平”视觉传播项目	抓住影像视听艺术传播的发展潮流，挖掘临平政治、经济、文化、社会等独特素材与内涵，制作临平城市形象系列宣传片和临平人文纪录片，策划“临平印象”短视频传播接力计划，形成具有临平特色与优势的宣传样本	区融媒体中心
7	“时尚潮流”临平艺尚志项目	聚焦“时尚潮流文化”概念，以艺尚小镇设计师和时尚作品为中心，构建“设计师＋作品＋品牌”模式，重点围绕艺尚时尚人物谱系和时尚文化优秀作品系列，打造具有一定影响力的艺尚“潮流文化”	临平新城管委会
8	临平“红色根脉”创作项目	以临平红色事件、代表人物、奋斗故事为基础，重点聚焦鸭兰村党支部、长征大队精神、老虎钳精神等题材，开展长篇小说、报告文学、主题漫画等艺术创作，充分挖掘展示临平特色的红色文化和新时代临平精神	区文联、区社科联
9	玉架山遗址文化精品创作工程	围绕玉架山遗址出土文物考古和研究，通过舞台剧、宣传片、文创产品等方式，追溯历史根脉，深挖文化内涵，打造临平文化新印记	东湖街道

附件 3：

临平区文化产业引育工程项目清单（2021—2025 年）

表 3

序号	项目名称	项目内容	责任单位
1	大运河文创园改造提升工程	以大运河文化建设带为契机，对沿线工业遗存进行改造，对麻纺厂临平分厂工业遗址进行整体提升，打造集企业孵化、艺术创意、教育培训、文化旅游、创新办公等功能为一体的文创园，使之成为杭州北部文创新地标	区大运河国家文化公园建设管委会、运河街道
2	“原动力”动漫产业园	依托中宣部“原动力”动漫品牌，以浙江博众企业为运营主体，形成以数字内容、影视娱乐、文创设计为主体的企业集聚和产业生态，使之成为全省乃至全国有影响力的动漫人才集聚地和动漫成果转化优质平台	区文创发展中心、临平新城管委会
3	艺尚小镇文旅演艺项目	与文化央企北京保利剧院开展深度合作，创设保利国际戏剧排演中心，根据经典剧本打造沉浸式实景戏剧主题空间，举办相关节庆活动等，积极弘扬中华传统艺术和地方文化	临平新城管委会
4	朱炳仁铜文化制造上市培育项目	未来五年年均增长 30%以上，打造中国工艺美术行业上市第一股，成为走向世界的传统文化一流品牌	区发改局（区金融办）、临平国家级经济技术开发区
5	大运河瓷文化创意基地	结合大运河文化带建设，与中国陶瓷工业协会开展深度合作，引进楠宋瓷业等知名陶瓷企业，打造集陶瓷文创、工业旅游、手工体验、文化传播等为一体的大型陶瓷文化创意基地	区大运河国家文化公园建设管委会
6	临平数字文化 IP 产研中心	引入数字内容领头企业，与数字文化名企集团共建数字文化产业，与名校院所共建数字文化产业 IP 评价中心，与知名行业协会等共建以数字文化产业头部内容为核心的“类型文学与影视双年奖”，形成一个从上游版权到下游影视、动漫、游戏以及周边服务开发为一体的数字文化产业集群	区文创发展中心、临平新城管委会
7	高校文化产业孵化培育项目	与中国美院、浙江理工大学、浙江传媒学院等高校合作，通过创设艺尚小镇“众创空间”、“青年文创基地”等，举办临平区大运河青年艺术时尚周、大学生艺术毕业展等活动，开展以时尚为主题的文创成果孵化、项目对接等交流分享，打造青年大学生时尚文化创业创新高地	临平新城管委会、临平国家级经济技术开发区、区大运河国家文化公园建设管委会
8	“在水一芳”网络影视产业培育项目	依托“在水一芳”影视企业，引进网络影视产业及基金项目，引进知名影视企业两年内自制网络电影 6 部、网剧 6 部等	区文创发展中心、南苑街道
9	中国蓝直播电商生态综合体项目	建立全国第一个沉浸式直播电商体验中心，扶持 10 家具有示范带动作用的头部直播机构、培育 100 家有影响力的 MCN 机构、孵化 1000 个网红品牌、签约培训 1 万名带货网红等，将优势资源进行扁平化整合，打造示范性的电商生态综合体	临平新城管委会
10	超山梅花文旅项目	以十里梅花香雪海为特色，融金石文化于一体，加快建设以宋梅文化、金石书画、研学体验、休闲养生为主要内容的文旅融合体系，形成“七群多点”的风景系统，打造全国文旅融合样板区	区大运河国家文化公园建设管委会
11	大运河文旅项目	以大运河文化带建设为契机，加强塘栖八字桥历史街区提升改造。加强塘栖古镇宋韵文化的挖掘和保护，精心策划“开运节”“年味节”“鱼羊美食节”“枇杷节”等系列文化节庆活动，争创省级文旅融合发展示范项目	区大运河国家文化公园建设管委会
12	丁山湖乡村农文旅项目	依托丁山湖优越生态资源，大力开发生态游、乡村游、观光游、休闲游、农业体验游等农旅融合产业，开发农业农村生态资源和乡村民俗文化，促进农旅产业链延伸，带动农民增收、农村发展、农业升级	塘栖镇

杭州市临平区人民政府办公室
关于印发《临平区高水平推进交通强区基础设施建设三年行动计划（2021—2023 年）》的通知

临平政办〔2021〕20 号

各镇人民政府、街道办事处，区直各单位：

《临平区高水平推进交通强区基础设施建设三年行动计划（2021—2023 年）》已经区政府研究同意，现予印发，请认真贯彻执行。

杭州市临平区人民政府办公室
2021 年 11 月 9 日

临平区高水平推进交通强区基础设施建设三年行动计划（2021—2023 年）

为全面贯彻落实浙江省高水平推进交通强省建设，助推杭州建设交通强国示范城市，推进我区建设区域性综合交通枢纽、建设便捷快速立体交通网、建设共同富裕交通样板，促进全区经济社会全面、协调、可持续发展，现结合实际情况，特制定本计划。

一、工作目标

（一）指导思想

全面落实党的十九大和十九届二中、三中、四中、五中全会精神，忠实践行“八八战略”，干在实处、走在前列、勇立潮头，以“重要窗口”为指引，紧紧围绕“数智临平·品质城区”的发展导向，建设布局完整、智慧高效、适度超前、生态环保、与经济社会发展水平相适应的现代交通基础设施体系，为打造现代化国际大都市新区提供支撑和保障。

（二）发展目标

2021 年至 2023 年，我区将落实长三角区域一体化要求，推动“交通强国示范区”建设，统筹推进综合廊道、综合枢纽、轨道交通、综合路网、水运交通、运输服务、文旅交通、交通治理 8 大工程，计划完成有效投资 416 亿元，发挥交通在支撑全区经济社会高质量发展过程中基础先导和引领示范作用。三年推进实施 88 个交通基础设施建设项目，其中 2021 年新建 23 个项目，续建 18 个项目，计划完成投资 125 亿元，2022 年新建 21 个项目，续建 33 个项目，计划完成投资 154 亿元，2023 年新建 26 个项目，续建 25 个项目，计划完成投资 137 亿元。

二、主要任务

（一）综合廊道利用工程。加强各种交通运输方式的统筹，提前做好廊道预控。在推进高速公路、普通国省道、城市快速路、轨道交通等线性项目建设过程中，同步考虑能源、通信、给排水等管道设施布局，构建集约复合廊道。2021—2023 年完成 S304 省道（320 国道至运溪路段）电力廊道建设、东西向快速路配套电力廊道、东西向快速通道配套（高架花箱及亮化）工程 3 个项目。项目总投资 25.71 亿元，三年计划完成投资 24.21 亿元。其中，2021 年续建东西向快速路配套电力廊道、东西向快速通道配套（高架花箱及亮化）工程 2 个项目，新建 S304 省道（320 国道至运溪路段）电力廊道建设 1 个项目，完成投资 1.1 亿元；2022 年续建 S304 省道（320 国道至运溪路段）电力廊道建设、东西向快速路配套电力廊道、东西向快速通道配套（高架花箱及亮化）工程 3 个项目，完成投资 10.4 亿元；2023 年续建 S304 省道（320 国道至运溪路段）电力廊道建设 1 个项目，完成投资 12.71 亿元。（责任单位：区交通运输局、区交通集团）

（二）综合枢纽提升工程。加快谋划临平区高能级综合客运枢纽布局，加快打造现代化客运枢纽体系。推动构建以高铁临平南站、高铁临平北站为对外门户，以城际交通为支撑纽带，以地铁、公交重要换乘站为补充的客运枢纽体系，通过提升客运枢纽能级促进提升临平区枢纽地位。2021—2023 年完成高铁临平南站北广场及地下空间工程1个项目，推进高铁临平北站1个项目。2个项目总投资24.8亿元，三年计划完成投资2.82亿元。其中，2021年续建高铁临平南站北广场及地下空间工程1个项目，完成投资2.32亿元；2023年新建高铁临平北站1个项目，完成投资0.5亿元。（责任单位：区铁办、临平新城管委会）

（三）轨道交通融合工程。把握长三角一体化发展机遇，统筹优化干线铁路布局，积极推进高效便捷的高速铁路网建设，构建杭州都市圈紧密层的城际铁路网络，有力激发都市圈经济活力。2021—2023年完成杭州城市地铁3号线一期1个项目，里程2千米，推进沪乍杭铁路1个项目，里程22千米。2个项目总投资71.39亿元，三年计划完成投资23.417亿元。其中，2021年续建杭州城市地铁3号线一期1个项目，完成投资1.717亿元；2022年续建杭州城市地铁3号线一期1个项目，完成投资1.7亿元；2023年新建沪乍杭铁路1个项目，完成投资20亿元。（责任单位：市地铁集团、区铁办；配合单位：区发改局、区住建局、市规资临平分局、相关镇街和平台）

（四）综合路网补强工程。加快高速公路建设，根据浙江省国省道规划方案，提升干线公路网络。全面提升全区县道路网结构，打通断头路。推进全区范围内基本形成层次分明、与主城融合的城市路网体系。加快快速路建设，完善主、次路网结构，同步开展主、次干路整治工程。2021—2023年，高速公路方面，完成沪杭高速公路临平段改建工程，里程3.04千米，并完成S16杭浦高速公路临平东互通区安全隐患整治工程；普通国省道方面，完成104国道良渚至崇贤（东西向快速路）、崇贤至东湖路连接线二期工程（320国道快速路二期）、S304省道余杭小林至塘栖段改扩建工程（望梅快速路二期）3个项目，里程合计19.7千米，推进杭州都市区中环320国道杭州博陆至仁和段工程（临平段）工程1个项目，里程17.3千米；县道方面，推进塘康公路拓宽改建工程、X241（外翁线）、X201（亭五线）、崇超路（张柒线—张家墩路）4个项目，里程合计23.13千米；农村公路方面，三年共计实施60千米“四好农村路”；城市快速路方面，完成东湖快速路北延（临东路—五洲路）、望梅快速路二期、320国道快速路二期等3个快速路项目，里程16.3千米；城市主次干路方面，完成杭乔路（石塘东路—区界）、九环路（杭海路—区界）、天都路（长安路—星桥大道）、南大街（杭浦高速—万常中心河）等29个项目，里程合计40千米，推进南大街（万常中心河—临乔路）、宁桥大道东延（东湖路—塘湾村）等24个项目，里程合计44千米。65个项目总投资463亿元，三年计划完成投资243.2亿元。其中，2021年续建沪杭高速公路临平段改建工程、104国道良渚至崇贤（东西向快速路）、东湖快速路北延（临东路—五洲路）等11个项目，新建星都大道（星河南路—海宁界）、藕花洲大街（望梅路—星都大道）道路整治工程、荷禹路提升（星光街—宁桥大道）等17个项目，完成投资68亿元；2022年续建沪杭高速公路临平段改建工程、崇贤至东湖路连接线二期工程（320国道快速路二期）、东湖快速路北延（临东路—五洲路）、星都大道（星河南路—海宁界）等22个项目，新建S16杭浦高速公路临平东互通区安全隐患整治工程、杭州都市区中环320国道杭州博陆至仁和段工程（临平段）、南大街（杭浦高速—万常中心河）、崇杭街拓宽（崇超路—区界）等17个项目，完成投资93.6亿元；2023年续建杭州都市区中环320国道杭州博陆至仁和段工程（临平段）、星都大道（星河南路—海宁界）等19个项目，新建南大街（万常中心河—临乔路）、康泰路（望梅路—兴国路）等20个项目，完成投资81.6亿元。〔责任单位：市地铁集团、区住建局、区交通运输局、临平新城管委会、经济技术开发区、区交通集团、区环境（水务）控股集团、相关镇街〕

（五）水运交通复兴工程。发挥临平水运资源禀赋优势，推动水运高质量跨越式发展。2021—2023年完成京杭运河二通道、京杭运河航道桥梁提升工程（一期）2个项目，总投资

144.07亿元，三年计划完成投资43.15亿元。其中，2021年续建京杭运河二通道、京杭运河航道桥梁提升工程（一期）2个项目，完成投资22亿元；2022年续建京杭运河二通道、杭申线桥梁提升2个项目，完成投资21.15亿元。（责任单位：市交投、区交通运输局；配合单位：相关镇街和平台）

（六）运输服务提质工程。围绕轨道交通，不断优化完善公交线路布局，加快公共交通基础设施建设。推进全区绿道网改造升级，优化慢行交通与其他公共交通方式的无缝衔接，在规划建设轨道、公交站点等客运场站的同时配套谋划连接商场、小区等人口密集区的慢行交通系统，切实有效解决"最后一公里"出行。2021—2023年，推进西洋桥中心站、乔司南公交枢纽站、高铁临平北站公交枢纽站3个公交场站，完成新建绿道里程43.5千米、新建及扩容公共自行车点。5个项目总投资11.27亿元，三年计划完成投资4.67亿元。其中，2021年新建临平区绿道网建设项目和公共自行车项目，完成绿道里程14.5千米，增设及扩容公共自行车点位若干，完成投资0.46亿元；2022年续建临平区绿道网建设项目和公共自行车项目，完成绿道里程14.5千米，增设及扩容公共自行车点位若干，完成投资0.405亿元；2023年续建临平区绿道网建设项目和公共自行车项目，完成绿道里程14.5千米，增设及扩容公共自行车点位若干，新建西洋桥中心站、乔司南公交枢纽站、高铁临平北站公交枢纽站，完成投资3.805亿元。（责任单位：区住建局、区交通集团）

（七）文旅交通融合工程。完善交文旅融合的出行体系，为文化和旅游公共服务提质增效。2021–2023年，完成临平区大运河国家文化公园暨大运河科创城"三年行动"征迁、公交旅游观光专线2个项目，推进临平区大运河国家文化公园建设（2021—2025）五年行动计划、交旅实时数据监控平台2个项目。4个项目总投资77.29亿元，三年计划完成投资73.88亿元。其中，2021年新建临平区大运河国家文化公园暨大运河科创城"三年行动"征迁、临平区大运河国家文化公园建设（2021—2025）五年行动计划、交旅实时数据监控平台3个项目，完成投资29.33亿元；2022年续建临平区大运河国家文化公园暨大运河科创城"三年行动"征迁、临平区大运河国家文化公园建设（2021—2025）五年行动计划、交旅实时数据监控平台3个项目，完成投资26.4亿元；2023年续建临平区大运河国家文化公园暨大运河科创城"三年行动"征迁、临平区大运河国家文化公园建设（2021—2025）五年行动计划、交旅实时数据监控平台3个项目，新建公交旅游观光专线1个项目，完成投资18.15亿元。（责任单位：区文化和广电旅游体育局、区交通集团）

（八）交通治理增效工程。整合综合交通数据资源，构建多维度的大数据共享平台，有深度的规划建设体系和有力度的行业治理体系。2021—2023年，完成交通工程档案数字化管理系统、行业监督管理系统、"两客一危"监测平台、桥墩监测平台、交通行业信用系统5个项目。项目总投资0.45亿元，三年计划完成投资0.415亿元。其中，2021年续建交通行业信用系统1个项目，完成投资0.015亿元；2022年新建交通工程档案数字化管理系统、行业监督管理系统、"两客一危"监测平台、桥墩监测平台4个项目，完成投资0.4亿元。（责任单位：区交通运输局）

三、保障措施

（一）组织保障

在区委区政府领导下成立临平区高水平推进交通强区基础设施建设领导小组，领导小组下设办公室，由区交通运输局局长兼任办公室主任。充分发挥统筹、联络、协调、督查、考核、服务等职能，确保工作有序开展，区各相关单位要从各自的工作职责出发，积极做好配合工作，主动对接，上门服务，齐心协力做好工作。落实浙江省、杭州市、临平区三级联动机制，细化分解目标任务，推进项目落地。

（二）政策支持

强化项目资金保障，积极争取上级财政支

持，开展多元化经营，拓展投融资渠道，鼓励社会资本参与交通建设。强化重点工程项目用地保障，做好本规划与国土空间规划衔接，建议规划涉及的建设项目红线纳入多规合一平台，优先保证用地指标、占补平衡指标。强化生态保障，规划涉及的建设项目由市生态环境局统筹协调与“三线一单”的关系，减少项目建设过程中的审批障碍。

（三）强化考核

建立相关制度，加大督查力度。与区级既有相关督考部门形成合力，建立相关联合督查制度。加强督查工作，坚持重大问题专题专报、重点难点问题及时督查通报、信息简报定期报送等制度，做到制度落实、信息畅通、工作提速增效。坚持考评制度，倡导激励先进。以区政府下达的年度工作目标为依据，定期检查督促，实施过程管理、年终绩效考核。

附件：1．临平区高水平推进交通强区基础设施建设三年行动计划项目汇总表（2021—2023 年）

2．临平区高水平推进交通强区基础设施建设三年行动计划项目表（2021—2023 年）

3．临平区高水平推进交通强区基础设施建设前期研究项目究表

附件 1：

临平区高水平推进交通强区基础设施建设三年行动计划项目汇总一览表（2021—2023 年）

表 1　　单位：亿元

类别	项目总投资	三年投资	2021 年投资	2022 年投资	2023 年投资
合计	817.97	415.83	124.98	154.07	136.78
综合廊道	25.71	24.21	1.10	10.40	12.71
综合枢纽	24.80	2.82	2.32	0.00	0.50
轨道交通	71.39	23.42	1.72	1.70	20.00
综合路网	462.989	243.263	68.038	93.605	81.62
水运交通	144.07	43.15	22.00	21.15	0.00
运输服务	11.27	4.67	0.46	0.405	3.805
文旅交通	77.292	73.884	29.334	26.404	18.146
交通治理	0.45	0.415	0.015	0.40	0.00

附件 2–1：

临平区高水平推进交通强区基础设施建设 2021 年项目一览表

表 2　　单位：亿元

序号	项目名称	建设年限	责任单位	总投资	三年投资	2021 年投资	2021 年项目类别
	合计	—	—	478.136	294.545	124.983	—
	综合廊道	—	—	25.710	24.210	1.100	—
1	东西向快速路配套电力廊道	2020—2022	区交通运输局	1.5	0.5	0.3	续建

续表

序号	项目名称	建设年限	责任单位	总投资	三年投资	2021年投资	2021年项目类别
2	东西向快速通道配套（高架花箱及亮化）工程	2020—2022	区交通运输局	1	0.5	0.3	续建
3	S304省道（320国道至运溪路段）电力廊道建设项目	2021—2023	区交通集团	23.21	23.21	0.5	新建
	综合枢纽	—	—	4.800	2.320	2.320	—
4	高铁临平南站北广场及地下空间工程	2019—2021	临平新城管委会	4.8	2.32	2.32	续建
	轨道交通	—	—	11.390	3.417	1.717	—
5	杭州城市地铁3号线一期	2017—2022	杭州地铁集团	11.39	3.417	1.717	续建
	综合路网	—	—	214.054	146.779	68.038	—
6	沪杭高速公路临平段改建工程	2020—2022	临平新城管委会	27.8	18	9	续建
7	杭乔路（石塘东路—区界，长2km，宽40m）	2019—2022	临平新城管委会	3.4	2.4	1.2	续建
8	九环路（杭海路—区界，长0.69km，宽42m）	2019—2021	临平新城管委会	1.6	1	1	续建
9	石塘东路改造提升（杭海路—东湖路，长0.907km，宽36m）	2020—2021	临平新城管委会	0.9969	0.3969	0.3969	续建
10	104国道良渚至崇贤（东西向快速路）	2018—2021	区交通运输局	22.685	3.06	3.06	续建
11	崇贤至东湖路连接线二期工程（320国道快速路二期）	2020—2022	区交通集团	52.3	38.8	16	续建
12	S304省道余杭小林至塘栖段改扩建工程（望梅快速路二期）	2020—2022	区交通集团	20.33	15.43	6	续建
13	东湖快速路北延（临东路—五洲路）	2020—2022	区交通集团	34.84	20.34	10	续建
14	塘宁路（北沙西路—振兴西路，长0.35km，宽24m）	2020—2021	经济技术开发区	0.9	0.45	0.45	续建
15	星光街（望梅路—红丰路）整治改造（长5.1km，宽36—40m）	2020—2022	区住建局	8.5	7.2	3.6	续建
16	临平老城区部分道路改造提升工程（西大街、东大街，长0.915km）	2020—2021	区住建局	1.7	0.7	0.7	续建
17	“四好农村路”建设项目	2021—2023	区交通运输局	2.17	2.17	1.05	新建
18	横十一路（崇超路—绕城高速，长1.7km，宽45m）	2021—2023	区交通集团	2.5	2.5	0.9	新建
19	杭乔路（鑫业路—永玄路，长0.42km，宽40m）	2021—2022	临平新城管委会	0.89	0.89	0.5	新建
20	天都路（长安路—星桥大道，长2.15km，宽36m）	2021—2022	临平新城管委会	1.35	1.35	0.7	新建
21	城隍中路（老杭海路—杭乔路，长0.45km，宽30m）	2021—2022	临平新城管委会	0.65	0.65	0.35	新建

续表

序号	项目名称	建设年限	责任单位	总投资	三年投资	2021年投资	2021年项目类别
22	星桥南路（学前东路—临丁路，长0.55km，宽36m）	2021—2022	临平新城管委会	0.35	0.35	0.2	新建
23	星都大道（星河南路—海宁界，长3.32km，宽42—50m）	2021—2023	临平新城管委会	9.65	9.65	3.5	新建
24	藕花洲大街整治（星都大道—东湖路，长6.2km。）	2021—2023	临平新城管委会	9.8	9.8	3.8	新建
25	昌达路（荷禹路—长宁路，长1.21km，宽24m）	2021—2021	经济技术开发区	0.0266	0.0266	0.0266	新建
26	康泰路（华宁路—东湖北路，长0.95km，宽32m）	2021—2022	经济技术开发区	0.9	0.9	0.45	新建
27	宏达路（荷禹路—长宁路，长0.37km，宽36m）	2021—2022	经济技术开发区	1.0564	1.0564	0.5	新建
28	顺意路（临平大道—五洲路，长0.89km，宽30m）	2021—2022	经济技术开发区	1.98	1.98	1	新建
29	顺达路（新洲路—五洲路，长0.77km，宽36m）	2021—2022	经济技术开发区	1.4	1.4	0.7	新建
30	红梅路（自来水厂—五洲路，长0.57km，宽36m）	2021—2022	区环境（水务）控股集团	0.825	0.825	0.4	新建
31	人民路改造工程（南大街—临东路，全长1.594km，宽50m）	2021—2022	区住建局	1.2	1.2	0.6	新建
32	南兴路改造工程（龙兴路—世纪大道，全长1.27km，宽24m）	2021—2022	区住建局	0.6	0.6	0.3	新建
33	荷禹路提升（星光街—宁桥大道，长4.05km，宽51—60m）	2021—2022	市地铁集团	3.654	3.654	1.654	新建
	水运交通	—	—	144.070	43.150	22.000	—
34	京杭运河二通道	2018—2022	市交投	137.97	41.35	21	续建
35	京杭运河航道桥梁提升工程（一期）	2019—2022	区交通运输局	6.1	1.8	1	续建
	运输服务	—	—	1.270	1.270	0.460	—
36	临平区绿道网建设	2021—2023	区住建局	1.05	1.05	0.35	新建
37	公共自行车项目	2021—2023	区交通集团	0.22	0.22	0.11	新建
	文旅交通	—	—	76.792	73.384	29.334	—
38	临平区大运河国家文化公园暨大运河科创城“三年行动”征迁	2021—2023	区交通集团	53.512	53.512	28.075	新建
39	临平区大运河国家文化公园建设（2021—2025）五年行动计划	2021—2025	区交通集团	23.274	19.868	1.258	新建
40	交旅实时数据监控平台	2021—2025	区文旅局	0.006	0.005	0.001	新建
	交通治理	—	—	0.050	0.015	0.015	—
41	交通行业信用系统	2020—2021	区交通运输局	0.05	0.015	0.015	续建

附件 2-2：

临平区高水平推进交通强区基础设施建设 2022 年项目一览表

表 3　　单位：亿元

序号	项目名称	建设年限	责任单位	总投资	三年投资	2021 年投资	2021 年项目类别
	合计	—	—	634.973	362.961	154.065	—
	综合廊道	—	—	25.710	24.210	10.400	—
1	东西向快速路配套电力廊道	2020—2022	区交通运输局	1.5	0.5	0.2	续建
2	东西向快速通道配套（高架花箱及亮化）工程	2020—2022	区交通运输局	1	0.5	0.2	续建
3	S304 省道（320 国道至运溪路段）电力廊道建设项目	2021—2023	区交通集团	23.21	23.21	10	续建
	轨道交通	—	—	11.390	3.417	1.700	—
4	杭州城市地铁 3 号线一期	2017—2022	杭州地铁集团	11.39	3.417	1.7	续建
	综合路网	—	—	375.341	217.129	93.605	—
5	沪杭高速公路临平段改建工程	2020—2022	临平新城管委会	27.8	18	9	续建
6	杭乔路（石塘东路—区界，长 2km，宽 40m）	2019—2022	临平新城管委会	3.4	2.4	1.2	续建
7	杭乔路（鑫业路—永玄路，长 0.42km，宽 40m）	2021—2022	临平新城管委会	0.89	0.89	0.39	续建
8	天都路（长安路—星桥大道，长 2.15km，宽 36m）	2021—2022	临平新城管委会	1.35	1.35	0.65	续建
9	城隍中路（老杭海路—杭乔路，长 0.45km，宽 30m）	2021—2022	临平新城管委会	0.65	0.65	0.3	续建
10	星桥南路（学前东路—临丁路，长 0.55km，宽 36m）	2021—2022	临平新城管委会	0.35	0.35	0.15	续建
11	星都大道（星河南路—海宁界，长 3.32km，宽 42—50m）	2021—2023	临平新城管委会	9.65	9.65	3.5	续建
12	藕花洲大街整治（星都大道—东湖路，长 6.2km。）	2021—2023	临平新城管委会	9.8	9.8	3	续建
13	崇贤至东湖路连接线二期工程（320 国道快速路二期）	2020—2022	区交通集团	52.3	38.8	22.8	续建
14	S304 省道余杭小林至塘栖段改扩建工程（望梅快速路二期）	2020—2022	区交通集团	20.33	15.43	9.43	续建
15	东湖快速路北延（临东路—五洲路）	2020—2022	区交通集团	34.84	20.34	10.34	续建
16	横十一路（崇超路—绕城高速，长 1.7km，宽 45m）	2021—2023	区交通集团	2.5	2.5	0.8	续建

续表

序号	项目名称	建设年限	责任单位	总投资	三年投资	2021年投资	2021年项目类别
17	“四好农村路”建设项目	2021—2023	区交通运输局	2.17	2.17	0.6	续建
18	康泰路（华宁路—东湖北路，长0.95km，宽32m）	2021—2022	经济技术开发区	0.9	0.9	0.45	续建
19	宏达路（荷禹路—长宁路，长0.37km，宽36m）	2021—2022	经济技术开发区	1.0564	1.0564	0.5564	续建
20	顺意路（临平大道—五洲路，长0.89km，宽30m）	2021—2022	经济技术开发区	1.98	1.98	0.98	续建
21	顺达路（新洲路—五洲路，长0.77km，宽36m）	2021—2022	经济技术开发区	1.4	1.4	0.7	续建
22	红梅路（自来水厂—五洲路，长0.57km，宽36m）	2021—2022	区环境（水务）控股集团	0.825	0.825	0.425	续建
23	星光街（望梅路—红丰路）整治改造（长5.1km，宽36—40m）	2020—2022	区住建局	8.5	7.2	3.6	续建
24	人民路改造工程（南大街—临东路，全长1.594km，宽50m）	2021—2022	区住建局	1.2	1.2	0.6	续建
25	南兴路改造工程（龙兴路—世纪大道，全长1.27km，宽24m）	2021—2022	区住建局	0.6	0.6	0.3	续建
26	荷禹路提升（星光街—宁桥大道，长4.05km，宽51—60m）	2021—2022	市地铁集团	3.654	3.654	2	续建
27	S16杭浦高速公路临平东互通区安全隐患整治工程	2022—2022	区交通运输局	0.7	0.7	0.7	新建
28	杭州都市区中环320国道杭州博陆至仁和段工程（临平段）	2022—2025	区交通运输局	148	48.5	8.5	新建
29	X241（外翁线）	2022—2024	区交通运输局	4.16	2.3	0.5	新建
30	南大街（杭浦高速—万常中心河，长1.28km）	2022—2023	临平新城管委会	4	4	2	新建
31	科城街（杭海路—区界，长0.1km，宽50m）	2022—2023	临平新城管委会	0.1	0.1	0.05	新建
32	红普路（临平区界—绕城段，长1km）	2022—2024	临平新城管委会	1	0.7	0.4	新建
33	农垦路（杭乔路—迎宾路，0.45km）	2022—2023	临平新城管委会	0.3	0.3	0.1	新建
34	农垦路（红普路—九华路，0.75km）	2022—2023	临平新城管委会	0.45	0.45	0.15	新建
35	丰林路（运河中学段末—兴旺大道，长0.962km，宽28m）	2022—2023	经济技术开发区、运河街道	0.7223	0.7223	0.3223	新建
36	顺达路（五洲路—宏达路，长0.8km，宽36m）	2022—2024	经济技术开发区	1.8	1.2	0.6	新建

续表

序号	项目名称	建设年限	责任单位	总投资	三年投资	2021年投资	2021年项目类别
37	顺意路（昌达路—五洲路，长0.36km，宽36m）	2022—2024	经济技术开发区	0.8	0.5	0.2	新建
38	临平城区交叉口整治	2022—2022	区住建局	0.5	0.5	0.2	新建
39	塘康公路拓宽改建工程	2022—2024	区交通集团	22.83	14	7	新建
40	崇杭街西段（里扬路—区界，长0.12km，宽42m）	2022—2022	区交通集团	0.09	0.09	0.09	新建
41	崇杭街拓宽（崇超路—余杭区界，长0.7km，宽24m）	2022—2024	区交通集团	1.4432	0.7216	0.3216	新建
42	前村街（崇超路—崇杭路，1km）	2022—2025	区交通集团	1	0.5	0.3	新建
43	崇文街（河界—丽水路，长1.5km）	2022—2025	区交通集团	1.3	0.7	0.4	新建
	水运交通	—	—	144.070	43.150	21.150	—
44	京杭运河二通道	2018—2022	市交投	137.97	41.35	20.35	续建
45	京杭运河航道桥梁提升工程（一期）	2019—2022	区交通运输局	6.1	1.8	0.8	续建
	运输服务	—	—	1.270	1.270	0.405	—
46	临平区绿道网建设	2021—2023	区住建局	1.05	1.05	0.35	续建
47	公共自行车项目	2021—2023	区交通集团	0.22	0.22	0.055	续建
	文旅交通	—	—	76.792	73.384	26.404	—
48	临平区大运河国家文化公园暨大运河科创城“三年行动”征迁	2021—2023	区交通集团	53.512	53.512	19.614	续建
49	临平区大运河国家文化公园建设（2021—2025）五年行动计划	2021—2025	区交通集团	23.274	19.868	6.789	续建
50	交旅实时数据监控平台	2021—2025	区文化和广电旅游体育局	0.006	0.005	0.002	续建
	交通治理	—	—	0.400	0.400	0.400	—
51	交通工程档案数字化管理系统	2022—2022	区交通运输局	0.1	0.1	0.1	新建
52	行业监督管理系统	2022—2022	区交通运输局	0.1	0.1	0.1	新建
53	“两客一危”监测平台	2022—2022	区交通运输局	0.1	0.1	0.1	新建
54	桥墩监测平台	2022—2022	区交通运输局	0.1	0.1	0.1	新建

附件 2–3：

临平区高水平推进交通强区基础设施建设 2023 年项目一览表

表 4　　单位：亿元

序号	项目名称	建设年限	责任单位	总投资	三年投资	2021 年投资	2021 年项目类别
	合计	—	—	464.037	242.078	136.781	—
	综合廊道	—	—	23.210	23.210	12.710	—
1	S304 省道（320 国道至运溪路段）电力廊道建设项目	2021—2023	区交通集团	23.21	23.21	12.71	续建
	综合枢纽	—	—	20.000	0.500	0.500	—
2	高铁临平北站	2023—2025	区铁办	20	0.5	0.5	新建
	轨道交通	—	—	60.000	20.000	20.000	—
3	沪乍杭铁路	2023—2025	区铁办	60	20	20	新建
	综合路网	—	—	272.266	119.814	81.620	—
4	杭州都市区中环 320 国道杭州博陆至仁和段工程（临平段）	2022—2025	区交通运输局	148	48.5	40	续建
5	X241（外翁线）	2022—2024	区交通运输局	4.16	2.3	1.8	续建
6	“四好农村路”建设项目	2021—2023	区交通运输局	2.17	2.17	0.52	续建
7	星都大道（星河南路—海宁界，长 3.32km，宽 42—50m）	2021—2023	临平新城管委会	9.65	9.65	2.65	续建
8	南大街（杭浦高速—万常中心河，长 1.28km）	2022—2023	临平新城管委会	4	4	2	续建
9	科城街（杭海路—区界，长 0.1km，宽 50m）	2022—2023	临平新城管委会	0.1	0.1	0.05	续建
10	藕花洲大街整治（星都大道—东湖路，长 6.2km。）	2021—2023	临平新城管委会	9.8	9.8	3	续建
11	红普路（临平区界—绕城段，长 1km）	2022—2024	临平新城管委会	1	0.7	0.3	续建
12	农垦路（杭乔路—迎宾路，0.45km）	2022—2023	临平新城管委会	0.3	0.3	0.2	续建
13	农垦路（红普路—九华路，0.75km）	2022—2023	临平新城管委会	0.45	0.45	0.3	续建
14	丰林路（运河中学段末—兴旺大道，长 0.962km，宽 28m）	2022—2023	经济技术开发区运河街道	0.7223	0.7223	0.4	续建
15	顺达路（五洲路—宏达路，长 0.8km，宽 36m）	2022—2024	经济技术开发区	1.8	1.2	0.6	续建
16	顺意路（昌达路—五洲路，长 0.36km，宽 36m）	2022—2024	经济技术开发区	0.8	0.5	0.3	续建
17	临平城区交叉口整治	2022—2023	区住建局	0.5	0.5	0.3	续建

续表

序号	项目名称	建设年限	责任单位	总投资	三年投资	2021年投资	2021年项目类别
18	横十一路（崇超路—绕城高速，长 1.7km，宽 45m）	2021—2023	区交通集团	2.5	2.5	0.8	续建
19	塘康公路拓宽改建工程	2021—2024	区交通集团	22.83	14	7	续建
20	崇杭街拓宽（崇超路—余杭区界，长 0.7km，宽 24m）	2022—2024	区交通集团	1.4432	0.7216	0.4	续建
21	前村街（崇超路—崇杭路，1km）	2022—2025	区交通集团	1	0.5	0.2	续建
22	崇文街（河界—丽水路，长 1.5km）	2022—2025	区交通集团	1.3	0.7	0.3	续建
23	X201（亭五线）	2023—2025	区交通运输局	6.32	0.5	0.5	新建
24	崇超路（张柒线—张家墩路，长 3km，宽 36m）	2023—2025	区交通运输局	8	3	3	新建
25	南大街（新望梅路—杭浦高速，长 1.26km）	2023—2025	临平新城管委会	1.02	0.3	0.3	新建
26	南大街（万常中心河—临乔路，长 3.3km、宽 40m）	2023—2025	临平新城管委会	4.5	1.5	1.5	新建
27	杭乔路（永玄路—石塘东路，长 2.827km，宽 40m）	2023—2024	临平新城管委会	0.75	0.4	0.4	新建
28	通盛路（科城街—石塘东路，长 0.8km）	2023—2024	临平新城管委会	1	0.5	0.5	新建
29	康泰路（望梅路—兴国路，长 2.1km，宽 36m）	2023—2024	经济技术开发区	1.75	1	1	新建
30	兴旺大道东延（东湖路—姚坝头桥，长 1.9km）	2023—2025	经济技术开发区运河街道	2	0.5	0.5	新建
31	宏达路（长宁路—泰宁路，长 0.54km，宽 36—42m）	2023—2025	经济技术开发区	2	0.6	0.6	新建
32	北沙路整治（新天路—禾丰港，长 2.8km，宽 40m）	2023—2024	经济技术开发区	1.5	0.7	0.7	新建
33	红丰路整治（新洲路—星光街北侧，长 2.1km）	2023—2024	经济技术开发区	1.5	0.7	0.7	新建
34	五洲路整治（望梅路—东湖北路，长 5.5km，宽 42m）	2023—2024	经济技术开发区	4.5	0.8	0.8	新建
35	宁桥大道东延（东湖路—塘湾村，4km）	2023—2025	经济技术开发区运河街道	3	1	1	新建
36	兴国路（康泰路—运溪路，长 0.75km，宽 32m）	2023—2024	经济技术开发区	1.1	0.6	0.6	新建
37	尚德路（崇文街—龙腾街，长 0.3km）	2023—2024	区交通集团	0.3	0.2	0.2	新建
38	石大线局部提升（区界—世纪大道，长 1.3km）	2023—2024	区交通集团	0.5	0.2	0.2	新建

续表

序号	项目名称	建设年限	责任单位	总投资	三年投资	2021年投资	2021年项目类别
39	塘栖路（人民路—塘姚线，长3km，宽30m）	2023—2025	区交通集团	7	3	3	新建
40	人民路（圆满路—塘康路西，长2.5km，宽30m）	2023—2025	区交通集团	5	2	2	新建
41	张家墩路（运河—圆满路，长3km，宽28m）	2023—2025	区交通集团	6	2	2	新建
42	富塘路（南起运溪路北至运河，长0.68km，宽24m）	2023—2024	区交通集团	2	1	1	新建
	运输服务	—	—	11.270	4.670	3.805	—
43	临平区绿道网建设	2021—2023	区住建局	1.05	1.05	0.35	续建
44	公共自行车项目	2021—2023	区交通集团	0.22	0.22	0.055	续建
45	西洋桥中心站	2023—2025	区交通集团	1	0.4	0.4	新建
46	乔司南公交枢纽站	2023—2025	区交通集团	6	2	2	新建
47	高铁临平北站公交枢纽站	2023—2025	区交通集团	3	1	1	新建
	文旅交通	—	—	77.292	73.884	18.146	—
48	临平区大运河国家文化公园暨大运河科创城“三年行动”征迁	2021—2023	区交通集团	53.512	53.512	5.823	续建
49	临平区大运河国家文化公园建设（2021—2025）五年行动计划	2021—2025	区交通集团	23.274	19.868	11.821	续建
50	交旅实时数据监控平台	2021—2025	区文化和广电旅游体育局	0.006	0.005	0.002	续建
51	公交旅游观光专线	2023—2023	区文化和广电旅游体育局 区交通集团	0.5	0.5	0.5	新建

附件 3：

临平区高水平推进交通强区基础设施建设前期研究项目一览表

表 5　　单位：亿元

序号	项目名称		建设时序	工程规模与建设内容	估算	备注
一	杭州都市区中环320国道杭州博陆至仁和段工程（临平段）被交道路规划研究					
1	快速路	东湖快速路三期	2024—2026	—	30	涉及永农
2	主干路	塘康路拓宽	2022—2024	运河—崇贤互通，总长8km，宽51m，六车道一级公路	23	—
3	主干路	塘栖路拓宽	2023—2025	人民路—湖杭南延，总长3km，宽30m，四车道城市主干道	7	运河东侧涉及33亩（建议纳入湖杭高速南延实施）
4	主干路	崇超路拓宽	2023—2025	张柒线—张家墩路，总长3km，宽36m，六车道一级公路	8	涉及54亩
5	主干路	人民路拓宽	2023—2025	圆满路—塘康路西，总长2.5km，宽30m，四车道城市主干道	5	—
6	次干路	张家墩路拓宽	2023—2025	运河—圆满路，道路长3.0km，宽28m，双向四车道	6	断头路
7	次干路	富塘路拓宽	2023—2024	运溪路—运河，长约680m，宽24m，双向四车道	2	断头路
8	次干路	人民路拓宽	2024—2025	圆满路—塘栖路，总长1.5km，宽24m，双向四车道	5	断头路
9	次干路	兴超路	2023—2024	运城街—重阳路，长1km，宽32m，双向四车道	1.4	断头路
10	次干路	兴盛路	2023—2024	运城街—中环，长0.4km，宽32m，双向四车道	0.6	断头路
11	次干路	兴国路	2023—2024	康泰路—运溪路，长0.75km，宽32m，双向四车道	1.1	断头路
12	次干路	康泰路西延	2023—2024	望梅路—兴国路，长2.1km，宽36m，双向四车道	1.75	断头路
13	次干路	顺达路	2024—2025	兴元路—康达路，长2.4km，宽24m，双向四车道	3.6	涉及45亩永农
14	次干路	华宁路	2024—2025	兴元路—中环，道路长1.5km，宽24m，双向四车道	2	断头路
15	配套道路	中环塘栖城市配套辅道	2023—2025	全长4.6km，两侧各布设7m辅道+3人道	2.65	—

续表

序号	项目名称		建设时序	工程规模与建设内容	估算	备注
二	京杭运河二通道（临平段）沿线交通规划研究					
1	明智作业区		—	位于京杭运河二通道西岸，占地约940亩。	25	—
2	港区集散道路建设	525国道临平大道以北	—	临平大道—新丝路，4.5km	15	—
3		新丝路（快速路）	—	五洲路—320国道，3.4km	17	—
4	兴旺大道东延（接姚坝头桥）		2023—2025	东湖路—姚坝头桥，长1.9km	2	断头路
5	宁桥大道东延（接过军桥）		2023—2025	东湖路—塘湾村，4km	3	断头路
6	永玄路（接永盛路桥）		2024—2026	东湖路—区界，1.5km	8	断头路
7	运河风情绿道		2023—2025	23km沿线实施绿道工程	3	—
三	其他					
1	沪杭高速公路乔司段抬升工程		—	—	—	融杭通道
2	绕城高速临平段抬升		—	—	—	融杭通道
3	104国道临平段		2024—2026	—	—	融杭通道
4	525国道临平大道以南		2023—2025	—	—	融杭通道
5	九乔路		2023—2025	留石快速路—红普路，3.4km	8.5	融杭通道
6	崇杭街		2023—2025	跨运河通道	1.5	融杭通道
7	崇杭街		2023—2025	半山路交叉口扩宽渠化	—	—
8	崇超路		2023—2025	铁路—区间，红线宽28米，建设0.7km	0.8	融杭通道
9	华丰路		2023—2025	绕城高速—星都路段，道路红线36米，建设里程2.7km	4.0	融杭通道
10	星都大道		2025—2026	星河南路—华丰路	—	断头路
11	星河南路南延		2024—2025	永玄路—九盛路，长5000m，宽50m	—	断头路

·杭州市临平区2021年国民经济和社会发展统计公报·

杭州市临平区统计局

2022年3月21日

2021年是临平区开局之年，面对复杂多变的宏观环境，全区上下坚决贯彻中央、省市和区委决策部署，紧紧围绕“数智临平·品质城区”战略定位，以争创共同富裕示范区样板为牵引，精准统筹疫情防控和经济社会发展，经济运行展现出强劲韧性和活力，呈现“稳中有进、稳中提质、稳中向好”的发展态势，实现了“十四五”高质量发展良好开局。

一、综合

（一）经济总量

根据全市统一初步核算，2021年全区生产总值（GDP）为940.09亿元，按可比价格计算，同比增长10.6%，增幅高于全国8.1%、全省8.5%、全市8.5%的平均水平。

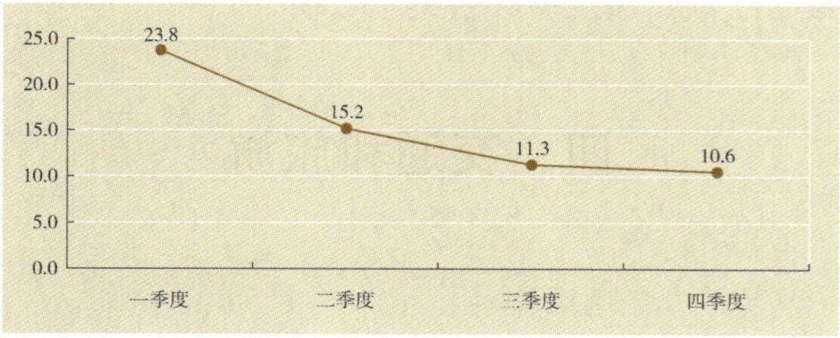

图1 地区生产总值累计增幅（%）

从GDP构成看，第一产业增加值15.42亿元，增长3.8%；第二产业增加值505.89亿元，增长10.8%；第三产业增加值418.78亿元，增长10.6%。全区三次产业增加值结构由上年的1.8：52.2：46.0调整为1.6：53.8：44.6。人均地区生产总值为7.93万元（按年平均汇率折算1.22万美元）。经最终核实，2020年全区生产总值为806.82亿元，按可比价格计算，同比增长5.9%，三次产业增加值结构为1.8：52.2：46.0。全区数字经济核心产业增加值61.8亿元，增长15.8%，占GDP比重为6.6%，较上年提升0.3个百分点。

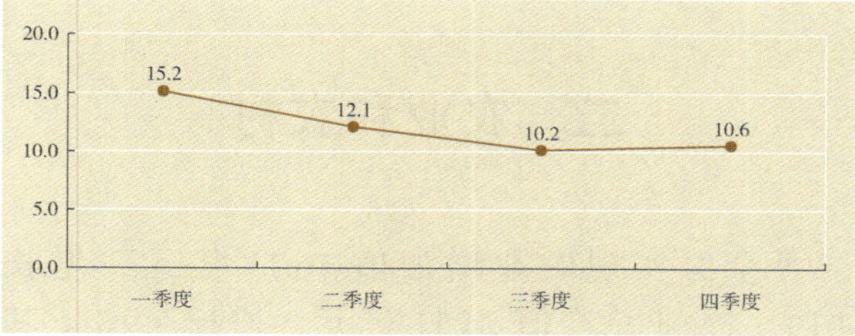

图2 服务业增加值累计增幅（%）

（二）财政收支

全年完成财政总收入247.08亿元、地方一般公共预算收入151.33亿元，分别增长37.9%、35.7%。从收入结构看，税收收入保持较高占比，占地方财政收入的比重为95.9%；从主要税种看，增值税、企业所得税比重分别为38.3%、14.8%。

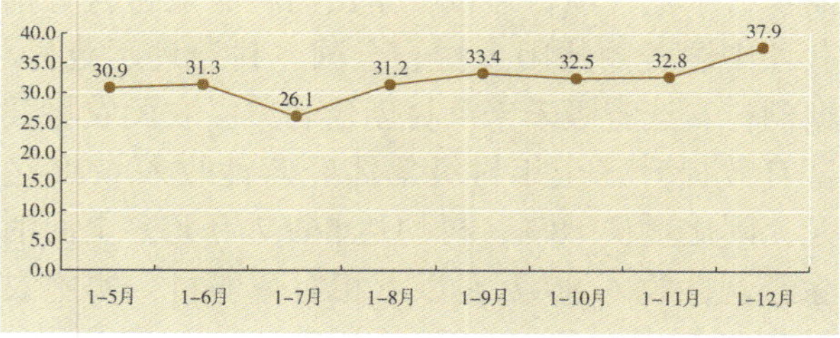

图3 财政总收入增幅（%）

注：财政总收入按行政区划调整后月度数据发布

全年完成财政预算支出182.89亿元。其中，用于民生支出131.97亿元，占全区财政预算支出的72.2%。在支出结构中，一般公共服务、公共安全、教育、社会保障和就业、卫生健康、节能环保分别占比9.9%、4.3%、20.3%、10.7%、8.8%、0.8%。

（三）人口就业

根据2021年全市5‰人口变动抽样调查推算，年末全区常住人口119.1万人，比上年末增加1万人。城镇化率89.5%。全区户籍人口58.34万人，年末总户数17.40万户。全年出生人口6419人，人口出生率11.3‰，人口自然增长率6.21‰，户籍出生婴儿性别比为120.24。全年城镇新增就业人员55510名，引导和帮助4420名失业人员再就业，城镇登记失业率为2.47%。累计引进国家级领军人才21名，自主培育市级及以上海内外高层次人才7名，新增高技能人才2613名、高校毕业生2.33万名。

二、农业和农村

全区实现农业增加值16.13亿元，增长4.1%；农业总产值24.11亿元，增长9.9%。其中，种植业产值12.85亿元，增长7.3%；畜牧业产值0.46亿元，增长12.2%；渔业产值9.08亿元，增长14.3%。全区实现农产品网络销售额6.3亿元，同比增长8%。建设高标准农田8505亩，大运河现代农业园区成功入选省级园区创建名单，国家地理标志农产品（塘栖枇杷）保护工程通过验收，莲藕特色农产品优势区被列入省特色农产品优势区。完成“塘栖水乡风韵线”等美丽乡村示范村项目建设，丁山河村、双桥村分别获评中国美丽休闲乡村、全国乡村治理示范村，塘栖村入选省级未来乡村创建名单。农民农村共富有效提升，全年村级集体经营性收入6.78亿元，同比增长18%，村均达569.7万元，全面消除经营性收入80万元以下相对薄弱村。实施农村建房解困工作三年行动，完成农村建房589户，住房解困211户。

三、工业和建筑业

（一）工业

全区实现规模工业增加值409.99亿元，增长13.0%。规模工业实现高新技术产业增加值328.15亿元，增长15.8%，占规模工业增加值比重为80.0%；规模工业新产品产值率54.4%，高于全市平均14.4个百分点。装备制造业实现增加值252.15亿元，增长16.6%；战略性新兴产业增加值159.98亿元，增长16.4%；生物医药产业增加值44.62亿元，增长17.9%。全年规模工业企业实现营业收入1639.34亿元，同比增长22.6%；利润总额达到114.84亿元，营业收入利润率为7.0%。获评全省制造业高质量发展示范区创建优胜单位。

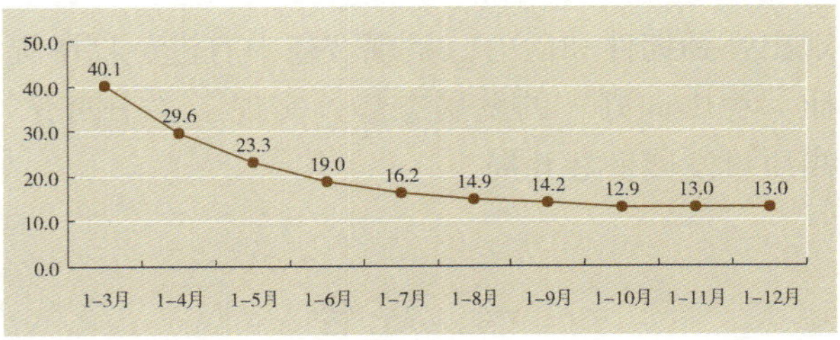

图4 规模以上工业增加值累计增幅（%）

（二）建筑业

全区实现建筑业增加值27.33亿元，占GDP的比重为2.9%。截至年末，全区共有建筑业企业244家，共核发施工许可证217项，办理建设工程安全监督注册手续217项、质量监督注册手续217项、竣工验收备案192项。

四、交通和旅游

（一）交通运输

全年营运客车客运量31.45万人次，周转量5661.75万人千米，港区完成货物吞吐量3813万吨。扎实推进运河二通道、杭州中环等重大工程，完成崇贤至老余杭连接线（高架）工程。地铁9号线、杭海城际铁路开通运营，高铁临平南站北广场建成启用。东湖、望梅、320国道快速路二期有序推进，运溪高架路、沪杭高速临平段主线高架建成通车。全年新增、优化调整公交线路20条；开通5条“求知专线”，缓解学生接送难。

（二）旅游经济

全区共接待国内外游客 351.60 万人次，同比增长 4.1%；实现旅游总收入 61.69 亿元，同比增长 1.3%。截至年末，全区共有 A 级景区 5 家，其中 AAAA 级以上景区 2 家；四星级以上饭店 4 家；星级旅行社 5 家；省级旅游风情小镇 1 个；省级景区镇 3 个，其中 AAAA 级以上景区镇 2 个；省级景区村庄 36 个，其中 AAA 级以上景区村 10 个；市级中小学生研学基地 1 处；非遗体验基地（街区）3 处。荣获省全域旅游示范区。

五、金融

全区金融业增加值为 99.27 亿元，增长 10.1%。截至年末，全区本外币存款余额 2879.3 亿元，增长 14.8%；本外币贷款余额 2382.7 亿元，增长 24.0%；其中，小微企业贷款增长 34.6%，高出全区总贷款增幅 10.6 个百分点，制造业企业贷款增长 18.3%。全区不良贷款余额 8.9 亿元，不良贷款率 0.37%，远低于全省全市平均水平。全面启动临平区创建综合金融服务创新示范区，推进政银战略合作，与 15 家银行、2 家券商、3 家保险机构达成战略合作。深入实施“凤凰行动”计划，做好上市培育梯队管理，全年新增上市企业 3 家，累计 20 家；新增培育企业 10 家，列入区级培育企业共 39 家。

六、固定资产投资和房地产业

（一）固定资产投资

全区固定资产投资增长 18.9%。其中，项目投资增长 34.6%，房地产开发投资增长 7.3%。高新技术产业投资增长 34.2%；交通投资增长 233.1%；生态环境城市更新和水利设施投资增长 105.4%；工业投资增长 20.7%、制造业投资增长 20.9%；民间投资增长 40.1%。国有投资（含房地产开发投资）增长 32.8%。集中开工重大项目 52 个，“152”项目开工率达 100%。新开工项目（含房地产开发项目）250 个，累计完成投资 104.70 亿元。

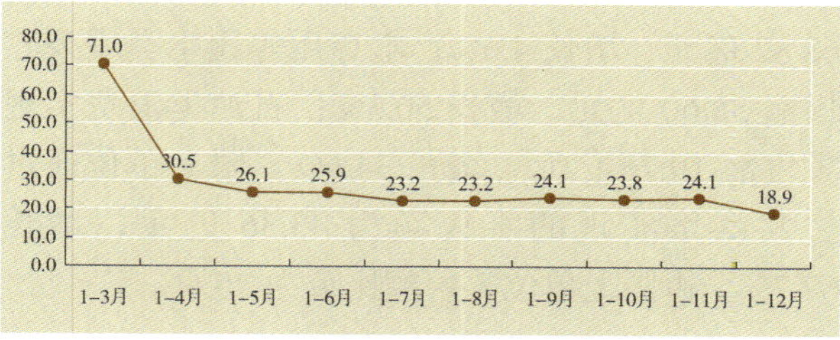

图 5 固定资产投资累计增幅（%）

（二）房地产业

全年新建商品房成交 285.6 万平方米，同比增长 60.1%，成交金额 702.6 亿元，同比增长 73.4%，成交均价 24599 元 / 平方米，同比上涨 8.3%。其中住宅成交 24593 套，同比增长 60.1%，成交面积 266.8 万平方米，同比增长 60.5%，成交均价 24947 元 / 平方米，同比上涨 8.2%；非住宅成交 18.8 万平方米，同比增长 55.4%。

固定资产投资情况表

表 1

指　　标	2021 年增长（%）
固定资产投资	18.9
其中：项目投资	34.6
房地产开发投资	7.3
其中：交通投资	233.1
生态环境、城市更新和水利设施投资	105.4
高新技术产业投资	34.2
民间投资	40.1
工业投资	20.7
其中：制造业投资	20.9

七、国内贸易

全区实现社会消费品零售总额 349.00 亿元，增长 11.8%，增速高于省、市平均 2.1、0.4 个百分点。其中，限上批零业实现零售额 164.78 亿元，增长 16.6%；限上住餐业实现零售额 4.58 亿元，增长 19.9%。其中，汽车类消费实现零售额 68.87 亿元，增长 4.0%；吃穿用等民生类实现零售额 58.60 亿元，增长 50.3%；石油类消费实现零售额 19.76 亿元，增长 34.6%。限上单位通过公共网络实现的零售额为 43.36 亿元，增长 67.7%，占限上单位零售额比重为 25.6%。

全区社会消费品零售总额一览表

表 2

指　　标	2021 年实绩（亿元）	2021 年增长（%）
社会消费品零售总额	349.00	11.8
限额以上社会消费品零售总额	169.36	16.7
其中：通过公共网络实现的商品零售额	43.36	67.7
其中：批发零售业	164.78	16.6
住宿餐饮业	4.58	19.9
其中：汽车类	68.87	4.0
服装类	29.10	35.8
石油类	19.76	34.6

八、对外经济

（一）外贸出口

全年实现进出口总额 350.72 亿元，增长 29.7%。其中，进口额 22.59 亿元，增长 29.1%；出口额 328.13 亿元，增长 29.8%。从出口产品看，日用及休闲用品、高新产品、机电产品出口分别增长 49.9%、49.1%、35.6%。从出口地区看，对欧

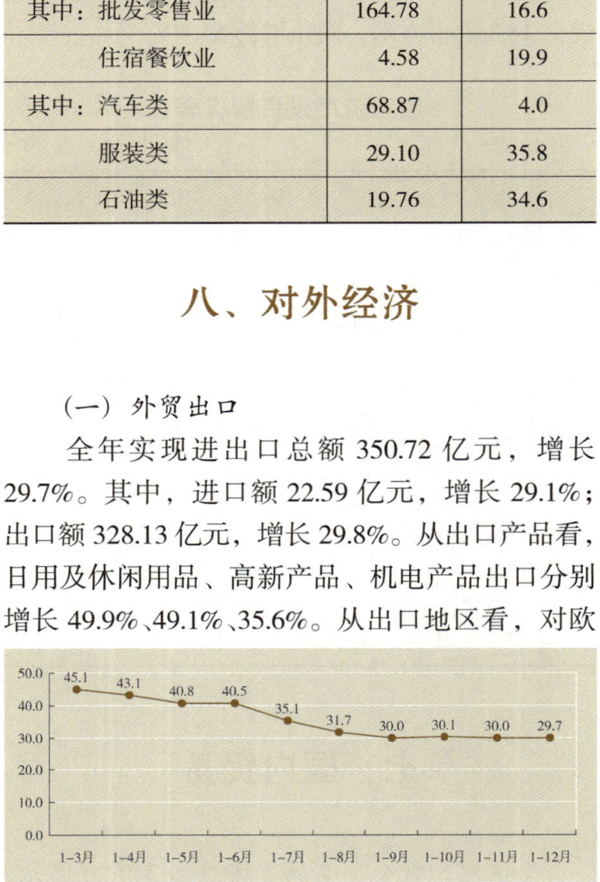

图 6　货物进出口总额累计增幅（%）

盟、“一带一路”国家、美国出口分别增长 46.0%、26.0%、20.3%。实现服务贸易进出口总额 7.18 亿美元，其中出口总额 6.18 亿美元，增长 42.86%；离岸外包执行额 5.33 亿美元，增长 74.6%。

（二）招商引资

全区实际利用外资 1.68 亿美元。持续开展“双集中”活动，集中签约项目 138 个，总投资额超 560 亿元，成功招引阿里犀牛智造全国标杆工厂、华为双 5G+ 智能制造创新中心、成都倍特、京东方数科总部、绿地数科总部、巨星科技等一批重大项目。

（三）境外投资

全年新增境外投资额 1.28 亿美元，涉及 16 个境外投资项目。完成“一带一路”投资项目 4 个，涉及境外投资额 3550 万美元；完成并购项目 1 个，涉及境外投资额 500 万美元。

九、教育和科技

（一）教育

教育质量持续提升，高考再创佳绩，“双减”政策全面落地，开工学校项目 25 个，竣工投用 16 个、新增学位 6870 个。启动教师全周期培养工程，引培省市级名优教师 170 人。

全区幼儿园 61 所，比上年新增 5 所；招生 11267 人，在园幼儿 35764 人，较上年增加 2105 人；幼儿园专任教师 2788 人，较上年增加 356 人；专任教师学历高标率为 99.71%，较上年提高 0.2%。

全区小学 26 所，招生 13241 人，在校学生 68955 人，较上年增加 4855 人；小学适龄儿童入学率及女童入学率达 100%；小学巩固率及女童巩固率达 100%；生均占地面积 15.03 平方米、生均校舍建筑面积 10.48 平方米；数字终端拥有量 12216 台。小学专任教师 3524 人，较上年增加 231 人；专任教师学历高标率为 99.94%，较上年提高 0.04%。

全区初中（含九年一贯制学校）19 所；招生

8666人，在校学生23949人，较上年增加2195人；初中阶段入学率100%，巩固率100%，初中毕业生升学率99.97%；生均占地面积38.94平方米、生均校舍建筑面积25.16平方米；初中专任教师1856人，较上年增加205人。

全区普通高中（含十二年一贯制学校）7所；招生3397人，在校学生9514人，较上年增加562人；生均占地面积54.34平方米、生均建筑面积50.25平方米；普通高中专任教师864人，较上年增加7人。全区职业高中4所，招生2686人，在校学生7995人，较上年增加460人；生均占地面积29.49平方米、生均校舍建筑面积19.91平方米；职业高中专任教师597人，较上年增加10人。

实施“1+X+T”课后托管服务，全区中小学参与学生共计8.26万余人，占比超过88.8%。设立营利性培训机构“转登”专窗，66家培训机构落实“转登”工作，压减率达100%。

（二）科技

全区新增国家高新技术企业280家（公示数），新增省科技型中小企业373家、孵化载体20个、物理空间118万平方米，新增专精特新“小巨人”2家。浙江运达风电股份有限公司获国家科学技术进步二等奖、省政府质量奖，杭州汽轮机股份有限公司获省科技进步一等奖，杭州能源环境工程有限公司“生物质废弃物厌氧产沼行业中高温功能菌剂研发与应用”等9项项目列入省“尖兵”“领雁”研发攻关计划项目。国家级经济技术开发区入选全省首批区域新智造试点、全省双创示范基地。全区新增省级新型研发机构1家，省级重点企业研究院1家，省级企业研究院7家，省级企业研发中心14家，市级企业研发中心33家，市级创新联合体第一批（备案）3家，市级以上研发机构达到413家。中国工业互联网研究院浙江分院、中国服装科创研究院、浙大高端装备研究院、浙大基础医学创新研究院、工信部服务型制造研究院投入运营。

全区新增专利授权量10354件，同比增长37.4%，其中发明专利授权量581件，同比增长74.0%；全区拥有各级专利试点示范企业104家，其中国家知识产权示范企业4家，国家知识产权优势企业5家，省级专利示范企业8家。

十、文化、卫生和体育

（一）文化

入选省首批公共文化服务现代化先行县创建对象名单，南苑街道获评省级文化强镇（街道）。申报创建浙江省大运河文化传承生态保护区并成功入围创建名单。区群星滚灯艺术团获评“全国最佳志愿者服务组织”称号，区图书馆获第一批浙江省“满意图书馆”称号。中国江南水乡文化博物馆建设基本完成，玉架山考古遗址公园（博物馆）入选省级考古遗址公园。非遗项目崇贤花篮获评省级民间艺术之乡、滚灯通过省级民间艺术之乡复评。杭摊新作《施昕更》获浙江省第十一届群众曲艺大赛金奖，歌曲《鲁飞飞都来点赞》入选浙江省献礼中国共产党成立100周年主题歌曲作品展播。

（二）卫生

截至2021年末，全区共有各类医疗卫生机构481家，其中区属医院4家，社区卫生服务中心8家、社区卫生服务站74家。全区医疗机构核定床位3998张，其中区属医院2516张。卫生技术人员8150人，其中执业（助理）医师3528人，注册护士3638人，全年医疗机构完成诊疗人数948万余人次，县域就诊率95.19%。家庭医生累计签约服务22.32万人。全年共招引医疗卫生人才151名，其中引进高级医疗卫生人才15名，新增市级E类及以上人才45名。

（三）体育

临平体育中心通过亚组委赛事功能综合验收，亚残运会浙江盲人门球馆完成改造提升。全区新增各类体育场地160万平方米。完成省市区体育民生实事工程10项、区级基层体育场地建设任务36个，普查全区体育场地3000余个，新增体育场地面积160万余平方米。全民参与营造亚运风尚，举办“亚运来临·幸福来临”“亚运四进”等“迎亚运”系列活动和“全民健身”系列活动。临平籍运动员陈灵龙获东京奥运会跆拳道表演项目混合团体比赛冠军。

十一、人民生活和社会保障

（一）人民生活

城镇常住居民人均可支配收入77184元，增长9.2%；农村常住居民人均可支配收入48705元，增长10.4%，农村居民收入增速快于城镇1.2个百分点。城乡收入比由上年的1.60缩小至1.58，处于省市最低行列。全区城镇常住居民人均生活消费支出49426元，同比增长17.1%；农村常住居民人均生活消费支出37727元，同比增长18.8%。（注：居民收支沿用原余杭区口径。）

（二）社会保障

截至年末，全区基本养老保险参保人数55.68万人，基本医疗保险参保人数53.56万人，工伤保险参保人数51.89万人，生育保险参保人数40.08万人。

（三）社会福利

全年一般公共预算民生支出达131.97亿元，占比达72.2%。十方面民生实事顺利完成。建成示范型居家养老服务照料中心14家、镇街级居家养老服务中心4家，基本实现养老助餐服务全覆盖。加强困难群众兜底保障，发放各类救助资金4500万元。实现“残疾人之家”全覆盖，创建省级无障碍社区3个。

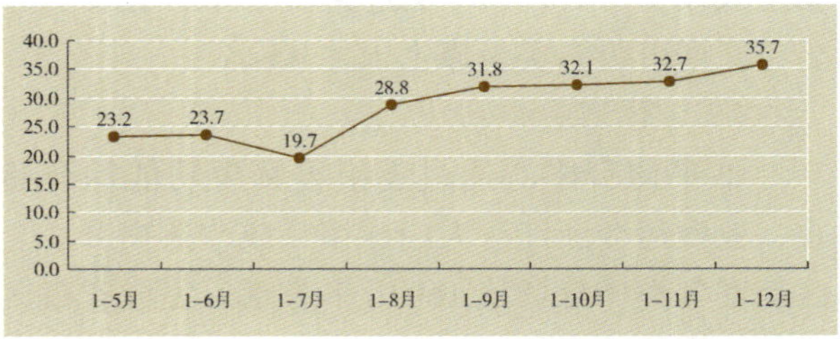

图7　一般公共预算收入增幅（%）

注：一般公共预算收入按行政区划调整后月度数据发布

十二、公共事业、环境保护和安全生产

（一）供电供水

全年完成销售水量1.17亿吨，出厂水水质合格率100%，完成污水处理量0.79亿吨。全年全社会用电量67.72亿千瓦时，增长13.5%，其中工业用电量31.86亿千瓦时，增长6.8%；城乡居民生活用电14.70亿千瓦时，增长15.0%。

（二）生态环境

深入开展“‘迎亚运’城市环境大整治、城市面貌大提升”长效管理工作，处置违法建筑107.1万平方米。深化垃圾治理，生活垃圾年进场量下降2.8%。攻坚“五水共治”，创建“污水零直排”生活小区108个，实施运河流域水质提升攻坚行动，市控以上断面水质达到功能区要求。临平第二净水厂项目加快推进，临平自来水厂主体建成。落实碳达峰、碳中和战略，成功列入全省整县（市、区）分布式光伏规模化开发试点。大力推进“无废城市”建设，新增国土绿化974亩，崇贤街道成功创建省级森林城镇，获评国家生态文明建设示范区。全年环境空气质量优良天数293天，优良率82.3%；PM2.5平均浓度为27.3微克/立方米，同比下降10.8%。

（三）安全生产

2021年，全区社会大局总体平安稳定，没有发生影响经济社会发展的重大案（事）件，命案“零发生”，各类安全生产事故起数下降10%，未发生滑坡、泥石流、地震等自然灾害。获评平安中国建设示范县。

公报注释：

1. 本公报数据为初步统计数；

2. 本文使用的增长速度，除“生产总值”、一、二、三产业“增加值”以及涉及增加值相关指标按可比价计算外，其余均按现价计算。

（综合统计科）

·2021 年统计资料·

省、市、区主要指标完成情况表

表 1

指标名称		2021 年目标（%）		全年	
		人代会目标	市下达目标	实绩（亿元）	增幅（%）
地区生产总值	全省	—	—	73516.00	8.5
	杭州	—	—	18109.42	8.5
	临平	7.5	—	940.09	10.6
第三产业增加值	全省	—	—	40118.10	7.6
	杭州	—	—	12287.31	8.7
	临平	8.0	—	418.78	10.6
规模工业增加值	全省	—	—	20248.00	12.9
	杭州	—	—	4100.06	10.6
	临平	7.5	—	409.99	13.0
财政总收入	全省	—	—	14516.96	16.9
	杭州	—	—	4561.72	18.4
	临平	10.0	—	247.08	37.9
地方一般公共预算收入	全省	—	—	8262.57	14.0
	杭州	—	—	2386.59	14.0
	临平	10.0	—	151.33	35.7
固定资产投资	全省	—	—	—	10.8
	杭州	—	—	—	9.0
	临平	7.0	—	—	18.9

注：地区生产总值相关指标按季度发布。

续表

指标名称		2021年目标（%）		全年	
		人代会目标	市下达目标	实绩	增幅（%）
工业投资	全省	—	—	—	17.8
	杭州	—	—	—	15.2
	临平	8.0	—	85.50	20.7
社会消费品零售总额	全省	—	—	29211.00	9.7
	杭州	—	—	6743.52	11.4
	临平	8.0	—	349.00	11.8
出口额（亿元）	全省	—	—	30121.30	19.7
	杭州	—	—	4460.76	27.2
	临平	—	—	328.13	29.8
到账外资（亿美元）	全省	—	—	—	—
	杭州	—	—	81.71	13.5
	临平	2.0	—	1.68	—8.9
城镇常住居民人均可支配收入（元）	全省	—	—	68487.00	7.6
	杭州	—	—	74700.00	8.8
	临平	—	—	77184.00	9.2
农村常住居民人均可支配收入（元）	全省	—	—	35247.00	8.9
	杭州	—	—	42692.00	10.3
	临平	—	—	48705.00	10.4

注：1. 居民收入数据沿用区划调整前统计口径，按季度发布；
2. 临平区到账外资为市统计局通报反馈数。

规模以上工业、用电量情况表

表 2

主要指标	计量单位	累计	增长（%）
1．增加值	亿元	409.99	13.0
其中：高新技术产业	亿元	328.15	15.8
装备制造业	亿元	252.15	16.6
战略性新兴产业	亿元	159.98	16.4
环保制造业	亿元	94.25	17.1
生物医药产业	亿元	44.62	17.9
家纺服装产业	亿元	40.80	4.7
数字经济制造业	亿元	34.39	10.9
2．科技			
高新技术产业增加值占比	%	80.0	—
新产品产值率	%	54.4	—
3．全社会用电量	亿千瓦时	67.72	13.5
其中：工业用电量	亿千瓦时	31.86	6.8
第三产业用电量	亿千瓦时	19.14	28.5
城乡居民生活用电量	亿千瓦时	14.70	15.0

规模工业前十行业增加值情况表

表 3

行业名称	累计	增长（%）
电气机械和器材制造业	121.51	14.4
通用设备制造业	68.51	19.8
医药制造业	30.17	20.2
专用设备制造业	23.16	10.8
纺织业	21.19	–2.9
非金属矿物制品业	19.30	6.0
纺织服装、服饰业	19.20	13.3
电力、热力生产和供应业	15.32	12.7
铁路、船舶、航空航天和其他运输设备制造业	14.78	40.6
金属制品业	10.08	5.4

规模以上工业企业效益情况表

表 4

主要指标	计量单位	累计	增长（%）
企业家数	家	624	—
营业收入	亿元	1639.34	22.6
利税总额	亿元	154.43	–3.5
利润总额	亿元	114.84	–3.2
亏损企业家数	家	156	15.6
亏损企业亏损额	亿元	10.75	6.5
应收票据及应收账款	亿元	376.87	29.8
产成品	亿元	91.29	6.5
			± 百分点
总资产贡献率	%	28.50	–5.9
资本保值增值率	%	—	—
资产负债率	%	56.79	4.9
工业成本费用利润率	%	7.47	–2.3
流动资产周转次数	次	2.61	0.1
企业亏损面	%	25.00	3.4

规模以上服务业企业效益情况表

表 5

主要指标	计量单位	累计	增长（%）
一、企业单位数			
批发和零售业	家	422	—
住宿和餐饮业	家	33	—
交通运输业	家	44	—
信息传输、计算机服务和软件业	家	13	—
租赁和商务服务业	家	24	—
科学研究和技术服务业	家	17	—
其他	家	54	—
二、营业收入			
批发和零售业	亿元	818.07	15.3
住宿和餐饮业	亿元	4.46	29.6
交通运输业	亿元	32.61	10.8
信息传输、计算机服务和软件业	亿元	56.56	43.1
租赁和商务服务业	亿元	27.25	29.2
科学研究和技术服务业	亿元	13.28	22.4
其他	亿元	31.51	7.8

注：以上数据不含房地产开发经营类数据。

续表

主要指标	计量单位	累计	增长（%）
三、营业利润			
批发和零售业	亿元	10.83	–7.4
住宿和餐饮业	亿元	–0.37	(–0.65)
交通运输业	亿元	0.46	(–0.05)
信息传输、计算机服务和软件业	亿元	6.04	40.5
租赁和商务服务业	亿元	–23.12	(–2.37)
科学研究和技术服务业	亿元	2.09	102.5
其他	亿元	3.56	0.5
四、经营税金			
批发和零售业	亿元	8.82	58.1
住宿和餐饮业	亿元	0.05	429.2
交通运输业	亿元	0.68	38.2
信息传输、计算机服务和软件业	亿元	0.52	32.4
租赁和商务服务业	亿元	0.39	14.4
科学研究和技术服务业	亿元	0.45	–2.1
其他	亿元	1.26	5.6

注：1.（ ）内数据为上年同期数；
2. 以上数据不含房地产开发经营类数据；
3. 经营税金为税金及附加 + 应交增值税。

固定资产投资情况表

表 6

主要指标	单位	累计	增长（%）
一、固定资产投资	亿元	—	18.9
其中：项目投资	亿元	—	34.6
房地产开发投资	亿元	—	7.3
二、结构投资：			
交通投资	亿元	—	233.1
生态环保城市更新和水利设施投资	亿元	—	105.4
高新技术产业投资	亿元	—	34.2
民间投资	亿元	—	40.1
工业投资	亿元	—	20.7
三、省市县长 152 项目			
项目个数	个	5	—
项目开工率	%	100.0	—

财政、金融情况表

表 7

主要指标	计量单位	累计	增长（%）
一、财政总收入	亿元	247.08	37.9
其中：增值税	亿元	94.63	—
企业所得税	亿元	36.57	—
个人所得税	亿元	10.87	—
二、地方一般公共预算收入	亿元	151.33	35.7
三、地方一般公共预算支出	亿元	182.89	—
其中：一般公共服务	亿元	18.06	—
公共安全	亿元	7.78	—
教育	亿元	37.14	—
科学技术	亿元	3.39	—
社会保障和就业	亿元	19.60	—
卫生健康	亿元	16.18	—
节能环保	亿元	1.46	—
城乡社区	亿元	34.43	—
四、本外币存款余额	亿元	2879.25	14.8
五、本外币贷款余额	亿元	2382.65	24.0
六、不良贷款率	%	0.4	—

专利、市场主体、双招双引情况表

表 8

主要指标	计量单位	累计	增长（%）
一、专利			
专利授权量	项	10354	37.4
其中：发明专利	项	581	74.0
有效发明专利	项	2438	—
PCT 国际专利申请	项	86	30.3
二、市场主体			
新设内资市场主体	户	25454	28.1
新设内资企业	户	10581	6.5
新设个体工商户	户	14833	51.9
三、双招双引			
新增高校毕业生	万人	2.33	—
到账外资	亿美元	1.68	-8.9

注：到账外资数据为市统计局通报反馈数。

国内贸易情况表

表 9

主要指标	计量单位	累计	增长（%）
1. 社会消费品零售总额	亿元	349.00	11.8
2. 限额以上社会消费品零售总额	亿元	169.36	16.7
其中：通过公共网络实现的商品零售额	亿元	43.36	67.7
其中：批发零售业	亿元	164.78	16.6
住宿餐饮业	亿元	4.58	19.9
其中：汽车类	亿元	68.87	4.0
服装类	亿元	29.10	35.8
石油类	亿元	19.76	34.6

对外贸易情况表

表 10

主要指标	累计(亿元)	增长（%）
进出口总额	350.72	29.7
其中：进口额	22.59	29.1
出口额	328.13	29.8
出口分企业性质：		
外贸流通企业	63.67	22.0
民营生产企业	217.79	36.0
外商投资企业	46.67	15.1
主要出口产品：		
纺织品	113.49	7.0
其中：家纺面料及成品	74.81	13.6
服装及服饰	22.22	–3.2
涂层面料及箱包	16.46	–4.9
机电产品	139.20	35.6
高新产品	29.62	49.1
日用品及休闲用品	16.10	49.9
主要出口经济体：		
美国	69.17	20.3
欧盟 27 国	102.85	46.0
金砖国家	26.64	39.9
中东地区 16 国	20.49	–0.1
独联体 12 国	13.60	48.4
一带一路国家	106.97	26.0
其中：东盟 10 国	31.23	20.1

人民生活情况表

表 11

主要指标	计量单位	累计	增长（%）
一、全体居民人均可支配收入	元	67760	9.9
城镇常住居民人均可支配收入	元	77184	9.2
城镇常住居民人均消费支出	元	49426	17.1
农村常住居民人均可支配收入	元	48705	10.4
农村常住居民人均消费支出	元	37727	18.8
二、劳保就业		累计	人数增减
城镇登记失业人员数	万人	0.88	—
城镇新增就业人数	万人	5.55	—
帮助失业人员再就业人数	万人	0.44	—
基本养老保险参保人数	万人	55.68	—
基本医疗保险参保人数	万人	53.56	—
失业保险参保人数	万人	40.17	—
参加工伤保险人数	万人	51.89	—
参加生育保险人数	万人	40.08	—

注：居民收入数据沿用区划调整前统计口径。

房地产、旅游情况表

表 12

主要指标	计量单位	累计	增长（%）
一、商品房供应情况			
商品房可售套数	套	6602	-51.3
商品房可售面积	万平方米	68.2	-50.5
二、商品房成交情况			
商品房成交量	套	27051	58.6
成交面积	万平方米	285.6	60.1
成交金额	亿元	702.6	73.4
商品房成交均价	元 / 平方米	24599	8.3
三、旅游总收入	亿元	61.69	1.3
其中：国内收入	亿元	61.40	—
外汇收入	万美元	414.76	—
总游客	万人次	351.60	4.1
其中：国内游客	万人次	350.90	—
入境游客	万人次	0.70	—

生态环境情况表

表 13

一、大气环境质量			
指标名称	计量单位	本月	环比（%）
优良率	%	85.7	-14.3
PM2.5 月平均浓度	微克 / 立方米	47.3	61.4
PM10 月平均浓度	微克 / 立方米	111.2	31
二氧化硫月平均浓度	微克 / 立方米	7	16.7
二氧化氮月平均浓度	微克 / 立方米	52	15.6
O3-8h	微克 / 立方米	89	-19.8
降尘量	吨 / 平方千米·月	3.1	3.3
酸雨发生率	%	0	0
二、水环境质量			
1. 运河流域			
点位	功能区要求	本月类别	环比变化趋势
五杭运河大桥	III	Ⅲ	持平
塘栖大桥	IV	Ⅲ	趋好
博陆—桐乡	III	Ⅲ	持平
武林头	III	—	—
中央商务区桥	IV	—	—
2. 上塘河流域			
点位	功能区要求	本月类别	环比变化趋势
星桥	Ⅳ	Ⅲ	持平
保障桥	Ⅳ	—	—

注：空气质量按 GB 3095-2012《环境空气质量标准》评价。

各镇街（产业平台）主要经济指标情况表

表 14

单位名称	规模工业增加值			高新技术增加值		固定资产投资
	累计(亿元)	增长（%）	增速位次	累计(亿元)	增长（%）	增长（%）
临平街道	1.37	5.8	5	0.92	7.1	81.3
南苑街道	6.77	3.2	7	4.23	5.2	51.5
星桥街道	17.66	22.0	1	11.89	21.5	98.4
乔司街道	3.78	21.4	2	1.82	25.1	–12.1
运河街道	6.29	0.7	9	2.98	7.0	33.4
崇贤街道	22.48	1.6	8	14.63	10.0	37.4
塘栖镇	19.50	3.5	6	15.14	2.1	–23.0
国家级经开区	313.69	16.8	3	272.87	17.2	46.7
临平新城	28.21	15.6	4	17.94	14.3	12.2

单位名称	规上服务业营业收入			社会消费品零售额		
	累计(亿元)	增长（%）	增速位次	累计(亿元)	增长（%）	增速位次
临平街道	30.45	6.9	8	40.28	10.3	5
南苑街道	257.47	19.8	4	57.93	12.8	3
星桥街道	58.35	13.2	7	56.86	11.9	4
乔司街道	78.28	28.8	1	58.71	15.1	1
运河街道	6.94	14.1	6	5.80	10.2	6
崇贤街道	197.16	20.6	2	15.32	13.2	2
塘栖镇	50.33	–10.6	9	35.45	10.1	7
国家级经开区	304.77	16.6	5	78.65	10.0	8
临平新城	394.10	20.4	3	—	—	—

注：规上服务业营业收入为服务业、批零业、住餐业营业收入合并计算数据。

杭州地区交流资料一览表

表 15

县（市、区）	地区生产总值			第三产业增加值			数字经济核心产业增加值		
	实绩（亿元）	增长（%）	位次	实绩（亿元）	增长（%）	位次	实绩（亿元）	增长（%）	位次
全市	18109.42	8.5	—	12287.31	8.7	—	4904.72	11.5	—
上城区	2417.51	7.2	11	1812.85	7.8	8	76.6	12.0	9
拱墅区	1968.56	8.1	6	1774.77	8.5	7	72.4	14.4	7
西湖区	1904.22	10.7	2	1757.12	10.8	1	790.5	15.2	6
滨江区	2022.60	11.3	1	1163.07	10.2	3	1596.2	16.0	4
萧山区	2011.62	8.7	5	1177.94	9.7	4	150.7	18.0	3
余杭区	2502.20	7.5	10	2125.48	6.7	11	1605.7	4.1	12
临平区	940.09	10.6	3	418.78	10.6	2	61.8	15.8	5
钱塘区	1218.23	6.6	12	375.65	9.0	5	129.0	13.3	8
富阳区	873.30	7.7	7	432.34	6.8	10	97.2	11.1	10
临安区	658.35	7.6	8	280.79	7.6	9	83.1	18.3	2
桐庐县	413.88	9.5	4	199.73	8.9	6	53.2	5.8	11
建德市	430.60	7.5	9	175.70	6.6	12	13.2	18.5	1

续表

县（市、区）	固定资产投资		出口额			社会消费品零售总额		财政总收入	
	增长（%）	位次	实绩（亿元）	增长（%）	位次	实绩（亿元）	增长（%）	实绩（亿元）	增长（%）
全市	9.0	—	4647.02	25.9	—	6743.52	11.4	4561.72	18.4
上城区	-8.3	11	361.80	19.8	11	976.86	10.6	377.79	5.7
拱墅区	3.2	8	401.40	31.3	3	1273.38	11.2	322.04	7.3
西湖区	0.7	10	309.37	29.7	5	787.63	14.2	345.67	8.8
滨江区	2.7	9	734.36	34.6	2	476.72	11.2	406.99	13.5
萧山区	13.0	5	788.42	29.2	6	813.43	14.4	564.98	22.5
余杭区	4.9	7	325.01	35.6	1	676.29	22.7	745.31	15.2
临平区	18.9	3	328.13	29.8	4	349.00	11.8	247.08	37.9
钱塘区	12.1	6	584.78	20.7	10	339.50	9.6	240.61	26.5
富阳区	36.2	1	169.47	26.3	7	417.43	9.2	174.60	25.9
临安区	14.6	4	164.85	25.3	8	212.68	11.4	148.92	35.9
桐庐县	29.5	2	87.12	23.4	9	158.62	15.4	67.58	15.9
建德市	-12.3	12	86.56	13.3	12	126.06	10.5	66.61	19.7

续表

县（市、区）	地方一般公共预算收入		实际利用外资	规模工业增加值		战略性新兴产业增加值增长（%）	装备制造业增加值增长（%）	高新技术产业增加值增长（%）
	实绩（亿元）	增长（%）	实绩（亿美元）	累计（亿元）	增长（%）			
全市	2386.59	14.0	81.71	4100.06	10.6	17.6	14.8	13.1
上城区	201.38	7.6	6.27	466.65	6.5	8.6	10.7	12.5
拱墅区	179.54	6.9	8.63	110.82	5.1	3.1	20.6	3.9
西湖区	175.67	8.5	8.31	91.75	20.5	39.3	9.4	24.1
滨江区	202.89	11.0	8.51	771.06	16.6	17.9	18.4	17.3
萧山区	343.03	14.3	8.86	554.11	8.5	13.8	14.7	9.8
余杭区	375.69	14.0	9.66	248.44	16.7	33.4	20.2	22.2
临平区	151.33	35.7	1.68	409.99	13.0	16.4	16.6	15.8
钱塘区	117.31	17.0	9.90	677.17	6.5	13.5	4.1	4.9
富阳区	105.02	16.5	3.39	269.85	9.1	21.4	20.4	14.9
临安区	90.39	31.9	2.63	230.82	13.2	14.0	20.0	16.4
桐庐县	38.40	12.2	2.60	107.33	11.6	16.5	20.4	10.5
建德市	38.50	12.5	1.30	158.47	11.7	18.3	36.5	11.9

全区工业营业收入前百强企业一览表

表16

序号	企业名称	序号	企业名称
1	浙江运达风电股份有限公司	27	浙江铁流离合器股份有限公司
2	杭州老板实业集团有限公司	28	杭州西子智能停车股份有限公司
3	杭州西奥电梯有限公司	29	中翰盛泰生物技术股份有限公司
4	浙江春风动力股份有限公司	30	杭州大东南高科新材料有限公司
5	浙江元通线缆制造有限公司	31	浙江欧伦电气有限公司
6	杭州诺贝尔陶瓷有限公司	32	杭州西联物流有限公司
7	杭州汽轮机股份有限公司	33	浙江永创机械有限公司
8	浙江益海嘉里食品工业有限公司	34	杭州三中新型建材科技有限公司
9	杭州东华链条集团有限公司	35	杭州瑞鼎建材有限公司
10	杭州尚金缘珠宝首饰有限公司	36	杭州胡庆余堂药业有限公司
11	浙江中大元通特种电缆有限公司	37	浙江健拓医疗仪器科技有限公司
12	贝达药业股份有限公司	38	杭州华味亨食品有限公司
13	杭州豪悦护理用品股份有限公司	39	阿里巴巴迅犀（杭州）数字科技有限公司
14	杭州长江乘用车有限公司	40	杭州国能汽轮工程有限公司
15	杭州民生药业股份有限公司	41	杭州兴源环保设备有限公司
16	杭州南都动力科技有限公司	42	杭州海得龙塑胶新材料有限公司
17	杭州福斯达深冷装备股份有限公司	43	众望布艺股份有限公司
18	欧文斯科宁复合材料（中国）有限公司	44	杭州隆欣建材有限公司
19	银都餐饮设备股份有限公司	45	浙江纳雅服饰有限公司
20	杭州港华燃气有限公司	46	杭州汽轮铸锻有限公司
21	杭州微策生物技术股份有限公司	47	杭州五友建材有限公司
22	杭州意丰歌服饰有限公司	48	杭州新希望双峰乳业有限公司
23	杭州天元宠物用品股份有限公司	49	杭州天地数码科技股份有限公司
24	杭州本松新材料技术股份有限公司	50	杭州华江建材有限公司
25	杭州微光电子股份有限公司	51	杭州贝因美母婴营养品有限公司
26	杭州申华混凝土有限公司	52	浙江威尔达化工有限公司

续表

序号	企业名称	序号	企业名称
53	杭州润娴服饰有限公司	77	杭州金升金属制品有限公司
54	杭州蕙勒智能科技有限公司	78	杭州帷盛科技有限公司
55	杭州中为光电技术有限公司	79	杭州琪瑶纺织有限公司
56	万通智控科技股份有限公司	80	杭州神彩包装印业有限公司
57	杭州宝晶生物股份有限公司	81	宝鼎科技股份有限公司
58	杭州天都照明电器有限公司	82	杭州安杰思医学科技股份有限公司
59	浙江华江科技股份有限公司	83	浙江米居梦家纺股份有限公司
60	杭州川空通用设备有限公司	84	浙江泰昌实业有限公司
61	杭州新纪元消防科技有限公司	85	杭州旺旺食品有限公司
62	浙江四通新材料科技股份有限公司	86	杭州优格电子有限公司
63	杭州川禾冷拉型钢有限公司	87	杭州奥坦斯布艺有限公司
64	杭州嘉溢制衣有限公司	88	浙江鸿辰新材料科技有限公司
65	杭州华虹电子设备科技有限公司	89	杭州宇龙化工有限公司
66	杭州杰丰服装有限公司	90	三菱动力（杭州）环保设备有限公司
67	浙江美浓世纪包装科技有限公司	91	杭州柏年智能光电子股份有限公司
68	杭州能源环境工程有限公司	92	浙江联运知慧科技有限公司
69	杭州华源前线能源设备有限公司	93	杭州南泵流体机械有限公司
70	江潮电机科技股份有限公司	94	杭州润之雅纺织品有限公司
71	杭州世佳电子有限公司	95	浙江菲摩斯纺织有限公司
72	杭州南山水泥有限公司	96	蓝星（杭州）膜工业有限公司
73	南方智水科技有限公司	97	浙江双子智能装备有限公司
74	浙江博创机械有限公司	98	杭州金杭包装印业有限公司
75	杭州朱炳仁文化艺术有限公司	99	杭州海的动力机械股份有限公司
76	杭州沃尔夫链条有限公司	100	杭州皮克新材料科技有限公司

注：该排名只针对注册在临平区的工业企业（部分在临平区有多家法人企业的，按集团口径合并计算），营业收入前100位企业进行的排序，不包括中央直属企业。

全区服务业营业收入前五十强企业一览表

表 17

序号	企业名称	序号	企业名称
1	杭州小木吉软件科技有限公司	26	杭州沛瑞供应链管理有限公司
2	杭州华数传媒电视网络有限公司	27	杭州北港物流有限公司
3	杭州青奇科技有限公司	28	杭州修然文化传媒有限公司
4	中通云仓科技有限公司	29	浙江民泰保安服务有限公司
5	浙江联运环境工程股份有限公司	30	浙江中能工程检测有限公司
6	杭州余杭保安服务有限公司	31	杭州爱中物业管理有限公司
7	联通（浙江）产业互联网有限公司	32	杭州立佳环境服务有限公司
8	杭州百诚医药科技股份有限公司	33	杭州东海物业有限公司
9	杭州子不语供应链管理有限公司	34	杭州庄正文化创意有限公司
10	耀华建设管理有限公司	35	杭州韵建速递有限公司
11	网赢如意仓供应链有限公司	36	浙江顶顺物流有限公司
12	杭州万庆德电子商务有限公司	37	杭州余杭传媒集团有限公司
13	浙江安贤陵园有限责任公司	38	浙江保通安保服务有限公司
14	浙江子不语电子商务有限公司	39	杭州华硕医学检验实验室有限公司
15	杭州崇贤港投资有限公司	40	杭州皓阳生物技术有限公司
16	构美（浙江）信息科技有限公司	41	杭州南苑物业管理有限公司
17	浙江网新电气技术有限公司	42	浙江中聚物流有限公司
18	杭州市余杭新东方培训中心学校有限公司	43	浙江中都物业管理有限公司
19	浙江长运物流股份有限公司	44	政通建设管理有限公司
20	杭州余保人力资源管理有限公司	45	杭州理想四维物业服务有限公司
21	浙江余杭高速公路有限责任公司	46	杭州鼎华保安服务有限公司
22	浙江汇丰物流有限公司	47	杭州卓远国际物流有限公司
23	杭州余杭邦尔医院有限公司	48	杭州金渭劳动服务有限公司
24	杭州市余杭公共交通有限公司	49	杭州华元物业管理有限公司
25	浙江文华建设项目管理有限公司	50	杭州崇贤港物流有限公司

注：按法人单位营业收入从大到小排序。

全区零售额前五十强企业一览表

表 18

序号	企业名称	序号	企业名称
1	杭州法趣服饰有限公司	26	浙江一季时装有限公司
2	杭州宝驿汽车销售服务有限公司	27	杭州云格汽车有限公司
3	杭州元泽汽车有限公司	28	杭州远博汽车销售服务有限公司
4	杭州中油石油天然气销售有限公司	29	杭州张小泉电子商务有限公司
5	浙江众美汽车有限公司	30	杭州佰鹏汽车销售服务有限公司
6	浙江中升锦澳汽车销售服务有限公司	31	杭州百联奥特莱斯商业有限公司
7	杭州华元宠物用品有限公司	32	浙江东海石油实业有限公司
8	杭州物美东汇百货有限公司	33	杭州大红鹰超市有限公司
9	杭州贵丰汽车销售服务有限公司	34	沃尔玛华东百货有限公司杭州临平分店
10	杭州宜家家居有限公司	35	杭州余杭镇炼华鸿加油站有限公司
11	杭州领辰汽车服务有限公司	36	中海油销售杭州有限公司
12	杭州康隆丰田汽车销售服务有限公司	37	杭州东恒星河加油站有限公司
13	杭州空刻网络科技有限公司	38	杭州杭石公交加油站有限公司
14	浙江和田汽车有限公司	39	杭州元通友通汽车有限公司
15	杭州小芳超市连锁有限公司	40	杭州威达计算机网络工程有限公司
16	杭州瑞通汽车销售有限公司	41	杭州余杭润星商贸有限公司
17	杭州临平银泰百货有限公司	42	杭州翼加翼通讯设备有限公司
18	杭州嗨喜电子商务有限公司	43	杭州余杭石油有限公司
19	杭州伯喜服饰有限公司	44	杭州元通元福汽车有限公司
20	浙江余杭新华书店有限公司	45	杭州宝盈汽车销售服务有限公司
21	杭州英涉时装有限公司	46	浙江中轿禾现汽车有限公司
22	杭州余杭中石化交通能源有限公司	47	浙江车尚贸易发展有限公司
23	杭州润泰汽车销售服务有限公司	48	杭州黯涉品牌管理集团有限公司
24	杭州元通元佳汽车有限公司	49	杭州润杰汽车有限公司
25	杭州乐乐猫宠物用品有限公司	50	浙江天和典尚实业集团有限公司

注：按法人单位零售额从大到小排序。

全区建筑业总产值前五十强企业一览表

表 19

序号	企业名称	序号	企业名称
1	杭州凯达电力建设有限公司	26	浙江五云环境建设有限公司
2	浙江华临建设集团有限公司	27	杭州同升建设工程有限公司
3	浙江坤兴建设有限公司	28	浙江博颖装饰工程有限公司
4	深川控股集团有限公司	29	杭州创泰建筑工程有限公司
5	浙江贝利建设集团有限公司	30	浙江工力建设有限公司
6	浙江光大建设集团有限公司	31	汉尔姆建设有限公司
7	杭州永顺建筑工程有限公司	32	杭州天顺市政园林工程有限公司
8	浙江昂大建设集团有限公司	33	杭州圆方地基基础工程有限公司
9	浙江盛都建工控股集团有限公司	34	杭州兴达电器工程有限公司
10	浙江国兴建设集团有限公司	35	杭州舟航建设有限公司
11	杭州中临建筑工程有限公司	36	八丰控股集团有限公司
12	杭州金锄市政园林工程有限公司	37	杭州原景建设环境有限公司
13	龙升控股集团有限公司	38	浙江金众建设有限公司
14	浙江仁龙建设有限公司	39	浙江龙太建设有限公司
15	傲浒建设集团有限公司	40	杭州宇辉建设工程有限公司
16	浙江大运建设集团有限公司	41	浙江杭伟环境建设有限公司
17	杭州巨龙建筑工程有限公司	42	杭州君兰建设有限公司
18	杭州邦泰建筑安装工程有限公司	43	杭州恒力市政景观艺术有限公司
19	杭州睦远建设工程有限公司	44	杭州迦南建设有限公司
20	浙江建贤装饰工程有限公司	45	杭州九丰建设工程有限公司
21	广济环境建设集团有限公司	46	浙江锦工建设有限公司
22	杭州林风园林工程有限公司	47	杭州吉翔建设有限公司
23	浙江普川装饰工程有限公司	48	浙江金腾装饰工程有限公司
24	杭州博鸿建设有限公司	49	杭州宝联建筑工程有限公司
25	浙江海宸建设有限公司	50	浙江锦圣建设有限公司

注：按资质以上建筑业企业总产值从大到小排序。

索　引

Index

说明：

一、本索引采用分析索引法，按索引条目第一字汉语拼音（同音字按声调）顺序排列，第一字相同，按第二字音序排列，依次类推。

二、类目、分目用黑体字标明。标引词后的阿拉伯数字表示内容所在的页码。

三、本年鉴的“特载”“特辑”“大事记”“人物·先进集体”“附录”以及“综述”“概况”“延伸阅读”均未作索引。

A

B

C

D

E

F

G

H

J

K

L

M

N

O

P

Q

R

S

T

W

Y

Z

0–9